D1722282

Hugh Johnson

GUIDE DE POCHE DU VIN 1998

Nouvelle édition
mise à jour

Robert Laffont

EXPLICATION DES SYMBOLES

r.	rouge	
rosé	rosé	(entre parenthèses) veut dire :
b.	blanc	en petite quantité
br.	brun	
d.	doux	
s.	sec	
d/s	demi-sec	
mo.	mousseux, pétillant	
s/d	sec ou doux	

★	moyen, qualité courante
★ ★	au-dessus de la moyenne
★ ★ ★	connu, très réputé
★ ★ ★ ★	grand cru, prestigieux, cher
☐	d'un très bon rapport dans sa catégorie
( )	classement provisoire

88 etc.	millésimes recommandés, qu'on peut trouver facilement.
90' etc.	millésimes considérés comme particulièrement réussis pour la propriété en question.
87 etc.	les millésimes imprimés en caractères **gras** sont bons à boire (les autres doivent encore vieillir). Lorsque l'entrée porte mention de crus rouges et blancs, c'est du rouge dont on parle, sauf indication contraire.
89'	Les millésimes encadrés seront à point pour être bus en 97. NB Les millésimes allemands sont codifiés selon un système différent. Voir note page 148.
(93)	Classement provisoire.
B.J.P.	boire aussi jeune que possible.
S A	millésime non mentionné sur l'étiquette. En Champagne, désigne un assemblage de plusieurs millésimes pour la continuité.

Les renvois sont imprimés en petites CAPITALES.

TRADUCTION : ANNICK GRANGER - DE SCRIBA
avec la participation de PIERRE GOUTTIER

TITRE ORIGINAL : Hugh Johnson's Pocket Wine Guide 1998

© Reed International Books Ltd, 1977-1997.
© Reed International Books Ltd pour les cartes, 1977-1997.

Première édition publiée en 1977.
Publications remises à jour de 1977 à 1997.

© Éditions Robert Laffont, S.A. Paris, 1979 (première édition)
pour la traduction française. Publication annuelle, remise à jour, de 1979
à 1997.

ISBN 2-221-08611-2
(édition originale : 1 84000004 X)

Dépôt légal : septembre 1997 – n° d'édition : 38026
Imprimé en Angleterre par WILLIAM CLOWES, LTD.

Table des matières

Avant-propos

La première édition de ce guide est parue en 1977. Vingt et un ans plus tard, le nombre de pages a doublé et celui des vins a quadruplé. Mais les chiffres ne sont pas les seuls changements intervenus dans le monde vinicole.

Près d'un tiers de ma vie s'est écoulé depuis que j'ai entamé cet exercice de compression, et il me semble que le plus grand changement vient du consommateur, de ses attentes, ses connaissances, sa demande et sa détermination à payer plus pour un vin meilleur. En 1977, les pays vinicoles d'Europe étaient de gros buveurs mais, pour être franc, de piètres connaisseurs. Le Royaume-Uni, toujours imprégné de l'ère édouardienne, ne jurait que par les « classiques » et dédaignait les autres. L'Amérique et l'Australie vinicoles s'éveillaient à peine.

Ces deux pays jouèrent alors un rôle moteur. Leurs expériences tous azimuts rendirent possibles la vinification puis la norme scientifiques dans tous les pays qui pouvaient se le permettre. Leur influence amena d'abord l'Italie, puis l'Espagne et le Portugal dans le monde vinicole moderne, puis s'infiltra en France d'une façon qui passe aujourd'hui inaperçue.

Dépourvu de traditions géographiques et de conventions de style, le Nouveau Monde a permis à chaque cépage de s'exprimer pleinement. Ce qui avait débuté comme un outil de vente, le vin de cépage, est rapidement devenu une aide précieuse pour faire connaître à tous le goût véritable du Cabernet, du Chardonnay et du Pinot Noir.

Cette conception était un défi non voilé au principe du terroir, selon lequel chaque site et son sol donnent au vin sa personnalité spécifique, certains étant intrinsèquement meilleurs (pour un cépage donné) que d'autres.

Cette rivalité n'a plus cours aujourd'hui, l'expérience ayant prouvé que les effets du terroir sont incontournables : les vinificateurs et les vignerons du Nouveau Monde en découvrent actuellement les secrets. Le consommateur, quant à lui, se voit offrir le meilleur des deux mondes, dans tous les sens du terme. Jamais il n'a été plus possible qu'aujourd'hui d'apprécier le vin dans toute sa variété.

Mais la médaille a son revers : la demande de vins exprimant leur cépage, leur site et leur millésime dépasse l'offre. Il y a toujours eu (et il y aura toujours) un surplus de vin courant n'exprimant rien du tout, à part le désespoir. Mais la course aux beaux vins, surtout ceux dont le nom est réputé, est aujourd'hui internationale, principalement pour les rouges. L'opinion selon laquelle le vin rouge est bon pour la santé est parvenue jusqu'en Extrême-Orient, et les habituels buveurs de Cognac que sont les Chinois et les Japonais jettent aujourd'hui leur dévolu, avec une hâte surprenante, sur le Bordeaux et le Bourgogne.

Les propriétaires de leurs vins favoris (les plus chers, bien entendu) se retrouvent face à un dilemme. S'agit-il d'un engouement passager ou d'un nouveau marché à long terme ? Les consommateurs européens traditionnels s'inquiètent de la flambée des prix que cela entraîne. Sans compter que ce genre d'envolée se termine souvent par une brutale retombée. Le changement de position du corps médical nous concerne tous. Les attitudes prohibitionnistes, aux États-Unis notamment, semblaient inébranlables jusqu'à ce que les médecins annoncent, ce qui n'a pas surpris grand monde, que consommer de l'alcool avec modération est modérément bon pour vous. Or, seul le gouvernement français, et son absurde Loi Evin, interdit la publicité sur l'alcool. Par ailleurs, le vin a-t-il été traité différemment des autres alcools dans les recherches effectuées ? La chose n'est pas très claire, hormis le fait qu'il serait moins néfaste que les autres alcools pour la silhouette. Laissant de côté ces grands débats, cette micro-encyclopédie examine de très près la situation actuelle dans un monde vinicole en constante mutation. Même les lecteurs qui ont acheté la dernière édition (à plus forte raison, ceux qui ne l'achètent qu'une année sur deux ou trois) trouveront dans celle-ci des milliers de changements.

Ce guide étant conçu comme un outil pratique, la théorie en est pratiquement absente. Il est un condensé de toutes les informations utiles que ni votre mémoire ni la mienne ne peuvent contenir. Comme toujours, j'ai glané mes informations auprès de sources variées, par le biais de voyages, de dégustations et d'une correspondance volumineuse. Une mise à jour est un processus sans fin. J'aurai déjà une pile de notes sur mon bureau avant que vous n'ayez lu cette édition.

Ce guide vous aidera à choisir une bouteille. Vous êtes face à une carte des vins dans un restaurant ou à une rangée de bouteilles chez un marchand : vous sortez votre guide. Vous pouvez commencer par consulter le chapitre des mets et des vins, page 12, si vous avez déjà composé votre menu ; ou ouvrir le guide au chapitre concernant le pays dans lequel vous vous trouvez ; ou vous fixer sur un cépage que vous aimez particulièrement. Une fois établi de quel pays vient un vin, regardez les termes essentiels de l'étiquette et confrontez-les aux informations contenues dans la section consacrée à ce pays. Vous y trouverez ce qu'il faut pour guider votre choix et, souvent, encore davantage grâce aux nombreux renvois. Après 19 éditions, il m'arrive encore de feuilleter ce guide pendant des heures...

Remerciements

Ces conseils proviennent de mes propres notes et de celles de nombreux amis. Sans l'aide généreuse et la collaboration des nombreux viticulteurs, négociants et critiques, je n'aurais jamais pu entreprendre cette tâche. Je remercie particulièrement :

Colin Anderson M.W.	Andreas März
Fritz Ascher	Richard Mayson
Martyn Assirati	Maggie McNie M.W.
Jean-Claude Berrouet	Adam Montefiori
Gregory Bowden	Vladimir Moskvan
Lucy Bridgers	Christian Moueix
Michael Broadbent M.W.	Richard Neill
Jim Budd	Judy Peterson-Nedry
Michael Cooper	Stuart Pigott
John Cossart	John et Erica Platter
Michael Edwards	Carlos Read
Len Evans	Jan et Maite Read
Dereck Foster	Michael, Prinz zu Salm
Jacqueline Friedrich	Joanna Simon
Rosemary George M.W.	Stephen Skelton
Howard G. Goldberg	Paul Strang
Grahame Haggart	Marguerite Thomas
James Halliday	Bob Thompson
Shirley Jones	Peter Vinding-Diers
Gabriel Lachmann	Julia Wilkinson
Tony Laithwaite	Simon Woods
John Livingstone-Learmonth	Hilary Wright

Les cépages

Ces 15 dernières années, un changement radical s'est produit dans tous les pays vinicoles, sauf les plus anciens. Quelques noms de cépages sont soudain devenus la référence principale sur l'étiquette. Dans les pays de longue tradition vinicole, à savoir, essentiellement la France et l'Italie (qui totalisent à elles deux près de la moitié de la production mondiale de vin), des traditions plus complexes prévalent encore. Le vin est désigné par son origine et non simplement par le nom du raisin dont le jus fermenté est contenu dans la bouteille.

Ces deux notions sont actuellement rivales. Pour les vins de qualité, quoi qu'il en soit, le lieu d'origine primera toujours sur le fruit. Mais, pour la plupart des gens, le goût du raisin, même modifié par celui du chêne, demeure la référence la plus facile. Si les arômes du raisin étaient réellement la seule notion qui compte, ce guide pourrait être réduit à sa plus simple expression. Or, ce n'est pas le cas, bien entendu, et connaître à la fois le cépage et l'endroit où il pousse vous guidera vers les arômes à votre goût, et vous aidera à établir des comparaisons entre les différentes régions. D'où le terme de *varietal wine*, originaire de Californie, qui indique, en principe, un vin issu d'un seul cépage. Au moins 7 cépages – Cabernet Sauvignon, Pinot Noir, Riesling, Sauvignon Blanc, Chardonnay, Gewürztraminer et Muscat – ont une saveur et un arôme suffisamment marqués et mémorables pour former des catégories internationales de vin. On pourrait y ajouter Merlot, Malbec, Syrah, Sémillon, Chenin Blanc, Pinot Blanc, Pinot Gris, Sylvaner, Viognier, Nebbiolo, Sangiovese, Temprenillo... Les cépages qui suivent sont les meilleurs ou les plus courants. Les abréviations utilisées tout au long du guide sont indiquées entre parenthèses.

Cépages pour vin blanc

Albariño

Nom espagnol de l'Alvarinho du nord du Portugal. Donne un vin frais et parfumé en Galice.

Aligoté

Cépage bourguignon donnant des vins ordinaires (souvent incisifs) qui doivent être bus entre 1 et 3 ans. Parfaits pour le kir. Très répandu en Europe de l'Est, surtout en Russie.

Arinto

Cépage du centre du Portugal donnant des blancs secs et parfumés.

Blanc Fumé

Autre nom du SAUV, faisant allusion au célèbre arôme « fumé » du vin, particulièrement dans les Pays de Loire (Sancerre et Pouilly). Appelé Fumé Blanc en Californie, il désigne un SAUV élevé dans du chêne.

Bual

Produit les vins doux de Madère de haute qualité.

Chardonnay (Chard)

Le cépage du Bourgogne blanc, celui du Champagne et le meilleur du Nouveau Monde, en partie parce qu'il est l'un des plus faciles à cultiver et vinifier. Toutes les régions s'y essaient et le font vieillir (ou fermenter) dans du chêne afin de reproduire les arômes du Bourgogne. L'Australie et la

Californie produisent des classiques. Les Chardonnay d'Italie, d'Espagne, de Nouvelle-Zélande, d'Afrique du Sud, de l'État de New York, du Chili, de Hongrie et du Midi ne sont pas à négliger. Il s'appelle Morillon en Autriche.

Chasselas

Raisin prolifique ; précoce, avec peu d'arôme, surtout cultivé comme raisin de table. Sous le nom de Fendant, il produit un des meilleurs vins du Valais suisse. Appelé Gutedel en Allemagne.

Chenin Blanc (Chenin Bl)

Le grand cépage blanc de Touraine et d'Anjou (Vouvray, Layon, etc.). Le vin peut être sec ou doux (ou très doux), mais toujours fort en acidité et, donc, de grande longévité. On l'utilise en Californie, où il peut donner de beaux vins. Voir aussi STEEN.

Clairette

Cépage de faible acidité, largement utilisé autrefois dans le Midi de la France comme base pour le Vermouth. Renaît actuellement.

Colombard

Cépage fruité et agréablement incisif, très populaire en Californie, et qui gagne du terrain dans le Sud-Ouest de la France, en Afrique du Sud, Californie, etc.

Fendant Voir CHASSELAS.

Folle-Blanche

Beaucoup d'acidité et peu d'arôme le rendent idéal pour la fabrication du Cognac. Appelé Gros-Plant en Pays nantais, Picpoul en Armagnac. Respectable en Californie.

Fumé Blanc (Fumé Bl) Voir BLANC FUMÉ.

Furmint

Cépage de caractère. Appellation commerciale du Tokay hongrois et de son vin de table vif et vigoureux à la saveur de pomme. Appelé Sipon en Slovénie. Petites quantités en Autriche.

Gewürztraminer (ou Traminer) (Gewürz)

Cépage à la saveur nettement épicée et aux arômes de pétale de rose et de pamplemousse. Les vins sont souvent généreux et souples, même lorsqu'ils sont très secs. Très bons en Alsace, bons également en Allemagne, Europe de l'Est, Australie, Californie, Nord-Ouest Pacifique et Nouvelle-Zélande.

Grauburgunder Voir PINOT G.

Grechetto ou Greco

Ancien cépage du centre et du sud de l'Italie : vitalité et style.

Grüner Veltliner

Cépage préféré de l'Autriche (près de la moitié des vignobles). Il peut être délicieux autour de Vienne, dans la Wachau et le Weinviertel (aussi en Moravie) ; vin léger mais sec et vif. Les meilleurs peuvent vieillir jusqu'à 5 ans.

Hárslevelü Voir FOLLE-BLANCHE.

Kéknyelü

L'autre cépage du Tokay avec le FURMINT.

Kerner

Ce croisement récent de RIES et de Trollinger rouge est un succès. Cépage floral, agréablement acide, précoce, courant dans le Palatinat, en Hesse rhénane, etc.

Loureiro

La variété la meilleure et la plus parfumée de Vinho Verde au Portugal.

Macabeo

Cépage blanc de base du nord de l'Espagne, très répandu dans le Rioja (alias Viura) et en pays catalan.

Malvoisie

Appelé Malmsey à Madère, Malvasia en Italie, Vermentino en Corse ; cultivé également en Grèce, Espagne et Europe de l'Est. Donne des vins bruns très généreux ou des blancs souples vieillissant magnifiquement. Potentiel élevé, rarement atteint.

Marsanne

Principal cépage blanc (avec la Roussanne) du nord du Rhône (St-Joseph, St-Péray, Hermitage). Bon aussi en Australie, Californie et (sous le nom d'Ermitage Blanc) dans le Valais suisse. Vins pleins et souples vieillissant très bien.

Müller-Thurgau (Müller-T)

Variété dominante en Hesse rhénane et dans le Palatinat et trop commune en Moselle. Croisement de RIES et de SYLVANER. Mûrit tôt et donne un vin souple et aromatique à boire jeune. Fournit de bons vins doux, mais des secs généralement ternes, voire grossiers.

Muscadelle

Ajoute de l'arôme à de nombreux Bordeaux blancs, sp. le Sauternes. Est également la base de la Liqueur Tokay australienne.

Muscadet (ou Melon de Bourgogne)

Donne en Pays nantais des vins légers très secs, qui ne doivent pas être trop âpres, mais frais rafraîchissants. (C'est le cépage du « Pinot Blanc » californien.)

Muscat (nombreuses variétés, la meilleure étant le Muscat Blanc à petits grains)

Raisin cultivé partout, mordant, donnant généralement des vins doux, parfumés, souvent mutés (comme les Vins doux naturels français). Superbe en Australie. Il est rarement élaboré en blanc sec (par ex. en Alsace).

Palomino (ou Listan)

Donne les meilleurs Xérès, mais un vin de table très fade.

Pedro Ximénez (ou P.X.)

Donne des vins très forts à Montilla et Málaga. Utilisé pour assembler le Xérès doux. Également cultivé en Argentine, Australie, Californie, Afrique du Sud et aux Canaries.

Pinot Blanc (Pinot Bl)

Cousin du PINOT N. N'a rien à voir avec le CHARD malgré son caractère similaire mais plus doux : vins légers, frais, fruités, pas aromatiques, à boire jeunes. Bon, par ex., pour le Spumante italien. Cultivé en Alsace, Italie du Nord, Allemagne du Sud, Europe de l'Est, Californie. Appelé WEISSBURGUNDER en Allemagne. Voir aussi MUSCADET.

Pinot Gris (Pinot G)

Donne au mieux des blancs plutôt lourds, même « épais », pleins, avec une touche épicée. Connu sous le nom de TOKAY en Alsace, RULÄNDER (doux) ou Grauburgunder (sec) en Allemagne, Tocai ou Pinot Grigio en Italie et en Slovénie (mais bien plus fin).

Pinot Noir (Pinot N)

Remarquable raisin noir (voir Cépages pour vin rouge), utilisé en Champagne et parfois ailleurs (Californie, Australie, p. ex.) pour la production de vin blanc, de mousseux ou d'un rosé très clair : le « vin gris ».

Riesling (Ries)

Le grand cépage allemand et, actuellement, le plus sous-estimé dans le monde. Vin d'un équilibre parfait entre la douceur et l'acidité, sec ou doux. Floral lorsqu'il est jeune, il développe à maturité bouquet et saveurs subtils et onctueux. Contrairement au CHARD, peu d'alcool suffit pour qu'il ait du caractère. Très bon (généralement sec) en Alsace (mais, stupidement, nulle part ailleurs en France), Autriche, Australie (très répandu), dans le Nord-Ouest Pacifique, dans l'Ontario, en

Californie et en Afrique du Sud. Il est également connu sous les noms : White Riesling, Johannisberg Riesling ou Riesling du Rhin. Sujet à la pourriture noble.

Riesling italien

Cultivé en Italie du Nord et en Europe de l'Est. Très inférieur au Riesling du Rhin, avec moins d'acidité. Meilleur pour les vins doux. Aussi appelé Welschriesling et Olaszrizling (qui, légalement, ne peuvent plus être étiquetés simplement Riesling).

Ruländer

Nom allemand du PINOT G.

Sauvignon Blanc (Sauv)

Vin à l'arôme végétal (ou de groseille à maquereau) très caractéristique, et quelquefois rance. Le meilleur vient de Sancerre. Assemblé avec du SÉM à Bordeaux. Il peut être austère ou opulent. Grande réussite en Nouvelle-Zélande, et maintenant cultivé à l'excès partout ailleurs. Également appelé BLANC FUMÉ et vice versa.

Savagnin

Le cépage du vin jaune de Savoie, peut-être apparenté au TRAMINER.

Scheurebe

Hybride au goût épicé du RIES allemand et du SYLVANER, très réussi dans le Palatinat, spécialement pour les Auslesen.

Sémillon (Sém)

Raisin contribuant à la volupté des Sauternes. Sujet à la pourriture noble dans les conditions voulues et de plus en plus important pour les Graves et les Bordeaux blancs secs. Végétal s'il n'est pas parfaitement mûr, il peut donner un vin sec et souple d'un grand potentiel de garde. Anciennement appelé Riesling dans certaines régions d'Australie. Les vieux Sémillon de Hunter Valley peuvent être magnifiques.

Sercial

Fournit le vin le plus sec de Madère. (Un mythe prétend que c'est du RIES !)

Seyval Blanc (Seyval Bl)

Hybride franco-américain robuste et fruité, apprécié et assez réussi dans l'est des États-Unis et en Angleterre. L'Union européenne l'a banni des vins de qualité.

Steen

Le plus populaire cépage blanc d'Afrique du Sud : vin vif et fruité. Serait (dit-on) du CHENIN BL de la Loire.

Sylvaner (ou Silvaner)

Ancien cépage allemand à tout faire. Vin rarement beau, sauf en Franconie où il est plein de saveur et vieillit admirablement, en Hesse rhénane et dans le Palatinat, où il renaît. Bon en Tyrol italien et utile en Alsace. Excellent en « Johannisberg » dans le Valais suisse.

Tokay

Voir PINOT G. Également raisin de table en Californie et cépage soi-disant hongrois en Australie. Le vin Tokay est issu de FURMINT.

Torrontes

Cépage argentin aromatique semblable au MUSCAT. Généralement employé pour des vins secs.

Traminer Voir GEWÜRZ.

Trebbiano

Cépage important mais médiocre du centre de l'Italie, utilisé dans l'Orvieto, le Chianti et le Soave, cultivé également dans le Midi de la France sous le nom d'Ugni Blanc et à Cognac comme « St-Émilion ». Donne surtout un vin maigre et neutre, qui nécessite d'être assemblé.

Ugni Blanc (Ugni Bl) Voir TREBBIANO.

Verdejo

Le cépage de Rueda en Castille. Peut être fin et de longue garde.

Verdelho

Raisin de Madère fournissant un excellent vin demi-doux. En Australie, il donne un vin frais, souple et sec de grand caractère.

Verdicchio

Donne son nom à un bon vin sec d'Italie centrale.

Vermentino Voir MALVOISIE.

Vernaccia

Raisin cultivé en Italie et en Sardaigne, qui donne un vin fort et moelleux parfois proche du Xérès.

Viognier

Cépage rare cultivé à Condrieu pour un blanc très fin et parfumé. Très en vogue dans le Midi, en Californie, etc.

Viura Voir MACABEO.

Weissburgunder Voir PINOT BL.

Welschriesling Voir RIES ITALIEN.

Cépages pour vin rouge

Aleatico (ou Aglianico)

Variété de Muscat noir utilisée dans l'ouest de l'Italie pour des vins doux bouquetés.

Baga

Le rouge standard de Bairrada, dans le centre du Portugal. Sombre, tannique, potentiellement très bon.

Barbera

Le plus populaire des nombreux cépages prolifiques d'Italie du Nord (sp. Piémont), donnant un vin sombre, robuste, fruité et souvent incisif. Gagne en prestige en Californie.

Brunello

Le SANGIOVESE de la Toscane méridionale, superbe à Montalcino.

Cabernet Franc (ou Bouchet) (Cab F)

La moins savoureuse des deux variétés de Cabernet cultivées dans le Bordelais (sauf à St-Émilion). Dans le Val de Loire, donne du Chinon, Saumur, etc., et du rosé.

Cabernet Sauvignon (Cab)

Cépage de caractère, épicé, végétal et tannique, à l'arôme de cassis. Meilleur cépage du Médoc, il donne également la plupart des grands rouges de Californie, Amérique du Sud et Europe de l'Est. Rivalise avec le Shiraz en Australie. Ces vins ont intérêt à vieillir et gagnent à être assemblés avec du MERLOT, du CAB F ou de la SYRAH. Donne un rosé très aromatique.

Cannonau

Le Grenache version sarde : peut être très beau et puissant.

Carignan

De loin le cépage le plus courant de France, où il couvre des milliers d'hectares. Prolifique, il donne un vin terne. Meilleur de vieilles vignes à Corbières. Courant également en Afrique du Nord, Espagne et Californie.

Cinsaut

Cépage courant dans le Midi de la France. Croisé en Afrique du Sud avec le PINOT N pour faire du PINOTAGE. Vin pâle mais d'un grand potentiel de qualité.

Dolcetto

Fournit au Piémont un rouge sec, élégant et séduisant. A la mode aujourd'hui (mais pas cher).

Gamay

Le cépage du Beaujolais : vin léger, très parfumé, à boire jeune. Encore plus léger dans la Loire, le centre de la France, en Suisse et en Savoie. Connu sous le nom de Napa Gamay en Californie.

Gamay Beaujolais

Rien à voir avec le GAMAY, (pauvre) variété de PINOT N cultivée en Californie.

Grenache (ou Garnacha, Alicante, Cannonau)

Cépage donnant un vin fort, fruité mais pâle : bon rosé et vin doux naturel. Cultivé dans le Midi de la France, en Espagne, en Californie. Les vins issus de vieilles vignes sont très appréciés dans le Sud de l'Australie. Il est généralement assemblé (par ex. à Châteauneuf-du-Pape).

Grignolino

Donne un des bons vins de table du Piémont.

Kadarka (ou Gamza)

Donne des rouges sains et agréables en Hongrie, Bulgarie, etc.

Kékfrankos

Blaufränkisch hongrois, apparenté, dit-on, au Gamay et produisant le même type de rouges légers.

Lambrusco

Cépage très courant dans la partie inférieure de la vallée du Pô donnant un rouge très italien, doux et pétillant.

Malbec (ou Cot)

Mineur en Bordelais, important dans le Cahors (alias Auxerrois) et surtout en Argentine. Vin sombre, dense et tannique capable de réelle qualité.

Merlot

Donne les grands vins parfumés, au goût de prune, de Pomerol et St-Émilion (avec du CAB F), élément important dans les rouges du Médoc, dans les vins souples et forts de Californie (et à la mode) et de Washington et un ajout utile en Australie. Plus légers mais bons en Italie du Nord, dans le Tessin, en Slovénie, en Argentine, etc.

Montepulciano

Curieusement, grand cépage du centre et de l'Est de l'Italie et ville de Toscane. Haute qualité.

Mourvèdre (ou Mataro)

Cépage excellent, sombre, aromatique, tannique, surtout utilisé pour les assemblages en Provence (seulement à Bandol) et dans le Midi. Connaît un regain d'intérêt dans le Sud de l'Australie et en Californie, par exemple.

Nebbiolo (ou Spanna ou Chiavennasca)

Un des meilleurs cépages rouges d'Italie. Il donne les Barolo, Barbaresco, Gattinara et Valtellina. Vins intenses, noblement fruités et parfumés mais très tanniques, mettant des années à atteindre leur maturité.

Periquita

Omniprésent au Portugal pour des rouges à l'arôme ferme. Souvent assemblé avec du Cabernet Sauvignon et connu également sous le nom de Castelâ o Francês.

Petit Verdot

Cépage de Médoc excellent mais peu élégant, maintenant largement remplacé.

Pinotage

Cépage étrange d'Afrique du Sud (croisement de PINOT N et de CINSAUT). Peut être fruité et vieillir de façon intéressante. Souvent sirupeux.

Pinot Noir (Pinot N)

La gloire de la Côte-d'Or. Son bouquet, sa saveur et sa texture sont inégalables. Moins heureux ailleurs, donne des vins légers sans grand intérêt en Allemagne, Suisse, Autriche et Hongrie. C'est le grand défi pour la Californie et l'Australie (et maintenant l'Afrique du Sud). Prometteur en Carneros et Côte Centrale (Californie), Oregon, Ontario, Yarra Valley et Tasmanie (Australie) et Nouvelle-Zélande.

Refosco

Peut-être le même cépage que la Mondeuse de Savoie. Donne des vins profonds, aromatique et de garde, surtout dans les climats plus chauds.

Saint-Laurent

Spécialité autrichienne sombre, onctueuse et très aromatique. Un peu aussi dans le Palatinat.

Sangiovese (ou Sangioveto)

Principal cépage du Chianti et répandu en Italie centrale. Le BRUNELLO est le Sangiovese Grosso.

Saperavi

Donne de bons vins âpres et de très longue garde en Géorgie, Ukraine, etc. S'assemble très bien avec le CAB (par ex. en Moldavie).

Spätburgunder

Nom allemand du PINOT N, mais très pâle reflet de celui de Bourgogne.

Syrah ou Petite Sirah ou Shiraz

Le grand cépage de la vallée du Rhône, donne un vin tannique, poivré et pourpre de longue garde. Très important en Australie (Shiraz). Réussit de mieux en mieux dans le Midi, en Afrique du Sud et en Californie. A de plus en plus d'adeptes.

Tannat

Force très tannique, parfum de framboise pour des Madiran, Tursan et autres rouges de structure ferme du sud-ouest de la France. Aussi pour du rosé.

Tempranillo

Cépage pâle et aromatique de Rioja, appelé Ull de Lebre en Catalogne, Cencibel dans la Manche. Maturité précoce.

Touriga Nacional

Grand cépage de porto et du Douro. Ailleurs au Portugal pour des rouges corsés.

Zinfandel (Zin)

Cépage fruité qui s'adapte bien, particulier à la Californie, au goût de mûre et parfois métallique. Se vinifie aussi en blanc. Peut être fantastiquement riche et donne aussi des blancs « blush » (rosés).

Quels mets pour quels vins ?

Ce dilemme est particulièrement vif au restaurant : quatre personnes ont choisi trois plats différents. Quel vin choisir ? La solution conventionnelle reste une bouteille de blanc et une de rouge, quelle que soit la nourriture. La formule fonctionne bien, mais pourrait être affinée, voire remplacée par quelque chose de plus original. Quelque chose qui mettrait en valeur à la fois la saveur du plat et celle du vin.

Curieusement, peu d'encre a coulé sur l'association des mets et des vins, mais 20 ans d'expérimentations et les idées de nombreux amis m'ont permis d'établir cette liste de suggestions pratiques. Surtout utile pour élaborer un menu à la maison, elle peut aussi servir au restaurant en conjonction avec le reste de ce guide.

Avant le repas

Les vins apéritifs traditionnels sont soit des mousseux (incarnés par le Champagne), soit des vins mutés (tels le Xérès en Grande-Bretagne, le Porto en France, le Vermouth en Italie, etc.). La mode actuelle d'un verre de blanc ou de rosé de table avant le repas (ou de rouge en France) exige un vin léger et stimulant, assez sec sans être acide, avec un certain caractère, et, de toute façon, plutôt du Riesling ou du Chenin Blanc que du Chardonnay.

Attention : évitez les cacahuètes, qui détruisent les arômes du vin.
Les olives sont également trop piquantes pour la plupart des vins ; elles appellent un Xérès ou un Martini. Choisissez plutôt des amandes, des pistaches ou des noix, des chips ou des biscuits au fromage.

Entrées et hors-d'œuvre

Aïoli

Rhône ★ → ★ ★ ou Minervois ou Provence rosé ou Verdicchio étancheront votre soif.

Anguille fumée

Un vin vigoureux ou vert : Xérès Fino ou Bourgogne Aligoté.

Artichauts sauce hollandaise

Blanc sec corsé et légèrement croquant ★ ou ★ ★ : Pouilly-Fuissé, Spätlese du Palatinat ou Chardonnay de Carneros ou de Yarra Valley ★ ★ .

Artichauts vinaigrette

Jeune rouge ★ : Bordeaux, Côtes-du-Rhône ou un blanc sec incisif comme un Sauvignon de Nouvelle-Zélande ou un vin grec moderne.

Asperges

Leur légère amertume les rend difficiles à marier avec un vin. Le Sauvignon s'accorde avec leur saveur. Le Sémillon (sp. d'Australie) vaut mieux que le Chardonnay, sauf avec du beurre fondu. Pinot Gris d'Alsace, Muscat sec ou Jurançon sec peuvent être bons. En feuilleté, essayez plutôt un vin doux : Sauternes, Loire ou Tokay.

Avocat garni (crevettes, crabe etc.)

Blanc sec, demi-sec ou légèrement âpre ★ ★ → ★ ★ ★ : Kabinett du Rheingau ou du Palatinat, Sancerre, Pinot Grigio, Chardonnay ou Sauvignon de Sonoma ou d'Australie, Cape Steen ou rosé sec. Ou alors un Chablis.

Avocat vinaigrette

Rouge léger ★ : Enfer d'Arvier italien ou Xérès Manzanilla.

Bisque

Blanc sec avec beaucoup de corps ★ ★ : Pinot Gris, Chardonnay, Xérès Fino ou Amontillado sec, ou Montilla. Sémillon de l'ouest de l'Australie.

Blinis au caviar

Champagne ★ ★ ★ : Riesling d'Alsace ou Sancerre (ou Vodka).

Boudin noir

Sauvignon ou Chenin blanc local, surtout du pays de Loire. Ou un cru du Beaujolais comme un Morgon.

Bouillabaisse

Blanc sec végétal ★ → ★ ★ : Roussette de Savoie, Verdicchio, Blanc Fumé californien. Ou rosé de Provence, de Corse ou espagnol.

Bouquets - Crevettes

Blanc sec ★ ★ → ★ ★ ★ : Bourgogne ou Bordeaux, Chardonnay, Riesling.

Brandade de morue

Blanc ayant du corps ★ ★ : Côtes-du-Rhône, Clairette du Languedoc, Côtes-de-Provence.

Carpaccio

Bœuf : s'accommode de la plupart des vins, dont les rouges ★ ★ ★ . Un excellent vino da tavola de Toscane sera parfait. Mais les beaux Chardonnay sont bons aussi, de même qu'un Champagne rosé millésimé. Saumon : Chardonnay ★ ★ → ★ ★ ★ ou Champagne.

Caviar

Vodka glacée, Champagne, si vous voulez, mais très corsé (Bollinger, Cliquot, Krug, etc.).

Ceviche

Riesling d'Australie ou Verdelho ★ ★ ou Sauvignon du Chili ou de Nouvelle-Zélande.

Charcuterie

Un jeune Beaujolais-Villages, un Bordeaux blanc ★ ★ ou un rouge de Loire comme le Bourgueil, ou un Pinot Noir de l'Oregon ou de Suisse. Jeunes rouges argentins ou italiens.

Consommé

Xérès Amontillado demi-sec ★ ★ → ★ ★ ★ , Madère Sercial.

Coquilles St-Jacques

En sauce à la crème : Montrachet, Spätlesen allemands ★ ★ ★ . Grillées ou sautées : Hermitage blanc, Gewürztraminer, Chenin Blanc californien, Riesling ou Champagne.

Crevettes, bouquets

Beau blanc sec (★ ★ → ★ ★ ★) : Bourgogne, Graves, Chardonnay de Nouvelle-Zélande, Riesling de Washington. Et même un beau Champagne mûr.

Crudités

Rouges ou rosés légers (★ → ★ ★ , pas plus) : Côtes-du-Rhône, Minervois, Chianti, Pinot Noir d'Okanagan ; Xérès Fino. Sylvaner ou Pinot Gris d'Alsace.

Dim-Sum

Surtout du thé : Oolong ou Bo-Li. Sinon : Pinot Grigio ou Riesling pour les dim-sum frits et rouge léger (Bardolino ou Beaujolais-Village) pour les dim-sum à la vapeur. Ou un Champagne millésimé.

Entrées au fromage

Grand rouge de caractère ★ ★ → ★ ★ ★ : Médoc ; ou blanc : Riesling, Coteaux de la Loire, Arbois.

Escargots

Rouges du Rhône comme le Gingondas ou le Vacqueyras. Un Saint-Véran ou un Aligoté. Dans le Midi, blanc, rosé ou rouge local avec les petits-gris. En Alsace, Pinot Blanc ou Muscat.

Foie gras

Blanc ★ ★ ★ → ★ ★ ★ ★ . À Bordeaux, on boit du Sauternes ; d'autres préfèrent un Pinot Gris, un Riesling (Ancien ou Nouveau Monde) ou un Gewürztraminer vendange tardive. Le Tokay Aszù est un choix supplémentaire. Un vieux Xérès Amontillado sec peut être sublime. Surtout pas de Chardonnay.

Fondue au fromage

Blanc sec ★ ★ : Fendant du Valais ou tout autre Chasselas suisse, Grüner Veltliner, Riesling ou Pinot Gris d'Alsace.

Gaspacho

Un verre de Xérès fino avant et après ou un Sauvignon.

Grenouilles

Vin blanc sec léger mais avec du goût ★ → ★ ★ ★ : Rully, Saint-Véran, Graves, Sancerre.

Guacamole

Chardonnay californien ★ ★ , Riesling Kabinett, Muscat sec ou Champagne non millésimé. Ou bière mexicaine.

Haddock (mousse)

Merveilleux avec un blanc sec corsé et stylé, Chablis Grand Cru, par exemple, ou un Chardonnay de Nouvelle-Zélande.

Harengs crus ou marinés

Un genièvre hollandais (jeune), un akvavit scandinave et de la bière fraîche. Si vous tenez au vin, essayez le Muscadet.

Homard ou crabe

En salade : blanc ★ ★ → ★ ★ ★ ★ . Un petit Champagne, Riesling d'Alsace, Chablis Premier Cru. Grillé : un Vouvray. En sauce : un grand Champagne, Bourgogne blanc racé, Graves cru classé, Rheinpfalz, Spätlese, Hermitage Blanc.

Hommos

Blanc sec tranchant et épicé hongrois, par ex., ou un Retsina.

Huîtres

Blanc ★ ★ → ★ ★ ★ : Champagne S A, Chablis ou Chablis Premier Cru (mieux), Muscadet, Graves blanc, Sancerre.

Jambon de Parme (prosciutto) au melon, poires ou figues

Blanc sec corsé ou demi-sec ★ ★ → ★ ★ ★ : Orvieto, Frascati, Pomino, Fendant, Grüner Veltliner, Gewürztraminer d'Alsace ou de Californie, Riesling d'Australie, Jurançon sec.

Maquereau fumé

Il tue le vin. Xérès Manzanilla, Vinho Verde sec ou Schnaps, Vodka à l'herbe de bison ou bonne bière blonde.

Melon

Un vin fort en alcool et doux : Porto ★ ★ , Madère Bual, Muscat de Frontignan ou vin doux naturel. Ou alors, un Viognier sec et aromatique ou un Marsanne australien.

Minestrone

Rouge ★ : Grignolino, Chianti, Zinfandel, Syrah du Rhône, etc. Xérès Fino.

Moules

Gros-Plant, Muscadet, Chablis ★ → ★ ★ .

Œufs

Ils ne s'accordent pas avec la plupart des vins et gâchent les meilleurs. Dans tous les cas, un vin ★ → ★ ★ . Essayez un Pinot Blanc ou Chardonnay franc pas trop boisé. Je supporte le Champagne avec les œufs brouillés, en dernier ressort.

Omelette aux truffes

Rouge ★ ★ ★ : Médoc, Graves, St-Émilion, Chambertin, Clos de Vougeot.

Palourdes

Les mêmes que pour les bouquets, crevettes ou huîtres.

Pâtes

Rouge ou blanc ★ → ★ ★ selon la sauce qui les accompagne. Sauce aux fruits de mer (vongole, par ex.) : Verdicchio, Soave, Pomino, Sauvignon ; sauce à la viande : Montepulciano d'Abruzzo, Salice Salentino, Merlot ; sauce tomate : Sauvignon, Barbera, rouge du sud de l'Italie ou Grenache du sud de l'Australie ; sauce à la crème : Orvieto, Frascati ou Chardonnay du Haut-Adige ; sauce au pistou : Sauvignon de Nouvelle-Zélande, Barbera, Torbato de Sicile, Hàrslevelü ou Furmint de Hongrie. Raviolis aux champignons : Dolcetto ou Nebbiolo d'Alba, Pinot Noir d'Oregon, Rioja crianza rouge.

Pâtés

Selon la composition du pâté. Pâté de foie de volaille : blanc vigoureux (Pinot Gris d'Alsace ou Marsanne), rouge souple (Pomerol léger ou Volnay) ou Xérès Amontillado. Pâté simple : blanc sec ★ ★ : bon vin de pays, Graves, Fumé Blanc. Pâté de canard : Châteauneuf-du-Pape, Cornas, Chianti Classico ou Franciacorta. Pâté de gibier : vin rouge capiteux ★ ★ ★ de Bordeaux ou de Bourgogne, ou Hermitage.

Peperonata (poivrons aux oignons et tomates)

Riesling sec australien, Sémillon de l'Ouest de l'Australie ou Sauvignon de Nouvelle-Zélande. Tempranillo ou Beaujolais.

Piments grillés

Sauvignon de Nouvelle-Zélande, Chardonnay espagnol ou Valdepeñas.

Pipérade

Rosé de Navarre, du Béarn ou d'Irouléguy. Ou un Riesling sec australien.

Pizza

Tout rouge sec italien ★ ★ ou Rioja ★ ★. Shiraz d'Australie ou Sangiovese de Californie. Corbières, Coteaux d'Aix-en-Provence ou Bairrada rouge.

Purée d'aubergines (Melitzanosalata)

Un Sauvignon croquant du Chili ou de Nouvelle-Zélande, un blanc sec grec ou sicilien. Un rouge Bardolino ou un rosé Chiaretto.

Quiches

Blanc sec ayant du corps ★ → ★ ★ : Alsace, Graves, Sauvignon, Rheingau sec. Ou un rouge jeune (Beaujolais-Villages, Pinot Noir chilien), selon les ingrédients. Ce n'est pas un plat pour un vin fin.

Raviolis (voir pâtes)

Aux champignons des bois : Dolcetto ou Nebbiolo d'Alba, Pinot Noir d'Oregon.

Salade au chèvre chaud

Sancerre, Pouilly-Fumé ou Sauvignon du Nouveau Monde. Chinon ou Saumur-Champigny glacé, rosé de Provence. Ou rouge fort : Ch. Musar, vin grec ou turc, Shiraz mousseux.

Salade niçoise

Blanc ou rosé très sec ★ ★ pas trop léger ni floral : Provence, Rhône ou Corse, blanc catalan, Fern o Pires, Sauvignon ou blanc sec de Hongrie.

Salades

En entrée : blanc sec jeune ouvrant l'appétit. Après un plat principal : pas de vin. N.B. : le vinaigre tue le vin. Préparez votre vinaigrette au vin blanc ou au jus de citron.

Saucisson ou salami

Rouge ou rosé très savoureux ★ → ★ ★ : Barbera, excellent Valpolicella, jeune Zinfandel, Tavel ou Ajaccio rosé, Vacqueyras, jeune Bordeaux, Cabernet chilien ou Gamay du Nouveau Monde.

Saumon cru

★ ★ → ★ ★ ★ Chardonnay ou Champagne.

Saumon fumé

Blanc sec mais vigoureux ★ ★ : Xérès fino, Pinot Gris d'Alsace, Chablis Grand Cru, Pouilly-Fumé, Riesling Spätlese du Palatinat, Champagne millésimé. Si vous tenez au rouge, préférez-le léger, comme un Barbera. Vodka, shnapps ou akvavit.

Soufflés

Vins ★ ★ → ★ ★ ★ .
Soufflé de poisson : blanc sec (Bourgogne, Bordeaux, Alsace, Chardonnay ★ ★ ★ , etc.)
Soufflé au fromage : Bourgogne ou Bordeaux rouge, Cabernet Sauvignon ★ ★ ★ , etc.

Soupe à l'oignon

Rouge jeune ayant du corps ★ → ★ ★ : Côtes-du-Rhône, Roussillon, Corbières, Cahors.

Soupe aux ailerons de requin

Ajouter un soupçon de Cognac et déguster un Xérès Amontillado.

Soupe de poissons

Blanc puissant ★ ★ , pas forcément extra-sec : Pinot Gris, Spätlese du Rhin. Xérès Fino, Madère sec, Marsala.

Tapenade

Xérès manzanilla ou fino, ou n'importe quel blanc sec ou rosé plutôt âpre.

Tarama

Un blanc méditerranéen rustique et robuste, pas forcément du Retsina. Le Xérès Fino fait des merveilles. Essayez un Arbois ou un Rioja blanc. Le tarama de supermarché fonctionne bien avec des blancs fins et délicats et le Champagne.

Terrine de légumes

Pas de vin fin mais un Chardonnay de Californie, du Chili ou d'Afrique du Sud.

Terrine de poisson

Riesling Spätlese Trocken du Palatinat, Chablis, Sémillon de Washington, Riesling de Clare Valley, Chardonnay de Sonoma. Ou un Xérès Fino.

Terrine de volaille ou de lapin

Rouge : Mercurey, Beaujolais-Villages. St-Émilion ★ ★ plutôt jeune, Cabernet ou Zinfandel de Californie, Cabernet de Bulgarie ou du Chili.

Tomates (sous toutes leurs formes)

L'acidité des tomates ne fait pas bon ménage avec les beaux vins. Le Sauvignon est leur seul ami. Pour les rouges, essayez le Chianti.

Tortilla

Rioja crianza ou Mâcon-Villages blanc.

Truite fumée

Sancerre, Sauvignon d'Afrique du Sud ou de Nouvelle-Zélande, Rully ou Bourgogne Aligoté, Chablis ou Champagne.

Poissons

Aiglefin

En général un blanc sec, type Sancerre, Anjou, et des vins plus généreux avec les sauces élaborées.

Alose

Graves blanc ou Meursault ★★ → ★★★.

Anchois

Un vin robuste, rouge, blanc ou rosé. Essayez un Rioja.

Bar

Weissburgunder de Bade ou du Palatinat ou tout blanc délicat, tel un Riesling sec du Coonawarra ou un Chablis.

Beurre blanc, poisson au

Muscadet sur Lie, assemblage Sauvignon/Sémillon, Chablis ou vin Charta du Rheingau.

Brandade de morue

Premier cru de Chablis ou Sancerre rouge.

Cabillaud

Un bon fond neutre pour des blancs secs ou demi-secs racés : ★★ → ★★★ Chablis, Meursault, Corton-Charlemagne, cru classé de Graves, Vouvray plutôt sec, Kabinett allemands, Spätlesen secs ou un bon rouge léger (Beaune).

Carpaccio (saumon, thon, etc.)

Puligny-Montrachet ★★★, Condrieu ou Chardonnay australien.

Colin

N'importe quel blanc sec ★★ : Muscadet, Saumur, Mâcon, Graves, etc.

Crabe froid, en salade

Riesling d'Alsace ou Muscat, Riesling sec de Californie ou d'Australie ou Viognier de Condrieu.

Croquettes de poisson, friture

Chablis, Bordeaux blanc ★★, Sauvignon, Riesling d'Alsace, Fino, Montilla, Koshu...

Espadon

Blanc sec corsé (★★), quel que soit le pays on l'on se trouve.

Flétan Voir TURBOT.

Friture

Blancs secs croquants : Muscadet, Sauvignon de Touraine, Verdicchio.

Haddock

Blanc sec ★★ → ★★★ généreux : Meursault, Chardonnay de Californie ou de Nouvelle-Zélande, Marsanne.

Hareng

Blanc acide : Bourgogne Aligoté, Gros-Plant, Sauvignon sec. Ou du cidre. Harengs fumés : blanc tranquille ou mousseux. Mâcon-Villages, Chardonnay d'Afrique du Sud ou Champagne.

Lamproie à la bordelaise

★★ → ★★★ St-Émilion ou Fronsac de 5 ans d'âge.

Langouste, homard, crabe

En salade : blanc ★★ → ★★★★, Champagne S A, Riesling d'Alsace, Chablis Premier Cru, Condrieu, Spätlese de Moselle, Chardonnay de Penedès ; en sauce : Champagne millésimé, Bourgogne blanc fin, Graves cru classé, Chardonnay de Californie ou Riesling d'Australie, Spätlese du Palatinat.

Maquereau

Blanc ferme ou incisif ★★ : Sauvignon de Touraine, Gaillac, Gros-Plant, Vinho Verde, Rioja blanc. Ou de la Guinness.

Merlan

Blanc sec ou demi-sec ★ ★ → ★ ★ ★ : Sauvignon, Graves, Mâcon, Vouvray.

Perche

N'importe quel vin fin : Premiers Crus de Bâtard-Montrachet ou grands Moselle. Grand Fendant suisse ou Johannisberg.

Raie au beurre noir

Blanc un peu épicé ★ ★ (Menetou-Salon) ou un vin net et franc comme le Muscadet franc ou l'Arneis.

Rouget

N'importe quel bon blanc ou rouge, surtout de Pinot Noir.

Sandre

Voir Perche.

Sardines grillées

Blanc très sec ★ → ★ ★ : Vinho Verde, Soave, Muscadet, Grec moderne.

Sashimi

Vins pétillants, Chardonnay de Washington ou de Tasmanie, Chablis Grand Cru, Riesling halbtrocken du Rheingau, Seyval Blanc anglais. Sinon, saké glacé ou bière.

Saumon frais

Grand Bourgogne blanc ★ ★ ★ : Puligny ou Chassagne-Montrachet, Meursault, Corton-Charlemagne, Chablis Grand Cru. Condrieu, Chardonnay de Nouvelle-Zélande, Kabinett ou Spätlese du Rheingau, Riesling de Californie ou équivalent. Un Pinot Noir jeune peut être parfait et un Merlot peut faire l'affaire.

Sole, carrelet, etc.

Grillés ou meunière, se marient idéalement avec des vins de qualité ★ ★ ★ → ★ ★ ★ ★ ★ : Bourgogne blanc, Montrachet, Meursault. En sauce, suivant les ingrédients : un vin âpre et sec avec une sauce tomate, plutôt doux pour la sole Véronique, etc.

Sushi

Un QbA allemand sec, un Chablis simple ou un Champagne brut non millésimé. Saké ou bière.

Thon grillé

Blanc, rouge ou rosé ★ ★ bien fruité. Un excellent Saint-Véran ou Hermitage blanc ou un Côtes-du-Rhône. Pinot Noir et Merlot sont les meilleurs rouges.

Truite

Blanc délicat ★ ★ ★ , dont Moselle, Pinot Blanc d'Alsace. Truite fumée : voir Entrées et Hors-d'œuvre.

Turbot

Votre meilleur blanc sec et généreux ★ ★ ★ : Meursault, Chassagne-Montrachet, Chablis mûr ou son équivalent de Californie, australie ou Nouvelle-Zélande. Condrieu. Spätlese ou Auslese (pas sec) mûrs de Rheingau, Moselle ou Nahe.

Viande, volaille, etc.

Agneau

Rôti : classiquement, très bon Bordeaux rouge ou Cabernet équivalent du Nouveau Monde. Gigot, côtelettes et carré : un très bon Bordeaux rouge, corsé, ou ses équivalents en Cabernet.

Blanquette de veau

Peut avoir besoin d'être relevée par un Beaujolais, un Fleurie ou un Brouilly.

Bœuf bourguignon

Rouge vigoureux ★ ★ → ★ ★ ★ , ex. Pomerol ou St-Émilion, Hermitage, Cornas, Barbera, Shiraz, Cabernet de Napa, Torres, Gran Coronas.

Bœuf rôti

S'accompagne idéalement de vin rouge fin ★ ★ → ★ ★ ★ ★ de tout cépage.

Bœuf Stroganoff

Rouge plein de feu ★ ★ → ★ ★ ★ : Barolo, Valpolicella, Amarone, Cahors, Hermitage, Zinfandel vendange tardive, même un Negru moldave de Purkar.

Boudin blanc

Chenin Blanc de la Loire (★ ★ → ★ ★ ★), surtout avec une compote de pommes : Vouvray, Saumur, Savennières secs. Côtes de Beaune mûr pour le rouge, sauf avec des pommes.

Boudin noir

Rouge jeune et franc ★ ★ : Beaujolais-Villages ou Côtes-du-Rhône-Villages, Chinon ou Minervois.

Boulettes de viande

Rouge piquant moyennement corsé ★ ★ → ★ ★ ★ : Mercurey, Crozes-Hermitage, Madiran, Rubesco, Dão, Zinfandel ou Cabernet. Boulettes à l'indienne : Muscat sec ou Viognier.

Brochettes

Rouge léger ★ ★ : Côtes de Bourg, Passe-Tout-Grains, Chianti, Juliénas.

Cailles

Comme pour le pigeon. Carmignano, Rioja Reserva, Pinot Noir.

Canard ou oie rôtis

Blanc plutôt généreux ★ ★ ★ : Spätlese du Palatinat ou une Réserve exceptionnelle d'Alsace, rouge à gibier mûr (Morey-St-Denis ou Côte-Rôtie) ou Bordeaux ou Bourgogne ★ ★ ★ .

Canard à l'orange ou aux pêches

Sauternes, Monbazillac ou Auslese.

Canard aux olives

Chianti ou vino da tavola toscan.

Canard sauvage

Rouge puissant ★ ★ ★ : Hermitage, Châteauneuf-du-Pape, Bandol, Cabernet de Californie ou d'Afrique du Sud, Shiraz-Grange australien si vous en trouvez.

Cassoulet

Rouge ★ ★ du Sud-Ouest de la France (Côtes du Frontonnais, Cahors, Madiran, Corbières) ou Shiraz. Mais, par-dessus tout, un cru du Beaujolais ou un jeune rouge de Navarre.

Chich-kebab

Rouge vigoureux ★ ★ : Nemea ou Naoussa grec, Buzbag turc, Cabernet chilien, Zinfandel ou Shiraz de Barossa.

Chili con carne

Rouge jeune ★ → ★ ★ : Beaujolais, Gattinara, Navarra, Zinfandel, Malbec d'Argentine.

Chinoises (spécialités)

Blanc sec ou demi-sec ★ ★ → ★ ★ ★ Riesling Kabinett de Moselle. Beaucoup aiment le Gewürztraminer. Mousseux sec ou pas très doux (Cava). Plats aigres-doux : St-Émilion 89/90 ★ ★ (ou Le Pin ?), St-Estèphe Cru Bourgeois, Pinot Noir du Nouveau Monde. Avec le canard, Châteauneuf-du-Pape.

Choucroute garnie

Pinot Blanc, Pinot Gris ou Riesling d'Alsace, ou bière.

Chou farci

Cabernet Franc/Kadarka de Hongrie, Cabernet de Bulgarie, Squinzano ou tout autre rouge épicé du Sud de l'Italie.

Confit d'oie/de canard

Bordeaux rouge ★★ → ★★★ : Cru Bourgeois jeune et tannique. Cabernet et Merlot de Californie, Priorato, Tokay-Pinot Gris d'Alsace ou Gewürztraminer.

Coq au vin

Bourgogne rouge ★★ → ★★★★ . L'idéal serait de mettre une bouteille de Chambertin dans le plat et deux autres sur la table.

Curry

Blanc demi-sec ★ → ★★ très frais : Orvieto Abboccato, Chenin Blanc de Californie ou un « Champagne » indien.

Entrecôte

Rouges charpentés ★★ → ★★★ : Barolo, Hermitage, St-Estèphe, Médoc.

Escalope viennoise

Rouge léger ★★ → ★★★ d'Autriche ou du Médoc. Riesling, Grüner Veltliner ou Gumpoldskirchener d'Autriche.

Foie

Rouge jeune ★★ : Beaujolais-Villages, St-Joseph, Médoc, Merlot italien, Cabernet de Breganze, Zinfandel, Bairrada portugais. Foie de veau : Rioja crianza rouge, Salice Salentino Riserva, Fleurie.

Gibier à plumes

De jeunes oiseaux simplement rôtis méritent le meilleur rouge possible. Avec les bêtes plus âgées, en marmite, un rouge ★★ → ★★★ (Gevrey-Chambertin, Grand Cru St-Émilion, Pommard, Santenay, Cabernet de Napa ou Rhône). Avec les oiseaux bien faisandés : Vega Sicilia, grand Côtes-du-Rhône, Ch. Musar. Avec le gibier froid, un Champagne millésimé mûr.

Goulasch

Rouge jeune et parfumé ★★ : Zinfandel, Cabernet ou Mavrud de Bulgarie, Kadarka de Hongrie, jeune Shiraz australien, Copertino.

Hachis Parmentier

Un gros rouge ★ → ★★ semble le plus indiqué, mais un bon vin sera apprécié.

Jambon

Bourgogne rouge ★★ → ★★★ tendre : Volnay, Savigny, Beaune ; Chinon ou Bourgueil, blanc allemand légèrement doux (Spätlese du Rhin), Müller-Thurgau tchèque, rouge toscan, Cabernet léger (du Chili) ou Pinot Noir de Californie.

Langue

Bonne avec n'importe quel rouge ou blanc de caractère, sp. italien. Aussi rouges du Beaujolais et de Loire et rosés secs et pleins.

Lapin

Jeune rouge italien ★ → ★★★ moyennement corsé et vif ou Aglianico del Vulture, ou Chiroubles, Chinon, Saumur-Champigny, Rhône rosé.

Lapin chasseur

Bordeaux rouge ★★ : St-Émilion, Pomerol, Côtes-de-Fronsac ou Côtes-de-Bourg.

Lièvre en civet

Un rouge ★★ → ★★★ au grand bouquet : un Bourgogne pas trop vieux (Vosne-Romanée), Bordeaux ou Rhône (Gigondas), Bandol, Barbaresco, Rioja Reserva.

Moussaka

Rouge ou rosé ★ → ★★ : Naoussa grec, Chianti, Corbières, Côtes de Provence, Ajaccio, Patrimonio, Pinot Noir chilien.

Osso buco

Rouge peu tannique et souple, comme un Dolcetto d'Alba ou un Pinot Noir.

Paella

Jeune rouge, blanc sec ou rosé espagnol ★ ★ : Penedès ou Rioja.

Perdrix ou faisan

Voir GIBIER À PLUME.

Pigeons ou pigeonneaux

Bourgogne rouge vif ★ ★ → ★ ★ ★ : Savigny, Chambolle-Musigny ; Crozes-Hermitage, Chianti Classico ou Pinot Noir de Californie, Sylvaner Spätlese de Franconie.

Porc, rôti

Le porc est un bon fond neutre pour un rouge assez léger ou un blanc riche. Mérite ★ ★ ★ . Le Médoc est idéal. Le cochon de lait du Portugal se boit avec un Bairrada Garrafeira. Pinot Noir pour la cuisine chinoise.

Pot-au-feu

Rouge ★ ★ : Bordeaux (Bourg ou Fronsac), Roussillon, Shiraz australien. Bon Mâcon-Villages blanc.

Poulet, dinde, pintade

Tous les vins sont possibles, de vos meilleures bouteilles de blanc sec aux vieux rouges de qualité (sp. Bourgogne). Certaines sauces s'accordent avec presque tous les beaux vins. Essayez un Shiraz mousseux avec les farces et accompagnements forts, doux ou épicés. Éviter la sauce tomate pour les bons vins.

Queue de bœuf

Rouge ★ ★ → ★ ★ ★ plutôt généreux : St-Émilion, Pomerol, Pommard, Nuits-St-Georges, Barolo, Rioja Reserva, Cabernet de Californie ou du Coonawarra, Châteauneuf-du-Pape. Ou Riesling Spätlese sec du Rheingau.

Ragoûts

Bourgogne ★ ★ ★ comme Chambolle-Musigny ou Bonnes-Mares. Sinon, rouges jeunes et parfumés : Côtes-du-Rhône, Toro, Corbières, Barbera, Shiraz, Zinfandel.

Ris de veau, d'agneau

Grand plat demandant un vin de prestige. Riesling du Rhin ★ ★ ★ ou Spätlese Sylvaner de Franconie, Pinot Gris Grand Cru d'Alsace ou Condrieu, suivant la sauce.

Rognons

Rouge ★ ★ → ★ ★ ★ : St-Émilion, Nuits-St-Georges, Cornas, Barbaresco, Rioja, Cabernet, Bairrada du Portugal.

Saucisses de Francfort

Riesling ★ → ★ ★ allemand, Riesling de l'État de New York, Beaujolais, Pinot Noir léger. Ou Budweiser.

Saucisses de Strasbourg

Très bon blanc d'Alsace ayant beaucoup de corps : Gewürztraminer ou Pinot Gris.

Saucisses de Toulouse

Rouge ★ ★ jeune et vigoureux du Sud-Ouest : Madiran, Côtes-du-Frontonnais, Minervois.

Steaks

Tartare : vodka ou jeune rouge léger ★ ★ (Bergerac, Valpolicella). Filet ou tournedos : rouge de toute variété ★ ★ ★ (mais pas de vins vieux avec une sauce béarnaise). Au poivre : jeune Rhône rouge ★ ★ ★ ou Cabernet.

Travers de porc

Vacqueyras ou St-Joseph, Grenache d'Australie issu de vieilles vignes ou Zinfandel.

Tripes

Rouge ★ → ★ ★ : Corbières, Roussillon. Ou blanc plutôt doux : Spätlese allemand. Encore mieux : Sémillon/Chardonnay de l'ouest de l'Australie ou un blanc sec comme le Pouilly-Fumé ou un rouge frais comme le Saumur-Champigny.

Veau, rôti de

Bon plat neutre pour un vieux rouge fin, peut-être affadi par l'âge (Rioja Reserva), ou un Riesling allemand ou autrichien ★ ★ ★, un Vouvray ou un Pinot Gris d'Alsace.

Venaison

Rouge puissant ★ ★ ★ : 100 % Mourvèdre (Mataro) comme à Bandol ou assemblé, Rhône, Bordeaux ou Cabernet californien d'un millésime mûr. Blanc généreux (Spätlese du Palatinat ou Tokay/Pinot Gris d'Alsace).

Viandes froides et charcuterie

Meilleures avec un blanc parfumé qu'avec du rouge. Spätlese de Moselle, Hochheimer, Côte Chalonnaise sont très bons. Le Beaujolais aussi.

Xérès, Porto, Madère... et gastronomie
Un caprice de la mode met en ce moment à l'écart le xérès, le madère, et, dans une certaine mesure, le porto, au profit d'une gamme limitée de vins « de cépage ». Pourtant, ces trois vins jouissent parfois de toutes les qualités de « grandeur » et de possibilités gastronomiques beaucoup plus étendues qu'on a l'air de croire. Sait-on, par exemple, que pour le prix d'une bouteille d'excellent bourgogne blanc on peut avoir trois bouteilles du meilleur xérès fino, qui accompagne merveilleusement de nombreux plats (voir ci-dessus) ? Un vieux madère est l'adieu le plus durable à un somptueux repas. Le porto tawny a de multiples utilités. Peut-être ces grands classiques du vieux continent sont-ils volontairement oubliés parce que le Nouveau Monde ne peut rivaliser avec eux ?

Plats végétariens

Aubergines/lentilles/champignons en gratin

Corbières, Zinfandel, Shiraz/Cabernet.

Brocolis sauce Mornay

Blanc aromatique croquant : Sancerre, Riesling Spätlese, Muscat.

Champignons (sous toutes leurs formes)

Rouge charnu : Pomerol ★ ★ ★, Merlot de Californie, Rioja Reserva ou Vega Sicilia. Cèpes : Ribera del Duero, Barolo, Chianti Rufina, Pauillac, St-Estèphe.

Chou-fleur, gratin de

Blanc croquant et aromatique : Sancerre, Riesling Spätlese, Muscat.

Couscous aux légumes épicés

Jeune rouge mordant : Shiraz, Corbières, Minervois, etc.

Épinards/pâtes en gratin

Valpolicella, Greco di Molise, blanc de Sicile ou de Sardaigne.

Haricots blancs et légumes grillés, salade

Rioja reserva rouge, Merlot du Nouveau Monde, rouge de Provence (Bandol).

Légumes grillés à la Méridionale

Brouilly, Barbera, Cabernet/Shiraz.

Poivrons/aubergines farcies
> Rouge vigoureux ★★ : Nemea, Chianti, Dolcetto, Zinfandel, Bandol, Vacqueyras.

Potiron
> Blanc corsé et fruité, sec ou pas très sec : Rhône (Viognier ou Marsanne), Vouvray demi-sec ou Chenin blanc d'Afrique du Sud.

Ratatouille
> Jeune rouge vigoureux ★★ : Chianti, Cabernet ou Merlot bulgare, Bordeaux rouge, Gigondas ou Coteaux du Languedoc.

Tarte à l'oignon/au poireau
> Blanc sec ou pas très sec, fruité et concentré ★ → ★★★ : Pinot Gris ou Gewürztraminer d'Alsace. Jurançon, Riesling australien. Ou un rouge du Beaujolais ou de la Loire.

Tempura de légumes
> Entre-Deux-Mers, Chablis, Sauvignon de Touraine ou Chenin Blanc sec.

Desserts

Café
> Muscat doux, dont la liqueur de Muscat d'Australie et le Tokay Aszú.

Cheesecake
> Blanc doux ★★ → ★★★ : Vouvray ou Anjou.

Chocolat
> Madère Bual, Muscat orangé de Californie, Beaumes-de-Venise. Liqueur de Muscat australienne, Porto tawny 10 ans d'âge. Asti pour les mousses légères. Essayez les rouges généreux et mûrs : Syrah, Zinfandel, Shiraz mousseux. Ou alors un bon rhum.

Compotes d'abricots, de poires, etc.
> Muscatel doux : Muscat de Beaumes-de-Venise, Moscato di Pantelleria ou vin de dessert de Tarragone.

Crème renversée
> Sauternes ★★★ → ★★★★★, Beerenauslese du Rhin, le meilleur Madère ou Tokay. Avec des fruits confits, un vin doux plus modeste.

Crêpes Suzette
> Champagne doux ou Asti Spumante.

Flans aux fruits (pêches, framboises)
> ★★★ : Sauternes, Monbazillac, Anjou ou Vouvray doux.

Fraises à la crème
> Sauternes ★★★ ou équivalent en Bordeaux doux, Vouvray Moelleux (1990).

Fraises des bois (sans crème)
> Servez dans des verres arrosées d'un Bordeaux rouge ★★★.

Fruits frais
> Coteaux-du-Layon doux, Muscat doux ou liqueur.

Fruits séchés et compotes
> Banyuls, Rivesaltes, Maury.

Gâteaux
> Madère Bual ou Malmsey, Xérès Oloroso ou Cream.

Gingembre
> Muscat doux, Riesling et Sémillon botrytisés du Nouveau Monde.

Glaces et sorbets
> Vin muté (liqueur de Muscat d'Australie, Banyuls), Asti spumante pétillant et doux ou Moscato. Liqueur d'Amaretto avec la vanille, rhum avec le chocolat.

Meringues
Recioto di Soave, Champagne doux ou Asti Spumante.

Mille-feuille
Blanc pétillant délicat et doux (Moscato d'Asti ou Champagne demi-sec).

Moka
Le café ne se marie guère qu'avec le vin doux naturel ; un Vouvray doux pétillant.

Noix
Xérès Oloroso, Madère Bual, Porto millésimé ou tawny, Vin Santo, Setúbal Moscatel.

Omelette norvégienne
Champagne ★★ sec ou blanc doux : Monbazillac, Sainte-Croix-du-Mont.

Panettone
Jurançon moelleux, Riesling vendange tardive, Barsac Tokay Aszú.

Petits fours
Muscat de Beaumes-de-Venise ou Frontignan, Rasteau, Banyuls, Madère ou Champagne demi-sec.

Poires au vin
Une pause avant de passer au Porto ou à d'autres rouges mutés : Rivesaltes, Banyuls. Ou Riesling Beerenauslese.

Rhum
Muscat, de l'Asti à la liqueur australienne selon la lourdeur du plat.

Sabayon
Marsala léger et doré, Sémillon australien botrytisé ou Asti.

Salade de fruits, salade d'oranges
Un beau Xérès doux ou tout vin de Muscat.

Soufflés sucrés
Sauternes ou Vouvray moelleux. Champagne doux (ou généreux).

Tarte aux pommes, Strudel aux pommes ou tarte Tatin
Blanc doux ★★ → ★★★ allemand, autrichien, hongrois ou de la Loire.

Tarte aux prunes, aux fraises
Champagne ou (avec les prunes) un vieux Vouvray.

Tiramisu
Vin Santo, jeune Porto tawny, Beaumes-de-Venise, Sauternes.

Quels fromages pour quels vins ?

L'idée selon laquelle les fromages et les vins sont faits pour s'entendre est un peu surfaite : les beaux rouges sont littéralement tués par les fromages forts. Seuls les vins blancs tranchants ou doux leur survivent.

Outre les exceptions qui confirment la règle, trois grands principes sont à retenir. Le premier est que plus le fromage est dur, plus le vin doit être tannique. Le second est que plus le fromage est crémeux, plus le vin doit être acide. Enfin, le troisième principe est en même temps la première exception : il faut accorder les vins et les fromages d'une même région.

Les fromages se classent en fonction de leur pâte et de leur croûte. Leur aspect est donc le premier élément à considérer pour choisir un vin. Les fromages énumérés ci-après ne sont que quelques exemples choisis parmi les centaines de fromages existants.

Fromages frais sans croûte : pâtes à tartiner, crème fraîche, Mozzarella, Mascarpone (sans veinures bleues)

Blanc léger et croquant : Côtes de Duras, Bergerac, Vinho Verde ; rosé : Anjou, Rhône ; rouge très léger, très jeune et très frais : Bordeaux, Bardolino ou Beaujolais.

Fromages à pâte pressée, à croûte souvent paraffinée ou huilée : famille du Gruyère, Manchego et autres fromages espagnols, Parmesan, Cantal, Gouda vieux, Cheddar et autres fromages anglais traditionnels

Difficile de généraliser. Le Gouda, le Gruyère et certains fromages espagnols ou anglais sont parfaits avec un beau rouge, un Cabernet Sauvignon ou un grand Shiraz/Syrah, mais les fromages forts se contentent de vins moins raffinés, si possible locaux. La Mimolette vieille rouge est peut-être le meilleur des vieux fromages pour un beau Bordeaux arrivé à maturité et pour le Tokay Aszú.

Fromages à pâte persillée

Le Roquefort peut être merveilleux avec un Sauternes, mais ce n'est pas le cas pour les autres bleus. C'est la douceur du Sauternes, surtout vieux, qui complète bien la salinité du fromage. Le Stilton et le Porto (tawny) sont une association classique. Un vieil oloroso très parfumé, un amontillado, un Madère, un Marsala et d'autres vins mutés s'accordent avec la plupart des fromages à pâte persillée.

Fromages à croûte naturelle (surtout de chèvre) gris bleuté. La croûte, parfois cendrée, se ride avec la maturité (Saint-Marcellin)

Sancerre, Valençay, Sauvignon léger et frais, Jurançon, Savoie, Soave, Chardonnay italien.

Fromages à croûte fleurie, très blanche s'ils sont pasteurisés : Brie, Camembert, Chaource, Bougon (« Camembert » au lait de chèvre)

Bourgogne ou Rhône blanc sec si le fromage est blanc et pas encore très fait. Sinon, un rouge puissant, fruité et à maturité : Pinot Noir d'Europe de l'Est, jeune Shiraz d'Australie ou du Rhône.

Fromages à pâte molle et croûte lavée, rouge orangé, un peu collante : Langres, Époisses bien affiné, Maroilles, Carré de l'Est, Milleens

Rouges locaux, surtout pour les fromages de Bourgogne ; sinon, un vigoureux Languedoc, Cahors, Côtes du Frontonnais, vin corse, du Sud de l'Italie, de Sicile, ou Bairrada.

Fromages à pâte semi-molle et croûte épaisse gris-rosé : Livarot, Pont-l'Évêque, Reblochon, Tomme de Savoie, St-Nectaire

Bordeaux blanc puissant, Chardonnay, Pinot Gris d'Alsace, Riesling plutôt sec, blanc du Sud de l'Italie et de Sicile, Rioja blanc vieilli, Xérès oloroso sec. Mais les plus forts de ces fromages tuent la plupart des vins.

Le millésime 1996

En France, la pluie est venue, partie, puis revenue. Août a été frais et septembre ensoleillé. Mais, les vendangeurs des régions les plus au nord ont été plus heureux que les autres. En Champagne certains qualifient ce millésime de magnifique. Dans le Val de Loire, du Muscadet à Sancerre et Pouilly, 96 est encore plus satisfaisant que l'excellent 95. En Touraine et en Anjou, les grands vins doux de Chenin Blanc pourraient devenir des classiques. L'Alsace a fait des vins secs et intenses, d'un arôme et d'une acidité merveilleux. Le botrytis ayant manqué, il y aura moins de vins doux.

En Bourgogne, il n'a pas plu en septembre et le raisin était tout sucre et acidité. Les rouges et les blancs semblent exceptionnels, le danger étant que, dans des conditions si favorables, la récolte pourrait être excessive. Cela donne donc deux années de suite potentiellement excellentes en Bourgogne. À Chablis, néanmoins, les meilleurs vignobles ont été touchés par la grêle. En cas de pénurie, les prix risquent de flamber.

Le millésime de Bordeaux est détaillé à la page 30. On s'en souviendra surtout pour les Médoc, Cabernet en tête, et d'excellents blancs. Dans la vallée du Rhône également, le millésime était exceptionnel pour le vin blanc, tandis qu'une fraîcheur et une humidité inhabituelles en août ont freiné les rouges : plus on va vers le Sud, moins le millésime est prometteur pour les raisons d'humidité. À Châteauneuf-du-Pape, la récolte a été décevante, de même que dans la majeure partie du Sud de la France, de la Provence jusqu'au Languedoc-Roussillon.

Il a plu dans le nord de l'Espagne et de l'Italie aussi, mais pas assez pour empêcher le Piémont et le Rioja de se féliciter. Le Ribera del Duero va encore plus loin et crie victoire. En Toscane, la pluviosité a été inhabituelle, mais le vin va de satisfaisant à très beau, surtout en Montalcino. Les fortes pluies ont donné une grosse récolte utile au Portugal, mais ce ne sera probablement pas une année de porto millésimé.

En Allemagne, les vendanges ont été retardées par un temps frais, mais l'été indien a fourni au Riesling, cépage à maturation tardive, des conditions parfaites pour des vins classiques intenses. Toutefois, le botrytis a été insuffisant pour de nombreux Auslesen. La Mittelmosel a souffert de la grêle pendant l'été. Le Rheingau et le Palatinat produiront des vins exemplaires.

Luttant contre le phylloxera, le nord de la Californie a été déçu par la pluie en période de floraison, ce qui a encore réduit la récolte. L'été a ensuite été chaud et, pour beaucoup, la petite récolte a mûri trop vite. Dans l'État de Washington, le raisin a manqué aussi. En Oregon, il a plu pendant les vendanges. La Côte Centrale de Californie, en revanche, a connu une belle période de floraison et de vendange : il y aura beaucoup de bons vins.

En Australie, le millésime 1996 a battu tous les records de quantité et a produit d'excellents vins, surtout dans le Sud. 1997 a été moins prolifique. L'Afrique du Sud a connu la plus grosse récolte de son histoire. Les blancs sont remarquables et frais et les rouges de grande qualité pleins de couleur et d'arômes. Pour la Nouvelle-Zélande, dont le profil international est démesuré par rapport à sa taille, 1996 était satisfaisant dans l'ensemble et 1997 encore mieux.

France

Le Havre

Brest

LOIRE

Nantes · Loire

Anjou-Saumur · Touraine

Golfe de Biscaye

BORDEAUX
Médoc · Pomerol
Bordeaux · St-Émilion · Bergerac
Graves
Entre-Deux-Mers
Sauternes
Côtes du Marmandais · Garonne · SUD-C
Buzet · C
Tursan · Côtes du · St-Mont
Biarritz
Madiran
Jurançon · R
PYRÉNÉES

Abréviations des noms régionaux utilisées dans le texte des pages suivantes :			
Al.	Alsace	**Lo.**	Loire
Bgne	Bourgogne	**Prov.**	Provence
Bx	Bordeaux	**Pyr.**	Pyrénées
Champ.	Champagne	**Rh.**	Rhône
Lang.	Languedoc		

Les meilleurs vins français imposent les normes sur lesquelles seront jugés les plus beaux vins du reste du monde. Au niveau des aspirations, c'est-à-dire qu'il s'agisse de simples vins de cépage ou de faire renaître des spécialités locales tombées dans l'oubli, la France a peu de leçons à recevoir. Mais le nombre croissant de pays et de régions qui s'appliquent à la défier commencent à ébranler sa suprématie de toujours.

Malheureusement, l'attitude du gouvernement français à l'égard des appellations contrôlées, qui faisaient jadis la fierté du pays, a pris un tour nettement commercial. En 1996 on a appris en effet que l'INAO approuvait plus de 97 % des vins qui lui étaient soumis. Sans aller jusqu'à dire que ce sont de mauvais vins, cela laisse entendre que les fonctionnaires français ne croient plus à l'importance des appellations.

Les appellations contrôlées demeurent l'indication-clé car elles définissent le type du vin. Elles peuvent désigner un petit vignoble ou une vaste zone. La Bourgogne a les appellations les plus petites et les plus précises, celles de Bordeaux sont plus étendues et générales. L'AOC est donc la première mention à regarder sur une étiquette, mais le nom du

producteur est encore plus important. Cette édition présente les meilleurs producteurs et négociants. Les régions n'ayant pas les qualités et traditions requises pour une appellation peuvent être classées parmi les vins délimités de qualité supérieure (VDQS), catégorie qui diminue en nombre à mesure que sont promues les AOC. Elle est remplacée par celle des vins de pays, qui valent presque toujours la peine d'être essayés : ils comprennent certains vins originaux brillants et sont souvent les meilleurs achats de France et, par conséquent, aujourd'hui encore (bien que le franc soit surévalué), du monde entier.

Millésimes classiques récents

Bordeaux rouge

Médoc/Graves : Le vieillissement en bouteille est indispensable. Les années de vendanges légères, certains châteaux mineurs ne nécessitent que 2 ou 3 ans de bouteille. Les vins modestes de grands millésimes peuvent s'améliorer pendant environ 15 ans, et les grands châteaux de ces années ont besoin au moins du double.

1996 Été frais, belle récolte, surtout en Cabernet. Vins bons à excellents 2002-2025.

1995 Vagues de chaleur et sécheresse. Sauvé par la pluie. Bon à excellent. 2000-2020 +.

1994 Espoirs d'année extraordinaire, mais fortes pluies pendant les vendanges. Les meilleurs vins seront excellents, mais soyez vigilants. Maintenant -2010.

1993 Raisins mûrs mais récolte sous la pluie. Quelques vins tanniques de garde. Très bon Graves. Maintenant -2015.

1992 Pluies pendant la floraison, en août et lors des vendanges. Récolte énorme. Vins légers mais mais certains sont bons et faciles à boire. Maintenant -2005.

1991 Récolte réduite de moitié à cause du gel d'avril. La pluie a interrompu les vendanges. Le nord du Médoc s'en sort le mieux. À boire bientôt. Maintenant -2010 ?

1990 Un paradoxe : année de sécheresse avec menace de surproduction. L'autodiscipline a joué : les résultats sont magnifiques. Jusqu'en 2020 +.

1989 Printemps précoce et été splendide. Les meilleurs seront des classiques mûrs et sombres avec élégance et longueur. Les petits châteaux sont inégaux. Jusqu'en 2020.

1988 Généralement excellent : tannique, équilibré, de longue garde, surtout dans les Graves. Jusqu'en 2020.

1987 Plus réjouissant que prévu. Maintenant ou bientôt.

1986 Autre récolte splendide (et énorme). Meilleurs que 1985 à Pauillac et St-Julien. Il faudra attendre. Maintenant -2020.

1985 Très bonne récolte. Très beaux vins déjà accessibles. Maintenant -2010.

1984 Pauvre. Trop cher dès le départ. À boire.

1983 Récolte classique, surtout à Margaux. Tannin abondant avec du fruité pour l'équilibrer. Mais bien des vins doivent être bus. Maintenant -2010 ?

1982 Récolte en plein soleil. Vins riches et forts, promis à une longue vie mais développement inégal. Les meilleurs châteaux doivent être gardés. Maintenant -2010.

1981 Admirable malgré la pluie. Vins pas riches mais équilibrés. Maintenant -2005.

1980 Récolte tardive, peu abondante, mûre mais touchée par la pluie. À boire.

1979 Récolte abondante, qualité au-dessus de la moyenne. Maintenant -2000.

1978 Millésime miraculeux. Automne long, chaud et exceptionnel. Les vins sont à leur apogée. Maintenant ou très bientôt.

1976 Été très chaud et sec ; pluie juste avant les vendanges. Les meilleurs sont très bons. Tous sont prêts maintenant.

1975 Très belle récolte, mais l'excès de tannin reste un problème. À boire maintenant.

1970 Grosse et excellente récolte, pratiquement sans faille. Maintenant -2005.

Bons millésimes antérieurs : 1966, 62, 61, 59, 55, 53, 52, 50, 49, 48, 47, 45, 29, 28.

Saint-Émilion/Pomerol

1996 Bel été frais. Pluies sur le Merlot pendant les vendanges. Millésime moins régulier qu'en Médoc. 2002-2020.

1995 Peut-être encore mieux qu'en Médoc/Graves. 1999-2015.

1994 Moins compromis par la pluie qu'en Médoc. Très bon, surtout Pomerol. 1999-2015.

1993 Comme dans le Médoc, mais probablement mieux, surtout à Pomerol. Bon malgré le temps épouvantable pendant les vendanges.

1992 Vins exceptionnellement dilués mais certains charmants à boire vite. Maintenant ou bientôt.

1991 Un désastre. Bien des vins n'ont pas été mis en vente.

1990 Nouvelle occasion pour faire de grands vins ou beaucoup de vin. Maintenant -2020.

1989 Grosse récolte mûre et précoce. Triomphe général. Jusqu'en 2020.
1988 Généralement excellent ; conditions idéales mais surproduction pour certains châteaux. Pomerol meilleur. Maintenant –2000 +.
1987 Certains vins très convenables (sp. en Pomerol). À boire bientôt.
1986 Récolte prolifique mais les meilleurs St-Émilion ont une longue vie devant eux.
1985 L'une des grandes années, bel avenir. Jusqu'en 2010.
1984 Le gros de la récolte s'est évanoui au printemps. À éviter.
1983 Moins impressionnant que prévu. À boire bientôt.
1982 Vins très riches et concentrés, la plupart excellents. Maintenant –2000 +.
1981 Très bon millésime, mais moins beau que prévu. Maintenant ou bientôt.
1979 Un rival de 1978, mais ne se développe pas aussi bien que prévu. Maintenant ou bientôt.
1978 Beaux vins, mais certains manquent de chair. À boire bientôt.
1976 Été très chaud et sec mais pluies pendant les vendanges. Quelques excellents vins. À boire bientôt.
1975 La plupart des St-Émilion très bons, les meilleurs superbes. Vins splendides à Pomerol. Maintenant –2000.
1971 Dans l'ensemble, meilleurs qu'en Médoc. Prêts maintenant.
1970 Vins superbes. Fruité et vigueur. Très grosse récolte. Maintenant.
Bons millésimes antérieurs : 1967, 66, 64, 61, 59, 53, 52, 49, 47, 45.

Bourgogne rouge

La Côte-d'Or : Les rouges de la Côte de Beaune mûrissent généralement plus vite que les vins plus puissants de la Côte de Nuits. Les plus précoces sont les vins plus légers d'appellation communale : les Volnay, Beaune, etc. ; les plus tardifs sont les plus puissants : Chambertin, Romanée, etc. Mais, de toute façon, les meilleurs Bourgognes sont plus agréables jeunes que les Bordeaux équivalents.

1996 Bel été et belle récolte. Vins intenses et mûrs à garder. 2002-2020.
1995 Petite récolte excellente malgré les pluies pendant les vendanges. Les raisins étaient très mûrs.
1994 Raisins mûrs compromis par la pluie pendant les vendanges. Côte de Nuits meilleur. Vins généralement maigres mais exceptions en Côte de Nuits. Maintenant –2005.
1993 Excellent millésime, concentré, de garde. 1999-2010.
1992 Mûr, rond, plaisant. Pas de grande concentration. Maintenant-2005.
1991 Très petite récolte. Quelques vins très tanniques. Côte de Nuits meilleur. Maintenant-2010.
1990 Grand millésime. Temps parfait compromis seulement par la sécheresse sur certains coteaux et la surproduction dans quelques vignobles. Longue vie mais on peut commencer à apprécier. Jusqu'en 2020.
1989 Année au grand charme. Maturation pas forcément très longue mais les vins vieilliront. Maintenant –2015.
1988 Très bon mais tannique. Maintenant –2020 (pour les meilleurs).
1987 Petite récolte mûre, parfumée, sp. en Côte de Beaune. Maintenant-2010.
1986 Vins aromatiques mais plutôt secs. Manquent de chair. Maintenant –2000.
1985 Grand millésime pour les meilleurs. Les vins concentrés sont splendides. Maintenant –2010.
1984 Manque de maturité naturelle, tend à être sec et/ou aqueux. Maintenant ou pas du tout.
1983 Récolte puissante, tannique et attrayante, terriblement compromise par la pourriture. Soyez très vigilants. Maintenant –2005.
1982 Beau millésime, peu de couleur mais de la rondeur. Meilleur en Côte de Beaune. À boire.
1981 Petite récolte, mûre, mais vendangée sous la pluie.
1980 Année humide, mais vins très attrayants chez les meilleurs producteurs qui ont évité la pourriture. Meilleur en Côte de Nuits. À boire maintenant.
1979 Bonne récolte abondante, mûre, avec des points faibles. À terminer.
1978 Petit millésime de qualité remarquable. Les meilleurs vins tiendront jusqu'à l'an 2000 +.
Bons millésimes antérieurs : 1971, 69, 66, 64, 62, 61, 59 (tous à maturité).

Bourgogne blanc

Côte de Beaune : Les vins bien faits de bons millésimes, riches en acidité et en fruité, gagneront en profondeur et en générosité d'ici 10 ans maximum. Les plus légers sont à boire au bout de 2 ou 3 ans.

1996 Excellente récolte et excellent potentiel. 2000–2020.
1995 Potentiellement, un bon millésime, dilué par endroits.
1994 Inégal. Les grands producteurs ont fait de très beaux vins puissants mais pas de garde. 1998–2005.
1993 Pluie en septembre sur les raisins mûrs. Vins faciles, plaisants jeunes, mais loin derrière les rouges. Maintenant –2000.
1992 Mûr, aromatique et charmant. Se développe superbement. Maintenant –2010.
1991 Dans l'ensemble, manque de consistance. Problèmes de gelées. À boire tôt. Maintenant.
1990 Très bon, même grand, mais tendance à la corpulence. Maintenant –2000 +.
1989 Un modèle. Les meilleurs mûrs, raides, structurés et de longue garde. Maintenant –2010.
1988 Excellent ; quelques grands vins ; d'autres plutôt dilués. À boire bientôt.
1987 Très décevant à quelques exceptions près. À éviter.
1986 Vins puissants, meilleurs acidité et équilibre que 85. Maintenant –2000.
1985 Très mûr ; les plus équilibrés vieillissent très bien. Maintenant –2000.
1984 La plupart plutôt maigres ou creux. À éviter.
1983 Vins puissants ; certains incomplets, mais les meilleurs, splendides. À boire bientôt.

Les blancs du Mâconnais (Pouilly-Fuissé, Saint-Véran, Mâcon-Villages) suivent à peu près la même évolution, mais ne se gardent pas aussi longtemps. Plus appréciés pour leur fraîcheur que pour leur richesse.

Chablis : Les Grands Crus des millésimes à la fois forts et acides peuvent vieillir superbement jusqu'à 10 ans, les Premiers Crus un peu moins.
1996 Vendanges idéales, mais grêle sur les meilleurs vignobles. 1999–2015.
1995 Millésime potentiellement remarquable. Maintenant –2010.
1994 Pluies diluviennes sur les raisins mûrs. Vins faciles et délicieux jusqu'en 2000 +.
1993 Qualité honnête à bonne. Rien d'extraordinaire. Maintenant –2001.
1992 Vins mûrs et charmants. Grands crus splendides. Maintenant –2005 au moins.
1991 En général, meilleurs qu'en Côte-d'Or. Vins utiles. Maintenant.
1990 Les Grands Crus seront magnifiques ; les autres peuvent manquer d'intensité et d'acidité. Maintenant –2000.
1989 Excellent millésime. Caractère puissant. Maintenant –2000.
1988 Presque parfait : beaucoup de plaisir. Maintenant –2000.
1986 Grosse récolte splendide. À boire maintenant.

Beaujolais : Millésime 1996 : très satisfaisant mais pas de longue garde. 95 : excellent. 94 : très bon, à boire bientôt. 93 : meilleurs crus à boire. 92 : à éviter maintenant. 91 : finir de boire. 90 : boire les meilleurs crus. Les vins les plus vieux devraient tous être bus désormais.

Alsace : 1996 : excellent pour les vins secs, moins pour le Gewürztraminer. 95 : résultats mitigés, le meilleur est le Riesling vendange tardive. 94 : un succès général, voire un triomphe. 93 : bon, fruité, pas de longue garde. 92 : splendide. 91 : admirable. 90 : troisième excellent millésime consécutif. 89 et 88 : vins de haute qualité (malgré la pluie pour quelques 88). 87 : à boire bientôt. 86 : terminés. Les meilleurs 85 et 83 : prêts à boire.

Abel-Lepitre Brut S A, Brut 85 86 88 90, Cuvée 134 Bl. de Blancs S A, Réserve Crémant Bl. de Blancs Cuvée « C » 83 85 86 88 90, Rosé 83 85 86 88 90 Maison de CHAMPAGNE de taille moyenne possédant aussi GOULET, PHILIPPONNAT et St-Marceaux. Cuvée de prestige : Cuvée Réserve Abel-Lepitre 85.

Abymes Savoie b. ★ B.J.P. Petite région de collines au nord de Chambéry ; Vin de Savoie doux et léger issu du cépage Jacquère : charme alpin.

Ackerman-Laurance Maison de mousseux méthode classique de la Loire, la plus ancienne de SAUMUR. Améliore ses vins tranquilles sous la direction de Jacques Lurton.

Agenais S-O r. rosé (b.) ★ B.J.P. Vin de pays du Lot-et-Garonne reposant surtout sur les coop. de Goulens, Donzac, Monflanquin et Mézin.

Ajaccio Corse r. rosé b. ★ → ★ ★ 91 92 93 94 95 96 AOC pour du bon SCIACARELLO rouge. Meilleur producteur : Peraldi.

Aligoté Cépage blanc de Bourgogne de seconde qualité et son vin. Devrait être agréablement acidulé et fruité, surtout jeune. BOUZERON est l'une des communes possédant une appellation pour tout son Aligoté. Son vin est plus riche, mais n'hésitez pas à en essayer d'autres. Bon achat. N.B. PERNAND-VERGELESSES.

Aloxe-Corton Bgne r. b. ★ ★ → ★ ★ ★ 78' 85' 87 88' 89' 90' 91 92 93' 94 95 96 Village le plus au nord de la CÔTE DE BEAUNE réputé pour ses deux Grands Crus : CORTON (rouge) et CORTON-CHARLEMAGNE (blanc). Vins villages bien plus légers mais à essayer.

Alsace Al. b. (r. mo.) ★ ★ → ★ ★ ★ 85' 88 89 90' 92 93 94 95 96 Région comprenant l'est des contreforts des Vosges, sp. entre Strasbourg et Mulhouse, et produisant des vins uniques, aromatiques, fruités, puissants, généralement secs et exprimant parfaitement chaque cépage. Vins doux également, voir VENDANGE TARDIVE, SÉLECTION DES GRAINS NOBLES. Surtout vendus par cépage (PINOT BL, RIES, GEWÜRZ, etc.). Vieillit bien (sauf PINOT BL et MUSCAT), jusqu'à 5 et même 10 ans, le Grand Cru encore plus longtemps. Aussi CRÉMANT de bonne qualité et bon achat. Le PINOT N a souvent bien le caractère de son cépage mais il est surtout vendu dans la région. Voir ci-après.

Les quinze bons producteurs d'Alsace
Parmi les nombreux producteurs offrant fiabilité, bon rapport qualité/prix et un goût allant de scintillant à somptueux : Léon Beyer, Marcel Deiss, Dopff "Au Moulin", Hugel (cuvées spéciales), Marc Kreydenweiss, Kuentz-Bas, Albert Mann, Muré-Clos St-Landelin, Rolly-Gassmann, Charles Schleret, Domaine Schoffit, Domaines Schlumberger, Domaine Trimbach, Domaine Weinbach, Zind-Humbrecht.

Alsace Grand Cru b. ★ ★ ★ → ★ ★ ★ ★ 76 85 88 89' 90 91 92 93 94 95 96 AOC restreinte à 50 des meilleurs vignobles (environ 1 600 ha, dont 672 en production) et quatre cépages nobles, RIES, PINOT G (Tokay), GEWÜRZ et MUSCAT. Non sans controverse mais généralement très bons et exprimant leur terroir.

Ampeau, Robert Viticulteur exceptionnel de VOLNAY, POMMARD, etc. Ne vend que des bouteilles ayant subi une longue maturation.

André, Pierre Négociant de réputation grandissante à Ch. Corton-André (ALOXE-CORTON). 38 ha à CORTON, SAVIGNY, GEVREY-CHAMBERTIN, etc. Possède aussi REINE PÉDAUQUE.

Angerville, Marquis d' Excellent producteur de Bourgogne au domaine impeccable de 12 ha à VOLNAY. Meilleurs vins : Champans et Clos des Ducs.

Anjou Lo. rosé r. b. (d. s. mo.) ★ → ★ ★ ★ ★ À la fois région et AOC de la Loire englobant des styles très variés : rouges légers dont l'AOC Anjou Gamay et blancs secs en progrès. Sp. bon pour son ANJOU-VILLAGES rouge (CAB), son SAVENNIÈRES sec et fort et ses blancs onctueux COTEAUX DU LAYON issus de CHENIN BL.

Anjou-Coteaux de la Loire Lo. b. d/s d. ★ ★ → ★ ★ ★ 89' 90' 93 94 95' 96 Minuscule AOC pour des blancs puissants issus de CHENIN BL. Vin demi-sec ou doux, mais pas aussi riche que COTEAUX DU LAYON, sp. Musset-Roullier, Dom. du Fresche, Ch. de Putille, Dom. du Putille.

Anjou-Villages Lo. r. ★ → ★★ **89 90 93** 95 96 AOC supérieure de rouges (surtout CAB F et un peu de CAB) du centre de l'ANJOU. Potentiellement juteux, plutôt tannique jeune mais bon achat, sp. chez Bablut, RICHOU, Rochelles, Pierre-Bise, Ch. de Coulaine, Ogereau, Montigilet, Ch. de Tigné (domaine de Gérard Depardieu).

Appellation contrôlée (AOC) Contrôle légal d'origine et de production des meilleurs vins français (voir Introduction sur la France).

Apremont Savoie b. ★★ B.J.P. Village de SAVOIE réputé pour ses blancs pâles et délicats issus de Jacquère, mais aussi, récemment, de CHARD.

Arbin Savoie r. ★★ Boire à 1-2 ans Rouge vif et très coloré issu du cépage MONDEUSE, ressemblant à un bon CAB de Loire. Idéal après le ski.

Arbois Jura r. rosé b. (mo.) ★★ → ★★★ Dans l'ensemble B.J.P. Plusieurs vins légers, bons, originaux mais délicieux. Spécialité : VIN JAUNE.

Arlot, Domaine de l' Remarquable producteur de NUITS-ST-GEORGES suprêmes, sp. Clos de l'Arlot, en rouge et en blanc. Appartient à AXA.

Armagnac Région du Sud-Ouest, connue pour son eau-de-vie souvent excellente, plus rustique et poivrée que le cognac. Meilleurs noms : Samalens, Dartigalongue, Laberdolive, Boignères. Vins de tables : CÔTES DE GASCOGNE.

Aube Extension Sud de la région de CHAMPAGNE. Voir BAR-SUR-AUBE.

Aujoux, J.M. Important éleveur et négociant du BEAUJOLAIS. Propriété suisse.

Auxey-Duresses Bgne r. b. ★★ → ★★★ **85 87 88** 89 90' 91 92 93 94 95 96 Village de la CÔTE DE BEAUNE de seconde catégorie (mais très joli) : affinités avec VOLNAY et MEURSAULT. Propriétés : HOSPICES DE BEAUNE (Cuvée Boillot), Diconne, LEROY, Prunier, R. Thévenin. Boire les blancs dans 4 ou 5 ans. Meilleur blanc : Les Boutonniers, de LEROY.

Avize Champ. ★★★★ Le village de la Côte des Blancs. Tout en CHARD.

Aÿ Champ. ★★★★ Un des meilleurs villages de PINOT N de CHAMPAGNE.

Ayala S A ; Demi-sec S A ; Brut **89** 90 ; Château d'Aÿ **82 83 85** ; Grande Cuvée **82 85** 88 **90** ; Blanc de Blancs **88** 92 ; Brut Rosé S A Affaire de CHAMPAGNE ancien style basée à Aÿ. Mérite plus d'attention pour ses vins au goût de pomme et frais.

Bahuaud, Donatien ★★ → ★★★ Négociants leaders de la Loire. Le Master de Donatien est leur meilleur MUSCADET Ch. de la Cassemichère bon aussi.

Bandol Prov. r. rosé (b.) ★★★ 79 82 83 85' 86 87' **88 89 90 91** 92 93 94 95 96 Petite région côtière produisant les meilleurs vins de Provence : rouges splendides vigoureux, à base de MOURVÈDRE, sp. Ch. Vannières, Domaine TEMPIER, Domaine OTT, Mas de la Rouvière, Domaine de Pibarnon, Ch. Pradeaux.

Banyuls Pyr. br. d. ★★ → ★★★ Un des meilleurs VINS DOUX NATURELS, surtout à base de GRENACHE (75 % pour un Grand Cru, vieilli 2 ans au moins). En fait, proche du porto. Meilleurs vins (10-15 ans) des Domaines des Hospices, du Mas Blanc (★★★), Vial Magnères (Blanc), etc. sont RANCIOS. Les vins S A bon marché finissent dans les bars.

Barrique Terme employé à Bordeaux et Cognac pour désigner un fût de chêne d'une contenance de 225 litres (soit 300 bouteilles). L'élevage en barrique afin de donner à presque n'importe quel vin un arôme de chêne était très en vogue à la fin des années 1980. Les résultats n'étaient pas toujours bons.

Bar-sur-Aube Champ. b. (rosé) ★★ Importante région de CHAMPAGNE à 70 km d'Épernay, etc., pas très loin de CHABLIS. Quelques bons vins plus légers et un excellent ROSÉ DES RICEYS.

Barancourt Brut Réserve S A, Rosé S A, Bouzy Grand Cru 81 83 85, Rosé Grand Cru 85 Viticulteur de Bouzy produisant des CHAMPAGNES ayant du corps. Nouveaux propriétaires : Champagne Vranken. Maintenant, sp. Bouzy Rouge et Rosé Grand Cru.

Barsac Bx b. d. ★★→ ★★★★ 70 71' 75 76' 78 79' 80' 81 82 83' 85 86' 88' 89' 90' 91 93 95 96 Vins superbes, dorés, très proches des SAUTERNES, généralement plus racés et moins riches. Méritent vraiment de vieillir longtemps. Meilleurs châteaux : CLIMENS, COUTET, DOISY-DAENE, DOISY-VÉDRINES.

Barton & Guestier Négociants bordelais depuis le XVIIIe s., appartenant à Seagram.

Bâtard-Montrachet Bgne b. ★★★★ 78 79 85 86' 88 89' 90' 91 92 93 94 95 96 Le plus grand voisin du MONTRACHET (22 ha). Doit avoir vieilli très longtemps et avoir un bouquet intense et une riche texture. Bienvenues-Bâtard-Montrachet est un GRAND CRU séparé et adjacent (4 ha) appartenant à 15 propriétaires : donc peu de bouteilles et rare. Meilleurs producteurs : BOUCHARD PÈRE, J.M. Boillot, Carillon, DROUHIN, Gagnard, L. LATOUR, LEFLAIVE, Lequin-Roussot, MOREY, RAMONET, SAUZET.

Baumard, Domaine des ★★→★★★ Spécialiste des vins d'ANJOU, surtout SAVENNIÈRES, COTEAUX DU LAYON (Clos Ste-Catherine) et QUARTS DE CHAUME.

Béarn S-O r. rosé b. ★→★★ B.J.P. 93 94 AOC basque peu importante centrée sur la coop. de Bellocq. Aussi Dom. de Guilhémas. Le JURANÇON rouge et le MADIRAN rosé (★★) doivent être vendus sous le nom de Béarn.

Les meilleurs vins du Beaujolais ne sont curieusement pas identifiés comme tels sur leurs étiquettes bien qu'ils présentent tous les meilleures caractéristiques de la région. On ne les connaît que sous le nom de leurs « crus » : voir BROUILLY, CÔTE DE BROUILLY, CHÉNAS, CHIROUBLES, FLEURIE, JULIÉNAS, MORGON, MOULIN-À-VENT, REGNIÉ, ST-AMOUR. Ils font partie des vins du meilleur rapport qualité/prix de France.

Beaujolais r. (rosé b.) ★ B.J.P. L'appellation simple de la très grande région du Beaujolais : rouge léger fruité, obtenu à partir du cépage GAMAY, et pas de longue garde. Le Beaujolais Supérieur est légèrement différent.

Beaujolais Primeur ou Nouveau Vin rapidement vinifié (généralement 4 à 5 jours de fermentation), consommé de mi-novembre à février. Parfois doux, tranchant, fruité et agréable mais souvent âpre, rude et trop alcoolisé. Préférer les BEAUJOLAIS-VILLAGES.

Beaujolais-Villages Beauj. r. ★★ 95 96 Vins de la meilleure région (nord) du Beaujolais, qui devraient être beaucoup plus savoureux que le Beaujolais ordinaire. Des 40 « Villages », les 10 meilleurs – FLEURIE, BROUILLY, etc. (voir BEAUJOLAIS) – sont les « crus » dont la version « primeur » doit attendre mi-décembre pour être commercialisée. À garder jusqu'au printemps (ou beaucoup plus).

Beaumes de Venise Rh (r. rosé) br. ★★→★★★ B.J.P. Considéré comme le meilleur MUSCAT français, au sud des CÔTES DU RHÔNE. Grand arôme subtil et persistant (CHAPOUTIER,

Domaine de Coyeux, Domaine Durban, JABOULET, VIDAL-FLEURY). Les rouges et rosés de Ch. Redortier et de la coop. sont bons.

Beaune Bgne r. (b.) ★★★ 78' 85' 88 89' 90' 91 92 93 94 95 96 Capitale historique de la Bourgogne vinicole, ville fortifiée au sous-sol truffé de caves. Les vins sont des bourgognes classiques mais pas des GRANDS CRUS. Beaucoup de bons producteurs. Les CLOS (généralement PREMIER CRU) des négociants sont souvent les meilleurs (Clos des Mouches de DROUHIN et Clos des Ursules de JADOT superbes). Beaune du Château est une (bonne) marque de BOUCHARD PÈRE. Meilleurs vignobles : Bressandes, Fèves, Grèves, Marconnets, Teurons.

Becker, Caves J. Vieille et fière maison familiale de Zellenberg, ALSACE. RIES Hagenschlauf et MUSCAT GRAND CRU Froehn classiques. 2e étiquette : Gaston Beck.

Bellet Prov. rosé r. b. ★★★ Production à la mode de vins locaux au-dessus de la moyenne, près de Nice. Les plus sérieux : Châteaux de Bellet et Crémat. Cher.

Bergerac Dordogne r. b. d. s. ★★ → ★★★ 89 90' 91 92 93 94 95' En réalité, une extension vers l'est du Bordelais. Les meilleures propriétés comprennent : La Tour des Gendres, Dom. de Gouyat, Dom. de Jaubertie, les Chx Grinou, de la Mallevieille, les Marais, le Paradis, Meyrand-Lacombe, le Raz, la Tour de Grangemont et Clos des Verdots. Voir MONBAZILLAC, MONTRAVEL, ROSETTE, SAUSSIGNAC, PÉCHARMANT.

Besserat de Bellefon Grande Tradition S A, Cuvée des Moines Brut et Rosé S A, Grande Cuvée S A, Brut et Rosé 85 89 Maison de CHAMPAGNE à Reims, beaux vins légers. Appartient à MARNE ET CHAMPAGNE.

Beyer, Léon Lignée de vignerons à Eguisheim/ALSACE. Vins secs et pleins de force qui doivent vieillir 3-5 ans. Le GEWÜRZ Comtes d'Eguisheim est renommé et le RIES « Cuvée Particulière » du GRAND CRU Pfersigberg sp. beau. Beyer milite contre les restrictions imposées aux GRANDS CRUS.

Bichot, Maison Albert L'un des plus grands producteurs-négociants de BEAUNE. Vignobles (Domaine du Clos Frantin, 12,8 ha, excellent) en CHAMBERTIN, CLOS DE VOUGEOT, RICHEBOURG, etc., et Domaine LONG-DEPAQUIT en CHABLIS, etc. Beaucoup d'autres marques.

Billecart-Salmon S A, Rosé S A, Brut 85 86 88 89, Bl. de Blancs 83 85 86 88 89, Grande Cuvée 82 85 Une des toutes meilleures maisons de CHAMPAGNE, fondée en 1818. Vins au bouquet frais et un rosé très savoureux. Cuvées : Nicolas François Billecart (88), Elisabeth Salmon Rosé (88 89).

Bize, Simon Admirable producteur de BOURGOGNE rouge à SAVIGNY-LÈS-BEAUNE (14 ha). En général, vins exemplaires, racés et élégants.

Blagny Bgne r. b. ★★ → ★★★ 85 86' 88 89 90' 91 92 93 94 95 96 Hameau entre MEURSAULT et PULIGNY-MONTRACHET. Les blancs ont des affinités avec les deux (vendus sous ces AOC) et les rouges avec le VOLNAY (vendus sous l'AOC Blagny). Tous les bons ont besoin de vieillir. Producteurs : AMPEAU, LATOUR, LEFLAIVE, Jobard, Matrot, G. Thomas.

Blanc de Blancs Tout vin blanc issu seulement de cépages blancs et spécialité de la CHAMPAGNE (où l'on utilise habituellement des cépages rouges et blancs). Pas une indication de qualité.

Blanc de Noirs Vin blanc (ou rosé) fait avec du raisin noir.

Blanck, Paul et Fils Producteur d'ALSACE à Kientzheim. Sp. bon PINOT BL et GRANDS CRUS Furstentum (GEWÜRZ, PINOT G, RIES) et Schlossberg (RIES).

Blanquette de Limoux Pyr. b. mo. ★★ Bon mousseux (région de Carcassonne) ayant une longue histoire locale. Très sec et net. Plus il comprend de CHARD et de CHENIN BL, plus il est goûteux, sp. dans la plus récente AOC Crémant de Limoux. Normalement S A mais quelques excellentes cuvées millésimées.

Blaye Bx r. b. ★ **88 89 90 93 94** 96 Bordeaux courant à l'est de la Gironde. PREMIÈRES CÔTES DE BLAYE est l'AOC des meilleurs.

Boillot, J-M Domaine basé à POMMARD : très beaux PULIGNY-MONTRACHET, BÂTARD-MONTRACHET, etc.

Boisset, Jean-Claude De loin le plus gros négociant et producteur de Bourgogne, à NUITS-SAINT-GEORGES. Possède les maisons BOUCHARD-AÎNÉ, Lionel Bruck, F. Chauvenet, Delaunay, JAFFELIN, Morin Père et Fils, de Marcilly, Pierre Ponnelle, Thomas-Bassot et VIÉNOT. Nouvelles acquisitions, dont CELLIER DES SAMSONS (BEAUJOLAIS) et une partie de MOMMESSIN. En général, normes commerciales élevées.

Bollinger « Cuvée Spéciale » S A, Grande Année 76 79 82 83 85̄ 88 89̄ 90, Rosé **81 82 83** 85̄ **88** Cave de CHAMPAGNE de grande classe à AŸ. Style sec, arôme très épanoui, doit vieillir. Vins de prestige R.D. (73 75̄ 76 79 81 82 85) et Vieilles Vignes Françaises (75 79 80 81 82̄ 85̄ 88 89), de ceps de PINOT N non greffés. Pionnier avec sa Charte de Qualité (91). A investi dans Petaluma, en Australie.

Bonneau du Martray, Domaine Le plus gros producteur (8,8 ha) de CORTON-CHARLEMAGNE de très haute qualité. Aussi rouge du GRAND CRU CORTON admirable depuis 90. Caves à PERNAND-VERGELESSES. Les blancs survivent souvent aux rouges.

Bonnes-Mares Bgne r. ★★★ → ★★★★ 78̄' 79 80̄ 85̄' 87 88 89̄ 90' 91 **92** 93 94 95 96 GRAND CRU de 15 ha entre CHAMBOLLE-MUSIGNY et MOREY-SAINT-DENIS. Vins très charpentés, de longue garde, moins aromatiques que MUSIGNY mais pouvant rivaliser avec CHAMBERTIN. Meilleurs producteurs : DUJAC, Groffier, JADOT, MUGNIER, ROUMIER, Dom. des VAROILLES, DE VOGÜÉ.

Bonnezeaux Lo. b. d. ★★★ → ★★★★ 76' 78 81 83 85' 86 88' 89' 90' 93' 94 95' Vin doux, velouté, structuré et complexe issu de CHENIN BL. Potentiellement le meilleur des COTEAUX DU LAYON. Sp. Angeli, Ch. de Fesles, Dom. du Petit Val. Vieillit bien, mais très tentant jeune.

Bordeaux r. b. (rosé) ★ 90 93 94̄ 95̄ 96 (pour les châteaux, voir p. 81) AOC de base réunissant tous les bordeaux légers. À ne pas mépriser : il peut être léger et sec mais sa saveur est inimitable. Le meilleur vin pour un simple usage quotidien.

Bordeaux Supérieur ★ → ★★ Le même, un peu plus alcoolisé.

Borie-Manoux Négociants et propriétaires de châteaux admirables. Famille Castéja : Châteaux BATAILLEY, BEAU-SITE, DOMAINE DE L'ÉGLISE, HAUT-BAGES-MONPELOU, TROTTEVIEILLE.

Bouchard Père et Fils Importants négociants de BOURGOGNE (maison fondée en 1731) : environ 80 ha d'excellents vignobles, principalement sur la CÔTE DE BEAUNE. Caves au château de BEAUNE. Contrôlés par HENRIOT depuis 95, qui a pris des mesures radicales pour relever la qualité et l'image.

Bouches-du-Rhône Prov. r. rosé b. ★ Vins de pays des environs de Marseille. Rouges robustes de cépages méridionaux, CAB, SYRAH et Merlot.

Bourg Bx r. (b.) ★★ 86' 88' 89' 90' 93 94 95 96 BORDEAUX franc de l'est de la Gironde. Pour les châteaux, voir CÔTES DE BOURG.

Bourgeois, Henri Producteurs/négociants leaders de SANCERRE à CHAVIGNOL. Aussi POUILLY-FUMÉ. Possèdent Laporte (SANCERRE). Parmi les meilleurs vins : MD de Bourgeois, La Bourgeoise.

Bourgogne   r. b. (rosé) **★★** 90' 92 93 94 95 96 Appellation générale du vin de Bourgogne, mais avec des exigences théoriquement plus grandes que pour le BORDEAUX. Léger mais souvent
parfumé. Boire à 2-4 ans. Les meilleurs producteurs font des
merveilles à des prix intéressants aux limites des meilleurs
villages de la CÔTE D'OR. À ne pas négliger. Les CRUS du
BEAUJOLAIS peuvent être étiquetés Bourgogne.

Bourgogne Grand Ordinaire   r. (b.) **★** B.J.P. L'appellation la plus
simple du Bourgogne comprenant aussi des vins de GAMAY.
Rare. Parmi les blancs, ALIGOTÉ, PINOT BL et Melon de
Bourgogne.

Bourgogne Passe-Tout-Grains   r. (rosé) ★ 1 ou 2 ans Jeune
bourgogne : minimum d'1/3 de PINOT N et le reste en GAMAY
mélangés dans la cuve. Souvent agréable. Moins capiteux que
le BEAUJOLAIS.

Bourgueil   Lo. r. (rosé) ★ ★ → ★ ★ ★ (★) 76 85 86' 88 89' 90' 93'
95' 96 CAB rouge délicat et fruité de TOURAINE. Peut être très
parfumé et de longue garde les bonnes années. Le ST-NICOLAS-
DE-BOURGUEIL est souvent plus léger. Parmi les producteurs :
Audebert, Billet, Breton, Caslot, Cognard, Delaunay, Druet,
Gambier, Lamé-Delille-Boucard, Mailloches.

Bouvet-Ladubay   Grand producteur de mousseux de SAUMUR, contrôlé
par TAITTINGER. Parmi les vins : Saphir brut, CRÉMANT
Excellence et vin de prestige Trésor, fermenté dans le chêne
(blanc, rosé) et vieilli 2 ans. Aussi bon Grand Vin de Dessert
doux.

Bouzeron   Village en CÔTE CHALONNAISE, le seul à joindre son nom
à l'appellation ALIGOTÉ. Meilleur producteur : de Villaine.
BOUCHARD PÈRE également à noter.

Bouzy Rouge   Champ. r. ★ ★ ★ 85 88 89 90 91 Vin rouge issu de
PINOT N d'un fameux village de CHAMPAGNE. Comme un
BOURGOGNE très léger, il vieillit vite mais souvent bien.

Brand   Haut-lieu du GRAND CRU D'ALSACE près de Turkheim. Le
Tokay-PINOT G y fait des merveilles. Aussi un excellent GEWÜRZ
de ZIND-HUMBRECHT.

Brédif, Marc   Important producteur et négociant de VOUVRAY, sp.
pour mousseux (méthode traditionnelle et pétillant). Appartient
à LADOUCETTE.

Bricout   Brut S A (Réserve, Prestige, Cuvée Spéciale Arthur Bricout),
Rosé S A, Brut 85 89 Petite maison de CHAMPAGNE, à AVIZE.
De bons vins légers, surtout CHARD. Excellente Cuvée Prestige.

Brocard, J-M   Producteur de CHABLIS à noter pour ses vins croquants,
typiques et de bon rapport, dont Montmains et Montée de
Tonnerre. Un terroiriste confirmé.

Brouilly   Beaujolais r. ★★ 94 95 96 Un des plus grands des 10 CRUS
du BEAUJOLAIS : fruité, rond, rafraîchissant. Peut vieillir 3 à
4 ans. Plus gros domaine : CH. DE LA CHAIZE. Meilleurs
producteurs : Michaud, Dom. de Combillaty, Dom. des
Grandes Vignes.

Bruno Paillard   Brut Première Cuvée S A, Rosé Première Cuvée S A,
Chardonnay Réserve Privée S A, Brut 85 89 90 Prestigieuse
petite maison de CHAMPAGNE aux vins millésimés ou non,
soyeux, à des prix honnêtes.

Brut   Désigne les vins secs classiques de CHAMPAGNE. Le terme récent
Brut Ultra/Zéro s'applique à des vins ultra-secs.

Buisse, Paul   Négociant de qualité à Montrichard. Gamme de Loire,
sp. vins de TOURAINE.

Bugey   Savoie r. rosé b. mo. ★ → ★★ B.J.P. Zone de VDQS pour
des vins mousseux, perlés ou tranquilles légers issus de
Roussette (ou Roussanne). Bon CHARD. Les meilleurs viennent
de Cerdon et Montagnieu.

Buxy Bgne b. ★★ Village dans l'AOC de MONTAGNY, avec une bonne coop. pour le CHARD.

Buzet S-O r. (b. rosé) ★★ 89' 90' 91 92' 93 94 95 96 Région au sud-est de Bordeaux avec vins similaires, avec un goût de pruneau en plus. La coop. gère la majeure partie de la production, dont quelques vins d'un seul vignoble (ex. : Ch. de Gueyze). Caractère plus local pour les vins des Dom. de Pech et de Versailles et des Ch. du Frandat et Sauvagnères.

Cabardès Pyr. r. (rosé b.) ★→★★ 88 89 90 91 92 93 94 95 96 Future AOC au nord de Carcassonne, dans les CORBIÈRES, etc. Cépages du MIDI et du Bordelais prometteurs : Ch. Rivals, Ch. Rayssac, Ch. Ventenac et coop. de Conques-sur-Orbiel.

Cabernet Voir Cépages pour vin rouge.

Cabernet d'Anjou Lo. rosé d/s ★→★★ B.J.P. Rosé délicat, demi-doux, au goût de raisin. Traditionnellement, un rosé doux de garde. Quelques vénérables bouteilles survivent. Sp. Bablut.

Cabrières Midi rosé (r.) ★★ B.J.P. COTEAUX DU LANGUEDOC.

Cahors S-O r. ★→ ★★ 82 83 85 86' 88 89' 90' 92' 93 94 95' 96 Vins « noirs » tanniques, issus du cépage MALBEC, mais de garde et ayant du corps (le style récent appelé vin de l'année n'est pas typique). Parmi les meilleurs producteurs : les Clos de Gamot et Coutale, les Ch. du Cayrou, La Caminade, Pech de Jammes, La Reyne, du Cèdre, Les Ifs et Latuc et les Dom. de Paillas, Pineraie, Savarines et Eugénie.

Cairanne Rh. r. rosé b. ★★ 88 89 90' 92 93 94 95' 96 Un des meilleurs CÔTES DU RHÔNE-VILLAGES, solide et charpenté (sp. des domaines B. Alary, Ameilhaud, Brusset, l'Oratoire St-Martin, Rabasse-Charavin, Richaud). Quelques blancs en progrès.

Calvet Grande entreprise familiale de négociants de BORDEAUX et BOURGOGNE, rachetée par Allied-Domecq. Quelques vins fiables, surtout de BORDEAUX.

Canard-Duchêne Brut S A, Demi-sec S A, rosé S A, Charles VII S A, Brut 85 88 90 Cave de CHAMPAGNE liée à VEUVE-CLICQUOT, et donc du même groupe que Moët-Hennessy. Vins à prix honnêtes délicieux, au goût de PINOT N. La qualité s'est améliorée récemment.

Canon-Fronsac Bx r. ★★→★★★ 82 83' 85' 86 88 89' 90' 92 93 94 95 96 Petite région à l'ouest de POMEROL. Rouges tanniques au bouquet prononcé s'améliorant sans cesse en qualité. Ont moins besoin de vieillir qu'avant. Les châteaux : CANON, CANON-MOUEIX, CANON DE BREM, Coustolle, La Dauphine, La Fleur Caillou, Junayme, Mazeris-Bellevue, Moulin-Pey-Labrie, La Truffière, Toumalin, Vraye-Canon-Boyer. Voir FRONSAC.

Cantenac Bx r. ★★★ Village du HAUT-MÉDOC pouvant utiliser l'appellation MARGAUX. Meilleurs châteaux : PALMER, BRANE-CANTENAC, etc.

Cap Corse Corse b. r. ★★→★★★ MUSCAT splendide de Clos Nicrosi, Rogliano, et un VERMENTINO blanc, sec, tendre et rare. Vaut le détour, sinon le voyage.

Caramany Pyr. r. (b.) ★ 90 91 92 93 94 95 96 Appellation théoriquement supérieure d'un seul village des CÔTES DU ROUSSILLON-VILLAGES.

Carillon, Louis Domaine leader de PULIGNY-MONTRACHET. Fait partie des grands, sp. pour PREMIER CRU Referts, Perrières et une minuscule partie du GRAND CRU Bienvenues-Bâtard.

Cassis Prov. b. (r. rosé) ★★ B.J.P. Village côtier à l'est de Marseille, connu pour son blanc sec vif (tel le Domaine du Paternel), l'un des meilleurs de Provence.

Castellane, de Brut S A, Brut **85 89 90**, Cuvée Royale **82 88 89**, Prestige Florens de Castellane **82 86 88**, Cuvée Commodore Brut **85 88 89** Vieille firme de CHAMPAGNE à Épernay, appartenant en partie à LAURENT-PERRIER. Bons vins plutôt légers, dont le champagne de Maxim's.

Cave coopérative Aujourd'hui 55 % de la production française, 4 producteurs français sur 10 sont membres d'une coop. Presque partout bien gérées, bien équipées et leurs vins d'un rapport qualité/prix honnête.

Cellier des Samsons Coop. du BEAUJOLAIS/Mâconnais (à Quincié) comptant 2 000 producteurs. Grande distribution.

Cépage Variété de vigne, ex. CHARDONNAY, Merlot.

Cérons Bx b. s. d. [★★] **83' 85' 86' 88' 89' 90** 91 **92** 93 94 95 96 Voisin de SAUTERNES, quelques bons vins doux de châteaux (dont Ch. de Cérons, Haura, de Calvimont, Grand Enclos). Ch. Archambeau fait aussi un très bon GRAVES sec.

Chablis

Rien n'illustre mieux ce conquérant qu'est le Chardonnay que les vins complets mais raides, limpides mais pierreux qu'il donne sur les lourds sols calcaires de Chablis. Le terroir de Chablis se divise en trois niveaux de qualité bien distincts à la stabilité remarquable. Les meilleurs producteurs emploient très peu voire pas du tout de chêne neuf pour masquer la définition précise du cépage et du terroir. Ils comprennent : Billand-Simon, J. M. Brocard, J. Collet, D. Dampf, R. Dauvissat, B., D., E et J. Defaix, Droin, DROUHIN, DURUP, FÈVRE, Geoffroy, J.-P. Grossot, Lamblin, LAROCHE, LONG-DEPAQUIT, Dom. des Malandes, MICHEL, PIC, Pupillon, Raveneau, G. Robin, Tribut. Un Chablis simple peut être maigre. Les meilleurs sont les Premiers et Grands Crus (voir entrées suivantes). La coop. La Chablisienne a des normes élevées et un grand nombre d'étiquettes différentes (elle représente une bouteille sur trois).

Chablis Bgne b. [★★→★★★] **[90] [92] 93 94** 95 96 Vin blanc sec unique, minéral, au bouquet prononcé. Seulement CHARD, sur 400 ha.

Chablis Grand Cru Bgne b. [★★★→★★★★] **78 [83] [85] [86] 88 89 90 91 92** 93 94 95 96 À maturité, vaut bien les plus grands bourgognes blancs. Puissant mais souvent quelconque jeune. Au mieux, proche du SAUTERNES avec l'âge. Sept vignobles : Blanchots, Bougros, Clos, Grenouilles, Preuses, Valmur, Vaudésir. Voir aussi MOUTONNE.

Chablis Premier Cru Bgne b. [★★★] **[85] [86] 88 89 [90] 91 [92] 93 94 95 96 Techniquement, Chablis de 2e choix, mais les meilleurs sont excellents et plus caractéristiques du Chablis que ses** GRANDS CRUS. Souvent supérieur en finesse au plus onéreux MEURSAULT et autres CHARD. Les meilleurs vignobles comprennent : Côte de Lechet, Fourchaume, Mont de Milieu, Montée de Tonnerre, Montmains, Vaillons. Pour les producteurs : voir l'encadré ci-dessus.

Chambertin Bgne r. ★★★★ **[78'] 79 80 83 [85'] 87 88 89** 90' 91 **92** 93 94 95 96 GRAND CRU de 13 ha, fournissant parmi les meilleurs bourgognes rouges, charnus et très stables. 15 exploitants, dont BOUCHARD PÈRE, Camus, Damoy, DROUHIN, MORTET, PONSOT, Rebourseau, Rossignol-Trapet, ROUSSEAU, Tortochot, Trapet.

Chambertin-Clos-de-Bèze Bgne r. ★★★★ **[78'] 79 [80] 83 [85] 87 88 [89]** 90' 91 **92** 93 94 95 96 15 ha de vignobles contigus à ceux du CHAMBERTIN. Très grand vin qui peut être légalement étiqueté CHAMBERTIN. 10 exploitants, comprenant CLAIR, Clair-Daü, Damoy, DROUHIN, Drouhin-Laroze, FAIVELEY, JADOT, ROUSSEAU.

Chambolle-Musigny Bgne r. (b.) ★ ★ ★ → ★ ★ ★ ★ 78' 85' 87 88 89 90' 91 92 93 94 95 168 ha de vignobles en CÔTE DE NUITS. Vin au bouquet extraordinaire. Jamais lourd. Meilleurs vignobles : Les Amoureuses, une partie de BONNES-MARES, Les Charmes, MUSIGNY. Les exploitants à noter : Barthod, DROUHIN, FAIVELEY, Hudelot-Noëllat, JADOT, Moine-Hudelot, Mugneret, MUGNIER, RION, ROUMIER, Serveau, de VOGÜÉ.

Champagne Vin mousseux élaboré selon la MÉTHODE TRADITIONNELLE, issu de PINOT N, MEUNIER et/ou CHARD cultivés sur plus de 28 000 ha, et sa région. Aucun autre vin pétillant, fût-il excellent, n'a droit à l'appellation.

Champy Père et Cie Le plus ancien négociant de Bourgogne, à BEAUNE, revigoré par la famille Meurgey (également courtiers sous le nom de DIVA). Gamme de vins bien choisis.

Chandon de Briailles, Domaine Petite propriété à SAVIGNY. Fait un merveilleux CORTON (et un Corton blanc) et un très bon PERNAND-VERGELESSES.

Chanson Père et Fils Vieille famille de producteurs (50 ha) et négociants à BEAUNE Sp. de BEAUNE Clos des Fèves, SAVIGNY, PERNAND-VERGELESSES, CORTON. Belle qualité.

Chapelle-Chambertin Bgne r. ★ ★ ★ 78' 85 87 88 89' 90' 91 92 93 94 95 96 Voisin de CHAMBERTIN. Plus « nerveux » que charnu. Les meilleurs producteurs : Damoy, JADOT, Rossignol-Trapet, Trapet.

Chapoutier Producteurs et négociants réputés de vins du RHÔNE corsés produits selon des principes biologiques. Les meilleurs sont les CUVÉES spéciales CHÂTEAUNEUF Barbe Rac (100 % GRENACHE), le rouge HERMITAGE Le Pavillon, le blanc HERMITAGE Cuvée d'Orée (100 % Marsanne, vendange tardive). Aussi rouge CROZES Les Varonniers (depuis 94).

Chardonnay Voir Cépages à vins blancs. Aussi le nom d'une commune de MÂCON-VILLAGES. Donne donc un Mâcon-Chardonnay.

Charmes-Chambertin Bgne r. ★ ★ ★ 78' 85' 87 88 89' 90' 91 92 93 94 95 96 30 ha, voisin de CHAMBERTIN, comprenant l'AOC MAZOYÈRES-CHAMBERTIN. Vin plus « souple » et plus rond. Parmi les producteurs : BACHELET, Castagnier, DROUHIN, DUJAC, LEROY, ROTY, ROUMIER, ROUSSEAU.

Chartron & Trebuchet Jeune négoce (84) avec quelques bourgognes blancs délicats et harmonieux, sp. PULIGNY-MONTRACHET du Domaine Chartron, Clos de la Pucelle. Aussi BÂTARD-MONTRACHET et CHEVALIER-MONTRACHET. Bon ALIGOTÉ également.

Chassagne-Montrachet Bgne r. b. ★ ★ ★ → ★ ★ ★ ★ r. (★ ★ ★) 78' 85 87 88 89' 90' 91 92 93 94, b. 78' 83 85 86 88 89' 90 91 92 93 94 95 96 300 ha en CÔTE DE BEAUNE, donnant d'excellents blancs secs, et des rouges solides d'une excellente qualité. Les blancs ont rarement l'extrême finesse du PULIGNY-MONTRACHET voisin mais sont souvent moins chers. Meilleurs vignobles : partie de MONTRACHET, BÂTARD-MONTRACHET, Boudriottes (r. b.), Caillerets, CRIOTS-BÂTARD-MONTRACHET, Morgeot (r. b.), Ruchottes, CLOS-ST-JEAN (r.). Parmi les exploitants : Amiot-Bonfils, Blain-Gagnard, M. Colin-Deléger, Delagrange-Bachelet, DROUHIN, J. N. Gagnard, GAGNARD-DELAGRANGE, Lamy-Pillot, MAGENTA, Ch. de la Maltroye, MOREY, Niellon, RAMONET-PRUDHON.

Château d'Arlay Grande propriété du JURA. 64 ha en bonnes mains. Vins comprenant VIN JAUNE, VIN DE PAILLE, PINOT N et MACVIN.

Château de Beaucastel Rh. r. b. ★ ★ ★ 78' 79 81' 83 85 86' 87 88 89' 90' 92 93' 94' 95' 96 Domaine parmi les plus grands (60 ha) et les mieux gérés de CHÂTEAUNEUF-DU-PAPE. Vins complexes, à la robe prononcée, issus d'un mélange de cépages inhabituel comprenant 1/3 de Mourvèdre. Petite quantité d'un blanc de Roussanne merveilleux à garder 5 à 10 ans. Aussi Coudoulet de Beaucastel (rouge et blanc) en tête des CÔTES DU RHÔNE. Beaucastel Estate à Paso Robles en Californie.

Château de la Chaize Beaujolais r. ★ ★ ★ 93 94 95 La propriété la plus connue de BROUILLY.

Château Corton-Grancey Bgne r. ★ ★ ★ 78 85 88 89 90 91 92 93 95 96 Célèbre propriété à ALOXE-CORTON, appartenant à Louis LATOUR. Vins qui sont des points de repère.

Château de Crémat Prov. r. rosé b. ★ ★ → ★ ★ ★ Petit domaine prestigieux à BELLET, près de Nice. Rouge léger mais de longue garde, rosé correct et blanc original et excellent.

Château Fortia Rh. r. (b.) ★ ★ ★ 78' 79 81 83 84 85 86 88 89 90 93 94 95 96 Propriété de CHÂTEAUNEUF-DU-PAPE (28,8 ha) aux méthodes traditionnelles. Père de l'actuel propriétaire, le baron Le Roy fut à l'origine du système des APPELLATIONS CONTRÔLÉES dans les années 1920. Bons vins, mais pas à leur meilleur niveau aujourd'hui.

Château Fuissé Bgne b. ★ ★ ★ Domaine de POUILLY-FUISSÉ. Le VIEILLES VIGNES (★ ★ ★ ★) de Vincent est somptueux avec l'âge, tandis que les vins récents avaient moins besoin de vieillir. Aussi SAINT-VÉRAN, MÂCON-VILLAGES (bon achat).

Château de la Jaubertie Excellente propriété de 50 ha à BERGERAC, possédée par les Anglais (Rystone). Cuvée Mirabelle est un SAUV somptueux de prestige. Rouge réserve fin aussi.

Château La Nerthe Rh. r. (b.) ★ ★ ★ 78' 79 81' 85 86 88 89' 90' 93 94 95' 96 Domaine imposant et renommé à CHÂTEAUNEUF (88,8 ha). Vins solides et modernes, sp. les CUVÉES Cadettes (r.) et Beauvenir (b.).

Château de Meursault Bgne r. b. ★ ★ ★ 40 ha de bons vignobles et vins à BEAUNE, MEURSAULT, POMMARD, VOLNAY, propriété de PATRIARCHE. Chais splendides.

Château de Mille Prov. r. rosé b. ★ ★ Propriété des CÔTES DU LUBÉRON. Vedette locale.

Château de Montaigne Dordogne b. (mo.) ★ ★ Maison du grand philosophe Michel de Montaigne (près de HAUT-MONTRAVEL), faisant maintenant du CÔTES DE MONTRAVEL doux et actionnaire de Ch. PALMER (MARGAUX).

Château-Chalon Jura b. ★ ★ ★ Il ne s'agit pas d'un château mais d'une AOC de VIN JAUNE fort et sec, proche d'un xérès fino. Généralement prêt au moment de la mise en bouteilles (vers 6 ans). Unique en son genre.

Château-Grillet Rhône b. ★ ★ ★ ★ 89' 90 92 94 95 96 Vignoble en terrasses de 3,5 ha (Viognier). L'une des plus petites AOC de France. Vin capiteux, charnu, ridiculement cher qui donne des signes de renaissance à partir de 90. B.J.P. Toute oxydation le gâche.

Châteaumeillant Lo. r. rosé ★ → ★ ★ B.J.P. Minuscule VDQS près de SANCERRE. GAMAY et PINOT N pour des rouges et rosés légers.

Châteauneuf-du-Pape Rh. r. (b.) 78' 79 81' 83 85 86 88 89' 90' 93 94 95' 96 3 280 ha env. près d'Avignon, comptant environ 30 domaines faisant de très beaux vins (qualité plus variable pour les 90 autres). Jusqu'à 13 cépages avec, en tête, GRENACHE, MOURVÈDRE et SYRAH. Les meilleurs sont sombres, puissants et vieillissent particulièrement bien. Les blancs sont soit fruités et pleins d'entrain, soit plutôt lourds : la majeure partie sont maintenant B.J.P. Parmi les meilleurs producteurs : les Ch. de BEAUCASTEL, FORTIA, MONT-REDON, LA NERTHE, RAYAS, Gardine ; les Dom. de Beaurenard, Le Bosquet des Papes, Les

Cailloux, Font-de-Michelle, Grand Tinel, VIEUX TÉLÉGRAPHE ; Henri Bonneau, Clos du Mont Olivet, Clos des Papes, Clos St-Jean, etc.

Château Rayas Rh. r. (b.) ★★★ 78' 79 81' 83 85 86 88' 89 90' 91 93 94' 95 96 Célèbre domaine traditionnel de 15 ha à CHÂTEAUNEUF-DU-PAPE. Son talentueux et excentrique propriétaire, Jacques Reynaud, est décédé en 1997. Les vins, concentrés, sont tous issus de Grenache mais peuvent vieillir superbement. Seconde étiquette : Pignan. Aussi très bon Ch. Fonsalette, CÔTES-DU-RHÔNE (N. B. Cuvée Syrah et blancs de longue garde).

Château Routas Prov. r. rosé b. ★★ Assemblages récents comprenant SYRAH, CAB, CHARD/Viognier remarquables pour le Var.

Château de Selle Prov. r. rosé b. ★★ → ★★★ Propriété de la famille OTT dans le Var (40 ha). Donne le rythme en PROVENCE. Surtout CAB pour la Cuvée Spéciale.

Château Simone Prov. r. rosé b. ★★ Vieillit 2-6 ans. Vieille propriété connue près d'Aix, presque appellation Palette. Le rouge, moelleux mais épicé et au goût d'herbes, est meilleur. Le blanc le rattrape.

Château Val-Joanis Prov. r. rosé b. ★★★ Propriété impressionnante produisant des CÔTES DU LUBÉRON pleins de sang.

Château Vignelaure Prov. r. ★★★ 82' 83' 85 86 87 88 89 90 91 92 93 94 95 96 Joyau provençal de 54 ha près d'Aix donnant un vin exceptionnel, plus ou moins de style BORDEAUX, issu de CAB, SYRAH et Grenache. Racheté par Rystone en 94.

Châtillon-en-Diois Rh. r. rosé b. ★ B.J.P. Petite appellation à l'est du Rhône. Bons rouges principalement issus de GAMAY. Les blancs (un peu d'ALIGOTÉ), surtout pour la CLAIRETTE DE DIE.

Chave, Gérard Pour beaucoup, le tout meilleur producteur (avec son fils Jean-Louis) d'HERMITAGE, avec 10 ha de rouge et 4,8 ha de blanc répartis sur 9 vignobles de coteaux. Rouges et blancs de très longue garde (sp. très bon rouge ST-JOSEPH) et aussi VIN DE PAILLE.

Chavignol Village de SANCERRE au vignoble très célèbre, les Monts Damnés. Sol calcaire donnant des vins vifs vieillissant 4 à 5 ans, sp. de BOURGEOIS et Cotat. Fromage de chèvre aussi, ayant sa propre appellation : Crottin de Chavignol.

Chénas Beaujolais r. ★★★ 90 91 92 93 94 95 96 Le plus petit CRU du BEAUJOLAIS et l'un des plus lourds. Voisin de MOULIN-À-VENT et JULIÉNAS. Parmi les producteurs : Benon, Champagnon, Charvet, Ch. Chèvres, DUBŒUF, Lapierre, Robin, Trichard et la coop.

Chenin Blanc Voir Cépages à vins blancs.

Chenonceau, Château de Lo. ★★ Bijou architectural sur la Loire produisant des SAUV, CAB et CHENIN BL (tranquille et mousseux) de l'AOC TOURAINE. Bons à très bons.

Chéreau Carré Producteurs de plusieurs des meilleurs MUSCADETS de domaine (sp. Ch. du Chasseloir, Ch. du Coing).

Chevalier-Montrachet Bgne b. ★★★★ 78 83 85' 86 88 89' 90 91 92 93 95 96 Vignoble de 6 ha contigu à MONTRACHET. Aussi voluptueux, peut-être un peu moins puissant. Comprend 1 ha de Les Demoiselles. Parmi les producteurs : LATOUR, JADOT, BOUCHARD PÈRE, CHARTRON, Deleger, LEFLAIVE, Niellon, PRIEUR.

Cheverny Lo. r. rosé b. ★ → ★★ AOC près de Chambord. Vins secs et croquants issus de SAUV et CHARD. Aussi GAMAY, PINOT N et CAB en rouge ; vins plutôt légers mais goûteux. Cour Cheverny emploie le cépage local Romorantin. Mousseux sous l'AOC CRÉMANT DE LOIRE. Sp. Cazin, Huards, OISLY ET THÉSÉE, Domaine de la Soucherie.

Chevillon, R. Propriété de 12,8 ha à NUITS-ST-GEORGES ; vinification remarquable.

Chignin Savoie b. ⭐ B.J.P. Blanc léger de raisins de Jacquère. Chignin-Bergeron le meilleur et le plus vif.

Chinon Lo. r. (rosé b.) ★★ → ★★★ 76 85 86' 88 89' 90' 93' 95' 96 CAB F juteux, parfois riche, de TOURAINE. À boire frais jeune, mais traiter les millésimes exceptionnels comme des BORDEAUX. Petite quantité de blanc sec et croquant issu de CHENIN BL. Excellents producteurs : Alliet, Bernard Baudry, COULY-DUTHEIL (sp. Clos de l'Écho), Druet, Ch. de la Grille, Joguet, Raffault. La coop.

Chiroubles Beaujolais r. ★★★ 94 95 96 Bon et petit CRU du BEAUJOLAIS près de FLEURIE ; vin frais, fruité et soyeux, à boire jeune (1-3 ans). Parmi les producteurs : Bouillard, Cheysson, DUBŒUF, Fourneau, Passot, Raousset et la coop.

Chorey-lès-Beaune Bgne r. (b.) ★★ 85 87 88 89 90 91 92 93 94 95 96 Petite AOC au nord de BEAUNE. Trois bons producteurs : Arnoux, Germain (Ch. de Chorey) et TOLLOT-BEAUT.

Chusclan Rh. r. rosé b. ⭐ → ★★ 89 90' 92 93 94 95' 96 Village de CÔTES DU RHÔNE-VILLAGES ayant une coop. compétente. Parmi les étiquettes : Cuvée de Marcoule, Seigneurie de Gicon. Aussi Dom. des Lindas CUVÉES spéciales d'André Roux (ex. : Clos d'Abeilles), dont un 100 % SYRAH et un bon blanc.

Cissac Village du HAUT-MÉDOC, à l'ouest de PAUILLAC.

Clair, Bruno Domaine récent à MARSANNAY. Très bons vins à FIXIN, MOREY-ST-DENIS, SAVIGNY et GEVREY-CHAMBERTIN (sp. CLOS DE BÈZE).

Clairet Vin rouge fruité, très léger, presque rosé. Bordeaux Clairet est une AOC.

Clairette Traditionnel cépage blanc du MIDI de la France. Son vin de faible acidité était la base du vermouth. Peut donner un joli vin tendre. La version de Terrasses de Landoc est ronde et pleine d'entrain.

Clairette de Bellegarde Lang. b. ★ B.J.P. AOC près de Nîmes. Blanc ordinaire et neutre.

Clairette de Die Rh. b. s. d/s mo. ★★ S A Vin mousseux sec ou (mieux) demi-sec à l'arôme de MUSCAT de la région des Préalpes, à l'est du Rhône, ou blanc de CLAIRETTE sec et franc. Vieillit très bien 3-4 ans. Vaut l'essai.

Clairette du Languedoc Lang. b. ★ B.J.P. Blanc simple et neutre des environs de Montpellier. Progrès à surveiller. Ch. La Condamine Bertand a l'air bien.

Clape, La Pyr. r. rosé b. ★ → ★★ Cru de l'AOC COTEAUX DU LANGUEDOC. Vins corsés venant de coteaux calcaires entre Narbonne et la mer. Le rouge mérite de vieillir 2 ou 3 ans, le blanc de Bourboulenc même davantage. Très bon rosé, sp. de Ch. Rouquette-sur-Mer, Ch. de Pech-Redon, Dom. De l'Hospitalet, La Rivière-Haute.

Claret Terme anglais pour désigner un BORDEAUX rouge.

Climat Terme bourguignon signifiant : vignoble à appellation précise. Ex. les Grèves (BEAUNE), les Amoureuses (CHAMBOLLE-MUSIGNY).

Clos Terme réservé à des vignobles de prestige, généralement entourés de murets et appartenant souvent à un seul propriétaire. Fréquent en BOURGOGNE et en ALSACE. Le plus GRAND CRU de CHABLIS : Les Clos.

Clos-de-Bèze Voir CHAMBERTIN-CLOS-DE-BÈZE.

Clos de la Roche Bgne r. ★★★ 78' 82 85 86 87 88 89' 90 91 92 93' 94 95 96 GRAND CRU de 14 ha à MOREY-ST-DENIS. Vin puissant et complexe (CHAMBERTIN), sp. chez BOUCHARD PÈRE, BOURÉE, CASTAGNIER, DUJAC, Lignier, PONSOT, RÉMY, ROUSSEAU.

Clos des Lambrays Bgne r. ★★★ GRAND CRU de 6 ha à MOREY-ST-DENIS. A de nouveau changé de mains en 96.

Clos des Mouches Bgne r. b. ★★★ Splendide PREMIER CRU appartenant en majorité à DROUHIN de BEAUNE. Blancs et rouges épicés, mémorables et stables.

Clos de Tart Bgne r. ★★★ 85′ 87 88′ 89′ 90′ 92 93 94 95 96 7,5 ha de GRAND CRU à MOREY-ST-DENIS appartenant à MOMMESSIN. Jeunes ou vieux, un merveilleux bouquet chez les meilleurs.

Clos de Vougeot Bgne r. ★★★ 78 85′ 87 88 89′ 90′ 91 92 93 94 95 96 GRAND CRU de 50 ha en CÔTE DE NUITS, plusieurs propriétaires. Variable, parfois sublime. La maturité dépend de la technique du vigneron et de l'emplacement sur le coteau. Parmi les meilleurs producteurs : Clair-Daü, DROUHIN, ENGEL, FAIVELEY, GRIVOT, JADOT, LEROY, MÉO-CAMUZET, ROUMIER, GROS, Hudelot-Noëllat, Chantal Lescure, Mugneret.

Clos du Roi Bgne r. ★★★ Fait partie du GRAND CRU CORTON. Aussi un PREMIER CRU de BEAUNE.

Clos Rougeard Lo. r. (d.) SAUMUR-CHAMPIGNY controversé mais ayant ses adeptes. Vins intenses vieillissant dans des fûts de Bordeaux neufs (ou presque). Aussi infime quantité de COTEAUX DE SAUMUR voluptueux.

Clos St-Denis Bgne r. ★★★ 78 79 82 85′ 87 88 89′ 90′ 91 92 93′ 94 95 96 6,5 ha de GRAND CRU à MOREY-ST-DENIS. Vin splendide, soyeux avec l'âge. Parmi les producteurs : DUJAC, Lignier, PONSOT.

Clos Ste-Hune Al. b. ★★★★ Très beau RIES austère de TRIMBACH. Peut-être le meilleur d'ALSACE. Doit vieillir plus de 5 ans. N'a pas besoin du statut de GRAND CRU.

Clos St-Jacques Bgne r. ★★★ 78 82 83 85′ 86 87 88 89′ 90′ 91 92 93′ 94 95 96 7 ha. PREMIER CRU de GEVREY-CHAMBERTIN. Vin excellent et puissant, souvent meilleur (et plus cher) que certains GRANDS CRUS. Principaux producteurs : Esmonin, ROUSSEAU.

Clos St-Jean Bgne r. ★★★ 78 85′ 88 89′ 90′ 91 92 93 94 95 96 15 ha. PREMIER CRU de CHASSAGNE-MONTRACHET. Très bon rouge, plus solide que subtil (Ch. de la Maltroye). À noter : Domaine RAMONET.

Coche-Dury 8,4 ha à MEURSAULT (+ 0,5 ha à CORTON-CHARLEMAGNE) dont la réputation n'est plus à faire pour ses vins au parfum de chêne. Aussi très bon ALIGOTÉ.

Cognac Ville et région des Charentes célèbres pour leur eau-de-vie.

Collines Rhodaniennes Rh. r. b. rosé ★ Vin de pays populaire. Surtout les rouges : Merlot, SYRAH et GAMAY. Un peu de VIOGNIER et de CHARD en blanc.

Collioure Pyr. r. ★★ 85 86 88 89 90 91 92 93 94 95′ 96 Rouge fort et sec de la région de BANYULS, minuscule production. Meilleurs producteurs : Cellier des Templiers, Les Clos de Paulilles, Cave L'Étoile, Dom. du Mas Blanc, Dom. de la Rectorie, La Tour Vieille, Vial-Magnères.

Comté Tolosan S-O r. rosé b. ★→★★ B.J.P. Un peu de tout dans le sud-ouest de la France. Surtout des vins de coop. Dom. de Ribonnet (Christian Gerber, au sud de Toulouse) pour une gamme du cépage rouges 90 et avant.

Condrieu Rh. b. ★★★★ B.J.P. Blanc tendre et parfumé, de caractère (et coûteux), issu du cépage VIOGNIER. Il peut être remarquable mais l'extension rapide du vignoble (100 ha travaillés par 90 producteurs) rend la qualité variable, à part pour quelques grands noms. L'utilisation croissante de chêne neuf (par ex. la CUVÉE Doriane de GUIGAL et Cuilleron) est un changement douteux. Meilleurs producteurs : DELAS, Y.

Champagne : une poignée de bonnes petites maisons
Jacques Selosse : à Avize, spécialiste de Blanc de Blancs.
Ployez Jacquemart : excellents S A et millésimé, basé à Ludes sur la Montagne de Reims.
Vilmart : dans le centre de Rilly-la-Montagne, toutes petites quantités, haute qualité.
Napoléon : millésimés exceptionnellement beaux.
R & I Legras : maison de Chouilly avec gamme complète, dont Blanc de Blancs et un Coteaux Champenois.
Boizel : maison d'Épernay, champagnes remarqués pour leur fruité.
Gardet & Cie : vins généreux, bien vieillis, avec une bonne proportion de Pinot Noir.
Daniel Dumont : à Rilly-la-Montagne, Grande Réserve bien vieilli et beau Demi-Sec.
Pierre Gimonnet : à Cuis. Importante propriété sur la Côte des Blancs. Cuvée Gastronome subtile.
Larmandier-Bernier : à Vertus. Blancs de Blancs de haute volée, sp. Cramant Grand Cru.
Tarlant : à Oeuilly. Vins boisés, dont Cuvée Louis de type Krug.

Cuilleron, GUIGAL, André Perret, Niéro-Pinchon, Vernay (sp. Coteau du Vernon), Villard. Le CHÂTEAU-GRILLET lui ressemble. Ne tentez pas de le garder.

Corbières Lang. r. (rosé b.) ★★→★★★ 88 89 90 91 92 93 94 95' 96 Rouges vigoureux bon achat. Meilleurs producteurs : Châteaux Aiguilloux, des Ollieux, Les Palais, de la Voulte Gasparet, Dom. de Villemajou, Dom. de Fontsainte, Lastours, Dom. du Vieux Parc, coop. de Embrès et de Castelmaure, Camplong, St-Laurent-Cabrerisse, etc.

Cordier, Ets D. Importants négociants et propriétaires bordelais au passé prestigieux et appartenent actuellement au groupe Suez. Plus de 240 ha. Châteaux : CANTEMERLE, GRUAUD-LAROSE, LAFAURIE-PEYRAGUEY, MEYNEY, Clos des Jacobins, etc.

Cornas Rh. r. ★★→★★★ 78' 79 80 81 83' 85' 86 88 89' 90' 91' 93 94' 95' 96 SYRAH très sombre, charpenté et d'une qualité unique. 86 ha de vignobles en pentes de granite au sud d'HERMITAGE et d'autres vignobles sur la rive ouest. 5 à 15 ans de vieillissement nécessaires. Meilleurs producteurs : Allemand, de Barjac, Clape, J. L. Colombo (attention : chêne neuf), Courbis, DELAS, JABOULET (excellente CUVÉE St-Pierre), Juge, Lionnet, Noël Verset.

Corrèze Dordogne r. ★ B.J.P. Vin de pays de la coop. de Branceilles, entre Brive et Beaulieu. Aussi Dom. de la Mégénie.

Corse Vins puissants des trois couleurs. Appellations : AJACCIO, CAP CORSE, PATRIMONIO et les meilleurs crus CAP CORSE et Sartène. Vin de pays : ÎLE DE BEAUTÉ.

Corton Bgne r. ★★★→★★★★ 78' 85' 87 88 89' 90' 91 92 93 94 95 96 Le seul GRAND CRU rouge de la CÔTE DE BEAUNE. 80 ha à ALOXE-CORTON, comprenant Les Bressandes et CLOS DU ROI. Vins riches et puissants qui devraient bien vieillir. Nombreux bons producteurs.

Corton-Charlemagne Bgne b. ★★★★ 78' 79 82 83 85' 86' 87 88 89' 90' 91 92 93 94 95 96 CORTON blanc (1/3 du vignoble). Vin riche, à l'arôme intense et prolongé. Se comporte comme un rouge et vieillit d'une façon admirable. Meilleurs producteurs : BONNEAU DU MARTRAY, Chapuis, COCHE-DURY, Delarche, Dubreuil-Fontaine, FAIVELEY, HOSPICES DE BEAUNE, JADOT, LATOUR, Rapet.

Costières de Nîmes Rh. r. rosé b. ★→★★ B.J.P. Nouvelle appellation du delta du Rhône. Ancien Costières du Gard. Qualité en progrès. À noter : Ch. de Campuget, Ch. Mourgues du Gres, Ch. de Nages, Ch. de la Tuilerie, (« Dînettes et Croustilles »), Mas des Bressades.

Côte Chalonnaise Bgne r. b. mo. ★★ Vignobles moins connus entre BEAUNE et MÂCON. Voir GIVRY, MERCUREY, MONTAGNY, RULLY.

Côte de Beaune Bgne r. b. ★★→★★★★ Dans la moitié sud de la CÔTE D'OR. Appellation pour certains secteurs de BEAUNE.

Côte de Beaune-Villages Bgne r. b. ★★ 85 88 89' 90' 91 92 93 94 95 96 Appellation régionale de vins mineurs de la zone traditionnelle. L'étiquette doit mentionner « Côte de Beaune-Villages » ou « Côte de Beaune » suivi du nom du village.

Côte de Brouilly Beaujolais r. ★★ 91 93 94 95 96 Un des meilleurs crus du BEAUJOLAIS, fruité, riche et vigoureux. Meilleures propriétés : Dom. de Chavanne, G. Cotton, Ch. Delachanel, J. C. Nesme, Ch. Thivin.

Côte de Nuits Bgne r. (b.) ★★→★★★★ Moitié nord de la CÔTE D'OR. Presque que du rouge.

Côte de Nuits-Villages Bgne r. (b.) ★★ 88 89 90 91 92 93 94 95 96 Appellation mineure des extrémités nord et sud de la Côte. Vaut la peine pour rechercher les bonnes affaires.

Côte d'Or Bgne Les deux principales régions de production : au nord, CÔTE DE NUITS, au sud, CÔTE DE BEAUNE. Le nom ne figure pas sur les étiquettes.

Côte Roannaise Centre r. rosé ★→★★ B.J.P. Récente AOC (94) à l'ouest de Lyon. GAMAY soyeux et concentré. Demon, Lapandéry, Dom. du Pavillon.

Côte Rôtie Rh. r. ★★★→★★★★ 78 79 80 82 83' 85' 86 87 88' 89' 90' 91' 94' 95' 96 Potentiellement le meilleur rouge du RHÔNE au sud de Vienne, surtout du SYRAH ; peut acquérir en vieillissant une finesse et une souplesse uniques (le plus expressif à 5 ou 10 ans et plus). Meilleurs producteurs : Barge, Bernard, Burgaud, Champet, Clusel-Roche (progrès rapides), CHAPOUTIER, DELAS, GUIGAL (long vieillissement en barriques, différent et plus complet), J. M. Gérin, JABOULET, Jamet, Jasmin, Ogier, ROSTAING (vin élégant influencé par la barrique), VIDAL-FLEURY.

Coteaux Champenois Champ. r. b. (rosé) ★★★ B.J.P. (blancs) Appellation du CHAMPAGNE non mousseux. Ne vaut pas les prix élevés.

Coteaux d'Aix-en-Provence Prov. r. rosé b. ★→★★★ Appellation en plein essor. Ch. de VIGNELAURE, bien établi, est défié par les vins des Ch. Commanderie de la Bargemone, Fonscolombe. Voir COTEAUX DES BAUX-EN-PROVENCE.

Coteaux d'Ancenis Lo. r. rosé b. (d.) ★ B.J.P. VDQS à l'est de Nantes pour des rouges et rosés de GAMAY légers, des blancs secs un peu âpres issus de CHENIN BL et des demi-secs issus de Malvoisie (vieillissent bien). Sp. chez Guindon (Malvoisie).

Coteaux de Chalosse S-O r. rosé b. ★ B.J.P. Bons vins de pays de la coop. de Mugron (Landes).

Coteaux de Glanes S-O r. ★ B.J.P. Vin de pays vif près de Bretenoux. La coop. est l'unique producteur.

Coteaux de l'Ardèche Centre r. rosé (b.) ★→★★ B.J.P. Zone à l'ouest du Rhône dynamisée par Georges DUBOEUF (du BEAUJOLAIS). Rouges de pays frais et bon marché, les meilleurs 100 % SYRAH. Aussi GAMAY et CAB récemment. CHARD puissant « Ardèche », proche du BOURGOGNE de Louis LATOUR (à garder de 1 à 3 ans et à préférer au Grand Ardèche, trop boisé).

Coteaux de l'Aubance Lo. b. s. d. ★★ 88' 89' 90' 93' 94' 95' 96 Vins doux issus de CHENIN BL similaires à ceux des COTEAUX DU LAYON. Quelques SÉLECTION DES GRAINS NOBLES. Sp. chez Bablut, Montgilet, RICHOU, Rochelles.

Coteaux de la Loire Voir ANJOU-COTEAUX DE LA LOIRE.

Coteaux de Peyriac Midi r. rosé ★ B.J.P. Un des vins de pays de l'Aude les plus courants. Quantités astronomiques.

Coteaux de Pierrevert Rh. r. rosé b. mo. ★ B.J.P. Petite zone VDQS de la région de Manosque. Vins de coop. bien faits, surtout rosés, et blancs frais.

Coteaux de Saumur Lo. b. d. ★★ → ★★★ 89 90 **93** 95' 96 CHENIN BL demi-sec rare et potentiellement agréable. Les meilleurs sont les MOELLEUX de type VOUVRAY. Sp. chez CLOS ROUGEARD, Legrand, Vatan.

Coteaux des Baronnies Rh. r. rosé b. ★ Vin de pays du Rhône. SYRAH, Merlot, CAB et CHARD, plus des cépages traditionnels. Prometteur. Dom. du Rieu-Frais se distingue (dont un bon Viognier) et Dom. Rosière (dont un bon SYRAH) valent la peine.

Coteaux des Baux-en-Provence Prov. r. rosé ★ → ★★★ Voisin des COTEAUX D'AIX-EN-PROVENCE, également en plein essor, mais actuellement déclassé en vin de pays pour des raisins techniques ennuyeuses. Excellents Domaine de TRÉVALLON (CAB et SYRAH) et Mas de Gourgonnier.

Coteaux et Terrasses de Montauban S-O r. rosé ★ → ★★ Dominés par la coop. de LAVILLEDIEU-LE-TEMPLE. Aussi Dom. de Montels.

Coteaux du Giennois Lo. r. rosé b. ★ B.J.P. Petite zone de VDQS au nord de POUILLY en passe de devenir une AOC. GAMAY et PINOT N légers, SAUV de style SANCERRE. Meilleurs producteurs : Balland-Chapuis, Paulat.

Coteaux du Languedoc Lang. r. rosé b. ★★ Zones éparses avec statut AOC. Les meilleurs rouges (CABRIÈRES, LA CLAPE, FAUGÈRES, St-Georges-d'Orques, Quatourze, ST-CHINIAN, St-Saturnin) vieillissent 2 ou 4 ans. Aussi quelques bons blancs. Les normes grimpent à une vitesse vertigineuse.

Coteaux du Layon Lo. b. d/s d. ★★ → ★★★★ 75 76 85' 86 88' 89' 90' 93' 94 95 96 Au sud d'Angers, CHENIN BL doux presque éternel, à l'acidité admirable : excellent en apéritif, avec des plats riches et crémeux ou des desserts aux fruits. Introduit une nouvelle AOC SÉLECTION DE GRAINS NOBLES (voir ALSACE). 7 villages peuvent ajouter leur nom à l'AOC. Meilleures AOC : BONNEZEAUX, C. du Layon-Chaume, QUARTS-DE-CHAUME. Parmi les producteurs : BAUMARD, Cady, Delesvaux, Dom. de l'Echalier, des Forges, Ogereau, Papin (Pierre-Bise), Jo Pithon, Robineau, Yves Soulez (Genaiserie), P-Y Tijou (Soucherie).

Coteaux du Loir Lo. r. rosé b. s. d. ★ → ★★★ 76 85 88' 89' 90' 92 93' 95 96 Petite région au nord de Tours, comprenant JASNIÈRES. Donne parfois de beaux vins issus de CHENIN BL, GAMAY, CAB, Pineau d'Aunis. Meilleurs producteurs : Aubert de Rycke, Fresneau, Gigou.

Coteaux du Lyonnais Beaujolais r. rosé (b.) ★ B.J.P. Cadet du BEAUJOLAIS. Meilleur en PRIMEUR.

Coteaux du Quercy S-O r. ★ B.J.P. Zone au sud de Cahors. Vins bons avec la cuisine locale. Les producteurs privés travaillent avec l'excellente coop. près de Monpezat.

Coteaux du Tricastin Rh. r. rosé b. ★★ 88 89 90' 92 94 95' 96 Limite des CÔTES DU RHÔNE, au S. de Valence. En progrès. Rouge attrayant qui peut vieillir 8 ans. Les meilleurs : Dom. de Grangeneuve, Dom. de Montine, Dom. St-Luc et Ch. La Décelle.

Coteaux du Vendômois Lo. r. rosé b. ★ → ★★ B.J.P. VDQS à la limite de la Loire, à l'ouest de Vendôme. Rouges en augmentation, dont CAB. CHENIN BL important aussi.

Coteaux Varois Prov. r. rosé b. ★ → ★★ Importante nouvelle zone VDQS comprenant une propriété de style californien, le Dom. de St-Jean de Villecroze, qui fait un très bon rouge.

Côtes d'Auvergne Centre r. rosé (b.) ★ → ★★ B.J.P. Petite zone de VDQS florissante. Certains rouges ressemblent au BEAUJOLAIS. Surtout du GAMAY, mais aussi du PINOT N et du CHARD. Boulin-Constant, Bellard, Cave St-Verny.

Côtes de Blaye Bx b. ★ B.J.P. BORDEAUX blanc ordinaire de BLAYE (les meilleurs rouges sont appelés PREMIÈRES CÔTES DE BLAYE).

Côtes de Bordeaux Saint-Macaire Bx b. s. d. ★ B.J.P. BORDEAUX blanc ordinaire, à l'est de SAUTERNES.

Côtes de Bourg Bx r. ★ → ★★ 82′ 83 85′ 86′ 88′ 89′ 90 92 93 94 95 96 Appellation désignant certains des meilleurs rouges de BOURG. Parmi les Ch. : de Barbe, La Barde, du Bousquet, Brûlécaille, La Croix de Millorit, Falfas, Font Guilhem, Grand-Jour, de la Grave, La Grolet, Guerry, Guionne, Haut-Maco, Lalibarde, Lamothe, Mendoce, Peychaud, Rousset, Tayac, de Thau.

Côtes de Castillon Bx r. ★ → ★★ 86′ 88′ 89′ 90′ 92 93 94 95 96 Région florissante à l'est de ST-ÉMILION. Vins similaires, juste un peu plus légers. Parmi les meilleurs Ch. : Beauséjour, La Clarière-Laithwaite, Fonds-Rondes, Haut-Tuquet, Lartigue, Moulin-Rouge, Pitray, Rocher-Bellevue, Ste Colombe, Thibaud-Bellevue.

Côtes de Duras Dordogne r. b. rosé ★ → ★★ 90′ 92 93′ 94 95 96 Satellite de Bordeaux, vins plus légers principalement. Les Dom. de Laulan (bon SAUV), de Durand, Amblard et les Ch. Lafon et La Grave Béchade sont meilleurs que les coop. Berticot et Landerrouat.

Côtes de Forez Lo. r. rosé (mo.) ★ B.J.P. Zone VDQS (GAMAY) la plus au nord de la Loire, autour de Boën, au nord de St-Étienne. Vins juteux faciles à boire. Sp. chez Vignerons Foréziens, Pierre Noire.

Côtes de Francs Bx r. b. ★★ 85 86′ 88′ 89′ 90′ 92 93 94 95 96 À l'est de ST-ÉMILION, à la limite du Bordelais. Vins légers de plus en plus séduisants ; Ch. Puyguéraud, de Belcier, La Claverie, de Francs, La Prade, Lauriol.

Côtes de Gascogne S-O b. (r. rosé) ★ B.J.P. Vin de pays, branche de l'ARMAGNAC. Incroyablement populaire avec, en tête, la coop. Plaimont et la famille Grassa. Surtout connu pour ses blancs frais et fruités issus de Colombard, souvent assemblé avec un peu de SAUV. Aussi les Dom. de Papolle et Bergerayre.

Côtes de la Malepère Midi r. ★ B.J.P. Zone VDQS montante à la frontière du MIDI et du Sud-Ouest, près de Limoux et utilisant les cépages des deux. Recherchez les rouges frais et ardents.

Côtes de Montravel Dordogne b. s. d. ★ B.J.P. Partie de BERGERAC. Vin traditionnellement demi-sec aujourd'hui souvent plutôt sec. Bon chez Ch. Laroque et Dom. de Libarde. Montravel Sec est sec (!), HAUT MONTRAVEL est doux.

Côtes de Provence Prov. r. rosé b. ★ → ★★★ Vins de Provence complètement remaniés par une nouvelle approche et des investissements. Parmi les leaders : Castel Roubine, Commanderie de Peyrassol, Dom. Bernarde, Dom. OTT, Dom. Rabiéga, Dom. des Planes, Dom. de la Courtade et Dom. Richeaume. 60 % en rosé, 30 % en rouge. Voir COTEAUX D'AIX-EN-PROVENCE, BANDOL, etc.

Côtes de Saint-Mont S-O r. b. rosé ★★ VDQS prometteur du Gers, aspirant au statut d'AOC, imitant le MADIRAN et le PECHERENC. La coop. Plaimont est toute-puissante (gamme Hauts de Bergerelle et Ch. de Sabazan). Parmi les producteurs privés : Ch. de Bergalasse.

Côtes de Thongue Midi r. b. ⭐ B.J.P. Vins de pays de l'HÉRAULT populaire. Quelques bons vins à venir, sp. des Domaines Arjolle, COUSSERGUES, Croix Belle et Montmarin.

Côtes de Toul Est rosé r. b. ★ B.J.P. Vins VDQS très légers et fruités de Lorraine. Surtout VIN GRIS (rosé).

Côtes du Brulhois S-O r. rosé (b.) ★ → ★ ★ Près d'Agen. Surtout centré sur les coop. Goulens et Donzac. Aussi Dom. de Coujétou-Peyret.

Côtes du Frontonnais S-O r. rosé ★ ★ Parfois appelé le Beaujolais de Toulouse. Surtout B.J.P. mais certains vins à base de CAB ont besoin de vieillir. Avec les bons producteurs comme les Dom. de Joliet, Caze, du Roc et les Ch. Bellevue-la-Forêt et Plaisance, la bonne coop. a du mal à suivre.

Côtes du Jura Jura r. rosé b. (mo.) ★ B.J.P. Teintes et goûts légers et variés. ARBOIS est meilleur.

Côtes du Lubéron Prov. r. rosé b. mo. ★ → ★ ★ **88 89 90 93** 94 95' 96 Vins de pays du nord de la Provence, en progrès spectaculaire. Acteurs, médias et gros industriels y investissent. Meilleurs vins : Ch. Val-Joanis et Ch. de Mille mais très bons rouges issus de SYRAH et blancs aussi. Parmi les autres : une bonne coop., Ch. de la Canorgue.

Côtes du Marmandais Dordogne r. rosé b. ★ B.J.P. Vins légers au sud-est de BORDEAUX. La coop. de Cocumont est meilleure que celle de Beaupuy. Ch. de Beaulieu et Dom. des Geais sont encore meilleurs.

Côtes du Rhône Rh. r. rosé b. ★ → ★ ★ **90' 93 94 95'** 96 Appellation principale de la vallée du Rhône. Meilleurs jeunes. Inégaux, suivant la maturité de la récolte et le degré d'alcool qui tend à augmenter. Voir CÔTES DU RHÔNE-VILLAGES.

Meilleurs producteurs des Côtes du Rhône
Les Châteaux La Courançonne, l'Estagnol, Fonsalette, Montfaucon, St-Estève et Trignon (dont un Viognier blanc) ; Clos Simian ; les coop. Chantecotes (Ste-Cécile-les-Vignes), Villedieu (sp. blanc) ; les domaines Coudoulet de Beaucastel (rouge et blanc), Gramenon (Grenache, Viognier), Janasse, Jaume, Réméjeanne, Vieux Chêne ; Guigal, Jaboulet.

Côtes du Rhône-Villages Rh. r. rosé b. ★ → ★ ★ 88 89' 90' 93 **94** 95' 96 Vin des 17 meilleurs villages du sud de la vallée du Rhône. En général digne de confiance, parfois délicieux. Voir BEAUMES-DE-VENISE, CAIRANNE, CHUSCLAN, LAUDUN, RASTEAU, SABLET, SÉGURET, ST-GERVAIS, etc. Catégorie inférieure sans nom de village bon achat : les Dom. Cabotte, Montbayon, Rabasse-Charavin, Renjarde.

Côtes du Roussillon Pyr. r. rosé b. ★ → ★ ★ 88 89 90 91 **93 94** 95 96 Les rouges solides de CARIGNAN sont les meilleurs et peuvent être très goûteux (chez Gauby). Certains blancs donnent des VINS VERTS âpres.

Côtes du Roussillon-Villages Pyr. r. ★ ★ → ★ ★ ★ 86 88 89 90 **91 92 93 94** 95 96 Les meilleurs rouges de la région. Viennent de 28 communes, dont CARAMANY et LATOUR DE FRANCE, LESQUERDE. Étiquettes à noter : Coop. Baixas, Cazes Frères, Dom. des Chênes, Gauby (dont un blanc plein et exotique), Ch. de Jau, coop. Lesquerde, Dom. Piquemal, coop. Les Vignerons Catalans. Certains producteurs préfèrent renoncer au statut AOC pour faire des vins de pays d'un seul cépage.

Côtes du Tarn S-O r. rosé b. ⭐ B.J.P. À cheval sur GAILLAC et mêmes producteurs, sp. les coops.

Côtes du Ventoux Rh. r. rosé (b.) ★★ 90ˈ 93 94 95 96 AOC en plein essor (6 800 ha) entre le Rhône et la PROVENCE pour des rouges savoureux (allant du style café à des arômes bien plus profonds) et des rosés faciles. Meilleur producteur : La Vieille Ferme, propriété du Ch. de Beaucastel. Coop. Villes-St-Auzon, Dom. Anges, Ch. Pesquié, Ch. Valcombe et Paul Jaboulet sont bons aussi.

Côtes du Vivarais Rh. r. rosé b. ★ B.J.P. VDQS de l'Ardèche. 1 000 ha à travers plusieurs villages sur la rive ouest de SAINT-PÉRAY. Rouges en progrès, plus substantiels. Meilleurs producteurs : Boulle, Gallety, Domaine de Belvezet.

Coulée de Serrant Lo. b. s. d. ★★★★ 73 76ˈ 78 79ˈ 81 82 83ˈ 85ˈ 86 88 89ˈ 90ˈ 91 92 93 95ˈ 96 Vignoble de 6,4 ha de CHENIN BL sur la rive droite de la Loire, à SAVENNIÈRES, dirigé selon des principes organiques très stricts. Vin capiteux, fruité, bon à l'apéritif ou avec du poisson, presque immortel.

Couly-Dutheil Lo. r. rosé b. ★★ Plus gros producteur et négociant de CHINON. Gamme de vins fiables : Clos d'Olive et l'Écho sont leurs meilleurs.

Coussergues, Domaine de Midi r. b. rosé ★ B.J.P. Grand domaine dans une région fameuse près de Béziers. CHARD, SYRAH, etc. sont de bonnes affaires.

Crémant En CHAMPAGNE, signifie perlé. Depuis 1975, appellation pour des blancs mousseux méthode classique d'ALSACE, Loire, BOURGOGNE et LIMOUX. Souvent bon rapport qualité/prix. Ce terme est petit à petit supprimé en CHAMPAGNE.

Crémant de Loire b. mo. ★★→★★★ S A Vin pétillant d'ANJOU de grande qualité, sp. de SAUMUR et de TOURAINE. Sp. de BAUMARD, Berger, Delhumeau, LANGLOIS-CHÂTEAU, Nerleux, OISLY ET THESÉE, Passavant.

Crépy Savoie b. ★★ B.J.P. Blanc léger, doux et un peu pétillant des coteaux sud du lac Léman. « Crépitant » tire son nom de son léger pétillement.

Criots-Bâtard-Montrachet Bgne b. ★★★ 78ˈ 79 85 86 88 89 90 91 92 93 94 95 96 2 ha ; vin proche de goût du BÂTARD-MONTRACHET (sans son tranchant).

Crozes-Hermitage Rh. r. (b.) ★★ 85ˈ 86 88 89 90ˈ 91ˈ 92 94 95 96 Près d'HERMITAGE : vignobles plus étendus et vin de Syrah de moindre envergure. Certains sont fruités, à boire jeunes (2 ans et +), quelques-uns vieillis en barriques (attendre 5 à 8 ans). Bons exemples chez Belle, Ch. Curson, Dom. du Colombier, Combier, Desmeure, Dom. des Entrefaux, Chapoutier, Fayolle et Fils, Alain Graillot, Dom. du Pavillon, Dom. de Thalabert de JABOULET. Le Mule Blanche de JABOULET est un bon blanc.

La Confrérie des Chevaliers du Tastevin

En Bourgogne c'est la plus célèbre en son genre. Elle a été fondée en 1933 par un groupe de fervents Bourguignons présidé par Camille Rodier et Georges Faiveley pour porter secours à leur Bourgogne dans une période de crise et de mévente, en encourageant la mise en valeur de ses produits inégalables. Aujourd'hui, la Confrérie organise des banquets somptueux de 600 personnes au château cistercien du Clos de Vougeot, pendant les Trois Glorieuses, week-end de novembre où a lieu la vente aux enchères des vins des Hospices de Beaune. La Confrérie a des « filiales » dans de nombreux pays et recrute ses membres parmi les connaisseurs de vin du monde entier.

Cruse et Fils, Frères Négociants de BORDEAUX établis de longue date. Appartiennent à Pernod-Ricard. La famille est propriétaire du Ch. d'Issan.

Cunac S-O ★ r. B.J.P. Partie de la zone de GAILLAC. Rouges légers, fruités qui se laissent boire l'été.

Cussac Village au sud de ST-JULIEN. Appellation HAUT-MÉDOC. Meilleurs châteaux : Beaumont, Lanessan.

Cuve close Procédé de vinification accéléré pour produire un vin pétillant en cuve. Les bulles des vins obtenus par ce procédé s'éteignent plus rapidement dans les verres que celles des vins fabriqués selon la MÉTHODE CHAMPENOISE.

Cuvée Vin contenu dans une cuve. Signifie aussi assemblage et les vins de première presse (comme en CHAMPAGNE). En Bourgogne, synonyme de CRU.

Dagueneau, Didier ★★★ → ★★★★ Excellent producteur de POUILLY-FUMÉ. L'enfant terrible de Pouilly a créé de nouveaux points de repère pour l'appellation et le SAUV. Sa meilleure cuvée, fermentée en barrique, s'appelle Silex. Serge Dagueneau, autre excellent producteur, est l'oncle de Didier.

Daumas Gassac Voir MAS DE DAUMAS GASSAC.

Deiss, Domaine Marcel Bon producteur d'ALSACE à Bergheim (20 ha). Vaste gamme, dont splendides RIES du GRAND CRU Schoenberg, GEWÜRZ d'Altenburg, à Bergheim, bon SÉLECTION DE GRAINS NOBLES et VIN DE PAILLE.

Delamotte Brut, Bl. de Blancs (90), Cuvée Nicolas Delamotte Petite et belle maison de CHAMPAGNE dominée par le CHARD, à Le Mesnil. Appartient à la famille LAURENT-PERRIER.

Delas Frères Firme ancienne et éminente spécialisée en vins du RHÔNE. Vignobles : CONDRIEU, CÔTE RÔTIE, HERMITAGE, etc. Propriété de ROEDERER. Meilleurs vins : CONDRIEU, Hermitage Marquise de Tourette (rouge et blanc).

Delbeck Bonne maison de CHAMPAGNE, petite, rénovée en 91. Beaucoup de PINOT N en assemblage. Excellents vins millésimés (85).

Delorme, André Importants négociants et viticulteurs de la CÔTE CHALONNAISE. Spécialistes de CRÉMANT de BOURGOGNE et excellent RULLY, etc.

Demi-sec En réalité, tirant davantage vers le doux.

Deutz Deutz Brut Classique S A, Rosé S A, Brut 79 81 82 85 88 90, Rosé 85 88, Bl. de Blancs 81 82 85 88 89 90 Une des meilleures petites maisons de CHAMPAGNE, rachetée en 95 par ROEDERER. Vins très parfumés. Marques de prestige : Cuvée William Deutz (79 82 85 88) et Rosé (85). Grand succès pour les succursales de Californie et Nouvelle-Zélande. Aussi Sekt en Allemagne.

Dirler, Jean-Pierre Producteur alsacien de GRANDS CRUS Kessler, Saering et Spiegel. Meilleur en RIES.

Dom Pérignon Cuvée 71 73 75 76' 78 82' 83 85' 88 90, Rosé 78 82 85 88 Cuvée de prestige de MOËT & CHANDON (fondée en 1936) d'après le nom de celui qui fit le premier assemblage de CHAMPAGNE. Qualité et caractère étonnamment réguliers, sp. après 10 à 15 ans de bouteille.

Dopff au Moulin Entreprise familiale de première classe à Riquewihr, ALSACE. Meilleurs vins : GEWÜRZ : GRANDS CRUS BRAND et Sporen, RIES SCHOENENBOURG, Sylvaner de Riquewihr. Pionnier du mousseux en Alsace. Bonnes CUVÉES : Bartholdi et Julien.

Dopff & Irion Autre entreprise excellente de Riquewihr en ALSACE. Meilleurs vins : MUSCAT les Amandiers, RIES Les Murailles, GEWÜRZ Les Sorcières et PINOT G Les Maquisards, tous de longue garde. Aussi bon CRÉMANT d'Alsace.

Doudet-Naudin Négociants et viticulteurs à SAVIGNY. Vignobles : BEAUNE-CLOS DU ROI, Redrescul. Fournit à Berry Bros & Rudd (Londres) des vins sombres très stables qui deviennent parfois bons. Style plus léger dernièrement.

Dourthe Frères Négociants de BORDEAUX, avec un grand choix de châteaux, pour la plupart de bons CRUS BOURGEOIS, entre autres : Chx BELGRAVE, MAUCAILLOU, TRONQUOY-LALANDE. Beau-Mayne est leur meilleure marque.

Drappier, André Bonne maison familiale de CHAMPAGNE de la région de l'Aube, sp. pour Blanc de Noirs. S A croquant et goûteux, Blanc de Blanc Brut Zéro Signature **88**, Grande Sendrée (rosé) **83** **89**.

D.R.C. Voir ROMANÉE-CONTI, DOMAINE DE LA.

Drouhin, J. et Cie Célèbres négociants et viticulteurs de Bourgogne (60 ha) aux normes élevées. Caves à BEAUNE. Vignobles à BEAUNE, CHABLIS, CLOS DE VOUGEOT, MUSIGNY, etc., et dans l'Oregon (U.S.A.). Meilleurs vins : BEAUNE-CLOS DES MOUCHES, CHABLIS LES CLOS, CORTON-CHARLEMAGNE, GRIOTTE-CHAMBERTIN et PULIGNY-MONTRACHET Les Folatières. Tokyo Co maintenant actionnaire majoritaire.

Dubœuf, Georges Négociant haut de gamme du BEAUJOLAIS, leader dans tous les sens du terme à Romanèche-Thorins. Large gamme de vins admirables, dont un MOULIN-À-VENT exceptionnellement vieilli en fûts de chêne et un MÂCON blanc, etc.

Dubos Négociant bordelais de haute volée.

Duclot Négociant bordelais spécialisé dans les meilleurs crus. Liens avec J. P. MOUEIX.

Dujac, Domaine Producteur bourguignon (Jacques Seysses), à MOREY-SAINT-DENIS. Vignobles aussi à ÉCHÉZEAUX, BONNES-MARES, GEVREY-CHAMBERTIN, etc. Vins éclatant superbement et de longue garde. Achète aussi des raisins à MEURSAULT et s'est lancé dans le CAB dans les COTEAUX VAROIS.

Dulong Négociant de BORDEAUX très compétent. Brise toutes les règles avec ses assemblages rebelles peu orthodoxes. Aussi vin de pays.

Durup, Jean Un des plus gros producteurs de CHABLIS (150 ha), dont le DOMAINE DE L'ÉGLANTIÈRE et l'admirable Ch. de Maligny.

Duval-Leroy Coteaux Champenois r. b. Brut, Bl. de Blancs Brut **90**, Fleur de Champagne Brut S A et Rosé S A, Fleur de Champagne Brut **88**, Cuvée des Rois Rosé S A, Cuvée des Rois Brut **86** Gros producteur de Vertus aux normes très élevées.

Échézeaux Bgne r. ★★★ **78' 82 85' 87** 88 **89'** 90' 91 92 93 94 95 96 GRAND CRU de 30 ha entre VOSNE-ROMANÉE et CLOS DE VOUGEOT. Peut être superbement brillant sans être pesant : Confuron-Cotetidot, ENGEL, Gouroux, Grivot, A. F. Gros, MONGEARD-MUGNERET, Mugneret, Dom. de la ROMANÉE-CONTI.

Edelzwicker Al. b. ★ B.J.P. Blanc léger, modeste, assemblé.

Eguisheim, Cave Vinicole d' Très bonne coop. d'ALSACE avec beaux GRANDS CRUS Hatchbourg, Hengst, Ollwiller et Spiegel. Possède WILLM. Meilleure étiquette : Wolfberger (65 % de la production). Meilleures gammes : Grande Réserve et Sigillé. Bons CRÉMANT et PINOT N.

Eichberg GRAND CRU à Eguishem (ALSACE). Micro-climat chaud et plus faible pluviosité de la région de Colmar : très bon KUENTZ-BAS VENDANGE TARDIVE.

Engel, R. Excellent producteur de CLOS DE VOUGEOT, ÉCHÉZEAUX, GRANDS ÉCHÉZEAUX, VOSNE-ROMANÉE.

Entraygues S-O rosé b. B.J.P. ★ VDQS parfumé et ultra-sec, sp. celui de F. Avallon.

Entre-Deux-Mers Bx b. ★→★★ B.J.P. BORDEAUX blanc sec, typique, produit entre la Garonne et la Dordogne ; souvent un bon achat, les techniques s'améliorant. Sp. Chx. Gournin, Latour-Laguens, Moulin de Launay, Séguin, Thieuley, Turcaud, etc.

Estaing S-O r. rosé b. ★ B.J.P. Voisin d'ENTRAYGUES et de style similaire.

Estandon, L' Vin ordinaire de Nice (AOC CÔTES DE PROVENCE), dans les trois couleurs.

Étoile, L' Jura b. s. mo. (d.) ★★ Petite région du JURA avec vins typiques dont VIN JAUNE semblable au CHÂTEAU-CHALON et bon mousseux.

Faiveley, J. Entreprise familiale de viticulture et négoce à NUITS-SAINT-GEORGES. Vignobles (108 ha) à CHAMBERTIN-CLOS-DE-BÈZE, CHAMBOLLE-MUSIGNY, CORTON, MERCUREY, NUITS (30 ha). Haute qualité régulière plutôt que du charme.

Faller, Théo Grand producteur d'ALSACE au Domaine Weinbach, Kaysersberg. Vins secs, fermes et concentrés ; ont terriblement besoin de vieillir (jusqu'à 10 ans). Sp. GRANDS CRUS SCHLOSSBERG (RIES) et Kirchberg de Ribeauvillé (GEWÜRZ).

Faugères Lang. r. (rosé b.) ★★★ 88 89 90 91 `92` `93` `94` 95 96 Village isolé des COTEAUX DU LANGUEDOC. Rouges au-dessus de la moyenne et terroir exceptionnel. APPELLATION CONTRÔLÉE depuis 1982. Sp. Dom. Alquier, Dom. des Estanilles, Ch. La Liquière.

Fessy, Sylvain Négociant dynamique du BEAUJOLAIS. Large gamme.

Fèvre, William Excellent producteur avec 16 ha de GRAND CRU à CHABLIS. Abîme certains de ses vins avec du chêne neuf. Vin fantaisiste baptisé Napa Vallée de France. Domaine de la Maladière est sa marque. ★

Fiefs Vendéens Lo. r. rosé b. ★ B.J.P. VDQS d'avenir pour les vins légers de Vendée, au sud du MUSCADET, sur la côte atlantique. Vins issus de CHARD, CHENIN BL, Colombard, Grolleau, Melon (blancs), CAB, PINOT N et GAMAY (rouges et rosés). Sp. chez Coirier, Ferme des Ardillers.

Filliatreau, Domaine Lo. r. ★★★→★★★ Grâce à Paul Filliatreau, SAUMUR-CHAMPIGNY existe désormais sur la carte et dans les restaurants parisiens. Jeunes Vignes souple, fruité et buvable. Autres cuvées entre 2 et 5 ans d'âge (Vieilles Vignes et La Grande Vignolle).

Fitou Lang. r. ★★ 85 86 `88` 89 `90` `91` `92` `93` 94 95 96 Vins rouges supérieurs de style CORBIÈRES : puissant et vieillissant bien. Les meilleurs viennent des coop. de Tuchan, Cascastel et Paziols. Essais intéressants de cépage MOURVÈDRE à Leucate.

Fixin Bgne r. ★★ `78` `85` `88` 89 90' `91` `92` 93 94 95 96 Voisin digne d'intérêt et sous-estimé de GEVREY-CHAMBERTIN. Rouges souvent splendides. Meilleurs vignobles : Clos du Chapitre, Les Hervelets, Clos Napoléon. Parmi les producteurs : Berthau, R. Bouvrier, CLAIR, FAIVELEY, Gelin, Gelin-Molin, Guyard.

Fleurie Beaujolais r. ★★★ 90 `91` 92 93 `94` `95` 96 Type même du CRU du BEAUJOLAIS : fruité, parfumé, soyeux, racé. Meilleurs vins viennent de Chapelle des Bois, Chignard, Depardon, Després, DUBŒUF, Ch. de Fleurie, la coop.

Floc de Gascogne r. rosé b. Réponse de l'ARMAGNAC au PINEAU DES CHARENTES. Jus de raisins non fermenté additionné d'Armagnac.

Fortant de France Midi r. rosé b. ★→★★ Marque de vin de pays d'OC mordante, vins d'un seul cépage de qualité remarquable près de Sète. Voir SKALLI.

Fronsac Bx r. ★→★★★ 82 83 85' 86' 88' 89' 90' 92 93 94 95 96 Région pittoresque de rouges tanniques de plus en plus beaux à l'ouest de ST-ÉMILION. Châteaux : de Carles, DALEM, LA DAUPHINE, Fontenil, Mayne-Vieil, Moulin-Haut-Laroque, LA RIVIÈRE, La Rousselle, La Valade, La Vieille Cure, Villars. Voir CANON-FRONSAC. Ont besoin de temps.

Frontignan Lang. br. d. ★→★★ S A Vin de MUSCAT fort, doux et liquoreux de vieille réputation. Meilleurs producteurs : Ch. Stony et Ch. La Peyrade.

Gagnard-Delagrange, Jacques Excellent producteur (5 ha) de CHASSAGNE-MONTRACHET et d'un peu de MONTRACHET. Recherchez également le domaine de sa fille, Blain-Gagnard et Fontaine-Gagnard.

Gaillac S-O r. rosé b. s. d. mo. ★→★★ (★) Surtout B.J.P. sauf les rouges boisés (94, 95). Blanc légèrement pétillant, dit perlé (Dom. de Salmes et coop. de Labastide et Rabastens), mousseux et diverses spécialités locales (Robert Plageoles). Les rouges primeurs remportent souvent des médailles aux dépens des Beaujolais (très bon Dom. de Labarthe). Les blancs doux 95 sont excellents (Ch. de Mayragues et Dom. de Long Pech et Bicary). Solides et bons : Dom. de Labarthe, Mas Pignou, Mas d'Aurel, coop. et Cave Técou (gamme Passion).

Gamay Voir Cépages pour vin rouge.

Gard, Vin de Pays du Le département du Gard, situé à l'embouchure du Rhône, est un centre de bons vins de pays : Coteaux Flaviens, Pont du Gard, SABLES DU GOLFE DU LION, Salaves, Uzège et Vaunage. À surveiller, surtout le Dom. de Baruel (dont SYRAH).

Geisweiler et Fils Grand négociant et producteur de BOURGOGNE. Appartient maintenant aux Reh de Moselle. Caves et 20 ha de vignobles à NUITS-ST-GEORGES. Aussi 60 ha à Bevy en HAUTES-CÔTES DE NUITS et 12 ha en CÔTE CHALONNAISE.

Gers r. b. rosé ★ B.J.P. Impossible à distinguer de son voisin CÔTES DE GASCOGNE.

Gevrey-Chambertin Bgne r. ★ ★ ★ 78 85' 87 88 89' 90' 91 92 93 94 95 96 Ce village est celui du grand CHAMBERTIN, de ses GRANDS CRUS voisins, de plusieurs autres nobles vignobles (PREMIERS CRUS Cazetiers, Combe aux Moines, CLOS ST-JACQUES, Clos des Varoilles) et bien d'autres de qualité moindre. Parmi les producteurs : BACHELET, Boillot, Damoy, DROUHIN, Dugat, Esmonin, FAIVELEY, Dom. Harmand-Geoffroy, JADOT, R. Leclerc, LEROY, MORTET, ROTY, ROUMIER, ROUSSEAU, Serafin, TRAPET, dom. des VAROILLES.

Gewürztraminer Le cépage type de l'ALSACE, l'un des 4 autorisés pour les vins de GRAND CRU. Le plus parfumé des cépages alsaciens : épicé ou floral au nez, pamplemousse ou litchi au palais.

Gigondas Rh. r. rosé ★★→★★★ 78 79 81' 83 85 86 88 89' 90' 93 94 95' 96 Très bon vignoble contigu à CHÂTEAUNEUF-DU-PAPE. Vins puissants et corsés, parfois poivrés, en majorité de Grenache. Sp. Ch. de Montmirail, Dom. du Cayron, Les Goubert, Gour de Chaule, Grapillon d'Or, Dom. les Pallières, Les Pallieroudas, Dom. du Pesquier, Dom. Raspail-Ay, Dom. Sta-Duc, Dom. St-Gayan, Dom. des Travers et Ch. du Trignon.

Ginestet Négociant de longue date à BORDEAUX appartenant à Jacques Merlant, dont l'empire comprend les Ch. CHASSE-SPLEEN, HAUT-BAGES LIBÉRAL, LA GURGUE, FERRIÈRE.

Gisselbrecht, Louis Producteurs et négociants de haute qualité en ALSACE, à Dambach-la-Ville. RIES et GEWÜRZ sont les meilleurs. Les vins du cousin, Willy Gisselbrecht, sont très compétitifs.

Givry Bgne r. b. ★★ 85' 88' 89' 90' 91 92 93 94 95 96 Village sous-estimé de la CÔTE CHALONNAISE. BOURGOGNE typique, léger mais savoureux, par exemple DELORME, Dom. Joblot, L. LA-TOUR, T. Lespinasse, Clos Salomon, Baron THÉNARD.

Gorges et Côtes de Millau S-O r. rosé b. ★ B.J.P. Vins de pays populaires sur place. Rouges meilleurs. La coop. d'Aguessac domine.

Gosset Brut S A, Brut 81 82 83 85 88 90, Grande Réserve, Grand Millésime Brut 79 82 83 85, Grand Rosé 85 88 Très vieille maison de CHAMPAGNE à AŸ. Excellents vins pleins (sp. Grand Millésime). Gosset Celebris est la CUVÉE prestige lancée en 95 par les nouveaux propriétaires soucieux de qualité : la famille Cointreau de Frapin-Cognac.

Goulaine, Château de L'écrin du MUSCADET ; propriété d'une famille noble et son vin. Plutôt bon qu'excellent.

Grand Cru Désigne les plus grands vignobles de BOURGOGNE avec leur propre appellation contrôlée. Idem dans la nouvelle législation d'ALSACE, plus vague ailleurs. À ST-ÉMILION, troisième catégorie de châteaux (environ 200).

Grande Champagne L'AOC de la meilleure zone de COGNAC.

Grande Rue, La Bgne r. ★★★ 89' 90' 91 92 93 94 95 96 Récent GRAND CRU de VOSNE-ROMANÉE, voisin de ROMANÉE-CONTI. Appartient au Dom. Lamarche, lui-même vendu dernièrement.

Grands-Échézeaux Bgne r. ★★★★ 78' 82 85' 87 88' 89' 90' 91' 92 93 94 95 96 Superbe GRAND CRU de 9 ha près de CLOS DE VOUGEOT. Les vins ne sont pas lourds mais aromatiques. Ex. : DROUHIN, ENGEL, MONGEARD-MUGNERET, DOM. DE LA ROMANÉE-CONTI.

Gratien, Alfred et Gratien & Meyer Brut S A, Cuvée Paradis Brut, Cuvée Paradis Rosé, Brut 79 82 83 85' 88 Excellente petite maison familiale de CHAMPAGNE aux normes traditionnelles élevées. Le vin fin, très sec, de longue garde, est fait en fûts. Gratien & Meyer est la branche de SAUMUR. (Très bon Cuvée Flamme.)

Graves Bx r. b. ★★ → ★★★★ Grande région au sud de BORDEAUX avec d'excellents rouges souples et terreux et des blancs secs qui méritent à nouveau leur réputation. PESSAC-LÉOGNAN est une zone à l'intérieur.

Graves de Vayres Bx r. b. ★ B.J.P. Secteur de l'ENTRE-DEUX-MERS, sans caractère spécial.

Grenache Voir Cépages pour vin rouge et blanc (page 6).

Griotte-Chambertin Bgne r. ★★★★ 78' 85' 87 88' 89' 90' 91 92 93 94 95 96 GRAND CRU de 6 ha proche du CHAMBERTIN mais moins viril et plus tendre. Parmi les exploitants, DROUHIN, PONSOT.

Grivot, Jean Domaine de 12,4 ha en CÔTE DE NUITS sur 5 AOC, dont VOSNE-ROMANÉE, RICHEBOURG, NUITS PREMIERS CRUS, CLOS DE VOUGEOT, etc. Excellente qualité.

Gros, Domaines Excellente famille de vignerons à VOSNE-ROMANÉE se composant (au minimum) des Dom. Jean, Michel, Anne et François, Anne-François Gros et Gros Frère et Sœur. Le domaine est en cours de morcellement.

Gros Plant du Pays Nantais Lo. b. ★ B.J.P. VDQS proche du MUSCADET, en plus âpre et plus léger. Issu du cépage du COGNAC, dit Folle Blanche, Ugni Blanc, etc.

Guffens-Heynen Producteur belge de POUILLY-FUISSÉ. Minuscule quantité, belle qualité. Rouge GAMAY capiteux et vins de CÔTE D'OR issus de raisins achetés, sous l'étiquette Verget. À suivre.

Guigal, Ets E. Négociants et producteurs (CÔTE RÔTIE) prisés de CONDRIEU, CÔTE RÔTIE et HERMITAGE. Propriétaires de VIDAL-FLEURY depuis 1985. En faisant vieillir ses CÔTE RÔTIE d'un seul vignoble (La Mouline, La Landonne, La Turque) pendant 42 mois dans du chêne neuf, Guigal rompt avec la tradition locale pour des effets évidents. Ses vins standard sont un bon achat, sp. CÔTES DU RHÔNE rouge. Depuis 95, vend un CUVÉE CONDRIEU spécial, plein et boisé, La Doriane.

Guyon, Antonin Domaine considérable à ALOXE-CORTON. Vins corrects de CORTON, CHAMBOLLE-MUSIGNY, etc., et HAUTES-CÔTES DE NUITS.

Haut-Benauge Bx b. ★ B.J.P. AOC d'un secteur limité de l'ENTRE-DEUX-MERS.

Hautes-Côtes de Beaune Bgne r. b. ★★ 85 88 89' 90' 91 92 93 94 95 96 Appellation d'une douzaine de villages sur les collines derrière la CÔTE DE BEAUNE. Vins légers, à découvrir. Meilleurs producteurs : Mazilly, Cornu.

Hautes-Côtes de Nuits Bgne r. b. ★★ 85 88 89' 90' 91 92 93 94 95 96 Même chose que ci-dessus, mais en CÔTE DE NUITS. Zone en progrès. Meilleurs producteurs : C. Cornu, M. Gros, Jayer-Gilles. Grande coop. à BEAUNE. Bons vins de GEISWEILER.

Haut-Médoc Bx r. ★★ → ★★★ 70 75 78 81' 82' 83' 85' 86' 87 88' 89' 90' 92 93 94 95 96 Grande AOC comprenant tous les meilleurs secteurs du MÉDOC. La plupart ont des appellations communales (MARGAUX, PAUILLAC). D'excellents châteaux (comme LA LAGUNE) sont simplement AOC Haut-Médoc.

Haut-Montravel Dordogne b. d. ★ 90' 93 95 96 BERGERAC doux rare, proche d'un MONBAZILLAC.

Haut Poitou Lo. b. r. ★ → ★★ B.J.P. Zone VDQS prometteuse en ANJOU. Très bons blancs de CHARD, SAUV et CHENIN BL de la Cave, maintenant liée à DUBŒUF. Rouges de GAMAY et CAB en progrès, dont les meilleurs vieilliront 4 à 5 ans. A refusé les restrictions du statut AOC pour garder sa liberté de choix.

Heidsieck, Charles Brut Réserve S A, Brut 79 81 83 85 89 90, Rosé 81 83 85 Maison de CHAMPAGNE de premier ordre à Reims contrôlée par Rémy Martin. Comprend aussi Trouillard et de Venoge. Marque de prestige : Blanc des Millénaires (83 85 89). Bonne qualité depuis peu. Le S A est vraiment une affaire. Voir PIPER-HEIDSIECK.

Heidsieck, Monopole Brut S A Négociant et producteur important à Reims. Appartient à Champagne Vranken depuis 95. Marques de prestige notables : Diamant Bleu (76' 79 82 85 89) et Diamant Rosé (82 85 88).

Hengst GRAND CRU de Wintzenheim (ALSACE). Excellent pour le GEWÜRZ haut de gamme d'Albert Mann. Aussi Pinot Auxerrois, Chasselas (sp. de JOSSMEYER) et PINOT N (sp. de A. Mann) sans statut de GRAND CRU.

Henriot Brut Souverain S A, Bl. de Blancs de Chardonnay S A, Brut 79 82 85 88 89, Brut Rosé 81 83 85 88, Cuvée de prestige : Cuvée des Enchanteurs 85 Vieille maison familiale de CHAMPAGNE qui a retrouvé son indépendance en 94. Très beau style frais et crémeux. Possède également BOUCHARD-PÈRE depuis 95.

Hérault Lang. Le plus grand département viticole, avec 400 000 ha de vignobles. Surtout des VINS DE TABLE mais quelques bons COTEAUX DU LANGUEDOC AOC et des vins de pays de l'Hérault pionniers.

Hermitage Rh. r. b. ★★★ → ★★★★★ 61 66 70 72 78' 79 80 82 83' 84 85 86 87 88 89' 90' 91' 94 95' 96 Le vin le plus « mâle » de France. Sombre, profond et puissant. Exemple le plus authentique de SYRAH venant de 125 ha en coteaux sur la rive est du Rhône, surtout de granite. Doit vieillir longuement. Le blanc (Marsanne, un peu de Roussanne) capiteux et doré est produit pour une consommation précoce, mais les meilleurs peuvent vieillir jusqu'à 25 ans : peut être meilleur que le rouge (sp. 93). Meilleurs producteurs : CHAPOUTIER, CHAVE, DELAS, Faurie, Grippat, GUIGAL, JABOULET, Sorrel. Coop. de TAIN utile aussi.

Hospices de Beaune Hôpital historique et institution caritative à BEAUNE avec excellents vignobles (connus sous leurs noms de « Cuvée ») à BEAUNE, CORTON, MEURSAULT, POMMARD, VOLNAY, dont les vins sont mis aux enchères le 3ᵉ dimanche de novembre.

Huet [47'] [59'] [76'] 85' 88' 89' [90'] 93 95' 96 Domaine leader de haut de gamme à VOUVRAY géré selon des principes biodynamiques. Vins souvent austères nécessitant un long vieillissement.

Hugel et Fils Les négociants et viticulteurs les plus connus d'ALSACE. « Johnny » Hugel (retraité depuis 94) est le porte-parole bien-aimé de la région. Maison fondée en 1639 à Riquewihr. La qualité grimpe avec les gammes Cuvée Tradition et Jubilée Réserve. SÉLECTION DE GRAINS NOBLES : Hugel a été le pionnier de ce style en ALSACE et continue d'en produire parmi les plus beaux exemplaires. À l'occasion, VIN DE PAILLE aussi.

Hureau, Ch. de ★★→★★★ Domaine dynamique de SAUMUR : SAUMUR-CHAMPIGNY, Saumur Blanc et COTEAUX DE SAUMUR de qualité.

Ile de Beauté Nom donné aux vins de pays de CORSE. Surtout du rouge.

Irancy (« Bourgogne Irancy ») Bgne r. (rosé) ★★ 85 88 89 [90] 91 92 [93] 94 95 96 Bon rouge léger près de CHABLIS (PINOT N et le cépage local César). Les meilleurs millésimes sont très stables et mûrissent bien. À suivre. Parmi les producteurs : Colinot.

Irouléguy S-O r. rosé (b.) ★★ B.J.P. Agréables vins locaux du Pays Basque. Surtout du rosé. Aussi des rouges Tannat/CAB sombres et denses à garder 5 ans et plus. Bons aux Dom. Harria, Brana, Peio Espil, Riouspeyrous et à la coop. Un futur MADIRAN ?

Jaboulet-Aîné, Paul Vieille firme familiale à Tain. Éminents producteurs d'HERMITAGE (sp. La Chapelle [★★★★]), Crozes Thalabert (très bon achat) et négociants pour d'autres vins du RHÔNE, sp. CORNAS, CÔTES DU RHÔNE Parallèle 45.

Jacquart Brut S A, Brut Rosé S A (Carte Blanche et Cuvée Spéciale), Brut 85 89 [90] Marque de CHAMPAGNE relativement récente (62). Sixième par la quantité. Se fournit à la coop. Qualité honnête. Marques de prestige : Cuvée Nominée Blanc [85], Cuvée Nominée Rosé [85], Très bons Bl. de Blancs Mosaïque [90] et Mosaïque Rosé [90].

Jacquesson Petite maison de CHAMPAGNE excellente à Dizy. : Superbe Blanc de Blancs millésimé ([90]) et exquises CUVÉES de prestige Signature, fermentées en barrique, en blanc ([88]) et en rosé ([89]).

Jadot, Louis Négoce de BOURGOGNE de très haute qualité, avec vignobles (60 ha) à BEAUNE, CORTON, etc. Comprend l'ancienne propriété de Clair-Daü.

Jaffelin Négociant indépendant de haute qualité. Racheté à DROUHIN par BOISSET en 92.

Jardin de la France Lo. b. r. rosé B.J.P. L'un des quatre vins de pays régionaux de France. Couvre le val de Loire : surtout vins d'un seul cépage (sp. CHARD, GAMAY, SAUV). Meilleur vin de pays de zone : Marches de la Bretagne.

Jasnières Lo. b. s. (d.) ★★★ [76] 78 79 83 85 86 [88'] [89'] [90'] 92 93' 95' 96 Vin sec, rare et presque immortel de TOURAINE ressemblant au VOUVRAY (CHENIN BL). Sp. de chez Aubert de Rycke, Boulay, Gigou.

Jayer, Henri Voir ROUGET, Emmanuel.

Jéroboam À Bordeaux, bouteille de 4,5 l, soit un triple magnum. En CHAMPAGNE, double magnum (3 l).

Joseph Perrier Cuvée Royale Brut S A, Cuvée Royale Bl. de Blancs S A, Cuvée Royale Rosé S A, Brut 76 79 82 83 85 89 Entreprise familiale de CHAMPAGNE avec de vastes vignobles à Châlons-en-Champagne. Style fruité et vineux. Le meilleur : la merveilleuse cuvée prestige Joséphine 82 85.

JosMeyer Maison familiale à Wintzenheim en ALSACE. Très bons vins de longue garde, sp. GEWÜRZ et superbe PINOT BL. Beau RIES du GRAND CRU Hengst. Vaste gamme de cépages, étiquettes et sites.

Juliénas Beaujolais r. ★★★ 93 94 95 96 Un des meilleurs crus du BEAUJOLAIS, vin fruité plein de vigueur. À garder 2 à 3 ans. Parmi les producteurs : Ch. du Bois de la Salle, Dom. Bottière, Ch. des Capitans, Ch. de Juliénas, Dom. R. Monnet, Ch. des Vignes et la coop.

Jurançon S-O b. d. s. ★★→★★★ 78 82 83 85' 86 88' 89' 90' 91 93 94 95' 96 Spécialité de Pau rare, pleine de saveur et vieillissant bien. Au mieux, proche d'un SAUTERNES aux fleurs sauvages. À ne pas manquer. Le doux et le sec devraient se garder plusieurs années. Meilleurs producteurs : Barrère, Dom. du Bellegarde, Dom. Cauhapé, Gaillot, Guirouilh, Lamouroux, Lapeyre, Larredya, de Rousse, Jean Schaetzel. Vins de la coop. : Grain Sauvage sec, Brut d'Océan et Peyre d'Or.

Kaefferkopf Al. b. s. d. ★★★ Vignoble d'Ammerschwihr plus célèbre pour ses assemblages que pour ses vins d'un seul cépage. Statut de GRAND CRU pour cette même raison.

Kientzheim-Kayserberg, Cave Vinicole de Importante coop. d'ALSACE en qualité et en style, sp. pour GEWÜRZ, RIES GRAND CRU Schlossberg et CRÉMANT d'Alsace.

Kientzler, André Bon spécialiste de RIES d'ALSACE du GRAND CRU de Geisburg, sp. VENDANGE TARDIVE et SÉLECTION DE GRAINS NOBLES. Tous aussi des GRANDS CRUS Kirchberg de Ribeauvillé pour le GEWÜRZ et Osterberg pour les occasionnels « vins de glace ». Très bons Auxerrois et Chasselas aussi.

Kreydenweiss Bon producteur d'ALSACE avec 10 ha à Andlau, sp. pour PINOT G (très bon GRAND CRU de Moenchberg), PINOT BL et RIES. Meilleur vin : Kastelberg (le RIES peut vieillir 20 ans au moins). Aussi un beau Kritt Klevner issu d'Auxerrois et un bon VENDANGE TARDIVE. L'un des premiers d'ALSACE à employer du chêne neuf. Bon assemblage RIES/PINOT G, Clos du Val d'Éléon.

Kriter Vin mousseux et bon marché élaboré en Bourgogne par PATRIARCHE.

Krug Grande Cuvée, Millésimé 79 81 82 85, Rosé, Clos du Mesnil (Bl. de Blancs) 79 80 81 82 83 85 ; Krug Collection 62 64 66 69 71 73 76 Petite maison de CHAMPAGNE très prestigieuse, connue pour ses vins denses et très secs de longue garde et d'une exceptionnelle qualité. Propriété de Rémy Martin (à l'insu de tout le monde).

Kuentz-Bas Exploitant et négociant d'ALSACE d'excellente qualité à Husseren-les-Châteaux, sp. pour GEWÜRZ et Tokay-PINOT G. Bons VENDANGE TARDIVE aussi.

Labouré-Roi Remarquable négociant très fiable de NUITS-ST-GEORGES. Surtout des blancs suprêmement intenses. Nombreux beaux vins de domaine, sp. le MEURSAULT de René Manuel, le NUITS et le CLOS DE VOUGEOT de Chantal Lescure. Très bon CHABLIS. Aussi VOLNAY-SANTENOTS.

Ladoix-Serrigny Bgne r. (b.) ★★ Village à l'extrême nord de la CÔTE DE BEAUNE, sous les coteaux de CORTON. À surveiller pour les bonnes affaires.

Ladoucette, de ★★→★★★ Excellent producteur de POUILLY-FUMÉ établi au Ch. de Nozet. La marque de prestige Baron de L peut être merveilleuse (mais chère). Aussi SANCERRE Comte Lafond et La Poussie (et CHABLIS de PIC).

Lafarge, Michel Domaine de 10 ha en CÔTE DE BEAUNE produisant des VOLNAY.

Lafon, Domaine des Comtes Remarquable propriété de 13,6 ha, à MEURSAULT, LE MONTRACHET et VOLNAY. Vins blancs glorieux et intenses, et des rouges sombres extraordinaires.

Laguiche, Marquis de Plus grand propriétaire de LE MONTRACHET. Vins magnifiques faits par DROUHIN.

Lalande de Pomerol Bx r. ★★ 82 85 86' 88' 89' 90' 92 93 94 95 96 Vignoble contigu à POMEROL. Vins similaires mais moins fins. Meilleurs châteaux : Les Annereaux, DE BELAIR, Belles-Graves, Bertineau-St-Vincent, La Croix Bellevue, La Croix St-André, Les Hauts-Conseillants, Les Hauts-Tuileries, Moncets, SIAURAC, TOURNEFEUILLE. À essayer.

Langlois-Château Une des meilleures maisons de mousseux de SAUMUR (sp. CRÉMANT). Contrôlée par BOLLINGER. Aussi gamme de vins tranquilles de la Loire, sp. Saumur Blanc Vieilles Vignes.

Lanson Père et Fils Étiquette Noire S A, Rosé S A, Brut 88 89 90 Importante maison de CHAMPAGNE en progrès avec des caves à Reims. Marque de prestige de longue garde : Noble Cuvée 81 85 88. Black Label est un S A frais et fiable (parfois maigre). Nouvelle CUVÉE : Blanc de Blancs 83 89.

Laroche Important viticulteur (96,8 ha) et négociant dynamique de CHABLIS comprenant les Domaines Laroche et La Jouchère. Meilleurs vins : Blanchots (sp. Réserve de l'Obédiencerie ★★★★) et Clos « Vieilles Vignes ». Fait aussi de bons assemblages de CHARD non local et maintenant une ambitieuse gamme du MIDI, Dom. De La Chevalière.

Latour, Louis Exploitant et négociant célèbre de BOURGOGNE avec vignobles (48 ha) à CORTON, BEAUNE, etc. Parmi les tout meilleurs en blanc : CHEVALIER-MONTRACHET Les Demoiselles, CORTON-CHARLEMAGNE, MONTRACHET, un MONTAGNY bon achat, un CHARD de l'ARDÈCHE, etc. Aussi PINOT N Valmoissine du Var.

Latour de France r. (b.) ★ → ★★ 88 89 90 91 92 93 94 95 96 Village censé être supérieur dans l'AOC CÔTES DU ROUSSILLON-VILLAGES.

Latricières-Chambertin Bgne r. ★★★ 78' 83 85' 88' 89' 90' 91 92 93 94 95 96 GRAND CRU de 7 ha contigu à CHAMBERTIN. Vin proche de goût, mais plus léger et plus aimable de chez FAIVELEY, LEROY, PONSOT, Trapet.

Laudun Rh. b. r. rosé ★ Village des CÔTES DU RHÔNE-VILLAGES, sur la rive ouest. Bon vin de coopérative, dont des blancs frais. Dom. Pelaquié est le meilleur, sp. en blanc.

Laurent-Perrier Brut S A, Rosé S A, Brut 78 79 81 82 85 88 90 Producteur de CHAMPAGNE réputé et dynamique à Tours-sur-Marne. Marque de prestige : Cuvée Grand Siècle (S A et 85 88), Cuvée Grand Siècle Alexandra Brut Rosé 85 88. Aussi Ultra Brut. Possède SALON, DELAMOTTE, CASTELLANE.

Lavilledieu-du-Temple S-O r. rosé b. ★ B.J.P. Vins fruités d'une coop. près de Montauban. Produit aussi des vins de pays des COTEAUX DU QUERCY, COTEAUX ET TERRASSES DE MONTAUBAN.

Leflaive, Domaine Parfois considéré comme le meilleur des producteurs bourguignons en blanc à PULIGNY-MONTRACHET. Meilleurs vignobles : Bienvenue-Montrachet, CHEVALIER-MONTRACHET, Clavoillons, Pucelles et (depuis 91) Le Montrachet. Méthodes de plus en plus organiques et vins de plus en plus fins.

Leflaive, Olivier Négociant à PULIGNY-MONTRACHET depuis 1984, neveu du précédent et possédant 10 ha à lui. Blancs et rouges fiables, dont des appellations moins connues qui se sont bien améliorées depuis 90. Maintenant ★★★.

Léognan Bx r. b. ★★★ → ★★★★ Village le plus important de GRAVES. A sa propre AOC : PESSAC-LÉOGNAN. Meilleurs châteaux : Dom. de CHEVALIER, HAUT-BAILLY, MALARTIC-LAGRAVIÈRE.

Leroy Négociant-éleveur de BOURGOGNE à AUXEY-DURESSES, avec un domaine en expansion et de superbes stocks de vins anciens. Copropriétaire du Dom. de la ROMANÉE-CONTI. A acheté 13 ha du Dom. Noëllat à CLOS VOUGEOT, NUITS, ROMANÉE-ST-VIVANT, SAVIGNY, etc. en 1988. Toute sa gamme, des blancs d'Auxey aux CHAMBERTIN et voisins, est tout simplement magnifique.

Lesquerde ★★ 90 91 92 93 94 95 96 Nouvelle AOC Village supérieure en CÔTES DU ROUSSILLON-VILLAGES.

Lichine, Alexis et Cie Négociants bordelais propriétaires du Ch. LASCOMBES. Aucun lien avec le Ch. PRIEURÉ-LICHINE.

Lie, mis sur MUSCADET tiré directement de la cuve pour plus de fraîcheur et de caractère.

Limoux Pyr. r. b. ★★ AOC naissante s'appliquant auparavant au mousseux BLANQUETTE DE LIMOUX, maintenant bonne pour Crémant de Limoux, vins de pays de CHARD et PINOT N et de cépages traditionnels. Aussi un bon rouge de coop. type Bordeaux : Anne des Joyeuses.

Liquoreux Terme désignant un vin très doux : SAUTERNES, VOUVRAY, JURANÇON, etc.

Lirac Rh. r. rosé b. ★★ 89 90 91 93 94 95' 96 Voisin de TAVEL. Rouge souple abordable (nécessite 5 ans de vieillissement les meilleures années). Le rouge l'emporte sur le rosé, sp. les Dom. Cantegril-Verda, Devoy-Martine, Maby (Fermade), André Méjan, de la Mordorée, Sabon, St-Roch et Ch. de Ségriés. Bons blancs aussi.

Listel Lang. r. rosé b. ★ → ★★ B.J.P. Propriété historique de plus de 1 600 ha en Camargue. Appartient aux Salins du Midi et au groupe VAL D'ORBIEU. Agréables et légers « vins des sables », dont du mousseux. Dom. du Bosquet-Canet est un CAB fruité. Dom. de Villeroy est un BLANC DE BLANCS SUR LIE frais et du CHARD depuis 89. Aussi PÉTILLANT fruité presque sans alcool, CÔTES-DU-RHÔNE Ch. de Malijay, COTEAUX VAROIS Abbaye de Ste-Hilaire et CÔTES DE PROVENCE Ch. La Gordonne.

Listrac-Médoc Bx r. ★★ → ★★★ Village du HAUT-MÉDOC proche de MOULIS. Meilleurs châteaux : CLARKE, FONRÉAUD, FOURCAS-DUPRÉ, FOURCAS-HOSTEN.

Livinière, La Midi r. (rosé b.) ★ → ★★ Village du MINERVOIS de haute qualité. Meilleurs producteurs : Abbaye de Tholomies, Combe Blanche, Ch. de Gourgazaud, Laville Bertrou, Dom. Maris, Dom. Ste-Eulalie, Dom. Vallière, coop. La Livinière.

Long-Depaquit Très bon domaine de CHABLIS (sp. MOUTONNE), propriété de BICHOT.

Lorentz, Gustave (sous-marque Jérôme Lorentz) Producteurs et négociants d'ALSACE de qualité à Bergheim. Sp. GEWÜRZ et RIES des GRANDS CRUS Altenberg de Bergheim et de Kanzlerberg.

Loron et Fils Important exploitant et négociant à Pontanevaux, spécialiste en BEAUJOLAIS et VINS DE TABLE sains.

Loupiac Bx b. d. ★★ 76 79' 83 85 86' 88' 89 90 91 93 95 96 En face de SAUTERNES, de l'autre côté de la Garonne. Meilleurs châteaux : Clos-Jean, Haut-Loupiac, LOUPIAC-GAUDIET, RICAUD, Rondillon.

Lugny Voir MÂCON-LUGNY.

Lussac-Saint-Émilion Bx r. ★★ 82 85 86' 88' 89' 90' 92 93 94 95 96 Voisin de ST-ÉMILION. Meilleurs châteaux : Barbe-Blanche, Bel-Air, DU LYONNAT, Tour de Grenat, Villadière. La coop. (à PUISSEGUIN) fait l'agréable Roc de Lussac.

Luze, A. et Fils De, Négociants bordelais contrôlés par Rémy-Martin de COGNAC.

Macération carbonique Technique traditionnelle de fermentation. Les grappes entières sont placées dans une cuve close. La fermentation à l'intérieur des grains les fait éclater, donnant un vin vif, très fruité et léger. Spécialité du BEAUJOLAIS, mais employée aussi dans le MIDI et ailleurs, même à CHÂTEAUNEUF-DU-PAPE.

Le Mâconnais
La zone de collines située juste au nord du Beaujolais présente des affleurements calcaires où le Chardonnay donne des vins complets sinon fins. Le village de Chardonnay serait la patrie d'origine du cépage. Les sols granitiques donnent des rouges Gamay puissants. La meilleure appellation du Mâconnais est Pouilly-Fuissé, suivie de St-Véran, puis de Mâcon-Villages, auquel est annexé un nom de village. Le potentiel existe pour produire des Chardonnay bon marché, extrêmement typiques, qui permettraient de concurrencer ceux du Nouveau Monde (et du Sud de la France, par la même occasion). Actuellement, la plupart des vins sont moins qu'extraordinaires.

Mâcon Bgne r. b. (rosé) ★★ 90' 91 92 93 94 95 96 Rouges sains et courants (les GAMAY sont les meilleurs) et blancs secs et savoureux (CHARD). Presque B.J.P.

Mâcon-Lugny Bgne r. b. mo. ★★ 90 91 92 93 95 96 Village près de VIRÉ avec une coopérative énorme et très bonne (4 millions de bouteilles). Louis LATOUR vend le vin Les Genevrières.

Mâcon-Villages Bgne b. ★★ → ★★★ 90 91 92 93 94 95 96 Bourgognes blancs typiques (quand il n'y a pas surproduction) de mieux en mieux faits et portant le nom de leur village. Ex. : Mâcon-Chardonnay, Mâcon-Clessé, MÂCON-LUGNY, Mâcon-Prissé, MÂCON-VIRÉ, Mâcon-Uchizy. La meilleure coop. est sans doute celle de Prissé, la plus grande celle de Lugny. Meilleurs producteurs : Vincent (Fuissé), Thévenet (Clessé), Bonhomme (Viré), Merlin (La Roche Vineuse).

Mâcon-Viré Bgne b. ★★ 90 91 92 93 94 95 96 Un des meilleurs villages du Mâconnais pour le blanc. Bons vins de A. Bonhomme, Clos du Chapitre, JADOT, Ch. de Viré, coop.

Macvin Jura b. d. ★★ AOC pour un MARC « traditionnel » et un apéritif à base de jus de raisin.

Madiran S-O r. ★★ → ★★★ 82 85' 86' 88 89' 90' 92 93 94 95' 96 Vin rouge sombre, très corsé et parfumé de l'ARMAGNAC. Ressemble à un MÉDOC dur mais fruité, ayant sa propre élégance fluide. Doit vieillir. Meilleurs producteurs : Chx Montus, Bouscassé, Dom. Berthoumieu, Laplace (Ch. d'Aydié), Chapelle Lenclos, Labranche-Laffont, Pichard, Laffitte-Teston, Capmartin et le Ch. Crouseilles de la coop. Le blanc est de l'AOC PACHERENC DU VIC BILH.

Magenta, Duc de Domaine de 12 ha à CHASSAGNE-MONTRACHET récemment restauré. Moitié rouge, moitié blanc. Géré par JADOT.

Mähler-Besse Négociants hollandais de 1er ordre à BORDEAUX. Actionnaires de Ch. PALMER et propriétaires du CHÂTEAU DE MONTAIGNE. Parmi les marques, Cheval Noir.

Mailly-Champagne Coop. de CHAMPAGNE de première qualité. Vin de prestige : Cuvée des Échansons.

Maire, Henri Plus grand producteur et négociant du JURA, avec la moitié de l'AOC. Quelques vins excellents mais beaucoup plutôt commerciaux. Visite amusante.

Maranges Bgne r. ★★ Nouvelle AOC (89) de 240 ha en CÔTE DE BEAUNE. Un tiers de PREMIER CRU. Meilleurs négociants : DROUHIN, JAFFELIN.

Marc Peaux du raisin restant après pressurage ; également eau-de-vie très forte faite à partir de ces peaux.

Marcillac S-O r. rosé ★ → ★★ B.J.P. AOC depuis 90. Vins à la robe violette et au caractère végétal, avec des fruits rouges. Bons à la coop. Cave de Valady (rustiques), au Dom. du Cros et chez Jean-Luc Matha.

Margaux Bx r. ★★ → ★★★★ ⸤70⸥ 78 79 81 ⸤82⸥ ⸤83⸥ ⸤85⸥ 86' 87 88' 89 ⸤90⸥ 92 93 94 95 96 Village du HAUT-MÉDOC produisant le plus élégant et aromatique des BORDEAUX rouges. L'appellation comprend CANTENAC et plusieurs autres villages. Meilleurs châteaux : MARGAUX, LASCOMBES, RAUSAN-SÉGLA, etc.

Marionnet, Henry Grande propriété leader en TOURAINE spécialisée dans les GAMAY et SAUV. Excellente cuvée Le M. de Marionnet. Fait maintenant du vin au Chili : Terra Noble.

Marne et Champagne, Sté Maison de CHAMPAGNE récente mais énorme, propriétaire de LANSON depuis 91 et de bien des marques plus modestes, dont BESSERAT DE BELLEFON. La Marque Alfred Rothschild offre de très bons vins issus de CHARD.

Marsannay Bgne rosé b. (r.) ⸤★★★⸥ 85 88' 89' ⸤90⸥ 91 ⸤92⸥ 93 95 96 (rosé B.J.P.) Village près de Dijon produisant un rouge léger agréable et un rosé de PINOT N très délicat, et comprenant les villages de Chenôve et Couchey. Parmi les producteurs : CLAIR, JADOT, Charlopin, Trapet, ROTY et l'Université de Dijon.

Mas de Daumas Gassac Midi r. b. rosé ★★★ 82 ⸤83⸥ 85 86 87 ⸤88⸥ 89 ⸤90⸥ 91 92 93 94' 95 96 Le seul domaine « premier cru » du LANGUEDOC, produisant des vins puissants surtout à partir de CAB sur un sol paraissant sans équivalent. Qualité sensationnelle. Également un Rosé Frisant et un somptueux blanc d'un assemblage de CHARD, Viognier, Petit Manseng, etc., à boire à 2-3 ans. Aussi un très bon rouge à boire très vite, Les Terrasses de Guilhem, d'une coop. proche, et des vins de cépage du Languedoc (CLAIRETTE, Cinsaut, Aramon, etc.) de très vieilles vignes sous l'étiquette Terrasses de Landoc. Statut vin de pays. Nouveau pétillant amusant : Terrasses du Lido.

Maury Pyr. r. d. ★★ S A VIN DOUX NATUREL rouge (Grenache) du ROUSSILLON. Goût du terroir. Grands progrès récemment, sp. à Mas Amiel.

Mazis (ou Mazy) Chambertin Bgne r. ★★★ ⸤78⸥ 83 ⸤85⸥ 87 88' 89' 90' 91 92 93 94 95 96 12 ha de GRAND CRU contigu à CHAMBERTIN, parfois aussssi puissant. Meilleurs producteurs : FAIVELEY, HOSPICES DE BEAUNE, LEROY, Maume, ROTY.

Mazoyères-Chambertin Voir CHARMES-CHAMBERTIN.

Médoc Bx r. ★★ 82' 83 85 86' ⸤88⸥ ⸤89⸥ ⸤90⸥ 92 93 94 95 96 Rouges d'une partie (moins bonne) de la plus grande et meilleure région du Bordelais. Vins typiques, mais légers. Parfum légèrement terreux. Le HAUT-MÉDOC est bien meilleur. Meilleurs châteaux : LA CARDONNE, GREYSAC, LOUDENNE, LES ORMES-SORBET, POTENSAC, LA TOUR DE BY, etc.

Meffre, Gabriel Le plus grand domaine au s. du Rhône, à GIGONDAS. De qualité variable, souvent en supermarché. Met également en bouteille et assure la vente de petits domaines de CHÂTEAUNEUF-DU-PAPE comme Guy Jullian et Dom. de Baban.

Mellot, Alphonse ★★ → ★★★ Producteur et négociant leader à SANCERRE. Sp. pour La Moussière et la Cuvée Edmond barriquée. Aussi MENETOU-SALON.

Ménetou-Salon Lo. r. rosé b. ★★(★) B.J.P. Vins de plus en plus plaisants de l'ouest de SANCERRE, similaires. SAUV en blanc et PINOT N en rouge. Meilleurs producteurs : Clément, Henri Pellé, Jean-Max Roger.

Méo-Camuzet Très beau domaine à CLOS DE VOUGEOT, NUITS, RICHEBOURG, VOSNE-ROMANÉE. Henri JAYER inspire la vinification. Meilleur vin : V. R. Cros Parantoux.

Mercier et Cie, Champagne Brut S A, Brut Rosé S A, Brut 85 88 **90** Une des plus grandes maisons de CHAMPAGNE à Épernay, contrôlée par MOËT & CHANDON. Bonne qualité commerciale, surtout vendu en France. Les CUVÉES Bulle d'Or et Réserve de l'Empereur ne sont plus produites.

Mercurey Bgne r. b. ★★→★★★ 85 88' 89' 90' 91 92 93 94 95 96 Un des plus importants villages de vin rouge de la CÔTE CHALONNAISE. Bon BOURGOGNE de moyenne catégorie, dont plus de blancs en progrès. Parmi les producteurs, Ch. de Chamirey, Chanzy, FAIVELEY, M. Juillot, Dom. de Suremain.

Mercurey, Région de Le nom à la mode de la CÔTE CHALONNAISE.

Mesnil-sur-Oger, Le Champ. ★★★★ Un des meilleurs villages des Côtes des Blancs. CHARD structuré de très longue garde.

Métaireau, Louis ★★→★★★ Leader d'un groupe d'excellents producteurs de MUSCADET. Vins bien finis et chers : Number One et Cuvée LM.

Méthode champenoise Méthode traditionnelle d'élaboration des vins de Champagne : une fois mis en bouteilles, ils fermentent une seconde fois. En dehors de cette région, on doit l'appeler « méthode classique » ou « méthode traditionnelle ». Le terme ne figure pas sur les étiquettes de CHAMPAGNE.

Méthode traditionnelle Voir entrée précédente.

Meursault Bgne b. (r.) ★★★→★★★★ 78' 83 85 86 88 89' 90' 91 92 93 94 95 96 Village de CÔTE DE BEAUNE donnant un des meilleurs blancs du monde, riche, savoureux, sec mais au goût onctueux de noix. Meilleurs vignobles : Charmes, Genevrières, Perrières. Autres, très bons : Goutte d'Or, Meursault-Blagny, Poruzots, Narvaux, Tillets. Parmi les producteurs : AMPEAU, J.P. Boillot, M. Bouzereau, CHÂTEAU DE MEURSAULT, COCHE-DURY, P. Javillier, Boyer-Martenot, Jobard, LAFON, LATOUR, O. Leflaive, LEROY, Manuel, Matrot, Michelot-Buisson, P. MOREY, G. ROULOT, Tesson. Voir aussi BLAGNY.

Meursault-Blagny Voir BLAGNY.

Michel, Louis Domaine de CHABLIS aux vins exemplaires, non boisés et de très grande longévité, dont un superbe LES CLOS, de très bons Montmains et MONTÉE DE TONNERRE.

Midi Terme générique pour le sud de la France, à l'ouest du delta du Rhône. Réputation en hausse et prometteuse. De nombreux excellents vins en fonction du cépage plutôt que de l'AOC. Un peu de tout.

Minervois Lang. r. (rosé b.) br. d. ★→★★ 86 88 89 90 91 92 93 94 95 96 AOC d'une région de collines produisant parmi les meilleurs vins du MIDI, vifs et pleins d'arôme, sp. Dom. du Donjon, Fabas, Dom. Laurent Fabre, coop. La Livinière, de Peyriac, coop. Puzols, La Tour Boisée, de Violet, Clos Centeilles. Voir aussi ST-JEAN DE MINERVOIS.

Mise en bouteilles au château/au domaine Les mentions « dans nos caves » ou « dans la région de production » sont peu significatives.

Moelleux Désigne les vins doux de VOUVRAY, CÔTEAUX DU LAYON, etc.

Moët & Chandon Brut S A, Rosé 81 82 85 86 88 90 92, Brut Impérial 76 78 81 82 83 85 86 88 90 92 Le plus grand négociant et producteur de CHAMPAGNE avec caves à Épernay et fabrication de mousseux en Argentine, Brésil, Espagne, Australie, Allemagne et Californie. Haute qualité régulière, sp. les vins millésimés. Le Saran des COTEAUX CHAMPENOIS peut être décevant. Cuvée de prestige : DOM PÉRIGNON. Liens avec VEUVE CLICQUOT, MERCIER, POMMERY, RUINART, Cognac-Hennessy, etc.

Moillard Grande entreprise familiale à NUITS-ST-GEORGES (Domaine Thomas-Moillard), faisant une gamme complète de vins sombres et très goûteux, dont CLOS DE VOUGEOT, CORTON, CLOS DU ROI, etc.

Mommessin, J. Négociant du BEAUJOLAIS qui a fusionné avec THORIN. Propriétaire du CLOS DE TART. Blancs moins réussis que les rouges.

Monbazillac Dordogne b. d. ★★ → ★★★ 75 76 79 83' 85 86' 88' 89' 90' 92 93 95 96 Vin liquoreux et doré de BERGERAC, rappelant le SAUTERNES, et gagnant petit à petit sa typicité. Peut bien vieillir. Parmi les quelque 120 producteurs, à noter : L'Ancienne Cure, les Ch. de Belingard-Chayne, La Borderie, Treuil-de-Nailhac, Le Fagé, Haut-Bernasse, Poulvère, Tirecul-la-Gravière, les Dom. de la Haute-Brie, du Caillou et Clos Fontindoule. Aussi coop. de Monbazillac (Ch. de Monbazillac et Ch. Septy).

Mondeuse Savoie r. ★★ B.J.P. Cépage rouge de SAVOIE. Vin vigoureux de couleur sombre. Peut-être le Refosco du nord-est de l'Italie.

Mongeard-Mugneret Domaine de 20 ha de VOSNE-ROMANÉE. Très beaux ÉCHÉZEAUX, RICHEBOURG, SAVIGNY, VOSNE PREMIER CRU, VOUGEOT, etc.

Monopole Vignoble appartenant à un seul propriétaire.

Montagne-Saint-Émilion Bx r. ★★ 82' 83 85 86' 88' 89' 90' 93 94 95 96 Au nord-est de ST-ÉMILION ; vins et réglementation AOC similaires. Prennent de l'importance d'année en année. Meilleurs châteaux : St-André-Corbin, Calon, Faizeau, Haut-Gillet, ROUDIER, Teyssier, des Tours, VIEUX-CH.-ST-ANDRÉ.

Montagny Bgne b. (r.) ★★ 89' 90 92 93 94 95 96 Village de la CÔTE CHALONNAISE, entre MÂCON et MEURSAULT par le goût et la géographie. Meilleurs producteurs : Louis LATOUR, Michel, Ch. de la Saule, Cave coop. de Buxy.

Montée de Tonnerre Bgne b. ★★★ 86 88 89 90 91 92 93 94 95 Excellent et célèbre PREMIER CRU de CHABLIS. Parmi les producteurs : BROCARD, Duplessis, L. MICHEL, Raveneau, Robin.

Monthelie Bgne r. (b.) ★★ → ★★★ 85 88' 89' 90' 91 92 93 94 95 96 Voisin moins connu et parfois presque équivalent de VOLNAY. Excellents rouges parfumés. Parmi les producteurs : BOUCHARD PÈRE, COCHE-DURY, comte LAFON, DROUHIN, Garaudet, Ch. de Monthelie (de Suremain).

Montlouis Lo. b. s. d. (mo.) ★★ → ★★★ 75 76 78 85' 88' 89 90' 93' 95' 96 Voisin de VOUVRAY. Vin proche de goût, doux ou sec et de longue garde. Mousseux aussi. Meilleurs producteurs : Berger, Chidaine, Deletang, Moyer, Taille aux Loups.

Montrachet Bgne b. ★★★★ 71 78 79 82 83 85' 86' 88 89' 90' 92 93 94 95 96 Vignoble GRAND CRU de 8 ha à PULIGNY-MONTRACHET et CHASSAGNE-MONTRACHET. Le plus grand BOURGOGNE blanc, fort, parfumé, intense, sec et pourtant onctueux. Meilleurs vins de chez LAFON, LAGUICHE (DROUHIN), LEFLAIVE, RAMONET, DOM. DE LA ROMANÉE-CONTI, THÉNARD.

Montravel Dordogne ★★ → ★★★ b. B.J.P. Similaire au BERGERAC blanc sec. Bons exemplaires aux Dom. de Krevel, Gouyat et au Ch. Péchaurieux. AOC séparées pour les CÔTES DE MONTRAVEL demi-secs, Dom. de Golse, Ch. de Montaigne, Ch. Pique-Sègue et HAUT-MONTRAVEL doux (Dom. de Libarde, Ch. Laroque).

Mont-Redon, Château de Rh. r. b. ★★★ 78' 81' 85 86 88 89 90' 93' 94 95' 96 Remarquable propriété de 94 ha à CHÂTEAUNEUF-DU-PAPE. Rouges beaux et complexes et blancs très aromatiques mais substantiels (94').

Moreau et Fils   Producteur et négociant de VIN DE TABLE en CHABLIS (40 ha). Meilleur vin : Clos des Hospices (GRAND CRU).

Morey, Domaines   20 ha à CHASSAGNE-MONTRACHET. Très bons vins produits par les membres de la famille (sp. Bernard), dont du BÂTARD-MONTRACHET.

Morey-Saint-Denis   Bgne r.   ★★★   78 85' 87 88 89' 90' 91 92 93 94 95 96 Petit village avec 4 GRANDS CRUS entre GEVREY-CHAMBERTIN et CHAMBOLLE-MUSIGNY. Vin superbe, souvent ignoré. Producteurs : Amiot, Castagnier, DUJAC, Groffier, Lignier, Moillard-Grivot, Perrot-Minot, PONSOT, ROUSSEAU, Serveau.

Morgon   Beaujolais r.   ★★★   89 90 91 93 94 95 96 Le CRU le plus vigoureux du BEAUJOLAIS, qui met du temps à développer son parfum généreux. Parmi les producteurs : Aucœur, Ch. de Bellevue, Desvignes, Lapierre, Ch. de Pizay. Excellent chez DUBŒUF.

Mortet, Denis   Le petit dernier de GEVREY. Vins superbes depuis 93, dont une gamme de Gevrey Village.

Moueix, J.-P. et Cie   Propriétaire et négociant légendaire de ST-ÉMILION, POMEROL et FRONSAC. Ses châteaux les plus célèbres sont LAFLEUR-PÉTRUS, MAGDELAINE et une partie de PÉTRUS. Se lance en Californie : voir Dominus.

Moulin-à-Vent   Beaujolais r. ★★★ 85 89 90 91 92 93 94 95 96 Le meilleur et potentiellement le plus généreux des BEAUJOLAIS. Peut être puissant, charnu, de longue garde. Peut même avoir un goût proche d'un beau Rhône ou BOURGOGNE. Beaucoup de bons producteurs, sp. Ch. du Moulin-à-Vent, Ch. des Jacques, Dom. des Hospices, Janodet.

Moulis   Bx r.   ★★ → ★★★   Village du HAUT-MÉDOC avec sa propre appellation et plusieurs CRUS EXCEPTIONNELS : CHASSE-SPLEEN, MAUCAILLOU, POUJEAUX (THEIL), etc. Bon terrain de chasse.

Mourvèdre   Voir Cépages pour vin rouge (page 10).

Mouton Cadet   Marque populaire de BORDEAUX rouges et blancs d'assemblage.

Moutonne   CHABLIS GRAND CRU *honoris causa* (entre Vaudésir et Preuses) de BICHOT.

Mugnier, J.-F.   Domaine de Ch. de Chambolle (4 ha) avec CHAMBOLLE-MUSIGNY Les Amoureuses et MUSIGNY de premier ordre. Aussi Bonnes-Mares.

Mumm, G.H. & Cie   Cordon Rouge S A, Mumm de Cramant S A, Cordon Rouge **79 82 85 88 89**, Rosé S A Le plus grand producteur et négociant de CHAMPAGNE, appartenant à Seagram. Marques de prestige : René Lalou (**79 82 85**), Grand Cordon (**85**, mis en vente en 91). Présent aussi à Napa (Californie), au Chili (depuis 96), en Argentine et en Afrique du Sud (Cape Mumm).

Muré, Clos St-Landelin   Bon producteur et négociant d'ALSACE, à Rouffach, avec vignobles dans le GRAND CRU Vorbourg. Vins charpentés, PINOT N mûr (inhabituel), grands RIES et MUSCAT VENDANGE TARDIVE.

Muscadet   Lo. b.   ★★ → ★★★   B.J.P. Vin blanc sec, très célèbre et souvent délicieux, de la région de Nantes. Ne doit pas être âpre mais avoir la même odeur d'iode que dans la cale d'un chalutier. Parfait avec le poisson et les coquillages. Les meilleurs proviennent des AOC de la zone : MUSCADET COTEAUX DE LA LOIRE, MUSCADET CÔTES DE GRAND LIEU, MUSCADET DE SÈVRE-ET-MAINE. Choisissez ceux mis en bouteille SUR LIE. Bon Muscadet générique du Ch. de la Preuille.

Muscadet Côtes de Grand Lieu   Nouvelle AOC (95) de MUSCADET autour du lac du même nom. Les meilleurs sont SUR LIE, sp. de Batard, Luc Choblet, Malidain.

Muscadet Coteaux de la Loire Lo. b. Petite zone de MUSCADET à l'est de Nantes. Les meilleurs sont SUR LIE, sp. de Guindon, Luneau-Papin et Les Vignerons de la Noëlle.

Muscadet de Sèvre-et-Maine Vin provenant du centre (la meilleure partie) de la zone du MUSCADET. Meilleurs producteurs : Guy Bossard, Chéreau-Carré, Doillard, Landron, Luneau-Papin, MÉTAIREAU.

Muscat Cépage et vin (généralement doux) au parfum très prononcé. Souvent allongé d'eau-de-vie pour en faire un VIN DOUX NATUREL. Sec en ALSACE.

Muscat de Beaumes-de-Venise Voir BEAUMES-DE-VENISE.

Muscat de Frontignan Midi br. d. ★★ B.J.P. MUSCAT doux du MIDI. La qualité s'améliore, sp. des Châteaux Gres St-Paul, Tour de Farges, la coop. du MUSCAT DE LUNEL. Voir FRONTIGNAN.

Muscat de Lunel Midi br. d. ★★ S A Idem. Bon secteur mais limité. Énormes progrès dernièrement. Cherchez le Dom. Clos Bellevue.

Muscat de Mireval Midi br. d. ★★ S A Idem. Des environs de Montpellier.

Muscat de Rivesaltes Midi br. d. ★★ S A MUSCAT doux des environs de Perpignan. Bon de Cazes Frères, Ch. de Jau.

Musigny Bgne r. (b.) ★★★★ 78 79 82 85 86 87 88' 89 90' 91 92 93 94 95 96 GRAND CRU de 10 ha à CHAMBOLLE-MUSIGNY. Peut-être le plus beau sinon le plus puissant de tous les Bourgognes rouges (et un peu de blanc). Meilleurs producteurs : DROUHIN, JADOT, LEROY, MUGNIER, ROUMIER, de VOGÜÉ.

Nature Vin non chaptalisé. En Champagne, vin non champagnisé.

Nicolas, Ets Négociant (gros et détail) parisien contrôlé par Castel Frères, l'un des plus importants et des meilleurs de France.

Noble Joué rosé ★ → ★★ Rosé ancien mais récemment rénové issu de 3 PINOT (Gris, Meunier, Noir), au sud de Tours. Sp. de chez Rousseau et Sard.

Nuits-Saint-Georges Bgne r. ★★ → ★★★ 78 82 83 85 86 87 88' 89' 90' 91 92 93 94 95 96 Appellation contrôlée : Nuits ou Nuits-Saint-Georges. Vins de toutes qualités, typiquement puissants, relativement tanniques, qui ont besoin de temps. Meilleurs vignobles : Les Cailles, Clos des Corvées, Les Pruliers, Les St-Georges, Vaucrains, etc. Nombreux producteurs et négociants, dont Dom. de l'ARLOT, Ambroise, J. CHAUVENET, Chevillon, Confuron, FAIVELEY, GRIVOT, Lechemeaut, LEROY, MACHARD DE GRAMONT, Michelot, RION.

Oc d' Midi r. rosé b. ★ → ★★ Vin de pays du Languedoc et du ROUSSILLON. Sp. vins d'un seul cépage et vins de pays PRIMEURS. Fabuleux progrès techniques dernièrement. Meilleurs producteurs : VAL D'ORBIEU, SKALLI, Jeanjean.

Oisly et Thesée, Vignerons de ★★ Coopérative entreprenante de TOURAINE avec de bons SAUV (sp. Cuvée Excellence), CAB, GAMAY, Cot et CHARD. Vins d'assemblage étiquetés Baronnie d'Aignan et de bons vins de domaine. Bon achat.

Orléanais, Vin d' Lo. r. rosé b. ★ B.J.P. Petite région VDQS aux vins légers mais fruités issus de Pinot Meunier et PINOT N, CAB et CHARD. Sp. Clos St-Fiacre.

Ostertag Petit domaine d'ALSACE à Epfig. Chêne neuf pour un bon PINOT N et meilleurs RIES et PINOT G du GRAND CRU Muenchberg. Le GEWÜRZ du lieu-dit Fronholz mérite d'être gardé.

Ott, Domaines Le plus important producteur d'excellents vins de PROVENCE, dont Ch. de SELLE (rosé et rouge), Clos Mireille (blanc), BANDOL et Ch. de Romassan.

Pacherenc du Vic-Bilh S-O b. s. d. ★★ B.J.P. Le vin blanc de MADIRAN, fait en trois versions : sec, doux non boisé (tous deux B.J.P.) et doux boisé (5 ans). Ch. Laffitte-Teston souvent meilleurs mais tous les producteurs de MADIRAN sont bons.

Palette   Prov. r. rosé b.   ★★   Près d'Aix-en-Provence. Rouges corsés, rosés solides et blancs aromatiques de Ch. SIMONE.

Parigot-Richard   Producteur d'un très bon CRÉMANT de Bourgogne à SAVIGNY.

Pasquier-Desvignes   Vieille maison de négoce en BEAUJOLAIS près de BROUILLY.

Patriarche   L'un des plus grands négoces de Bourgogne. Chais à BEAUNE ; possède aussi Ch. de MEURSAULT (40 ha), KRITER mousseux, etc.

Patrimonio   Corse r. b. rosé   ★★ → ★★★   91 92 93 94   95 96 Vaste gamme de rouges parfumés de Nielluccio, blancs croquants. Meilleurs producteurs : Gentile, Leccia, Arena.

Pauillac   Bx r. ★★ → ★★★★   66' 70' 75 78' 79 81' 82' 83' 85' 86' 87 88' 89' 90' 91 92 93 94 95' 96 Seul village du Bordelais (HAUT-MÉDOC) ayant trois PREMIERS CRUS (Châteaux LAFITE, LATOUR et MOUTON), et d'autres CRUS excellents ; corsés et très bouquetés. Styles très divers.

Pécharmant   Dordogne r. ★★ → ★★★★   85 88 90 93 94 95' 96 AOC interne pour les meilleurs BERGERAC rouges qui ont besoin de vieillir. Meilleurs producteurs : La Métairie, Dom. du Haut-Pécharmant, Ch. Champarel, Dom. des Bertranoux et Ch. de Tiregand.

Pelure d'oignon   Couleur rose brunâtre de certains rosés.

Perlant ou Perlé   Très légèrement pétillant.

Pernand-Vergelesses   Bgne r. (b.)   ★★★   78' 85 87 88' 89' 90 91 92 93 94 95 96 Village près d'ALOXE-CORTON comprenant une partie des fameux vignobles CORTON et CORTON-CHARLEMAGNE. Autre cru célèbre : Île des Vergelesses. Parmi les producteurs : BONNEAU DU MARTRAY, CHANDON DE BRIAILLES, CHANSON, Delarche, Dubreuil-Fontaine, JADOT, LATOUR, Rapet.

Perrier-Jouët   Brut S A, Blason de France S A, Blason de France Rosé S A, Brut 76 79 82 85 88 90 Excellents viticulteurs et producteurs de CHAMPAGNE à Épernay. Les premiers à avoir élaboré du CHAMPAGNE sec et autrefois le plus grand nom de tous. Appartient maintenant à Seagram. Marques de prestige : Belle Époque (79 82 83 85 86 88 89), Blason de France Rosé (S A). Aussi Belle Époque Rosé (79 82 85 88).

Pessac-Léognan   AOC relativement récente dans la meilleure partie du nord de GRAVES, comprenant la plupart des GRANDS CRUS.

Pétillant   Normalement, légèrement mousseux. Mais spécialité effervescente de TOURAINE, sp. VOUVRAY et MONTLOUIS.

Petit Chablis   Bgne r.   ★★   B.J.P. Quatrième cru des vignobles de CHABLIS. Pas grand caractère mais peut être agréablement frais. Les meilleurs : coop. La Chablisienne.

Pfaffenheim   Meilleure coop. d'ALSACE (200 ha). Vins nettement individuels de tous les cépages, dont bon SILVANER et très bons PINOT (N, G, BL). GRANDS CRUS : Goldert, Steinert et Hatschbourg. Le CRÉMANT d'Alsace Hartenberg est très bon.

Pfersigberg   GRAND CRU d'ALSACE à Eguisheim avec deux parcelles. Vins très aromatiques. Le GEWÜRZ s'y comporte très bien. Pour le RIES, Paul Ginglinger et la Cuvée Particulière de Léon BEYER. Excellent producteur : KUENTZ-BAS.

Philiponnat   S A, Rosé S A, Réserve Spéciale 82 85 88, Grand Blanc Millésimé 76 81 82 85 88 89, Clos des Goisses 76 78 79 82 85 86 Petite maison familiale de CHAMPAGNE aux vins bien structurés et de longue maturation, sp. le remarquable vignoble unique Clos des Goisses et un rosé charmant. Propriété de Marie Brizard. Aussi Le Reflet Brut S A depuis 92.

Piat Père et Fils   Énormes négociants de BEAUJOLAIS et de MÂCON à Mâcon, actuellement sous le contrôle de Grand Met. Vignobles à MOULIN-À-VENT. Aussi CLOS DE VOUGEOT, BEAUJO-

LAIS, MÂCON-VIRÉ en bouteilles spéciales Piat perpétuant de bonnes normes. Piat d'Or est autre chose.

Pic, Albert Producteur réputé de CHABLIS, contrôlé par de LADOUCETTE.

Picpoul de Pinet Midi b. ★ → ★ ★ AOC en progrès réservée au vieux cépage Picpoul. Meilleurs producteurs : Dom. Gaujal, coop. Pomérols.

Pineau des Charentes Apéritif fort, à base de jus de raisin blanc et de COGNAC.

Pinot Voir Cépages blancs et rouges.

Piper-Heidsieck Brut S A, Brut Rosé S A, Brut 76 79 82 85 89 90 Producteurs de CHAMPAGNE de vieille renommée, à Reims. Appartient maintenant à Rémy-Cointreau. Rare (76 79 85 88) et Brut Sauvage (79 82 85) sont loin devant leurs autres vins, plutôt légers. Voir aussi Piper Sonoma (Californie).

Pol Roger Brut White Foil S A, Brut 75 76 79 82 85 88 90, Rosé 75 79 82 85 88, Blanc de Chardonnay 79 82 85 88 Firme familiale haut de gamme de CHAMPAGNE à Épernay, très appréciée en Angleterre. Particulièrement bons : White Foil S A, Rosé, Réserve P.R. (88) et CHARD. Somptueuse CUVÉE prestige : « Sir Winston Churchill » (75 79 82 85 86).

Pomerol Bx r. ★ ★ → ★ ★ ★ ★ 70 75' 81' 82' 83 85 86 88 89' 90' 92 93 94 95 96 Voisin de ST-ÉMILION : vins proches mais plus crémeux et au goût de prune, mûrissant souvent plus tôt, en général dignes de confiance et délicieux. Meilleurs châteaux : CERTAN-DE-MAY, L'ÉVANGILE, LA FLEUR, LA FLEUR-PÉTRUS, LATOUR-À-POMEROL, PÉTRUS, LE PIN, TROTANOY, VIEUX-CH.-CERTAN, etc.

Pommard Bgne r. ★ ★ ★ 78 85 86 87 88' 89' 90 91 92 93 94 95 96 Le plus étendu des villages de CÔTE D'OR. Peu de vins de qualité exceptionnelle, mais beaucoup puissants et distingués. Meilleurs crus : Épenots, cuvées HOSPICES DE BEAUNE, Rugiens. Parmi les producteurs : Comte Armand, G. Billard, Billard-Gonnet, J. M. Boillot, de Courcel, Gaunoux, LEROY, MACHARD DE GRAMONT, de Montille, A. Mussy, Ch. de Pommard, Pothier-Rieusset.

Pommery Brut S A, Rosé S A, Brut 82 83 85 87 88 89 Gros producteurs et négociants de CHAMPAGNE à Reims, achetés par Moët-Hennessy en 91. Marque de prestige remarquable : Louise Pommery (81 82 83 85 87 88). Louise Pommery Rosé (82 83 85 88 89).

Ponsot, J.-M. Domaine de 10 ha à MOREY-SAINT-DENIS. Nombreux GRANDS CRUS : CHAMBERTIN, CHAPELLE-CHAMBERTIN, LATRI-CIÈRES-CHAMBERTIN, CLOS DE LA ROCHE, CLOS ST-DENIS. Très bonne qualité.

Pouilly-Fuissé Bgne b. ★ ★ → ★ ★ ★ 89' 90' 91 92 93 94 95 96 Le meilleur blanc du Mâconnais. Dans ses meilleures années, il peut être remarquable (ainsi Château-Fuissé VIEILLES VIGNES) mais généralement trop cher comparé au CHABLIS, par ex. Excellents producteurs : Ferret, Forest, GUFFENS-HEYNEN, Luquet, Noblet, Valette, Vincent.

Pouilly-Fumé Lo. b. ★ ★ → ★ ★ ★ 90' 91' 92' 93' 94 95' 96 Blanc fruité, au goût de pierre à fusil, souvent âpre, produit près de SANCERRE. Le cépage doit être du SAUV. Les meilleures CUVÉES peuvent s'améliorer pendant 5 à 6 ans. Parmi les meilleurs producteurs : Cailbourin, Chatelain, DAGUENEAU, Ch. de Favray, Edmond et André Figeat, LADOUCETTE, Masson-Blondelet, Redde, Tinel Blondelet, Cave de Pouilly-sur-Loire.

Pouilly-Loché Bgne b. ★ ★ Voisin de POUILLY-FUISSÉ. Même type de vin, bien moins cher. Rare.

Pouilly-sur-Loire Lo. b. ★ B.J.P. Vin neutre semblable au POUILLY-FUMÉ, issu des mêmes vignobles mais fait avec du Chasselas. Rare aujourd'hui.

Pouilly-Vinzelles Bgne b. ★★ 90 91 92 93 94 95 96 Vignoble contigu à POUILLY-FUISSÉ ; même type de vin. Bon achat.

Pousse d'Or, Domaine de la 13 ha en POMMARD, SANTENAY et sp. VOLNAY, dont les MONOPOLES Bousse d'Or et Clos des 60 Ouvrées sont puissants, tanniques et (à juste titre) célèbres.

Premier Cru Premier dans le Bordelais (voir p. 81), mais vignobles de deuxième rang en Bourgogne (après GRAND CRU), dont CHABLIS.

Premières Côtes de Blaye Bx r. b. ★ → ★★ 82 85 86 88' 89' 90' 92 93 94 95 96 AOC limitée aux meilleurs BLAYE, surtout des rouges. Parmi les Chx : Barbé, LE BOURDIEU, Charron, L'Escadre, Haut-Sociando, Le Menaudat, La Rose-Bellevue, Segonzac, La Tonnelle.

Premières Côtes de Bordeaux Bx r. (rosé) s. d. ★ → ★★ Vaste zone de collines dans les GRAVES : bon gage de qualité, s'améliorant rapidement. Surtout Merlot. Parmi les Chx : Carsin, La Croix de Roche, Bertinerie (sp.), Fayau, Fontenil, Gardera, HAUT-BRIGNON, du Juge, Laffitte (sic), Lamothe, Peyrat, Plaisance, REYNON, Tanesse. Zone à surveiller, surtout les meilleures années.

Prieur, Domaine Jacques Splendide domaine de 16 ha dans les meilleurs sites de Bourgogne, dont les PREMIERS CRUS MEURSAULT, VOLNAY, PULIGNY-MONTRACHET et même LE MONTRACHET. Maintenant propriété à 50 % de RODET. La qualité s'est améliorée depuis 89.

Primeur Vin nouveau rafraîchissant. Se dit surtout du BEAUJOLAIS. Vins de pays aussi. Le vin vendu « en primeur » est encore en fûts et sera livré plus tard.

Prissé Voir MÂCON-VILLAGES.

Puisseguin-Saint-Émilion Bx r. ★★ 82 85 86 88' 89' 90' 92 93 94 95 96 À l'est de ST-ÉMILION. Vin proche de goût, pas aussi fin ou lourd, mais souvent bon achat. Châteaux : La Croix de Berny, LAURETS, Puisseguin, Soleil, Teyssier, Vieux-Ch.-Guibeau. Aussi Roc de Puisseguin de la coop.

Puligny-Montrachet Bgne b. (r.) ★★★★ 85' 86' 88 89' 90' 91 92 93 94 95 96 Contigu à CHASSAGNE-MONTRACHET, blancs secs et riches, potentiellement encore plus beaux, vitaux et complexes mais leur finesse apparente peut aussi résulter d'une surproduction. Meilleurs vignobles : BÂTARD-MONTRACHET, Caillerets, Bienvenues-Bâtard-Montrachet, Champ-Canet, CHEVALIER-MONTRACHET, Clavoillon, Les Combettes, MONTRACHET, Pucelles, etc. Meilleurs producteurs : Amiot-Bonfils, AMPEAU, J. M. Boillot, BOUCHARD PÈRE, L. Carillon, CHARTRON, DROUHIN, JADOT, LATOUR, Dom. LEFLAIVE, O. LEFLAIVE, Pernot, SAUZET.

Quarts de Chaume Lo. b. d. ★★★ → ★★★★ 75 76 78' 79' 82 85' 86 88' 89' 90' 91 92 93' 94 95 96 Célèbre parcelle de 48 ha en COTEAUX DU LAYON. Cépage CHENIN BL. Vin généreux et doré, fort et qu'il convient de garder très, très longtemps, sp. Baumard, Bellerive, Claude Papin, Suronde.

Quatourze Lang. r. b. (rosé) ★ 91 92 93 94 95 96 Petit cru des COTEAUX DU LANGUEDOC. Meilleur vin du Dom. Notre Dame du Quatourze.

La première fermentation (alcoolique) est parfois suivie d'une fermentation malolactique (ou secondaire). Il s'agit d'une conversion naturelle de l'excès d'acide malique (âpre) du vin en acide lactique (plus doux). Elle est généralement souhaitable dans les régions fraîches, de forte acidité, mais pas dans les régions chaudes, où une touche d'âpreté ajoute à l'équilibre du vin. Cette fermentation peut être favorisée ou empêchée. Lorsque l'acidité peut être modérée, la « malo » ajoute de la « complexité » aux saveurs.

Quincy Lo. b. ★ → ★★ B.J.P. Petite région faisant un SAUV très sec rappelant le SANCERRE. Vaut l'essai. Producteurs : Dom. Mardon, Sorbe.

Ramonet, Domaine Domaine de pointe à CHASSAGNE-MONTRACHET avec 13 ha, dont une parcelle de MONTRACHET. Très bons blancs et rouge CLOS-ST-JEAN.

Rancio Terme désignant la saveur des vins bruns mutés, au goût de noix, vieillis en fûts, très appréciés, surtout les BANYULS et autres VINS DOUX NATURELS.

Rangen GRAND CRU D'ALSACE de très grande classe à Thann et Vieux Thann. Doit beaucoup sa réputation à ZIND-HUMBRECHT. Sp. pour PINOT G, GEWÜRZ, RIES.

Rasteau Rh. r. br. d. (rosé b. s.) ★★ 85' 86 88 89 90' 93 94 95' 96 Au sud de la vallée du Rhône. Rouges très sains et robustes de Beaurenard, la Cave des Vignerons, Ch. du Trignon et des Dom. Didier Charavin, Rabasse-Charavin, Girasols, St-Gayan, Soumade. Spécialité locale : vin doux de dessert puissant (en déclin) issu de GRENACHE.

Ratafia de Champagne Apéritif doux produit en Champagne : 33 % d'eau-de-vie, 67 % de jus de raisin. Proche du PINEAU DES CHARENTES.

Regnié Beaujolais r. ★★ 94 95 96 Village du BEAUJOLAIS entre MORGON et BROUILLY, ayant acquis le statut de CRU en 88. Environ 720 ha. Essayez celui de DUBŒUF ou d'Aucœur.

Reine Pédauque, La Producteurs et négociants de BOURGOGNE établis de longue date à ALOXE-CORTON. Réputation grandissante, sp. dans les hors taxe. Vignobles à ALOXE-CORTON, SAVIGNY, etc., et CÔTES DU RHÔNE. Appartient à Pierre ANDRÉ.

Remoissenet Père et Fils Bons négociants bourguignons (sp. en blanc) avec petit vignoble de 2,4 ha à BEAUNE. Laisser du temps aux rouges. Aussi courtier pour NICOLAS. THÉNARD fait certains des meilleurs.

Rémy Pannier Importants négociants de vins de la Loire à SAUMUR.

Reuilly Lo. b. (r. rosé) ★★ Vignoble proche de QUINCY, chablis comparables se bâtissant une réputation. Aussi rosés (PINOT G, N) et rouges (PINOT N). Sp. de Claude Lafond, Beurdin, Sorbe et Vincent.

Riceys, Rosé des Champ. rosé ★★★ B.J.P. Minuscule AOC champenoise pour un PINOT N rosé remarqué. Principaux producteurs : A. Bonnet, Jacques Defrance.

Richebourg Bgne r. ★★★★ 78' 80' 82 83 85' 87 88' 89' 90' 91 92 93' 94 95 96 GRAND CRU de 8 ha à VOSNE-ROMANÉE. Vin puissant et parfumé, fabuleusement cher, un des tout meilleurs bourgognes. Meilleurs producteurs : BICHOT, GRIVOT, J. Gros, LEROY, MÉO-CAMUZET, dom. de la ROMANÉE-CONTI.

Richou, Domaine Domaine de qualité en ANJOU, établi de longue date. Vaste gamme de vins, sp. ANJOU-VILLAGES Vieilles Vignes, COTEAUX DE L'AUBANCE Les Trois Demoiselles.

Riesling Voir Cépages pour vin blanc (page 6).

Rion, Daniel et Fils Domaine de 18,4 ha à Prémeaux (NUITS). Excellents VOSNE-ROMANÉE (sp. Les Chaumes, Les Beaumonts) et PREMIER CRU de NUITS Les Vignes Rondes et CHAMBOLLE-MUSIGNY-Les Charmes. N.B. aussi Patrice Rion.

Rivesaltes Pyr. r. b. br. s. d. ★★ S A Vin muté de l'est des Pyrénées. Tradition vigoureuse mais quelques problèmes ces derniers temps. Meilleurs producteurs : Dom. Cazes, Ch. de Calce et Ch. de Jau.

Roche-aux-Moines, La Lo. b. d. ★★★ → ★★★★ 75 76' 78 79 82 83 85' 86 88' 89' 90' 92 93' 94 95' 96 Vignoble de 24 ha à SAVENNIÈRES, ANJOU. Vin intense, fort, fruité, âpre qui doit vieillir longtemps ou être bu frais.

Rodet, Antonin　Solide négociant bourguignon avec un grand domaine (12,8 ha) sp. à MERCUREY (Ch. de Chamirey). Voir PRIEUR. Appartient maintenant à LAURENT-PERRIER.

Roederer, Louis　Brut Premier S A, Rich S A, Brut 71 73 75 76 78 79 81 83 85̲ 86 88 89̲ 90, Bl. de Blancs 88 90, Brut Rosé 75 83 85 86 88 91 Un des meilleurs producteurs et négociants de CHAMPAGNE, à Reims. S A très vanillé et plein d'arôme. Marques de prestige : le velouté Cristal Brut (79 82̲ 83 85̲ 86 88 89 90) et Cristal Rosé (88̲), qui ont besoin de temps. Possède aussi DEUTZ et Ch. de PEZ à Bordeaux. Voir aussi Californie, Australie (Tasmanie).

Rolly Gassman　Producteurs de classe en ALSACE, à Rorschwihr, sp. pour Auxerrois et Muscat du lieu-dit Moenchreben.

Romanée, La　Bgne r. ★★★★ 78̲ 82 85̲ 87 88̲ 89̲ 90' 91 92 93 94 95 96 GRAND CRU de 0,8 ha à VOSNE-ROMANÉE, juste au-dessus de ROMANÉE-CONTI. MONOPOLE de Liger-Belair, vendu par BOUCHARD PÈRE.

Romanée-Conti　Bgne r. ★★★★ 66' 76 78̲ 80̲ 82 83 85' 86 87 88' 89̲ 90' 91 92 93' 94 95 96 GRAND CRU de 2 ha à VOSNE-ROMANÉE (MONOPOLE) produisant 450 caisses par an. Le rouge le plus renommé et le plus cher du monde. Immenses réserves de parfum. Voir entrée suivante.

Romanée-Conti, Domaine de la (D.R.C.)　La plus prestigieuse des propriétés bourguignonnes, possédant tout le ROMANÉE-CONTI, LA TÂCHE, la plus grande partie de RICHEBOURG, GRANDS ÉCHÉZEAUX, ÉCHÉZEAUX et ROMANÉE-ST-VIVANT. Également une parcelle de MONTRACHET et VOSNE-ROMANÉE. Prix exorbitants. Les meilleurs millésimes sont à garder plusieurs décennies.

Romanée-Saint-Vivant　Bgne r. ★★★★ 78̲ 80' 82 85̲ 87 88' 89' 90' 91 92 93' 95 96 GRAND CRU de 9 ha à VOSNE-ROMANÉE. Ressemble en plus léger et moins somptueux au ROMANÉE-CONTI. Meilleurs producteurs : Dom. de la ROMANÉE-CONTI, LEROY.

Ropiteau　Producteurs de BOURGOGNE à MEURSAULT. L'activité de négoce a été rachetée en 94 par BOISSET.

Rosé d'Anjou　Lo. rosé ★ B.J.P. Rosé pâle et légèrement doux. Le CABERNET D'ANJOU devrait être meilleur.

Rosé de Loire　Lo. rosé ★ → ★★ B.J.P. Appellation du rosé de Loire sec (l'ANJOU est doux).

Rosette　Dordogne b. d/s ★★ B.J.P. Minuscule AOC pour de charmants vins d'apéritif, dont Rosette Clos Romain et Ch. Puypezat.

Rostaing　Domaine en expansion de la CÔTE RÔTIE (6,8 ha) avec d'excellentes parcelles, dont La Blonde (vins souples et élégants) et les vins plus pleins et fermes La Viaillère et La Landonne (15 à 20 ans). Le style est polissé. Un peu de chêne neuf.

Roty, Joseph　Petit producteur de GEVREY-CHAMBERTIN classique, sp. CHARMES-CHAMBERTIN et MAZIS-CHAMBERTIN. Vins de garde.

Rouget, Emmanuel　Neveu héritier du légendaire domaine de 5,2 ha d'Henri Jayer à VOSNE-ROMANÉE, NUITS, ÉCHÉZEAUX. Meilleur vin : Cros Parantoux. Jayer (retraité depuis 88) donne toujours ses conseils, ici et au Dom. MÉO-CAMUZET.

Roumier, Georges　Domaine bourguignon de 14 ha avec d'exceptionnels BONNES-MARES, CHAMBOLLE-MUSIGNY-Amoureuses, MUSIGNY, etc. Normes élevées. Rouges de longue garde.

Rousseau, Domaine A.　Viticulteur bourguignon renommé pour ses CHAMBERTIN, etc. de très haute qualité, intenses et de longue garde. Surtout GRAND CRU.

Roussette de Savoie　Savoie b. ★★ B.J.P. Le plus savoureux des blancs frais du sud du lac Léman.

Roussillon Midi La plus importante région de vins doux naturels. Des muscats plus légers remplacent les vins plus lourds et sombres. Voir côtes du roussillon pour les vins de table.

Ruchottes-Chambertin Bgne r. ★★★ 78' 85 87 88' 89' 90' 91 92 93' 94 95 96 grand cru de 3 ha, contigu à chambertin. Vin tout aussi splendide, d'une grande finesse et de longue garde. Meilleurs producteurs : leroy, Mugneret, roumier, rousseau.

La révolution des vins de pays

On ne devrait pas négliger cette catégorie de vins, la plus dynamique en France, aujourd'hui. Plus de 140 noms de vins de pays sont très actifs depuis quelque temps, surtout dans le Midi. Ils se divisent en trois catégories : régionale (par ex. Vin de Pays d'Oc pour l'ensemble du Midi), départementale (par ex. Vin de Pays du Gard pour le département du Gard, près de l'embouchure du Rhône) et vins de pays de zone, les plus précis, aux normes généralement les plus élevées. Les vins de pays et vins de pays primeurs (rouges et blancs, tous mis en vente le troisième mardi de novembre) d'un seul cépage sont particulièrement populaires. Parmi les vins de pays de zone les plus connus : Coteaux de l'Uzège, Côtes de Gascogne, Val d'Orbieu. N'hésitez pas. Certains sont de véritables joyaux et d'autres sont vraiment charmants.

Ruinart Père et Fils « R » de Ruinart Brut S A, « R » de Ruinart Rosé S A, « R » de Ruinart Brut 86 88 90 Négoce de champagne appartenant à Moët-Hennessy. Vins croquants remarquables, sp. les marques de prestige : Dom Ruinart Blanc de Blancs (81 82 83 85 86 88), Dom Ruinart Rosé (81 82 83 85 86). Très bon Rosé mûr. Excellent achat.

Rully Bgne r. b. (mo.) ★★ 89' 90 91 92 93 94 95 96 Village de la côte chalonnaise célèbre pour son crémant de Bourgogne. Blancs et rouges tranquilles légers mais savoureux et de bon rapport qualité/prix sp. en blanc. Parmi les producteurs : delorme, faiveley, Dom. de la Folie, Jacquesson, A. rodet.

Sables du Golfe du Lion Midi rosé r. b. ★ B.J.P. Vin de pays venant de dunes de sable. Sp. gris de gris issu de Carignan, Grenache et Cinsaut. Dominé par listel.

Sablet Rh. r. b. (rosé) ★★ 89 90' 93 94 95' 96 Admirable village des côtes du rhône, en progrès. Sp. Dom. de Boissan, Les Goubert, Piaugier, Ch. du Trignon, Dom. de Verquière. Blancs à essayer aussi.

Saint-Amour Beaujolais r. ★★ 93 94 95 96 Au nord du beaujolais : léger, fruité, irrésistible. Producteurs à essayer : Janin, Patissier, Revillon.

Saint-André-de-Cubzac Bx r. b. ★→ ★★ 88 89 90 92' 93 94 95 96 Ville au n.-e. de Bordeaux, centre d'une petite région vinicole dont les bons rouges ont droit à l'appellation bordeaux supérieur. Parmi les producteurs : Dom. de Beychevelle et les Ch. du Bouilh, terrefort-quancard, timberlay.

Saint-Aubin Bgne b. (r.) ★★ 88 89 90 91 92 93 94 95 96 Voisin peu connu de chassagne-montrachet. Plusieurs premiers crus donnant des vins légers, fermes et assez stylés, à prix honnêtes. Également vendu comme côte de beaune-villages. Meilleurs producteurs : Clerget, jadot, J. Lamy, lamy-pillot, H. Prudhon, Roux, Thomas.

Saint-Bris Bgne b. (r.) ★ B.J.P. À l'ouest de chablis : aligoté fruité mais surtout sauvignon-de-st-bris. Aussi bon crémant.

Quelques vins de pays pour 1998

(1) Vin de Pays d'Oc : grande diversité de cépages pour certains des meilleurs achats en matière de vin de pays : quelques-uns traditionnels (Carignan, Grenache, Syrah), d'autres nouveaux pour la région (Chardonnay, Viognier, Cabernet, Merlot) et, en général, mentionnés sur l'étiquette.

(2) Vin de Pays du Jardin de France : Val de Loire. Principaux cépages : Sauvignon, Chardonnay et Chenin Blanc pour les blancs, Gamay, Grolleau et Cabernet pour les rouges légers.

(3) Vin de Pays du Comté Tolosan : plus vaste zone du Sud-Ouest pour des rouges de Cabernet, Merlot et Tannat (ainsi que des blancs de Sauvignon, Sémillon et autres).

(4) Vin de Pays des Côtes du Tarn : croquant et sec du département du Tarn, dans le Massif Central : issu de Mauzac et d'autres. Un peu de rouge rustique aussi.

(5) Vin de Pays de l'Ardèche : couvre le département de l'Ardèche, dans la vallée du Rhône : rechercher le Chardonnay de Louis Latour, ainsi que les rouges d'un seul cépage, Gamay ou Syrah.

(6) Vin de Pays de l'Hérault : meilleur ou le pire des vins de pays pour cette grande zone du Midi : une démonstration des extrêmes de la tradition et de l'innovation, à la fois pour les cépages et la technique. Une question de chance.

(7) Mas de Daumas Gassac : vin de pays Grand Cru : Cabernet Sauvignon rouge sérieux. Rechercher aussi le blanc de Viognier et de Chardonnay et un rosé légèrement pétillant.

(8) Vin de Pays des Côtes de Gascogne : la chute des ventes d'Armagnac a bénéficié aux vins de table locaux : Colombard et Ugni Blanc secs et parfumés sont rafraîchissants mais peut-être moins intéressants que les expérimentations de cépages locaux Gros Manseng et Petit Manseng.

(9) Vin de Pays des Sables du Golfe du Lion : pionnier, les Salins du Midi, virtuellement le seul producteur au Sud de la côte, est réputé pour son rosé Listel.

(10) Vins de Pays de l'Yonne : point de vente utile pour un vin issu de jeunes vignes de Chablis : Chardonnay bon achat.

Saint-Chinian Lang. r. ★→★★ 89 90 91 92 93 94 95 96
Appellation contrôlée depuis 82. Réputation croissante dans les COTEAUX DU LANGUEDOC. Rouges goûteux, sp. à Berlou et Roquebrun, ainsi que du Ch. de Viranel.

Saint-Émilion Bx r. ★★ → ★★★★ 70' 75 79' 81 82' 83' 85' 86'
88 89' 90' 92 93 94 95 96 Région productrice de BORDEAUX de première qualité : puissant, généreux et corsé ; une centaine de châteaux : AUSONE, CANON, CHEVAL BLANC, FIGEAC, MAGDE-LAINE, etc. Aussi une bonne coop.

Saint-Estèphe Bx r. ★★ → ★★★★ 75 78' 81 82' 83' 85' 86 87
88' 89' 90' 91 92 93 94 95' 96 Village du nord du HAUT-MÉDOC. Vins très solides, structurés, parfois admirables. Meilleurs châteaux : COS D'ESTOURNEL, MONTROSE, CALON-SÉGUR, etc. et plus de CRUS BOURGEOIS valables que dans toute autre commune du HAUT-MÉDOC.

Saint-Gall Brut S A, Extra Brut S A, Brut Bl. de Blancs S A, Brut Rosé S A, Brut Bl. de Blancs 90, Cuvée Orpale 85 Marque de CHAMPAGNE de l'excellente coopérative d'AVIZE, Union-Champagne. Style souvent plus souple que le vrai BRUT.

Saint-Georges-Saint-Émilion Bx r. ★★ 82 83' 85' 86' 88' 89' 90'
92 93 94 95 96 Partie de MONTAGNE-ST-ÉMILION, avec des normes élevées. Meilleurs châteaux : Belair-Montaiguillon, Marquis-St-Georges, ST-GEORGES, Tour-du-Pas-St-Georges.

Saint-Gervais Rh. r. (b.) ★ Village sur la rive ouest du Rhône. Rouges de coop. nets et excellents rouges du Dom. Ste-Anne (arômes de MOURVÈDRE marqués). Les blancs comprennent du viognier.

Saint-Jean de Minervois Min. b. d. ★★→★★★ Peut-être le meilleur MUSCAT français, doux et beau, sp. de Dom. de Barroubio, Michel Sige, coop. St-Jean de Minervois. Excellents progrès récemment.

Saint-Joseph Rh. r. (rosé b.) ★★ 85 86 88′ 89 90′ 91 94′ 95′ 96 AOC s'étendant sur toute la longueur du nord du Rhône (60 km). Vins délicieux et fruités en son centre, autour de Tournon. Ailleurs, qualité variable. Souvent meilleurs et plus structurés que CROZES-HERMITAGE, sp. ceux de CHAPOUTIER, CHAVE, Chèze, Coursodon, Faury, Gaillard, B. Gripa, Grippat, JABOULET, Marsanne, Paret, Perret, Trollat. Bons blancs aussi (surtout cépage Marsanne).

Saint-Julien Bx r. ★★★→★★★★ 70′ 75 78′ 79 81′ 82′ 83′ 85′ 86′ 87 88′ 89′ 90′ 91 92 93 94 95′ 96 Village du MÉDOC avec une douzaine des meilleurs châteaux du Bordelais (dont trois LÉOVILLE, BEYCHEVELLE, DUCRU-BEAUCAILLOU, GRUAUD-LAROSE). Le type même d'un vin rouge harmonieux, aromatique et savoureux.

Saint-Nicolas-de-Bourgueil Lo. r. rosé ★★→★★★ 85′ 86 88 89′ 90′ 92 93′ 95′ 96 Village près de BOURGUEIL, donnant presque le même CAB F rouge, vif et fruité. Meilleurs producteurs : Amirault, Cognard, Mabileau, Taluau.

Saint-Péray Rh. b. mo. ★★ S A Blanc plutôt lourd du nord du Rhône. Une grande partie est transformée en mousseux. Mérite l'essai. Meilleurs noms : J.F. Chaboud, B. Gripa (vin tranquille), J.L. Thiers.

Saint-Pourçain-sur-Sioule Centre r. rosé b. ★→★★ B.J.P. Rouge et rosé issus de GAMAY et/ou de PINOT N, blanc (léger) de Tressalier et/ou de CHARD (de plus en plus populaire) ou de SAUV. Derniers millésimes améliorés mais trop chers. Meilleurs producteurs : Ray, Dom. de Bellevue, et une bonne coop.

Saint-Romain Bgne r. b. ★★ (b.) 88 89′ 90′ 91 92 93 94 95 96 Village oublié derrière la CÔTE DE BEAUNE. Bonne affaire, surtout en blancs fermes et frais. Les rouges ont un tranchant net. Meilleurs producteurs : FÈVRE, Jean Germain, Gras, LATOUR, LEROY, Thévenin-Monthelie.

Saint-Véran Bgne b. ★★ 90 91 92 93 94 95 96 Appellation voisine de POUILLY-FUISSÉ. Proche parent, mais meilleur marché : beaucoup de caractère issu des meilleurs coteaux de MÂCON-VILLAGES. Essayez ceux de DUBŒUF, Dom. des Deux Roches, Demessey, Ch. FUISSÉ et Dom. des Valanges.

Sainte-Croix-du-Mont Bx b. d. ★★ 75 76′ 82 83 86′ 88′ 89 90′ 91 92 93 95′ 96 Vin doré ressemblant à son voisin le SAUTERNES. N'est pas exceptionnel mais mérite l'essai, sp. Clos des Coulinats et les Ch. Loubens, du Mont, Lousteau Vieil. Souvent une bonne affaire, surtout avec le temps.

Salon 71 73 76 79 82 83 Le Blanc de Blancs original de CHAMPAGNE, à Le Mesnil dans la Côte de Blancs. Vin très sec, excellent, intense, de longue garde, en infimes quantités. Racheté en 1988 par LAURENT-PERRIER.

Sancerre Lo. b. (r. rosé) ★★→★★★ 89 90′ 93′ 95′ 96 SAUV très frais et parfumé, difficile à distinguer du POUILLY-FUMÉ, son voisin. Les meilleurs peuvent vieillir 5 ans et +. Aussi un rouge léger de PINOT N (meilleur à 2-3 ans) et un rosé. Parmi les meilleurs : BOURGEOIS, Cotat Frères, Lucien Crochet, André Dezat, Jolivet, MELLOT, Vincent Pinard, Roger, Vacheron.

Santenay Bgne r. (b.) ★★★ 78′ 85′ 87 88′ 89′ 90′ 91 92 93 94 95 Rouges vigoureux, très valables, d'un village au sud de CHASSAGNE. Meilleurs vignobles : La Comme, Les Gravières,

Clos de Tavannes. Meilleurs producteurs : Lequin-Roussot, MOREY, POUSSE D'OR.

Saumur Lo. r. b. rosé mo. ★ → ★ ★ ★ Blancs frais et fruités, plus quelques autres plus sérieux, très bons CRÉMANT et Saumur Mousseaux (parmi les producteurs : BOUVET-LADUBAY, Cave des Vignerons de Saumur, GRATIEN ET MEYER, LANGLOIS-CHÂTEAU), des rosés pâles et un CAB F de plus en plus bon. Voir entrée suivante.

Saumur-Champigny Lo. r. ★ ★ → ★ ★ ★ 82 85 86' 88 89' 90' 93' 95' 96 Appellation florissante regroupant 9 communes. Rouges frais issus de CAB F vieillissant remarquablement les années ensoleillées. Chercher ceux des Ch. de HUREAU, de Villeneuve, des Dom. FILLIATREAU, Legrand, Nerleux, Roches Neuves, Val Brun, du CLOS ROUGEARD et de la coop. St-Cyr.

Saussignac Dordogne b. ★ ★ → ★ ★ ★ Vins de garde de style MONBAZILLAC. Parmi les producteurs du nouveau style ultra-doux : Ch. des Miaudoux et Dom. de Richard.

Sauternes Bx b. d. ★ ★ → ★ ★ ★ ★ 67' 71' 75 76' 78 79' 80 81 82 83' 85 86' 88' 89' 90' 91 92 95' 96 Secteur de 5 villages (dont BARSAC) produisant le meilleur vin doux de France : fort (14 % Vol. et +), voluptueux et doré, s'améliorant avec l'âge. Meilleurs châteaux : YQUEM, CLIMENS, COUTET, GUIRAUD, SUDUIRAUT, etc. Aussi vins secs qui ne bénéficient pas de l'appellation.

Sauvignon Blanc Voir Cépages pour vin blanc, page 6.

Sauvignon-de-Saint-Bris Bgne b. ★ ★ B.J.P. Petit cousin VDQS du SANCERRE près de CHABLIS. À essayer. Le « Dom. Saint Prix » du Dom. Bersan est bon.

Sauvion et Fils Maison ambitieuse et bien gérée du MUSCADET, au château de Cléray. Meilleur vin : Cardinal Richard.

Sauzet, Etienne Domaine de Bourgogne blanc excellent à PULIGNY-MONTRACHET. Vins bien définis, soignés. Les meilleurs sont magnifiques.

Savennières Lo. b. s. d. ★ ★ ★ → ★ ★ ★ ★ 75 76' 78' 82 83 85 86' 88 89' 90' 93 95' 96 Petite région d'ANJOU donnant des blancs au goût corsé : Baumard, Ch. de Chamboureau, Ch. de Coulaine, Closel, Ch. d'Epiré. Meilleurs sites : COULÉE DE SERRANT, ROCHE-AUX-MOINES, Clos du Papillon.

Savigny-lès-Beaune Bgne r. (b.) ★ ★ ★ 85' 87 88' 89' 90' 91 92 93 94 95 96 Important village, dont les vins, géographiquement et gustativement, sont proches de ceux de BEAUNE, équilibrés, pas trop lourds, souvent délicieusement vifs et fruités. Meilleurs vignobles : Dominode, Les Guettes, Marconnets, Serpentières, Vergelesses. Parmi les meilleurs producteurs : BIZE, Camus, CHANDON DE BRIAILLES, CLAIR, Ecard, Girard-Vollot, LEROY, Pavelot, TOLLOT-BEAUT.

Savoie Est r. b. mo. ★ ★ B.J.P. Région aux vins légers et secs, rappelant les vins suisses. CRÉPY, SEYSSEL et APREMONT sont les blancs les plus connus, ROUSSETTE est plus intéressante. Aussi, bon rouge de MONDEUSE.

Schaller, Edgard Producteur d'ALSACE (vins secs) avec GRAND CRU à Mandelburg (Mittelwihr). Sp. pour RIES « Mambourg Vieilles Vignes » (a besoin de temps) et « Les Amandiers » (à boire plus jeune).

Schlossberg Excellent GRAND CRU d'ALSACE pour le RIES. Divisé en deux parties : Kientzheim et une petite parcelle de Kaysersberg.

Schlumberger, Domaines Producteurs d'ALSACE à Guebwiller. Vins inhabituellement riches, dont les délicieux GEWÜRZ GRANDS CRUS Kessler et Kitterlé (aussi SÉLECTION DE GRAINS NOBLES et VIN DE TABLE). Beaux RIES des GRANDS CRUS Kitterlé et Saering. PINOT G bon aussi.

Schlumberger, Robert de Mousseux de SAUMUR élaboré selon la méthode autrichienne, fruité et délicat.

Schoenenbourg Excellent GRAND CRU d'ALSACE à Riquewihr : RIES, TOKAY-PINOT G, très beaux V.D.T. et SÉLECTION DE GRAINS NOBLES. Sp. de chez Marcel DEISS et DOPFF AU MOULIN. Très bon Muscat aussi.

Schoffit, Domaine Maison d'ALSACE à Colmar. PINOT G du GRAND CRU Rangen, GEWÜRZ d'excellente qualité. Le Chasselas, inhabituel, est un délice.

Schröder & Schÿler Vieux négoce de Bordeaux, copropriétaire Ch. KIRWAN.

Sciacarello Cépage rouge au cœur des meilleurs vins corses, ainsi AJACCIO, Sartène.

Séguret Rh. r. b. ★ Bon village du sud du Rhône, près de GIGONDAS. Rouge poivré, presque complet, blanc net et arrondi. Sp. Ch. La Courançonne, Dom. de Cabasse.

Sélection de grains nobles Expression due à HUGEL pour désigner l'équivalent alsacien du Beerenauslese allemand. Les « Grains nobles » sont les raisins touchés par la pourriture noble (voir p. 104).

Sèvre-et-Maine Zone délimitée comprenant les meilleurs vignobles du MUSCADET.

Seyssel Savoie b. mo. ★★ S A Blanc sec, pâle et délicat ; aussi mousseux léger très plaisant.

Sichel & Co. Deux célèbres firmes. À Bordeaux, Peter A. Sichel dirige la maison Sichel, possède Ch. d'ANGLUDET et une partie de Ch. PALMER, a des intérêts dans les CORBIÈRES. En Allemagne, Peter M. F. Sichel dirige Sichel Söhne, producteurs de Blue Nun et négociants respectés.

Silvaner Voir Cépages pour vin blanc, page 6.

Sipp, Jean et Louis Producteurs d'ALSACE à Riquewihr. Tous deux produisent un très bon RIES du GRAND CRU Kirchberg : celui de Jean élégant et jeune (d'un petit vignoble lui appartenant), celui de Louis plus ferme à maturité. Louis fait aussi un très bon GEWÜRZ, sp. du GRAND CRU Osterburg.

Sirius Assemblage de Bordeaux sérieux vieilli en fûts de la Maison SICHEL.

Skalli Lang. Producteur dynamique d'excellents vins de pays d'OC issus de CAB, Merlot, CHARD, etc., à Sète. FORTANT DE FRANCE est sa marque standard, stylée et bon achat.

Sparr, Pierre Viticulteur/producteur d'ALSACE à Sigolsheim, aussi bon pour les CUVÉES de plusieurs cépages (dont Symphonie) que pour les riches GRANDS CRUS.

Sur Lie Voir LIE et MUSCADET.

Syrah Voir Cépages pour vin rouge, page 10.

Tâche, La Bgne r. ★★★★ 78⎪80⎪82 83 85' 86 87 88' 89' 90' 91 92 93' 94 95 96 GRAND CRU de 6 ha à VOSNE-ROMANÉE (1 500 caisses) et un des meilleurs vignobles du monde : vin profond, parfumé, voluptueux. Voir Dom. de la ROMANÉE-CONTI.

Tain, Cave Coopérative de 450 membres. Rouge HERMITAGE de plus en plus bon depuis 91. Bon achat.

Taittinger Brut S A, Rosé S A, Brut 73 75 76 78 79 80 82⎪83⎪85⎪ 86⎪88⎪89⎪90⎪ Collection Brut 78 81 82⎪83⎪85⎪ 86 88 Producteurs et négociants de CHAMPAGNE très connus. Touche florale et soyeuse. Marque de prestige : Comtes de Champagne Blanc de Blancs (79 81 82⎪83⎪85⎪ 86 88). Aussi très bon Rosé (79 83 85⎪ 86). Possède aussi Champagne Irroy. Voir Domaine Carneros (Californie).

Tavel Rh. rosé ★ ★ B.J.P. Célèbre rosé, fort et sec. Meilleurs producteurs : Ch. d'Aquéria, Bernard, Maby, Dom. Corne-Loup, Dom. de la Mordorée, Prieuré de Montézargues, Ch. de Trinquevedel.

Tempier, Domaine ★★★★ Le meilleur producteur de BANDOL. Rouges et rosés nobles.

Terroirs Landais Gascogne r. rosé b. ★ Vin de pays. Extension des CÔTES DE GASCOGNE dans le département des Landes. Domaine de Laballe est le plus connu.

Thénard, Domaine Le plus gros producteur de l'appellation GIVRY, mais surtout célèbre pour sa parcelle de 2 ha de MONTRACHET. Pourrait encore faire un effort avec ce petit bijou.

Thézac-Perricard S-O r. rosé ★ À l'ouest de Cahors. Mêmes cépages mais style plus léger. Vins meilleurs à 3 ans. Tous faits à la coop. de Thézac.

Thorin, J. Viticulteur et important négociant du BEAUJOLAIS, propriétaire de Château des Jacques, MOULIN-À-VENT.

Thouarsais, Vin de Lo. b. r. rosé ★ B.J.P. CHENIN BL (20 % de CHARD autorisé), GAMAY et CAB légers d'une zone VDQS minuscule au sud de SAUMUR. Sp. de chez Gigon.

Tokay d'Alsace Ancien nom du PINOT G. Est désormais interdit car le nom appartient au vrai Tokay (Hongrie). Les termes employés sont Tokay-Pinot Gris ou, simplement, Pinot Gris.

Tollot-Beaut Excellent viticulteur bourguignon avec 20 ha en CÔTE DE BEAUNE : Beaune Grèves, CORTON, SAVIGNY-LÈS-BEAUNE (Les Champs Chevrey) et CHOREY-LÈS-BEAUNE.

Touchais, Moulin Nom d'un vin sélectionné des COTEAUX DU LAYON mis sur le marché après 10 ans de cave. Les millésimes des années 1920 sont semblables à du miel crémeux et pas trop chers.

Touraine Lo. r. rosé b. s. d. mo. ★ → ★★★★ Région ayant un très grand choix de vins : blanc sec de SAUV, CHENIN BL secs et doux (VOUVRAY), CHINON et BOURGUEIL rouges. Aussi grande AOC de rouge léger de CAB F, GAMAY, Cot qui a du punch ou, de plus en plus, d'un assemblage de ces derniers. SAUV végétal et MOUSSEUX (souvent de bonnes affaires). Amboise, Azay-le-Rideau et Mesland sont des sous-secteurs de l'appellation.

Trévallon, Domaine de Prov. r. b. ★★★ 83 84 85 86 87 88 89 90 91 92 93 94 95 96 Domaine très à la mode des BAUX-EN-PROVENCE. Assemblage CAB/SYRAH riche et intense à laisser vieillir.

Trimbach, F. E. Remarquables producteurs et négociants d'ALSACE à Ribeauvillé. Le style de la maison est extrêmement élégant, voire austère. Parmi ses meilleurs vins, RIES CLOS STE-HUNE, Cuvée Frédéric-Émile (principalement du GRAND CRU Osterberg). GEWÜRZ aussi.

Turckheim, Cave Vinicole de Peut-être la meilleure coop. d'ALSACE (316 ha). Bien des beaux vins, dont des GRANDS CRUS. Ex. un très bon PINOT G du GRAND CRU Hengst.

Tursan S-O r. rosé b. ★ B.J.P. VDQS aspirant au statut d'AOC. Vins pour l'été, faciles à boire, qui proviennent essentiellement de la coop. de Geaune. Mais Ch. de Bachen (★★), appartenant à Michel Guérard, produit des blancs non typiques de style Nouveau Monde.

Vacqueyras Rh. r. ★★ 85 86 88' 89' 90' 93 94 95 96 Voisin de GIGONDAS et souvent moins cher. Vins plein, poivré, issu de GRENACHE. Goûter celui de JABOULET, Ch. de Montmirail, Ch. des Tours, Dom. Archimbaud-Vache, La Fourmone, Montvac, Pascal Frères, Ricard, Le Sang des Cailloux.

Val d'Orbieu, Vignerons du Association de quelque 200 bons producteurs et coop. de CORBIÈRES, COTEAUX DU LANGUEDOC, MINERVOIS, ROUSSILLON, etc. commercialisant une gamme de première classe de vins AOC du MIDI et des vins de pays sélectionnés.

Valençay Lo. r. rosé b. ★ B.J.P. vɒqs dans l'est de la TOURAINE et le sud du Cher. Vins légers, faciles à boire, parfois un peu âpres d'une gamme de cépages similaires à ceux de TOURAINE, sp. SAUV.

Vallée du Paradis Midi r. b. rosé ⋆ Vins de pays populaires issus de cépages rouges locaux.

Vallouit, Louis de Famille au nord du Rhône se partageant entre ses vignobles (le plus grand est en CÔTE RÔTIE, sp. Les Roziers, ST-JOSEPH Les Anges) et son activité de négoce.

Valréas Rh. r. (rosé b.) ★★ 88 90' 93 94 95' 96 Village des CÔTES DU RHÔNE. Grande coop. Bons rouges mi-lourds (plus de sève que Cairanne, Rasteau), blancs en progrès. Sp. Romain Bouchard, Dom. des Grands Devers.

Varichon & Clerc Parmi les plus importants producteurs et négociants de vins mousseux de SAVOIE.

Varoilles, Domaine des Bgne Très bonne propriété de 12 ha, principalement en GEVREY-CHAMBERTIN. Vins tanniques de longue garde.

Vaudésir Bgne b. ★★★★ 78' 83' 85' 86 88 89' 90 91 92 93 94 95 96 Peut-être le meilleur des 7 GRANDS CRUS de CHABLIS, mais les 6 autres ont leurs partisans.

VDQS Vin délimité de qualité supérieure. (Voir p. 29.)

Veuve Clicquot Étiquette jaune S A, Étiquette blanche demi-sec S A, Étiquette dorée 76 78 79 82 83 (appelé Réserve Millésimée depuis 85 : 85 88 89), Rosé Réserve 83 85 88 Négoce de CHAMPAGNE historique de très grande classe, dont les caves sont situées à Reims. Propriété de LVMH. Vins corsés, presque riches ; le fleuron de CHAMPAGNE. Marques de prestige : La Grande Dame (79 83 85 88 89), la nouvelle Réserve Riche (89) mise en vente en 95 et La Grande Dame Rosé (88), mis en vente en 97.

Veuve Devaux Marque de première classe de la puissante coop. Union Auboise, à Bar-sur-Seine. Excellents Grande Réserve S A bien vieilli et Rosé Œil de Perdrix.

Vidal-Fleury, J. Firme traditionnelle de négociants des meilleurs vins du Rhône et d'éleveurs de CÔTE RÔTIE. Achetée en 85 par GUIGAL.

Vieille Ferme, La Rh. r. b. ★★ Très bonne marque des CÔTES DU VENTOUX (rouge) et des CÔTES DU LUBÉRON (blanc) produite par les Perrin, propriétaires du Ch. de BEAUCASTEL.

Vieilles Vignes Donnent le meilleur vin. Appellation de prestige utilisée par beaucoup, sp. BOLLINGER, de VOGÜÉ et Ch. FUISSÉ.

Vieux Télégraphe, Domaine du Rh. r. (b.) ★★★ 78' 79 81' 82 83 85 86 88 89 90 92 93 94 95' 96 Leader de beau rouge CHÂTEAUNEUF-DU-PAPE agréable, vigoureux, moderne et de blancs généralement frais (95 robuste) qui vieillissent bien les moins bonnes années. Nouveau second vin : Vieux Mas des Papes. Second domaine : de la Roquette.

Vin de garde Vin qui s'améliorera en vieillissant.

Vin de paille Vin tiré de raisins séchés sur paille, donc très doux, comme le passito italien. Spécialité du JURA. Voir CHAVE.

Vin de table Vin de consommation courante ; n'est pas soumis à une réglementation quant aux cépages ou à l'origine.

Vin Doux Naturel (« VDN ») Vin doux auquel on ajoute de l'eau-de-vie de vin pendant la fermentation afin de stopper celle-ci et donc, en fait, fort peu « naturel » ; répandu dans le ROUSSILLON.

Vin Gris Rosé très pâle obtenu à partir de raisins pressés avant fermentation, contrairement au rosé ordinaire qui fermente un peu avant d'être pressé.

Vin Jaune Jura b. ★★★ Spécialité d'ARBOIS (au moins 7 ans d'âge) : étrange vin jaune, ressemblant au xérès fino. Le meilleur est Ch. CHALON.

Vinsobres Rh. r. (rosé b.) ★★ 85 86 88 89 90' 93 94 95' 96 Nom contradictoire d'un bon village du sud de la vallée du Rhône. Rouges potentiellement consistants au fruité rond, mais souvent ordinaires. Parmi les meilleurs producteurs : Dom. les Aussellons, Bicarelle, Dom. du Moulin.

Vin Vert Blanc très léger, acide et rafraîchissant, spécialité du ROUSSILLON.

Viré Voir MÂCON-VIRÉ. ★

Visan Rh. r. rosé b. ★★ 88 89 90 93 94 95 96 Village au sud du Rhône. Rouges bien meilleurs que les blancs. À noter : Dom. des Grands Devers.

Vogüé, Comte Georges de (Dom. les Musigny) Prestigieux domaine (12 ha) de BONNES-MARES et MUSIGNY à CHAMBOLLE-MUSIGNY. À leur meilleur, de suprêmes exemplaires.

Volnay Bgne r. ★★★ 78 85' 87 88' 89' 90' 91 92 93 94 95 96 Village entre POMMARD et MEURSAULT : souvent les meilleurs rouges de la CÔTE DE BEAUNE, ni sombres ni lourds, mais parfumés et soyeux. Meilleurs vignobles : Caillerets, Champans, Clos des Chênes, Clos des Ducs, etc. Meilleurs producteurs : D'ANGERVILLE, HOSPICES DE BEAUNE, LAFARGE, LAFON, J. Boillot, de Montille, POUSSE D'OR, Rossignol-Changarnier.

Volnay-Santenots Bgne r. ★★★ Excellent rouge de MEURSAULT. Ne peut être différencié du PREMIER CRU VOLNAY. Meilleurs producteurs : AMPEAU, LAFON, LEROY.

Vosne-Romanée Bgne r. ★★★→★★★★ 78 85' 87 88' 89' 90' 91 92 93 94 95 96 Village où se trouvent les plus grands CRUS de Bourgogne (ROMANÉE-CONTI, LA TÂCHE, etc.). Aucun vin ordinaire ne saurait (ou plutôt ne devrait) y naître. Bons producteurs dont Arnoux, Castagnier, CHEVIGNY, D.R.C., ENGEL, GRIVOT, GROS, JAYER, LATOUR, LEROY, MÉO-CAMUZET, MONGEARD-MUGNERET, Mugneret, RION.

Vougeot Voir CLOS DE VOUGEOT.

Vouvray Lo. b. s. d. mo. ★★→★★★★ 76' 79 82 83 85' 86 88' 89' 90 93 95' 96 AOC de 1 740 ha à l'est de Tours. Vins de qualité variable, de plus en plus fiables et bons. Le DEMI-SEC est d'un style classique mais, dans les grandes années, le MOELLEUX peut être d'une douceur intense et presque immortel. Bon mousseux sec, chercher le PÉTILLANT. Meilleurs producteurs : Allias, Champalou, Foreau, Fouquet, Ch. Gaudrelle, HUET, Pinon, Poniatowski, Vigneau-Chevreau.

Vranken, Champagne Siège impressionnant à Épernay : groupe de CHAMPAGNE tout à fait impressionnant créé en 76 par un homme de marketing belge. Vins de qualité honnête avec CHARD en tête. Marque de haut de gamme : Demoiselle. A racheté HEIDSIECK MONOPOLE en 96.

Wolfberger Principale étiquette de la coop. d'Eguisheim. Qualité exceptionnelle pour un si gros producteur.

Y 78' 79' 80' 84 85 86 87 88 89 90 94 Vin sec produit de temps en temps au Ch. d'YQUEM. Des plus intéressants avec l'âge.

Ziltener, André Éleveur et négociant suisse ayant des caves au Ch. Ziltener (CHAMBOLLE-MUSIGNY). Vaste gamme.

Zind-Humbrecht, Domaine 25 ha à Wintzenheim, Turckheim et Thann. Vins d'un seul vignoble de premier ordre (sp. RIES Clos St-Urbain) et très beaux vins des GRANDS CRUS Goldert (GEWÜRZ et MUSCAT), Hengst et Rangen.

Châteaux de Bordeaux

Nul ne saurait vous en vouloir si vous pensez que les millésimes de Bordeaux ont changé de physionomie : trois années opulentes (88, 89, 90), trois années maigres (91, 92, 93), puis trois années opulentes à nouveau (94, 95, 96). Bien entendu, ce n'est pas si simple, surtout à Bordeaux, mais ce n'en est pas moins mémorable. 94 n'était pas particulièrement bon (mais plutôt meilleur que sa réputation) ; 95 était bon et tous les vins se sont vendus tout de suite, quel que soit leur avenir ; 96 était splendide et pourrait devenir un rival à terme.

L'été a apporté son lot de suspense : frais et humide en août, frais et sec en septembre, puis orageux, sec et chaud à nouveau. De nombreux vignobles de Merlot, hélas, ont souffert des pluies de la fin de septembre. Le Cabernet, quant à lui, s'en est sorti haut la main. Dans le Médoc – sa moitié nord en particulier –, 97 rivalise avec 95 et, dans certaines propriétés, le surpasse. Les meilleurs producteurs de Saint-Émilion et de Pomerol ont réussi à faire du bon vin mais espéraient mieux.

Comme l'an dernier, j'ai indiqué en caractères gras encadrés les millésimes que les propriétaires eux-mêmes serviraient cette année, à savoir ceux de leurs vins qui ont atteint la maturité correspondant à leur goût personnel. Leurs choix nous rappellent que le vin ne connaît aucun absolu : surtout dans la glorieuse diversité de Bordeaux.

Les millésimes en caractères normaux ne doivent être ouverts que par curiosité, pour juger de leur avenir. Ceux qui sont en caractères gras sont censés (selon leurs producteurs, en général) être prêts à être bus. N'oubliez pas que les Français aiment la vigueur des vins jeunes mais que bien des 82, 83, 85 et 86 ont encore au moins dix ans devant eux pour se développer. Les millésimes marqués d'une « ' » sont considérés comme particulièrement réussis pour la propriété concernée. Les millésimes en caractères gras et encadrés sont mon premier choix pour 1998.

Abréviations utilisées dans le texte des pages suivantes :

Ar-Mar.	Arsac-Margaux	**St-Est.**	St-Estèphe
Cant-Mar.	Cantenac-Margaux	**St-Jul.**	St-Julien
Mar.	Margaux	**St-Lau.**	St-Laurent
Pessac-L.	Pessac-Léognan	**Saut.**	Sauternes
Pom.	Pomerol	**Sou-Mar.**	Soussans-Margaux
St-Ém.	St-Émilion		

Agassac, d' Ht-Médoc r. ★ ★ 82' 83' 85' 86 88 89' 90' 91 92 93 94 95 96 Château fort du XIVᵉ avec 34 ha de vignes. Vin très prisé en Hollande. Même propriétaire que CALON-SÉGUR.

Alesme, d' Mar. r. ★ ★ 82 83 85 86 88' 89 90 94 95 96 Troisième cru de 7 ha, autrefois nommé Marquis-d'Alesme. Cru classé perdu, autrefois très bien considéré. Potentiel.

Andron-Blanquet St-Est. r. ★ ★ 82 85' 86 88 89' 90 92 93 94 95 96 Château frère de COS-LABORY. 16 ha. Vins ayant plus de charme.

Angélus, L' St-Ém. r. ★ ★ ★ 81 82 83' 85' 86 87 88 89' 90' 91 92 93' 94' 95 96 22 ha de cru classé sur les coteaux de St-Émilion, à l'ouest de la ville. Une vedette récente pour quelques vins somptueux et promue Premier Grand Cru Classé en 96.

Angludet, d' Cant.-Mar. r. ★ ★ ★ 70' 76' 78' 79 81' 82 83 85 86 87 88' 89' 90 91 92 93 94 95 96 Cru exceptionnel de la qualité d'un cru classé (30 ha). Margaux vif et parfumé de grand style. Propriété de Peter A. Sichel. Très intéressant.

Archambeau, d' Graves r. bs. (d.) ★ ★ (r.) 85 86 88 89 90 91 92 93 94 95 96 (b.) 88 90' 92' 93 95 96 Propriété moderne de 21 ha à Illats. Très bon blanc sec fruité ; rouge parfumé vieilli en fûts depuis 85 (3/4 des vignobles).

Arche d' Saut. b. d. ★ ★ 81 82 83' 85 86' 88' 89' 90 91 93 94 95 96 Cru classé sur environ 36 ha. Méthodes modernes. Vins juteux et généreux.

Arcins, d' Médoc r. ★ ★ 86 88 89' 90 93 94 95 96 Propriété de 74 ha de la famille Castel (Castelvin est un vin de table connu). Château frère du Barreyres à côté (64 ha).

Armailhac, d' Pauillac r. ★ ★ ★ 78' 81 82' 83 85 86' 88 89 90' 91 92 93 94' 95 96 Nouveau nom du Ch. MOUTON-BARONNE-PHILIPPE. 50 ha. Cinquième cru soigné par feu le baron Philippe de Rothschild. Vin beaucoup moins sévère, moins riche et luxuriant que MOUTON-ROTHSCHILD mais toujours remarquable dans sa catégorie.

Arrosée, l' St-Ém. r. ★ ★ ★ 79 81 82 83 85' 86' 88 89' 90' 92 93 94' 95 96 Propriété des Côtes. Vin de haute volée, opulent et structuré. Cuvier moderne, 100 % de fûts neufs.

Ausone St-Ém. r. ★ ★ ★ ★ 75 76 78' 79 81 82' 83' 85 86' 88 89 90 92 93 94 95 96 Premier cru de 7 ha (env. 2 500 caisses), le mieux placé sur les Côtes. Célèbres caves dans le roc sous le vignoble. Le St-Émilion le plus cher, mais depuis longtemps derrière CHEVAL BLANC et FIGEAC pour la réussite. Changement partiel de propriétaire en 97 : un nouveau coup de balai ?

Bahans-Haut-Brion Graves r. ★★★ S A et 82 83 85 86' 87 88 89' 90 91 92 93 94 95 96 La seconde qualité de vin du Ch. HAUT-BRION. Digne de ses origines. Légèrement terreux mais intense.

Balestard-la-Tonnelle St-Ém. r. ★★ 81 83 85 86' 87 88' 89 90' 92 93 94 95 96 Cru classé de 12 ha. Grand parfum ; plus de finesse depuis 85, nouveaux chais en 95 et de nouveaux investissements en 96.

Barbe, de Côtes de Bourg r. (b.) ★★ 85 86 88 89 90 92 93 94 95 96 Le plus grand (60 ha) et le plus connu des châteaux de Bourg. Merlot léger mais fruité.

Baret Pessac r. b. ★★ (r.) 85 86 88 89' 90' 95 96 Nom réputé qui revient de loin. Dirigé maintenant par Borie-Manoux. Blanc bien fait, aussi.

Bastor-Lamontagne Saut. b. d. ★★ 76 79 82 83 85 86 87 88' 89' 90' 94 95 96 Grande propriété de cru bourgeois aux normes de cru classé. Mêmes propriétaires que Ch. BEAUREGARD. Vins riches excellents. Seconde étiquette : Les Remparts de Bastor (92 93). Aussi Ch. St-Robert, à Pujols, pour les Graves rouges et blancs. 10 000 caisses.

Batailley Pauillac r. ★★★ 70 75' 78' 81 82' 83' 85' 86 88' 89' 90' 91 92 93 94 95 96 Le plus gros de la célèbre paire de cinquièmes crus (avec HAUT-BATAILLEY). 44 ha. Vin au caractère affirmé et au bouquet relevé, à laisser vieillir. Vendu par Borie-Manoux.

Beaumont Cussac, Ht-Médoc r. ★★ 82 85 86' 88 89' 90' 91 92 93' 94 95 96 Vaste domaine de 80 ha et cru bourgeois apprécié pour ses vins réellement réjouissants et en progrès grâce au vieillissement des vignes. Même direction que Ch. BEYCHE-VELLE. Seconde étiquette : Ch. Moulin d'Arvigny. 35 000 caisses.

Beauregard Pom. r. ★★★ 82' 83' 85 86 88 89' 90' 92 93 94' 95 96 Vignoble d'environ 17 ha près de LA CONSEILLANTE et appartenant à une banque. Les meilleurs vins sont généreux. Conseils de M. Rolland, chais agrandis et rééquipés en 96. Seconde étiquette : Benjamin de Beauregard.

Beau-Séjour-Bécot St-Ém. r. ★★★→★★★★ 70 78 82' 83 85 86' 88' 89' 90' 92 93 94 95 96 La moitié de l'ancien domaine Beau-Séjour premier grand cru. 18 ha. Déclassement contro-versé en 85 mais à nouveau promu Premier Grand Cru Classé en 96. Possède aussi Ch. GRAND-PONTET et maintenant La Gomerie : 1 000 caisses 100 % Merlot.

Beauséjour-Duffau St-Ém. r. ★★★ 82 83 85 86 88 89' 90' 92 93' 94 95 96 L'autre moitié du précédent (7 ha) depuis longtemps à la même famille. Structure ferme et concentration. Hédonisme.

Beau-Site St-Est. r. ★★ 81 82 83 85 86' 88 89' 90 92 93 95 96 Cru bourgeois exceptionnel de 22 ha, dans les mêmes mains que Ch. BATAILLEY, etc. Qualité et consistance typiques d'un St-Estèphe.

Belair St-Ém. r. ★★★ 75' 78 79' 82' 83' 85' 86' 88' 89' 90' 92 93 94 95 96 Voisin d'AUSONE. Vin nettement plus facile et moins tendu. Aussi S A Roc-Blanquant, en magnums seulement.

Bel-Air, de Lalande de Pom. r. ★★ 81 82' 85 86 88' 89' 90 92 93 94' 95 96 Propriété la plus connue de ce village, au nord de Pomerol. Vins similaires. 15 ha.

Bel-Air-Marquis d'Aligre Sou-Mar. r. ★★ 81 82' 85 86 88 89 90 95 96 Cru exceptionnel géré selon la technique organique. 16 ha de vieilles vignes donnant seulement 3 500 caisses. Le propriétaire aime les vins qui ont du punch.

Belgrave St-Lau. r. ★★ 82 83 85 86' 88 89 90' 93 94 95 96 Cinquième cru de Haut-Médoc, contigu à St-Julien. Plus de 40 ha. Géré par Dourthe depuis 79. Seconde marque : Diane de Belgrave.

Bellegrave Listrac r. ★★ 82 83 85 86 88 89 90 92 93 94 95 96 Cru Bourgeois de 15 ha. Vin au bouquet prononcé, sous les auspices de PICHON-LALANDE.

Bel-Orme-Tronquoy-de-Lalande St-Seurin-de-Cadourne, Ht-Médoc r. ★★ 81 82 83 85 86 88 89 90 91 92 93 94 95 96 Cru bourgeois de 24 ha au nord de St-Estèphe. Vin à fort tannin. Efforts grâce à une nouvelle direction.

Berliquet St-Ém. r. ★★ 82 83 85 86 88 89 90 91 92 93 94 95 96 Grand cru classé de 9 ha, aujourd'hui bien géré.

Bertineau St-Vincent, Lalande de Pom. r. ★★ 4 ha appartenant au grand œnologue Michel Rolland (voir Le BON PASTEUR).

Beychevelle St-Jul. r. ★★★ → ★★★★ 70' 78 81 82' 83 85 86' 88 89' 90 91 92 93 94' 95 96 Quatrième cru. 68 ha. Vin élégant et puissant, juste au-dessous du St-Julien. Appartient à une Cie d'assurances depuis 85. Second vin : Amiral de Beychevelle.

Biston-Brillette Moulis r. ★★ Autre Moulis attrayant. 7 000 caisses.

Bonalgue Pom. r. ★★ Domaine ambitieux à suivre. 2 500 caisses. Château frère : Les Hautes-Tuileries. Vins faits pour vieillir 5 à 10 ans.

Bonnet Entre-deux-Mers r. b. ★★ (r.) 90 92 93 94 95 96 (b.) B.J.P. Appartient à la famille Lurton. Producteur à grande échelle (240 ha) de certains des meilleurs Entre-deux-Mers.

Bon Pasteur, Le Pom. r. ★★★ 70 75 76 81 82 83 85 86 87 88 89' 90' 92 93' 94' 95 96 Excellente petite propriété (3 500 caisses) à la frontière du St-Émilion, appartenant à l'œnologue Michel Rolland. Vins concentrés, parfois même crémeux.

Boscq, Le St-Est. r. ★★ 82 83 85 86 88 89' 90 92 93 95 96 Cru bourgeois leader d'excellent rapport qualité/prix : St-Estèphe goûteux.

Bourdieu-Vertheuil, Le Ht-Médoc r. ★★ 82 83 85 86 88 89 90' 92 93' 94 95 96 Cru bourgeois (comme le Château Victoria) à Vertheuil avec vins de style St-Estèphe (44 ha en tout). Nouveaux propriétaires, équipements et efforts depuis 90.

Bourgneuf Pom. r. ★★ 82 83 85' 86 88 89' 90 92 95 96 9 ha de vignes, sol argileux. Meilleurs vins plutôt riches au bouquet typique des Pomerol. 5 000 caisses. Alias Bourgneuf-Vayron.

Bouscaut Graves r. b. ★★ 82' 83 85 86' 88 89 90 92 93 95 96 Cru classé à Cadaujac. Racheté en 80 par Lucien Lurton du Ch. BRANE-CANTENAC, etc. 30 ha en rouge (surtout Merlot) ; 6 ha en blanc ; en lent progrès.

Bousquet, du Côtes de Bourg r. ★★ 82 83 85 86 88 89 90' 92 93 95 96 Propriété d'environ 60 ha ; vin solide et attrayant.

Boyd-Cantenac Mar. r. ★★★ 78' 81 82' 83' 85 86' 88 89 90 91 92 93 94' 95 96 Troisième cru de 17 ha. Vins souvent attrayants et parfumés ne valant pas un troisième cru. Voir aussi Ch. POUGET.

Branaire-Ducru St-Jul. r. ★★★ 79' 81 82' 83 85 86 88 89' 90' 91 92 93 94 95 96 Quatrième cru de 50 ha. Vins épicés, savoureux dans les années 1970. Renaissance à la fin des années 1980. Nouveaux propriétaires en 88. Seconde étiquette : Duluc.

Brane-Cantenac Cant.-Mar. r. ★★★ 78' 81 82' 83 85 86' 88 89 90 94 95 96 Grand vignoble (85 ha) bien exploité, deuxième cru. Au mieux (rare), vins de grand caractère, voire faisandés. Mêmes propriétaires que Ch. DURFORT-VIVENS, VILLEGEORGE,

CLIMENS, BOUSCAUT, etc. Deuxièmes étiquettes : Chx Baron de Brane et Notton.

Breuil, du Cissac r. ★ ★ **88 89 90** 92 93 95 96 Château historique à l'abandon, racheté et restauré par les propriétaires de CISSAC. À suivre.

Brillette Moulis r. ★★ **82 83** 85' **86** 88 **89'** 90 91 92 93 95 96 Cru bourgeois de 28 ha. Fiable et séduisant. Seconde marque : Berthault Brillette.

Cabanne, La Pom. r. ★ ★ 82' 83 85 86 88' 89' 90' 92 93 94 95 96 10 ha fort prisés près du grand TROTANOY. Modernisés. Second vin : Dom. de Compostelle. Voir Ch. HAUT-MAILLET.

Cadet-Piola St-Ém. r. ★★ 75' 79 81 82 83' 85' 86 88 89' 90 92 93' 94' 95 96 Petite propriété renommée (7 ha) au nord de la ville de St-Émilion. 3 000 caisses de vin tannique. Aussi propriétaire de Ch. FAURIE DE SOUCHARD. Vin moins robuste.

Caillou Saut. b. d. ★★ 75 76 78 81 82 83 85 86 87 88' 89' 90' 91 92 94 95 96 Vignoble de 15 ha bien géré à Barsac. Vin ferme et fruité. Le meilleur : Cuvée privée (**81 83 85** 86 88 89'). Après dix ans de batailles juridiques, J.B. Bravo a perdu le contrôle du château au profit de sa sœur. Affaire à suivre...

Calon-Ségur St-Est. r. ★★★ 78 81 82' 83 85' 86 88' 89' 90 91 93 94 95 96 Vignoble de 50 ha, troisième cru. Réputé pour ses vins corsés et fruités. Moins stylés que les meilleurs St-Estèphe mais en forme actuellement. Seconde étiquette : Marquis de Ségur.

Cambon-la-Pelouse Ht-Médoc r. ★★ 82 85 86 87 88 89 90 91 92 93 95 96 Cru bourgeois accessible (58 ha). Un pari sûr pour un Médoc typique et frais, qui ne vieillit pas en fût. Changement de propriétaire en 96.

Camensac St-Lau. r. ★★ 82' 85 86' 88 89 90 91 92 93 94' 95 96 Cinquième cru de 60 ha. Vins assez vigoureux mais pas exactement classiques. Nouveau cuvier en 94. Seconde étiquette : La Closerie de Camensac.

Canon Canon-Fronsac r. ★★→★★ 82 83 85 86' 88 89' 90 92 93 94 95 96 Minuscule propriété appartenant à Christian Moueix. Vins de longue garde.

Canon St-Ém. r. ★★★ 79' 81 82' 83 85' 86 87 88' 89' 90' 92 93' 94' 95 96 Célèbre premier cru, 18 ha. Racheté en 96 par les propriétaires de RAUSAN-SÉGLA (Chanel). Méthodes conservatrices mais moyens modernes. Vins très impressionnants, parmi les meilleurs St-Émilion. Seconde étiquette (en 91) : Clos J. Kanon.

Canon de Brem Canon-Fronsac r. ★★ 81 82' 83 85 86 88 89' 90 92 93 94 95 96 L'un des meilleurs vignobles de Fronsac pour son vin vigoureux. Propriété de Moueix.

Canon-la-Gaffelière St-Ém. r. ★★★ 82 83 85 86' 87 88' 89' 90' 92 93 94 95 96 Cru classé de 18 ha, en bas des Côtes, propriété allemande. Rénovation totale en 85. Vins stylés, sincères, impressionnants.

Canon-Moueix Canon-Fronsac r. ★★ 82 83 85 86 87 88 89' 90 92 93 94 95 96 Le dernier investissement de Moueix dans cette AOC montante. Vin très stylé. N.B. aussi les châteaux frères CANON-DE-BREM et Canon-Milary.

Cantegril Graves r. ★★ 88 89 90 95 96 Rouge stylé et terreux du Ch. DOISY-DAËNE.

Cantemerle Macau r. ★★★ 61 81 82 83' 85 88 89' 90 91 92 93 94 95 96 Propriété romantique de 60 ha au sud du Médoc. Cinquième cru capable de grandes choses (cf 89). Problèmes à la fin des années 70 mais la gestion de Cordier depuis 81 lui a redonné tout son potentiel. Nouveaux chais et fûts de chêne en 90. Seconde étiquette : Villeneuve de Cantemerle.

Cantenac-Brown Cant-Mar. r. ★ ★ → ★ ★ ★ 70 81 82 83 85 86'
88 89 90' 92 93 94 95 96 Autrefois, un troisième cru désuet
de 30 ha. Nouveaux propriétaires (mêmes que PICHON-
LONGUEVILLE) ayant beaucoup investi sous la direction de J.
M. Cazes. Prometteur depuis 94. Vins tanniques. Seconde
étiquette : Canuet.

Capbern-Gasqueton St-Est. r. ★ ★ 82 83 85 86 88 89 90 92 93 94
95 96 Cru bourgeois, 32 ha, même propriétaire que Ch.
CALON-SÉGUR.

Cap-de-Mourlin St-Ém. r. ★ ★ 79' 81 82' 83 85 86 88 89 90 92
93 94 95 96 Propriété bien connue de 14 ha, partagée en 2
parties par la famille Cap de Mourlin, propriétaire des Ch.
BALESTARD et ROUDIER et de MONTAGNE-ST-ÉMILION. St-Émilion
riche et goûteux.

Carbonnieux Graves r. b. ★ ★ ★ 82 83 85 86' 88 89' 90' 91 92 93
94 95 96 Propriété historique à Léognan produisant des rouges
et des blancs de bon aloi. Garder 10 ans les blancs (50 % Sém)
88 89 90 91 92' 93 94'. Le Pape et Le Sertre sont aussi dans
la famille. Seconde étiquette : La Tour-Léognan.

Cardaillan Graves r. ★ ★ Le vin rouge fiable du renommé Ch. DE
MALLE (Sauternes).

La Cardonne Blaignan, Médoc r. ★ ★ 86 88 89 90 91 92 93 94 95
96 Cru bourgeois de 50 ha dans le nord du Médoc ayant
appartenu aux Rothschild de 73 à 90. Grands changements
depuis. Médoc assez simples à boire plutôt jeunes.

Carles, de Fronsac r. ★ ★ 90 92 93 94 95 96 Fronsac régulièrement
bien faits et assez juteux.

Carmes-Haut-Brion, Les Graves r. ★ ★ 81' 82' 83 85 86 88' 89
90' 91 92 93' 94 95 96 Voisin (4,4 ha) du Ch. HAUT-BRION ;
normes plus élevées qu'un bourgeois. Les vieux millésimes
prouvent son potentiel classique. Seulement 1 500 caisses.

Caronne-Ste-Gemme St-Lau. r. ★ ★ → ★ ★ ★ 81 82' 83 85 86
88 89' 90 91 92 93' 94' 95 96 Cru bourgeois exceptionnel de
40 ha. Qualité constante et stylée. Niveau d'un petit cru classé.

Carsin Premières Côtes r. b. ★ ★ Ambitieuse entreprise australienne. Vins très attrayants à suivre.

Carteau-Côtes-Daugay St-Ém. ★ ★ Nouveau venu. 5 000 caisses
de grand cru. À suivre pour ses vins au bouquet prononcé et
mûrissant relativement vite.

Castéra, du Médoc r. ★ ★ 85 86 88 89 90' 91 92 93 94' 95 96
Superbe propriété à St-Germain (nord Médoc). Attendre des
vins savoureux, mais non tanniques.

Certan-de-May Pom. r. ★ ★ ★ 75 78 79 81 82' 83' 85' 86 87 88'
89' 90' 92 93 94 95 96 Voisine de VIEUX-CHÂTEAU-CERTAN, petite
propriété (1 800 caisses) produisant un vin tannique, avec
corps. Très haut niveau.

Certan-Giraud Pom. r. ★ ★ 75 81 82 83' 85 86 88 89' 90' 92 93'
94 95 96 Petite propriété, 7 ha, voisine de PÉTRUS. Stabilité,
mais ne pourrait-on mieux faire ?

Chambert-Marbuzet St-Est. r. ★ ★ 70 76 78 79 81 82 83 85 86
87 88 89' 90' 91 92 93 94' 95 96 Château frère (8 ha) de
HAUT-MARBUZET. Très bon vin à dominance de Cab avec
beaucoup de saveur, en fûts neufs. Le propriétaire, M.
Duboscq, l'aime « faisandé ».

Chantegrive Graves r. b. ★ ★ 89 90 91 92 93 94 95 96 86 ha,
mi-rouge, mi-blanc. Graves modernes de qualité très honnête.
Cuvée Caroline meilleure sélection en blanc (89 90 92 93 94
95 96) et Cuvée Édouard en rouge (82 83 85 87 88 89 90).
Autres étiquettes : Mayne-Lévêque, Bon-Dieu-des-Vignes.

Chasse-Spleen Moulis r. ★ ★ ★ 70 75' 78' 79 81 82' 83' 85 86
87 88 89' 90' 91 92 93 94 95 96 Cru exceptionnel du niveau

d'un cru classé (72 ha). Vin solide, souvent remarquable, de longue garde. 2ᵉ étiquette : Ermitage de C.-S. Ce qu'il y a de plus sûr dans les bordeaux. Voir aussi LA GURGUE et HAUT-BAGES-LIBÉRAL.

Causpaude, La   St-Ém. r. ★ ★ Autre propriété à surveiller. Méthodes modernes et vins à l'arôme plein.

Chauvin   St-Ém. r. ★ ★ Résultats stables avec un certain suivi.

Chéret-Pitres   Graves r. b. ★ → ★ ★ Importante propriété dans le village montant de Portets. Boire jeune ou garder.

Cheval Blanc   St-Ém. r. ★ ★ ★ ★ 75' 76 78 79 81' 82' 83' 85' 86 87 88 89 90' 92 93 94' 95 96 Avec AUSONE, les « premiers crus » de St-Émilion. Cheval Blanc toujours plus riche, plein de sang, intensément vigoureux et parfumé ; 40 ha. Délicieux jeune, peut durer une génération. 2ᵉ vin : Le Petit Cheval.

Chevalier, Domaine de   Graves r. b. ★ ★ ★ ★ 66' 70' 78' 79 81' 83' 85' 86' 87' 88' 89' 90' 91 92 93 94' 95 96 Superbe propriété de 38 ha à Léognan. Rouge d'abord dur, mais devient légèrement terreux en vieillissant. Le blanc vieillit en acquérant un riche bouquet (83' 85' 87' 88 89 90' 91 92 93' 94 95 96). Possède aussi le Domaine de la Solitude à Pessac-Léognan.

Cissac   Cissac r. ★ ★ 70' 75' 78' 81 82' 83' 85 86' 88 89 90 91 92 93 94' 95 96 Grand bourgeois exceptionnel de 32 ha. Vin goûteux, de très bonne garde. Second vin : Les Reflets du Ch. Cissac. Aussi Ch. DU BREUIL depuis 87.

Citran   Avensan, Ht-Médoc r. ★ ★ 82 85 86 87 88 89' 90' 91 92 93 94' 95 96 Cru exceptionnel de 72 ha, revenu dans la famille Villar-Merlaut en 96 après un interlude japonais de vins sombres et tanniques. Grands travaux. Seconde étiquette : Moulins de Citran. À surveiller.

Clarke   Listrac r. (rosé b.) ★ ★ 82 83 85' 86' 87 88 89' 90' 91 92 93 94 95 96 Cru bourgeois (140 ha) appartenant aux Rothschild, ainsi que les châteaux voisins : Malmaison et Peyrelebade. Aussi un vin doux unique : « Le Merle Blanc du Ch. Clarke ».

Clerc-Milon   Pauillac r. ★ ★ ★ 81 82' 83' 85 86' 87 88 89' 90' 91 92 93 94 95 96 Cinquième cru oublié jusqu'à son rachat par Philippe de Rothschild en 70. Maintenant 29 ha. Pas saisissant dans les années 1970 (sauf 70) mais très bons 85, (sp.) 86 et maintenant. Excellents résultats, plus lourd que d'ARMAILHAC.

Climens   Saut. b. d. ★ ★ ★ ★ 71' 75' 76 78 79 80' 81 82 83' 85' 86' 88' 89 90' 95 96 Cru classé (30 ha) à Barsac, produisant quelques-uns des vins doux les plus stylés (mais pas les plus doux) du monde, à garder 10 ans. Deuxième étiquette (irrégulièrement) : les Cyprès. Même propriétaire que Ch. BRANE-CANTENAC, etc.

Clinet   Pom. r. ★ ★ ★ ★ 82 83 85 86 88' 89' 90' 91 92 93' 94 95 96 Vignoble de 6 ha au centre de Pomerol. Vins intenses et somptueux issus de vieux ceps. Depuis 1988, exemplaires parmi les Pomerol.

Clos l'Église   Pom. r. ★ ★ ★ 75 81 83 85 86 88 89 90' 92 93 94 95 96 Vignoble de 5 ha très bien situé en Pomerol. Beau vin mais sans grand muscle ni grande chair. Même propriétaire que Ch. PLINCE.

Clos Floridène   Graves r. b. ★ ★ (r.) 90' 91 92 93' 94 95 96 (b.) 89' 90 92 93 94 95 96 Une valeur sûre de l'un des meilleurs producteurs de vins blancs de Bordeaux, Denis Dubourdieu. Sauv/Sém fermenté dans le chêne à garder 5 ans et rouge fruité. Voir aussi Ch. REYNON.

Clos Fourtet   St-Ém. r. ★ ★ ★ 78 79 81 82' 83' 85 86 88 89 90 92 93 94 95 96 Premier cru bien placé ; 14 ha avec caves presque en ville. Revenu à une forme raisonnable après des à-coups. André Lurton est maintenant le vinificateur : encore des changements à venir. Même propriétaire que BRANE-CANTENAC, CLIMENS, etc. Seconde étiquette : Dom. de Martialis.

Clos Haut-Peyraguey Saut. b. d. ★★ 75 76 79 80 83 85 86' 87 88' 89 90' 93 94 95 96 Vin excellent de générosité moyenne, production restreinte. Ch. Haut-Bommes est le second vin.

Clos des Jacobins St-Ém. r. ★★ 75' 78 79 81 82' 83' 85 86 87 88' 89' 90' 92 93 94 95 96 Petit cru célèbre (8 ha), appartenant au négociant Cordier. Rondeur et style.

Clos du Marquis St-Jul. r. ★★ → ★★★ 81 82 83 85 86' 87 88 89' 90 91 92 93 94 95 96 Le second vin de LÉOVILLE-LAS-CASES. Fait sur le même moule, défie régulièrement de nombreux crus classés.

Clos de l'Oratoire St-Ém. r. ★★ Résultats stables sur le plateau près de Château FIGEAC.

Clos René Pom. r. ★★ 75 81 82' 83' 85 86 87 88 89 90 91 92 93 94 95 96 Un des châteaux les plus importants à l'ouest de Pomerol (15 ha). Vin de plus en plus concentré. Nouvelles cuves en 96.Vendu aussi comme Château Moulinet-Lasserre.

Closerie-Grand-Poujeaux, La Moulis r. ★★ 85 86 88 89 90 91 92 93 94' 95 96 Propriété du Médoc petite mais respectée. Modernisée en 92/93. Possède aussi le Ch. Bel-Air Lagrave voisin et le Ch. Haut-Franquet.

Clotte, La St-Ém. r. ★★ 82 83' 85 86 88 89 90' 92 93' 94 95 96 Minuscule cru classé des Côtes, vins souples et tranchants à boire au Logis de la Cadène, le restaurant des propriétaires à St-Émilion. Seconde étiquette : Clos Bergat Bosson (91 93 94 95 96).

Colombier-Monpelou Pauillac r. ★★ 82 83 85 86' 88 89 90' 91 92 93 94 95 96 Petit cru bourgeois sûr, aux bonnes normes.

Conseillante, La Pom. r. ★★★★ 70' 75' 76 79 81' 82' 83 84 85 86 87 88 89 90' 91 92 93 94 95 96 Cru classé, 12 ha sur le plateau entre PÉTRUS et CHEVAL BLANC. L'un des Pomerol les plus nobles et parfumés. Se boit bien, jeune ou vieux.

Corbin (Giraud) St-Ém. r. ★★ 75 79 81 82' 83 85 86 88 89 90' 92 93 94 95 96 Cru classé de 12 ha au nord du plateau de St-Émilion. Meilleurs millésimes très généreux. Même propriétaire que CERTAN-GIRAUD.

Corbin-Michotte St-Ém. r. ★★ 81 82 83 85 88 89' 90 93 94' 95 96 Petite propriété de 7,5 ha, modernisée et bien exploitée, au vin « généreux » de type Pomerol.

Cordeillan-Bages Pauillac r. ★★ À peine 1 000 caisses de Pauillac plutôt maigre du château-hôtel de J.-M. Cazes (Voir LYNCH-BAGES).

Cos-d'Estournel St-Est. r. ★★★★ 75' 79 81' 82' 83' 85' 86' 87 88' 89' 90' 91 92 93' 94 95 96 56 ha. Deuxième cru. Bâtiment de style chinois surplombant Ch. LAFITE. Le plus raffiné des St-Estèphe et régulièrement l'un des meilleurs vins du Médoc aujourd'hui. Seconde étiquette : Les Pagodes de Cos-d'Estournel.

Cos-Labory St-Est. r. ★★ 82 83 85 86 88 89' 90' 91 92 93 94 95 96 Cinquième cru peu connu, sur 16 ha voisins de COS D'ESTOURNEL. Des efforts depuis 85 l'ont porté au niveau d'un cru classé (sp. depuis 90). ANDRON-BLANQUET est son château frère.

Coufran St-Seurin-de-Cadourne, Haut-Médoc r. ★★ 81 82' 83 85 86' 87 88 89' 90 91 92 93 94 95 96 Coufran et Ch. VERDIGNAN, à l'extrême nord du Haut-Médoc, appartiennent au même propriétaire. Vin tendre et souple, surtout du Merlot (60 ha). Ch. Soudars est son frère cadet.

Couhins-Lurton Graves b. ★★ → ★★★ 85 86' 88 89 90 91 92 93 94 95 96 Minuscule quantité de très beau Sauv boisé à laisser vieillir. Le château est en restauration.

Coutet Saut. b. d. ★★★ 71' 75' 76 81' 82 83' 85 86' 87 88' 89' 90' (ni 93 ni 94) 95 96 Le rival de Ch. CLIMENS, 36 ha à Barsac. Légèrement moins riche, mais à son meilleur aussi bon. Cuvée Madame est une très riche sélection les meilleures années. Graves sec vendu sous le même nom.

Couvent des Jacobins St-Ém. r. ★★ → ★★★ 82' 83 85 86 87 88 89 90 92 93 94 95 96 Vignoble de 9 ha, bien connu. Parmi les meilleurs de son type. Caves splendides. Seconde étiquette : Ch. Beau-Mayne.

Crock, Le St-Est. r. ★★ 81 82 83 85 86 88 89 90' 92 93 95 96 Cru bourgeois remarquable de 30 ha, appartenant à la même famille que Ch. LÉOVILLE-POYFERRÉ. Parmi les meilleurs crus bourgeois de la commune.

Croix, La Pom. r. ★★★ 75' 79' 81 82 83 85' 86 88 89 90 91 92 93 94 95 96 Petite propriété réputée de 13 ha. Pomerol attirant au goût de prune. Aussi La Croix-Saint-Georges, La Croix-Toulifaut, Castelot, Clos des Litanies et HAUT-SARPE (St-Émilion).

Croix-de-Gay, La Pom. r. ★★★ 81 82' 83' 85 86 88' 89 90 91 92 93 94' 95 96 Vignobles de 12 ha dans la meilleure partie de la commune. Récemment en belle forme. Caves souterraines, rares en Pomerol. La Fleur de Gay est sa meilleure sélection.

Croix du Casse, La Pom. r. ★★ 89 90 92 93 94 95 96 Propriété montante à rechercher.

Croizet-Bages Pauillac r. ★★ 82' 83 85 86 88 89 90' 91 92 93 94 95 96 Cinquième cru de 28 ha appartenant à la même famille que Ch. RAUZAN-GASSIES. Ne lui reste plus qu'un souffle de vie, mais nouvelle direction en 94.

Croque-Michotte St-Ém. r. ★★ 75 78 81 82' 83 85 86 87 88 89' 90' 91 93 94 95 96 Cru classé de 14 ha, à la limite de Pomerol. Nouvel équipement.

Cruzeau, de Graves r. b. ★★ (r.) 86 88 89 90 91 92 93 94 95 96 Vignoble de 40 ha à Graves-Léognan développé récemment par André Lurton de La LOUVIÈRE, etc. Normes très élevées ; à essayer. Blanc fermenté dans le chêne : se garde 2-5 ans.

Curé-Bon-la-Madeleine St-Ém. r. ★★ 75 78 81 82' 83 85 86 88 89 90 94 95 96 Minuscule propriété (5 ha) peu connue entre AUSONE et CANON.

Dalem Fronsac r. ★★ 82 83 85 86 87 88 89 90 91 92 93 94 95 96 Fronsac dominant, plein de sève. 14,5 ha : 85 % Merlot.

Dassault St-Ém. r. ★★ 82 83 85 86 88 89 90 92 93 94 95 96 Grand cru solide, force moyenne, toujours précoce (23 ha).

Dauphine, La Fronsac ★★ 82 85 86 87 88 89' 90' 92 93 94 95 96 Vieille idole rajeunie par J.-P. Moueix.

Dauzac Lab-Mar. r. ★★ → ★★★ 82' 83 85 86 88' 89' 90' 92 93' 94 95 96 Cinquième cru important de 48 ha, en dessous de ses capacités depuis des années. Nouveau propriétaire (compagnie d'assurances) depuis 89. Direction d'André Lurton depuis 92. Nouveau cuvier en 94. 2e vin : La Bastide Dauzac.

Desmirail Mar. r. ★★ 82 83' 85 86 88 89 90 94 95 96 Troisième cru (10 ha) relancé en 81 par Lucien Lurton de BRANE-CANTENAC. Vins faciles et élégants. Jusqu'ici, à boire plutôt jeunes.

Doisy-Daëne Barsac b. (r.) d. s. ★★★ 76' 78 79 80 81 82 83' 85 86 88' 89' 90' 91 94 95 96 Propriété prometteuse (14 ha) vinifiant un blanc sec, croquant et boisé, un rouge Ch. CANTEGRIL, mais aussi un Barsac doux exceptionnel (de longue garde). L'Extravagance (90) était une super-cuvée.

Doisy-Dubroca Barsac b. d. ★★ 75' 76 78 79 81 83 85 86 87 88' 89 90' 95 96 Minuscule (3,4 ha) cru classé de Barsac, lié à Ch. CLIMENS.

Doisy-Védrines Saut. b. d. ★★★ 70 75' 76' 78 79 80 81 82' 83' 85 86 88' 89' 90 92 93 95 96 Cru classé de 20 ha à Barsac, près de CLIMENS et COUTET, rééquipé dernièrement. Vins riches et vigoureux, de longue garde. N.B. le 89.

Dominique, La St-Ém. r. ★★★ 78 79 81 82' 83 86' 87 88' 89' 90' 92 93 94 95 96 Cru classé de 18 ha près du Ch. CHEVAL BLANC. Donne des vins fruités et avec du nez. Seconde étiquette : St Paul de Dominique (91). Nouveaux propriétaires en 97.

Ducluzeau Listrac r. ★★ Minuscule propriété sœur de DUCRU-BEAUCAILLOU. 4 ha dont, curieusement, 90 % de Merlot.

Ducru-Beaucaillou St-Jul. r. ★★★★ 61 62 66' 70' 75' 76 78' 79 80 81 82' 83' 85' 86' 87 88 89 90 91 92 93 94 95 96 Deuxième cru remarquable, environ 48 ha et chais en pierre sous le château. M. Borie produit un bordeaux classique au parfum de cèdre et de longue garde. Voir GRAND-PUY-LACOSTE, HAUT-BATAILLEY, LALANDE-BORIE.

Duhart-Milon-Rothschild Pauillac r. ★★★ 78 79 81 82' 83 85 86 87 88 89 90 91 92 93 95 96 Quatrième cru, voisin de LAFITE, même direction. Jeunes ceps à mûrir ; Qualités et réputation de plus en plus belles. 44 ha. Seconde étiquette : Moulin de Duhart.

Duplessis-Fabre Moulis r. ★★ 82 83 85 86 87 88' 89 90 92 93 95 96 Ancien château frère de FOURCAS-DUPRÉ. Depuis 89, appartient à Dourthe, du Ch. MAUCAILLOU. À surveiller.

Durfort-Vivens Mar. r. ★★★ 78' 79' 81 82' 83 85' 86 87 88' 89' 90 95 96 Deuxième cru de 19 ha, propriété de L. Lurton de BRANE-CANTENAC. Les vins récents possèdent structure (beaucoup de Cab) et classe.

Dûtruch-Grand-Poujeaux Moulis r. ★★ 75 79 81 82' 83 85 86 87 88 89 90 91 92 93 94 95 96 L'un des leaders de Moulis. Vins tanniques, avec du corps. 24 ha.

Église, Domaine de L' Pom. r. ★★ 79' 81 82' 83 85 86 88 89 90 92 93 95 96 Petite propriété : vins stylés et résonnants distribués par Borie-Manoux.

Église-Clinet, L' Pom. r. ★★★ 70 71' 75 76 78 79 81 82' 83' 84 85' 86 87 88' 89 90' 91 92 93' 94 95 96 Vignoble de 4,5 ha proche des sommets. Vin rond et charnu. Les 86 et 90 sont nobles. 1 700 caisses. Seconde étiquette : La Petite Église.

Enclos, L' Pom. r. ★★★ 70 75 79 82' 83 85 86 87 88 89' 90' 91 92 93 94 95 96 Propriété respectée (10 ha) à l'ouest de Pomerol, près de CLOS-RENÉ ; grand vin généralement bien fait, au goût durable.

Évangile, L' Pom. r. ★★★★ 75' 78 79 82' 83' 85' 86 87 88' 89' 90' 92 93 95 96 Environ 13 ha entre PÉTRUS et CHEVAL BLANC. Veine profonde mais style élégant et classique de Pomerol. Racheté en 90 par Rothschild (Ch. LAFITE). Situation et classe de LA CONSEILLANTE.

Fargues, de Saut. b. d. ★★★ 70' 71' 75' 76' 78 79 80 81 83 85' 86 87 88 89 90 95 96 Vignoble de 10 ha, même propriétaire que Ch. YQUEM. Mûrissant plus rapidement que l'YQUEM.

Faurie-de-Souchard St-Ém. r. ★★ 82 83 85 86 88 89 90 91 92 93 94 95 96 Petit grand cru classé sur les Côtes. Voir Ch. CADET-PIOLA.

Ferrand, de St-Ém. ★★→★★★ 85 86 87 88 89 90' 92 93' 95 96 Grand domaine de 30 ha sur le plateau. Vins riches, boisés, avec beaucoup de tanin.

Ferrand-Lartigue St-Ém. ★★ Nouvelle propriété perfectionniste de 2 ha. Premier vin (93) très prometteur avec style dense et généreux.

Ferrande Graves r. (b.) ★★ 81 82 83 85 86 88 89 90 91 92 93 94 95 96 Grande propriété de Castres (+ 40 ha). Rouge facile, agréable, et blanc bon à 1-4 ans.

Ferrière Mar. r. ★★ 89 90 91 92 93 94 95 96 Jusqu'en 92, petit troisième cru fantôme de 8 ha, faisant partie de LASCOMBES. Maintenant entre les mêmes mains expertes que CHASSE-SPLEEN.

Feytit-Clinet Pom. r. ★★ 81 82 83 85 86 87 88' 89' 90' 92 93 94 95 96 Petite propriété près de LATOUR-À-POMEROL. Au mieux, beaux vins un peu légers. Dirigée par J.-P. Moueix.

Fieuzal Graves r. (b.) ★★★ 75 79 81 82 83 85 86' 87 88 89 90' 91 92 93 94 95 96 Cru classé de 30 ha à Léognan. Vins mémorables en rouge et en blanc, sp. depuis 84. Depuis 85, les blancs classiques se gardent 4-10 ans (sp. 85 88 89 90). Nouveaux propriétaires en 94. Ch. Le Bonnat est le château frère vinifié à Fieuzal.

Figeac St-Ém. r. ★★★★ 64 70' 75 76 81 82 83 84 85' 86' 87 88 89' 90' 92 93 94' 95 96 Premier cru voisin de CHEVAL BLANC. 40 ha. Vin très stylé, riche, mais élégant, charmant à boire relativement vite, mais durant indéfiniment. Seconde étiquette : Grangeneuve.

Filhot Saut. b. d. s. ★★ 75 76 82 83 85 86' 87 88 89 90' 91 92 93 94 95 96 Deuxième cru. Vignobles de 58 ha, belle demeure du XVIII⁰ siècle. Vins doux plutôt simples (Sauv), à boire assez jeunes ; quelques secs et des rouges. Très bon « Crème de Tête » (extrêmement généreux en 90).

Fleur, La St-Ém. r. ★★ 81 82 83 85 86 88 89' 90' 92 93 94 95 96 Vignoble de 6,5 ha sur les Côtes, vins de plus en plus fruités. Géré par J.-P. Moueix.

Fleur-de-Gay, La Pom. r. ★★★★ Super-cuvée de 1 000 caisses du Ch. LA CROIX-DE-GAY.

Fleur-Pétrus, La Pom. r. ★★★★ 70 75' 78 79 81 82 83' 85 86 87 88' 89' 90' 92 95 96 Vignoble de 8 ha à côté de PÉTRUS et même direction. Vins extrêmement fins, au goût de prune dense ; Pomerol à son très grand style et cher.

Fombrauge St-Ém. r. ★★ 81 82 83 85 86 87 88' 89 90 92 93 94' 95 96 Vignoble de 48 ha à St-Christophe-des-Bardes. Un St-Émilion sûr, objet de grands efforts. 2⁰ étiquette : Ch. Maurens.

Fonbadet Pauillac r. ★★ 70 76 78 79 80 81 82' 83 85 86 87 88 89 90' 91 92 93 94 95 96 Cru bourgeois de réputation solide. 15 ha près de PONTET-CANET. Vieilles vignes. Le vin réclame une longue garde en bouteilles. Travaux de construction récents. Bon achat.

Fonplégade St-Ém. r. ★★ 75 78 81 82 83 85 86 87 88 89 90' 93 94 95 96 Grand cru classé de 19 ha sur les Côtes à l'ouest de St-Émilion, appartenant au groupe Antoine Moueix. Vins fermes et de longue garde.

Fonréaud Listrac r. ★★ 78 79 81 82' 83 85 86' 87 88 89 90 91 92 93 94 95 96 Un des meilleurs crus bourgeois de cette région. Nouvelle gestion (et nouveaux fûts) depuis 83. Maintenant aussi 2 ha de blanc : Le Cygne fermenté en fût. Voir Ch. LESTAGE.

Fonroque St-Ém. r. ★★★ 70 75' 78 79 81 82 83' 85 86 87 88 89' 90' 92 93 94 95 96 Vignoble de 19 ha sur le plateau nord de St-Émilion, propriété de Moueix. Vin robuste à la belle robe sombre, à boire ou (plutôt) à garder.

Forts de Latour, Les Pauillac r. ★★★ 70' 75 78' 79 80 81 82' 83 84 85 86' 87 88 90' 91 92 93 94 95 96 Le deuxième vin de Ch. LATOUR ; même goût authentique mais en (un peu) plus léger. Au moins trois ans en bouteille avant d'être mis en vente mais, depuis 90, offert en primeur aussi.

Fourcas-Dupré Listrac r. ★★ **70' 78' 81** 82' 83' **85'** 86' **88 89' 90 91 92 94 95 96** Cru bourgeois exceptionnel (40 ha). Fermeté et dans le style Listrac rigide. À suivre. Seconde étiquette : Ch. Bellevue-Laffont.

Fourcas-Hosten Listrac r. ★★→★★★ **70 75** 78' **81** 82' 83' **85** 86' **87 88 89 90 91 92 94 95 96** Cru bourgeois de 38 ha qui passe pour le meilleur de cette commune sous-estimée. Vin ferme, à longue vie.

Pourquoi consacrer tant de place aux châteaux de Bordeaux dans ce livre ? La raison en est simple : ils fournissent de loin la plus forte production mondiale de vins de haute qualité. Un seul château de Médoc typique, avec 60 hectares (certains ont bien plus), produit environ 26 000 caisses de 12 bouteilles par an, soit la production de deux ou trois exploitants californiens. De plus, entre les extrêmes - Pomerol au goût de prune, Graves veinés et Médoc rigides et retenus, blancs secs croquants et blancs dorés onctueux -, Bordeaux offre une gamme de goûts bien plus vaste que n'importe quelle autre région.
Ces vingt dernières années, les châteaux les plus connus ont eu tendance à acheter davantage de terres. Beaucoup de crus classés se sont donc considérablement agrandis depuis leur classification en 1855. La majorité ont misé sur l'avenir en investissant les copieux bénéfices de la dernière décennie dans des moyens technologiques.

Franc-Mayne St-Ém. r. ★★ **85 86 87** 88 89' 90' 91 **92 93 94 95 96** Acquis par AXA en 89. 7 ha dirigés par J.-M. Cazes (voir LYNCH-BAGES). Chx La Fleur-Pourret et Petit-Figeac (8 ha au total) sont de la même écurie.

France, de Pessac r. b. ★★ Graves très connu. 26 ha de rouge, 4 ha de blanc récemment replantés. Essayez un excellent millésime.

Gaffelière, La St-Ém. r. ★★★ **70** 82' **83' 85** 86' **87 88' 89' 90' 92 93 94 95 96** Premier cru de 24 ha au pied des Côtes, sous Ch. BEL-AIR. Vins élégants, sans générosité, mais méritant leur rang depuis 82 après une mauvaise passe.

Galius St-Ém. ★★★ 85 86 **88 89 90 92 93 94 95 96** Sélection boisée de la coop. de St-Émilion. Normes élevées. Ex-Haut Quercus.

Garde, La Graves r. (b.) ★★ **81** 82' 83' **84** 85 86 **88** 89 **90 91 92 93 94 95 96** Vaste propriété. Rouge fiable. La Réserve du Château est grandiose.

Gay, Le Pom. r. ★★★ **70** 75' 76' **78 79 82' 83' 85** 86 **88 89' 90' 92 95 96** Beau vignoble de 6 ha à la limite nord de Pomerol. Mêmes propriétaires que Ch. LAFLEUR. Gestion par J.-P. Moueix depuis 85. Vins tanniques impressionnants.

Gazin Pom. r. ★★★ **81 82 83 85 86** 87' **88** 89' 90' **92 93 94' 95 96** Grande propriété (pour le Pomerol) de 24 ha près de PÉTRUS. Irrégulière jusqu'en 85 mais a retrouvé une forme magnifique depuis. Vin distribué par J.-P. Moueix. Deuxième étiquette : Ch. L'Hospitalet.

Gilette Saut. b. d. ★★★ **37 49 53 55 59 61 62** 70 Extraordinaire petit château de Preignac, qui conserve ses vins somptueux en fûts pendant longtemps. 5 000 bouteilles de chaque seulement. Ch. Les Justices est son petit frère (83 85 86).

Giscours Lab-Mar. r. ★★★ **70 71'** 75 **76** 78' **79'** 81' **82 83 84 85 86 87 88** 89' 90' **92' 93 94 95 96** Troisième cru splendide de 76 ha. Excellent vin vigoureux dans les années 1970. Celui des années 1980 très hésitant. Renaissance dans les années 1990. Récemment racheté par M. Albada-Jelgersma. Secondes étiquettes : Ch. Cantelaude, Grand Goucsirs et La Sirène de Giscours. Petit frère : Ch. La Houringue.

Glana, du St-Jul. r. ★★ 81 82' 83 85 86 88 89 90 91 92 93 94 95 96 Grand cru bourgeois. Qualité variable sans être dramatique. Bon achat. Second vin : Ch. Sirène.

Gloria St-Jul. r. ★★→★★★ 70' 75 76 78 81 82 83 85 86 88 89 90 92 93 94 95 96 Cru bourgeois, vin plein de vigueur et de finesse. 44 ha. Le propriétaire aujourd'hui décédé, Henri Martin, a acheté Ch. ST-PIERRE en 82. Retour au style de longue garde. Seconde étiquette : Peymartin.

Grand-Barrail-Lamarzelle-Figeac St-Ém. r. ★★ 82' 83 85 86 88 89 90 91 92 93 94 95 96 Propriété de 19 ha au sud de FIGEAC, dont Ch. La Marzelle. Estimé et populaire, même si rarement excitant. Bel hôtel aussi maintenant.

Grand-Corbin-Despagne St-Ém. r. ★★→★★★ 70 75 76 78 79 81 82' 83 85 86 88 89 90' 91 92 93 94 95 96 Un des meilleurs grands crus classés du plateau de Corbin. Une nouvelle génération de la famille fondatrice (812), les Despagne, a repris l'affaire en 93. Aussi Ch. Maison Blanche, Montagne St-Émilion.

Grand-Mayne St-Ém. ★★→★★★ 82 83 85 86 87 88 89' 90' 93 94 95 96 Grand cru classé de 16 ha à l'ouest des Côtes. Vins merveilleusement généreux et succulents récemment.

Grand-Pontet St-Ém. r. ★★ 82 83 85 86' 87 88 89 90' 92 93 94 95 96 Vignoble morcelé de 14 ha, château frère du Ch. BEAU-SÉJOUR BÉCOT, revitalisé comme lui en 85. À suivre.

Grand-Puy-Ducasse Pauillac r. ★★★ 79 81 82' 83 85 86 87 88 89' 90 91 92 93 94 95 96 Cinquième cru étendu à 36 ha. Gestion dynamique, mais reste loin derrière l'entrée suivante. Deuxième étiquette : Ch. Artiges-Arnaud.

Grand-Puy-Lacoste Pauillac r. ★★★ 70' 75 78' 79' 81' 82' 83 85' 86' 87 88' 89' 90' 91 92 93 94 95 96 Cinquième cru éminent, célèbre pour ses beaux Pauillac, pleins et vigoureux. 44 ha parmi les châteaux « Bages ». Appartient à la famille Borie de DUCRU-BEAUCAILLOU. Seconde étiquette : Lacoste-Borie.

Gravas Saut. b. d. ★★ 83' 85 86 88 89' 90' 91 92 93 94 95 96 Petite propriété de Barsac ; vins fermes impressionnants. N.B. Cuvée Spéciale.

Grave, Domaine La Graves r. b. ★★ 89' 90' 91 92 93 94 95 96 Rouges vifs et blancs délicieux fermentés en fûts (b. 91 92 93 94 95 96). Vins faits au Ch. de LANDIRAS par Peter Vinding-Diers.

Grave à Pomerol, La Pom. r. ★★★ 75' 76' 78 79 81' 82' 83 85 86' 87 88 89' 90 92 93 94 95 96 Château verdoyant avec petit vignoble de première qualité appartenant à Christian Moueix. Pomerol un peu léger mais magnifiquement structuré.

Gressier-Grand-Poujeaux Moulis r. ★★→★★★ 70 75' 78 79' 81 82 83' 85 86 87 88 89 90 91 92 93 95 96 Très bon cru bourgeois, voisin de CHASSE-SPLEEN, belle fermeté et longue garde.

Greysac Médoc r. ★★ 81' 82 83 85 86 88 89 90 91 92 93 94 95 96 Élégant domaine de 56 ha, vins faciles, précoces, populaires aux U.S.A.

Gruaud-Larose St-Jul. r. ★★★ 61 70 75 78' 79 81 82' 83' 85 86' 87 88' 89 90' 91 92 93 94 95 96 Un des deuxièmes crus les plus étendus et prisés. 75 ha, Bordeaux tendre et riche, année après année. Vieillira + de 20 ans. Racheté par Alcatel en 94 mais toujours sous la direction de Cordier. Nouvel équipement en 94 et 96. Très bon second vin : Sarget de Gruaud-Larose.

Guadet-St-Julien St-Ém. ★★ 81 82 83 85 86 87 88 89 90' 92 93 95 96 Vins extrêmement bien faits d'un tout petit grand cru classé.

Guiraud Saut. b. (r.) d. (s.) ★★★ 67 79 80 81 82 83' 84 85 86' 87 88' 89' 90' 92 93 94 95 96 Cru classé de première qualité récemment restauré. 100 ha. Excellent vin doux et petite quantité de rouge et de blanc sec. Les 88, 89 et 90 seront superbes avec le temps.

Guiteronde du Hayot Saut. ★★ Propriété de 30 ha à Barsac. Connue pour sa finesse et sa valeur.

Gurgue, La Mar. r. ★★ 81 82 83' 85' 86 87 88 89' 90 91 92 93 94 95 96 Petite propriété (10 ha) bien située, aux Margaux des plus fruités, achetée par les propriétaires de CHASSE-SPLEEN et HAUT-BAGES-LIBÉRAL. À surveiller.

Hanteillan Cissac r. ★★ 82' 83 85' 86 87 88' 89 90' 91 92 93 94 95 96 Immense vignoble. Vin bourgeois très honnête, fait consciencieusement. Ch. Laborde second vin.

Haut-Bages-Averous Pauillac r. ★★ 81 82' 83 85' 86 87 88 89' 90 91 92 93 94 95 96 Le second vin de Ch. LYNCH-BAGES. Devrait être délicieux.

Haut-Bages-Libéral Pauillac r. ★★ 75' 82' 83 85 86' 87 88 89 90' 91 92 93 94' 95 96 Cinquième cru moins connu (près de Latour), 25 ha, même écurie que CHASSE-SPLEEN. Excellents résultats ; toute la vitalité du Pauillac.

Haut-Bages-Monpelou Pauillac r. ★★ 81 82' 83 85 86 88 89' 90 91 92 93 95 96 Cru bourgeois de 10 ha, frère du Ch. BATAILLEY, sur une ancienne terre de DUHART-MILON. Pauillac valable.

Haut-Bailly Graves r. ★★★ 70' 78 79' 81 82 83 85' 86 87 88' 89' 90' 92 93' 94 95 96 Plus de 28 ha à Léognan. Connu pour certains des meilleurs Graves rouges fameux, savoureux, ronds depuis 1979. 2e étiquette : La Parde de H.-B.

Haut-Batailley Pauillac r. ★★★ 66 70' 75' 78 79 81 82' 83 85 86 87 88 89' 90' 91 92 93' 94 95 96 Le plus petit vignoble du cinquième cru divisé de BATAILLEY. 19 ha. Moins sévère que son frère GRAND-PUY-LACOSTE. Deuxième étiquette : La Tour-d'Aspic.

Haut-Bergey Pessac r. ★★ 16 ha, surtout de Cab. Graves odorant et délicat.

Haut-Bommes Voir CLOS HAUT-PEYRAGUEY.

Haut-Brion Pessac, Graves r. (b.) ★★★★ 61 64 70' 71' 75' 76 78' 79' 80 81 82' 83' 84 85' 86' 87 88' 89' 90' 91 92 93 94 95 96 Le plus ancien des grands châteaux de Bordeaux, seul premier cru de 1855 n'étant pas un Médoc. 43 ha. Vins profondément harmonieux, jamais agressifs, d'une douce complexité terreuse. Toujours grands depuis 75 (et prix modérés). Un peu de blanc très sec en 78 81 82 83 85 87 88 89' 90 91 92 93 94 95. Voir BAHANS-HAUT-BRION, LA MISSION-HAUT-BRION.

Haut-Maillet Pom. ★★ 82 83 85 86 88 89 90 91 92 93 95 96 Vignoble de 4,8 ha. Ch. frère de LA CABANNE. Vins agréables et bien faits.

Haut-Marbuzet St-Est. r. ★★→★★★ 70 75' 76 78' 81 82' 83' 85' 86' 87 88 89' 90' 91 92 93' 94 95 96 Un des meilleurs crus bourgeois de St-Estèphe. M. Duboscq a remembré l'ancien Dom. de Marbuzet pour un total de 70 ha. Haut-Marbuzet est 60 % de Merlot. Voir aussi CHAMBERT-MARBUZET, MACCARTHY, MacCarthy-Moula et Tour de Marbuzet. Du chêne neuf leur confère un style très attrayant, distinct à défaut de subtil.

Haut-Pontet St-Ém. r. ★★ Domaine fiable de 5 ha qui mérite son statut de grand cru. 2 500 caisses.

Haut-Sarpe St-Ém. r. ★★ 79 81 82 83' 85 86 87 88 89 90' 91 92 93 94 95 96 Grand cru classé (6 000 caisses), avec château et parc élégants. 70 % de Merlot. Même propriétaire que Ch. LA CROIX à Pomerol.

Hortevie St-Jul. r. ★★ 81 82̲ 83̲ 85̲' 86̲ 87 88̲ 89̲' 90' 91 **92 93**
94 95 96 L'un des crus bourgeois de St-Julien. Ce petit vignoble
et son grand frère TERREY-GROS-CAILLOU sont de beaux
exemples. Maintenant, vendanges manuelles exclusivement.

Houissant St-Est. r. ★★ 82̲ 83̲ 85̲ 86 87 88̲ 89̲' 90̲' 91 92̲ 93 94 95 96
Cru bourgeois typique, équilibré et robuste appelé aussi Ch.
Leyssac.

Issan, d' Cant-Mar. r. ★★★ 70 75' 78 79̲ 81̲ 82̲' 83̲' 85̲ 86 87 88
89 90' **91** 92 93 94 95 96 Très beau château restauré près de
la Garonne ; troisième cru de 30 ha, mais les millésimes récents
manquent de qualité. Seconde étiquette : Ch. de Candale.

Kirwan Cant-Mar. r. ★★★ 70̲ 78 79̲ 81̲ 82' 83' 85 86 87 88
89̲' 90' 91 92 93' 94 95 96 Troisième cru. 34 ha de vignes,
appartenant en majorité au GAN. Les vignobles à maturité
donnent depuis peu des vins plus goûteux. Nouveau conseiller
(Michel Rolland) depuis 92.

Labégorce Mar. r. ★★ 75' 78 79 81̲' 82' 83̲' 85̲ 86 87 88 89̲' 90̲'
91 **92** 93 94 95 96 Vins de qualité Margaux aimant vieillir.
27 ha. Nouveau propriétaire depuis 89 et nouvel équipement
en 96.

Labégorce-Zédé Mar. r. ★★ → ★★★ 75' 78 81̲' 82̲' 83' 85 86'
87 88 89' 90' 91 92 93 94 95 96 Superbe cru bourgeois de 25 ha.
Margaux typique, délicat et parfumé, vraiment classique depuis
81. Même famille que VIEUX-CHÂTEAU-CERTAN. Seconde étiquette : Domaine Zédé. Aussi 9,2 ha d'AOC Bordeaux : « Z ».

Lacoste-Borie Second vin du Ch. GRAND-PUY-LACOSTE.

Lafaurie-Peyraguey Saut. b. d. ★★★ 78 80 81' 82 83' 85 86' 87
88' 89' 90' 95 96 Bon cru classé de 19 ha seulement à Bommes,
appartenant à Cordier. Maintenant, l'un des meilleurs achats
de Sauternes.

Lafite-Rothschild Pauillac r. ★★★★ 59 75' 76' 78 79 81̲' 82' 83̲
84̲ 85̲ 86' 87̲ 88' 89' 90' 91 92 93 94 95 96 Premier cru de
90 ha. Grands millésimes au parfum et au style célèbres et
insaisissables qu'ils gardent pendant des décennies. À nouveau
resplendissant depuis 76. Étonnantes caves circulaires ouvertes
en 87. Sociétés en participation au Chili (88), en Californie
(89) et au Portugal (92). Second vin : CARRUADES DE LAFITE.
90 ha. Possède aussi les Ch. DUHART-MILON, RIEUSSEC et
L'ÉVANGILE.

Lafleur Pom. r. ★★★★ 70̲' 75̲' 78 79̲ 81̲ 82̲' 83 85' 86' 88' 89'
90' 92 93 94 95 96 Superbe petite propriété de 4 ha au nord
de PÉTRUS. Vin retentissant de type très tannique, moins charnu
pour une longue garde. Même propriétaire que LE GAY. 2ᵉ vin :
Les Pensées de Lafleur.

Lafleur-Gazin Pom. r. ★★ 75' 79 81̲' 82̲' 83 85̲' 86 87 88̲' 89̲' 90̲
92 93 94 95 96 Petit domaine distingué à la limite n.-e. de
Pomerol (Moueix).

Lafon-Rochet St-Est. r. ★★ 70' 81 82̲' 83̲' 85̲ 86 87̲ 88' 89' 90' 91
92 93 94 95 96 Quatrième cru, vignoble voisin de Ch. COS
D'ESTOURNEL. Plus de 43 ha. Bon St-Estèphe dur, lent à
« donner ». Chais rééquipés en 96. Même propriétaire que Ch.
PONTET-CANET. Seconde étiquette : Numéro 2.

Lagrange Pom. r. ★★ 70' 75̲' 78̲ 81̲ 82̲' 83̲ 85̲' 86̲ 87 88 89' 90'
92 93 94 95 96 Vignoble de 8 ha dans le centre de Pomerol,
exploité par Moueix. Saveur et valeur en hausse.

Lagrange St-Jul. r. ★★★ 70̲ 79 81 82̲ 83 84̲ 85̲' 86' 87̲ 88' 89'
90' 91̲ **92** 93 94 95 96 Troisième cru précédemment négligé.
112 ha en excellent état maintenant et vins à l'avenant
(beaucoup de chêne). Acheté par Suntory fin 83. 2ᵉ étiquette :
Les Fiefs de Lagrange (83 85̲ 86̲ 87̲ 88̲ 89 90 91̲ **92** 93 94
95 96).

Lagune, La   Ludon r.   ★ ★ ★   70' 75' 76' 78' 79 81 82' 83' 85 86'
87 88' **89' 90'** 91 92 93 94 95 96 Ultra-moderne (nouveaux
chais en 93). 64 ha de troisième cru dans l'extrême sud du
Médoc. Vins généreux au goût de chêne prononcé. Haute
qualité constante. Appartient à Ayala (Champagne).

Lalande-Borie   St-Jul. r.   ★ ★   81 82 83 85 86 87 88 89 90' 91 92
93 94 95 96 Petit frère du grand DUCRU-BEAUCAILLOU, sur une
partie de l'ancien vignoble de Ch. LAGRANGE. Facile à boire
et plein de grâce.

Lamarque   Ht-Médoc r.   ★ ★   82 83' 85 86' 87 88 89 90' 91 92 93
94 95 96 Forteresse médiévale splendide au centre du Médoc.
45 ha donnant un vin admirable aux normes d'un grand
bourgeois. Second vin : Donjon de Lamarque.

Lamothe Bergeron   Ht-Médoc r.   ★ ★   88 89 60 ha à Cussac donnant
25 000 caisses de rouge fiable. Dirigé par GRAND-PUY-DUCASSE.

Landiras   Graves b. r.   ★ ★ → ★ ★ ★   (b.)   90 91 92' 93' 94 95 96
Ruine médiévale replantée dans les années 1980 par Peter
Vinding-Diers. 20 ha de Sém, 15 de rouge (88 89 90' 91 92
93 94 95). Voir Dom. LA GRAVE. Seconde étiquette :
Notre-Dame de Landiras (AOC Bordeaux).

Lanessan   Cussac, Ht-Médoc r.   ★ ★ → ★ ★ ★   78' 79 81 82 83
85 86' 87 88' **89' 90' 91 92** 93 94 95 96 Cru Bourgeois
Exceptionnel de 43 ha, bien connu, au sud de St-Julien.
Beaucoup de bouquet. Plus beau que costaud mais vieillit très
bien. La même famille possède les Chx de Ste-Gemme,
Lachesnaye, La Providence.

Médoc : les crus classés

*Le Médoc possède 60 crus classés rangés depuis 1855 en cinq catégories.
Par ailleurs, il dispose de 18 Crus Grands Bourgeois Exceptionnels,
41 Crus Grands Bourgeois (dont les vins doivent vieillir en barriques)
et 68 Crus Bourgeois. (L'Union européenne ne reconnaissant pas les
termes Grand Bourgeois et Exceptionnel, ce qui n'a rien d'étonnant dès
qu'il s'agit de tradition et d'utilité, ceux-ci ne figurent pas sur les
étiquettes.)*

*Mis à part les premiers crus, les cinq catégories datant de 1855 sont
maintenant d'une qualité désespérément mitigée, certains seconds crus
ayant plutôt le niveau de cinquièmes crus, et vice versa. Leur qualité
ne se distingue parfois pas de celle des Crus Exceptionnels. (Outre les
18 châteaux officiels, 13 sont officieusement reconnus comme appartenant à cette catégorie.) La logique française...*

Langoa-Barton   St-Jul. r.   ★ ★ ★   70' 75' 76 78' 79 81 82' 83 85 86'
87 88' 89' 90' 91 92 93 94' 95 96 Troisième cru (20 ha) frère
du Ch. LÉOVILLE-BARTON. Très vieille et magnifique propriété
de la famille Barton, aux normes impeccables. Bon rapport.
2e vin : Lady Langoa.

Larcis-Ducasse   St-Ém. r.   ★ ★   66 78 79 81 82' 83 84 85 86 87 88'
89' 90' 91 92 93 94 95 96 La meilleure propriété de St-Laurent,
à l'est immédiat de St-Émilion, près du Ch. PAVIE. 12 ha bien
placés. Vins moyens.

Larmande   St-Ém. r.   ★ ★ ★   75' 78 79 81 82 83' 85 86 87 88' 89'
90' 92 93 94 95 96 Importante propriété liée à CAP-DE-MOURLIN
(21 ha), replantée et rééquipée, qui donne un vin riche au
bouquet frappant. Seconde étiquette : Ch. des Templiers.

Laroque   St-Ém. r.   ★ ★ → ★ ★ ★   75' 81 82' 83 85 86 88 89 90' 91
92 93 94 95 96 Important domaine de 43 ha sur les Côtes
de St-Émilion. Promu grand cru classé en 96.

Larose-Trintaudon   St-Lau. r.   ★ ★   82 85 86' 87 88 89 90' 91 92
93 94' 95 96 Le plus grand vignoble du Médoc : 70 ha.

Méthodes modernes. Cru bourgeois charmant, régulier et fruité à boire jeune. Nouvelle gestion en 89 et seconde étiquette Larose St-Laurent.

Laroze St-Ém. r. ★★ **82 83 85 86** 87 88' 89 90' **91** 92 93 94 95 96 Vignoble de 28 ha sur les Côtes ouest. Beaux vins assez légers, de sol sableux, déjà plaisants.

Larrivet-Haut-Brion Graves r. (b.) ★★ 75' **81** 82' 83 85 **86 87 88 89 90 91 92** 93 94 95 96 Petite propriété à Léognan aux normes exigeantes. Aussi 500 caisses de beau blanc fermenté en fûts (87 88 89 **90 91** 92 **93** 94 95 96).

Lascombes Mar. r. (rosé) ★★★ 70' 75' 82 83 **85 86 87 88'** 89' 90' **91 92** 93 94 95 96 Deuxième cru de 96 ha appartenant aux brasseurs anglais Bass-Charington. A réémergé avec des vins robustes et vigoureux en 86. Second vin : Ch. Segonnes.

Latour Pauillac r. ★★★★ **59** 61 62 64 66 67 70' **71** 73 75' 76 78' **79 80 81** 82' **83 84 85** 86' **87** 88' 89' 90' 91' 92 93' 94' 95' 96 Premier cru (60 ha) considéré comme le fleuron du Médoc. Généreux, intense et, dans les grands millésimes, presque immortel. Classique, parfumé et plaisant, même les années plus faibles. Il faut toujours du temps à Latour pour se révéler. Propriétaire britannique de 63 à 93. Aujourd'hui à nouveau français (et privé). Deuxième vin : LES FORTS DE LATOUR. Troisième : Pauillac.

Latour-à-Pomerol Pom. r. ★★★★ 61 70' 76 79 81 82 83 85' 86 **87 88'** 89' 90' 92 93 94 95 96 Cru de choix sur 8 ha sous la direction de Moueix. Pomerol au puissant bouquet, mais aussi d'une finesse ravissante.

Latour-Martillac Graves r. b. ★★ (r.) 82' 83 85' 86 87 88' 89 90 91 92 93 94 95 96 Petite propriété sérieuse à Martillac, 4 ha de cépage blanc, et 14 ha de cépage rouge. Le blanc peut vieillir admirablement (86 87 88 89 90 91 92 93' 94' 95 96). Le propriétaire ressuscite le Ch. Lespault voisin.

Laurets, des St-Ém. r. ★★ 82 83 85 86 88 89' 90' 92 93 94 95 96 Important domaine à Puisseguin-St-Émilion et Montagne-St-Émilion (à l'est) avec 64 ha (40 000 caisses) sur les Côtes. Vin de bon aloi distribué par J.-P. Moueix.

Laville-Haut-Brion Graves b. ★★★★ 82 85' 86 87' 88 89' 90 92 93' 94 95 96 Minuscule production du tout meilleur Graves blanc. Longue et succulente maturation au Ch. LA MISSION-HAUT-BRION.

Léoville-Barton St-Jul. r. ★★★ → ★★★★ 70' 75' 76 78' 81 82' 83 85' 86' 87 88' 89' 90' 91 92 93 94' 95 96 Partie (36 ha) du second cru de Léoville qui appartient depuis 150 ans aux Barton. Bordeaux puissant et classique vinifié selon des méthodes traditionnelles. Normes élevées grâce à un gros investissement. Prix très honnêtes. Voir LANGOA-BARTON.

Léoville-Las Cases St-Jul. r. ★★★★ 66 75' 76 78' 79 81' 82' 83' 84 85' 86' 87 88 89' 90' 91 92 93' 94 95 96 La plus grande partie (84 ha) de l'ancien domaine de Léoville, voisin de LATOUR. Excellente réputation. Vin élégant, puissant, plutôt austère et immortel. Deuxième étiquette : CLOS DU MARQUIS, remarquable aussi.

Léoville-Poyferré St-Jul. r. ★★★ 81 82' 83' 84 85 86' **87 88** 89' 90' 91 92 93 94 95 96 Plus de 60 ha. Longtemps le moins remarquable des Léoville ; depuis 80 revenu à son haut rang. Michel Rolland vinifie maintenant. Chais rééquipés en 96. Deuxième étiquette : Ch. Moulin-Riche.

Lestage Listrac r. ★★ 82' 83 85 86' **87 88** 89' 90' 91 92 93 94 95 96 Cru bourgeois de 52 ha, même propriétaire que Ch. FONRÉAUD. Vin léger, très stylé, vieilli en fûts de chêne depuis 85. 2e vin : Ch. Caroline. Aussi blanc : La Mouette.

Lilian-Ladouys St-Est. ★★ 89 90 91 92 93 94 95 96 Création récente très ambitieuse : 20 ha de cru bourgeois déjà prometteur. À surveiller.

Liot Barsac b. d. ★★ 75' 76 82 83 85 86 88 89' 90' 92 94 95 96 Vins légers et fruités, à la robe dorée. 20 ha.

Liversan St-Sau. r. ★★ 82' 83 85 86' 87 88' 89' 90' 91 92 93 94 95 96 Grand cru bourgeois de 60 ha à l'intérieur de Pauillac. Depuis 1984, les normes de la famille Polignac avaient toujours été élevées. Dirigé maintenant par les propriétaires de PATACHE D'AUX. Ch. Fonpiqueyre est leur second vin.

Livran Médoc r. ★★ 82' 83 85 86 88' 89' 90' 91 92 93 94' 95 96 Cru bourgeois à St-Germain en nord-Médoc. Vins ronds et réguliers (moitié en Merlot).

Loudenne St-Yzans, Médoc r. ★★ 82' 83 85 86' 87' 88 89' 90 91 92 93 95 96 Beau château (48 ha) appartenant à Gilbeys depuis 1875. Cru bourgeois rouge bien fait, et un Sauv sec délicieux. Boire le blanc à 2-4 ans (90 91 92' 93 94 95 96 très bons). Rééquipé en 96.

Loupiac-Gaudiet Loupiac b. d. ★★ 85 86 87 88 89 90 91 92 93 94 95 96 Source fiable d'un quasi-Sauternes de bon rapport. 7 500 caisses.

Louvière, La Graves r. b. ★★★ (r.) 81 82' 83 85 86' 87 88' 89' 90' 91 92 93' 94' 95 96 (b.) 86 88 89' 90' 91 92 93' 94 95 96 Grande propriété (54 ha) à Léognan restaurée par la famille Lurton. Excellents blanc style moderne et rouge valant un cru classé.

Lussac, de St-Ém. r. ★★ 82 83 85 86 88 89' 90 91 92 93 94 95 96 Un des meilleurs domaines de Lussac-St-Émilion (au n.-e.).

Lynch-Bages Pauillac r. (b.) ★★★ → ★★★★ 61' 66 70 75' 78' 81 82' 83' 84 85' 86' 87 88' 89' 90' 91 92' 93' 94 95 96 Très connu, l'une des « vedettes » de Pauillac. 80 ha. Vin solide et riche, délicieusement dense, au parfum de mûre, qui aspire depuis peu à la grandeur. Voir aussi HAUT-BAGES-AVEROUS. Depuis 90, un blanc boisé intense. Le propriétaire, J.M. Cazes, dirige aussi PICHON-LONGUEVILLE.

Lynch-Moussas Pauillac r. ★★ 80 81 82 83 85 86 87 88 89 90' 91 92 93 94 95 96 Cinquième cru restauré depuis 69 par le directeur de Ch. BATAILLEY. Avec maintenant 24 ha, il fait des vins sérieux qui gagnent en profondeur à mesure que les ceps vieillissent.

Lyonnat, du Lussac-St-Ém. r. ★★ 82 83 85 86' 88 89 90' 91 92 93 94 95 96 Domaine de 48 ha, vin fiable, bien distribué.

MacCarthy St-Est. r. ★★ 88 89 90 91 92 93 94 95 96 Seconde étiquette de CHAMBERT-MARBUZET.

Macquin-St-Georges St-Ém. r. ★★ 85 86' 88 89 90' 91 92 93 94 95 96 Producteur d'un délicieux St-Émilion « satellite » à St-Georges.

Magdelaine St-Ém. r. ★★★ 70' 71' 75 78 81 82' 83' 85 86 88 89' 90' 92 93 94 95 96 Premier grand cru, 11 ha près d'AUSONE, appartenant à J.-P. Moueix. Vin superbement équilibré et subtil : puissant et beau récemment. L'importante restauration de 92 promet encore mieux.

Magence Graves r. b. ★★ Propriété de 38 ha. Blanc sec au net goût de Sauv et rouge fruité. Tous deux vieillissent 2-6 ans.

Malartic-Lagravière Graves r. (b.) ★★★ (r.) 81 82' 83' 85 86' 87 88 89 90' 91 92 93' 94 95 96 (b.) 85 87' 88 89 90 91 92 93 94 95 96 Cru classé de 21 ha à Léognan. Vin rouge plutôt dur et un peu de Sauv de longue garde. Vins austères à garder en cave. Nouveau propriétaire : A. A. Bonnie, un industriel belge (96).

Malescasse Lamarque, Ht-Médoc r. ★★ 82 83 85 86 88 89 90 91 92 93' 94 95 96 Cru bourgeois. 40 ha repris par M. Tesseron de Ch. LAFON-ROCHET et modernisés. Bon emplacement. Seconde étiquette : Le Tana de Malescasse. Mêmes propriétaires que GRUAUD-LAROSE et ancien directeur de PION-LALANDE. À surveiller.

Malescot-St-Exupéry Mar. r. ★ ★ ★ 70 75 82' 83' 85 86 88 89 90' 91 92 93 94 95 96 Troisième cru de 33 ha. Margaux souvent âpre jeune mais finissant par être bouqueté. Nouveau consultant depuis 90, de bon augure.

Malle, de Saut. b. r. d. s. ★ ★ ★ (b. d.) 75 76 78 79 80 81' 82' 83 85 86' 87 88 89' 90' 91 94 95 96 Beau château fameux à Preignac ; 50 ha. Très bon Sauternes (seconde étiquette : Ste Hélène 90 93 95 96). Aussi blanc (90 94 95 96) et rouge secs (Graves), Ch. DU CARDAILLAN (★ ★ 88 89 90 93 95 96).

Malleret, de Ht-Médoc r. ★ ★ 82 83 85 86 88 89' 90 92 93 94 95 96 Le marquis du Vivier fait 25 000 caisses de beau rouge à Le Pian, dans la forêt.

Marbuzet, de St-Est. r. ★ ★ Deuxième étiquette de COS D'ESTOURNEL jusqu'en 94 puis lui-même cru bourgeois.

Margaux Mar. r. (b.) ★ ★ ★ ★ 53 61 78 79 80 81' 82' 83' 84 85' 86' 87 88' 89 90' 91 92 93' 94 95 96 Le plus séduisant et fabuleusement parfumé de tous les premiers crus dans les (presque toujours) meilleurs millésimes. 84 ha. Pavillon Rouge (81 82' 83 85 86 87 88 89 90' 91 92 93 94 95 96) est le second vin. Pavillon Blanc (Sauv) est le meilleur blanc du Médoc (85 86 87 88 89 90 91 92 93 94 95 96).

Marquis-d'Alesme Voir D'ALESME.

Marquis-de-Terme Mar. r. ★ ★ → ★ ★ ★ 81' 82 83' 85 86' 87 88' 89' 90' 91 92 93 95 96 Quatrième cru rénové de 33 ha. Le style bouqueté, plutôt maigre, s'est développé depuis 85 avec plus de Cab et de chair.

Martinens Mar. r. ★ ★ 81 82 83 85 86 88 89 90 91 92 93 94' 95 96 Éminent cru bourgeois de 30 ha appartenant au maire de Cantenac. Nouveaux fûts depuis 1989.

Maucaillou Moulis r. ★ ★ 75 79 81 82 83' 85' 86' 87 88' 89' 90' 91 92 93 94' 95 96 Cru bourgeois (52 ha) aux normes élevées, propriété de Dourthe Frères, négociants. Cap de Haut-Maucaillou richement fruité est son deuxième vin.

Mazeyres Pom. r. ★ ★ Pomerol moins coté mais régulier, utile et en progrès (2 ha).

Méaume Bx supérieur r. ★ ★ Domaine au nord de Pomerol appartenant à un Anglais. Solide réputation depuis 80 pour son très bon rouge courant qui doit vieillir 4-5 ans. 7 500 caisses.

Meyney St-Est. r. ★ ★ → ★ ★ ★ 75 78' 79 81 82' 83 85 86' 87 88' 89' 90' 91 92 93 94 95 96 Au bord de la Gironde, près de Ch. MONTROSE, 50 ha superbement situés. Un des meilleurs crus bourgeois de St-Estèphe. Propriété de Cordier. Seconde étiquette : Prieur de Meyney.

Millet Graves r. b. (rosé) ★ ★ (r.) 82 83 85 86 88 89 90' 92 93 94 95 96 Graves utiles. 50 ha à Portets. 2e étiquette : Ch. Clos Renon, à boire jeune. Cuvée Henri est un nouveau blanc vieilli dans le chêne.

Mission-Haut-Brion, La Graves r. ★ ★ ★ ★ 59 61 64 66' 75' 78' 79 80 81 82' 83 84 85' 86 87 88 89' 90' 91 92 93 94' 95 96 Voisin et longtemps rival de Ch. HAUT-BRION. Mêmes mains depuis 84 et nouvel équipement en 87. Vin grand et plein de sang qui vieillira longuement. 12 ha. Vin encore plus « grand » que HAUT-BRION. Le blanc est LAVILLE-HAUT-BRION et la seconde étiquette La Chapelle de la Mission.

Monbousquet St-Ém. r. ★ ★ 78' 79' 81 82 83 85' 86 88' 89' 90' 93 94 95 96 Vin attrayant et précoce de bonne garde. Seconde étiquette : Ch. Caperot 91 92'.

Monbrison Ar-Mar. r. ★ ★ → ★ ★ ★ 81 82 83 84 85 86 87 88' 89' 90 91 92 93 94 95 96 Nouveau nom à surveiller à Margaux. Normes de bourgeois élevées (et chêne neuf). 4 000 caisses et 2 000 de sa 2e étiquette, Ch. Cordet.

Montrose St-Est. r. ★★★ → ★★★★ 61 64 66 70' 75' 76 78' 81 82' 83 84 85 86' 87 88 89' 90' 91 92 93 94 95 96 Propriété de famille (63 ha). Second cru charnu et corsé, d'un rubis sombre. De 79 à 86 (sauf 82), millésimes beaucoup plus légers mais le Montrose récent est presque une réponse de St-Estèphe à Ch. LATOUR. Second vin : La Dame de Montrose.

Moulin-à-Vent Moulis r. ★★ 81 82' 83 85' 86 87 88 89 90' 91 92 93 94 95 96 Domaine de 24 ha, leader de cette appellation montante. Vin vif, plein de force. Mêmes propriétaires que LA TOUR BLANCHE (Médoc).

Moulin du Cadet St-Ém. r. rosé ★★ 81 82' 83 85 86 88 89' 90' 92 93 95 96 Petit vignoble sur les Côtes (J.-P. Moueix). Vins bouquetés et moyennement corsés.

Moulin-Pey-Labrie Canon-Fronsac r. ★★ Fronsac de mieux en mieux fait.

Moulinet Pom. r. ★★ 82 83 85 86 87 88 89' 90 92 93 94 95 96 Un des plus grands châteaux de Pomerol. 18 ha de sol plutôt léger, comme le vin.

Mouton-Baronne-Philippe Voir d'ARMAILHAC.

Mouton-Rothschild Pauillac r. (b.) ★★★★ 59 61 62' 66' 70' 75' 76 78 81 82' 83' 85' 86' 87 88' 89' 90' 91 92 93' 94 95' 96 Premier cru depuis 1973 seulement, mais le méritait depuis 40 ans. Les 70 ha de vignes (87 % de Cab) donnent un somptueux vin très généreux, souvent le plus opulent du Médoc (aussi, depuis 91, le blanc Aile d'Argent). Étiquettes d'artistes et le plus beau musée d'art du monde consacré au vin. Philippine, la fille du regretté baron Philippe (décédé en 88), a repris les rênes. Voir Opus One (Californie).

Nairac Saut. b. d. ★★ 73 75 76' 79 80 81 82 83' 85 86' 87 88 89 90' 91 92 93 94 95 96 Cru classé de Barsac, avec un propriétaire perfectionniste. Vins à laisser vieillir 10 ans.

Nenin Pom. r. ★★ 70' 75' 76 78 82 83 85' 86 87 88' 89 90 93' 94 95 96 26 ha. Remonte (fort heureusement mais lentement) depuis 85 (sp. 93, 94).

Olivier, d' Graves r. b. ★★★ (r.) 82 83 84 85 86 87 88 89' 90' 91 92 93 94 95 96 (b.) 87 88 89 90 91 92 93 94 95 96 Cru classé (36 ha) autour d'un château à douves. 9 000 caisses de rouges, 6 000 de blancs. Un bon coup de balai depuis 89 a amélioré l'arôme (plus de chêne).

Ormes-de-Pez, Les St-Est. r. ★★ → ★★★ 75' 78 79 81' 82' 83' 85 86' 87 88 89' 90' 91 92 94 95 96 Cru bourgeois (28 ha) appartenant au Ch. LYNCH-BAGES. St-Estèphe très en progrès et plein d'arôme.

Ormes-Sorbet, Les Médoc r. ★★ 78 81 82' 83 85' 86' 87 88 89 90' 91 92 93 94 95 96 Producteur de 10.000 caisses d'un bon rouge stylé vieilli dans du chêne neuf à Couquèques. Leader dans le nord du Médoc. Seconde étiquette : Ch. de Conques.

Saint-Émilion : les crus classés

Le système de crus classés spécifique à Saint-Émilion a été revu en 1996. Au sommet, on trouve les deux Premiers Grands Crus Classés « A » : les Châteaux Ausone et Cheval Blanc. Ensuite viennent les 11 Premiers Grands Crus Classés « B ». 55 châteaux ont été élevés au rang de Grands Crus Classés. Quelque 170 autres sont simplement des Grands Crus, qualité remise en cause chaque année lors de dégustations officielles. Le Grand Cru Saint-Émilion est donc un équivalent très approximatif des Crus Bourgeois et Grand Bourgeois du Médoc.

Palmer Cant-Mar. r. ★★★★ 61' 62' 66' 70' 71' 75' 76' 78' 79' 80 81 82 83' 84 85 86' **87** 88' 89 90 91 92 93 94 95 96 Troisième cru qui peut atteindre la qualité d'un premier cru (44 ha). Vin puissant, charnu et délicat, et pas mal de Merlot. Nouvelles cuves d'acier en 95. Propriétaires hollandais, britanniques (Peter A. Sichel) et français. Deuxième vin : Réserve du Général.

Pape-Clément Graves r. (b.) ★★★ 70 75' 82 83' 85 86' 87' 88' 89' 90' 92 93' 94' 95 96 Vieux vignoble à Pessac. Rouges séduisants, non lourds et parfumés. Début des années 80, pas si bons. Depuis 85, beaucoup de qualité et davantage de blancs.

Parenchère, de r. (b.) ★★ 89 90 93 94 95 Joli château avec 50 ha. Fournit un bordeaux AOC Ste-Foy régulier.

Patache d'Aux Bégadan, Médoc r. ★★ 82' 83' 85 86 88 89' 90' 91 92 **93** 94 95 96 Cru bourgeois de 36 ha. Vin parfumé, surtout du Cab. Qualité terreuse de la région. Voir aussi Ch. LIVERSAN.

Paveil (de Luze) Mar. r. ★★ 81 82' 83' 85 86' 87 88' 89' 90 91 92 93 94 95 96 Petite exploitation familiale de Soussans, très considérée. Investissements en 97.

Pavie St-Ém. r. ★★★ 78 79' 81 82' 83' 85 86' 87 88' 89' 90 91 **92** 93' 94 95 96 Premier grand cru de 37 ha. Superbe exposition au milieu des Côtes. St-Émilion riche et goûteux, en grande forme depuis 82. PAVIE-DECESSE et la Clusière appartiennent à la même famille.

Pavie-Decesse St-Ém. r. ★★→★★★ 82 83 85 86 87 88 89 90 92 93 94 95 96 Propriété de 10 ha défiant sérieusement son grand frère (ci-dessus).

Pavie-Macquin St-Ém. r. ★★→★★★ 82 83 85' 86 87 88 89' 90' 92 94 95 96 Autre Pavie rival, cette fois, de voisins situés plus haut sur la colline. 10 ha sur les Côtes à l'est de St-Émilion. Belle vinification organique. Seconde étiquette : Les Chênes.

Pavillon Rouge (Blanc) du Château Margaux Voir Ch. MARGAUX.

Pedesclaux Pauillac r. ★★ 81 82' 83' 85 86 87 88 89 90' 91 92 93 94 95 96 Cinquième cru (20 ha) au niveau d'un bon cru bourgeois. Vins forts et robustes, prisés par les Belges. Secondes étiquettes : Grand-Duroc-Milon et Bellerose.

Petit-Village Pom. r. ★★★ 75' 78 79 81 82' 83' 85' 86' 87 88 89' 90' **91** 92 93 94 95 96 Excellente propriété relancée. 11 ha près de VIEUX-CH.-CERTAN. Propriétaire également du Ch. PICHON-LONGUEVILLE depuis 89 (AXA). Vin puissant au goût de prune.

Pétrus Pom. r. ★★★★ 61' 62' 64' 66' 67' 70' 71' 73' 75' 76 78 79' 80 81 82' 83' 84 85' 86 87 88' 89' 90 92 93 94 95 96 Premier cru (non officiel) inégalé du Pomerol. 12 ha de terrain caillouteux ; le vin le plus corsé, généreux et concentré du monde. 95 % de Merlot. Chaque millésime ajoute au lustre (sauf le 91).

Peyrabon St-Sauveur r. ★★ 79 81 82' 83 85 86' 87 88 89' 90' 91 92 93 94 95 96 Cru bourgeois sérieux de 52 ha, populaire aux Pays-Bas. Aussi La Fleur-Peyrabon (seulement 5 ha).

Peyreau St-Ém. r. ★★ Château frère de Clos l'Oratoire.

Peyre-Labade r. rosé Listrac ★★ Seconde étiquette de Ch. CLARKE.

Pez, de St-Est. r. ★★ 64' 70' 75' 76 78' 79 81 82' 83' 85 86' 87 88 89 90' 91 92 93' 94 95 96 Cru bourgeois remarquable sur 24 ha. Niveau des crus classés du village. Dirigé par la maison de Champagne Roederer (Reims).

Phélan-Ségur St-Est. r. ★★→★★★ 75' 81 82' 85 86 87 88' 89' 90' 91 92 93 94 95 96 Cru bourgeois. Exploitation importante (50 ha) avec de beaux vieux millésimes. 83 et 84 retirés du circuit. Depuis 86, tout va de mieux en mieux.

Pibran Pauillac r. ★★ 87 88 89' 90' 91 92 93 94 95 96 Petit cru bourgeois allié à PICHON-LONGUEVILLE. Vin plein de classe, très Pauillac.

Pichon-Lalande (ex-Comtesse de Lalande Pichon-Longueville) Pauillac r. ★★★★ 61 62 66 70' 75' 76 78' 79' 81 82' 83' 84 85' 86' 87 88' 89' 90' 91 92 93 94 95 96 Second cru de 59 ha, voisin de Ch. LATOUR. Constamment parmi les meilleurs ; vin de longue garde, de grande race. Second vin : Réserve de la Comtesse. Amusante rivalité (à suivre) avec le suivant.

Petits châteaux de Bordeaux à surveiller

Dans ce chapitre, la liste détaillée des châteaux de Bordeaux est limitée aux zones classées les plus prestigieuses de la vaste région vinicole de Bordeaux.

Mais cet immense vignoble proche de l'Atlantique fonctionne sur plusieurs niveaux. Le simple vin d'appellation Bordeaux est un rouge sans prétention mais reconnaissable. Les zones indiquées ci-dessous et certains de leurs principaux châteaux ne sont pas à négliger : ils proposent des variantes intéressantes à rechercher et à apprécier.

Bordeaux Supérieur : Château Dôme Île de Margaux.

Canon Fronsac : Châteaux Coustolle, La Fleur Caillou, Junayme, Mazeris-Bellevue, Toumalin, La Truffière, Vraye-Canon-Boyer.

Côtes de Bourg : Châteaux La Barde, Brûlesécaille, Falfas (goûtez les 89, 90, 91, 92, 93, 94 en 98, surtout 89 et 90), Font Guilhem, Grand-Jour, de la Grave, La Grolet, Guerry, Guionne, Haut-Maco, Lalibarde, Lamothe, Mendoce, Peychaud (89, 90 prêts à être bus en 98), Roc des Combes, Rousset, Tayac, de Thau.

Côtes de Castillon : Châteaux Beauséjour, Belcier (92, 90, 89 à goûter en 98), La Clarière-Laithwaite, Côte Montpezat (les meilleurs en 98 : 94 et 95), Fonds-Rondes, Haut-Tuquet, Lartigue, Moulin-Rouge, Rocher-Bellevue, Ste-Colombe, Thibaud-Bellevue.

Côtes de Francs : Châteaux de Belcier, Les Charmes Godard, La Claverie, de Francs, Lauriol, La Prade.

Entre-Deux-Mers : Châteaux Gournin, Latour-Laguens, Moulin de Launay, Séguin, Turcaud.

Fronsac : Châteaux Fontenil, Mayne-Vieil, Moulin-Haut-Laroque, La Rousselle, La Valade, La Vieille Cure, Villars (82, 85, 86, 88, 89 sont les meilleurs en 98).

Lalande de Pomerol : Châteaux Les Annereaux, Belles-Graves, La Croix Bellevue, La Croix-St-André, Les Hauts Conseillants (86, 89, 90, 92 seront bons en 98), Les Hauts-Tuileries, Moncets.

Lussac St-Émilion : Châteaux Barbe Blanche, Bel Air, Du Courlat (89, 90, 92 prêts en 98, aussi cuvée Jean-Baptiste), Tour de Grenat, Villadière.

Montagne-St-Émilion : Châteaux Calon, Faizeau, Haut-Gillet, Maison Blanche, Roudier, Teyssier (sp. 94 et 95 prêts pour 98).

Premières Côtes de Blaye : Châteaux Bertinerie (rouges 89, 90, 92, 93 et 94 et blanc Haut-Bertinerie 91, 92 et 93 prêts en 98), Barbé, Charron, L'Escadre, Haut-Sociando, Le Menaudat, Peybonhomme Les Tours (95 et avant à boire en 98, sp. 91 et 92), La Rose-Bellevue, Segonzac (93 et 94 prêts en 98), La Tonnelle.

Premières Côtes de Bordeaux : Château Bertinerie (très bon), Carsin, La Croix de Roche, Fayau, Fontenil, Gardera, du Juge, Laffitte (sic), Lamothe, Peyrat, Plaisance, Tanesse, Suau (91, 93, 94 et 95 prêts en 98), Lafitte-Laguens.

Sainte-Croix-du-Mont : Châteaux Clos des Coulinats, Loubens, Lousteau-Vieil, du Mont.

Pichon-Longueville (ex-Baron de Pichon-Longueville) Pauillac r. ★★★★ 78 79' 81 82' 83 85 86' 87 88' 89' 90' 91 92 93 94' 95 96 Deuxième cru sur 30 ha dont les vins ont beaucoup changé. Appartient à AXA depuis 87 et géré par J.-M. Cazes de LYNCH-BAGES. Résultats spectaculaires pour les vins et l'architecture. Vinification revitalisée et programme de construction d'envergure. 2ᵉ étiquette : Les Tourelles de Longueville.

Pin, Le Pom. r. ★★★★ 81 82 83 85 86 87 88 89 90' 92 93 94 95 96 À peine 500 caisses de Merlot. Mêmes propriétaires que VIEUX-CHÂTEAU-CERTAN. La perfection en miniature mais les prix, bien supérieurs à ceux de Ch. PÉTRUS, sont ridicules.

Pindefleurs St-Ém. r. ★★ 82' 83 85 86 88 89 90' 92 93' 94 95 96 Vignoble régulier de 10 ha sur sol léger. Seconde étiquette : Clos Lescure.

Pique-Caillou Graves r. (b. s.) ★★ 85' 86 88' 89 90' 91 92 93 94 95 96 Près de l'aéroport de Bordeaux. Réencépagé. Quelques Graves séduisants et blanc depuis 93. Aussi Ch. Chênevert voisin. Projet très contesté de nouvelle route à travers le domaine (97) : à suivre.

Pitray, de Castillon r. ★★ 82 83 85 86 87 88 89 90 91 92 93 94 95 96 Important domaine de 25 ha sur les Côtes de Castillon, à l'est de St-Émilion. Vins parfumés et épais.

Plagnac Médoc r. ★★ 82 83 85 86 88 89' 90' 91 92 93 94 95 96 Cru bourgeois à Bégadan, restauré par Cordier. À suivre.

Plince Pom. r. ★★ 75 79 81 82 83 85 86 88 89' 90 92 93 94 95 96 Propriété réputée de 8 ha aux abords de Libourne. Vin un peu léger, sur terre sablonneuse.

Pointe, La Pom. r. ★★ → ★★★ 82 83' 85 86 88 89' 90' 92 93 94 95 96 Éminent domaine de 25 ha. Vins bien faits, un peu courts de chair. Nouveau consultant en 86. Même propriétaire que Ch. LA SERRE.

Pontac-Montplaisir Graves r. (b.) ★★ 87 89 90 91 92 93 94 95 96 Encore une propriété de Graves offrant un délicieux blanc et un rouge léger parfumé.

Pontet-Canet Pauillac r. ★★★ 81 82' 83 85 86' 87 88 89' 90' 91 92 93 94' 95 96 Voisin (72 ha) de MOUTON-ROTHSCHILD. A traîné pendant des années. Les propriétaires (les mêmes que LAFON-ROCHET) font mieux depuis 85. Très beaux vins à venir, mais problèmes de dureté. Millésimes 90 prometteurs. Nouveaux investissements en 96. 2ᵉ étiquette : Les Hauts de Pontet.

Pontoise-Cabarrus Ht-Médoc r. ★★ Cru bourgeois (24 ha) utile et s'améliorant à St-Seurin. Vieillissement de 5-6 ans nécessaire.

Potensac Médoc r. ★★ 78' 81' 82' 83 85' 86 87 88 89' 90' 91 92 93 94 95 96 Le cru bourgeois le plus connu du nord Médoc. Voisin de Ch. Lassalle et Gallais-Bellevue, appartient aux Delon, propriétaires de LÉOVILLE-LAS-CASES. La classe parle.

Pouget Mar. ★★ 78 81 82' 83 85 86 87 88 89 90 91 92 93 94 95 96 Vignoble de 7 ha lié à Ch. BOYD-CANTENAC. Vins semblables, plutôt plus légers. Mêmes propriétaires depuis 1906.

Poujeaux (Theil) Moulis r. ★★ 70' 75' 76 78 79' 81 82' 83' 85' 86' 87 88' 89' 90' 91 92 93' 94' 95 96 Exploitation familiale (48 ha). Cru exceptionnel donnant 20 000 caisses d'un vin de caractère, tannique et concentré de longue garde. Seconde étiquette : La Salle de Poujeaux. Aussi Ch. Arnauld.

Prieuré-Lichine Cant-Mar. r. ★★★ 70 75 78' 82' 83' 85 86' 87 88 89' 90' 91 92 93' 94' 95 96 Quatrième cru de 57 ha mis en valeur par le défunt Alexis Lichine. Conseils de Michel Rolland. Margaux pleins et parfumés actuellement en forme. Second vin : Clairefont. Aussi un bon Bordeaux Blanc maintenant.

La « pourriture noble » (Botrytis cinerea) *est une sorte de moisissure qui attaque la peau des raisins mûrs au cours des automnes chauds et brumeux. Au lieu de pourrir, les grains se flétrissent, leur peau devient molle et flasque, laissant s'évaporer l'eau, augmentant ainsi la teneur en sucre.*
Les meilleurs vins de table doux du monde sont tous issus de raisins atteints de pourriture noble : dans les bons millésimes, ce sont les vins de Sauternes, du Rhin et de la Moselle (où ils s'appellent Trockenbeerenauslesen), du Tokaji hongrois, du Burgenland autrichien et d'ailleurs (Californie et Australie incluses). Le risque est que la pluie tombe sur les raisins déjà atteints. Bien trop souvent, les espoirs des producteurs sont anéantis par les intempéries.

Puy-Blanquet St-Ém. r. ★★ 75' 82' 83 85 86 88 89' 90' 92 93 94 95 96 Le plus important domaine de St-Étienne-de-Lisse, à l'est de St-Émilion, avec 24 ha.

Puygueraud Côte de Francs r. ★★ 85 86 88 89' 90 92 93 94 95 96 Château leader d'une zone qui monte. Vins vieillis en fûts d'une classe surprenante. Ch. Laclaverie et Les Charmes-Godard sur la même voie.

Rabaud-Promis Saut. b. d. ★★ → ★★★ 83' 85 86' 87 88' 89' 90 95 96 Cru classé de 29 ha à Bommes. Près du sommet depuis 86. Grande générosité.

Rahoul Graves r. b. ★★ (r.) 82 83 85 86 88 89' 90' 91 92 93 94 95 96 Vignoble de 14 ha à Portets. Vin particulièrement bon dans les années 1980, à partir de jeunes ceps ; à 80 % du rouge. Blanc vieilli en fûts aussi (90 91 94 95 96).

Ramage-la-Bâtisse Ht-Médoc r. ★★ 82 83' 85 86 88 89' 90 91 92 93 94 95 96 Cru bourgeois potentiellement remarquable de 52 ha à St-Sauveur, au nord de Pauillac. De plus en plus attrayant depuis 85. Second vin : Ch. Tourteran.

Rausan-Ségla Mar. r. ★★★ → ★★★★ 70' 82 83' 84 85 86' 88' 89' 90' 91 92 93 94' 95 96 Second cru d'environ 43 ha. Un grand nom du Médoc depuis 82, célèbre pour sa fragrance, qui travaille avec succès pour retrouver son rang. Nouveaux propriétaires en 94 qui ont investi massivement. 2ᵉ vin : Ségla. Devrait être le meilleur second cru. Les millésimes anciens peuvent être superbes.

Rauzan-Gassies Mar. r. ★★ 75' 79 82 83 85 86 88 89' 90' 91 92 93 94 95 96 Second cru sur 30 ha. Vignoble contigu à Ch. RAUSAN-SÉGLA. Rien de très excitant ces vingt dernières années. Mais, apparemment, changement de cap en 96.

Raymond-Lafon Saut. b. d. ★★★ 75' 76 78 79 80' 81' 82 83' 85 86' 87 88 89' 90' 91 92 93 94 95 96 Sauternes sérieux de 18 ha, ancienne direction d'YQUEM. Splendides vins de longue garde. Parmi les meilleurs Sauternes.

Rayne-Vigneau, de Saut. b. d. ★★ 76' 83 85 86' 88' 89 90' 91 92 94 95 96 Premier cru de 65 ha à Bommes. Vin doux standard et du sec, Rayne Sec.

Respide-Médeville Graves b. (r.) ★★ (b.) 87 88 89 90 91 92' 93 94 95 96 Un des meilleurs blancs de châteaux non classés. Beaucoup de bouquet. Vins de longue garde. (N.B. : Cuvée Kauffman.) Boire les rouges à 4-6 ans.

Reynon Premières Côtes r. b. ★★ → ★★★ 40 ha produisant un Sauv sec de vieux ceps (Vieilles Vignes) (92 93' 94 95 96) et un rouge sérieux (85 86 88' 89 90 91 92 93 94 95 96). 2ᵉ vin (rouge) : Ch. Reynon-Peyrat. Voir aussi CLOS FLORIDÈNE.

Reysson Vertheuil, Ht-Médoc r. ★★ 82' 83 85 86 87 88 89' 90' 95 96 Cru Bourgeois récemment replanté. Appartient à des Japonais. 48 ha.

Ricaud   Loupiac b. d. (r. s.) ★★ (b.) 81 82 83' 85 86' 88 89 90 91 92 94 95 96 Important producteur d'un vin de dessert type Sauternes. Vieillit bien.

Rieussec   Saut. b. d. ★★★★ 67 71' 75' 79 81 82 83' 85 86' 87 88' 89' 90' 91 92 93 94 95 96 Digne voisin de Ch. d'YQUEM, avec 54 ha à Fargues, acheté par les Rothschild de Lafite. Peut atteindre une finesse exquise. Aussi un vin sec, « R », et un vin fantastique, Crème de Tête.

Ripeau   St-Ém. r. ★★ 81 82 83 85 86 87 88 89 90 93 94 95 96 Grand cru régulier, au centre du plateau. 1,6 ha.

Rivière, La   Fronsac r. ★★ 82 83 85' 86 87 88' 89 90 95 96 La propriété la plus vaste et impressionnante de Fronsac, avec château « wagnérien ». Vins tanniques mais juteux qui resteront jeunes 10 ans.

Rochemorin, de   Graves r. (b.) ★★→★★★ 82 83 85 86 87 88 89' 90' 91 92 93 95 96 Gros travail de restauration à Martillac des Lurton de Ch. LA LOUVIÈRE. 66 ha de vignes en pleine maturation, prometteuses. Les blancs boisés se gardent 4-5 ans.

Romer   Saut. b. d. Cru classé dont le nom fait actuellement l'objet d'une action en justice.

Roquetaillade-la-Grange, de   Graves r. b. ★★ 86 88 89 90 91 92 93 94 95 96 Solide propriété qui se bâtit un nom pour ses Graves rouges et un blanc bien fait. Voir CAP DE MOURLIN.

Rouget   Pom. r. ★★ 75' 76' 78 79 81 82' 83 85' 86 88 89' 90 92 93 94 95 96 Vieille propriété charmante aux limites nord de Pomerol. Bons vins sans vernis.

Royal-St-Émilion   Nom de marque de l'importante coopérative. Voir aussi GALIUS et BERLIQUET.

Ruat-Petit-Poujeaux   Moulis r. ★★ 82 85 86 88 89 90 91 92 93 94 95 96 Vignoble de 18 ha qui gagne en réputation pour ses rouges vigoureux. À boire dans 5-6 ans.

Saint-André Corbin   St-Ém. r. ★★ 81 82' 83 85' 86 88 89 90 92 93 94 95 96 Important domaine de 21 ha à Montagne-St-Émilion et St-Georges-St-Émilion. Vins au-dessus de la moyenne.

Saint-Bonnet   Médoc r. ★★ 82 85 86 88 89 90 91 92 93 94 95 96 Grand domaine à St-Christoly, vins très parfumés.

Saint-Estèphe, Marquis de   St-Est. r. ★ 82 86 88 89 90 93 94 95 96 Coop. de viticulteurs ; plus grande mais moins intéressante qu'avant.

Saint-Georges   St-Ém. r. ★★ 82 83 85' 86 87 88' 89' 90' 92 93 94 95 96 Noble château du XVIIIe. 50 ha ; vente directe au public.

Saint-Georges-Côte-Pavie   St-Ém. r. ★★ 82 83' 85' 86 88' 89' 90' 92 93 94 95 96 Petit vignoble parfaitement situé sur les Côtes. Dirigé avec ferveur.

Saint-Pierre   St-Jul. r. ★★★ 70' 78' 81' 82' 83' 85 86' 88' 89' 90' 91 92 93 94 95 96 Quatrième cru (17 ha) bien tenu, acheté en 82 par le regretté Henri Martin de Ch. GLORIA. St-Julien très stylés et classiques.

Saint-Pierre, de   Graves b. (r.) ★★ Graves blanc classique : du caractère et du nez en abondance. À garder ou à boire jeune. Aussi du rouge.

Sales, de   Pom. r. ★★ 75' 82' 83 85 86 88 89' 90' 92 93 94 95 96 Le vignoble le plus étendu du Pomerol (46 ha), appartenant au plus grand château. Vin sans grandeur mais souvent sans faiblesse. Secondes étiquettes : Ch. Chantalouette et Ch. du Delias.

Saransot-Dupré   Listrac r. (b.) ★★ 86 88 89 90 92 93 94 95 96 Petite propriété aux bonnes performances depuis 86. Un des blancs de Listrac en augmentation.

Sénéjac   Ht-Médoc r. (b.) ★★ 78 82' 83' 85 86' 87 88 89' 90' 91 92 93 94 95 96 Cru bourgeois du sud-Médoc (24 ha). Les blancs inhabituels à base de Sém uniquement doivent vieillir (90 91 92 93 94 95 96). 2ᵉ étiquette : Artigue de Sénéjac.

Serre, La   St-Ém. r. ★★ 75 81 82 83 85 86 88' 89 90 92 93 94 95 96 Grand cru ayant le même propriétaire que LA POINTE. De plus en plus goûteux.

Siaurac   Lalande de Pom. r. ★★★ 23 ha consistants et réguliers près de Pomerol.

Sigalas-Rabaud   Saut. b. d. ★★★ 76' 79 80 81 82 83 85 86 87 88' 89' 90' 91 92 95 96 La plus petite parcelle de l'ancien domaine de Rabaud (14 ha à Bommes) ; beau vin doux de style riche, au goût de raisin.

Siran   Lab-Mar. r. ★★ 70 75' 78' 81 82' 83 85 86 88 89' 90' 93 94 95 96 Cru bourgeois valant un cru classé. 30 ha. Investissements récents. À suivre pour des vins pleins d'arômes à laisser vieillir.

Smith-Haut-Lafitte   Graves r. (b. rosé) ★★★ (r.) 82' 85 86 89' 90' 91 92 93 94 95 96 (b.) 92 93 94 95 96 Cru classé à Martillac. 49 ha (14 de blanc). Nouveaux propriétaires ambitieux depuis 90, qui ont énormément investi pour un effet des plus spectaculaires. Seconde étiquette : Les Hauts de Smith.

Sociando-Mallet   Ht-Médoc r. ★★ 82' 83 85 86' 88' 89' 90' 91 92 93 94 95 96 Splendide cru grand bourgeois à St-Seurin. 26 ha. Vins charpentés à garder des années. Second vin : Demoiselles de Sociando.

Soudars   Ht-Médoc r. ★★ 86 89 90 93 94 95 96 Ch. frère de COUFRAN. Nouveau cru bourgeois qui fait des merveilles.

Soutard   St-Ém. r. ★★★ 70' 71' 78' 79 81 82' 83 85' 86 87 88' 89' 90' 91 92 93 94 95 96 Excellent cru classé de 19 ha (60 % de Merlot). Puissance, longue garde, mais attrayants jeunes pour les palais français. Seconde étiquette : Clos de la Tonnelle.

Suduiraut   Saut. b. d. ★★★★ 67 70 75 76' 78 79' 81 82' 83' 84 85 86 88' 89' 90' 94 95 96 Un des meilleurs Sauternes, superbement voluptueux les beaux millésimes. Plus de 69 ha potentiellement au plus haut niveau. Appartient maintenant à AXA. Voir PICHON-LONGUEVILLE. Sélection : Cuvée Madame (82 83 86 89).

Tailhas, du   Pom. r. ★★ 5 000 caisses de Pomerol très léger près de Figeac.

Taillefer   Pom. r. ★★ 82 83 85 86 88' 89 90 92 93 94 95 96 Propriété de 12 ha aux limites du Pomerol, appartenant à la famille Antoine Moueix (voir FONPLÉGADE).

Talbot   St-Jul. r. (b.) ★★★ 78' 79 81 82' 83' 84 85' 86' 87 88' 89' 90 92 93 94 95 96 Quatrième cru sur 96 ha, proche de goût du Ch. GRUAUD-LAROSE ; vin aussi riche, fiable, satisfaisant et d'un prix intéressant. Seconde étiquette (très bonne) : Connétable Talbot. Caillou Blanc pour le blanc. L'œnologue surveille aussi la vinification à TOUR DE MONS.

Tayac   Sou-Mar. r. ★★ 82 83 85 86 87 88 89 90 92 93 94 95 96 Le plus vaste cru bourgeois de Margaux. Fiable, sinon remarquable.

Terrefort-Quancard, de   Bx r. b. ★★ 89 90 91 92 93 94 95 96 Énorme producteur de vins bon achat à St-André-de-Cubzac. Le sous-sol rocheux contribue à leur qualité surprenante. 33 000 caisses. Boire à 5-10 ans. Plusieurs autres châteaux appartiennent à Cheval-Quancard.

Terrey-Gros-Caillou   St-Julien ★★ 82' 83 85 86' 88 89 90 91 92 93 94 95 96 Château frère de HORTEVIE. Tout aussi remarquable et stylé.

Tertre, du Ar-Mar. r. ★★ **70' 79' 81** 82' **83'** 85 86 88' 89' 90' 91 92 93 94 95 96 Cinquième cru, isolé au sud de Margaux. A retrouvé son rang grâce au propriétaire de CALON-SÉGUR. Parfum et longue garde. À suivre avec beaucoup d'espoir.

Tertre-Daugay St-Ém. r. ★★★ 82' 83' 85 86 88' 89' 90' 92 93 94 95 96 Petit grand cru profitant d'une exposition splendide. L'ordre y a été remis par le propriétaire de LA GAFFELIÈRE.

Tertre-Rôtebœuf, Le St-Ém. ★★★ 85 86 87 88' 89' 90' 91 92 93 94 95 96 Nouvelle étoile faisant un vin dense, concentré, surtout de Merlot, depuis 83.

Thieuley Entre-deux-Mers r. rosé b. ★★ Fournisseur compétent, sp. pour le « clairet » (rosé) et un Sauv au goût de raisin. Les rouges vieillissent dans du chêne.

Timberlay Bx r. (b.) ★ **92 93 94** 95 96 74 ha à St-André-de-Cubzac. Vins légers agréables qui doivent vieillir 2-5 ans. Mêmes propriétaires que VILLEMAURINE.

Toumilon Graves r. b. ★★ Petit château remarquable à St-Pierre-de-Mons. Rouges et blancs frais et agréables.

Tour-Blanche, La Saut. b. (r.) d. ★★★ 81' 82 83' 85 86 87 88' 89' 90' 91 92 93 94 95 96 Leader historique de Sauternes, avec une école de viticulture d'État. A baissé dans les années 1970 mais a retrouvé sa forme historique en 88.

Tour-Carnet, La St-Lau. r. ★★ 82 83 85 86 88 89' 90 91 92 93' 94' 95 96 Quatrième cru avec forteresse médiévale longtemps négligée. Vin léger (plus hardi depuis 86). Second vin : Sire de Comin.

Tour-de-By, La Bégadan, Médoc r. ★★ 81 82' 83 85' 86 87 88' 89' 90' 91 92 93 94 95 96 Cru bourgeois de 72,8 ha très bien exploité. Réputation croissante pour son vin puissant et séduisant.

Tour-de-Mons, La Sou-Mar. r. ★★ 70' 82' 83 85 86' 88' 89' 90' 91 92 93 94 95 96 Célèbre cru bourgeois de 30 ha. Dans la même famille depuis 3 siècles. Bien des déboires, mais les nouveaux vins ont l'air mieux.

Tour du Pas St-Georges, La St-Ém. r. ★★ Vin provenant de 16 ha de St-Georges-St-Émilion et produit par le vinificateur d'AU-SONE. Très stylé. À suivre.

Tour-Figeac, La St-Ém. r. ★★ 79 81 82' 83 85 86 87 88 89' 90' 93 94' 95 96 Grand cru classé (13 ha) entre Ch. FIGEAC et Pomerol. Idées californiennes depuis 94.

Tour-Haut-Brion, La Graves r. ★★★ 70 78 79 81 82' 83 85 87 88 89 90 91 92 93 94 95 96 Ancienne 2e étiquette du Ch. LA MISSION-HAUT-BRION. Jusqu'en 83, vin plus simple, très tannique. Maintenant, vignoble séparé et vins plus amusants à boire.

Tour-Haut-Caussan, La Méd. r. ★★ Petit domaine ambitieux (9 ha) à Blaignan. À suivre.

Tour-du-Haut-Moulin, La Cussac, Ht-Médoc r. ★★ 75 76 81 82' 83 84 85' 86' 87 88' 89' 90' 91 92 93 94 95 96 Producteur prudent de vins intenses, parmi les tout meilleurs crus bourgeois.

Tour-du-Pin-Figeac, La St-Ém. r. ★★ 10 ha de grand cru qui mériteraient une rénovation.

Tour-du-Pin-Figeac-Moueix, La St-Ém. r. ★★ 81 82 83 85 86 88' 89' 90' 92 93 94 95 96 Vignoble de 10 ha appartenant à la famille d'Armand Moueix. Style splendide, vins puissants.

Tour-St-Bonnet, La Médoc r. ★★ 82' 83 85 86 87 88 89' 90' 91 92 93 94 95 96 Médoc typique, suivi, puissant et bien fait, de St-Christoly, 40 ha.

Tournefeuille Lalande de Pom. r. ★★ 81' 82' 83' 85 86 88 89' 90' 91 92 93 94 95 96 Château le plus réputé de Néac. 17 ha faisant un vin sain. Aussi Ch. de Bourg.

Tours, des Montagne St-Ém. r. ★★ 82 85 86 88 89' 90 92 93 94 95 96 Beau château avec un vignoble de 68 ha. Vins sains, faciles.

Toutigeac, Domaine de   Entre-deux-Mers r. (b.) ★ 89 90' 91 92 93 94'
95 96 Énorme producteur d'un Bordeaux bien pratique à Targon.

Tronquoy-Lalande   St-Est. r. ★ ★ 70 79 81 82' 83 85 86 88 89 90
92 93 94 95 96 Cru bourgeois de 16 ha. Vins typiques hauts
en couleurs, de longue garde. Distribué par Dourthe.

Troplong-Mondot   St-Ém. r. ★ ★ ★ 82' 83 85' 86 87 88' 89' 90'
91 92 93 94 95 96 Sur les Côtes, au-dessus de Ch. PAVIE
(même famille), 28 ha de grand cru bien exposés. Maintenant
dirigé avec passion et fûts neufs. À suivre. 2ᵉ vin : Mondot.

Trotanoy   Pom. r. ★ ★ ★ ★ 61' 70' 71' 75' 76' 78 79 81 82 83
84 85' 86 87 88 89 90' 92 93 94 95 96 Généralement le
2ᵉ Pomerol après PÉTRUS, même écurie. 10 ha d'un vin
glorieusement charnu et parfumé (ex. : 89). Dix années
hésitantes ensuite puis résurrection.

Trottevieille   St-Ém. r. ★ ★ ★ 79' 81 82' 83 85' 86 87 88 89' 90 92
93 94 95 96 Grand cru de 9 ha sur les Côtes, qui a traîné
les pieds pendant des années. Mêmes propriétaires que
BATAILLEY. Visent plus haut depuis 85.

Tuquet, Le   Graves r. b. ★ ★ (r.) 93 94 95 96 (b.) 93 94 95 96
Vaste domaine à Beautiran. Vin léger et fruité B.J.P. Blanc
meilleur. Cuvée Spéciale est vieillie en fût de chêne.

Valandraud   ★ ★ ★ 91 92 93 94 95 96 Tout nouveau mini-château
aspirant à la gloire. Prix déjà ridicules.

Verdignan   Médoc r. ★ ★ 81 82 83 85 86 87 88 89' 90 91 92 95
96 Grand bourgeois consistant, frère de Ch. COUFRAN. Plus
de Cab que lui.

Vieux-Château-Certan   Pom. r. ★ ★ ★ 78 79 81 82' 83' 85 86' 87
88' 89 90' 92 93 94 95 96 Rangé traditionnellement près de
PÉTRUS en qualité, mais de style tout à fait différent, presque bâti
comme un HAUT-BRION. 13 ha. Mêmes propriétaires que LABÉ-
GORCE-ZÉDÉ et un petit Pomerol, Le Pin. Voir PUYGUERAUD.

Vieux-Château-St-André   St-Ém. r. ★ ★ 81 82' 83 85' 86 87 88'
89' 90' 91 92 93' 94' 95 96 Petit domaine à Montagne-St-
Émilion, possédé maintenant par le vinificateur de PÉTRUS. À
suivre. 2.500 caisses.

Villegeorge   Avensan r. ★ ★ 82 83' 85 86 87' 88 89 90 92 93 94
95 96 Cru bourgeois au nord de Margaux, 9 ha ; même
propriétaire que Ch. BRANE-CANTENAC. Vin agréable, plutôt
tannique. Château frère : Duplessis (Hauchecorne).

Villemaurine   St-Ém. r. ★ ★ 82' 83 85' 86 87 88 89 90 91 92 93
94 95 96 Petit grand cru avec chais splendides (investissements
en 96), bien situé sur les Côtes, à proximité de la ville. Vin
ferme, à forte proportion de Cab.

Vray-Croix-de-Gay   Pom. ★ ★ 75' 82' 83 85 86 87 88 89 90 92 93
94 95 96 Minuscule propriété dans la meilleure partie du
Pomerol. Mérite plus de dévouement.

Yon-Figeac   St-Ém. r. ★ ★ 81 82 83 85 86 88 89 90 92 93 94 95
96 Grand cru (23 ha) à suivre pour ses vins souples savoureux.

Yquem, d'   Saut. b. d. (s.) ★ ★ ★ ★ 67' 71' 73 75' 76' 77 78 79 80'
81' 82' 83' 84 85 86' 87 88' 89' 90' (91 93 94 95 à venir) Premier
cru, mondialement connu pour son vin blanc doux. Les 100 ha
fournissent seulement 500 bouteilles par ha d'un vin très fort,
intense et volupteux, gardé 4 ans en fûts. La plupart des
millésimes s'améliorent au moins 15 ans. Aussi un « Y » sec en
78 79 80 84 85 (très peu de **86**) **87 88** 89 91 92 95.

On trouvera d'autres châteaux de Bordeaux sous Côtes Canon-Fronsac,
Côtes de Bourg, Cubzac, Fronsac, Côtes-de-Castillon, Côtes de Francs,
Lalande de Pomerol, Loupiac, Ste-Croix-du-Mont, Premières Côtes de
Blaye, Premières Côtes de Bordeaux dans la France, page 102.

Luxembourg

Les 1 314 ha de vignobles du Luxembourg sont plantés sur les sols calcaires de la rive gauche de la Moselle. Les cépages de haut rendement Elbling et Rivaner (Müller-Thurgau) dominent mais on y trouve aussi une certaine quantité d'Auxerrois, de Pinot Blanc et Gris, de Riesling et de Gewürztraminer (ces deux derniers étant généralement les meilleurs). Ces cépages donnent des blancs légers à moyennement corsés (10,5 à 11,5 % Vol.) de style Alsace. La coopérative Vins Moselle produit 70 % de la totalité. L'association de propriétés Domaine et Tradition, fondée en 1988, assure la promotion des vins de qualité issus de cépages nobles. Les six derniers millésimes étaient tous bons, les 1989, 1990 et 1992 étant remarquables. Meilleurs producteurs : Aly Duhr et Fils, M. Bastian, Caves Gales, Château de Schengen, Clos Mon Vieux Moulin, Bernard Massard (son mousseux méthode classique, Cuvée de l'Écusson, est étonnamment bon), Sunnen-Hoffmann.

Italie

Le génie de l'Italie est très particulier. Il se révèle par la beauté au milieu de la laideur, par la gentillesse et le bon sens parmi les gens les plus modestes et par l'obstination avec laquelle les producteurs de vin poursuivent leurs propres intérêts en ignorant copieusement la législation.

Il y a six ans, j'écrivais à cet endroit même que la nouvelle loi de janvier allait, à terme, remettre de l'ordre et clarifier la situation. Je décrivais le système en forme de pyramide, dont la base était l'humble

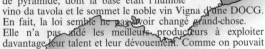

vino da tavola et le sommet le noble vino Vigna d'une DOCG. En fait, la loi semble n'a pas avoir changé grand-chose. Elle n'a pas aidé les meilleurs producteurs à exploiter davantage leur talent et leur dévouement. Comme on pouvait s'y attendre, ils ont continué à n'en faire qu'à leur tête avec, dans bien des cas, de merveilleux résultats. Les meilleurs rouges italiens figurent aujourd'hui parmi les meilleurs du monde.

Les Italiens ne seront pas d'accord avec moi mais, dans l'ensemble, ce n'est pas chez eux qu'il faut chercher de beaux vins blancs. Bien entendu, des dizaines d'exceptions me viennent immédiatement à l'esprit, que ce soit dans le Frioul, au nord-est, ou à travers la péninsule jusqu'à la Campanie et même la Sicile. Disons plutôt que le goût des Italiens en matière de vins blancs reste une sécheresse proche de l'aridité à laquelle manque ce merveilleux fruité qu'ils s'appliquent à supprimer. Aucune des deux grandes régions vinicoles du pays, le Piémont et la Toscane, n'a de vin blanc typique à la hauteur de ses rouges.

Mais ces rouges sont glorieux et tendent à distraire l'attention de bien d'autres régions qui, pourtant, ont des goûts originaux et mémorables à offrir. Par exemple, les connaisseurs devraient s'intéresser davantage à la partie est du pays, et en particulier à la zone allant des Abruzzes aux Pouilles. Prises ensemble, ces régions forment le plus grand vignoble du monde, resté cependant dans l'oubli jusque ces dernières années, ses vins partant en citernes vers le nord et des destinations inconnues.

Les producteurs peu regardants des régions réputées se reposent sur les lauriers du nom auquel ils ont droit : il suffit d'entrer dans une trattoria de Florence pour constater à quel point un Chianti peut être effroyable. Les régions montantes, elles, ont plus de sagesse : Montepulciano d'Abruzzo, Salice Salentino... celles-ci et bien d'autres DOC débutantes de l'Adriatique méritent toute notre attention.

Abbazia di Rosazzo ★ ★ ★ Importante propriété des COLLI ORIENTALI. Très bons vins d'un seul vignoble : Ronco delle Acacie et Ronco di Corte (blancs) et Ronco dei Roseti (rouge).

Abboccato Demi-sec.

Adami ★ ★ → ★ ★ ★ Producteurs d'excellents PROSECCO DI CONEGLIANO-VALDOBBIADENE (Vigneto Giardino).

Adanti ★ ★ → ★ ★ ★ Producteur d'un bon SAGRANTINO DI MONTEFALCO rouge en Ombrie, de V.D.T. BIANCO D'ARQUATA et ROSSO D'Arquata (très bon assemblage BARBERA/Canaiolo/MERLOT). Aussi bon CAB. Bon achat.

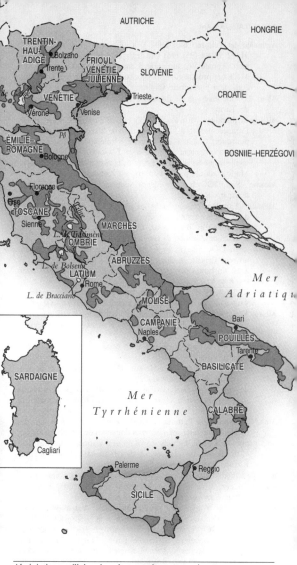

Abréviations utilisées dans le texte des pages suivantes :	
Abr. Abruzzes	**Pou.** Pouilles
Bas. Basilicate	**Sard.** Sardaigne
Cal. Calabre	**Sic.** Sicile
Lat. Latium	**Tosc.** Toscane
Camp. Campanie	**Tr. H. Ad.** Trentin-Haut-Adige
Êm-Ro. Émilie-Romagne	**V. d'A.** Vallée d'Aoste
Fr. V. J. Frioul Vénétie Julienne	**Vén.** Vénétie
Lig. Ligurie	**fz** frizzante
Lom. Lombardie	**pa.** passito (vin de raisin sec)
M. Molise	**Pr.** province
Mar. Marches	**Com.** commune
Omb. Ombrie	**mo.** pétillant, mousseux
Piém. Piémont	**V.D.T.** vin de table

Aglianico del Vulture Bas. DOC r. s. (d/s mo.) ★★★ 87 88 90 91 92 93 94 (95) (96) Un des meilleurs vins italiens. Vieillit bien. Appelé Vecchio après 3 ans d'âge, RISERVA après 5 ans. Meilleurs producteurs : D'ANGELO (fait aussi un très bon V.D.T. Aglianico pur appelé Canneto), Paternoster.

Alba Grande ville viticole du PIÉMONT, sur le fleuve Tanaro, au sud de Turin.

Albana di Romagna Ém-Ro. DOCG b. s. d/s (mo.) ★★(★) B.J.P. Première DOCG d'Italie pour le vin blanc (on se demande pourquoi). Albana est le cépage (médiocre). La FATTORIA PARADISO est parmi les meilleures. L'AMABILE est généralement meilleur que les secs. Le PASSITO de la FATTORIA ZERBINA (Scacco Matto), adouci par le botrytis, est remarquable.

Alcamo Sic. DOC b. ★ Blancs souples et neutres. Meilleure marque : Rapitalà.

Aleatico Excellent cépage rouge au goût de Muscat pour des vins doux et très aromatiques, surtout dans le Sud. Aleatico di Puglia DOC (meilleur producteur, Candido) est le meilleur et plus connu que Aleatico di Gradoli (Lat.) DOC.

Alezio Pou. DOC rosé (r.) ★★ B.J.P. Récente DOC de Salento pour un rosé délicat. Meilleur producteur : Calà Michele (qui fait aussi un bon V.D.T. NEGROAMARO vieilli en fût, Vigna Spano est ★★★).

Allegrini ★★★ Producteur de vins de VÉRONE de qualité : VALPOLICELLA de tout nouveaux vignobles et très bon AMARONE.

Altare, Elio ★★★ Petit producteur de bon BAROLO très moderne. Cherchez le Barolo Vigna Arborina et le V.D.T. BARBERA Vigna Larigi.

Altesino ★★ Producteur de BRUNELLO DI MONTALCINO et de V.D.T. Palazzo Altesi.

Alto Adige (Haut-Adige) Tr. H. Ad. DOC r. rosé b. s. d. mo. ★→★★★ DOC couvrant 20 vins différents portant le nom de leur cépage dans 33 villages autour de Bolzano. Les blancs sont les meilleurs. Cette région germanophone est souvent appelée Südtirol.

Ama, Castello di, (ou Fattoria di Ama) ★★★→★★★★ Un des meilleurs, réguliers et modernes domaines de CHIANTI CLASSICO, près de Gaiole. Grands vins d'un seul vignoble : La Casuccia et Bellavista. Aussi bons V.D.T. de CHARD, SAUV, MERLOT (Vigna L'Apparita), PINOT N (Il Chiuso).

Amabile Signifie demi-sec, mais en général plus doux que ABBOCCATO.

Amaro Amer. Si ce terme figure en gros sur l'étiquette, il désigne non pas un vin mais un « bitter ».

Amarone della Valpolicella (ex-Recioto della Valpolicella Amarone) Vén. DOC ★★★→★★★★ 83 85 86 88 90 91 93 (94) 95 (96) Version en sec du RECIOTO DELLA VALPOLICELLA : puissant, concentré, de longue garde et impressionnant, issu de raisins séchés à l'air. Les meilleurs viennent de chez ALLEGRINI, BERTANI, Brigaldara, Brunelli, Corte Sant Alda, Aleardo Ferrari, DAL FORNO, GUERRIERI-RIZZARDI, LE RAGOSE, MASI, QUINTARELLI, San Rustico, Le Salette, Serègo Alighieri, Speri, TEDESCHI, Villa Spinosa. Attention au degré alcoolique.

Anghelu Ruju ★★★ Version sarde, style porto, du CANNONAU de SELLA & MOSCA. Vaut l'essai.

Anselmi, Roberto ★★★ Leader en SOAVE avec son Capitel Foscarino d'un seul vignoble et son exceptionnel vin de dessert doux RECIOTO dei Capitelli.

Antinori, Marchesi L & P ★→ ★★★ Vieux négoce florentin très influent appartenant maintenant en totalité à Piero Antinori, qui partage la direction avec ses filles. Célèbre pour ses remarquables CHIANTI CLASSICO (sp. PEPPOLI, Tenute Marchese Antinori, Villa Antinori, Badia a Passignano), vins d'Ombrie (CASTELLO DELLA SALA) et du PIÉMONT (PRUNOTTO). Premier pionnier de nouveaux vins V.D.T., ex. TIGNANELLO, SOLAIA (TOSCANE), CERVARO DELLA SALA (Ombrie). Marchese Piero Antinori était la « Voix de l'Italie » dans les cercles vinicoles mondiaux des années 70 et 80. Acquisitions récentes à Maremme (sud de la Toscane), dans le MONTEPULCIANO, le MONTALCINO, à Pitigliano, dans le PIÉMONT et à ASTI (pour le BARBERA). Voir PRUNOTTO.

Antonelli ★★ → ★★★ Très bons DOCG SAGRANTINO et ROSSO DI MONTEFALCO.

Aquileia Fr. V. J. DOC r. b. ★ → ★★ (r.) **93** 94 95 12 vins d'un seul cépage des environs de Aquileia, à la frontière slovène. Bon REFOSCO.

Argiano ★★★ Excellent producteur de MONTALCINO.

Argiolas, Antonio ★★ → ★★★ Important producteur sarde à la qualité étonnante. Très bons : CANNONAU, NURAGUS, VERMENTINO et un V.D.T. rouge, Turriga (★★★).

Armani ★★ → ★★★ Très bons CHARD VALDADIGE et TRENTINO.

Arneis Piém. b. ★★ B.J.P. Enfin un bon blanc du pays du BAROLO. Résurrection d'un ancien cépage donnant un vin léger et aromatique. DOC : Roero Arneis, zone au nord d'ALBA et Langhe Arneis. Bons producteurs, dont Almondo, Bel Colle, Correggia, Deltetto, Bruno GIACOSA, Malvirà, Negro, Rabino et Gianni Voerzio (Roero Arneis) ; Castello di Neive (Langhe Arneis). Souvent trop cher.

Artimino Tosc. ★★★ Ville ancienne à l'ouest de Florence. Fattoria di Artimino produits d'excellents CARMIGNANO DOCG.

Assise Omb. r. (b.) ★ → ★★ B.J.P. Le Rosso et le Bianco di Assisi sont des IGT très attrayants, à boire frais.

Asti Principal centre viticole du PIÉMONT.

Asti (Spumante) Piém. DOCG b. mo. ★ → ★★ S A Muscat pétillant extrêmement célèbre, doux et très fruité. A été promu DOCG mais aucune amélioration n'est encore perceptible. Très peu d'alcool. Peut être délicieux au dessert. Producteurs : BERA, Cascina Fonda, Dogliotti-Caudrina, Vignaioli di Santo Stefano.

Attems, Conti Célèbre vieux domaine de COLLIO avec une vaste gamme de bons vins typiques (sp. PINOT GRIGIO) et dirigé par Collavini.

Avignonesi ★★★ → ★★★★ Noble maison de MONTEPULCIANO avec très belle gamme, dont VINO NOBILE, Grifi (rouge d'assemblage), CHARD, SAUV, MERLOT de premier ordre et superbe VIN SANTO.

Azienda agricola/agraria Exploitation agricole produisant souvent du vin également.

Azienda/casa vinicola Exploitation vinicole utilisant des raisins et/ou des vins achetés.

Azienda vitivinicola Domaine vinicole (spécialisé).

Badia a Coltibuono ★★ → ★★★ Bon producteur de CHIANTI dans une abbaye de Gaiole. Également restaurant avec cave remarquable. Aussi V.D.T. SANGIOVETO.

Banfi (Castello ou Villa) ★★ → ★★★ CANTINA d'avant-garde du plus gros importateur américain de vin italien. Encépagements énormes à MONTALCINO, surtout en SANGIOVESE, mais aussi Syrah, PINOT N, CAB, CHARD, SAUV, etc., conjuguant qualité et quantité. BRUNELLO bon mais « Poggio all'Oro » ★★★★. Centine est un ROSSO DI MONTALCINO. Au PIÉMONT, Banfi produit un très bon mousseux Banfi Brut, un GAVI Principessa, BRACCHETO D'ACQUI, PINOT G.

Banti, Eric ★★ L'un des meilleurs MORELLINO DI SCANSANO DOC.

Barbacarlo Lomb. r. s. d. mo. ★ → ★ ★ Vins légers traditionnels d'OLTREPÒ PAVESE avec un goût typique d'amande amère.

Barbaresco Piém. DOCG r. ★ ★ → ★ ★ ★ ★ [85'] [88'] [89'] 90' 93 94 (95) (96) Voisin du BAROLO : l'autre grand vin issu de NEBBIOLO. Parfois moins vigoureux. Au mieux, nettoie le palais, profond, subtil et beau. RISERVA à 4 ans. Producteurs : CERETTO, CIGLIUTI, GAJA, GIACOSA, Marchesi di Gresy, MOCCAGATTA, Fiorenzo Nada, Giorgio Pelissero, PIO CESARE, Produttori del Barbaresco, PRUNOTTO, Alfredo Roagna, Bruno ROCCA, Sottimano.

Barbatella, Cascina La ★ ★ ★ Admirable producteur de BARBERA D'ASTI. Excellents Sonvico et dell'Angelo d'un seul vignoble.

Barbera Cépage noir et acide, spécialité du PIÉMONT mais aussi d'autres provinces du Nord. Deuxième cépage d'Italie après le SANGIOVESE.

Barbera d'Alba Piém. DOC r. [★ ★ → ★ ★ ★] [85'] [88'] [89'] [90'] 93' 94 95 96 Rouge savoureux, tannique, parfumé. Le SUPERIORE peut vieillir 7 ans ou plus. Autour d'ALBA, on l'assemble parfois avec du NEBBIOLO pour faire un V.D.T. (un peu de 100 % BARBERA vieilli en fût est aussi V.D.T.). Meilleurs producteurs : CIGLIUTI, CLERICO, Elvio Cogno, A. et G. CONTERNO, CONTERNO-FANTINO, E. GRASSO, Silvio Grasso, G. MASCARELLO, Manzone, OBERTO, PARUSSO, Pianpolvere Soprana, PRUNOTTO, Bruno ROCCA, Scavino, Aldo Vajra, Eraldo Viberti, VIETTI, Gianni Voerzio, R. VOERZIO.

Barbera d'Asti Piém. DOC r. [★ ★ → ★ ★ ★] [85'] [88'] [89'] 90' 91 93' 94 95 96 Pour les vrais amateurs, 100 % BARBERA. Savoureux et ouvrant l'appétit, se boit jeune ou jusqu'à 7 à 10 ans, ou plus. Meilleurs producteurs : La Barbatella, Bava, BOFFA, BRAIDA, Bricco Mondalino, Cantina Sociale Vinchio e Vaglio, Cascina CASTLET, Michele Chiarlo, Colle Manora, COPPO, Livio Pavese, Marchesi Alfieri, Martinetti, Neirano, Occhetti, Rovero, La Tenaglia, TERRE DA VINO, Trinchero, Viarengo.

Barbera del Monferrato Piém. DOC r. [★ → ★ ★] B.J.P. BARBERA facile à boire, d'une grande région de production dans les provinces d'Alessandria et ASTI. Vin agréable, légèrement pétillant, parfois douceâtre. Zone délimitée presque identique à BARBERA D'ASTI mais la réglementation est moins stricte.

Barberani ★ ★ → ★ ★ ★ Producteur leader d'ORVIETO. Le Calcaia est botrytisé.

Barbi, Fattoria dei ★ ★ Producteur traditionnel de BRUNELLO DI MONTALCINO.

Barco Reale Tosc. DOC r. [★ ★] DOC pour un jeune vin de CARMIGNANO. Mêmes cépages.

Bardolino Vén. DOC r. (rosé) [★ ★] B.J.P. Rouge pâle estival, avec une pointe d'amertume, à l'est du lac de Garde. Le CHIARETTO Bardolino est encore plus pâle et léger. Meilleurs producteurs : GUERRIERI-RIZZARDI, Le Vigne di San Pietro, Villabella, Zenato, Fratelli Zeni.

Barolo Piém. DOCG r. ★ ★ ★ → ★ ★ ★ ★ [82'] [85'] [88'] 89' 90' 93 95 (96) Petite zone au sud d'ALBA donnant les rouges suprêmes d'Italie, généreux, tanniques, forts (minimum 13 % Vol.), secs mais merveilleusement profonds et aromatiques, vifs et nets en bouche. Issus de NEBBIOLO. Vieillissent jusqu'à 15 ans, RISERVA après 5 ans.

Barolo d'honneur

Les géants du Barolo : Bruno Giacosa, Aldo Conterno, Giacomo Conterno, Bartolo Mascarello, Giuseppe Mascarello, Vietti.

Nouvelle génération prometteuse de Barolo classiques : Renato Corino, Elio Grasso, Rocche dei Manzoni, G.D. Vajra, Gianni Voerzio, Roberto Voerzio.

Barolos expérimentaux/à la mode réussis : Elio Alterno, Domenico Cerico, Conterno-Fantino, Angelo Gaja, Luciano Sandrone, Paolo Scavino.

Bellavista ★★★ Propriété de FRANCIACORTA aux SPUMANTE vifs (Gran Cuvée Franciacorta excellent). Aussi Crémant. Bons V.D.T. rouges issus de CAB et PINOT N.

Bera, Walter ★★→★★★ Petit domaine près de BARBARESCO. Très bons MOSCATO D'ASTI et ASTI.

Berlucchi, Guido Le plus gros producteur de mousseux METODO CLASSICO à FRANCIACORTA. Qualité stable.

Bertani ★★→★★★ Producteur connu de vins de qualité à VÉRONE (VALPOLICELLA, AMARONE, SOAVE, etc.).

Bertelli ★★ Bon petit producteur du PIÉMONT : BARBERA D'ASTI, V.D.T. CAB et CHARD.

Biancara, La ★★★ GAMBELLARA de toute première qualité (très bon RECIOTO et VENDEMMIA TARDIVA vendange tardive. Ceux de ZONIN sont de « toute première quantité »).

Bianco d'Arquata Omb. b. ★★ B.J.P. Voir ADANTI.

Bianco di Custoza Vén. DOC b. (mo.) ★→★★ B.J.P. Jumeau du SOAVE de l'autre côté de VÉRONE (ouest). Bon chez Corte Sant'Arcadio, Le Tende, Le Vigne de San Pietro, MONTRESOR.

Bianco di Pitigliano Tosc. DOC b. ★ B.J.P. Vin blanc sec et terne produit près de Grosseto.

Bigi Célèbre producteur d'ORVIETO et d'autres vins d'Ombrie et de TOSCANE. Leur vignoble de TORRICELLA produit un très bon ORVIETO sec.

Biondi-Santi ★★→★★★★ Le producteur d'origine de BRUNELLO DI MONTALCINO, à partir du vignoble Il Greppo (18 ha). Prix absurdes mais très vieux millésimes uniques.

Bisol ★★→★★★ Très bon PROSECCO DI VADOBBIADENE. Aussi excellent SPUMANTE METODO CLASSICO.

Boca Piém. DOC r. ★★ 85 88 89 90 93 95 Autre NEBBIOLO du nord du PIÉMONT. Recherchez le Poderi ai Valloni (Vigneto Cristiana ★★★).

Boffa, Alfiero ★★→★★★ Petite propriété donnant un excellent BARBERA D'ASTI. Sp. vins d'un seul vignoble.

Bolgheri Tosc. DOC r. rosé b. (d.) ★★→★★★★ Sur la côte, au sud de Livourne. Comprend 7 types de vins : BIANCO, VERMENTINO, SAUV, ROSSO, ROSATO, VIN SANTO OCCHIO DI PERNICE et (depuis 1994) SASSICAIA (★★★★). Meilleurs producteurs : Le Macchiole (Il Paleo ★★★★), ORNELLAIA (Masseto et Ornellaia tous deux ★★★★), SAN GUIDO (Sassicaia ★★★★). Aussi : Michele Satta.

Bolla ★★ Producteur réputé de VÉRONE pour VALPOLICELLA et SOAVE. Meilleurs vins : Jago, Castellaro (un des tout meilleurs SOAVE), Creso (rouge et blanc).

Bonarda Cépage rouge (alias Croatina) de qualité inférieure très répandu dans le PIÉMONT, en Lombardie, en Émilie-Romagne et assemblé avec du BARBERA.

Bonarda (Oltrepò Pavese) Lomb. DOC r. ★★ Rouge soyeux, frais, souvent FRIZZANTE du sud de Pavie.

Borgo del Tiglio ★★★ Petit domaine donnant l'un des meilleurs MERLOT du nord de l'Italie, le V.D.T. Rosso della Centa. CHARD, TOCAI et BIANCO de COLLIO bons aussi.

Boscaini Vén. Producteur de VALPOLICELLA, AMARONE, SOAVE à VÉRONE.

Boscarelli, Poderi ★★★ Petit domaine aux très bons VINO NOBILE DI MONTEPULCIANO et V.D.T. Boscarelli vieilli en fût. ROSSO DI MONTEPULCIANO bon aussi.

Brachetto d'Acqui Piém. DOCG r. d. (mo.) ★★ B.J.P. Rouge doux, pétillant, au séduisant goût de MUSCAT. Meilleur producteur : BANFI.

Braida ★★★ Domaine donnant d'excellents BARBERA D'ASTI (Bricco della Bigotta et V.D.T. Barbera BRICCO DELL'UCCELLONE).

Bramaterra Piém. DOC r. ★★ 85 88 89 90 93 95 (96) Voisin de GATTINARA. Assemblage à prédominance de NEBBIOLO. Bons producteurs : Perazzi, SELLA.

Breganze Vén. DOC ★→★★★ (r.) 90 91 93 94 95 (96) Nombreux cépages près de Vicence. CAB et PINOT BL l'emportent. Meilleurs producteurs : MACULAN, B. Bartolomeo.

Bricco Terme désignant un vignoble de crête (et, donc, très bon) dans le PIÉMONT.

Bricco dell'Uccellone Piém. r. ★★★ 88' 89' 90' 91 92 93' 94 95 (96) BARBERA vieilli en fût de la firme du regretté Giacomo Bologna. Deux autres : Bricco della Bigotta et Ai Suma.

Bricco Manzoni Piém. r. ★★★ 82' 85' 88' 89' 90' 91 92 93 (94) 95 (96) Assemblage très réussi de BARBERA et NEBBIOLO, à Monforte d'Alba.

Brigaldara ★★→★★★ Petit producteur du VALPOLICELLA aux AMARONE et RECIOTO excellents.

Brindisi Pou. DOC r. ★★ Rouge NEGROAMARO fort. Sp. le Patriglione (★★★) de Taurino.

Brolio, Castello di ★★→★★★ Après une triste période entre des mains étrangères, la famille RICASOLI a repris ce domaine légendaire. Premiers résultats très prometteurs.

Brunelli ★★★ Fait de l'AMARONE et du VALPOLICELLA (cherchez Pa' Riondo) d'une qualité s'améliorant sans cesse.

Brunello di Montalcino Tosc. DOCG r. ★★★→★★★★ 82' 85' 86' 88' 90' 91 (93) (94) 95' (96) Avec le BAROLO, le plus réputé des rouges italiens. Fort, charpenté, corsé, tannique et de longue garde. Après 5 ans, il devient RISERVA. Qualité en constante augmentation.

Bons producteurs de Brunello di Montalcino
Altesino, Argiano, Banfi, Barbi, Biondi-Santi, Campogiovanni, Capanna-Cencioni, Caparzo, Casanova di Neri, Case Basse, Castelgiocondo, Cerbaiona, Col d'Orcia, Costanti, Eridi Fuligni, Gorelli, Lisini, Mastrojanni, Siro Pacenti, Pacenti Franco e Rosildo, Il Palazzone, Ciacci Piccolomini, Pieve di Santa Restituta, Poggio Antico, Poggione, Salvioni-Cerbaiola, San Giorgio, Talenti. Voir aussi ROSSO DI MONTALCINO (bon achat).

Brusco dei Barbi Tosc. r. ★★ 88 90 91 93 (94) 95 96 Pétulante variante de BRUNELLO utilisant la vieille méthode du Chianti GOVERNO de la Fattoria dei Barbi.

Bukkuram Fameux MOSCATO DI PANTELLERIA de De Bartoli.

Cabernet Sauvignon (Cab) Très utilisé dans le nord-est de l'Italie et nouveau (sp. V.D.T.) EN TOSCANE, dans le PIÉMONT et dans le Sud.

Ca'del Bosco ★★★ → ★★★★ Domaine de FRANCIACORTA faisant parmi les tout meilleurs mousseux et CHARD d'Italie et d'excellents rouges. Voir ZANELLA.

Cacchiano, Castello di ★★★ Excellente propriété de CHIANTI CLASSICO à Gaiole, appartenant aux cousins RICASOLI. Remarquable Millennio RISERVA.

Cafaggio, Villa ★★ Propriété sérieuse de CHIANTI CLASSICO. Bon V.D.T. rouge, le Solatio Basilica.

Caldaro (Lago di Caldaro) Tr. H. Ad. DOC r. ★ B.J.P. Alias KALTERERSEE. Rouge léger, tendre, au goût délicat d'amande amère, issu du cépage SCHIAVA provenant d'une zone énorme. Le CLASSICO d'une plus petite zone est meilleur.

Calò Michele ★★★ Excellent producteur de vins de Salento. Cherchez les ALEZIO ROSSO DOC et les V.D.T. Vigna Spano.

Caluso Passito Piém. DOC b. d. (fz) ★★ Vin fait à partir de raisins Erbaluce séchés. Arôme délicat, goût velouté. Petite production d'une vaste région. Les meilleurs sont de chez Bianco et Ferrando.

Candido, Francesco ★★★ Excellent producteur de Salento, dans les POUILLES. Bons rouges : Duca d'Aragona, Cappello del Prete, SALICE SALENTINO. Très bon vin de dessert, ALEATICO DI PUGLIA.

Canevel ★★ → ★★★ Très bon producteur de PROSECCO DI CONEGLIANO-VALDOBBIADENE.

Cannonau di Sardegna Sard. DOC r. (rosé) s. d/s ★★ 90 91 92 93 94 95 Le Cannonau (ou Grenache) est le cépage de base pour les rouges de Sardaigne. Vins allant de fort à fin en passant par onctueux. Les meilleurs sont ceux d'Arcadu Tonio, CS di Jerzu, Gabbas Giuseppe, Loi Alberto, SELLA & MOSCA.

Cantalupo, Antichi Vigneti di ★★ → ★★★★ Excellents vins GHEMME, sp. Breclemae et Carellae d'un seul vignoble.

Cantina 1. Cave ou chai. 2. Cantina Sociale = coopérative vinicole.

Capannelle ★★★ Bon producteur de V.D.T. (anciennement CHIANTI CLASSICO), près de Gaiole.

Caparzo, Tenuta ★★★ Domaine de MONTALCINO, excellent BRUNELLO La Casa ; aussi très bons ROSSO DI MONTALCINO (cherchez La Caduta) un assemblage rouge Ca'del Pazzo et un assemblage blanc Le Grance.

Capezzana, Tenuta di (ou Villa) ★★ → ★★★ Propriété toscane (ouest de Florence) de la famille Contini Bonacossi. Excellent CHIANTI Montalbano et CARMIGNANO. Aussi un rouge style Bordeaux, GHIAIE DELLA FURBA.

Caprai ★★★ Excellent SAGRANTINO DOCG et très bon ROSSO DI MONTEFALCO.

Capri Camp. DOC r. rosé b. ★ → ★★ Île légendaire au nom galvaudé. Les vins de La Caprense sont les seuls intéressants.

Cardizze PROSECCO DOC célèbre, souvent trop cher et trop doux, d'un excellent vignoble près de VALDOBBIADENE.

Carema Piém. DOC r. ★★ → ★★★ 85' 88' 89' 90' 91 93 95 (96) Vieille spécialité du PIÉMONT. Meilleure chez Luigi Ferrando ou à la CANTINA sociale.

Carignano del Sulcis Sard. DOC r. rosé ★★ → ★★★ 90 91 93 94 95 96 Rouge bien structuré de bonne garde. Le meilleur : Terre Brune de la CANTINA sociale di Santadi!

Carmignano Tosc. DOCG r. ★★★ 85' 86 88' 90' 91 93 94 95 96 Région de Florence. Les raisins du CHIANTI et 10 % de CAB donnent des rouges de caractère, fiables, voire excellents. Bons producteurs : Ambra, ARTIMINO, CAPEZZANA, Farnete, Poggiolo.

Carpenè Malvolti Parmi les meilleurs producteurs de PROSECCO classiques et autres mousseux à Conegliano, Vénétie.

Carpineto ★★ Producteur de CHIANTI CLASSICO dans le nord de la zone.

Carso Fr. V. J. DOC r. b. ★★ → ★★★ (r.) 90 93 94 95 96 DOC près de Trieste, non MALVASIA. Terrano del C. est un rouge REFOSCO. Meilleur producteur : Edi Kante.

Casa fondata nel... Maison fondée en...

Casalte, Fattoria Le ★★★ Bon VINO NOBILE DI MONTEPULCIANO. Aussi V.D.T. ROSSO et blanc Celius.

Casanova di Neri ★★★ BRUNELLO DI MONTALCINO (et très bon ROSSO DI MONTALCINO) de la famille Neri. S'améliore d'année en année.

Case Basse ★★★ Petit domaine aux BRUNELLO et V.D.T. Intistieti très impressionnants.

Case Bianche, Le ★★ Domaine fiable près de Conegliano (Vénétie) pour PROSECCO, SAUV et le surprenant Wildbacher rouge (d'un vieux cépage autrichien).

Castel del Monte Pou. DOC r. rosé b. ★★ (r.) 92 93 94 Vins du Sud, secs, frais, bien équilibrés. Le rouge devient RISERVA après 3 ans. Rosé très populaire. Le Il Falcone de RIVERA est remarquable.

Castelgiocondo ★★★ Domaine de FRESCOBALDI en MONTALCINO : très bon Brunello et bon V.D.T. MERLOT Lamaione.

Castellare ★★ → ★★★ Producteur de CHIANTI CLASSICO, petit mais réputé. V.D.T. SANGIOVESE de premier ordre (I Sodi di San Niccoló) et GOVERNO del Castellare vif, version remise à jour du CHIANTI ancien style.

Castell'in Villa ★★★ Très bon domaine de CHIANTI CLASSICO.

Castello Châteaux Voir aux noms correspondants.

Castelluccio ★★ → ★★★ Meilleurs SANGIOVESE d'Émilie-Romagne : V.D.T. Ronco dei Cigliegi et Ronco della Simia.

Castlet, Cascina ★★ → ★★★ BARBERA PASSITO concentré, V.D.T. Passum et très bon BARBERA D'ASTI.

Caudrina-Dogliotti Redento ★★★ Excellents MOSCATO D'ASTI (La Galeisa et Caudrina).

Cavalleri ★★ → ★★★ Très bon producteur fiable de vins de FRANCIACORTA. Les mousseux sont les meilleurs.

Cavallotto ★★ → ★★★ Domaine fiable de BAROLO en progrès constant, sp. Barolo Vigna San Giuseppe.

Cavicchioli Grand producteur en Émilie-Romagne de LAMBRUSCO et d'autres mousseux : Lambrusco di Sorbara Vignadel Cristo est excellent.

Càvit (Cantina Viticoltori) Groupe de coopératives de qualité près de Trente. Parmi les vins : MARZEMINO, CAB, PINOT N, BL, G, NOSIOLA. Meilleurs vins : Brume di Monte (r. et b.) et les mousseux Graal et Firmato.

Cecchi Gros producteur et embouteilleur de vins de TOSCANE.

Cerasuolo Abr. DOC rosé ★★ La version ROSATO du MONTEPULCIANO D'ABRUZZO.

Ceretto ★★★ Très bon producteur de BARBARESCO (Bricco Asili), BAROLO (Bricco Rocche), etc., d'excellents BARBERA D'ALBA (Piana), de CHARD (La Bernardina), DOLCETTO, ARNEIS. Aussi très bon SPUMANTE METODO CLASSICO La Bernardina.

Cervaro Voir CASTELLO DELLA SALA.

Chardonnay A rejoint les cépages autorisés pour plusieurs DOC italiennes TRENTINO-ALTO-ADIGE, FRANCIACORTA, FRIULI-VENEZIA-GIULIA, PIÉMONT. Certains des meilleurs (ex. de chez : ANTINORI, FELSINA, GAJA, LUNGAROTTI) sont encore seulement V.D.T.

Chianti Tosc. DOCG r. ★→★★ 93 94' 95 96 Vin vif de Florence et Sienne. À son meilleur, frais, fruité et piquant. Vendu parfois dans sa fiasque couverte de paille. À boire jeune, en général. Parmi les sous-districts, RUFINA (★★→★★★) et Colli Fiorentini (★→★★★) peuvent faire des RISERVAS de style CLASSICO. Montalbano, Colli Senesi, Aretini et Pisani font des vins plus légers.

Chianti Classico Annata

Dans le Chianti, on accède à la notoriété en produisant des sélections spéciales haut de gamme : Riservas chères, vins d'un seul vignoble et vins de tables Super-Tuscan. Mais les vins Annata de tous les jours peuvent souffrir dans les grandes coopératives. Chianti Classico Annata standard d'excellente qualité et très bon achat chez : Cacchiano, Casa Emma, Casaloste, Casina di Cornia, Le Corti, Fonterutoli, Fontodi, Isole e Olena, La Massa, Le Cinciole, Nittardi, Petrolo-Lenzi, Poggerino, Poggio al Sole, Rodano, Verrazzano, Viticcio et Volpaia.

Excellents producteurs de Chianti Classico

Ama, Antinori, Bibbiano, Brolio, Cacchiano, Carobbio, Casa Emma, Castel Ruggero, Castellare, Castell'in Villa, Le Cinciole, Coltibuono, Felsina, Le Filigare, Fonterutoli, Fontodi, Isole e Olena, Querciabella, Lilliano, La Massa, Le Masse di San Leolino, Nittardi, Palazzino, Paneretta, Poggerino, Rampolla, Rodano, San Felice, San Giusto, Valtellina, Vecchie Terre di Montefili, Verrazzano, Viticcio, Volpaia.

Chianti Classico Tosc. DOCG r. ★★→★★★★ 90 91 93 94 95 96 (Riserva) 85 86 88 90 93 (95) (96) Le plus ancien des CHIANTI de la région centrale. Son style ancien, pâle, à l'arôme puissant, se raréfie au profit de vins soit plus sombres et tanniques, soit plus souples et fruités. Certains font partie des meilleurs vins d'Italie.

Chianti Putto Tosc. DOCG r. ★→★★ B.J.P. Chianti d'un groupement de producteurs hors de la zone CLASSICO. Son étiquette de col portant un angelot rose et blanc se fait rare.

Chiaretto Rosé produit surtout autour du lac de Garde. Voir BARDOLINO, RIVIERA DEL GARDA.

Chiarli Producteur de LAMBRUSCO à Modène (cherchez l'étiquette Generale Cialdini).

Chiarlo, Michele ★★ Bon producteur du PIÉMONT. Les BAROLO Cerequio, Cannubi, GAVI et le BARBERA D'ASTI sont très bons.

Chiesa di Santa Restituta Voir PIEVE DI SANTA RESTITUTA.

Chionetti ★★→★★★ Fait le meilleur DOLCETTO DI DOGLIANI (cherchez le Briccolero).

Ciacci Piccolomini ★★★ Très bons BRUNELLO DI MONTALCINO (le meilleur est Vigna di Pianrosso) et ROSSO DI MONTALCINO.

Cigliuti, Renato ★★★ Petit domaine excellent pour le BARBARESCO.

Cinqueterre Lig. DOC b. s. d. pa. ★★ Blanc parfumé, fruité, cultivé sur les pentes escarpées près de La Spezia. Le PASSITO est connu sous le nom de Sciacchetrà (★★→★★★). Bons producteurs : De Batte, Agricola di Cinqueterre, Forlini & Cappellini, Francesco Giusti.

Cinzano Grande firme de vermouth connue également pour son ASTI du PIÉMONT et son MARSALA Florio. Appartient maintenant à Grand Met.

Cirò Cal. DOC r. (rosé b.) ★ → ★ ★ **88 89 90'** 91 92 93 94 (95) (96) Un rouge très fort issu de Gaglioppo. Un blanc fruité (B.J.P.). Les meilleurs sont de chez LIBRANDI (Duca San Felice ★ ★ ★), San Francesco (Donna Madda et Ronco dei Quattroventi) et Caparra & Siciliani.

Classico Vins d'une zone restreinte, généralement centrale, dans les limites d'une DOC. Donc souvent les meilleurs du district. Appliqué aux mousseux, indique la méthode traditionnelle (comme pour le Champagne).

Clerico, Domenico ★ ★ ★ Vins évoluant constamment. But recherché : une saveur internationale. Sp. bon pour BAROLO.

Cocci Grifoni ★ ★ → ★ ★ ★ Très bon ROSSO PICENO DOC (cherchez le Vigna Messieri).

Col d'Orcia ★ ★ ★ Excellent domaine de MONTALCINO aux V.D.T. intéressants. Meilleur vin : BRUNELLO (chercher le Poggio al Vento).

Colle Picchioni ★ ★ Au sud de Rome, producteur du meilleur blanc MARINO ; également V.D.T. rouge (CAB/MERLOT), Vigna del Vassallo, peut-être le meilleur du Latium.

Colli (collines) Mentionné dans beaucoup d'appellations.

Colli Berici Vén. DOC r. rosé b. ★ ★ Collines au sud de Vicence. CAB est le meilleur vin. Meilleur producteur : Villa Dal Ferro.

Colli Bolognesi Ém-Ro. DOC r. rosé ★ ★ (b.) B.J.P. Sud-ouest de Bologne. 8 types de vins et 5 cépages. Meilleur domaine : Terre Rosse (★ ★ ★). Autres bons producteurs : Tenuta Bonzara et Santarosa. Cherchez les V.D.T. Già Rosso.

Colli Euganei Vén. DOC r. b. s. d/s (mo.) ★ → **★ ★** B.J.P. DOC qui désigne 7 vins du sud-ouest de Padoue. Rouge convenable, blanc et mousseux tendres et plaisants. Meilleurs producteurs : Vignalta, Cà Lustra.

Colli Orientali del Friuli Fr. V. J. DOC r. b. s. d. ★ ★ → ★ ★ ★ ★ (r.) **88 90'** 93 94 (95) (96) Cette DOC couvre 20 vins (18 de cépage) des collines de l'est d'Udine, portant le nom de leur cépage (très bons blancs). Meilleurs producteurs : ABBAZIA DI ROSAZZO, BORGO DEL TIGLIO, DORIGO, Le Viarte, LIVIO FELLUGA, LIVON, Ronchi di Cialla, RONCO DEL GNEMIZ, Torre Rosazza, Rubini, Specogna.

Colli Piacentini Ém-Ro. DOC. r. rosé b. ★ → ★ ★ B.J.P. DOC comprenant GUTTURNIO et Monterosso Val d'Arda parmi onze spécialités cultivées au sud de Plaisance. Bon MALVASIA pétillant. La plupart des vins sont FRIZZANTE. Nouveaux rouges français et locaux : La Stoppa, La Tosa, Marchese Malaspina, Villa Peirano.

Colli Romani Collines boisées au sud de Rome : important lieu de vacances estivales et source de FRASCATI, etc.

Colli del Trasimeno Omb. DOC r. b. ★ → ★ ★ **93 94** 95 96 Vins souvent alertes de la région de Pérouse. Les meilleurs de : Casale dei Cucchi (ex-Morolli), Marella, Pieve del Vescovo.

Colline Novaresi Piém. DOC r. b. ★ ˒ ★ ★ Nouvelle DOC pour cette vieille région de la province de Novarre. 7 vins différents : BIANCO, ROSSO, NEBBIOLO, BONARDA, Vespolina, Croatina et BARBERA. Comprend des BOCA, GHEMME, FARA et SIZZANO déclassés.

Collio Fr. V. J. DOC r. b. ★★ → ★★★★ `88` `90` 93 94 (95) (96) 19 vins dont 17 appelés selon leur cépage dans une zone sur la frontière slovène. Très bons blancs, sp. SAUV, PINOT BL, PINOT G. Les meilleurs de chez : BORGO DEL TIGLIO, La Castellada, GRAVNER, JERMANN, Primosic, Princic, Radikon, Ronco dei Tassi, RUSSIZ SUPERIORE, SCHIOPETTO, Venica & Venica, VILLA RUSSIZ.

Coltassala Tosc. r. `★★★` V.D.T. rouge notable de SANGIOVESE, de l'ancien domaine de CHIANTI CLASSICO de CASTELLO DI VOLPAIA à Radda.

Conterno, Aldo ★★★★ Producteur légendaire de BAROLO, etc., à Monforte d'Alba. Bons GRIGNOLINO, FREISA, très bons CHARD « Printanier » et « Bussia d'Oro ». Les meilleurs BAROLO sont Cicala et Colonello. Très bon Favot, un V.D.T. de NEBBIOLO vieilli en fût.

Conterno, Giacomo ★★★★ Excellent producteur de BAROLO, etc., à Monforte d'Alba. Monfortino Barolo est vieilli longuement, rare, remarquable.

Conterno-Fantino ★★★ Trois familles faisant de très bons BAROLO, etc., à Monforte d'Alba.

Contini, Attilio ★ → `★★★` Producteur réputé de VERNACCIA DI ORISTANO. Le meilleur est l'assemblage millésimé Antico Gregori.

Contucci, Conti ★★ → ★★★ Producteurs estimés de VINO NOBILE DI MONTEPULCIANO.

Copertino Pou. DOC r. (rosé) `★★` 92 93 94 95 96 Le NEGROAMARO donne un rouge savoureux qui mérite de vieillir. Recherchez le RISERVA de la CANTINA sociale et Tenuta Monaci.

Coppo ★★ Ambitieux producteurs de BARBERA D'ASTI (ex. Pomorosso).

Cordero di Montezemolo-Monfalletto ★★ Minuscule producteur estimé de bon BAROLO.

Cortese di Gavi Voir GAVI. Cortese est le cépage.

Corzano & Paterno, Fattoria di ★★ → ★★★ Dynamique domaine de CHIANTI des Colli Fiorentini. Très bon RISERVA, V.D.T. rouge Corzano et VIN SANTO remarquable.

COS ★★★ Domaine minuscule : 3 amis produisant d'excellents vins siciliens, sp. V.D.T. Vigne di Cos blanc(CHARD) et rouge (CAB).

Costanti, Conti ★★★ Petit producteur d'un superbe BRUNELLO DI MONTALCINO.

D'Ambra ★★ Excellent producteur de vins d'ISCHIA, sp. superbes blancs Biancolella DOC (Piellero et Frassitelli d'un seul vignoble).

D'Angelo ★★ → ★★★ Importants producteurs d'admirables AGLIANICO DEL VULTURE DOC. Aussi très bon V.D.T. d'Aglianico vieilli en fût, Canneto.

Dal Forno, Romano ★★★ → ★★★★ VALPOLICELLA et AMARONE de très haute qualité d'un producteur perfectionniste ne mettant en bouteilles que les meilleurs (14 000 bouteilles pour 8 ha).

Darmagi Piém. r. ★★★★ `82'` `85'` `88'` `89'` `90'` 91 93 (94) 95 (96) Le CAB de GAJA en BARBARESCO est le plus controversé (et cher) des V.D.T. rouges du PIÉMONT.

Decugnano dei Barbi ★★ Propriété leader d'ORVIETO avec son ABBOCCATO surnommé « Pourriture Noble » ; bon V.D.T. rouge.

Denominazione di Origine Controllata (DOC) Équivalent de l'Appellation d'Origine Contrôlée française.

Denominazione di Origine Controllata e Garantita (DOCG) Équivalent de la DOC, mais assorti d'une garantie d'origine officielle indiquée par une étiquette de col sur la bouteille.

Liste complète des vins DOCG d'Italie
Albana di Romagna, Asti et Moscato d'Asti, Barbaresco, Barolo, Brachetto d'Acqui, Brunello di Montalcino, Carmignano, Chianti, Chianti Classico, Franciacorta, Gattinara, Ghemme, Montefalco, Sagrantino, Taurasi, Torgiano, Vernacchia di San Gimignano, Vino Nobile di Montepulciano.

Di Majo Norante ★★ → ★★★ Unique vedette de Molise sur l'Adriatique ; très bons MONTEPULCIANO DOC Biferno et Falanghina blanc Ramitello. Aussi Molí, plus léger et plus aromatique.

DOC, DOCG Voir DENOMINAZIONE DI ORIGINE CONTROLLATA (E GARANTITA).

Dolce Doux.

Dolceacqua Voir ROSSESE DI DOLCEACQUA.

Dolcetto ★ → ★★★ Cépage le plus précoce du PIÉMONT pour des vins courants très attrayants, secs, à boire jeunes, fruités, frais, à la robe violette. Donne son nom à plusieurs DOC : D. d'Acqui, D. d'Asti, D. delle Langhe Monregalesi, D. di Diano d'Alba (ou Diano DOC), D. di Dogliani (meilleurs producteurs CHIONETTI et Pecchenino) et D. di Ovada (meilleur de Abbazia di Vallechiara). La plupart des producteurs de BAROLO et BARBARESCO font du Dolcetto d'Alba.

Donnafugata Sic. r. b. ★ Blancs siciliens pleins d'entrain (les meilleurs : Vigna di Gabri, Damaskino). Aussi rouge sain. Ex-V.D.T., maintenant partie de la nouvelle DOC Contessa Entellina.

Donnaz V. d'A. DOC ★★ 93 95 (96) Un NEBBIOLO des montagnes. Savoureux, pâle et légèrement amer. Doit vieillir 3 ans. Fait maintenant partie de la DOC régionale VALLE D'AOSTA.

Dorigo, Girolamo ★★★ → ★★★★ Excellent producteur des COLLI ORIENTALI DEL FRIULI pour de remarquables V.D.T. blanc Ronc di Juri, CHARD, VERDUZZO et PICOLIT de dessert, Pignolo rouge (★★★), REFOSCO, Schioppettino, V.D.T. Montsclapade.

Duca di Salaparuta ★★ Vins populaires de Sicile. Rouges secs sains, blancs souples plaisants. L'excellent Duca Enrico vieilli en fût (★★★) est l'un des meilleurs rouges de Sicile.

Duca Enrico Voir DUCA DI SALAPARUTA.

Elbe Tosc. r. b. (mo.) ★ B.J.P. Le blanc de l'île d'Elbe se boit avec du poisson. Cherchez l'Acquabona.

Enfer d'Arvier V. d'A. DOC r. ★★ 93 95 (96) Spécialité des Alpes : rouge pâle, léger, agréablement amer.

Enoteca « Bibliothèque » du vin. Elles sont nombreuses. La plus imposante est l'Enoteca Italiana Permanente de Sienne. S'applique aussi aux boutiques de vin et aux restaurants.

Erbaluce di Caluso Voir CALUSO PASSITO.

Eredi Fuligni ★★★ Très bon producteur de BRUNELLO et ROSSO DI MONTALCINO.

Est ! Est !! Est !!! Lat. DOC b. s. d/s ★ B.J.P. Blanc fruité de Montefiascone, au nord de Rome, qui n'a rien d'extraordinaire. Se vend grâce à ce nom étrange.

Etna Sic. DOC r. rosé b. ★ → ★★ (r.) 93 94 95 96 Vin des pentes du volcan. Le rouge est chaleureux, corsé, équilibré et peut bien vieillir ; le blanc a un goût de raisin prononcé. Meilleurs producteurs : Russo Vincezo, Scammacca.

Falchini ★★ → ★★★ Producteur de bons VERNACCIA DI SAN GIMIGNANO DOCG et des meilleurs rouges du secteur, dont le V.D.T. Campora (★★★).

Falerno del Massico Camp. DOC r. b. ★★ (r.) 90 92 93 94 95 96
Comme le Falernum, vin le plus célèbre de l'Antiquité. Les
temps changent. Rouge fort d'AGLIANICO, blanc fruité de
Falanghina. Bon producteur : VILLA MATILDE.

Fara Piém. DOC r. 90 93 95' (96) Bon NEBBIOLO parfumé
de Novarre, PIÉMONT du nord ; mérite de vieillir ; sp. le
Caramino de Dessilani.

Farneta, Tenuta ★★ → ★★★ Nord de Sienne mais hors du CHIANTI
CLASSICO, domaine produisant des V.D.T. de SANGIOVESE pur :
par ex., Bongoverno (★★★) et Bentivoglio (★★★).

Farnetella, Castello di ★★ Domaine près de MONTEPULCIANO, où
Giuseppe Mazzocolin, de FELSINA, fait de très bons SAUV et
Chianti Colli Senesi.

Fattoria Terme toscan désignant une propriété vinicole traditionnellement noble.

Favorita Piém. b. ★ → ★★ B.J.P. Blanc sec et fruité apprécié au
pays du BAROLO.

Fazi-Battaglia ★ → ★★ Producteur connu de VERDICCHIO, etc. Le
V.D.T. blanc Le Moie est plaisant. Possède aussi Fassati
(producteur de VINO NOBILE DI MONTEPULCIANO).

Felluga ★★★ Les frères Livio et Marco (RUSSIZ SUPERIORE) ont deux
firmes distinctes et réputées dans le COLLIO et les COLLI
ORIENTALI.

Felsina-Berardenga ★★★ → ★★★★ Domaine de CHIANTI CLAS-
SICO avec RISERVA Vigna Rancia et V.D.T. Fontalloro fameux.

Ferrari ★ → ★★★ Cave faisant certains des meilleurs mousseux secs
d'Italie, près de Trente. Le meilleur : RISERVA Giulio Ferrari.

Fiano di Avellino Camp. b. ★★ → ★★★ (B.J.P.) Reconnu comme
le meilleur blanc de Campanie, sp. du nouveau domaine
VIGNADORA-Mastroberardino. Bon également chez MASTROBE-
RARDINO, Vadiaperti, Feudi di S. Gregorio, Struzziero, Vega.

Florio Grand producteur de MARSALA contrôlé par CINZANO.

Foianeghe Tr. H. Ad. V.D.T. r. (b.) ★★ 90 93 95 (96) Marque de
Conti Bossi Fedrigotti. CAB/MERLOT rouge du TRENTINO à laisser
vieillir 7 à 10 ans. Le blanc est un PINOT BL/CHARD/TRAMINER.

Folonari Négociant ordinaire de Lombardie. Voir aussi G.I.V.

Fontana Candida ★ → ★★ Un des plus gros producteurs de FRAS-
CATI. Le vignoble unique Santa Teresa domine. Voir aussi G.I.V.

Fontanafredda ★★ Gros producteur historique de vins piémontais,
y compris de BAROLO d'un seul vignoble, et d'une gamme de
ALBA DOC. Aussi de très bons ASTI DOCG et SPUMANTE Brut (sp.
★★★ Vigna Gattinara).

Fonterutoli ★★★ Propriété historique de CHIANTI CLASSICO à
Castellina. V.D.T. Concerto coté et très bon RISERVA Ser Lapo.

Fonti, Le, Fattoria ★★ Domaine de 12 ha en CHIANTI. Panzano
recourt toujours à la vieille culture mixte « promiscuo ».

Fontodi ★★★ → ★★★★ Grande propriété de CHIANTI CLASSICO
produisant un RISERVA très respecté, le V.D.T. rouge Flaccianello
et le V.D.T. blanc Meriggio (assemblage PINOT BL/SAUV/TRAMI-
NER).

Foradori ★★★ Elizabetta Foradori produit le tout meilleur
TEROLDEGO (Morel, Sgarzon). Aussi : Teroldego Granato boisé
et très bon CHARD.

Forteto della Luja ★★★ Numéro 1 pour le LOAZZOLO.

Franciacorta Lomb. DOC b. (rosé) mo. ★★ → ★★★★ Petit
centre de mousseux progressant rapidement en qualité et en
réputation. Vins exclusivement fermentés en bouteille. CA'DEL
BOSCO et BELLAVISTA remarquables. Très bons aussi : Castelfa-
glia, Castellino-Bonomi, CAVALLERI, Faccoli, Gatti, Guarischi,
Mirabella, Monte Rossa, Ricci-Curbastro, Uberti et Villa. Pour
les blancs et les rouges, voir TERRE DI FRANCIACORTA.

Frascati   Lat. DOC b. s. d/s d. (mo.) ★ → ★ ★ B.J.P. Le plus connu des vins des COLLI ROMANI : doit être souple, limpide, doré et avoir la saveur du raisin non égrappé. La plupart déçoivent aujourd'hui par leur neutralité : cherchez Conte Zandotti, Villa Simone ou Santa Teresa de FONTANA CANDIDA. La version douce s'appelle Cannellino.

Freisa   Piém. r. s. d/s d. (mo.) ★ ★ B.J.P. Rouge habituellement très sec (sauf près de Turin), souvent FRIZZANTE, réputé pour son goût de framboise et de rose. Avec assez d'acidité, il peut ouvrir l'appétit. Bon chez : CIGLIUTI, CONTERNO, PARUSSO, VAJRA, VOERZIO, Cozzo, Gilli, Pecchenino, Pelissero, Sebaste, Trinchero.

Frescobaldi   ★ ★ ★ Pionniers du CHIANTI à NIPPOZANO, à l'est de Florence. Aussi POMINO blanc et SAUV PREDICATO (Vergena) et un CAB (Mormoreto). Voir MONTESODI. Possède aussi maintenant Castelgiocondo (★ ★ ★), un grand domaine de MONTALCINO produisant du BRUNELLO et un très bon MERLOT V.D.T., Lamaione. Depuis 97 : joint venture toscane avec le Californien Mondavi.

Friuli-Venezia Giulia (Frioul-Vénétie-Julienne)   Région du nord-est sur la frontière slovène. Nombreux vins, dont les COLLIO DOC et COLLI ORIENTALI DOC regroupent les meilleurs.

Millésimes du Frioul

1996   Pluies de la mi-août à la mi-octobre : les blancs ont un corps et un arôme surprenants ; les rouges ne sont pas mauvais, mais il faut attendre...

1995   Année prometteuse puis lourdes pluies en août et septembre. Blancs légers. Rouges meilleurs.

1994   Printemps et été humides, chaud entre les deux. Les blancs peuvent manquer d'acidité. Rouges meilleurs.

1993   Le vent a réduit les quantités mais les raisins étaient sains et fortement concentrés. Blancs d'excellente qualité mais les pluies pendant les vendanges ont compromis les rouges.

1992   Pluies d'août pas trop graves : excellente année pour les blancs et bons rouges aussi.

Frizzante (fz)   Pétillant. Qualifie des vins comme le LAMBRUSCO.

Gaja   ★ ★ ★ ★ Vieille firme familiale à BARBARESCO, sous la direction énergique d'Angelo G. Remarquables (et onéreux) vins du PIÉMONT, sp. BARBARESCO (vignobles uniques Sorì Tildin, Sorì San Lorenzo, Costa Russi) et BAROLO Sperss (depuis 88). Donne le ton avec d'excellents CHARD (Gaja & Rey). Dernière acquisition : le domaine Marengo-Marenda (BAROLO), la marque Gromis et le contrôle de PIEVE DI SANTA RESTITUTA (BRUNELLO).

Galestro   Tosc. b. ★ Blanc très léger venant d'un sol schisteux du CHIANTI. En voie d'amélioration (ce n'est pas du luxe).

Gambellara   Vén. DOC b. s. d/s (mo.) ★ → ★ ★ B.J.P. Vin sec proche du goût du SOAVE. Son vin doux, le RECIOTO DI GAMBELLARA, est agréablement fruité. Aussi VIN SANTO. Excellent producteur : LA BIANCARA (★ ★ ★).

Gancia   Négociant renommé pour son ASTI SPUMANTE. Produit également du vermouth et des mousseux secs. Le nouveau domaine Torrebianco, dans les POUILLES, fait de très bons V.D.T. blancs : CHARD, SAUV, PINOT BL, et aussi un très bon BAROLO d'un seul vignoble, Cannubi, depuis 89.

Garganega   Le principal cépage blanc du SOAVE et de GAMBELLARA.

Garofoli, Gioacchino ★★ → ★★★ Leader de qualité dans les Marches (près d'Ancône). Beau style en VERDICCHIO Macrina et Serra Fiorese. Très bon mousseux aussi. ROSSO CONERO Piancarda et très bon Grosso Agontano (★★★).

Gattinara Piém. DOCG r. ★★★ 82' 85' 88' 89' 90' 93 95 (96) Rouge de bonne qualité, du nord du PIÉMONT, rappelant le BAROLO. Fait à partir de NEBBIOLO, dont le nom local est Spanna. Les meilleurs : vins d'un seul vignoble d'Antoniolo. Autres bons producteurs : Bianchi, Le Colline-Monsecco, Nervi.

Gavi (ou Cortese di Gavi) Piém. b. ★★ → ★★★ B.J.P. Au meilleur (rare), un blanc sec subtil issu de Cortese. La SCOLCA est très connu. Parmi les très bons : BANFI (cherchez le Vigna Regale), Castellari Bergaglio, TERRA DA VINO. La Giustiniana, Tenuta San Pietro, Castello di Tassarolo et Villa Sparina sont très honnêtes. Honnêtes également : Cascina degli Ulivi, CHIARLO, Podere Saulino, La Zerba.

Ghemme Piém. DOCG r. ★★ → ★★★ 85' 86' 88' 89' 90' 93 95 (96) Voisin du GATTINARA, mais pas aussi bon. Le meilleur : CANTALUPO, ANTICHI VIGNETI DI.

Ghiaie della Furba Tosc. r. ★★★ 88 90 93 95 (96) Superbe V.D.T. (assemblage de CAB) dans le style Bordeaux de la Tenuta di CAPEZZANA, CARMIGNANO.

Giacosa, Bruno ★★★★ Producteur inspiré de remarquables BARBARESCO, BAROLO et autres vins du PIÉMONT, à Neive. Excellent blanc ARNEIS et PINOT N mousseux.

G.I.V. (Gruppo Italiano Vini) Complexe de coop. et d'exploitations vinicoles, apparemment le plus grand d'Europe (60 millions de bouteilles). Vend 12 % du vin italien, dont, par ex., BIGI, FOLONARI, FONTANA CANDIDA, LAMBERTI, MELINI, Conti Serristori, Macchiavelli, Negri, Santi.

Goldmuskateller Cépage aromatique du ALTO ADIGE pouvant donner un blanc sec irrésistible, sp. par TIEFENBRUNNER.

Governo Vieille coutume toscane remise au goût du jour par certains producteurs : on ajoute du raisin/moût séché au jeune vin pour provoquer une fermentation secondaire et un léger piquant (remplace parfois l'ajout de moût concentré pour relever la teneur en alcool).

Gradi Degré (d'alcool) : pourcentage par volume (% Vol.).

Grappa Eau-de-vie distillée à partir de pomace (résidus du pressoir).

Grasso, Elio ★★★ Producteur fiable et de qualité à Monforte d'Alba : BAROLO remarquable (cherchez Gavarini et Casa Maté), BARBERA D'ALBA Vigna Martina puissant et vieilli en fût, DOLCETTO, etc.

Grattamacco ★★★ Excellent producteur de la côte toscane situé hors des centres classiques (près de SASSICAIA). Très bon assemblage SANGIOVESE/CAB Grattamacco.

Grave del Friuli Fr. V. J. DOC r. b. ★★ (r.) 88 90 93 94 95 96 DOC couvrant 15 vins différents, dont 14 nommés d'après leur cépage, non loin de la frontière slovène. Bons MERLOT et CAB. Meilleurs producteurs : PIGHIN, Borgo Magredo, Di Lenardo, Le Fredis, Teresa Raiz, Vigneti Le Monde.

Gravner, Josko ★★★ → ★★★★ Avec Mario SCHIOPETTO, leader spirituel du COLLIO : domaine proposant une gamme de blancs excellents dominée par CHARD et SAUV.

Grechetto Cépage à vin blanc traditionnel, beaucoup plus parfumé que l'éternel TREBBIANO, de plus en plus utilisé en Ombrie.

Greco di Bianco Cal. DOC b. d. ★★ Vin doux et parfumé du sud de l'Italie, de bonne garde. Celui de Ceratti est le meilleur. Voir aussi MANTONICO.

Greco di Tufo Camp. DOC b. (mo.) ★★ → ★★★ (B.J.P.) Un des meilleurs blancs du Sud, fruité et de goût légèrement « sauvage ». Du caractère. Les meilleurs : Vignadangelo de MASTROBERARDINO et VIGNADORA-Mastroberardino. Très bon aussi chez Vadiaperti, Di Meo, Feudi di S. Gregorio, Vega.

Gresy, Marchesi de (Cisa Asinari) ★★★ Producteur très fiable de beaux BARBARESCO. Aussi très bons SAUV et CHARD.

Grevepesa Coop. fiable du CHIANTI CLASSICO.

Grignolino d'Asti Piém. DOC r. ★ B.J.P. Rouge courant, léger et vif du PIÉMONT.

Guerrieri-Gonzaga ★★ → ★★★ Excellent producteur du TRENTINO. Sp. V.D.T. San Leonardo, assemblage CAB/MERLOT ★★★.

Guerrieri-Rizzardi ★★ Excellent producteur de BARDOLINO, VALPOLICELLA, AMARONE et SOAVE de diverses propriétés familiales.

Gutturnio dei Colli Piacentini Ém-Ro. DOC r. s. ★ → ★★ B.J.P. Assemblage de BARBERA/BONARDA des collines de Plaisance. Souvent FRIZZANTE.

Haas, Franz ★★ → ★★★ Très bons MERLOT et PINOT NERO du ALTO ADIGE.

Hofstätter ★★★ Producteur du SÜDTIROL pour un excellent PINOT N italien. Cherchez S. Urbano.

IGT (Indicazione Geografica Tipica) Nouvelle catégorie située entre le V.D.T. et le DOC.

Ischia Camp. DOC b. (r.) ★ → ★★ B.J.P. Vins de cette île de la baie de Naples. Le blanc légèrement âpre SUPERIORE est le meilleur de la DOC. L'excellent producteur D'AMBRA fait des Biancolella DOC d'un seul vignoble : Piellero et l'excellent Frassitelli.

Isole e Olena ★★★ → ★★★★ Excellent domaine de toute beauté du CHIANTI CLASSICO avec un beau V.D.T. rouge, le Cepparello. Très bons VIN SANTO, CAB, CHARD et Syrah l'Eremo.

Isonzo Fr. V. J. DOC r. b. ★★★ (r.) 88 90 93 94 DOC couvrant 19 vins (17 de cépage) dans le nord-est. Meilleurs blancs et CAB comparables aux COLLIO voisins. Meilleurs producteurs : Borgo Conventi, Francesco Pecorari, Pierpaolo Pecorari, Ronco del Gelso, VIE DI ROMANS, Villanova.

Jermann, Silvio ★★★ → ★★★★★ Propriété familiale de COLLIO produisant de remarquables et surprenants V.D.T. blancs, dont un assemblage VINTAGE TUNINA étrange vieilli dans du chêne et un Vinnae plus léger. Aussi Capo Marino (91) frais et CHARD « WHERE THE DREAMS HAVE NO END... ».

Kalterersee Nom allemand et local du lac de CALDARO.

Kante, Edi ★★★ Étoile du CARSO aux CHARD, SAUV, MALVASIA DOC remarquables et très bon rouge Terrano.

Lacryma (ou Lacrima) Christi del Vesuvio Camp. r. rosé b. s. (d. fz) ★ → ★★ B.J.P. Nombreuses variétés de vins connus, mais ordinaires, des pentes du Vésuve. DOC : Vesuvio. MASTROBERARDINO fait les seuls bons échantillons.

Lageder, Alois ★ → ★★★ Premier producteur des DOC de Bolzano (ALTO ADIGE) : SANTA MADDALENA, etc. Vins passionnants, dont CHARD vieilli en fût et CAB Löwengang. D'un seul vignoble : SAUV (Lehenhof), PINOT BL (Haberlehof), PINOT G (Benefizium Porer).

Lago di Caldaro Voir CALDARO.

Lagrein, Südtiroler Tr. H. Ad. DOC r. rosé ★★ → ★★★ 85 88 90 94 95 96 Cépage tyrolien au petit goût amer. Il donne un bon vin fruité. Le rosé : Kretzer, le sombre : Dunkel. Meilleurs chez Gojer, Gries, Kössler, Niedermayr, Maddalena, Rottensteiner, Schwanburg.

Lamberti ★ → ★ ★ Importants producteurs de SOAVE, VALPOLICELLA, BARDOLINO, etc., à Lazise sur la rive est du lac de Garde. LUGANA et V.D.T. Turà sont intéressants. Voir G.I.V.

Lambrusco Ém-Ro. DOC (ou non) r. rosé s. d/s ★ → ★ ★ B.J.P. Rouge pétillant populaire, surtout connu dans sa version industrielle demi-sec. Le meilleur est sec (secco), le traditionnel subit une seconde fermentation en bouteille (résidu de levures au fond). Les DOC sont : L. Grasparossa di Castelvetro, L. Salamino di Santa Croce et, la meilleure peut-être, L. di Sorbara. Meilleurs vins chez Barbolini, Bellei, Casali, CAVIC-CHIOLI, Franco Ferrari, Graziano, Rinaldo Rinaldini.

Langhe Collines du centre du PIÉMONT, patrie du BAROLO, BARBARESCO, etc. Nom d'une DOC récente (r. b. ★ ★ ★ → ★ ★ ★) pour 8 vins différents : ROSSO, BIANCO, FREISA, NEBBIOLO, DOLCETTO, ARNEIS, FAVORITA et CHARD. Les BAROLO et BARBARESCO peuvent maintenant être déclassés en DOC Langhe (le Nebbiolo n'avait avant que le statut de V.D.T.).

La Scolca ★ ★ → ★ ★ ★ Domaine célèbre à GAVI pour d'excellents GAVI et SPUMANTE (cherchez l'Extra Brut Soldati La Scolca).

Latisana Fr. V. J. DOC r. b. ★ → ★ ★ (r.) 94 95 (96) DOC pour 13 vins de cépage à 80 km au nord-est de Venise. Sp. bon TOCAI FRIULANO.

Leone de Castris ★ ★ Gros producteur de vins des POUILLES. Domaine à SALICE SALENTINO, près de Lecce.

Le Pupille ★ ★ ★ Excellent producteur de MORELLINO DI SCANSANO. V.D.T. CAB/MERLOT remarquable : Saffredi.

Le Salette ★ ★ ★ Petit producteur de VALPOLICELLA : cherchez les très bons AMARONE La Marega et RECIOTO Le Traversagne.

Lessona Piém. DOC. r. ★ ★ 88 89 90 93 94 95 (96) Vin souple, sec, de style Bordeaux, de la région de Verceil, issu des cépages NEBBIOLO, Vespolina et BONARDA.

Librandi ★ ★ → ★ ★ ★ Excellent producteur de Calabre. Très bon rouge CIRÒ (RISERVA Duca San Felice est ★ ★ ★) et V.D.T. Gravello (assemblage CAB/Gaglioppo intéressant et bon achat).

Lilliano, Castello di ★ ★ ★ Vieux domaine du CHIANTI CLASSICO reprenant de la vigueur.

Liquoroso Signifie fort, toujours doux et toujours muté.

Lisini Petit producteur de certains des meilleurs millésimes récents de BRUNELLO.

Livon ★ ★ ★ Excellent producteur des COLLI ORIENTALI.

Loazzolo Piém. DOC b. d. ★ ★ ★ 90 91 93 94 95 (96) Nouvelle DOC pour un vin de dessert MOSCATO issu de raisins botrytisés séchés à l'air : cher et doux. Meilleurs producteurs : Borgo Maragliano, Borgo Moncalvo, Borgo Sambui, Bricchi Mej, Luja.

Locorotondo Pou. DOC b. (mo.) ★ B.J.P. Vin méridional frais et plaisant.

Lugana Lomb. et Vén. DOC b. (mo.) ★ ★ → ★ ★ ★ B.J.P. Blancs du sud du lac de Garde ; peuvent être parfumés et délicats, pleins de corps et d'arôme. Bon chez Cà dei Frati, Ottella, Roveglia, Zenato.

Lungarotti ★ ★ → ★ ★ ★ Producteur leader de TORGIANO, chais, hôtel et musée du vin près de Pérouse. Aussi CHARD (Miralduolo et Vigna I Palazzi) et PINOT G parmi les meilleurs d'Italie. Voir TORGIANO.

Maculan ★ ★ → ★ ★ ★ Producteur leader de la DOC BREGANZE. Aussi Torcolato, V.D.T. de dessert (★ ★ ★) et Prato di Canzio (CHARD, PINOT BL et PINOT G).

Malvasia (Malvoisie)
Important cépage versatile et sous-estimé : vins blancs ou rouges, mousseux ou tranquilles, forts ou tendres, doux ou secs, aromatiques ou plutôt neutres, souvent V.D.T., *parfois* DOC. *Blanc sec à doux, fort, concentré :* **M. di Cagliari**, *Sard.* DOC ★ ★ *(ex. Meloni). Rouge parfumé, au goût de raisin, doux, parfois mousseux :* **M. di Casorzo d'Asti**, *Piém.* DOC ★ ★ *(ex. Bricco Mondalino). Rouge parfumé, mousseux :* **M. di Castelnuovo Don Bosco**, *Piém.* DOC ★ ★ *(ex. Gilli). Blanc riche, fort, de longue garde :* **M. delle Lipari**, *Sic.* DOC ★ ★ ★ *(ex. Colosi). Blanc sec à demi-sec, bouquet profond, de longue garde :* **M. de Nus**, *V. d'A.* DOC *(ex. La Crotta de Vegnerons). Vaut toujours l'essai.*

Manduria (Primitivo di)   Pou. DOC r. d/s (s. d. fz) ★ ★ ⬛90⬛ ⬛91⬛ 92 93 94 95 96 Rouge capiteux, fort en alcool, mais souvent muté, près de Tarente. Bon chez Vinicola Savese.

Mantonico   Cal. b. s. d. fz ★ ★ **89 90 91** 92 93 94 95 Vin de dessert fruité, robe d'un ambre profond, de Reggio de Calabre. Peut vieillir admirablement. Bon chez Ceratti. Voir GRECO DI BIANCO.

Marchesi di Barolo   ★ ★ Importants vins d'ALBA : BAROLO, BARBARESCO, DOLCETTO et GAVI.

Marino   Lat. DOC b. s. d/s (mo.) ★ → ⬛★ ★⬛ B.J.P. Un voisin du FRASCATI, souvent meilleur. Chercher la marque COLLE PICCHIONI.

Marsala   Sic. DOC br. s. d/s fz ★ ★ → ★ ★ ★ S A Vin sicilien sombre, proche du xérès, découvert par les frères Woodhouse de Liverpool en 1773 ; excellent apéritif ou vin de dessert mais surtout utilisé en cuisine pour le sabayon, etc. Le sec (« vierge ») est fait parfois selon le système de la solera. Doit avoir 5 ans. Meilleurs producteurs : VECCHIO SAMPERI, Pellegrino, Rallo, FLORIO. Vieux millésimes ★ ★ ★ ★ très spéciaux.

Martini & Rossi   Firme de vermouth et mousseux maintenant contrôlée par le groupe Bacardi. (Possède un splendide musée de l'histoire du vin, à Pessione, près de Turin.)

Marzemino (Trentino)   Tr. H. Ad. DOC r. ★ → ★ ★ **93 94** 95 96 Agréable vin local du TRENTINO. Goût fruité, avec une très légère amertume. Bons producteurs : Bossi Fedrigotti, Casata Monfort, CA'VIT, De Tarczal, Gaierhof, Letrari, Simoncelli, Vallarom, Vallis Agri.

Mascarello   Nom de deux grands producteurs de BAROLO, etc. : Bartolo M. et Giuseppe M. & Figli. Recherchez le BAROLO Monprivato de ce dernier (★ ★ ★).

Masi   ★ ★ → ★ ★ ★ Producteurs très connus, consciencieux et fiables, spécialistes de VALPOLICELLA, AMARONE (★ ★ ★), RECIOTO, SOAVE, dont le beau rouge Campo Fiorin. Cherchez aussi l'excellent V.D.T. rouge Toar vieilli en barriques.

Mastroberardino   ★ ★ → ★ ★ ★ Très importante famille de producteurs de vins de Campanie, qui s'est divisée en deux : Mastroberardino et VIGNADORA-Mastroberardino, mais cela n'a pas changé grand-chose. Parmi les vins : FIANO DI AVELLINO, GRECO DI TUFO, LACRYMA CHRISTI et TAURASI (cherchez le Radici).

Melini   ⬛★ ★⬛ Producteurs de CHIANTI CLASSICO établis depuis longtemps à Poggibonsi. Bon rapport qualité/prix. Cherchez le CHIANTI CLASSICO d'un seul vignoble, Selvanella. Voir aussi G.I.V.

Meranese di Collina   Tr. H. Ad. DOC r. ★ B.J.P. Rouge léger de Merano connu en Allemagne sous le nom de Meraner Hügel.

Merlot Cépage rouge de Bordeaux facilement adaptable et très répandu dans le nord et le centre de l'Italie. Meilleurs producteurs : HAAS, SCHRECKBICHL et Baron Widman dans le TRENTINO ALTO ADIGE ; Torre Rosazza (L'Altromerlot) et BORGO DEL TIGLIO en FRIULI-VENEZIA GIULIA ; et, pour les V.D.T. SUPER-TUSCAN d'AMA (L'Apparita), AVIGNONESI, ORNELLAIA (Masseto) et FRESCOBALDI (Lamaione).

Metodo classico ou tradizionale Termes désormais obligatoires pour désigner les mousseux méthode traditionnelle. Le terme « Metodo Champenois » est illégal depuis 1994. Voir aussi CLASSICO.

Mezzacorona Énorme coop. du TRENTINO avec de bons Teroldego DOC et METODO CLASSICO, sp. Rotari.

Moccagatta ★★ → ★★★ Spécialiste de BARBARESCO d'un seul vignoble impressionnant : Basarin, Bric Balin (★★★) et Vigna Cole.

Monacesca, La ★★★ Excellent producteur d'un très bon VERDIC-CHIO DI MATELICA. Meilleur vin : Mirus.

Moncaro Coop. des Marches : bon VERDICCHIO DEI CASTELLI DI JESI.

Monferrato Piém. DOC r. b. d. rosé ★★ Les collines situées entre le Pô et les Apennins donnent leur nom à cette nouvelle DOC comprenant ROSSO, BIANCO, CHIARETTO, DOLCETTO, FREISA et CORTESE Casalese.

Monica di Sardegna Sard. DOC r. ★ B.J.P. Monica est le cépage d'un rouge sec et léger.

Monsanto ★★ → ★★★ Domaine de CHIANTI CLASSICO réputé, sp. pour le vignoble Il Poggio.

Montalcino Petite cité toscane, célèbre pour son BRUNELLO rouge profond et un ROSSO DI MONTALCINO plus jeune.

Montecarlo Tosc. DOC b. r. ★★ B.J.P. (b.) Zone de vin blanc au nord de la TOSCANE. Vins tendres et neutres de TREBBIANO assemblé avec de meilleurs cépages. Désigne aussi un rouge style CHIANTI. Bons producteurs : Buonamico (sp. V.D.T. « Il Fortino »), Carmignani (très bon V.D.T. For Duke), Michi.

Montefalco (Rosso di) Omb. DOC r. ★★ 91 93 95 96 Assemblage courant de SANGIOVESE/TREBBIANO/SAGRANTINO. Le V.D.T. Rosso d'Arquata d'ADANTI domine.

Montefalco Sagrantino Omb. DOCG r. s. d. ★★★ 90 91 92 93 95 Rouge PASSITO sec ou doux fort et très intéressant issu de Sagrantino uniquement. Bon chez : ADANTI, Antonelli, Caprai-Val di Maggio, Colpetrone.

Montellori, Fattoria di ★★ → ★★★ Producteur toscan faisant d'admirables V.D.T. SANGIOVESE/CAB (Castelrapiti Rosso), V.D.T. de Viognier (Bonfiglio), V.D.T. de CHARD (Castelrapiti Bianco) et un très bon SPUMANTE METODO CLASSICO.

Montepulciano Cépage rouge important du centre-est de l'Italie et fameuse ville toscane. Voir entrées suivantes.

Montepulciano, Vino Nobile di Voir VINO NOBILE DI MONTEPULCIANO.

Montepulciano d'Abruzzo Abr. DOC r. rosé ★ → ★★★ 90 91 92 93 94 95 96 Lorsqu'il est réussi (ce qui est rare), un des rouges italiens les plus goûteux, qui allie bouquet et chaleur, des environs de Pescara. Bon chez VALENTINI (Nº 1), Barone Cornacchia, Bosco Nestore, Filomusi-Guelfi, Illuminati, Cataldi Madonna, Masciarelli, Montori, Nicodemi, Tenuta del Priore et Zaccagnini. Voir aussi CERASUOLO.

Montescudaio Tosc. DOC r. b. ★ → ★★ Nouvelle DOC près de Pise. Terriccio est un bon producteur, sp. pour les V.D.T. MER-LOT/CAB/SAUV Lupicaia et Tassinaia.

Montesodi Tosc. r. ★★★ → ★★★★ `85` `86` `88` `90` 91 93 94 95 96 RISERVA haut de gamme de FRESCOBALDI en RUFINA dans le CHIANTI.

Monte Vertine ★★★ → ★★★★ Prestigieux domaine de CHIANTI à Radda. Le V.D.T (100 % SANGIOVETO) Le Pergole Torte est l'un des meilleurs de TOSCANE. Aussi Sodaccio (Sangioveto plus Canaiolo) et beau VIN SANTO.

Montresor ★★ Firme vinicole de VÉRONE. Bons LUGANA, BIANCO DI CUSTOZA, VALPOLICELLA.

Morellino di Scansano Tosc. DOC r. `★★` → ★★★ `88` `90` `91` 93 94 95 96 SANGIOVESE local de Maremme, au sud de la côte toscane. Actuellement à la mode pour ses arômes plus modernes. Vins rouge cerise, vifs et goûteux à boire jeunes ou vieillis. Fattorie LE PUPILLE, MORIS FARMS et E. Banti sont les meilleurs.

Moris Farms ★★★ Excellent producteur de MORELLINO DI SCANSANO. Cherchez le RISERVA et l'assemblage CAB/Morellino très concentré Avvoltore.

Moscadello di Montalcino Tosc. DOC b. d. (mo.) ★★ B.J.P. Vin traditionnel de MONTALCINO, bien plus ancien que le BRUNELLO. MOSCATO blanc, doux, pétillant et PASSITO doux ou à haute teneur en octane. Bons producteurs : BANFI, POGGIONE.

Moscato

*Cépage fruité, cultivé dans toute l'Italie pour une vaste gamme de vins : mousseux ou tranquilles, légers ou corsés, mais toujours doux. Le plus réputé est le **Moscato d'Asti**, Piém. DOCG ★★ → `★★★` : léger, aromatique, mousseux et délicieux chez BERA, CAUDRINA-DOGLIOTTI, Grimaldi, Icardi, La Morandina, Marenco, Perrone, RIVETTI, Saracco et Vignaioli di Santo Stefano. Le meilleur d'Italie vient de l'île de Pantelleria, au large de la côte tunisienne, surtout chez De Bortoldi et Murana. Le meilleur **Moscato di Trani**, rare, prestigieux (parfois muté) est celui de Nugnes.*

Müller-Thurgau (Müller-T) Cépage sur lequel on doit compter en TRENTINO-ALTO ADIGE et FRIULI, sp. Feldmarschall de TIEFENBRUNNER.

Murana, Salvatore ★★ → ★★★ Très bons Moscato di PANTELLERIA et PASSITO di PANTELLERIA.

Nasco di Cagliari Sard. DOC b. s. d. (fz) ★★ Une spécialité sarde, au bouquet délicat, au goût légèrement amer, très forte en alcool. Bon chez Meloni.

Nebbiolo Le meilleur cépage rouge du PIÉMONT et de Lombardie.

Nebbiolo d'Alba Piém. DOC r. s. (d/s mo.) `★★` 88 `89` `90` 93 95 D'ALBA (mais pas BAROLO, BARBARESCO). Parfois comme un BAROLO léger ; peut être plus facile à apprécier que le vin classique plus puissant. Meilleur chez Correggia, MASCARELLO, PRUNOTTO, RATTI, Roagna. Voir aussi ROERO.

Negroamaro Littéralement « noir-amer ». Cépage rouge des POUILLES, potentiellement de qualité. Voir COPERTINO et SALICE SALENTINO.

Nepente di Oliena Sard. r. ★★ CANNONAU rouge fort et parfumé. Touche d'amertume. Bon chez Arcadu Tonino.

Nipozzano, Castello di ★★★ La propriété FRESCOBALDI à l'est de Florence produisant le CHIANTI MONTESODI. Le plus important à l'extérieur de la zone CLASSICO.

Nittardi ★★★ Petit domaine montant du CHIANTI CLASSICO.

Nosiola (Trentino) Tr. H. Ad. DOC b. s. d. ★★ B.J.P. Blanc léger et fruité de raisins Nosiola séchés. Aussi bon VIN SANTO. Le meilleur de Pravis : Le Frate.

Nozzole ★★ → ★★★ Célèbre propriété au cœur du CHIANTI CLASSICO. Appartient à RUFFINO. Aussi bon CAB.

Nuragus di Cagliari Sard. DOC b. ⭐ B.J.P. Blanc sarde vif.

Oberto, Andrea ⭐⭐ Petit producteur de La Morra aux excellents BAROLO et BARBERA D'ALBA.

Oltrepò Pavese Lomb. DOC r. b. s. d. mo. ★ → ★ ★ ★ DOC couvrant 14 vins produits par la prov. de Pavie et surtout nommés d'après leur cépage. Le PINOT N et le SPUMANTE METODO CLASSICO peuvent être étonnants. Parmi les meilleurs producteurs : Anteo, Cabanon, Doria, La Versa, Le Fracce, Luciano Brega, Monsupello, Montelio, Vercesi del Castellazzo.

Ornellaia Tosc. ★ ★ ★ → ★ ★ ★ ★ Nouvelle propriété (52 ha) de Lodovico ANTINORI près de Bolgheri sur la côte toscane. À surveiller pour V.D.T. Ornellaia (CAB/MERLOT), V.D.T. Masseto (MERLOT) très bon et très franc et SAUV Poggio delle Gazze.

Orvieto Omb. DOC b. s. d/s. ★ → ★ ★ ★ B.J.P. Le blanc classique doré d'Ombrie, tendre et puissant. Plutôt terne avant, intéressant maintenant, surtout en doux. Le CLASSICO est meilleur. Les plus beaux (BIGI, DECUGNANO DEI BARBI, BARBERANI) vieillissent bien. Mais voir CASTELLO DELLA SALA.

Pacenti, Siro ★ ★ ★ Très bons BRUNELLO DI MONTALCINO et ROSSO DI MONTALCINO.

Pagadebit di Romagna Ém-Ro. DOC b. s. d/s ★ B.J.P. Un « payeur de dettes » agréable des environs de Bertinoro.

Palazzino, Podere Il ★ ★ ★ Petit domaine aux admirables CHIANTI CLASSICO et V.D.T. Grosso Sanese.

Panaretta, Castello della ★ ★ → ★ ★ ★ Domaine à suivre : beau CHIANTI CLASSICO.

Pancrazi, Marchese ★ ★ → ★ ★ ★ Domaine près de Florence : parmi les meilleurs PINOT NERO d'Italie.

Panizzi ★ ★ Fait un VERNACCIA DI SAN GIMIGNANO de grande classe.

Pantelleria Voir MOSCATO.

Paradiso, Fattoria ★ ★ → ★ ★ ★ Vieux domaine familial près de Bertinoro (Émilie-Romagne). Bons ALBANA et PAGADEBIT et rouge BARBAROSSA unique. Très bon SANGIOVESE.

Parrina Tosc. r. b. ★ ★ 94 95 Grand domaine près de la station balnéaire chic d'Argentario, dans le sud de la TOSCANE. Rouge et blanc légers de la côte de Maremme, au sud de la TOSCANE.

Parusso ★ ★ ★ Tiziana et Marco Parusso font des BAROLO de haute volée (par ex. Bussia d'un seul vignoble, Mariondino) et de très bons BARBERA D'ALBA, DOLCETTO, etc.

Pasolini Dall'Onda Famille noble ayant des propriétés dans les Colli Fiorentini de CHIANTI et en Romagne et produisant des vins de style traditionnel.

Pasqua, Fratelli ★ ★ Producteur et embouteilleur de bon niveau pour des vins de VÉRONE : VALPOLICELLA, AMARONE, SOAVE.

Passito (pa) Vin fort et doux fait avec des raisins séchés sur pied ou à l'intérieur.

Paternoster ⭐⭐ → ★ ★ ★ Excellent producteur d'AGLIANICO DEL VULTURE.

Pecorari, Pierpaolo ★ ★ → ★ ★ ★ Très bons vins ISONZO DOC. Les meilleurs sont CHARD et SAUV.

Pelaverga Piém. r. ⭐⭐ (B.J.P.) Rouge pâle épicé de Verduno. Bons producteurs : Alessandria, Bel Colle, Castello di Verduno.

Peppoli ★ ★ ★ Propriété appartenant à ANTINORI. Elle produit d'excellents CHIANTI CLASSICO pleins, ronds et jeunes.

Per'e Palummo Camp. r. ★ Appétissant rouge léger et tannique produit dans l'île d'ISCHIA.

Perrone, Elio ★ ★ → ★ ★ ★ Petit domaine produisant l'un des meilleurs MOSCATO D'ASTI.

Piave Vén. DOC r. b. ★ → ★★ (r.) **94** 95 96 (b.) B.J.P. DOC florissante couvrant 8 vins, 4 rouges et 4 blancs nommés d'après leur cépage. Les rouges CAB, MERLOT et RABOSO peuvent tous vieillir. Bons chez Molon-Traverso.

Picolit (Colli Orientali del Friuli) Fr. V. J. DOC b. d/s d. ★★ → ★★★ **93 94** 95 96 Vin de dessert délicat, équilibré, doux. Ressemble un peu au Jurançon. Vieillit jusqu'à 6 ans. Prix et réputation surfaits. Meilleurs chez DORIGO, Dri, Livio FELLUGA, Graziano Specogna.

Piémont (Piemonte) Région la plus importante d'Italie pour les vins de haute qualité. ASTI et ALBA sont les centres vinicoles. Voir BAROLO, BARBERA, DOLCETTO, BARBARESCO, GRIGNOLINO, MOS-CATO, etc.

Millésimes du Piémont

1996 À nouveau prometteur malgré un mois de pluies avant des vendanges par beau temps. La qualité du Berbera et du Nebbiolo est très élevée : le millésime devrait être meilleur que 1995.
1995 Millésime très prometteur, mais pluies d'automne incessantes : blanc, Dolcetto, Barbera de qualité moyenne. Quelques excellents Barolos là où les vendanges ont eu lieu à la mi-octobre, ou plus tard par temps chaud et sec.
1994 Été chaud mais les pluies pendant les vendanges ont empêché l'excellence.
1993 Été chaud, bons Dolcetto et Barbera. Mais les pluies de septembre ont interrompu les vendanges de Nebbiolo et une sélection rigoureuse a été nécessaire pour Barolo et Barbaresco.
1992 Année extrêmement difficile à cause des pluies incessantes. Blancs bons. Nebbiolo pas aussi chanceux.
1991 Avril froid puis juillet très chaud. Vendanges interrompues par la pluie : quelques Barolo, Barbaresco et Barbera élégants. Beaux Dolcetto et blancs.

Piémont Piém. DOC r. b. rosé (mo.) ★ → ★★★ Nouvelle DOC couvrant l'ensemble de la région du Piémont et comprenant BARBERA, BONARDA, BRACHETTO, CORTESE, GRIGNOLINO, CHARD, SPUMANTE, MOSCATO.

Pieropan ★★★ Remarquable producteur de SOAVE et RECIOTO méritant pour une fois sa réputation.

Pieve di Santa Restituta ★★★ Domaine produisant un admirable BRUNELLO DI MONTALCINO ainsi qu'un ROSSO DI MONTALCINO et un V.D.T. rouge Pian de Cerri très bons. Liens avec GAJA.

Pigato DOC sous la Riviera Ligure di Ponente. Dépasse souvent le VERMENTINO en tant que plus beau vin ligurien. Structure et texture riches. Bon chez Anfossi, Feipu, TERRE ROSSE, Colle dei Bardellini, Lupi, Vio.

Pighin, Fratelli Bons producteurs de COLLIO et GRAVE DEL FRIULI.

Pinot Bianco (Pinot Blanc) Cépage populaire dans le nord-est de l'Italie pour de nombreux vins DOC. Généralement plats et secs. Meilleurs dans l'ALTO ADIGE ★★ (producteurs : coop. St-Michael, LAGEDER, Elena Walch), le COLLIO ★★ (très bon chez Keber, Mangilli, Picech, Princic) et les COLLI ORIENTALI ★★ → ★★★ (meilleur chez Rodaro et VIGNE DAL LEON).

Pinot Grigio (Pinot Gris) Cépage blanc, peu acide, de plus en plus populaire dans le nord-est. Les meilleurs vins viennent des DOC ALTO ADIGE (LAGEDER, Kloster Muri-Gries, Schwanburg) et du COLLIO (SCHIOPETTO, Caccese). En TOSCANE, AMA en fait un très bon V.D.T.

Pinot Nero (Pinot Noir) Planté dans la majeure partie du nord-est. Statut DOC en ALTO ADIGE (HAAS, SCHRECKBICHL, coop. St Michael-Eppan, Niedrist, HOFSTÄTTER, coop. Girlan, coop. Kurtatsch, coop. Kaltern, Niedermayr, LAGEDER) et en OLTREPÒ PAVESE (Vercesi del Castellazzo, Ruiz de Cardenas). Essais prometteurs ailleurs, comme en TOSCANE (AMA, BANFI, FONTODI, Pancranzi, RUFFINO). Beaux mousseux aussi venant de plusieurs régions : TRENTINO (Maso Cantanghel, POJER & SANDRI, Lombardie (CA'DEL BOSCO).

Pio Cesare ★ ★ → ★ ★ ★ Producteur haut de gamme du PIÉMONT. Uniquement des rouges, dont BAROLO.

Podere Terme toscan désignant une exploitation vinicole. Plus petit que la FATTORIA.

Poggio Antico (Montalcino) ★ ★ ★ BRUNELLO, ROSSO et V.D.T. rouge Altero admirablement stables et de haut niveau.

Poggione, Tenuta Il ★ ★ ★ Peut-être le domaine le plus fiable en BRUNELLO et ROSSO DI MONTALCINO.

Pojer & Sandri ★ ★ ★ Excellents producteurs du TRENTINO en rouge et en blanc, dont SPUMANTE.

Poliziano ★ ★ ★ Federico Carletti fait de très bons VINO NOBILE DI MONTEPULCIANO (sp. Asinone, Caggiole), V.D.T. Elegia (CAB, SANGIOVESE) et un merveilleux VIN SANTO. Très bon achat.

Pomino Tosc. DOC b. (r. br.) ★ ★ ★ 93 94 95 96 Bon blanc issu en partie de CHARD (sp. Il Benefizio) et un assemblage SANGIOVESE/CAB/MERLOT/PINOT N. Également VIN SANTO. Sp. de FRESCOBALDI et SELVAPIANA.

Pouilles Botte de l'Italie. Produit près d'un cinquième du vin italien, mais surtout mis en bouteilles dans le nord de l'Italie et en France. Meilleure DOC : SALICE SALENTINO. Producteurs : Botromagno, Calà Michele, CANDIDO, coop. Copertino, Coppi, LEONE DE CASTRIS, Masseria Monaci, RIVERA, ROSA DEL GOLFO, TAURINO, Vallone.

Predicato 4 types de VINI DA TAVOLA de TOSCANE centrale illustrant l'évolution rapide de la production. P. del Muschio est CHARD et PINOT BL ; P. del Selvante est SAUV ; P. di Biturica est CAB avec SANGIOVESE ; P. di Cardisco est pur SANGIOVESE. Bons exemples sous la marque Cabreo de RUFFINO.

Primitivo Très bon cépage rouge de l'extrême Sud, maintenant identifié comme du Zinfandel. Peu de producteurs, dont les meilleurs sont : Coppi, Sava et Savese.

Primitivo di Apulia Voir MANDURIA.

Produttori del Barbaresco ★ ★ → ★ ★ ★ Coop. et l'un des producteurs les plus fiables de la DOCG. Vins d'un seul vignoble souvent remarquables (Ovello, Rabajà, Pajé, etc.).

Prosecco Cépage blanc destiné à un mousseux sec et léger populaire à Venise. Voir entrée suivante.

Prosecco di Conegliano-Valdobbiadene Vén. DOC b. d/s ★ ★ B.J.P. Vin au bouquet légèrement fruité. Le sec est agréablement amer, le doux est fruité. Les plus doux (et chers) sont les Superiore di Cartizze. CARPENÈ-MALVOLTI, producteur le plus renommé, est talonné par Adami, Bisol, Bortolotti, Canevel, CASE BIANCHE, Collalto, Foss Marai, Nino Franco, Ruggeri.

Prunotto, Alfredo ★ ★ ★ Très sérieuse firme d'ALBA aux très bons BARBARESCO (sp. Montestefano ★ ★ ★ ★), BAROLO (sp. Bussia et Cannubi d'un seul vignoble ★ ★ ★ ★), NEBBIOLO, etc. Appartient maintenant à ANTINORI.

Querciabella ★ ★ ★ Domaine de CHIANTI CLASSICO avec un excellent V.D.T. rouge Camartina et un V.D.T. blanc de rêve : Bâtard Pinot (PINOT BL et G).

Quintarelli, Giuseppe ★ ★ ★ ★ Véritable artisan producteur de VALPOLICELLA, RECIOTO et AMARONE, au sommet tant pour la qualité que les prix.

Raboso del Piave Vén. DOC r. ★ ★ 93 94 95 (96) Rouge de pays, puissant et âpre, doit vieillir. Cherchez le Molon-Traverso.

Ragose, Le ★ ★ ★ Domaine familial. L'un des meilleurs AMARONE de VALPOLICELLA et RECIOTO de haute qualité. CAB et VALPOLICELLA très bons aussi.

Ramandolo Voir VERDUZZO COLLI ORIENTALI DEL FRIULI.

Ramitello Voir DI MAJO NORANTE.

Rampolla, Castello dei ★ ★ ★ Beau domaine de CHIANTI CLASSICO à Panzano ; aussi excellent V.D.T. Sammarco à base de CAB.

Ratti, Renato ★ ★ → ★ ★ ★ Producteur d'excellents BAROLO et autres vins d'ALBA. M. Ratti (décédé en 1988) était un leader très respecté de l'industrie vinicole piémontaise.

Recioto Vin de Vénétie fait avec des raisins séchés. Remonte au vin romain classique, le Raeticus. Toujours doux, parfois mousseux : doit être bu jeune. Doux et concentré : peut se garder longtemps.

Recioto della Valpolicella Vén. DOC r. d/s ★ ★ → ★ ★ ★ 88 90 93 95' Rouge fort de vendange tardive. Très bon chez Accordini, ALLEGRINI, BRIGALDARA, Corte Sant'Alda, DAL FORNO, Degani, Nicolis, Serègo Alighieri, LE RAGOSE, LE SALETTE, SAN RUSTICO, Speri, TEDESCHI.

Recioto della Valpolicella Amarone Voir AMARONE.

Recioto di Gambellara Vén. DOC b. d. (mo. d/s B.J.P.) ★ Surtout pétillant et industriel. Le meilleur est fort et doux. Cherchez LA BIANCARA (★ ★ ★).

Recioto di Soave Vén. DOC b. d/s (mo.) ★ ★ ★ 90 91 92 93 95 96 SOAVE fait à partir de raisins sélectionnés et à demi séchés. Doux, fruité et frais, il a un léger parfum d'amande et une forte teneur en alcool. Remarquables chez ANSELMI, PIEROPAN.

Refosco r. ★ ★ 90 93 94 95 (96) Rouge intéressant, corsé, sombre et tannique, qui a besoin de vieillir. Serait le même cépage que la Mondeuse de Savoie (même goût). Le meilleur vient du FRIULI-VENEZIA GIULIA, DOC COLLI ORIENTALI, GRAVE et CARSO (où il est appelé Terrano). Très bon chez Bosco Romagno, Villa Belvedere, DORIGO, Edi KANTE, Le Fredis, LIVON, VOLPE PASINI. Souvent bon achat.

Regaleali ★ ★ ★ Appartient à la famille noble Tasca D'Almerita, peut-être le meilleur producteur sicilien, entre Caltanissetta et Palerme. Très bons V.D.T. rouge, blanc et rosé Regaleali, rouge Rosso del Conte (★ ★ ★) et CAB. Aussi CHARD impressionnant (★ ★ ★).

Ribolla (Colli Orientali del Friuli et Collio) Fr. V. J. DOC b. ★ → ★ ★ B.J.P. Blanc maigre du nord-est de l'Italie. Le meilleur vient du COLLIO. Meilleurs domaines : La Castellada, GRAVNER, Krapez, Radikon, Venica & Venica, VILLA RUSSIZ.

Ricasoli ★ → ★ ★ ★ Célèbre famille de TOSCANE qui a « inventé » le CHIANTI. Son CHIANTI CLASSICO porte le nom de son domaine et château de Brolio, de nouveau dirigés par la famille.

Riecine Tosc. r. (b.) ★ ★ → ★ ★ ★ Domaine de CHIANTI CLASSICO de première classe, créé à Gaiole par son propriétaire anglais, John Dunkley. Aussi V.D.T. SANGIOVESE La Gioia.

Riesling Désignait le Riesling italien (R. Italico ou Welschriesling). Le Riesling allemand, en progrès, porte le nom de Riesling Renano. Les meilleurs viennent des DOC ALTO ADIGE ★ ★ (sp.

coop. Kurtatsch, Ignaz Niedrist, coop. La Vis, Elena Walch) et OLTREPÒ PAVESE Lomb. ★ ★ (cherchez Brega, Cabanon, Doria, Frecciarossa, coop. La Versa). Étonnant aussi chez Ronco del Gelso (DOC ISONZO).

Ripasso VALPOLICELLA subissant une seconde fermentation avec des peaux de raisins AMARONE pour obtenir un vin plus complexe, plus rond et de plus longue garde. Le meilleur est le Campo Florin de MASI.

Riserva Vin vieilli habituellement en fût pendant une période prescrite par la loi.

Riunite L'une des plus grosses coop. du monde, près de Reggio Emilia, énorme production de LAMBRUSCO et autres vins.

Rivera ★ ★ Producteurs sérieux à Andria, près de Bari dans les POUILLES ; bons rouge (Il Falcone) et rosé CASTEL DEL MONTE. Aussi étiqueté Vigna al Monte.

Rivetti, Giorgio (La Spinetta) ★ ★ ★ Premier succès avec du MOSCATO, puis avec les rouges. Excellent MOSCATO D'ASTI, très bon BARBERA, V.D.T. Pin très intéressant (assemblage BARBERA/NEBBIOLO).

Riviera del Garda Bresciano Lomb. DOC b. rosé r. (mo.) ★ → ★ ★ CHIARETTO simple, parfois charmant, rouge cerise, et blanc neutre du sud-ouest du lac de Garde. Bons producteurs : Cà dei Frati, Comincioli, Costaripa, Monte Cigogna.

Rocca, Bruno ★ ★ ★ Jeune producteur au BARBARESCO admirable (Rabajà).

Rocca delle Macìe ★ → ★ ★ Gros producteur de CHIANTI CLASSICO près de Castellina.

Rocca di Castagnoli ★ ★ → ★ ★ ★ Récent producteur de très bon CHIANTI CLASSICO (les meilleurs : RISERVA Poggio a'Frati, Capraia), aussi très bons V.D.T. Stielle et Buriano (assemblages CAB/SANGIOVESE).

Rocche dei Manzoni, Podere ★ ★ ★ Propriété dynamique à Monforte d'Alba. Excellents BAROLO (meilleur : Vigna Big), BRICCO MANZONI (remarquable V.D.T. NEBBIOLO/BARBERA), vins d'ALBA, CHARD (L'Angelica) et Valentino Brut mousseux.

Rodano ★ ★ ★ Enrico Pozzesi fait un CHIANTI CLASSICO léger mais typique à Castellina. Annata et RISERVA très bons.

Roero Piém. DOC r. ★ ★ 93 94 95 96 NEBBIOLO des collines Roeri, près d'ALBA, qui se buvait comme du petit-lait mais qui a bien évolué depuis. Peut être délicieux. Bon chez Correggia, Deltetto, Malabaila, Malvirà.

Roero Arneis Piém. DOC r. ★ ★ B.J.P. Blanc souple et léger des collines Roeri. Généralement trop cher. Bon chez Almondo, Bruno GIACOSA, Correggia, Deltetto, Malabaila, Malvirà, VIETTI, Gianni Voerzio.

Ronco Terme désignant un vignoble de coteaux en FRIULI-VENEZIA GIULIA.

Ronco del Gnemiz ★ ★ ★ Minuscule propriété aux COLLI ORIENTALI DOC et CHARD V.D.T. remarquables.

Rosa del Golfo ★ ★ → ★ ★ ★ Le ROSATO DEL SALENTO de Mino Calò est l'un des meilleurs. Aussi très bon V.D.T. rouge Portulano.

Rosato Rosé.

Rosato del Salento Pou. rosé ★ ★ B.J.P. Aux environs de Brindisi, rosés très proches de ceux de BRINDISI, COPERTINO et SALICE SALENTINO (voir ces termes pour les noms de producteurs). Peuvent être forts mais souvent réellement juteux et bons.

Rossese di Dolceacqua Lig. DOC r. ★ ★ B.J.P. Rouge léger, parfumé, bien connu de la Riviera. Bon chez Giuncheo, Guglielmi, Lupi, Perrino, Terre Bianche.

Rosso Rouge.

Rosso Cònero Mar. DOC r. ★★→★★★ 88 90 92 93 94 95 (96) Certains des meilleurs rouges (de cépage) MONTEPULCIANO d'Italie : Grosso Agontano de GAROFOLI, RC Dorico de Moroder, Cumaro et San Lorenzo d'UMANI RONCHI, par exemple. Très bons aussi chez Conte Dittajuti, E. Lanari Leardo, Le Terrazze, Marchetti.

Rosso di Montalcino Tosc. DOC r. ★★→★★★ 90 93 94 95 96 DOC pour des vins plus jeunes de BRUNELLO. Encore inégale, mais bien placée pour gagner si les nombreux bons producteurs n'abusent pas avec les prix. Pour les producteurs, voir BRUNELLO DI MONTALCINO.

Rosso di Montepulciano Tosc. DOC r. ★★ 93 94 95 96 Équivalent du précédent pour un jeune VINO NOBILE. Doit se faire un style. Pour les producteurs, voir VINO NOBILE DI MONTEPULCIANO.

Rosso Piceno Mar. DOC r. ★★ 90 91 93 94 95 (96) Rouge stylé de l'Adriatique. SUPERIORE dans la zone classique près d'Ascoli. Meilleurs producteurs : Cocci Grifoni, Velenosi Ercole, Saladini Pilastri, Villamagna.

Rubesco ★★ L'excellent rouge populaire de LUNGAROTTI, voir TORGIANO.

Ruchè (Aussi Rouchè ou Rouchet) Cépage vieux et rare (d'origine française) donnant un rouge (d/s) fruité et frais au bouquet riche. Ruchè di Castagnole Monferrato est une DOC récente, Piero Bruno étant le meilleur producteur. Rouchet Briccorosa de SCARPA est sec et excellent (★★★).

Ruffino ★→ ★★★ Négociants de CHIANTI très connus, à Pontassieve. RISERVA Ducale Oro et Santedame sont leurs meilleurs vins. Nouveaux vins PREDICATO (Cabreo rouge et blanc) et CAB Il Pareto à suivre.

Rufina ★→★★★ Important secteur du CHIANTI (collines à l'est de Florence). Meilleurs vins chez Basciano, Castello Nipozzano (FRESCOBALDI), SELVAPIANA.

Russiz Superiore (Collio) Voir FELLUGA, Marco.

Sagrantino di Montefalco Voir MONTEFALCO.

Sala, Castello della ★★→★★★ Propriété d'ANTINORI à ORVIETO. Borro est le blanc régulier. Cervaro della Sala est un vin de haut niveau : CHARD et GRECHETTO vieillis dans du chêne. Muffato della Sala est l'un des meilleurs vins botrytisés d'Italie.

Salice Salentino Pou. DOC r. ★★→★★★ 88 89 90 93 94 95 (96) Rouge résonnant de cépage NEGROAMARO. RISERVA après 2 ans. Excellents producteurs : CANDIDO, De Castris, TAURINO, Vallone.

Sandrone, Luciano ★★★ Tenant de la mode du BAROLO nouveau style. Très bons BAROLO Cannubi Boschis, DOLCETTO et BARBERA.

San Felice ★★→★★★ Star montante du CHIANTI avec un beau CLASSICO Poggio Rosso. V.D.T. rouge Vigorello et PREDICATO di Biturica.

San Giminiano Ville toscane célèbre pour ses tours et son blanc sec VERNACCIA.

Sangiovese ou Sangioveto Principal cépage rouge d'Italie. Hautes performances en TOSCANE seulement, où ses nombreuses formes comprennent CHIANTI, VINO NOBILE, BRUNELLO, MORELLINO, etc. Sangiovese di Romagna (Ém-Ro. r. ★→★★) rouge standard plaisant et très populaire. Très bon chez PARADISO, Trerè, ZERBINA. Remarquables V.D.T. ★★★ Ronco dei Ciligegi et Ronco delle Ginestre de CASTELLUCCIO. Parfois bon aussi en ROSSO PICENO (Marches).

San Giusto a Rentennano Un des meilleurs producteurs de CHIANTI CLASSICO (★ ★ ★). VIN SANTO délicieux mais rare. Excellent V.D.T. rouge Percarlo.

San Guido, Tenuta ★ ★ ★ ★ Voir SASSICAIA.

San Polo in Rosso, Castello di ★ ★ ★ Propriété de CHIANTI CLASSICO avec un V.D.T. rouge, le Cetinaia (vieilli en cuves ordinaires, pas en barriques), de premier ordre.

San Rustico ★ ★ Petit domaine de VALPOLICELLA. Très bon AMARONE Vigneti del Gaso.

Santa Maddalena (ou St-Magdalener) Tr. H. Ad. DOC r. ★ B.J.P. Rouge SCHIAVA typique du Tyrol. Léger arrière-goût amer. Meilleurs de : coop. St-Magdalena, coop. Girlan, Gojer, Thurnhof.

Santa Margherita Basés en Vénétie (Portogruaro), importants négociants de Vénétie (Torresella), ALTO ADIGE (Kettmeier), TOSCANE (Lamole di Lamole) et Lombardie (CA'DEL BOSCO).

Saracco, Paolo ★ ★ ★ Petit domaine produisant d'excellents MOSCATO D'ASTI.

Sartarelli ★ ★ → ★ ★ ★ L'un des meilleurs producteurs de VERDICCHIO DEI CASTELLI DI JESI (Tralivio). Verdicchio Vendemmia Tardiva (Contrada Balciana) remarquable et rare.

Sassicaia Tosc. r. ★ ★ ★ ★ 83 85 88 89 90' **91** 92' 93 94 95 (96) Remarquable pionnier en CAB, le meilleur d'Italie, à la Tenuta San Guido par la famille Incisa (Bolgheri, près de Livourne). Promu du statut de V.D.T. SUPER-TUSCAN à celui de DOC Bolgheri en 94.

Sauvignon (Sauv) Le Sauvignon Blanc fait des merveilles dans le nord-est. Le meilleur vient des DOC TERLANO, ALTO ADIGE, ISONZO, COLLIO et COLLI ORIENTALI.

Sauvignon Colli Orientali del Friuli Fr. V. J. DOC b. ★ ★ → ★ ★ ★ **93** 94 96 Meilleur chez Aquila del Torre, RONCO DEL GNEMIZ, Torre Rosazza.

Sauvignon Collio Fr. V. J. DOC b. ★ ★ → ★ ★ ★ 93 **94** 96 Meilleurs vins chez La Castellada, GRAVNER, Renato Keber, Komjanc, Primosic, SCHIOPETTO, VILLA RUSSIZ.

Sauvignon Isonzo Fr. V. J. DOC b. ★ ★ → ★ ★ ★ 93 **94** 96 Blanc fruité, très plein, de qualité croissante. Meilleurs producteurs : Pecorari, Lis Neris, VIE DI ROMANS.

Savuto Cal. DOC r. rosé ★ ★ **93 94** 95 96 Blanc fruité et juteux des provinces de Catanzaro et Cosenza. Le meilleur producteur est Odoardi.

Scarpa ★ ★ → ★ ★ ★ Maison ancien style aux BARBERA D'ASTI corsés et tendres (La Bogliona), Rouchet rare, très bons DOLCETTO, BAROLO, BARBARESCO.

Scavino, Paul ★ ★ ★ Producteur à succès de BAROLO style moderne. Recherché pour ses vins d'un seul vignoble : Bric del Fiasc et Cannubi. Aussi BARBERA boisé.

Schiava Cépage rouge à haut rendement du TRENTINO-ALTO ADIGE, caractérisé par un arrière-goût amer. Utilisé pour Lago di CALDARO, SANTA MADDALENA, etc.

Schiopetto, Mario ★ ★ ★ → ★ ★ ★ ★ Pionnier légendaire de COLLIO avec exploitation toute neuve de 20 000 caisses. Excellents DOC SAUV, PINOT G, TOCAI et V.D.T. d'assemblage Blanc de Rosis, etc.

Schreckbichl (ou Colterenzio Cantina Sociale) Coop. n° 1 au SÜDTIROL. En ALTO ADIGE, admirables CAB, Gewürz, PINOT N (chercher le RISERVA Schwarzhaus), CHARD, PINOT BL, PINOT G, SAUV (chercher Lafoa), V.D.T. rouge Cornelius, etc.

Sciacchetrà Voir CINQUETERRE.

Secco Sec.

Sella & Mosca ★★ Les plus importants producteurs et négociants de Sardaigne, à Alghero. Excellent Anghelu Ruju (★★★) de style porto. Aussi blanc plaisant TORBATO et délicieux VERMENTINO Cala Viola (B.J.P.) léger et fruité.

Selvapiana ★★★ Excellente propriété de RUFINA (CHIANTI). Meilleur vin : RISERVA Bucerchiale.

Sforzato Voir VALTELLINA.

Sizzano Piém. DOC r. ★★ 90 93 95 (96) Rouge corsé produit à Sizzano (Novarre), en grande partie avec du NEBBIOLO. Vieillit jusqu'à 10 ans. Bon chez Bianchi, Dessilani.

Soave Vén. DOC b. ★→★★★ B.J.P. Célèbre blanc de VÉRONE produit en énormes quantités. Doit être frais avec une texture onctueuse et limpide. Les normes montent (enfin). Le CLASSICO, en quantité plus limitée, est meilleur. Meilleurs producteurs : ANSELMI, PIEROPAN. Aussi Gini, GUERRIERI-RIZZARDI, Inama, Pra, Suavia, TEDESCHI.

Solaia Tosc. r. ★★★★ 85 88 90 91 93 94 95 (96) V.D.T. de style Bordeaux d'ANTINORI, issu de CAB et d'un peu de SANGIOVESE. Première production en 1978. Extraordinaire influence sur les V.D.T. et les vins italiens en général.

Solopaca Camp. DOC r. b. ★★ 95 96 Rouge plutôt âpre et blanc tendre et sec de la région de Benevento. Prometteur, sp. chez Antica Masseria Venditti.

Sorì Terme désignant un vignoble élevé du PIÉMONT orienté au sud, au sud-est ou au sud-ouest.

Spanna Voir GATTINARA.

Spumante Mousseux, comme l'ASTI doux ou de nombreux bons vins secs, dont METODO CLASSICO (les meilleurs de TRENTINO, ALTO ADIGE, FRANCIACORTA, PIÉMONT et certains très bons aussi en TOSCANE et Vénétie). Aussi vins bon marché faits en cuve.

St-Michael-Eppan Excellente coop. du SÜDTIROL : cherchez St-Valentin (★★★), SAUV, très bons SPUMANTE, PINOT N, PINOT BL, Gewürz et même très bon RIES Renano.

Stravecchio Très vieux.

Südtirol Nom local de la partie germanophone du ALTO ADIGE.

Superiore Vin ayant vieilli plus longtemps qu'un DOC normal et contenant 0,5 à 1 % d'alcool en plus.

Super-Tuscan Terme inventé pour des nouveautés toscanes très chères incluant habituellement du CAB, des barriques et souvent des bouteilles et des prix fantaisistes.

Tasca d'Almerita Voir REGALEALI.

Taurasi Camp. DOC r. ★★★ 90 92 93 94 95 96 Le meilleur rouge de Campanie, de chez MASTROBERARDINO à Avellino. Âpre jeune, RISERVA après 4 ans. Mise en bouteilles au domaine par Radici depuis 1986.

Taurino, Cosimo ★★★ Producteur haut de gamme à Salento (POUILLES) de très bons SALICE SALENTINO, V.D.T. Notarpanoro et Patriglione BRINDISI (parfois même ★★★★).

Tedeschi, Fratelli ★★★ Producteur très bon et très fiable de VALPOLICELLA, RECIOTO, SOAVE et AMARONE. Très bon V.D.T. Capitel San Rocco rouge et blanc.

Terlano Tr. H. Ad. DOC b. ★★→★★★ B.J.P. DOC désignant 8 blancs de la prov. de Bolzano, nommés d'après leur cépage, sp. remarquable SAUV. Terlaner en allemand. Les bons producteurs sont la coop. Andrian, la coop. Terlan, LAGEDER, Niedrist.

Teroldego Rotaliano Tr. H. Ad. DOC r. rosé ★★→★★★ 90 91 92 93 94 95 96 Rouge de pays agréable de Trente, à l'arôme de mûre, à l'arrière-goût légèrement amer ; peut bien vieillir. Sp. de FORADORI. Bon aussi chez CA'VIT, Dorigati, Sebastiani.

Terre di Franciacorta   Lom. DOC r. b. ★★ Rouges généralement trop légers, parfois très plaisants (assemblages de CAB/BARBERA/NEBBIOLO/MERLOT). Blancs plutôt fruités et équilibrés (CHARD/PINOT BIANCO/PINOT NERO).

Terre di Ginestra   Sic. b. ★★ → ★★★ Bon V.D.T. du sud-ouest de Palerme, sp. Pelavet.

Terre Rosse   ★★★ Petite propriété distinguée près de Bologne. CAB, CHARD, SAUV, PINOT G, RIES et même Viognier, etc., sont les meilleurs de la région.

Terre da Vino   ★★ → ★★★ Association de 27 coop. et domaines privés du PIÉMONT sélectionnant et vendant leurs meilleurs produits comprenant la plupart des DOC locales. Les meilleurs : BARBERA D'ASTI La Luna e i Falo et GAVI Ca'da Boslo.

Teruzzi & Puthod (Fattoria Ponte a Rondolino)   ★★ → ★★★ Producteurs innovants de San Gimignano. Très bons VERNACCIA DI SAN GIMIGNANO et V.D.T. blancs Terre di Tufi et Carmen.

Tiefenbrunner   ★★ Producteur leader de certains des meilleurs ALTO ADIGE en rouge et en blanc à Schloss Turmhof, Kurtatsch (Cortaccio).

Tignanello   Tosc. r. ★★ → ★★★★ 85 88 90 93 94 95 (96) Pionnier et toujours leader des nouveaux rouges toscans, inspirés des Bordeaux, produits par ANTINORI.

Tocai   Cépage blanc doux du nord-est (rien à voir avec le Tokay de Hongrie). DOC aussi en Vén. et Lomb. (★ → ★★) mais les producteurs en sont surtout fiers en Fr. V. J. (sp. COLLIO et COLLI ORIENTALI DEL FRIULI) : ★★ → ★★★. Meilleurs producteurs : BORGO DEL TIGLIO, Castello di Spessa, Keber, Picech, Princic, Raccaro, Ronco del Gelso, RONCO DI GNEMIZ, SCHIOPETTO, Scubla, Specogna, Toros, Venica & Venica, VILLA RUSSIZ, VOLPE PASINI.

Torbato di Alghero   Sard. b. (pa.) ★★ B.J.P. Bon V.D.T. du nord de la Sardaigne. Marque venant en tête : SELLA & MOSCA.

Torgiano   Omb. DOC r. b. rosé (pa) ★★ → ★★★ et **Torgiano, Rosso Riserva** Omb. DOCG r. ★★★ 85 88 90 93 94 95 (96) (après 3 ans). Création de la famille LUNGAROTTI. Excellent rouge près de Pérouse, comparable au meilleur CHIANTI CLASSICO. RUBESCO est la qualité standard. RISERVA Vigna Monticchio est ★★★★. Garder 10 ans. Le V.D.T. San Giorgio, comprenant du CAB, est une réussite. Le Torre di Giano blanc, issu de TREBBIANO et de GRECHETTO, est aussi de bonne garde. Voir LUNGAROTTI.

Toscane   (Toscana) La région vinicole du centre de l'Italie. Couvre les DOC CHIANTI, MONTALCINO, MONTEPULCIANO, etc.

Les millésimes de Toscane

1996   Un peu de pluie en automne après un bel été. Les raisins ont quand même bien mûri (surtout ceux qui ont attendu longtemps avant d'être récoltés). Résultat : un millésime relativement bon pour les rouges.

1995   Grosses pluies en automne, pires qu'en 1992. Les grands domaines ont fait de bons vins s'ils ont attendu octobre, chaud et sec. Sinon, qualité terne.

1994   Été sec, pluies en septembre. Bon à très bon.

1993   Été chaud suivi de fortes pluies en octobre. Malgré tout, Chianti Classico généralement bons, Brunello et Vino Nobile di Montepulciano très bons.

1992   Millésime qui n'a pas tenu ses promesses pour les rouges, à cause des pluies. Les blancs, plus chanceux, sont très bons.

1991   Millésime difficile : vins à boire rapidement et peu de bonnes surprises.

Traminer Aromatico Tr. H. Ad. DOC b. ★ ★ → ★ ★ ★ B.J.P. (En allemand, Gewürztraminer). Cépage blanc délicat, plutôt doux et plein d'arôme. Meilleur chez : les coop. Girlan/Cornaiano, ST-MICHAEL, SCHRECKBICHL/COLTERENZIO et les domaines Hofkellerei, HOFSTÄTTER, Laimburg, Plattenhof, Stiftskellerei Neustift.

Trebbiano Le principal cépage blanc de TOSCANE et de la majeure partie de l'Italie centrale. Ugni Blanc en France. Gâche malheureusement une grande superficie de bons vignobles, sauf exception rare.

Trebbiano d'Abruzzo Abr. DOC b. ★ → ★ ★ B.J.P. Vin des alentours de Pescara ; neutre, un peu de tannin. VALENTINI de loin le meilleur producteur (ainsi qu'à MONTEPULCIANO D'ABRUZZO).

Trentino (Trentin) Tr. H. Ad. r. b. s. d. ★ → ★ ★ ★ DOC pour 20 vins portant le nom de leur cépage. Les meilleurs sont CHARD, PINOT BL, MARZEMINO, TEROLDEGO. La capitale est Trente.

Triacca Très bon producteur de VALTELLINA. Possède aussi des domaines en TOSCANE (CHIANTI CLASSICO : La Madonnina ; MONTEPULCIANO : Santavenere).

Umani Ronchi ★ → ★ ★ ★ Négociant majeur de vins de qualité des Marches : VERDICCHIO (Casal di Serra, Villa Bianchi), ROSSO CÒNERO (Cùmaro et San Lorenzo).

Uzzano, Castello di Ancienne et célèbre propriété de CHIANTI CLASSICO à Grève. Qualité en déclin depuis peu.

Vajra, Giuseppe Domenico ★ ★ ★ Producteur de BAROLO très bon et stable, sp. pour BAROLO, DOLCETTO, BARBERA, etc. Aussi un FREISA (non pétillant) intéressant.

Val di Cornia Tosc. DOC r. rosé b. ★ → ★ ★ Nouvelle DOC près de Livourne. Quelques bons producteurs : Ambrosini, Tua Rita, Graziani, Gualdo del Re.

Valcalepio Lomb. DOC r. b. ★ → ★ ★ Vin des alentours de Bergame. Rouge plaisant, blanc frais. Bons chez Bonaldi, Il Calepino, Tenuta Castello.

Valdadige Tr. H. Ad. DOC r. b. s. d/s ★ → ★ ★ Vin sans prétention de la vallée de l'Adige (en allemand : Eschtaler). Meilleur producteur : Armani.

Valentini, Edoardo ★ ★ ★ → ★ ★ ★ ★ Peut-être le meilleur producteur traditionaliste de TREBBIANO et de MONTEPULCIANO D'ABRUZZO.

Valgella Voir VALTELLINA.

Valle d'Aosta/Val d'Aoste V. d'A. DOC ★ ★ → ★ ★ ★ DOC régionale pour 15 vins alpins, dont DONNAZ. Doux mélange. Très bons : Institut Agricole Régional, Charrère, Crote de Vegnerons, Grosjean.

Valle Isarco (Eisacktal) Tr. H. Ad. DOC b. ★ ★ B.J.P. DOC couvrant 5 vins d'un seul cépage produits au nord-est de Bolzano. Bon assemblage MÜLLER-T/Silvaner. Meilleurs producteurs : coop. Eisacktaler, Kloster Neustift, Kuenhof.

Vallechiara, Abbazia di ★ ★ → ★ ★ ★ Jeune domaine du PIÉMONT appartenant à l'actrice Ornella Mutti. Vins étonnamment bons, par ex. DOC Dolcetto di Ovada et V.D.T. Torre Albarola et Due Donne à base de DOLCETTO.

Valpolicella Vén. DOC r. ★ → ★ ★ ★ **93** 94 95 96 Rouge léger et agréable, près de VÉRONE. Meilleur jeune. S'est amélioré ces dernières années. Les tout meilleurs peuvent être concentrés et complexes et mériteraient des prix plus élevés. Délicat bouquet de noix, goût légèrement amer. Ces qualités ne s'appliquent pas aux bouteilles de 1 litre et plus, qui n'ont rien à voir. Le CLASSICO est en quantité plus limitée ; le SUPERIORE titre 12 % Vol. et a au moins 1 an. Producteurs : ALLEGRINI,

BRIGALDARA, BRUNELLI, Corte Sant Alda, Aleardo Ferrari, Fornaser, GUERRIERI-RIZZARDI, LE RAGOSE, MASI, LE SALETTE, SAN RUSTICO, Speri, TEDESCHI, Tommasi. DAL FORNO et QUINTARELLI font les meilleurs (★ ★ ★). V.D.T. intéressants se rapprochant d'un nouveau style de Valpolicella : Toar (★ ★ ★) de MASI et La Poja (★ ★ ★) de ALLEGRINI.

Valtellina Lomb. DOC r. ★ ★ → ★ ★ ★ 88 89 90 93 95 (96) Une DOC de vins tanniques faits principalement avec du Chiavennasca (NEBBIOLO) dans la province alpine de Sondrio, dans le nord de la Lombardie. Les Valtellina SUPERIORE sont : Grumello, Inferno, Sassella, Valgella. Les meilleurs chez : Conti Sertoli-Salis, Fay, TRIACCA, Nera, Arturo Pelizzatti Perego, Nino Negri. Sforzato est le type de Valtellina le plus concentré : équivalent du RECIOTO AMARONE.

V.d.t. Voir VINO DA TAVOLA.

Vecchio Samperi Sic. ★ ★ ★ V.D.T. de style MARSALA d'un remarquable domaine. Le meilleur, vieilli en fût pendant 20 ans, est proche d'un xérès Amontillado. Le propriétaire, Marco De Bartoli, fait aussi les meilleurs MARSALA DOC.

Vendemmia Récolte ou vendange.

Venegazzù Vén. r. b. mo. ★ ★ → ★ ★ ★ 88 89 90 93 94 95 (96) Remarquable rouge près de Trévise, ressemblant à un Bordeaux rustique (à partir de CAB), au bouquet riche, moelleux, chaleureux. « Della Casa » et « Capo di Stato » sont les meilleurs. Aussi mousseux.

Verdicchio dei Castelli di Jesi Mar. DOC b. (mo.) ★ → ★ ★ ★ B.J.P. Blanc pâle et plaisant, près d'Ancône. Le CLASSICO a une production plus restreinte. Ce vin, qui remonte aux Étrusques, est traditionnellement vendu dans des sortes d'amphores. Producteurs : Belelli, Bonci-Vallerosa, Brunori, Bucci, Coroncíno, GAROFOLI, Mancinelli, MONCARO, Monteschiavo, Sartarelli, UMANI RONCHI, Zaccagnini. Aussi FAZI-BATTAGLIA.

Verdicchio di Matelica Mar. DOC b. (mo.) ★ ★ B.J.P. Ressemble au précédent, en plus petit et moins connu. Vins plus grands que Jesi. Bons chez Belisario, Castiglioni-Bisci, La Monacesca (remarquable).

Verduzzo (Colli Orientali del Friuli) Fr. V. J. DOC b. s. d/s d. ★ ★ → ★ ★ ★ 91 92 93 94 (96) Blanc plein fait avec un cépage local. Le meilleur vin doux s'appelle Ramandolo. Producteurs leaders : Dario Coos, DORIGO, Giovanni Dri.

Verduzzo (Del Piave) Vén. DOC b. ★ B.J.P. Petit blanc terne.

Vermentino Lig. b. ★ ★ B.J.P. Le meilleur blanc de la Riviera pour les fruits de mer ; produit à Pietra Ligure et San Remo. DOC : Riviera Ligure di Ponente. Voir PIGATO. Bon de chez : Anfossi, Cascina dei Peri, Colle dei Bardellini, Lambruschi, Lupi.

Vermentino di Gallura Sard. DOC b. ★ ★ → ★ ★ ★ B.J.P. Blanc onctueux, sec et fort de Sardaigne. Meilleurs producteurs : coop. di Gallura, coop. Del Vermentino, Capichera.

Vernaccia di Oristano Sard. DOC b. s. (d. fz) ★ → ★ ★ ★ 78 81 83 85 87 88 91 92 93 94 95 96 Une spécialité sarde : ressemble à un xérès léger, un peu amer, corsé et intéressant. Le SUPERIORE titre 15,5 % Vol. à 3 ans. Le meilleur producteur, CONTINI, fait aussi un solera à l'ancienne : Antico Gregorio.

Vernaccia di San Gimignano Tosc. DOCG b. ★ → ★ ★ B.J.P. Le péché mignon de Michel-Ange, devenu par la suite un vin ordinaire pour les touristes. Grande amélioration ces dernières années, maintenant DOCG à la législation plus stricte. Meilleurs producteurs : FALCHINI, Montenidoli, Palagetto, PANIZZI, Rampa di Fugnano, TERRUZZI & PUTHOD, Vagnoni.

Vernatsch Nom allemand du cépage SCHIAVA.

Vérone Capitale de la Vénétie (patrie du VALPOLICELLA, BARDOLINO, SOAVE, etc.) et siège de la magnifique foire annuelle d'Italie, Vinitaly.

Verrazzano, Castello di ★ ★ ★ Remarquable domaine de CHIANTI CLASSICO près de Grève.

Vicchiomaggio Propriété de CHIANTI CLASSICO près de Grève.

V.I.D.E. Association de producteurs de grande classe de nombreuses régions pour la promotion de leurs vins.

Vie di Romans ★ ★ ★ → ★ ★ ★ ★ Un jeune génie du vin, Gianfranco Gallo, a hissé en quelques années le domaine paternel à ISONZO au tout premier rang du FRIULI. CHARD et SAUV inoubliables. TOCAI et PINOT G excellents.

Vietti (★ ★ ★ → ★ ★ ★ ★) Excellent petit producteur de vins piémontais caractéristiques, dont BAROLO et BARBARESCO. À Castiglione Falletto dans la région du BAROLO.

Vigna Un seul vignoble.

Vignadora ★ ★ ★ Créé depuis la récente division de la célèbre famille MASTROBERARDINO. Walter Mastroberardino et son fils produisent du FIANO et du GRECO sur 120 ha.

Vignamaggio ★ ★ → ★ ★ ★ Belle propriété et très bon CHIANTI CLASSICO près de Grève.

Vigne dal Leon ★ ★ ★ Très bon producteur de COLLI ORIENTALI DEL FRIULI.

Villa Matilde ★ ★ Excellent producteur de Campanie. Très bon FALERNO DOC et blanc Falanghina.

Villa Russiz ★ ★ ★ COLLIO DOC blancs impressionnants de Gianni Menotti : par ex. SAUV (chercher de la Tour), PINOT BL, TOCAI, etc.

Vino da arrosto « Vin pour accompagner les rôtis ». Bon rouge sec et robuste.

Vino da tavola (V.D.T.) « Vin de table » : normalement, la catégorie la plus modeste des vins italiens, sans spécificité géographique ou autre. Voir IGT.

Vino Nobile di Montepulciano Tosc. DOCG r. ★ ★ ★ 85′ 88′ 90 91 93 94 95 (96) Rouge SIANGOVESE impressionnant, racé et parfumé. Il se fait vite un nom et une fortune. RISERVA après 3 ans. Meilleure production : AVIGNONESI, Bindella, BOSCARELLI, La Calonica, Canneto, LE CASALTE, Casella, Fattoria del Cerro, CONTUCCI, Dei, Innocenti, Macchione, Paterno, POLIZIANO, Salcheto, Talosa, Trerose, Valdipiatta, Vecchia Cantina (chercher le RISERVA). Prix très raisonnables.

Vino novello Équivalent des primeurs français.

Vin(o) Santo ou Vinsanto Désigne des vins doux forts, surtout en TOSCANE : généralement PASSITO. Peut être très fin, sp. en TOSCANE et TRENTINO.

Vin Santo Toscano Tosc. b. d/s ★ → ★ ★ ★ Aromatique, riche et doux. Vieilli dans de très petits fûts appelés caratelli. Peut être aussi étonnant que cher, mais il est rare qu'il soit bon et les meilleurs producteurs en manquent toujours : AVIGNONESI, CAPEZZANA, CONTUCCI, CORZANO & PATERNO, POLIZIANO, SAN GIUSTO A RENTENNANO, SELVAPIANA, Cacchiano.

Vintage Tunina Fr. V. J. b. s. ★ ★ ★ Notable assemblage blanc de JERMANN.

Voerzio, Roberto ★ ★ ★ Jeune meneur en BAROLO avec des vins nouveau style (le meilleur est Brunate).

Volpaia, Castello di ★ ★ → ★ ★ ★ Domaine de CHIANTI CLASSICO de premier plan à Radda. CHIANTI élégant, plutôt léger, V.D.T. rouge Balifico contenant du CAB et COLTASSALA 100 % SANGIOVESE.

Volpe Pasini ★★★ Domaine ambitieux de COLLIO ORIENTALI, sp. pour bon SAUV.

VQPRD Terme figurant souvent sur les étiquettes des vins DOC. Signifie Vini di Qualità Prodotti in Regioni Delimitate.

Where the dreams have no end... ★★★ CHARD V.D.T. mémorable de JERMANN.

Zanella, Maurizio Fondateur de CÀ DEL BOSCO. Son excellent assemblage CAB/MERLOT, un des meilleurs d'Italie, porte son nom.

Zardetto ★★ Très bon producteur de PROSECCO DI CONEGLIANO-VALDOBBIADENE.

Zerbina, Fattoria ★★★ Nouveau leader de Romagne avec les meilleurs ALBANA DOCG à ce jour (un riche PASSITO), bons SANGIOVESE et SANGIOVESE/CAB (V.D.T.) en barrique appelé Marzeno di Marzeno.

Zibibbo Sic. b. d. ★★ MOSCATO à la mode de l'île de Pantelleria. Bon producteur : Murana.

Zonin ★→★★ L'un des plus grands domaines privés d'Italie, à GAMBELLARA, avec DOC VALPOLICELLA, etc. Autres grands domaines à ASTI, en CHIANTI, San Gimignano et FRIULI. Aussi à Barboursville, Virginie, États-Unis.

Les meilleures bulles d'Italie

Alto-Adige : Kössler, Vivaldi.

Franciacorta : Bellavista, Ca'del Bosco, Cavalleri, Faccoli, Gatti, Guarischi, Uberti, Villa.

Trentino : Riserva del Fondatore de Ferrari, Letrari, le Rotari de Mezzacorona, Pojer & Sandri.

Piémont : Bruno Giacosa, Rocche dei Manzoni, le Gattinera de Fontanafredda, le Montelera de Martini & Rossi.

Oltrepò Pavese : le Selezione del Gourmet de Anteo.

Vénétie : Bisol.

Allemagne

Les plus beaux vins allemands d'aujourd'hui procèdent, comme toujours, d'un miraculeux équilibre entre la douceur et l'acidité fruitée. Et la plupart, comme toujours, sont des Riesling. Ce qui a changé ces dernières années est l'adjonction au répertoire allemand d'une gamme de vins secs et corsés, dont les premiers rouges réellement bons du pays, issus de cépages non typiquement allemands : essentiellement des Pinots et surtout dans les régions plus méridionales, plus chaudes, du Palatinat et du Bade-Wurtemberg.

Ces beaux vins secs, rarement aperçus hors de leur pays natal, sont les vins-cultes des années 1990. Il y a polarisation totale entre eux et les vins sucrés et aqueux qui constituent toujours le gros du marché de l'exportation, surtout vers la Grande-Bretagne. La politique vinicole allemande vit actuellement une période charnière, la désastreuse loi de 1971 ayant été sérieusement défiée par les producteurs les plus responsables. La VDP, association représentant la grande majorité des meilleurs producteurs, a appuyé de toutes ses forces la classification (encore non officielle) des vignobles allemands, qui aurait dû être mise en place depuis longtemps déjà. Les meilleurs vignobles sont situés en majorité sur des terrains en pente dont la culture exige des sacrifices. Aujourd'hui, on les qualifie à juste titre de Monuments culturels nationaux, comme les abbayes ou les châteaux, afin de forcer un gouvernement souffrant d'hésitation chronique à reconnaître leur valeur. La bonne nouvelle pour 1997 est qu'un dialogue s'est enfin ouvert pour réformer la législation. Mais, pendant ce temps, on continue à utiliser impunément des grands noms pour des vins ordinaires issus de cépages inférieurs.

Le problème est que, officiellement, les vins allemands sont toujours classifiés en fonction de la maturité du raisin. Comme pour la majorité des vins français, il faut ajouter du sucre avant la fermentation pour compenser le manque de soleil. Mais, contrairement à la France, le vin allemand issu de raisin suffisamment mûr pour que l'on n'ajoute pas de sucre est fait et vendu séparément : le Qualitätswein mit Prädikat, ou QmP. À l'intérieur de cette catégorie supérieure, la teneur du vin en sucre naturel est exprimée en termes traditionnels, en ordre croissant de maturité : « Kabinett », « Spätlese », « Auslese », « Beerenauslese », « Trockenbeerenauslese ».

La seconde catégorie, le « Qualitätswein bestimmter Anbaugebiete » (QbA), s'applique aux vins auxquels on ajoute du sucre avant la fermentation. La troisième catégorie, le « Tafelwein », ou vin de table, est libre de toute contrainte, comme le vino da tavola italien. C'est officiellement la catégorie la plus basse mais, la loi étant obsolète, les producteurs innovants s'y intéressent et imposent leurs propres normes.

La législation est bien plus détaillée, mais telle en est la teneur principale en matière de qualité. Elle diffère complètement du système français puisque les distinctions géographiques n'entrent pas en ligne de compte. En théorie, le vigneron allemand doit faire le meilleur vin possible avec les raisins les plus mûrs, même s'ils viennent de cépages inférieurs, ce qui est parfaitement inepte. La loi ne fait une distinction qu'entre les degrés de précision géographique, ce qui ajoute à la confusion. Pour invoquer la « qualité », les producteurs et négociants doivent faire un choix. Ils peuvent (et c'est généralement ce qu'ils font) mentionner sur l'étiquette de leur meilleur vin (en petite quantité, le plus souvent) le nom du vignoble, ou Einzellage. L'Allemagne a environ 2 600 de ces noms. De toute évidence, bien peu sont suffisamment

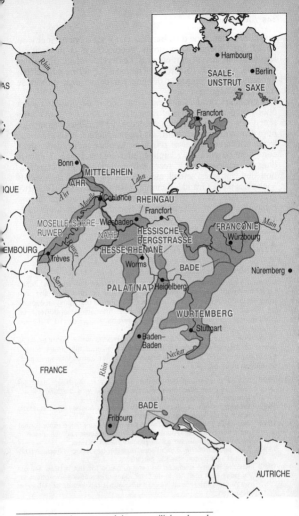

Abréviations des noms régionaux utilisées dans le texte des pages suivantes :

Bade	Pays de Bade	**M-S-R**	Moselle-Sarre-Ruwer
Franc.	Franconie	**Pal.**	Palatinat
H-Rh.	Hesse rhénane	**Rhg**	Rheingau
M-M	Moyenne-Moselle	**Wurt.**	Wurtemberg

connus pour que cela aide à vendre leur vin. C'est pourquoi la loi de 1971 a créé une seconde catégorie de nom de vignoble : la Grosslage. Il s'agit d'un groupe d'Einzellagen censées avoir un caractère similaire. Les noms de Grosslagen étant moins nombreux, et chacune produisant bien plus de vin, elles ont l'avantage d'être plus familières, piètre compensation par rapport à une réputation durement acquise.

Troisième solution : les producteurs ou négociants peuvent vendre leur vin sous une appellation régionale, ou Bereich. Pour satisfaire la demande de « Bernkasteler », de « Niersteiner » ou de « Johannisberger », ces noms mondialement connus ont été légalisés pour des secteurs étendus. Le Bereich Johannisberg, par exemple, couvre la totalité du Rheingau. Le terme « Bereich » figurant sur une étiquette désigne par conséquent un vin de troisième catégorie.

Les meilleurs producteurs ont donc décidé de simplifier leurs étiquettes pour éviter la confusion et le désordre. Certains n'utilisent que le nom du village ou vendent leurs meilleurs vins sous un nom de marque uniquement, à la façon italienne. Mais avant que le vin allemand ne puisse retrouver la place qu'il mérite, deux conditions devront être remplies : interdire les cépages inférieurs dans les meilleurs sites et reconnaître officiellement la classification des vignobles actuellement en cours. Les « Très Grands Vignobles » et « Grands Vignobles » sont répertoriés ici et cartographiés dans la quatrième édition de l'*Atlas mondial du vin*. Finalement, et en Allemagne en particulier, c'est toujours le vignoble et le producteur qui comptent.

Millésimes récents

Moselle-Sarre-Ruwer

Les vins de la Moselle, de la Sarre et de la Ruwer sont si bons jeunes qu'on les laisse rarement vieillir. Les bouteilles de plus de 7 ans sont rares. Pourtant, au moins 5 ans de bouteille (parfois bien plus) améliorent les Riesling « Kabinett » bien faits. Les Spätlesen supportent un vieillissement de 10 à 20 ans et les Beerenauslesen de 10 à 30 ans suivant les millésimes.

En général, dans les années médiocres, les vins de la Sarre et de la Ruwer sont âpres et maigres, mais dans les meilleurs millésimes, surtout s'ils sont botrytisés, ils peuvent dépasser tous les autres vins allemands en élégance et en race.

1996 Millésime très variable. Beaux Spätlesen et Auslesen dans les meilleures parcelles, mais seulement QbA et vins de table ailleurs. Nombreux excellents vins de glace (Eiswein).

1995 Excellent millésime. Surtout des Spätlesen et Auslesen à la structure ferme et de longue garde potentielle.

1994 Autre très bon millésime. QbA et Kabinett n'ayant rien d'exceptionnel, mais nombreux Beerenauslesen et Trockenbeerenauslesen. Fruité et haute acidité. Résistez car la plupart vieilliront bien.

1993 Très petite récolte d'excellente qualité ; beaucoup d'Auslesen botrytisés ; harmonie presque parfaite.

1992 Récolte énorme menacée en octobre par le froid et la pluie. Surtout de bons QbA mais 30 % de QmP, dont quelques-uns exceptionnels, surtout en Mittel-Mosel. Se sont développés rapidement et se boivent déjà bien.

1991 Millésime inégal. Le gel a fait des dégâts en Sarre et Ruwer. Beaucoup de QbA aigrelets mais beaux Spätlesen aussi. Commencez à boire.

1990 Millésime superbe mais petit. Nombre de QmP sont les meilleurs des 20 dernières années. Tenez-les bon, ne les buvez pas tous.

1989 Récolte importante et extraordinairement bonne. Pourriture noble donnant beaucoup d'Auslesen, etc. Sarre au mieux ; surproduction en Mittel-Mosel et, par conséquent, dilution. Presque tous bons à boire.

1988 Excellent millésime. Beaucoup de QmP mûrs, surtout en Mittel-Mosel. Commencent à bien se boire mais se garderont.

1987 Été pluvieux mais septembre et octobre chauds. 90 % en QbA, nerveux et vifs. Parfaitement mûrs.

1986 Année Riesling correcte, malgré les pluies d'automne : 13 % QmP, surtout Kabinett. A boire.

1985 Été modeste mais automne superbe. 40 % en QmP. Année Riesling pour les meilleurs vignobles, y compris Eiswein. Peuvent se boire maintenant mais se garderont.

1983 Le meilleur de 1976 à 1988 ; beaucoup de bons QbA, un peu de Kabinett, 31 % de Spätlesen (Auslesen rares mais bons). Rien ne presse.

1979 Année inégale. Beaucoup d'excellents Kabinett et mieux. Vins légers mais équilibrés à terminer maintenant.

1976 Très bonne petite récolte, quelques vins doux quasiment complets, presque pas de vins secs. La plupart mûrs, seuls les meilleurs se gardent.

1971 Superbes. Équilibre parfait. A leur apogée maintenant. Ne vous hâtez pas pour les meilleurs.

Autres millésimes à signaler : 69, 64, 59, 53, 49, 45.

Hesse rhénane, Nahe, Palatinat, Rheingau

Les meilleurs vins peuvent bien sûr être bus avec plaisir jeunes, mais les Riesling Kabinett, Spätlesen et Auslesen gagnent énormément en caractère si on les garde plus longtemps. Les vins du Rheingau, de la Nahe ou du Palatinat peuvent s'améliorer pendant 15 ans et plus. Ceux de la Hesse rhénane se boivent plus vite, et les vins secs de Franconie sont plus agréables quand ils sont jeunes (3 à 6 ans).

1996 Excellent millésime dans le Palatinat et certaines parties du Rheingau. Nombreux beaux Spätlesen, mais bons seulement dans d'autres régions. Quelques grands vins de glace (Eiswein).

1995 Relativement variable, mais quelques beaux Spätlesen et Auslesen promis à très bien vieillir, comme les 90. Plus faible dans le Palatinat.

1994 Bonne récolte, surtout QmP. Fruité abondant et structure solide. Ont besoin de temps pour se développer. Quelques superbes Auslesen, Beerenauslesen et Trockenbeerenauslesen.

1993 Très petite récolte de qualité très bonne à excellente. Beaucoup de Spätlesen et Auslesen.

1992 Récolte énorme un peu gâtée par le froid et la pluie d'octobre. 1/3 de QmP de style et de qualité. La plupart se boivent déjà bien.

1991 Bonne récolte pas trop lourde dans l'ensemble, bien que les sols légers du Palatinat aient souffert de la sécheresse. Il y aura quelques beaux vins. Commencer à déguster.

1990 Petit mais exceptionnellement beau. Fort pourcentage de QmP à garder jusqu'à l'an 2000 au moins (tenez bon, gardez-les encore).

1989 Les orages d'été ont réduit la récolte dans le Rheingau. Très bonne qualité ailleurs, proche de l'Auslese. Mûrissent plus vite que prévu.

1988 Pas aussi remarquable qu'en Moselle mais comparable à 1983. Se boit bien.

1987 Bonne qualité moyenne : vif, rond et frais. 80 % de QbA, 15 % de QmP. Se boit bien dès maintenant.

1986 Riesling équilibrés, surtout QbA, quelques Kabinett et Spätlesen., sp. Bons vins botrytisés dans le Palatinat. Se boivent bien maintenant.

1985 Faibles récoltes et qualité variable, surtout en Riesling (65 % de QmP en moyenne). Ceux du Palatinat sont les meilleurs.

1983 De très bons Riesling (Nahe et Rheingau). Moitié en QbA mais beaucoup de Spätlesen excellents maintenant.

1976 Par endroits, le plus beau millésime depuis 1971. Très peu de vins secs. Généralement mûrs.

1971 Millésime magnifique. À son apogée maintenant.

Autres millésimes à signaler : 69, 67, 64, 59, 53, 49, 45.

Symboles utilisés pour les millésimes allemands

Les millésimes sont indiqués selon trois façons différentes :

– En caractères gras, les millésimes classiques, ultra-mûrs avec beaucoup de vins naturels (QmP), y compris les Spätlesen et les Auslesen. Exemple **93**.

– En caractères normaux, les bons millésimes normaux avec beaucoup de bons vins, mais sans prédominance de vins doux. Exemple 92.

– En caractères italiques, les millésimes frais, de faible maturité, mais dont une bonne partie des vins est tout à fait buvable, à tendance acide. Peu ou pas de QmP, mais relativement plus de choix dans la catégorie QbA. Ces vins-là mûrissent souvent mieux qu'on pourrait le croire. Exemple *91*.

Les millésimes non indiqués ne sont pas recommandés ou ont dépassé leur stade de maturité.

Achkarren Bade (r.) b. **★★** Village du KAISERSTUHL connu sp. pour RULÄNDER. Meilleur site : Schlossberg. Bons vins du Dr HEGER et de la coop.

Adelmann, Graf ★★★ Producteur aristocrate célèbre, 15 ha à Kleinbottwar, WURTEMBERG. Utilise le nom « Brussele ». Les rouges LEMBERGER sont les meilleurs. Instable récemment.

Ahr Ahr r. ★ → ★ ★ 85 *87* **88 89 90** 91 *92* **93** 94 95 **96** Région au sud de Bonn traditionnellement spécialisée dans le vin rouge. Des SPÄTBURGUNDER très légers et pâles, sp. de Deutzerhof, Kreuzberg, MEYER-NÄKEL, STAATSWEINGUT.

Amtliche Prüfungsnummer Voir PRÜFUNGSNUMMER.

Anheuser, Paul Viticulteur réputé de la NAHE (★ ★), à BAD KREUZNACH.

A.P.Nr. Abréviation de AMTLICHE PRÜFUNGSNUMMER.

Assmannshausen Rhg r. ★ → ★ ★ ★ 76 83 **85** *87* **88 89 90** *91 92* **93** 94 **95 96** Village du RHEINGAU connu pour ses rouges légers. Meilleur vignoble : Höllenberg. GROSSLAGEN : Steil et Burgweg. Parmi les producteurs : August Kesseler, Robert König, VON MUMM et STAATSWEINGUT.

Auslese Vin issu d'une récolte sélective de raisins ultra-mûrs. Les meilleurs sont touchés par la pourriture noble (Edelfäule), et donc d'arôme onctueux. Les Auslesen secs sont trop forts en alcool pour moi.

Avelsbach M-S-R (Ruwer) b. ★ ★ ★ 71 **75 76** 83 85 *87* 88 **89 90** *91* 92 **93** 94 95 Près de TRÈVES. Vins agréablement délicats lorsqu'ils ont atteint leur apogée (rare). Producteurs : Staatliche Weinbaudomäne (voir STAATSWEINGUT), BISCHÖFLICHE WEINGÜTER. GROSSLAGE : Römerlay.

Ayl M-S-R (Sarre) b. ★ ★ ★ 71 **75 76** 83 85 *87* **88 89 90 91** 92 **93** 94 95 Un des meilleurs villages de SAAR. « Grand Vignoble » : Kupp. GROSSLAGE : SCHARZBERG. Parmi les producteurs : BISCHÖFLICHE WEINGÜTER, Lauer, Dr WAGNER.

Bacchus Cépage moderne, parfumé, voire « kitsch ». Parfait pour les vins KABINETT.

Bacharach ★ → ★ ★ ★ Appellation des vignobles de la partie sud du MITTELRHEIN, en aval du RHEINGAU. Fait maintenant partie du nouveau BEREICH LORELEY. RIES racés, certains très beaux. Parmi les producteurs : Fritz BASTIAN, Toni JOST, Randolph Kauer, Helmut Mades, RATZENBERGER.

Bad Dürkheim Pal. b. (r.) ★ ★ → ★ ★ ★ 76 83 **85** 86 *87* 88 **89 90** *91* 92 **93** 94 95 **96** Grande ville du MITTEL-HAARDT. Possède le plus grand fût du monde (qui sert de taverne). Lieu du fameux festival du vin en septembre, « Wurstmarkt ». Meilleurs vignobles : Michelsberg, Spielberg. GROSSLAGEN : Feuerberg, Hochmess, Schenkenböhl. Meilleurs producteurs : Kurt Darting, FITZ-RITTER, Karst, Karl Schäfer.

Bad Kreuznach Nahe b. ★ ★ → ★ ★ ★ 75 76 79 **83 85** 86 *87* 88 **89 90** *91* 92 **93** 94 95 96 Agréable ville thermale de la NAHE. « Grands Vignobles » : Brückes, Kahlenberg, Krötenpfuhl. GROSSLAGE : Kronenberg. Parmi les producteurs : ANHEUSER, Finkenauer, PLETTENBERG.

Bade Énorme région de vignobles disséminés au sud-ouest, à la réputation grandissante. Style consistant, généralement sec, faible acidité, convenant aux repas. Bons Pinots, SPÄTBURGUN-DER, RIES et GEWÜRZ. Meilleurs secteurs : KAISERSTUHL et ORTENAU.

Badische Bergstrasse/Kraichgau (Bereich) Appellation principale du nord de BADE. Les meilleurs vins : WEISSBURGUNDER et RULÄNDER.

Badischer Winzerkeller La plus grande coopérative d'Allemagne (et d'Europe), à BREISACH. Elle regroupe 25 000 membres-éleveurs, représente 4 800 ha, soit près de la moitié du vin de BADE. Vins fiables mais sans ambition.

Sélection de vins allemands pour 1998

Pendant plus de dix ans, la majeure partie des plus beaux vins allemands était produite par de petits domaines familiaux, du fait principalement de leur politique de réduction des rendements à des niveaux comparables à ceux des meilleurs vignobles français. La demande de qualité ayant alors fait un bond, il en a résulté une foison d'excellents vins. Ces deux dernières années, un grand nombre de ces nouveaux producteurs-vedettes ont largement étendu leurs vignobles et, dans les années à venir, ces vinificateurs talentueux produiront bien plus de vins. Les noms qui suivent sont ceux des principaux d'entre eux :

Robert Weil   Kiedrich, Rhg. Domaine de 40 ha qui s'est tourné vers la nouvelle tendance après sa reprise, en 1988, par le géant japonais Suntory. Rieslings extrêmement beaux et élégants, dont de prodigieux Auslesen, Beerenauslesen et Trockenbeerenauslesen.

Franz Künstler   Hochheim, Rhg. En rachetant le domaine Aschrott, réputé mais en perte de vitesse, Künstler a plus que doublé la superficie de son vignoble (20 ha). Rieslings secs et puissants et Auslesen voluptueux provenant de trois « Grands Vignobles » à Hochheim : Domdechaney, Hölle et Kirchenstück.

Johannishof   Johannisberg, Rhg. A l'autre extrémité du Rheingau, la famille Eser a acheté 4,4 ha d'excellents vignobles à Rüdesheim. Cela lui a permis d'obtenir d'importantes parcelles de « Grands Vignobles » et d'étendre sa gamme de Rieslings racés et filigranés.

H. Dönnhoff   Oberhausen, Nahe. Grâce à une combinaison d'achats et d'échanges de vignobles, Helmut Dönnhoff possède maintenant des vignes dans six des « Grands Vignobles » de la Mittel-Nahe. Chacun donne des Rieslings d'une expression différente de la personnalité minérale de la région.

Dr Loosen   Bernkastel, M-S-R. Ernst Loosen a provoqué la consternation en prenant la tête d'un consortium qui a repris le domaine de J. L. Wolf, à Wachenheim dans le Palatinat. Avec son premier millésime (1996), il a créé un style distinct de « type Moselle » et produit parmi les meilleurs vins de la région.

Müller-Catoir   Neustadt, Pal. Longtemps opposé à l'idée d'étendre son domaine, Henrich Catoir vient d'y ajouter 2,8 ha, dont un vignoble clos promettant des vins au moins aussi spectaculaires que les Rieslings actuels du domaine.

Badisches Frankenland (Bereich)   Voir TAUBERFRANKEN.

Barriques   Les petits fûts de chêne neuf sont arrivés timidement en Allemagne il y a 15 ans. Les résultats sont mitigés : le chêne peut ajouter du style aux Pinot Blanc, SPÄTBURGUNDER et LEMBERGER mais gâche généralement les RIES.

Bassermann-Jordan   ★ ★ ★ Propriété familiale de 41,6 ha en MITTELHAARDT, possédant nombre des meilleurs vignobles à DEIDESHEIM, FORST, RUPPERTSBERG, etc. 100 % RIES. Le nouveau vinificateur, Ulrich Mell, a remis ce domaine historique sur le sommet de la vague avec un superbe millésime 1996.

Bastian, Weingut Fritz   ★ ★ Domaine de 4,8 ha à BACHARACH. RIES racés, délicats comme ceux de MOSEL. Les meilleurs viennent du « Grand Vignoble » Posten.

Becker, J. B.   ★ ★ → ★ ★ ★ Excellent domaine et courtier de WALLUF : 12 ha à WALLUF, ELTVILLE, MARTINSTHAL. Spécialiste de RIES secs.

Beerenauslese Vin voluptueusement doux et mielleux fait avec une récolte de grains exceptionnellement mûrs. Sucre et arôme généralement concentrés par la pourriture noble. Rares et coûteux.

Bensheim Voir HESSISCHE BERGSTRASSE.

Bercher ★ ★ ★ Domaine du KAISERSTUHL. 16 ha de Pinot (blanc et rouge) à Burkheim. Excellents blancs secs et certains des meilleurs rouges d'Allemagne.

Attention ! Bereich

Subdivision de l'ANBAUGEBIET (région). Sur une étiquette, ce terme est un signal d'alarme : ne pas acheter. Se reporter à l'introduction et au nom de chaque Bereich. Ex. : Bernkastel (Bereich).

Bernkastel M-M b. ★→★ ★ ★ ★ 71 75 76 79 83 85 86 87 88 89 90 91 92 93 94 95 96 La meilleure ville vinicole de MITTEL-MOSEL. La quintessence du RIES. « Très Grand Vignoble » : Doktor, 3,2 ha (★ ★ ★ ★). « Grands Vignobles » : Graben, Lay. GROSSLAGEN : Badstube (★ ★ ★) et Kurfürstlay. Parmi les meilleurs producteurs : Heribert KERPEN , Dr LOOSEN, Dr PAULY-BERGWEILER, J.J. PRÜM, Studert-Prüm, THANISCH, WEGELER-DEINHARD.

Bernkastel (Bereich) Vins de piètre qualité, mais au parfum fleuri très prononcé. Surtout MÜLLER-T. Englobe toute la MITTEL-MOSEL. À éviter.

Biffar, Josef ★ ★ ★ Étoile montante à DEIDESHEIM. 16 ha (aussi à WACHENHEIM) de RIES. Vins intenses, classiques.

Bingen H-Rh. b. ★ ★→★ ★ ★ 76 83 85 87 88 89 90 91 92 93 94 95 96 Ville située au confluent du Rhin et de la NAHE. Bons vignobles dont le « Grand Vignoble » Scharlachberg. GROSS-LAGE : Sankt Rochuskapelle.

Bingen (Bereich) Nom régional de l'ouest de la HESSE RHÉNANE.

Bischöfliche Weingüter ★ ★ Domaine viticole célèbre à TRÈVES (M-S-R). Propriété de l'Évêché et de deux célèbres hospices. 96 ha d'excellents vignobles, surtout en SAAR et RUWER. Signes de retour à la haute qualité après une période décevante. Vins de RUWER actuellement les meilleurs (sp. EITELSBACH, KASEL).

Blue Nun Marque célèbre mais en perte de vitesse de LIEBFRAUMILCH. Appartient à SICHEL.

Bocksbeutel Genre de flacon utilisé pour les vins de FRANCONIE.

Bodenheim H-Rh. b. ★ ★ Village près de NIERSTEIN, aux vins pleins et terreux. Meilleur producteur : Kühling-Gillot.

Bodensee (Bereich) Région idyllique au sud du pays de BADE, sur le lac de Constance.

Braun, Weingut Heinrich ★ ★ Domaine de 24 ha à NIERSTEIN. RIES élégants, secs et doux, des « Grands Vignobles » de Nierstein, sp. Pettenthal.

Brauneberg M-M b. ★ ★ ★ ★ 71 75 76 83 85 86 87 88 89 90 91 92 93 94 95 96 Très bon village près de BERNKASTEL (300 ha) ; excellents RIES au grand bouquet de pure tradition. Équivalent d'un « Grand Cru », s'il en était en MOSEL. « Très Grand Vignoble » : Juffer-Sonnenuhr. « Grand Vignoble » : Juffer. GROSSLAGE : Kurfürstlay. Producteurs : Bastgen, Fritz HAAG, Willi HAAG, Paulinshof, Max Ferd RICHTER.

Breisach Bade. Ville frontalière sur le Rhin, au nord de KAISERSTUHL. Siège de BADISCHER WINZERKELLER, la plus grande coop. d'Allemagne.

Breisgau (Bereich) Petite région peu connue du pays de BADE. Quelques bons rouges et rosé WEISSHERBST.

Breuer, Weingut G. ★ ★ ★ Domaine familial de 15 ha à RÜDESHEIM, leader de CHARTA avec 2,4 ha de Berg Schlossberg et 5 ha de Nonnenberg, le monopole de RAUENTHAL. Superbe qualité ces dernières années, dont un RIES plein de corps et élégant, et des innovations, dont un mousseux issu d'un assemblage RIES/Pinot Bl/Pinot G.

Buhl, Reichsrat von ★ ★ ★ Propriété familiale du PALATINAT retrouvant sa forme historique depuis 94. Plus de 64 ha à DEIDESHEIM, FORST, RUPPERTSBERG, etc. Louée par une société japonaise.

Bundesweinprämierung La plus haute récompense pour un vin allemand : étiquettes à médaille d'or, d'argent ou de bronze décernées par la D.L.G.

Bürgerspital zum Heiligen Geist ★ ★ ★ Ancien hospice de WÜRZBURG, 110 ha de vignobles à WÜRZBURG, RANDERSACKER... Vins secs et riches, sp. issus de SILVANER et RIES. Peuvent être très bons.

Bürklin-Wolf, Dr ★ ★ ★ → ★ ★ ★ ★ Fameuse propriété familiale du PALATINAT, 89 ha de vignobles à WACHENHEIM, FORST, DEIDESHEIM et RUPPERTSBERG. Les excellents 94 et 95 montrent que le domaine a retrouvé sa grande forme.

Castell'sches, Fürstlich Domäneamt ★ ★ → ★ ★ ★ Propriété princière historique de 56 ha à STEIGERWALD. SILVANER, RIESLANER. Aussi SEKT. Vins de dessert nobles.

Chardonnay Cépage désormais légal partout en Allemagne mais l'encépagement total reste inférieur à 120 ha.

Charta Organisation des meilleurs domaines de RHEINGAU produisant des RIES secs. Les normes appliquées sont nettement supérieures aux minima légaux.

Christoffel, J. J. ★ ★ Minuscule domaine à ERDEN, ÜRZIG. RIES impeccables.

Clevner (ou Klevner) Cépage rouge censé être du Pinot N ou du Chiavenna italien (Pinot N à maturation rapide). Synonyme du Blauer Frühburgunder dans le WURTEMBERG et de TRAMINER en ORTENAU (BADE), d'où une certaine confusion.

Crusius ★ ★ → ★ ★ ★ ★ Domaine familial de 12 ha à TRAISEN, NAHE. RIES vif des vignobles Bastei, Rotenfels et SCHLOSSBÖCKELHEIM. Les meilleurs vieillissent très bien. Aussi bon SEKT et un SPÄTBURGUNDER rosé sec et fruité.

Deidesheim Pal. b. (r.) ★ ★ → ★ ★ ★ **71 76 83 85** 86 *87* **88 89 90** 91 **92** 93 94 *95* **96** Le plus grand centre viticole de première qualité du PALATINAT. 400 ha. Vins généreux, au bouquet complexe. « Grands Vignobles » : Leinhöhle, Grainhübel, Hohenmorgen, Kalkofen, Kieselberg, Langen-Morgen. GROSS-LAGEN : Hofstück (★), Mariengarten (★ ★). Principaux producteurs : BASSERMANN-JORDAN, BIFFAR, BÜRKLIN-WOLF, Von BÜHL, DEINHARD, Kimmich.

Deinhard ★ ★ → ★ ★ ★ Négociants réputés à Coblence et producteurs innovateurs en RHEINGAU, MITTEL-MOSEL, RUWER et au PALATINAT (voir WEGELER-DEINHARD) de vins de haute qualité. Très bon SEKT Lila. Leur gamme Heritage de vins TROCKEN d'un seul village (DEIDESHEIM, HOCHHEIM, JOHANNISBERG, etc.) sont bien faits mais austères.

Deinhard, Dr ★ ★ Beau domaine familial de 25 ha. Quelques-uns des meilleurs vignobles de DEIDESHEIM.

Deutsche Weinstrasse Route touristique allant de Bockenheim à SCHWEIGEN, dans le PALATINAT.

Deutscher Tafelwein Officiellement, terme désignant les vins allemands très modestes. En fait, désigne aussi toutes sortes de nouveautés coûteuses (par ex., les vins élevés en BARRIQUES). Comme en Italie, la législation devra changer.

Deutsches Weinsiegel Un sceau de qualité, une étiquette de col apposée sur les vins ayant subi un contrôle légal de dégustation. Sceau jaune pour « sec », vert pour « demi-sec » et rouge pour « demi-doux ». En fait, ne signifie pas grand-chose et ne prouve rien.

Diel auf Burg Layen, Schlossgut ★ ★ ★ 12 ha à la mode dans la NAHE. Spécialisé dans l'élevage du RULÄNDER et du WEISSBURGUNDER en fûts français. Aussi beau RIES traditionnel. AUSLESE et EISWEIN impressionnants.

D.L.G. (Deutsche Landwirtschaftgesellschaft) Organisation des agriculteurs allemands établie à Francfort. Organisme qui distribue (sans parcimonie) les médailles nationales de qualité.

Dom En allemand : cathédrale. Vins provenant des célèbres domaines de la cathédrale de TRÈVES et qui portent le mot « Dom » avant le nom du vignoble sur leur étiquette.

Domäne En allemand : domaine, propriété. Quelquefois utilisé pour désigner un domaine d'État (STAATSWEINGUT).

Dönnhoff, Weingut Hermann ★ ★ ★ Domaine de 9 ha dans la NAHE. RIES exceptionnellement beaux à Oberhausen, NIEDERHAUSEN, etc.

Dornfelder Nouveau cépage rouge donnant des vins courants à la robe profonde dans le PALATINAT.

Durbach Bade b. (r.) ★★ → ★★★ 76 83 85 *87* 88 **89 90** *91* 92 **93** 94 95 **96** Village avec 310 ha des meilleurs vignobles de BADE. Meilleurs viticulteurs : A. LAIBLE, H. Männle, SCHLOSS STAUFENBERG, WOLFF-METTERNICH. Choisir leurs KLINGELBERGER (RIES) et CLEVNER (TRAMINER). GROSSLAGE : Fürsteneck.

Edel Signifie « noble », Edelfäule : « pourriture noble ».

Egon Müller zu Scharzhof ★ ★ ★ ★ Excellente propriété sarroise (13 ha) à WILTINGEN. Les années d'AUSLESE, ses RIES SCHARZHOFBERGER riches et racés sont parmi les plus beaux vins au monde. Les meilleurs AUSLESEN ont des capsules d'or. 89, 90 et 93 sublimes, mielleux, immortels. Le Gallais est un second domaine de Braune Kupp à WILTINGEN.

Eiswein Vin très doux fait à partir de raisin gelé. L'eau des grains est éliminée avec la glace et le vin est donc très concentré en sucre et d'une grande saveur. Il est rare et très cher. Titre parfois 5,5 % Vol. seulement. De très bonne garde grâce à sa forte acidité.

Eitelsbach M-S-R (Ruwer) b. ★★ → ★★★★ **71 75 76 83 85** *87* **88 89 90** *91* 92 **93** 94 **95** 96 Village maintenant englobé dans TRÈVES. « Très Grand Vignoble » : KARTHÄUSERHOFBERG. GROSSLAGE : Römerlay.

Elbe Le fleuve vinicole de l'Est de l'Allemagne. Voir SACHSEN.

Elbling Cépage traditionnel qui peut être âpre et sans goût mais capable d'une fraîcheur et d'une vitalité réelles dans les meilleures conditions (par ex. à Nittel ou Schloss Thorn en OBERMOSEL).

Eltville Rhg b. ★★ → ★★★ **71 75 76 83** 85 86 *87* 88 **89 90** *91* 92 **93** 94 **95** 96 Ville viticole très importante, avec les chais du STAATSWEINGUT du RHEINGAU et les propriétés FISCHER et von SIMMERN. « Grand Vignoble » : Sonnenberg. GROSSLAGE : Steinmächer.

Enkirch M-M b. ★★→★★★ 71 76 83 85 87 88 89 90 91 93 94 95 96 Village peu connu de MITTEL-MOSEL, souvent négligé par les amateurs ; délicieux vin léger et savoureux. GROSSLAGE : Schwarzlay. Meilleurs vignobles : Batterieberg, Zeppwingert.

Erbach Rhg b. ★★★→★★★★ 71 76 83 85 86 87 88 89 90 91 92 93 94 95 Une des meilleures régions du RHEINGAU. Vins puissants et parfumés, dont ceux des superbes « Grands Vignobles » : Hohenrain, MARCOBRUNN, Siegelsberg, Steinmorgen. Autre bon vignoble : Schlossberg. Principales propriétés : SCHLOSS REINHARTSHAUSEN, SCHLOSS SCHÖNBORN. Aussi BECKER, KNYPHAUSEN, VON SIMMERN, etc.

Erben Signifie « héritiers ». Mot souvent utilisé sur les étiquettes des domaines anciens.

Erden M-M b. ★★★ 71 75 76 83 84 85 86 87 88 89 90 91 92 93 94 95 96 Village entre ÜRZIG et KRÖV. Vin parfumé, noble, ayant du corps (style différent de celui de ses voisins BERNKASTEL et WEHLEN mais d'aussi longue garde). « Très Grands Vignobles » : Prälat, Treppchen. GROSSLAGE : Schwarzlay. Principaux producteurs : BISCHÖFLICHE WEINGÜTER, J. J. CHRISTOFFEL, Stefan Ehlen, Dr LOOSEN, Meulenhoff, Peter Nicolay.

Erstes Gewächs Littéralement « Premier Cru ». Nouvelle classification (94) pour les meilleurs vignobles du RHEINGAU. S'applique depuis le millésime 92 mais n'est pas encore légalement reconnu.

Erzeugerabfüllung Mise en bouteille par le producteur.

Escherndorf Franc. b. ★★→★★★ 76 83 87 88 89 90 91 92 93 94 95 96 Ville viticole près de WÜRZBURG. Vins secs et goûteux. Excellent vignoble : « Grand Vignoble » Lump. GROSSLAGE : Kirchberg. Parmi les producteurs : JULIUSSPITAL, Egon Schäffer, Horst Sauer.

Eser, Weingut August ★★★ Domaine de 8 ha à STRICH en RHEINGAU. Vignobles aussi à HALLGARTEN, RAUENTHAL (sp. Gehrn, Rothenberg), WINKEL, etc. Vins modèles.

Filzen M-S-R (Sarre) b. ★★★→★★★★ 76 83 85 87 88 89 90 91 92 93 94 95 96 Petit village de la SAAR près de WILTINGEN. « Grand Vignoble » : Pulchen. Producteur à noter : Piedmont.

Fischer, Weingut Dr ★★ Domaine (24 ha) de qualité variable à OCKFEN et WAWERN (83 très bon, 90 bon).

Fischer Erben, Weingut ★★★ 7 ha à ELTVILLE en RHEINGAU. Normes traditionnelles élevées. Vins classiques de longue garde.

Fitz-Ritter ★★ Domaine fiable de BAD DÜRKHEIM. 21 ha. Quelques beaux RIES.

Hiérarchie des vins allemands *(en ordre croissant officiel)* :

1. Deutscher Tafelwein : *vin doucereux, léger, sans caractère spécial (officieusement, peut être très spécial).*

2. Landwein : *Tafelwein plus sec avec quelque style régional.*

3. Qualitätswein : *vin sec ou doucereux, addition de sucre avant la fermentation pour plus de force, mais qualité testée. Style local et caractère des raisins distincts.*

4. Kabinettwein : *vin sec ou relativement sec naturel (non sucré). Personnalité distincte et légèreté reconnaissable. Peut être très bon.*

5. Spätlese : *plus fort, souvent plus doux que Kabinett. Plein de corps. Tendance actuelle aux Spätlesen plus secs, voire complètement secs.*

6. Auslese : *plus doux, parfois plus fort que Spätlese, souvent avec parfums de miel, intenses et persistants. Parfois sec et lourd.*

7. Beerenauslese : *très doux, généralement fort et intense, parfois superbe.*

8. Eiswein (Beeren- ou Trockenbeerenauslese) : *concentré, acéré et très doux. Peut être très beau.*

9. Trockenbeerenauslese : *intensément doux et aromatique. Faible en alcool. Extraordinaire et immortel.*

Forschungsanstalt Voir HESSISCHE FORSCHUNGSANSTALT.

Forst Pal. b. ★★ → ★★★★ **71 76 83 85** 86 *87* 88 **89 90** 91 92 **93** 94 95 **96** Village de MITTEL-HAARDT avec 200 ha des meilleurs vignobles allemands. Vins mûrs, au parfum généreux, corsés mais subtils. « Grands Vignobles » : Jesuitengarten, Kirchenstück, Pechstein, Ungeheuer. GROSSLAGEN : Mariengarten, Schnepfenflug. Meilleurs producteurs : BASSERMANN-JORDAN, DEINHARD, Georg MOSBACHER, Eugen Müller, Spindler, Werlé.

Franconie Voir entrée suivante.

Franken (Franconie) Excellents vins secs (sp. SILVANER) qui ont du caractère. Les bouteilles sont toujours des flacons ronds (BOCKSBEUTEL). Son centre est WÜRZBURG. Appellations de BEREICH : MAINDREIECK, STEIGERWALD. Meilleurs producteurs : BÜRGERSPITAL, CASTELL, FÜRST, JULIUSSPITAL, WIRSCHING, etc.

Freinsheim Pal. b. r. ★★ Village célèbre de MITTEL-HAARDT. Forte proportion de RIES. Vins aromatiques, épicés. Meilleur producteur : LINGENFELDER.

Friburg Bade b. (r.) ★ → ★★ B.J.P. Centre vinicole du BREISGAU, au nord du MARKGRÄFLERLAND. Un bon GUTEDEL.

Friedrich Wilhelm Gymnasium ★★★ Important domaine de TRÈVES appartenant à un hospice. 32,8 ha de vignobles à BERNKASTEL, GRAACH, OCKFEN, TRITTENHEIM, ZELTINGEN, etc., tous M-S-R. 90, 91, 92, 93 auraient dû être meilleurs.

Fuhrmann Voir PFEFFINGEN.

Gallais, Le Voir EGON MÜLLER.

Geheimrat « J » Marque de bons RIES SPÄTLESE très secs de chez WEGELER-DEINHARD et STRICH depuis 83. La conception moderne du vin du RHEINGAU.

Geisenheim Rhg b. ★★ → ★★★ **71 76** 83 85 86 *87* 88 **89 90** *91* 92 **93** 94 95 96 Célèbre école de viticulture produisant de beaux vins parfumés. « Grands Vignobles » : Rothenberg, Kläuserweg. GROSSLAGEN : Burgweg, Erntebringer. Beaucoup d'excellents producteurs (par ex. SCHLOSS SCHÖNBORN) y ont des vignobles.

Gemeinde Commune.

Gewürztraminer (ou Traminer) Cépage épicé d'Alsace, donnant parfois des vins impressionnants en Allemagne, surtout en PALATINAT, BADE et WURTEMBERG.

Gimmeldingen Pal. b. ★★ **76** 83 **85** *87* 88 **89 90** *91* **92 93** 94 95 **96** Village au sud de la MITTEL-HAARDT. GROSSLAGE : Meerspinne. Parmi les producteurs : Christmann, MÜLLER-CATOIR.

Graach M-M b. ★★★ **71 75 76 83** *84* **85** 86 *87* **88 89 90** *91* 92 **93** 94 **95** 96 Petit village entre BERNKASTEL et WEHLEN. « Grands Vignobles » : Domprobst, Himmelreich, Josephshöfer. GROSSLAGE : Münzlay. Beaucoup d'excellents producteurs, dont KESSELSTATT, Dr LOOSEN, J.J. PRÜM, Willi SCHAEFER, SELBACH-OSTER, WEINS-PRÜM, etc.

Grans-Fassian ★★ Beau domaine (10 ha) à Leiwen (MOSEL). Vignobles aussi à PIESPORT, TRITTENHEIM.

Grauburgunder Synonyme de RULÄNDER et Pinot G.

Grosser Ring Groupe des meilleurs domaines de MOSEL-SAAR-RUWER (VdP). Enchères annuelles au mois de septembre atteignant des prix battant tous les records.

Grosslage Voir Introduction, p. 144.

Gunderloch ★★★★ Excellent domaine de 12 ha à NACKENHEIM produisant parmi les plus beaux RIES de tout le secteur rhénan. Sans conteste le meilleur de HESSE RHÉNANE. A récemment racheté le réputé domaine Balbach à NIERSTEIN.

Guntersblum H-Rh. b. ★→★★ 83 **85** 88 **89 90** *91* 92 **93** 94 95 96 Importante ville viticole au sud de OPPENHEIM. « Grands Vignobles » : Himmeltal, Bornpfad. GROSSLAGEN : Krötenbrunnen, Vogelsgärten. Meilleur producteur : Rappenhof.

Guntrum, Louis ★★ Grande propriété familiale de 65 ha à NIERSTEIN, OPPENHEIM etc. SILVANER, GEWÜRZ et RIES bons.

Gutedel Nom allemand du Chasselas utilisé en BADE du Sud.

Gutsabfüllung Mise en bouteilles au domaine. Nouveau terme réservé à des domaines sélectionnés.

Haag, Weingut Fritz ★★★★ Excellent domaine de 4,8 ha à BRAUNEBERG, dirigé par Wilhelm Haag, président de GROSSER RING. RIES de MOSEL d'une pureté cristalline, racés et de longue garde. Réputation grandissante.

Haag, Weingut Willi ★★ Minuscule domaine de 2,8 ha à BRAUNEBERG. RIES ronds, ancien style. Quelques beaux AUSLESEN.

Haart, Rheinhold ★★★ Petite propriété, la meilleure de PIESPORT et de réputation grandissante. Vins aromatiques et raffinés capables de vieillir longuement.

Halbtrocken « Demi-sec ». Contenant moins de 18 mais plus de 9 g par litre de sucre non fermenté. Généralement plus équilibrés que TROCKEN. Vins de plus en plus populaires pour les repas.

Hallgarten Rhg b. ★★→★★★ 71 76 **83 85** 86 *87* 88 **89 90** *91* 92 93 94 95 *96* Petite ville viticole derrière HATTENHEIM. Vins vigoureux et corsés que, mystérieusement, on voit rarement. Les coop. dominent (inhabituel en RHEINGAU). Meilleur domaine : Weingut Fred Prinz.

Hattenheim Rhg b. ★★→★★★ 71 75 76 **83 85** 87 88 **89 90** 91 **92 93** 94 95 96 Excellente ville viticole de 200 ha. Les « Grands Vignobles » sont : Engelmannsberg, Mannberg, Pfaffenberg, Nussbrunnen, Wisselbrunnen et surtout le célèbre STEINBERG (ORTSTEIL). GROSSLAGE : Deutelsberg. MARCOBRUNN est à la frontière de l'ERBACH. Beaucoup de domaines excellents, dont KNYPHAUSEN, RESS, SCHLOSS SCHÖNBORN, VON SIMMERN, STAATSWEINGUT, etc.

Heger, Dr ★★★ Certains des meilleurs rouges SPÄTBURGUNDER de BADE issus des vieux ceps de cette propriété de 11 ha à ACHKARREN. Aussi beaux GRAUBURGUNDER. Les progrès vont bon train.

Heilbronn Wurt b. r. ★→★★ 88 89 90 *91* 92 **93** 94 95 *96* Ville viticole avec de nombreux petits vignerons et une grosse coop. Les meilleurs vins sont des RIES. Siège de la D.L.G. Meilleurs éleveurs : Amalienhof, Drautz-Able, Heinrich.

Hessen, Prinz von ★★→★★★ Fameux domaine de 30 ha à JOHANNISBERG, KIEDRICH et WINKEL. Qualité en amélioration.

Hesse Rhénane Voir RHEINHESSEN.

Hessische Bergstrasse H-Rh. b. ★★→★★★ 76 83 85 *87* 88 89 **90** *91* **92 93** 94 95 96 Plus petite région viticole de l'Ouest de l'Allemagne (400 ha). Agréables RIES des STAATSWEINGUT de Bensheim, Bergstrasser Coop, Heppenheim et Stadt Bensheim.

Hessische Forschungsanstalt für Wein-Obst- & Gartenbau Célèbre école de viticulture et institut de recherche à GEISENHEIM (RHEINGAU). Étiquette « Forschungsanstalt » (bons vins, dont les rouges).

Heyl zu Herrnsheim ★★★ Domaine de 28 ha. Un des meilleurs de NIERSTEIN. 60 % RIES. Excellents résultats, irréguliers récemment. Appartient en partie à VALCKENBERG.

Hochgewächs Terme s'appliquant à un niveau supérieur de RIES QbA, surtout en MOSEL-SAAR-RUWER.

Hochheim Rhg b. ★★ → ★★★★ **71 75 76** 79 **83** *84* **85** 86 *87* **88 89 90** *91* **92 93** 94 95 **96** Ville avec 240 ha de vignobles à l'est du RHEINGAU. Autrefois considérée comme la meilleure du Rhin. Vins aussi fins avec leur intensité terreuse et leur bouquet propre. « Grands Vignobles » : Domdechaney, Hölle, Kirchenstück, Königin Viktoria Berg (Hupfeld, de STRICH, y a un monopole de 4,8 ha. Vins vendus seulement par DEINHARD). GROSSLAGE : Daubhaus. Parmi les producteurs : Aschrott, Hupfeld, Franz KÜNSTLER, RESS, SCHLOSS SCHÖNBORN, STAATSWEINGUT, WERNER.

Hoensbroech, Weingut Reichsgraf zu ★★★ Superbe domaine de KRAICHGAU (15 ha). Excellents WEISSBURGUNDER, GRAUBURGUNDER et SILVANER secs (Michelfelder Himmelberg). Quelques-uns des meilleurs vins blancs secs de BADE.

Hohenlohe-Oehringen, Weingut Fürst zu ★★ Domaine noble de 18,8 ha à Oehringen, WURTEMBERG. RIES secs consistants et rouges puissants issus de SPÄTBURGUNDER et LEMBERGER.

Hövel, Weingut von ★★★ Très beau domaine de la SAAR en OBERMOSEL (Hütte est un monopole de 5 ha) et à SCHARZHOFBERG. Vins superbes depuis 93.

Huxelrebe Cépage récent aromatique utilisé principalement pour les vins de dessert.

Ihringen Bade r. b. ★ → ★★★ 86 87 88 **89 90** 91 92 **93** 94 95 **96** Un des meilleurs villages du KAISERSTUHL, pays de BADE. Fier de son SPÄTBURGUNDER rouge, son WEISSHERBST et GRAUBURGUNDER. Meilleurs producteurs : Dr HEGER, Stigler.

Ilbesheim Pal. b. ★ → ★★★ 88 **89 90** 91 92 **93** 94 **95 96** Cœur d'une importante coop. de viticulteurs de la SÜDLICHE WEINSTRASSE, « Deutsches Weintor ». Voir aussi SCHWEIGEN.

Ingelheim H-Rh. r. b. ★★ **88** 89 **90** 91 92 **93** 94 95 96 En face du RHEINGAU, ville connue pour son SPÄTBURGUNDER. « Grands Vignobles » : Horn, Pares, Sonnenberg, Steinacker.

Iphofen Franc. b. ★★ → ★★★ **76** 79 **83 85** *87* **88** *89* **90** *91* 92 **93** *95* **96** Village situé à l'est de WÜRZBURG. Superbes « Grands Vignobles » : Julius-Echter-Berg, Kalb. GROSSLAGE : Burgweg. Éleveurs : JULIUSSPITAL, WIRSCHING, Ruck.

Jahrgang Millésime.

Johannisberg Rhg b. ★★ → ★★★★ **71 75 76 83 85** 86 *87* 88 **89 90** 91 92 **93** 94 **95** 96 Village possédant 104 ha de vignobles ; RIES excellents et subtils. Bon vignoble : Goldatzel. « Grands Vignobles » : Hölle, Klaus, SCHLOSS JOHANNISBERG. GROSSLAGE : Erntebringer. Beaucoup de bons producteurs. Mais attention aux vins BEREICH JOHANNISBERG (voir ci-après).

Johannisberg (Bereich) Appellation couvrant tout le RHEINGAU. À éviter.

Johannishof ★★★ Domaine familial à JOHANNISBERG, également connu sous le nom de HH Eser. 18 ha. RIES à la hauteur du nom prestigieux de Johannisberg. Depuis 1996, vins de RÜDESHEIM aussi.

Johner, Karl-Heinz ★★★ Petit domaine de BADE à Bischoffingen, en première ligne pour un SPÄTBURGUNDER revitalisé et un WEISSBURGUNDER élevé dans du chêne.

Josephshöfer « Grand Vignoble » à GRAACH, propriété de von KESSELSTATT.

Jost, Toni ★★★ Le meilleur domaine, peut-être, du MITTELRHEIN (10 ha). Surtout du RIES en BACHARACH et RHEINGAU.

Juliusspital ★★★ → ★★★★ Ancien hospice religieux à WÜRZBURG : vignobles de grande qualité (150 ha) donnant nombre des meilleurs vins de la région. Chercher ses SILVANER et ses RIES.

Kabinett Terme désignant les plus secs et les moins chers des vins naturels non sucrés (QMP). Peu alcoolisés (de 7 à 9 % Vol. en moyenne pour les RIES) mais capables de finesse sublime. À boire jeune ou attendre quelques années.

Kaiserstuhl (Bereich) Un des meilleurs districts du pays de BADE doté d'un climat chaud et d'un sol volcanique. Villages : ACHKARREN, IHRINGEN. GROSSLAGE : Vulkanfelsen.

Kallstadt Pal. b. (r.) ★★→★★★ 76 83 85 86 87 88 **89 90** 91 92 **93** 94 **95 96** Village situé au nord de la MITTEL-HAARDT. Vins fins et généreux souvent sous-estimés. « Grand Vignoble » : Saumagen. GROSSLAGEN : Feuerberg, Kobnert. Parmi les producteurs : Henninger, KŒHLER-RUPRECHT, Schüster.

Kammerpreismünze Voir LANDESPREISMÜNZE.

Kanzem M-S-R (Sarre) b. ★★★ **71 75 76 83 85** 87 **88 89 90** 91 92 **93** 94 **95** 96 Petit voisin de WILTINGEN. « Grand vignoble » : Altenberg. GROSSLAGE : SCHARZBERG. Parmi les producteurs : Othegraven, Reverchon. Le meilleur est J.P. Reinert.

Karlsmühle ★★ Cet hôtelier de MERTESDORF fait des RUWER de toute qualité à KASEL et dans le vignoble dont il a le monopole : Lorenzhof.

Karthäuserhofberg ★★★★ Excellent domaine de 18 ha de RUWER à Eitelsbach. Bouteilles reconnaissables : leur étiquette est placée sur le col. A retrouvé sa forme depuis 1993.

Kasel M-S-R (Ruwer) b. ★★→★★★ **71 75 76 83 85** 86 87 **88 89 90** 91 92 **93** 94 **95** 96 Village aux vins légers étonnamment floraux. « Grands Vignobles » : Kehrnagel, Nies'chen. GROSSLAGE : Römerlay. Meilleurs producteurs : WEGELER-DEINHARD, KARLSMÜHLE, VON KESSELSTATT.

Kerner Cépage moderne et aromatique plus précoce que le RIES, de qualité honnête mais sans l'harmonie intrinsèque du RIES.

Kerpen, Weingut Heribert ★★ Minuscule domaine à BERNKASTEL, GRAACH, WEHLEN.

Kesseler, Weingut August ★★ Domaine de 14 ha produisant les meilleurs rouges SPÄTBURGUNDER de ASSMANNSHAUSEN. Bons RIES pas très secs.

Kesselstatt, von ★★★ La plus grande propriété privée de MOSEL. Existe depuis 600 ans. 60 ha à GRAACH, KASEL, PIESPORT, WILTINGEN. Vins aromatiques au fruité généreux. Appartient maintenant à Günther Reh (de Leiwen). Excellents vins depuis 88.

Kesten M-M b. ★→★★★ **71 75 76 83 85** 86 88 **89 90** 91 **92 93** 94 **95** 96 Vignoble contigu à BRAUNEBERG. Ses meilleurs vins (du vignoble Paulinshofberg) sont similaires. GROSSLAGE : Kurfürstlay. Meilleur producteur : BASTGEN, Paulinshof.

Kiedrich Rhg b. ★★→★★★★ **71 76 83 85** 86 87 88 89 **90** 91 **92 93** 94 **95** 96 Voisin de RAUENTHAL. Vins presque aussi accomplis et corsés. « Grand Vignoble » : Gräfenberg. Bon aussi : Wasseros. GROSSLAGE : Heiligenstock. Parmi les producteurs : FISCHER, KNYPHAUSEN, STAATSWEINGUT. R. WEIL est aujourd'hui le meilleur domaine.

Klingelberger Terme d'ORTENAU (BADE) pour le RIES, sp. à DURBACH.

Kloster Eberbach Célèbre abbaye cistercienne du XIIᵉ siècle, à HATTENHEIM (RHEINGAU), où des moines ont encépagé le STEINBERG. Aujourd'hui STAATSWEINGUT et siège de l'Académie allemande des vins.

Klüsserath M-M b. ★★→ ★★★ 76 83 85 88 **89 90** 91 92 **93** 94 **95** 96 Petit village de MOSEL : ses bons millésimes méritent qu'on s'y arrête. Meilleur vignoble : Bruderschaft. GROSSLAGE : St-Michael. Meilleurs producteurs : FRIEDRICH WILHELM GYMNASIUM, Kirsten.

Knyphausen, Weingut Freiherr zu ★ ★ ★ Noble domaine (20 ha) sur d'anciennes terres cisterciennes (voir KLOSTER EBERBACH) à ELTVILLE, ERBACH, HATTENHEIM, KIEDRICH et MARCOBRUNN. Vins classiques du RHEINGAU, dont beaucoup de secs.

Koehler-Ruprecht ★ ★ ★ → ★ ★ ★ ★ Petit domaine (8 ha) de première classe et de plus en plus fort. Meilleur producteur de KALLSTADT, PALATINAT. Vinification ultra-traditionnelle et mémorables RIES secs de très longue garde de K. Saumagen. Fait de remarquables Pinots N de style Bourgogne depuis 1991.

Königin Viktoria Berg Voir HOCHHEIM.

Kraichgau Petite région de BADE, au sud de Heidelberg. Meilleur éleveur : HOENSBROECH.

Kreuznach Appellation de tout le nord de la NAHE. A fusionné avec SCHLOSSBÖCKELHEIM pour former le BEREICH NAHETAL (voir BAD KREUZNACH).

Kröv M-M b. ★ → ★ ★ ★ 88 89 *90* 91 92 **93** 94 95 *96* Lieu touristique célèbre pour son appellation de GROSSLAGE : « Nacktarsch » (« cul nu »). Prudence.

Künstler, Franz ★ ★ ★ → ★ ★ ★ ★ Domaine de HOCHHEIM agrandi récemment à 20 ha par le rachat du fameux domaine Aschrott. RIES secs superbes, sp. des « Grands Vignobles » H. Hölle et Kirchenstück. Excellent AUSLESE aussi.

Laible, Weingut Andreas ★ ★ Domaine de 4 ha à DURBACH. Beaux RIES doux et secs, SCHEUREBE et GEWÜRZ du « Grand Vignoble » Plauelrain.

Landespreismünze Prix de qualité au niveau plus régional que national.

Landwein Catégorie de TAFELWEIN de meilleure qualité (le raisin doit être un peu plus mûr), venant de 20 régions désignées. Doit être TROCKEN OU HALBTROCKEN. Se veut similaire aux vins de pays français.

Lauerburg ★ ★ ★ Un des quatre propriétaires du célèbre vignoble Doktor qui a malheureusement vendu récemment la majeure partie de ses vignes. Vins souvent excellents et racés.

Leitz, J. ★ ★ Beau petit domaine familial de RÜDESHEIM aux RIES secs élégants. Étoile montante.

Lemberger Cépage rouge importé d'Autriche où il est appelé Blaufränkisch. Vins tanniques à la robe profonde. Peuvent être excellents.

Liebfrauenstift Vignoble de 11 ha dans la ville de Worms, à l'origine de l'appellation LIEBFRAUMILCH.

Liebfraumilch

Un nom dont on abuse. Représente 50 % des exportations, au détriment des meilleurs produits allemands. Statut de QbA « de caractère agréable » de HESSE RHÉNANE, PALATINAT, NAHE ou RHEINGAU ; assemblage d'au moins 51 % de RIES, SILVANER, KERNER ou MÜLLER-T. La grande quantité est un vin demi-doux de HESSE RHÉNANE et du PALATINAT. Il doit contenir moins de 18 g de sucre non fermenté par litre. Selon la marque ou le négociant, peut être très bon marché ou de qualité inférieure.

Lieser M-M b. ★ ★ 71 76 83 85 86 *87* **88 89 90** *91* 92 **93** 94 **95** 96 Voisin peu connu de BERNKASTEL. Vins plus légers. « Grand Vignoble » : Niederberg-Helden. GROSSLAGE : Kurfürstlay. Excellent producteur : Schloss Liesen.

Lingenfelder Weingut ★ ★ Petit domaine plein d'idées à Grosskarlbach (PALATINAT). Excellents SCHEUREBEN doux et secs, RIES ayant du corps, etc.

Loosen, Weingut Dr ★ ★ ★ ★ Domaine dynamique de St Johannishof (9,6 ha) à BERNKASTEL, ERDEN, GRAACH, WEHLEN, ÜRZIG.

RIES de vieux ceps des « Très Grands Vignobles », profonds et intenses. Excellente qualité depuis 90.

Lorch Rhg b. (r.) ★→★★ **71 76 83 85** *87* 88 **89 90** *91* 92 **93** 94 95 96 À l'extrémité ouest du RHEINGAU. De beaux RIES légers de type MITTELRHEIN. Meilleur producteur : von Kanitz.

Loreley (Bereich) Nouveau BEREICH regroupant le RHEINBURGENGAU et le BACHARACH.

Löwenstein, Fürst ★★★ Excellent domaine de 26 ha en FRANCONIE, à Kreuzwerthim. Ses vins modèles sont des Sylvaner intenses et savoureux. Loués par MATUSCHKA-GREIFFENCLAU. Qualité très mitigée depuis 91.

Maindreieck (Bereich) Appellation du centre de la FRANCONIE, englobant WÜRZBURG.

Marcobrunn Vignoble historique du RHEINGAU, l'un des tout meilleurs d'Allemagne. Voir ERBACH.

Markgräflerland (Bereich) District au sud de FRIBOURG (BADE). Le GUTEDEL typique, bu très jeune, peut être délicieux mais les meilleurs vins sont les WEISSBURGUNDER et les GRAUBURGUNDER et les SPÄTBURGUNDER. SEKT aussi.

Martinsthal Rhg b. ★★→ ★★★ **71 75 76 83 85** 86 *87* 88 89 **90** *91* 92 93 94 95 96 Voisin peu connu de RAUENTHAL. « Grand Vignoble » : Langenberg. Wildsau bon aussi. GROSSLAGE : Steinmächer. Parmi les producteurs : BECKER, Diefenhardt.

Maximin Grünhaus M-S-R (Ruwer) b. ★★★★ **71 75 76** 79 **83 85** 86 87 **88 89 90** 91 **92 93** 94 **95** 96 Superbe propriété de la RUWER : 32 ha à MERTESDORF. Vins élégants et d'une grande subtilité à garder 20 ans ou plus.

Mertesdorf Voir Maximin GRÜNHAUS et KARLSMÜHLE.

Meyer-Näkel, Weingut ★★ Domaine de 6 ha en AHR. Les beaux SPÄTBURGUNDER de Dernau et Bad Neuenahr illustrent les rouges allemands modernes vieillis dans du chêne neuf.

Mittelhaardt (ou Moyenne Haardt) Meilleure région vinicole au nord du PALATINAT (DEIDESHEIM, FORST, RUPPERTSBERG, WACHENHEIM). Surtout RIES.

Mittelhaardt-Deutsche Weinstrasse (Bereich) Nom du district du nord et du centre du PALATINAT.

Mittel-Mosel (ou Moyenne Moselle) la meilleure partie viticole de MOSEL avec BERNKASTEL, PIESPORT, WEHLEN... Meilleurs sites entièrement plantés de RIES.

Mittelrhein (nord du Rhin) Zone d'une certaine importance locale (et d'une grande beauté) comprenant BACHARACH et Boppard. Quelques RIES d'acier attrayants.

Morio-Muskat Cépage à l'arôme très poivré. En déclin.

Mosbacher, Weingut ★★★ Beau domaine de 9,2 ha élaborant parmi les meilleurs RIES secs et doux de FORST. Trois étoiles sur l'étiquette indiquent une mise en bouteilles « Réserve » supérieure.

Mosel (Moselle) Nom du TAFELWEIN de la région. Pour les meilleurs, on trouve MOSEL-SAAR-RUWER sur l'étiquette.

Moselland, Winzergenossenschaft La plus grande coop. de M-S-R, située à BERNKASTEL. Comprend le Saar-Winzerverein de WILTINGEN. Ses 5 200 membres produisent 25 % des vins M-S-R (dont un SEKT méthode traditionnelle). Rien au-dessus de la moyenne.

Mosel-Saar-Ruwer (M-S-R) Grande région viticole de QUALITÄTSWEIN : MITTEL-MOSEL, SAAR, RUWER, et d'autres secteurs plus petits. La patrie du RIES.

Müller-Catoir, Weingut ★★★★ Domaine remarquable à NEUSTADT (16 ha). Vins très aromatiques et puissants issus de RIES, SCHEUREBE, RIESLANER, GRAUBURGUNDER, MUSKATELLER. Haute qualité constante et bon achat. Vins secs et doux aussi impressionnants les uns que les autres.

Müller-Thurgau Cépage fruité de faible acidité et précoce, du PALATINAT, de la NAHE, du pays de BADE, de FRANCONIE et de HESSE RHÉNANE ; de plus en plus répandu. La loi devrait le bannir de tous les meilleurs vignobles.

Mumm, von ★ ★ Propriété de 64 ha à JOHANNISBERG, RÜDESHEIM, etc. Sous le même contrôle que SCHLOSS JOHANNISBERG mais de qualité très variable.

Combien de degrés ?

La teneur en alcool d'un vin varie entre 7 et 16 % Vol. selon la quantité de sucre présente dans les raisins (et l'éventuel ajout de sucre, ou chaptalisation, avant la fermentation).

Faible pourcentage d'alcool n'est pas synonyme de faible qualité, et vice versa. Les plus beaux Riesling de Moselle peuvent équilibrer leur faible taux d'alcool par une intensité fruité/acidité magnifique. Inversement, un rouge en surproduction titrant 10 ou 11 % Vol. aura peu de goût. La plupart des vins de haute qualité élaborés dans le style français, en rouge ou en blanc, contiennent entre 11,5 et 13 % Vol. Au-dessus, on risque une odeur trop capiteuse, sauf si elle est équilibrée par une grande intensité d'arôme ou de douceur. Les vins mutés vont de 17-18 % Vol. (xérès fino) à environ 20 % Vol. (porto millésimé).

Münster Nahe b. ★ → ★ ★ ★ ★ 71 75 76 83 85 86 87 88 89 90 91 92 **93** 94 95 96 Meilleur village du nord de la NAHE. « Grands Vignobles » : Dautenpflänzer, Kapellenberg, Pittersberg. GROSS-LAGE : Schlosskapelle. Bons vins délicats. Meilleurs producteurs : Kruger-Rumpf, STAATSWEINGUT.

Muskateller Ancien cépage blanc aromatique à l'acidité croquante. Une rareté en PALATINAT, BADE et WURTEMBERG, où il est presque toujours élaboré en sec.

Nackenheim H-Rh. ★ → ★ ★ ★ ★ 76 83 85 86 87 **88 89 90** 91 92 93 94 95 96 Voisin de NIERSTEIN et partageant avec lui les meilleurs terroirs du Rhin. Meilleurs vins (sp. du « Grand Vignoble » Rothenberg) comparables. GROSSLAGEN : Spiegelberg (★ ★), Gutes Domtal (★). Excellent éleveur : GUNDERLOCH.

Nahe Affluent du Rhin et région viticole de qualité. Vins équilibrés, frais et francs, mais qui ont du bouquet et sont même minéraux. Les RIES sont les meilleurs. BEREICH : NAHETAL.

Nahetal (Bereich) Nom de BEREICH regroupant les secteurs de KREUZNACH et de SCHLOSSBÖCKELHEIM.

Neckerauer, Weingut Klaus ★ ★ Domaine insolite et remarqué (1,6 ha) à Weissenheim-am-Sand, sur le sol sableux du nord du PALATINAT. Gamme impressionnante mais imprévisible.

Neef M-S-R b. ★ ★ 71 76 83 85 87 88 **89 90** 91 92 **93** 94 **95** 96 Village de Basse-Moselle avec un très bon vignoble : Frauenberg.

Neipperg, Graf von ★ ★ ★ Noble domaine de 28 ha à Schwaigern, WURTEMBERG, élaborant des RIES et des TRAMINER secs et des rouges de style träditionnel, sp. issus de LEMBERGER.

Neumagen-Dhron M-M b. ★ ★ Village proche de PIESPORT. Vignobles bons mais malheureusement négligés.

Neustadt Ville du PALATINAT. Célèbre école de viticulture.

Niederhausen Nahe b. ★ ★ → ★ ★ ★ ★ 71 75 76 83 85 86 87 88 **89 90** 91 **93** 94 **95** 96 Village voisin de SCHLOSS BÖCKELHEIM et siège du STAATSWEINGUT de la NAHE. Vins pleins de grâce et de puissance. « Grands Vignobles » : Felsensteyer, Hermannsberg, Hermannshöhle. GROSSLAGE : Burgweg. Meilleurs producteurs : CRUSIUS, DÖNNHOFF, Hehner-Kilz, STAATSWEINGUT.

Nierstein (Bereich) Vaste région à l'est de la HESSE RHÉNANE ; vins de qualité ordinaire.

Nierstein H-Rh. b. ★ → ★ ★ ★ ★ **71 75 76 83 85** 86 87 **88 89 90** 91 **92 93** 94 95 96 Nom de village célèbre mais trompeur. 520 ha comprenant de superbes « Grands Vignobles » : Brudersberg, Glöck, Heiligenbaum, Hipping, Oelberg, Orbel, Pettenthal. GROSSLAGEN : Rehbach, Spiegelberg, Auflangen. Vins mûrs et aromatiques d'une grande « élégance ». La GROSSLAGE Gutes Domtal est une tromperie destinée aux supermarchés. Producteurs à choisir : GUNDERLOCH, GUNTRUM, HEYL ZU HERRNSHEIM, ST-ANTONY, G. A. Schneider, Seebrich, Strub, Wehrheim.

Nierstein Winzergenossenschaft Principale coop. de NIERSTEIN aux normes au-dessus de la moyenne (ex-Rheinfront).

Nobling Nouveau cépage blanc pour vin frais et léger en BADE, sp. MARKGRÄFLERLAND.

Norheim Nahe b. ★ → ★ ★ ★ **71 76** 79 **83 85** 86 87 **88 89 90 91 92 93** 94 **95** 96 Village voisin de NIEDERHAUSEN. « Grands Vignobles » : Dellchen, Kafels, Kirschheck. Klosterberg vient derrière. GROSSLAGE : Burgweg. Producteurs : DÖNNHOFF, CRUSIUS.

Oberemmel M-S-R (Sarre) b. ★ ★ → ★ ★ ★ **71 75 76 83 85** 86 87 88 **89 90** 91 92 **93** 94 **95** Village voisin de WILTINGEN. Vins très fins des « Grands Vignobles » Hütte, etc. GROSSLAGE : SCHARZBERG. Meilleurs producteurs : von HÖVEL, von KESSELSTADT.

Obermosel (Bereich) Appellation de la Haute-Moselle, au-dessus de TRÈVES. En général, vins fluets issus du cépage ELBLING. Agréables très jeunes.

Ockfen M-S-R (Sarre) b. ★ ★ → ★ ★ ★ **71 75 76 83 85** 86 87 88 **89 90** 91 92 **93 94 95** 96 Village de 80 ha ; vins superbes, parfumés et austères. « Grand Vignoble » : Bockstein. GROSSLAGE : SCHARZBERG. Parmi les producteurs : Dr FISCHER, Jordan & Jordan, WAGNER, ZILLIKEN.

Oechsle Échelle de la teneur en sucre du jus de raisin (cf. p. 315).

Oestrich Rhg b. ★ ★ → ★ ★ ★ **71 75 76 83 85** 86 87 **88 89 90** 91 **92 93** 94 95 96 Village important, variable mais capable de splendides AUSLESEN en RIES. « Grands Vignobles » : Doosberg, Lenchen. GROSSLAGE : Gottesthal. Principaux producteurs : August ESER, WEGELER-DEINHARD.

Offene Weine Vin au verre : la commande que l'on passe dans les villages vinicoles.

Oppenheim H-Rh. b. ★ → ★ ★ ★ **76 83 85** 86 87 **88 89 90** 91 92 **93** 94 95 96 Au sud de NIERSTEIN. Les meilleurs vins viennent des « Grands Vignobles » Herrenberg et Sackträger. GROSSLA-GEN : Guldenmorgen (★), Krötenbrunnen. Parmi les producteurs : GUNTRUM, Carl Koch, Kühling-Gillot. Aucun dans sa meilleure forme actuellement.

Ortenau (Bereich) Région au sud de Baden-Baden. Bons KLINGELBER-GER (RIES), SPÄTBURGUNDER et RULÄNDER. Meilleur village : DURBACH.

Ortsteil Partie indépendante d'une commune autorisée à utiliser le nom du vignoble du domaine sans celui du village, par ex. STEINBERG, SCHLOSS JOHANNISBERG.

Palatinat Nom français pour PFALZ.

Pauly-Bergweiler, Dr ★ ★ ★ Beau domaine de 10 ha à BERNKASTEL. Vignobles aussi à WEHLEN. Les vins Peter Nicolay de ÜRZIG et ERDEN sont les meilleurs.

Perlwein   Vin perlé (légèrement pétillant).

Pfalz (Palatinat)   Région de 22 000 ha au sud de la HESSE RHÉNANE. Climat chaud : les raisins atteignent leur pleine maturité. Les grands classiques sont des vins riches, avec des TROCKEN et HALBTROCKEN de plus en plus à la mode (et bien faits). Le plus gros producteur de RIES après MOSEL-SAAR-RUWER. Ancien nom : Rheinpfalz.

Pfeffingen, Weingut   ★★★   Messieurs Fuhrmann et Eymael font de très bons RIES et SCHEUREBEN sur 10 ha à UNGSTEIN.

Piesport   M-M b. ★→★★★★   71 75 76 83 85 86 *87* **88 89 90** 91 **92 93** 94 **95** 96 Village entouré de vignes célèbres. RIES fruités et élégants. « Très Grands Vignobles » : Goldtröpfchen et Domherr. Treppchen très inférieur. GROSSLAGE : Michelsberg (surtout MÜLLER-T, à éviter). Meilleurs producteurs : R. HAART, KESSELSTATT, Reuscher-Haart, Kurt Hain, Weller-Lehnert.

Plettenberg, von   ★★→★★★   Propriété (40 ha) à BAD KREUZNACH. Qualité mitigée.

Portugieser   Cépage rouge de moindre qualité, souvent utilisé pour le WEISSHERBST.

Prädikat   Particularités ou qualités précises. Voir QMP.

Prüfungsnummer   Numéro officiel de test de dégustation d'un vin de qualité.

Prüm, J.J.   ★★★★   Propriété superbe et légendaire de 17 ha en MOSEL à BERNKASTEL, GRAACH, WEHLEN, ZELTINGEN. Vins délicats mais de longue garde, sp. le SONNENUHR de WEHLEN : KABINETT 81 toujours jeune.

Qualitätswein bestimmter Anbaugebiete (QbA)   Qualité moyenne de vin allemand avec apport de sucre avant la fermentation (chaptalisation) mais contrôlé quant aux régions, raisins, etc.

Qualitätswein mit Prädikat (QmP)   La première catégorie : tous les vins assez alcoolisés pour ne pas nécessiter un apport de sucre, du KABINETT au TROCKENBEERENAUSLESE.

Randersacker   Franc. b. ★★→★★★   **76 83** 86 87 **88** 89 **90** 91 92 **93** 94 95 96 Village important pour son vin sec et racé. « Grands Vignobles » : Marsberg, Pfülben. GROSSLAGE : Ewig Leben. Parmi les producteurs : BÜRGERSPITAL, STAATLICHER HOFKELLER, JULIUSSPITAL, Martin Göbel, Robert Schmitt, Schmitt's Kinder.

Ratzenberger, Jochen   ★★   Domaine de 6,8 ha faisant des RIES racés, secs et très secs à BACHARACH, les meilleurs venant des « Grands Vignobles » Posten et Steeger St-Jost.

Rauenthal   Rhg. b. ★★★→★★★★   **75 76 83 85** 86 *87* 88 **89 90** *91* **92 93** 94 95 96 Village produisant un vin complexe et épicé. « Grands Vignobles » : Baiken, Gehrn, Nonnenberg, Rothenberg, Wülfen. GROSSLAGE : Steinmächer. Excellent producteur : BREUER. Parmi les autres : ESER, SCHLOSS REINHARTSHAUSEN, SCHLOSS SCHÖNBORN, von SIMMERN, STAATSWEINGUT.

Rebholz   ★★★   Excellent éleveur de la SÜDLICHE WEINSTRASSE. Nombreux cépages sur 10 ha à Siebeldingen.

Ress, Balthasar   ★★→★★★   Domaine du RHEINGAU. 30 ha de bonnes terres et chais à HATTENHEIM. Gère aussi SCHLOSS REICHARTSHAUSEN. Vins variables. Étiquettes d'artistes très originales.

Restsüsse   Sucres résiduels : sucres de raisin non fermenté restant dans le vin (ou qui lui sont ajoutés) pour lui donner de la douceur. Les vins TROCKEN nouveau style en ont très peu, voire pas du tout.

Rheinburgengau (Bereich)   Appellation des vignobles du MITTELRHEIN, autour des gorges du Rhin. Vins à l'acidité « d'acier ». Ont besoin de temps pour mûrir.

Rheinfront, Winzergenossenschaft Voir NIERSTEIN WINZERGENOSSEN-SCHAFT.

Rheingau La meilleure région vinicole du Rhin, à l'ouest de Wiesbaden. 2 800 ha. RIES classique, consistant mais sans lourdeur. Nom de BEREICH pour toute la zone : JOHANNISBERG.

Rheinhessen (Hesse rhénane) Vaste région (24 000 ha de vignobles) entre Mayence et la NAHE ; vins de qualité moyenne, avec des exceptions, les RIES de NACKENHEIM, NIERSTEIN, OPPENHEIM, etc.

Rheinhessen Silvaner (RS) Nouvelle étiquette normalisée pour les vins secs issus de SILVANER, conçue pour donner à la région une image de qualité moderne.

Rheinpfalz Voir PFALZ.

Rhodt Village de la SÜDLICHE WEINSTRASSE avec une coopérative connue (Rietburg). Vins agréables et fruités. GROSSLAGE : Ordensgut.

Richter, Weingut Max Ferd ★★★ Excellent domaine familial de 15 ha à Mülheim. Beaux RIES vieillis en fûts venant de BRAUNEBERG (Juffer-SONNENUHR), GRAACH, WEHLEN (en général, exemplaires), Mülheim (Helenenkloster).

Rieslaner Cépage hybride de RIES et SILVANER. Donne de beaux AUSLESEN en FRANCONIE. Beaux aussi chez MÜLLER-CATOIR.

Riesling Le meilleur cépage allemand : fin, fruité, parfumé. Grand rival du CHARD pour les meilleurs blancs du monde.

Rüdesheim Rhg b. ★★→★★★★ 71 75 76 79 *81* 82 **83 84 85** 86 87 88 **89 90** 91 **92 93** 94 95 **96** Villégiature du Rhin. 260 ha d'excellents vignobles : les trois meilleurs appelés Rüdesheim Berg... Vins pleins, parfumés, souvent remarquables les années difficiles. GROSSLAGE : Burgweg. Les meilleurs domaines du RHEINGAU possèdent des parcelles de vignobles à Rüdesheim. Meilleurs producteurs : G. BREUER, JOHANNISHOF, J. LEITZ, SCHLOSS SCHÖNBORN.

Rüdesheimer Rosengarten Rüdesheim est aussi un village de la NAHE, près de BAD KREUZNACH. Il n'a rien à voir avec le grand RÜDESHEIM du RHEINGAU. À éviter.

Ruländer Pinot Gris. Vins pleins et corsés, les meilleurs de BADE et du sud du PALATINAT. Alias GRAUBURGUNDER (en sec).

Ruppertsberg Pal. b. ★★→★★★ **83 85** 86 87 88 89 90 91 92 **93** 94 *95* **96** Village au sud de la MITTELHAARDT. « Grands Vignobles » : Hoheburg, Linsenbusch, Nussbien, Reiterpfad, Spiess. GROSSLAGE : Hofstück. Parmi les producteurs : BASSERMANN-JORDAN, BIFFAR, DEINHARD, BÜRKLIN-WOLF, von BUHL.

Ruwer Affluent de la Moselle près de TRÈVES. Vins très fins et délicats mais très aromatiques et bien structurés. Villages : EITELSBACH, KASEL, MERTESDORF.

Saale-Unstrut Région vinicole de l'ex-Allemagne de l'Est près de Leipzig (400 ha). Vignobles en terrasses de WEISSBURGUNDER, SILVANER, GUTEDEL, etc. Les rouges PORTUGIESER et SPÄTBURGUNDER ont des origines cisterciennes. En tête pour la qualité : Lützendorf.

Saar (Sarre) Affluent de la Moselle au sud de la RUWER. RIES puissants et austères. Villages : AYL, OCKFEN, WILTINGEN (SCHARZHOFBERG), SERRIG, Sarrebourg. GROSSLAGE : SCHARZBERG. Nombreux beaux domaines.

Saar-Ruwer (Bereich) Région qui englobe les deux précédentes.

Sachsen (Saxe) Région de l'ex-Allemagne de l'Est (300 ha) dans la vallée de l'ELBE, autour de Dresde et Meissen. Le MÜLLER-T domine mais le WEISSBURGUNDER, GRAUBURGUNDER, TRAMINER et RIES donnent des vins secs ayant plus de caractère. Meilleurs producteurs : SCHLOSS PROSCHWITZ, Klaus Siefert, Jan Ulrich, Schloss Wackerbarth, Klaus Zimmerling.

Salm, Prinz zu Propriétaire de SCHLOSS WALLHAUSEN et Villa Sachsen en RHEINHESSEN. Président de VDP.

St-Antony, Weingut ★★★ Excellent domaine de 20 ha. RIES secs et moelleux, riches et intenses provenant des « Grands Vignobles » du NIERSTEIN.

St-Ursula Négociants connus de BINGEN.

Salwey, Weingut ★★ Propriété leader de BADE à Oberottweil, sp. pour RIES, WEISSBURGUNGER et RULÄNDER.

Samtrot Cépage du WURTEMBERG. Donne les rouges allemands les plus proches des Bordeaux.

Saxe Voir SACHSEN.

Sarre Voir SAAR.

Schaefer, Willi ★★★ Le meilleur éleveur de GRAACH (avec seulement 2 ha).

Scharzberg Appellation de la GROSSLAGE de WILTINGEN et des vignobles voisins.

Scharzhofberg M-S-R (Sarre) b. ★★★★ 71 75 76 83 85 86 87 88 89 90 91 92 93 94 95 96 Superbes vignobles de 27 ha dans la SAAR, vins d'une sobre élégance, la perfection du RIES. Meilleurs domaines : EGON MÜLLER, VON HÖVEL, VON KESSELSTADT.

Schaumwein Vin mousseux.

Scheurebe Cépage aromatique de haute qualité (apparenté au RIES) utilisé dans le PALATINAT. Excellent pour les vins botrytisés (BEERENAUSLESEN, TROCKENBEERENAUSLESEN).

Schillerwein QBA rouge léger ou rosé, spécialité du WURTEMBERG.

Schlossböckelheim Nahe b. ★★→★★★★ 71 75 76 79 83 85 86 87 88 89 90 91 92 93 94 95 96 Village des meilleurs vignobles de la NAHE, dont les « Grands Vignobles » Felsenberg, In den Felsen, Königsfels, Kupfergrube. Vin solide et pourtant souple. GROSSLAGE : Burgweg. Meilleurs producteurs : STAATSWEINGUT, CRUSIUS, DÖNNHOF.

Schlossböckelheim Appellation du sud de la NAHE. A fusionné avec KREUZNACH pour former le BEREICH NAHETAL.

Schloss Johannisberg Rhg. b. ★★★ 76 79 83 85 86 87 88 89 90 91 92 93 94 95 96 Célèbre propriété du RHEINGAU, 27 ha appartenant à la princesse Metternich et à la famille Oetker. « 1er cru » du Rhin. De beaux SPÄTLESEN et KABINETT TROCKEN. Mais ce grand vignoble peut faire encore mieux.

Schloss Proschwitz ★★ Domaine princier ressuscité à Meissen. La meilleure qualité de l'ex-Allemagne de l'Est, sp. pour WEISSBURGUNDER secs.

Schloss Reichartshausen Vignoble de 4 ha à HATTENHEIM, géré par RESS.

Schloss Reinhartshausen ★★★ Belle propriété de 70 ha à ERBACH, HATTENHEIM, KIEDRICH, etc. A changé de mains en 88. RIES du RHEINGAU-modèles. Le château situé près du Rhin est maintenant un hôtel de luxe.

Schloss Saarstein ★★★ Domaine de 10 ha à SERRIG. RIES constamment beaux.

Schloss Salem ★★ Domaine de 70 ha en pays de BADE près du lac de Constance. MÜLLER-T et WEISSHERBST.

Schloss Schönborn ★★★ Une des plus grosses propriétés du RHEINGAU, à HATTENHEIM. Vins capiteux, de variables à excellents, et très bon SEKT.

Schloss Staufenberg ★★ Propriété de 27,6 ha à DURBACH, BADE. Meilleurs vins : KLINGELBERGER.

Schloss Thorn Domaine ancien d'OBERMOSEL, remarquable pour son ELBLING, son RIES et son château.

Schloss Vollrads Rhg. b. ★ ★ ★ *71 76 83 85* 86 *87* **88 89** 90 *91 92* 93 94 95 96 Grande propriété de WINKEL, fondée en 1300 (46 ha). RIES remarquablement sec et austère. Spécialités : TROCKEN et HALBTROCKEN. Les millésimes récents n'étaient pas impressionnants.

Schloss Wallhausen ★ ★ ★ Domaine de 10 ha du prince ZU SALM dans la NAHE. L'un des plus vieux d'Allemagne. 65 % de RIES. Très bons TROCKEN.

Schneider, Weingut Georg Albrecht ★ ★ Domaine de 12,8 ha à la gestion irréprochable. RIES classiques moelleux et doux à NIERSTEIN, les meilleurs provenant du « Grand Vignoble » Hipping.

Schubert, von Propriétaire de MAXIMIN GRÜNHAUS.

Schwarzer Adler, Weingut ★ ★ → ★ ★ ★ Franz Keller et son fils font certains des meilleurs GRAUBURGUNDER et WEISSBURGUNDER de BADE. Aussi SPÄTBURGUNDER. 14 ha à Oberbergen.

Schweigen Pal. b. ★ → ★ ★ 85 86 *87* 88 **89 90** 91 *92* **93** 94 *95* 96 Village au sud du PALATINAT. GROSSLAGE : Guttenberg. Meilleurs éleveurs : Fritz Becker, sp. pour ses SPÄTBURGUNDER rouges, et Bernhart.

Sekt Vin mousseux allemand (QbA), meilleur avec RIES, WEISSBURGUNDER ou SPÄTBURGUNDER sur l'étiquette. Sekt bA : même chose mais d'une zone précise.

Selbach-Oster ★ ★ ★ Domaine de 6 ha à ZELTINGEN faisant partie des leaders de MITTELMOSEL.

Serrig M-S-R (Sarre) b. ★ ★ → ★ ★ ★ *71 75* **76** 83 **85** 86 87 **88 89 90** 91 *93* 94 *95* 96 Village connu pour son vin au goût d'acier, excellent dans les années ensoleillées. « Grands Vignobles » : Herrenburg, Saarstein, Serriger Schloss, Würzberg. GROSSLAGE : SCHARZBERG. Meilleurs producteurs : SCHLOSS SAARSTEIN, Bert SIMON.

Sichel, Söhne H. Célèbres négociants établis à Alzey, HESSE RHÉNANE. Propriétaires du LIEBFRAUMILCH BLUE NUN. Appartiennent maintenant à Langguth de TRABEN-TRARBACH.

Silvaner Troisième cépage blanc en Allemagne, généralement sous-estimé. Au mieux en FRANCONIE mais cherchez aussi celui de HESSE RHÉNANE et KAISERSTUHL.

Simmern, Langwerth von ★ ★ ★ Superbe domaine de 48 ha à ELTVILLE. Vignobles fameux : Baiken, Mannberg, MARCOBRUNN, etc. Peut avoir parmi les meilleurs et les plus élégants RIES du RHEINGAU mais faible qualité depuis 1993.

Simon, Weingut Bert ★ ★ Un des plus grands domaines de la SAAR. 3,2 ha à KASEL et SERRIG.

Sonnenuhr « Cadran solaire ». Nom de plusieurs vignobles célèbres. Le plus fameux est celui de WEHLEN.

Spätburgunder Pinot N : le meilleur cépage rouge d'Allemagne sp. en BADE, WURTEMBERG et PALATINAT. En règle générale, les vins s'améliorent mais la plupart restent blafards et sans arôme.

Spätlese « Vendange tardive ». Une catégorie au-dessus (plus fort ou plus doux) que RIES KABINETT. Doit vieillir au moins 5 ans. Les TROCKEN peuvent être très beaux.

Staatlicher Hofkeller ★ ★ ★ Domaine d'État bavarois. 115 ha des plus beaux vignobles de FRANCONIE avec des chais spectaculaires à la Residenz de WÜRZBURG. La qualité s'améliore rapidement.

Staatsweingut (ou Staatliche Weinbaudomäne) Domaine ou propriété d'État. Les principaux : KLOSTER EBERBACH, TRÈVES et SCHLOSS-BOCKELHEIM.

Steigerwald (Bereich) Appellation de l'est de la FRANCONIE.

Steinberg Rhg. b. ★★★ 71 75 76 79 83 85 86 87 88 89 90 91 92 93 94 95 96 Célèbre vignoble clos de 32 ha à HATTENHEIM, aujourd'hui propriété du STAATSWEINGUT d'ELTVILLE. Quelques vins glorieux, d'autres plutôt faibles.

Steinwein Vin du meilleur vignoble de WÜRZBURG : Stein. Terme abusivement utilisé dans le passé pour tous les vins de FRANCONIE.

Stuttgart Chef-lieu du WURTEMBERG ; quelques beaux vins (sp. RIES).

Südliche Weinstrasse (Bereich) Nom régional du sud du PALATINAT. En grand progrès depuis 25 ans. Voir ILBESHEIM, SCHWEIGEN, SIEBELDINGEN.

Tafelwein « Vin de table », souvent assemblé avec d'autres vins de la C.E.E. DEUTSCHER TAFELWEIN doit être exclusivement allemand et peut être excellent. Voir LANDWEIN.

Tauberfranken (Bereich) Nouveau nom d'un petit BEREICH du nord de BADE, Badisches Frankenland. Vins de style FRANCONIE.

Thanisch, Weingut Wwe. Dr. H. ★★★ Propriété de 7 ha à BERNKASTEL, comprenant une partie du vignoble Doktor.

Traben-Trarbach M-M b. ★★ 76 83 85 86 87 88 89 90 91 92 93 94 95 96 Grande ville vinicole de 320 ha, dont 87 % de RIES. Meilleurs vignobles : Ungsberg, Würzgarten. GROSSLAGE : Schwarzlay. Meilleur producteur : Max Ferd RICHTER.

Traisen Nahe b. ★★★ 71 75 76 79 83 85 86 87 88 89 90 91 92 93 94 95 96 Petit village possédant les « Grands Vignobles » Bastei et Rotenfels. RIES très concentrés et de grande classe. Meilleur producteur : CRUSIUS.

Traminer Voir GEWÜRZTRAMINER.

Trèves Voir TRIER.

Trier (Trèves) M-S-R b. ★★ → ★★★ Ville viticole importante, d'origine romaine, sur la Moselle, attenante à la RUWER. À présent, elle comprend AVELSBACH et EITELSBACH. GROSSLAGE : Römerlay. Les grands Hospices de Moselle y ont leurs chais, au milieu de vestiges romains imposants.

Trittenheim M-M b. ★★ 71 75 76 83 85 87 88 89 90 91 92 93 94 95 96 Vins agréables et légers du sud de la MITTEL-MOSEL. Les anciens meilleurs vignobles Apotheke et Altärchen comprennent maintenant du terrain plat de second choix. Les « Grands Vignobles » sont Felsenkopf et Leiterchen. GROSSLAGE : Michelsberg (à éviter). Meilleurs producteurs : Ernst Clüsserath, GRANS-FASSIAN, Milz.

Trocken

« Sec ». Selon la loi, le mot Trocken sur l'étiquette signifie un maximum de 9 g de sucre non fermenté par litre. La vinification à la mode en Allemagne bouleverse complètement la vieille notion de sucrage pour équilibrer l'acidité et adopte une austérité de bouquet impitoyable. Les normes allemandes rendent difficile la production de bons vins secs et les non-initiés ne risquent pas le coup de foudre. Pour être bons, les vins Trocken doivent avoir bien plus de corps ou d'alcool que la plupart des Riesling Kabinett. Les meilleures régions sont le Palatinat, le pays de Bade, le Wurtemberg et la Franconie. Le Weissburgunder Trocken est plus satisfaisant. Les Halbtrocken sont plus aimables. Les Spätlesen (ou QbA) font généralement les meilleurs vins Trocken. Pour les Auslesen, c'est une contradiction. Ne confondez pas Trocken et Trockenbeerenauslesen (entrée suivante) : ils n'ont rien à voir.

Trockenbeerenauslese Les vins allemands les plus doux et les plus chers, très rares, au parfum de miel, faits à partir de grains de raisin flétris touchés par la pourriture noble (botrytis). En abrégé : TBA. Voir EDEL. Le terme Edelbeerenauslese conviendrait mieux à ces vins.

Trollinger Cépage rouge (pâle) ordinaire du WURTEMBERG. Très populaire sur place.

Ungstein Pal. b. ★★→ ★★★ 71 75 76 83 85 86 87 88 89 90 91 92 **93** 94 **95** 96 Village de MITTELHAARDT, bons crus équilibrés. Excellents vignobles : Herrenberg, Spielberg, Weilberg. Meilleurs vignerons : Darting, FITZ-RITTER, PFEFFINGEN, Karl Schäfer. GROSSLAGEN : Honigsäckel, Kobnert.

Ürzig M-M b. ★★★★ 71 75 76 83 85 86 87 **88 89 90** 91 **92 93** 94 **95** 96 Village établi sur de la marne rouge et célèbre pour ses vins fermes, pleins et épicés, contrairement aux autres vins de MOSEL. Meilleur vignoble : Würzgarten. GROSSLAGE : Schwarzlay. Parmi les producteurs : J.J. CHRISTOFFEL, Dr LOOSEN, WEINS-PRÜM.

Valckenberg, P. J. Importants négociants-éleveurs de Worms. LIEBFRAUMILCH Madonna. Également RIES sec. A racheté en partie HEYL ZU HERRNSHEIM.

VDP Importante association de producteurs primés (Verband Deutscher Prädikats- und Qualitätsweingüter) qui donne le ton. Président : Prinz ZU SALM. Cherchez leur emblème représentant un aigle noir.

Vereinigte Hospitien ★★ « Hospices réunis » à TRÈVES. Grandes propriétés à SERRIG, WILTINGEN, TRÈVES, PIESPORT, etc., mais vins depuis quelque temps en dessous de leur merveilleux potentiel.

Wachenheim Pal. b. ★★★→ ★★★★ 71 75 76 79 83 85 86 87 88 **89 90** 91 92 **93** 94 95 **96** Vignobles de 336 ha produisant des RIES exceptionnellement fins. « Grands Vignobles » : Belz, Gerümpel, Goldbächel, Rechbächel. Meilleurs producteurs : BÜRKLIN-WOLF, BIFFAR, WOLF. GROSSLAGEN : Mariengarten, Schenkenböhl, Schnepfenflug.

Wagner, Dr ★★★ Domaine de Sarrebourg, 8 ha de RIES. Beaux vins, dont TROCKEN.

Waldrach M-S-R (Ruwer) b. ★★ 76 83 85 88 **89 90** 91 92 **93** 94 **95** 96 Quelques vins légers charmants. GROSSLAGE : Römerlay.

Walluf Rhg. b. ★★★ 75 76 79 83 85 87 88 **89 90** 91 92 **93** 94 95 96 Village voisin d'ELTVILLE, autrefois Niederwalluf et Oberwalluf. Vins sous-estimés. « Grand Vignoble » : Walkenberg. GROSSLAGE : Steinmächer. Parmi les producteurs : BECKER.

Walporzheim-Ahrtal (Bereich) Secteur couvrant toute la vallée de l'AHR.

Wawern M-S-R (Sarre) b. ★★→ ★★★ 71 75 76 83 85 87 88 89 90 91 **92 93** 94 **95** 96 Petit village avec beaux RIES. « Grand Vignoble » : Herrenberg. GROSSLAGE : SCHARZBERG.

Wegeler-Deinhard ★★★ Domaine du RHEINGAU (54 ha). Vignobles à GEISENHEIM, MITTELHEIM, STRICH, RÜDESHEIM, WINKEL, etc. Solide qualité. SPÄTLESEN secs, AUSLESEN classiques, très beaux EISWEIN. Aussi 26 ha en MITTEL-MOSEL, dont une grande part de Doktor (BERNKASTELER, WEHLENER, SONNENUHR, etc.) et 18 ha en MITTEL-HAARDT (FORST, DEIDESHEIM, RUPPERTSBERG). Seuls les meilleurs sites figurent sur l'étiquette. Voir GEHEIMRAT « J ».

Wehlen M-M b. ★★★→ ★★★★ 71 75 76 83 85 86 87 88 89 **90** 91 92 **93** 94 **95** 96 Voisin de BERNKASTEL, produisant un vin aussi fin, un peu plus riche. « Très Grand Vignoble » : SONNENUHR. GROSSLAGE : Münzlay. Importants producteurs : Heribert KERPEN, Dr LOOSEN, J. J. PRÜM, WEGELER-DEINHARD, WEINS-PRÜM, Student-Prüm.

Weil, Weingut Robert ★★★★ Remarquable propriété de 38 ha à KIEDRICH financée maintenant par le Japonais Suntory. Superbes AUSLESEN, BEERENAUSLESEN, TROCKENBEERENAUSLESEN, EISWEIN. Vins standards également très bons depuis 92. Largement considéré comme le N° 1 du RHEINGAU.

Weinbaugebiet Zone viticole de TAFELWEIN (MOSEL, RHEIN, SAAR...).

Weingut Domaine viticole.

Weinkellerei Cave.

Weins-Prüm, Dr ★★ → ★★★ Domaine classique de MITTEL-MOSEL. 4,8 ha à WEHLEN. Wehlener SONNENUHR est le meilleur vin.

Weinstrasse « Route des vins ». La plus célèbre est la Deutsche Weinstrasse.

Weintor, Deutsches Voir SCHWEIGEN.

Weissburgunder Pinot Bl. Un des meilleurs cépages pour les TROCKEN et HALBTROCKEN : faible acidité, haute concentration. Aussi utilisé pour le SEKT.

Weissherbst Rosé pâle de niveau QbA ou au-dessus, parfois BEERENAUSLESE, spécialité du pays de BADE et du WURTEMBERG.

Werner, Domdechant ★★★ Domaine familial de 10 ha sur les meilleurs coteaux de HOCHHEIM.

Wiltingen M-S-R (Sarre) b. ★★ → ★★★★ 71 75 76 83 85 86 87 **88 89 90** 91 92 **93** 94 **95** 96 Le centre de la SAAR (316 ha). Vin magnifique, subtil et austère. Les « Grands Vignobles » sont braune Kupp, Hölle et le « Très Grand Vignoble » est SCHARZHOFBERG (ORTSTEIL). GROSSLAGE (pour toute la SAAR) : SCHARZBERG. Meilleurs éleveurs : EGON MÜLLER, VON KESSELSTATT, LE GALLAIS, etc.

Winkel Rhg b. ★★★ 71 75 76 83 85 86 87 **88 89 90** 91 92 **93** 94 95 96 Village célèbre pour son vin plein et parfumé, dont SCHLOSS VOLLRADS. « Grands Vignobles » : Hasensprung, Jesuitengarten, Klaus, SCHLOSS VOLLRADS, Schlossberg. GROSSLAGEN : Honigberg et Erntebringer. Parmi les producteurs : DEINHARD, Prinz von HESSEN, von MUMM, Balthasar RESS, SCHLOSS SCHÖNBORN, etc.

Winningen M-S-R b. ★★ Près de Coblence. RIES inhabituellement pleins pour la région. Meilleurs vignobles : Uhlen, Röttgen. Meilleur producteur : Heymann-Löwenstein.

Wintrich M-M b. ★★ → ★★★★ 71 75 76 83 85 86 87 **88 89 90** 91 **92 93** 94 95 96 Village voisin de PIESPORT, vins similaires. Meilleur vignoble : Ohlsberg. GROSSLAGE : Kurfürstlay. Bon producteur : Reinhold HAART.

Winzergenossenschaft Coopérative de viticulteurs, produisant souvent des vins sains à des prix abordables.

Winzerverein Idem.

Wirsching, Hans ★★★ Domaine de pointe à IPHOFEN et pour toute la FRANCONIE. Vins fermes, élégants et secs. 40 ha dans les « Grands Vignobles » : Julius-Echter-Berg, Kalb, etc.

Wolf ★★ Domaine en perdition de WACHENHEIM racheté récemment par un consortium dirigé par Ernst Loosen (voir Dr LOOSEN) de Bernkastel. Depuis le premier millésime (1996), vins du PALATINAT délicats comme des Moselles. Un domaine à suivre.

Wolff Metternich ★★ → ★★★ Domaine noble à DURBACH. Parmi les meilleurs RIES de BADE.

Wonnegau (Bereich) Nom régional du sud de la HESSE RHÉNANE.

Wurtemberg Vaste région du Sud, peu connue à l'étranger. De très bons RIES (vallée du Neckar). La moitié des récoltes est en rouge : LEMBERGER, TROLLINGER, SAMTROT.

Würzburg Franc. ★★ → ★★★★ **71 76 79 81 83 85** 86 *87* **88 89 90** 91 92 **93** 94 *95 96* Ville sur le Main : centre viticole de la FRANCONIE. Vins fins, pleins et secs. « Grands Vignobles » : Abtsleite, Innere, Leiste, Stein. Pas de GROSSLAGE. Voir aussi MAINDREIECK. Meilleurs viticulteurs : BÜRGERSPITAL, JULIUSSPITAL, STAATLICHER HOFKELLER.

Zell M-S-R b. ★ → ★★ **76 83 88** 89 **90** *91* 92 **93** 94 **95** 96 Village de Basse-Moselle très connu pour son épouvantable GROSSLAGE Schwarze Katz (« Chat Noir »). Vins légers et aromatiques en RIES, sur des coteaux d'ardoise. Meilleur éleveur : Albert Kallfelz.

Zell (Bereich) Région englobant la Moselle inférieure, de ZELL à Coblence.

Zeltingen M-M b. ★★ → ★★★★ **71 75 76** 79 **83 85** 86 87 **88 89 90** *91* 92 **93** 94 **95** 96 Important village de MOSEL près de WEHLEN. Vin typique, vif et croquant. « Grand Vignoble » : SONNENUHR. GROSSLAGE : Münzlay. Beaucoup de domaines y ont des parcelles, les meilleurs étant : J. J. PRÜM, SELBACH-OSTER.

Zilliken, Forstmeister Geltz ★★★ Ancien domaine du garde-forestier du Roi de Prusse à Sarrebourg et OCKFEN dans la SAAR. 9 ha de RIES racés et minéraux, dont de l'EISWEIN d'un excellent potentiel de garde.

Zwierlein, Freiherr von ★★ Domaine familial de 22 ha à GEISENHEIM, 100 % RIES.

Espagne
et Portugal

Abréviations utilisées dans le texte
des pages suivantes :

Amp.	Ampurdan-Costa Brava
Alen.	Alentejo
Bair.	Bairrada
B'a Al.	Beira Alta
Bei Lit.	Beira Littoral
Cos. del S.	Costers del Segre
El B.	El Bierzo
La M.	La Mancha
Mont-M.	Montilla-Moriles
Nav.	Navarra
Pen.	Penedès
Pri.	Priorato
Rib del D.	Ribera des Duero
R. Alt.	Rioja Alta
R. Ala.	Rioja Alavesa
R.B.	Rioja Baja
Set.	Setúbal
Som.	Somontano
U-R	Utiel-Requena
VV	Vinhos Verdes
Res.	Reserva
g.	voir generoso (vino)

L'Espagne et le Portugal ont rejoint l'Union européenne (et, sur le plan vinicole, sont entrés dans le xxᵉ siècle) il y a douze ans. Depuis lors, les deux pays ont fait de rapides progrès, des subventions européennes leur ayant permis de se rééquiper entièrement. Il reste encore beaucoup à faire, mais l'effervescence qui règne est de plus en plus productive et nombreux sont les nouveaux vins splendides qui apparaissent, aussi bien dans les quelques zones traditionnelles de qualité que dans les zones de production massive.

En Espagne (mis à part le pays du xérès), Rioja, Navarre, Rueda, Somontano, Ribera del Duero et le Nord soulèvent toujours le plus grand intérêt ; au Portugal (à part le porto et le madère), ce sont Barraida, Douro, Ribatejo, Alentejo, la côte centrale et le Nord. Au Portugal surtout, de nouvelles zones délimitées (« I.P.R. ») ont fait une heureuse concurrence aux appellations déjà anciennes comme Dão.

La liste ci-dessous regroupe les types de vins et les régions les meilleurs et les plus intéressants, sans tenir compte des délimitations légales. Les références géographiques (voir carte) concernent les appellations contrôlées (DO et DOC), les régions autonomes et les provinces.

Le xérès, le porto et le madère, fleurons de ces deux pays, forment un chapitre à part, pages 192 à 201.

Espagne

A.G.E., Bodegas Unidas R. Alt. r. b. (rosé) s. d. Res. ★ → ★★ **85 86 87 90 91** 93 Grande BODEGA avec une large gamme, récemment rachetée par BODEGAS Y BEBIDAS. Le Siglo rouge, sans être exceptionnel, est fiable. L'éviter en blanc. Les meilleurs sont le Siglo GRAN RESERVA 85 et l'Azpilicueta GRAN RESERVA **82**.

Agramont Voir PRINCIPE DE VIANA, BODEGAS.

Albariño Bon cépage blanc de GALICE, aromatique, de haute qualité, et son vin. Peut-être apparenté au Riesling d'Alsace. Voir RÍAS BAIXAS.

Albor Voir CAMPO VIEJO, BODEGAS.

Alella r. b. (rosé) s. d. ★★ Petite région d'appellation, au nord de Barcelone. Vins agréablement fruités. (Voir MARFÍL, PARXET et MARQUÉS DE ALELLA.)

Alicante r. b. (b.) ★ DO Vins toujours terreux et trop forts.

Alión Rib. del D. r. ★★★ **91** **92** 94 Depuis qu'elle a abandonné le VALBUENA de 3 ans d'âge, VEGA SICILIA a racheté cette seconde BODEGA pour ses CRIANZAS : 100 % Tempranillo. Les premiers résultats sont impressionnants. Vins vigoureux, garde courte à moyenne.

Almendralejo Est. r. b. ★ Centre vinicole. Une part importante des vins est distillée en alcool pour muter le Porto. Voir LAR DE LARES.

Aloque La M. r. ⭐ B.J.P. Spécialité légère du VALDEPEÑAS, forte en alcool, obtenue par fermentation conjuguée de cépages blancs et rouges.

Alta Pavina, Bodegas Cas-León r. ★ ★ **90 91 92** Très bons Cab et Pinot N non DO depuis 91 : vieillis dans le chêne, épicés, sombres et denses.

Alvear Mont-M. g. ★★★ Le plus grand producteur d'excellents apéritifs de type xérès et vins de dessert de MONTILLA-MORILES.

Ampurdán, Cavas del Amp. r. b. rosé no. Res. ★ → ★ ★ Producteurs et gros vendeurs des vins de table Pescador blanc et Cazador rouge et de mousseux commerciaux.

Ampurdán-Costa Brava Amp. r. b. rosé s. ★ → ★ ★ Région délimitée jouxtant les Pyrénées. Surtout des rosés et des rouges de la coop. Voir aussi AMPURDÁN.

Año 4º Año (ou Años) : mise en bouteille après 4 ans de fût. Mention presque toujours remplacée par le millésime ou des termes comme CRIANZA.

Aragonesa Compañía Vitivinícola Som. r. b. rosé Res. ★ ★ → ★ ★ ★ **90 91 92** 94 Nouveau domaine de SOMONTANO. Bons vins d'un seul cépage sous l'étiquette Viñas del Vero : Chard, Ries, Gewürz. Le meilleur rouge est le Cab Val de Vos (92).

Artadi Voir COSECHERO ALAVESES.

Bach, Masía Pen. r. b. rosé s. d. Res. ★★ → ★ ★ ★ **85 88 91 92** 93 Majestueux domaine près de SAN SADURNÍ DE NOYA appartenant aujourd'hui à CODORNÍU. Son blanc Extrísimo est à la fois doux, boisé et sec. Bons rouges RESERVAS aussi.

Barbier, René Pen. r. b. Res. ★ ★ **87 89 90 91 92** Du groupe FREIXENET, connu pour son Kraliner blanc frais et ses RESERVAS RB rouges.

Barón de Ley R. B. r. (b.) Res. ★ ★ ★ **85 86 87 91** BODEGA récente du RIOJA liée avec EL COTO. Bons vins d'un seul domaine.

Barril, Masía Pri. r. br. Res. ★ ★ **85 87** 91 93 94 Minuscule propriété de famille dans la DO de PRIORATO faisant des rouges fruités puissants (18 % Vol. pour le millésime 83 !) et un RANCIO superbe.

Basa, Baso r. b. ★ ★ Marque de Verdejo blanc de RUEDA et de Garnacha rouge de NAVARRE faits par le jeune vinificateur talentueux Telmo Rodriguez, de la granja REMELLURI.

Berberana, Bodegas R. Alt. r. (b.) Res. ★★ → ★ ★ ★ **87 88 90 91 92** 93 Préférer les rouges, fruités et charpentés : les jeunes Carta de Plata, Carta de Oro CRIANZA et les RESERVAS veloutés.

Berceo, Bodegas R. Alt. r. b. rosé Res. ★ ★ → ★ ★ ★ **78 87 89 92** 93 Cave de HARO. Bon Gonzalo de Berceo GRAN RESERVA.

Beronia, Bodegas R. Alt. r. b. Res. ★ ★ → ★ ★ ★ **73 81 82 87 89** 93 Petite BODEGA moderne faisant des rouges de style boisé traditionnel et des blancs frais « modernes ». Appartient à GONZALEZ BYASS (voir le chapitre Xérès).

Bilbaínas, Bodegas R. Alt. r. b. (rosé) s. d. mo. Res. ★★ **82 87 88 89 90 91 92** Importante BODEGA à HARO. Large gamme sûre dont Viña Pomal sombre, Viña Zaco plus clair, Vendimia Especial RESERVAS et Royal Carlton CAVA.

Binissalem r. b. ★ ★ La plus connue des DO de Majorque. Voir FRANJA ROJA.

Bodega 1. Taverne – 2. Firme vinicole et/ou de négoce en vins – 3. Chai.

Bodegas y Bebidas Ex-Savin. L'une des plus grandes firmes vinicoles du pays. Bonne qualité et vins de marque de bon rapport qualité/prix. Contrôle également diverses entreprises prestigieuses comme CAMPO VIEJO et MARQUÉS DEL PUERTO.

Bornos, Palacio de Bornos Rueda b. mo. ★ ★ ★ B.J.P. Excellents blancs jeunes de Antonio Sanz des Bodegas de Crianza de Castilla la Vieja, issus de Sauv, Verdejo et d'assemblages de Verdejo. Bons mousseux non DO aussi.

Bretón Rioja r. Res. ★★→ ★★★ **87 89 90 91 95** Gamme respectable de Loriñón et Dominio de Conté 91 rare, cher et concentré (comparable au CONTINO).

Calatayud (★) L'une des 4 DO d'Aragon, sp. pour Garnacha. La coop. San Isidro domine.

Campillo, Bodegas R. Ala. r. (rosé) Res. ★★★ **82** **85** **87 88 89 91** Jeune BODEGA apparentée à FAUSTINO MARTINEZ et produisant de bons vins.

Caractéristiques du Rioja

Pour un palais espagnol, la touche la plus prestigieuse d'un vin sera son goût de chêne (américain). Le chêne contient de la vanilline, d'où cette saveur caractéristique de tous les vins de table espagnols traditionnels de grande qualité articulièrement les reservas de Rioja (rouge et blanc). La mode a joué contre (peut-être trop) le goût boisé des vieux blancs de Rioja. Mais le Rioja rouge où se mêlent le goût du raisin mûr et celui du chêne est encore très apprécié.

Campo Viejo, Bodegas R. Alt. r. (b.) Res. **★**→ ★★★ **82 87 88** **89** **92** 94 Produit les vins Arbor, très vendus, un blanc frais et un rouge de style Beaujolais Nouveau. Alcorta 100 % Tempranillo. Quelques RESERVAS rouges puissants et fruités, sp. Marqués de Villamagna. Voir BODEGAS Y BEBIDAS.

Can Rafols dels Caus Pen. r. b. ★★ **87 88 89 90** Jeune petite BODEGA de PENEDÈS produisant son propre Cab fruité et un agréable blanc issu d'un assemblage de Chard, Xarel-lo et Chenin Bl. Bon Cab/Merlot Gran Caus aussi (90) et une gamme Petit Caus moins onéreuse.

Canary Islas r. b. rosé g. ★→ ★★ Jusque récemment, il y avait peu de vins de quelque qualité hormis les Malvasia de dessert des Bodegas El Grifo et des Bodegas Mozaga à Lanzarote. Pas moins de 8 DO ont été créées depuis et des BODEGAS modernisées, sp. à TENERIFE, font des vins de meilleure qualité mais un peu chers pour ce qu'ils sont.

Caralt, Cavas Conde de Pen. r. b. mo. Res. ★★ **86 87 88 90** **91** Vins CAVA d'un représentant de FREIXENET. Brut S A vigoureux et particulièrement bon. Vins tranquilles plaisants.

Cariñena r. (b. rosé) **★** Région d'appellation, grand fournisseur de vins ordinaires et forts en alcool. Dominée par les coopératives, mais vins plus légers et revigorés grâce à la modernisation.

Casa de la Viña Val. r. (b. rosé) ★★ **88 90** 94 Domaine appartenant à BODEGAS Y BEBIDAS. Depuis les années 80, fait une gamme saine de Cencibel fruités. B.J.P.

Casar de Valdaiga El B. r. b. ★★ Rouge fruité fait par Pérez Carames au nord du LEÓN.

Castellblanch Pen. b. mo. **★★** Firme de CAVA de PENEDÈS, propriété de FREIXENET. Cherchez les GRAN RESERVAS Brut Zéro (93) et Gran Castell (90).

Castell de Remei Cos. del S. r. b. rosé ★★→ ★★★ **88 89 90** 91 **93** Exploitation et vignobles historiques rénovés, rééquipés et réencépagés depuis 83. Bons Cab/Tempranillo et Merlot.

Castilla-León r. rosé. b. ★→ ★★ **88 91 92 94** Région du Nord à suivre. Ses vins peuvent être fruités, secs et rafraîchissants, particulièrement ceux de Vinos de León, l'ancienne V.I.L.E. : jeune Coyanza, Palacio de Guzmán plus mûr (92) et Don Suero RESERVA (91) plein de sang.

Castillo de Monjardin Nav. r. b. ★★→ ★★★ 93 95 Exploitation récente faisant un excellent Chard boisé aromatique (95) et des rouges bons mais moins impressionnants.

Castillo Ygay R. Alt. r. b. ★ ★ ★ ★ (r.) **25 34 42 52 59** 64 **68 70 75 78 82 85 87** Le millésime blanc actuel est le **85** ! Voir MARQUÉS DE MURRIETA.

Cava Tout mousseux méthode classique et les DO d'Espagne où ils sont produits.

Cenalsa Voir PRINCÍPE DE VIANA, BODEGAS.

Cenicero Commune viticole d'origine romaine du RIOJA ALTA.

Centro Españolas, Bodegas La M. r. b. rosé ★ ★ **92 93** 95 Grande BODEGA moderne. Surtout connue pour son rouge Allozo correct 100 % Tempranillo du vinificateur Ed Flaherty, réputé au Chili (voir Cono Sur, Errázuriz).

Cepa Cépage ou cru.

Cervera, Lagar de Rías Baixas b. ★ ★ ★ B.J.P. Produit un des meilleurs ALBARIÑO : floral, intensément fruité, plutôt pétillant et long en finale.

Chacolí Pais Vasco b. (r.) ★ B.J.P. Vin très âpre, souvent pétillant, de la Côte Basque, titrant de 9 à 11 % Vol. A maintenant sa propre DO sur 57 ha ! Meilleur producteur : Txomín Etxaníz.

Chivite, Bodegas Julián Nav. r. b. (rosé) s. d. Res. ★ ★ → ★ ★ ★ **85 87** 88 89 90 **92 94** La plus grosse BODEGA de NAVARRE. Produit parmi les tout meilleurs rouges d'Espagne. Blanc bien équilibré et floral, sp. Chivite Colección 126 (94) et très bon rosé 95. Voir GRAN FEUDO.

Cigales r. rosé ★ → ★ ★ Récente appellation au nord de Valladolid. Sp. pour rouges légers (traditionnellement appelés CLARETES).

Clarete Terme traditionnel, maintenant interdit par la C.E.E., pour un rouge léger, éventuellement rosé à robe sombre.

Codorníu Pen. b. mo. ★ ★ → ★ ★ ★ Un des deux plus grands producteurs de SAN SADURNÍ DE NOYA. Bon CAVA. Très haute technologie, 10 millions de bouteilles vieillissant en cave. Le Non Plus Ultra est mûr. Beaucoup lui préfèrent le plus frais Anna de Codorníu ou le Jaume de Codorníu RESERVA de premier ordre.

Compañía Vinícola del Norte de España (CVNE) R. Alt. r. b. (rosé) s. d. Res. ★ ★ → ★ ★ ★ **87 88 89 90 91 92** 93 Excellente BODEGA de RIOJA. Son MONOPOLE (93) est l'un des meilleurs blancs boisés. Les millésimes récents de CRIANZA rouge n'ont pas toujours atteint les bonnes vieilles normes. Excellents RESERVAS rouges : Imperial et Viña Real. Voir CONTINO.

Con Class, Bodegas Rueda b. ★ ★ → ★ ★ ★ B.J.P. Malgré son nom racoleur, cette BODEGA récente et entreprenante fait des vins enthousiasmants issus de Verdejo/Viura et de Sauv, sp. RUEDA Superior (95).

Conca de Barberà Pen. b. (r. rosé) Région d'appellation catalane cultivant le cépage Parellada pour la production de CAVA. Son meilleur vin est le Chard MILMANDA de TORRES. Voir aussi SANTARA.

Condado de Haza Rib. del D. r. ★ ★ ★ **94** Nouvelle BODEGA de Alejandro Fernandez produisant un Tinto Fino pur vieilli dans le chêne. Semblable au PESQUERA, le premier millésime est gagnant.

Condado de Huelva DO Voir HUELVA.

Consejo Regulador Organisation officielle de défense, de contrôle et de promotion d'une DENOMINACIÓN DE ORIGEN.

Contino R. Ala. r. Res. ★ ★ ★ **85 86 87 88 89** 91 94 Très beau rouge d'un seul vignoble produit par une filiale de COMPAÑÍA VINÍCOLA DEL NORTE DE ESPAÑA.

Corral, Bodegas R. Alt. r. b. rosé ★ ★ ★ **87 90 91** Vins Don Jacobo provenant de la BODEGA by the Pilgrim Way to Santiago. En progrès.

Cosecha Récolte ou cru.

Cosecheros Alaveses R. Ala. r. ★★ → ★★★ 90 91 92 94 95 Coop. prometteuse de RIOJA. Bon rouge jeune Artadi, non vieilli dans du chêne, et bon RESERVA Viña el Pisón.

Costers del Segre Cos. del S. r. b. rosé mo. Petite appellation autour de la ville de Lérida, célèbre pour les vignobles de RAIMAT.

Covides Pen. r. b. rosé mo. Res. ★★ → ★★★ 89 92 94 Ancienne coop. de grande taille faisant de bons blancs Duc de Foix, Cab et Cab/Tempranillo. Aussi CAVA Duc de Foix de premier ordre.

Covisa Voir ARAGONESA, Compañía Vitivinícola.

Criado y embotellado por... Produit et mis en bouteilles par...

Crianza La « chambre » où se fait le vin. Le vin nouveau ou non vieilli est « sin crianza » ou « joven ». Les vins étiquetés Crianza ont au moins 2 ans, dont 1 en fût (ou 6 mois dans certaines régions), et ne doivent pas être mis en vente avant 3 ans.

Cumbrero Voir MONTECILLO, Bodegas.

De Muller Tarragone br. (r. b.) ★★ → ★★★ Vénérable firme de TARRAGONE. Superbes très vieux vins de dessert vieillis en SOLERA. Comprennent PRIORATO DULCE et PAXARETE. Également rouges et blancs Solimar et Mas de Vells.

Denominación de Origen (DO) Appellation contrôlée.

Denominación de Origen Calificada (DOCa) Classification pour les vins de la plus haute qualité. Ne concerne pour l'instant que les RIOJA (depuis 91).

Díaz e Hijos, Jesús Madrid r. b. rosé Res. ★★ 86 91 92 93 94 Les rouges de cette petite BODEGA près de Madrid, bien que variables, remportent de nombreux prix.

Domecq R. Ala. r. (b.) Res. ★★ → ★★★ 85 87 89 90 92 Avant-poste en RIOJA de la firme de xérès du même nom. Viña Eguía bon marché et excellents Marqués de Arienzo CRIANZAS et RESERVAS, parfumés et moyennement corsés.

Don Darias/Don Hugo Alto Ebro r. b. ★ Vins à prix modéré se vendant très bien, très similaires aux RIOJAS, dans la zone non délimitée Bodegas Vitorianas. Rouges et blancs sont sains.

Dulce Doux.

Elaborado y añejado por... Produit et vieilli par...

El Bierzo Région du nord de LEÓN, délimitée en 1990. Voir CASAR DE VALDAIGA, PALACIO DE ARGANZA.

El Coto, Bodegas R. Ala. r. (b.) Res. ★★ 85 86 90 91 92 93 BODEGA bien connue pour ses rouges légers et tendres El Coto et Coto de Imaz.

Enate Som. DO r. b. ★★ → ★★★ 92 93 94 Bons vins de SOMONTANO dans le Nord : légers, propres, fruités. Comprennent Chard (94), Chard/Macabeo (95) et des assemblages de Cab (CRIANZA plein et juteux). Évitez le Gewürz.

Espumoso Pétillant, mousseux (mais voir CAVA).

Evena Nav. Centre de recherches financé par le gouvernement et révolutionnant les vins de NAVARRE. Dirigé par Javier OCHOA.

Fariña, Bodegas Toro r. b. Res. ★★ 87 89 90 91 92 94 Étoile montante de la DO de TORO. Bons rouges épicés. Gran Colegiata vieillit en fût, Colegiata, non. Bon rouge Primer éclatant de fruité.

Faustino Martínez R. Ala. r. b. (rosé) Res. ★★ → ★★★ 86 88 89 90 91 Bons vins rouges. GRAN RESERVA : Faustino I. Ne vous laissez pas troubler par les affreuses bouteilles de type antique.

Fillaboa, Granxa Rías Baixas b. ★★★ B.J.P. Petite firme récente faisant un vin délicatement fruité issu d'ALBARIÑO.

Franco-Españolas, Bodegas R. Alt. r. b. s. d. Res. ★ → ★★ 91 93 Vieille BODEGA du RIOJA appartenant au groupe contrôlé par Marcos Eguizabal. Bordón est un rouge fruité. Blanc demi-sec Diamante fort prisé en Espagne.

Franja Roja Majorque r. Res. ★ ★ **87 89 91** 92 93 BODEGA la plus réputée de MAJORQUE à BINISSALEM. Produit les vins quelque peu démodés de José L. Ferrer.

Freixenet Cavas Pen. b. mo. ★★→★★★ Énorme producteur de CAVA, rivalisant avec CODORNÍU par de nombreuses acquisitions. Large gamme de mousseux dont son Cordón Negro bon marché en bouteille noire, Brut Nature (91), Reserva Real et Premium Cuvée DS (89). Possède aussi Gloria Ferrer en Californie, Champagne Henri Abelé à Reims et une usine de mousseux au Mexique. Paul Cheneau est une marque bon marché.

Sélection de vins espagnols pour 1998
Reserva Limousin (93) : Rueda
Fillaboa (95) : Albariño
Guitán Godello (95) : Valdeorras
Chivite Collección 125 Tinto (93) : Navarre
Scala dei Tinto Novell (94) : Priorato
Tinto Pesquera (90) : Ribera del Duero
Alión (92) : Ribera del Duero
Gran Coronas Mas de la Plana (82) : Torres
Sibarita : Xérès de Pedro Domecq

Galice Région pluvieuse du nord-ouest de l'Espagne. À suivre pour ses blancs frais aromatiques mais pas bon marché, sp. ALBARIÑO.

Generoso (g.) Vin d'apéritif ou de dessert riche en alcool.

González y Dubosc, Cavas Pen. b. mo. ★★ Vins mousseux agréables (« Jean Perico »). Filiale du géant Gonzalez Byass (voir chapitre Xérès).

Gran Feudo Nav. b. Res. ★★→★★★ **88 89 90 92** 94 Nom de marque d'un blanc bouqueté, d'un rosé rafraîchissant et d'un rouge tendre au goût de prune. Les plus connus des vins de CHIVITE.

Gran Reserva Voir RESERVA.

Gran Vas Cuves pressurisées (cuves closes) servant à produire des mousseux ordinaires, et produit de cette opération.

Grandes Bodegas Rib. del D. r. ★→★★ **94 95** 96 BODEGA récemment réorganisée et possédant ses propres vignobles. Dans cette région réputée pour ses prix élevés, elle produit des vins Marqués de Velilla de qualité et à des prix abordables. Rien avant 94.

Guelbenzu, Bodegas Nav. r. Res. ★★→★★★ **89 90** 92 **93 94** Domaine familial produisant des rouges concentrés et pleins de corps. Surveillez le nouveau Jardin 95 issu de ceps Garnacha de 40 ans et l'Evo Gran Reserva **89** à garder.

Guitán Godello Valdeorras b. ★★★→★★★★ **95** Vins 100 % Godello magnifiquement fruités, aromatiques et complexes produits par Bodegas Tapada. Font partie des meilleurs blancs d'Espagne et illustrent la renaissance des cépages indigènes en GALICE. La version fermentée en barrique l'emporte légèrement.

Gutiérrez de la Vega Alicante r. b. ★★ Viticulteur excentrique de la DO Alicante. Vins rares et chers quittant rarement l'Espagne. Vendus sous le nom Casta Diva. Le Moscatel Cosecha Miel (95) est puissant, doux, frappant avec son goût d'abricot.

Haro Centre vinicole du RIOJA ALTA, petite mais élégante ville ancienne.

Hill, Cavas Pen. b. r. mo. Res. ★★ → ★★★ **88 89 91** 93 95 Vieille firme de PENEDÈS faisant un blanc sec et frais Blanc Cru, de bons rouges Gran Civet et Gran Toc, un jeune Tempranillo Masia Hill de premier ordre et un délicat CAVA RESERVA Oro Brut.

Huelva Condado de Hulva (DO) r. b. br. ★ → ★★ Région d'appellation (« Condado de Huelva ») à l'ouest de Cadix. Blancs de table et GENEROSOS de type xérès, jadis une importante ressource de « Jerez » pour les assemblages.

Jean Perico Voir GONZÁLEZ Y DUBOSC.

Joven (vino) Vin jeune non vieilli dans du chêne.

Jumilla r. (b. rosé) ★ → ★★ Région d'appellation au nord de Murcia. Ses vins trop forts (jusqu'à 18 % Vol.) sont allégés par une récolte plus précoce et de meilleures méthodes de fermentation, sp. par les BODEGAS françaises VITIVINO (Altos de Pío).

Juvé y Camps Pen. b. mo. ★★★ Firme familiale qui vise et atteint des CAVAS de haute qualité, sp. Reserva de la Familia (92) et Gran Juvé y Camps (91).

Laguardia Pittoresque cité fortifiée au centre de la RIOJA ALAVESA.

Lan, Bodegas R. Alt. r. (rosé b.) Res. ★★ **87 88 90 92 93** 95 Énorme BODEGA moderne. Rouges Lanciano et Lander, blanc Lan Blanco mais les millésimes récents sont décevants.

Lar de Lares S.O. r. Res. ★★ 84 **87 89 91** 95 GRAN RESERVA charnu des Bodegas Inviosa. La qualité du Lar de Barros, plus jeune, a baissé et le Cab Lar de Oro déçoit.

León, Jean Pen. r. b. Res. ★★★ 82 85 86 87 88 89 90 Petite firme reprise par TORRES en 95. Bon Chard boisé (93) et Cab profond et corsé, qui mérite de vieillir.

Logroño Capitale de la RIOJA. HARO a plus de charme et de BODEGAS.

López de Heredia R. Alt. r. b. (rosé) s. d. Res. ★★ → ★★★ 76 **78 86 87 88 89** 90 92 BODEGA superbe et très ancienne à HARO. Vins très traditionnels de garde exceptionnellement longue (irréguliers depuis 85). Rouges et blancs Viña Tondonia délicats et fins ; Viña Bosconia beau et robuste.

López Hermanos Málaga ★★ Grande BODEGA de vins de MÁLAGA, dont les populaires Málaga Virgen et Moscatel Gloria.

Los Llanos Val. r. (rosé b.) Res. ★★ 84 **87 90 92** 94 L'une des quelques BODEGAS de VALDEPEÑAS à élever son vin en fût. Elle commercialise un RESERVA, un GRAN RESERVA et un excellent Pata Negra Gran Reserva (83)100 % Cencibel (Tempranillo). Aussi un blanc Armonioso net et fruité.

Majorque José FRANCA ROJA, Herens de Ribas, Miguel Oliver et Jaume Mesquida font les seuls vins dignes d'intérêt de l'île (dont Chard). Sinon, buvez Catalan ou des ROSADOS.

Málaga br. d. ★★ → ★★★ Région d'appellation autour de Málaga, très diminuée depuis la fermeture de sa meilleure BODEGA en 1996, Hermanos Scholtz. Vins de dessert qui pourraient égaler un porto Tawny.

Manche, La La M. r. b. ★ → ★★ Vaste région d'appellation au n. et n.e. de VALDEPEÑAS, sans sa vivacité pour les rouges. En progrès. À surveiller.

Marfil Alella b. (rosé) ★★ Marque commerciale d'Alella Vinícola (Bodegas Cooperativas), le plus ancien producteur d'ALELLA. Signifie « ivoire ». Fait maintenant des blancs secs nouveau style pétulants mais plutôt chers.

Marqués de Alella Alella b. (mo.) ★★ → ★★★ 94 95 (B.J.P.) ALELLA blancs de PARXET légers et parfumés, certains issus de Chard (dont un « Allier » vieilli en fût). Méthodes modernes. Aussi CAVA.

Marqués de Cáceres, Bodegas R. Alt. r. rosé b. Res. ★★→★★★ 82 85 86 87 89 91 92 Bons RIOJAS rouges de cépage CENICERO (R. Alt.), vinifiés à la française. Aussi blanc étonnamment léger et bouqueté (B.J.P.) et doux, Satinela.

Marqués de Griñón La M. r. b. ★★★ 87 88 92 Producteur entreprenant d'un très beau Cab et d'un délicieux Shiraz nouveau (93) près de Tolède, région peu connue pour ses vins. Vins fruités à boire plutôt jeunes. Aussi de bons RIOJAS (89 90 91 92 94) et Durius, un RIBERA DEL DUERO rouge fait par BERBERANA.

Marqués de Monistrol, Bodegas Pen. rosé r. mo. s. d. Res. ★★→★★★ 85 89 91 92 Vieille BODEGA rachetée par BERBERANA. CAVAS fiables. Merlot frais (91).

Marqués de Murrieta R. Alt. r. rosé b. Res. ★★★→★★★★ 34 42 52 59 62 64 68 70 78 83 85 89 90 91 92 BODEGA historique très respectée proche de LOGROÑO qui produisait autrefois parmi les meilleurs de tous les RIOJAS. Célèbre également pour son rouge CASTILLO YGAY, ainsi qu'un blanc boisé ancien style et un merveilleux ROSADO RESERVA à l'ancienne. Hormis pour le Rosado, la qualité est variable depuis quelque temps mais retrouve la forme avec un 89 profond aux arômes de cognac.

Marqués del Puerto R. Alt. r. (rosé b.) Res. ★★→★★★ 85 87 88 89 93 Petite firme (ex-Bodegas López Agos) appartenant maintenant à BODEGAS Y BEBIDAS. Vins fiables.

Marqués de Riscal R. Ala. r. (rosé b.) Res. ★★★ 81 86 87 88 89 90 91 92 La plus connue des BODEGAS du RIOJA ALAVESA. Vins rouges assez secs et légers. Les millésimes anciens sont excellents ; certains plus récents sont variables. Le Baron de Chirel, 50 % Cab (91), est magnifique. Blancs de RUEDA, dont un très bon Sauv et un Limousin RESERVA vieilli dans du chêne (93).

Martínez-Bujanda R. Ala. r. rosé b. Res. ★★★ 87 89 90 91 92 93 95 Nouvelle BODEGA de RIOJA (1985), remarquablement équipée. Excellents vins, SIN CRIANZA fruités, un rosé irrésistible et de nobles RESERVAS Valdemar. Fait des vagues avec un nouveau vin 100 % Garnacha (89 90).

Mascaró, Cavas Pen. r. rosé b. mo. ★★→ ★★★ 88 89 90 92 Excellent producteur d'eaux-de-vie, d'un bon vin mousseux, d'un blanc sec citronné rafraîchissant, Viña Franca, et d'un excellent Cab Anima (88).

Mauro, Bodegas près Valladolid r. ★★→★★★ 87 89 90 91 92 93 94 Jeune BODEGA à Tudela del Duero, près de Valladolid, avec très bon rouge Tinto del País (Tempranillo) rond et fruité. Pas DO puisqu'une partie des raisins ne vient pas de RIBERA DEL DUERO.

Méntrida La M. r. b. ★ Région d'appellation à l'ouest de Madrid, vin courant.

Milmanda ★★★ Voir CONCA DE BARBERÌ, TORRES.

Monopole Voir COMPAÑÍA VINÍCOLA DEL NORTE DE ESPAÑA.

Montecillo, Bodegas R. Alt. r. b. (rosé) Res. ★★ 86 91 95 Filiale d'Osborne (voir chapitre Xérès). Les vieux GRAN RESERVAS (73) sont magnifiques. Les rouges sont attrayants lorsqu'ils sont jeunes mais les millésimes récents sont fragiles.

Montecristo, Bodegas Mont-M. ★★ Marque connue de vins de MONTILLA-MORILES.

Monterrey Gal. r. ★ Région d'appellation à la frontière n. du Portugal. Vins forts, comme ceux de VERÍN.

Montilla-Moriles Mont-M. g. ★★→★★★★ DO proche de Cordoue. Ses Fino et Amontillado très vifs proches du xérès titrent naturellement de 14 à 17,5 % Vol. et ne sont pas mutés. Les meilleurs font de bons apéritifs.

Muga, Bodegas R. Alt. r. (b. mo.) Res. ★ ★ ★ **81 85 89 90** Petite exploitation à HARO, faisant les meilleurs RIOJAS rouges selon la pure tradition. Vins légers, beaucoup de nez, parfaite élégance. Le meilleur : Prado Enea (81 remarquable mais 86, 87 et 88 inférieurs à la norme). Blancs et CAVAS moins bons.

Navajas, Bodegas R. Alt. r. b. Res. ★★ → ★★★ **85 86 87 89 90 91 92 94** Petite firme aux rouges fruités, CRIANZAS et RESERVAS ayant du corps et bon marché. Aussi un excellent Viura blanc vieilli dans le chêne et un CRIANZA ROSADO à l'arôme de cerise et de vanille.

Navarre Nav. r. rosé (b.) ★★ → ★★★ Région d'appellation. Surtout des rosés fruités et des rouges vigoureux, mais sur la bonne voie pour des Tempranillo stylés, des rouges de Cab et des RESERVAS aux normes des RIOJAS. Voir CHIVITE, GUELBENZU, PALACIO DE LA VEGA, OCHOA, PRINCÍPE DE VIANA.

Nuestro Padre Jésus del Perdón, Coop. de La M. r. b. ★ → ★★ **87 89 92 94** Blanc frais Lazarillo bon marché. Yuntero plus que buvable, 100 % Cencibel (Tempranillo) vieilli dans du chêne.

Ochoa Nav. r. rosé b. Res. ★★ → ★★★ **88 89 90 92 93** Petite BODEGA familiale produisant maintenant un excellent Moscatel mais plus connue pour son rouge et ses rosés bien faits, dont un 100 % Tempranillo. Excellent dans les plus vieux millésimes.

Olarra, Bodegas R. Alt. r. (b. rosé) Res. ★★ Vaste BODEGA moderne à LOGROÑO, très visitée. Intéressante il y a 5 ou 6 ans pour ses rouges Cerro Añón bien équilibrés mais qualité maintenant décevante.

Pago de Carraovejas Rib. del D. r. Res. ★★ → ★★★ **91 92 94 95** Domaine récent se faisant une réputation pour certains des Cab Tinto Fino les plus stylés et fruités de la région.

Palacio, Bodegas R. Ala. r. rosé b. Res. ★ ★ ★ **85 87 89 90 91 93 94** Depuis qu'elle a quitté Seagram en 87, les vins de cette vieille firme familliale ont presque retrouvé leur réputation. Sp. Glorioso RESERVA et Cosme Palacio (**91**).

Palacio de Fefiñanes Rías Baixas b. Res. ★ ★ ★ Illustre pour son ALBARIÑO non typique : pas de bulles et vieilli en fût de 3 à 5 ans.

Palacio de la Vega Nav. r. rosé b. ★★ **91 92** 93 94 Nouvelle BODEGA avec un Tempranillo JOVEN (comme un primeur) et très prometteuse.

Parxet Alella b. rosé mo. ★★ → ★★★ Produit un CAVA excellent, frais, fruité et extrêmement pétillant, le seul d'ALLELA : le meilleur est le Brut Nature. Aussi un blanc élégant MARQUÉS DE ALELLA.

Paternina, Bodegas R. Alt. r. b. (rosé) d. s. Res. ★ → ★★ Connu pour sa marque de rouge standard Banda Azul. L'étiquette Conde de los Andes était belle, mais le très apprécié **78** est réservé aux fans du chêne et de l'acidité volatile. Comme pour ses autres RIOJAS, les millésimes récents sont décevants. Le plus fiable est le blanc Banda Dorada (B.J.P.).

Paxarete Vin traditionnel très doux et marron foncé, presque chocolat, spécialité de TARRAGONE. À ne pas manquer. Voir DE MULLER.

Pazo Ribeiro r. rosé b. ★★ B.J.P. Marque commerciale de la coopérative de RIBEIRO, qui produit des vins proches des vins verts. Rouge râpeux fort apprécié sur place ; les blancs Pazo, agréables et légèrement pétillants, sont plus sûrs et le Viña Costeira a de réelles qualités.

Pazo de Barrantes Rías Baixas b. ★ ★ ★ 95 B.J.P. Nouvel ALBARIÑO des RÍAS BAIXAS venant d'un domaine appartenant au Conde de Creixels de Murrieta. Qualité délicate, exotique et impeccable, 95 étant le meilleur millésime pour l'instant.

Penedès Pen. r. b. mo. ★ → ★ ★ ★ Région d'appellation comprenant Vilafranca del Penedès, SAN SADURNÍ DE NOYA et SITGÈS (mais pas CAVA). Voir aussi TORRES.

Perelada Amp. b. (r. rosé) mo. ★ ★ Dans la région d'appellation d'AMPURDÁN, sur la Costa Brava. Connu pour ses mousseux, CAVA et GRAN VAS.

Pérez Pascuas Hermanos Rib. del D. r. (rosé) Res. ★ ★ ★ 88 89 90 91 92 94 Minuscule propriété familiale impeccable de RIBERA DEL DUERO. En Espagne, son rouge Viña Pedrosa fruité et complexe est considéré comme l'un des meilleurs du pays.

Pesquera Rib. del D. r. ★ ★ ★ 87 88 89 90 91 92 94 Rouge RIBERA DEL DUERO produit en petite quantité par Alejandro Fernandez. Robert Parker l'a comparé aux Grands Crus de Bordeaux. Janus (86) est une mise en bouteilles spéciale (encore plus chère). Voir aussi CONDADO DE HAZA.

Piedmonte S. Coop, Bodegas Nav. ★ ★ → ★ ★ ★ 93 94 Coop. pleine d'avenir produisant un Oligitum Cab/Tempranillo et un Merlot de premier ordre.

Piqueras, Bodegas La M. r. ★ ★ → ★ ★ ★ 83 85 86 88 89 90 91 Petite BODEGA familiale produisant certains des meilleurs rouges de LA MANCHE, dont le CRIANZA Castillo de Almansa et le GRAN RESERVA Marius.

Pirineos, Bodega Som. b. rosé r. ★ ★ → ★ ★ ★ 90 91 93 95 Ancienne coop. et vinificateur pionnier en SOMONTANO. Les meilleurs vins sont la gamme Montesierra et le RESERVA Señorio de Lazán vieilli dans le chêne.

Princípe de Viana, Bodegas Nav. r. b. ★ ★ 90 91 92 93 94 95 Grande firme (ex-Cenalsa) assemblant et élevant des vins de coop. et exportant une gamme de vins de NAVARRE, dont un blanc floral style nouveau et un rouge fruité, Agramont.

Priorato Pri. br. r. ★ ★ ★ 87 88 89 91 92 93 94 95 DO enclavée dans celle de TARRAGONE, connue pour ses RANCIO forts en alcool et ses rouges presque noirs et solides, souvent utilisés pour des assemblages, mais l'un des fleurons espagnols lorsqu'il a goût de mûre. Les Priorato assemblés, plus légers, sont de bons vins de carafe à Barcelone. Voir DE MULLER, BARRIL, SCALA DEI. Les petites BODEGAS-boutiques comme Clos Martinet, L'Ermita et Clos de l'Obac font maintenant partie des vedettes d'Espagne.

Protos, Bodegas Rib. del D. r. b. Res. ★ ★ → ★ ★ ★ 86 87 89 91 92 94 95 Ancienne coop. de Peñafiel et seconde BODEGA de la région par l'âge. Au départ, privatisée (91) sous le nom de Bodegas Ribera del Duero. Tous les vins, SIN CRIANZA, CRIANZA, RESERVA et GRAN RESERVA, ont été réétiquetés Protos et se sont bien améliorés grâce à un nouvel œnologue.

Raimat Cos. del S. r. b. rosé mo. ★ ★ → ★ ★ ★ (Cab) 85 86 87 88 89 90 91 92 Rouges nets, structurés et très prometteurs de la nouvelle DO de COSTERS DEL SEGRE près de Lérida, plantés par CODORNÍU en Cab, Chard et autres cépages étrangers. Un bon CAVA 100 % Chard.

Rancio Vin blanc (brun) madérisé à l'arôme de noix.

Raventós i Blanc Barcelone b. mo. ★ ★ → ★ ★ ★ 91 Excellent CAVA visant le haut du marché. Aussi blanc frais El Preludi (94).

Remelluri, La Granja R. Ala. r. Res. ★ ★ ★ 85 87 88 89 90 91 92 Petite propriété, très bons RIOJAS rouges traditionnels s'améliorant sans cesse.

Reserva (Res.) Vin de bonne qualité et vieilli longtemps. Les reservas rouges doivent passer au moins 1 an en fût, 2 en bouteille ; les Gran Reservas, 2 en fût, 3 en bouteille. Ensuite, ils peuvent vieillir encore des années.

Rías Baixas b. ★ ★ → ★ ★ ★ DO regroupant Val do Salnés, O Rosal et Condado de Tea et faisant parmi les meilleurs (et plus chers) blancs espagnols fermentés à froid, principalement issus d'ALBARIÑO.

Ribeiro r. b. (rosé) ★ → ★ ★ Région d'appellation à la frontière nord du Portugal. Vin similaire de style au vin vert portugais, et d'autres.

Ribera del Duero Rib. del D. **89 90 91 94** Région d'appellation à la mode et en forte expansion à l'est de Valladolid, excellente pour des rouges Tinto Fino (Tempranillo). Voir VEGA SICILIA, TORREMILANOS, PESQUERA, PÉREZ PASCUAS. Les millésimes sont variables et les prix élevés. Voir aussi MAURO.

Ribera del Duero, Bodegas Voir PROTOS, BODEGAS.

Rioja r. rosé b. mo. **64 70 75 78 81 82 85 89 91 92** 94 95 Cette région de plateaux, le long de l'Èbre, produit la plupart des vins de table du pays, par l'intermédiaire d'environ 60 BODEGAS DE EXPORTACIÓN. Le Tempranillo prédomine. D'autres cépages et/ou du chêne sont ajoutés en fonction de la mode et du millésime. Elle se divise en plusieurs sous-régions ayant chacune un gouvernement autonome :

Rioja Alavesa Au nord de l'Èbre. Bons rouges, la plupart de couleur et de corps légers mais très aromatiques.

Rioja Alta Au sud de l'Èbre, à l'ouest de LOGROÑO. Rouges et blancs de qualité et bien équilibrés, et quelques rosés.

Rioja Baja A l'est de LOGROÑO, cette région donne des rouges plus rudes, forts en alcool, utilisés pour les assemblages.

Les millésimes ont été étendus pour certaines bodegas de Rioja, mais n'oubliez pas que la qualité des reservas et gran reservas plus anciens dépend de la façon dont ils ont été stockés. Les vieux vins qui attendent depuis un moment dans des réserves de restaurants plus ou moins surchauffés s'abîment vite. Les Riojas d'aujourd'hui se gardent moins longtemps que leurs prédécesseurs boisés, et certains 85 et 89 sont même déjà fanés. Néanmoins, selon la bodega, un millésime plus vieux pourra être mémorable. Actuellement, les 91, 92 et 94 sont les plus sûrs.

Rioja Alta, Bodegas La R. Alt. r. b. (rosé) s. (d.) Res. **★ ★ ★** **82 84 85 87 88 89** **91** Excellents Riojas, dont le CRIANZA rouge Viña Alberdi, le velouté Ardanza Reserva, le plus léger Araña Reserva, le splendide Reserva 904 et le superbe Reserva 890 **(85)**. Mais buvez-les vite, ils ne se gardent pas aussi longtemps que par le passé.

Rioja Santiago R. Alt. r. (rosé b. s. d.) Res. ★ → ★ ★ **87 89 90 91 94** 95 BODEGA de HARO. Ses meilleurs rouges, Gran Enológica et Condal, sont respectables.

Riojanas, Bodegas R. Alt. r. (b. rosé) Res. ★ ★ → ★ ★ ★ **64 73 75 81 85 88 91 92** 93 Vieille BODEGA faisant un bon Viña Albina traditionnel. Ses RESERVAS Monte Real (**88**) sont puissants et veloutés.

Rosado Rosé

Rovellats Pen. b. rosé mo. ★ ★ → ★ ★ ★ **92** Petite firme familiale produisant uniquement du CAVA bon (et cher) stocké dans certains des meilleurs restaurants espagnols.

Rueda br. b. ★ → ★ ★ A l'ouest de Valladolid. Vins traditionnels, propices à la flor, proches du xérès et titrant jusqu'à 17 % Vol. ; maintenant des blancs frais, sp. MARQUÉS DE RISCAL. Son arme secrète : le cépage Verdejo.

Ruíz, Santiago Rías Baixas b. ★ ★ ★ B.J.P. BODEGA petite mais prestigieuse appartenant maintenant aux BODEGAS LAN. Son ALBARIÑO sur lie, frais et citronné, est l'un des tout meilleurs.

Salceda, Viña R. Ala. r. Res. ★ ★ → ★ ★ ★ 87 89 91 92 Des rouges fruités, légers mais équilibrés.

San Sadurní de Noya Pen. b. mo. ★ ★ → ★ ★ ★ Ville au sud de Barcelone, caves où des dizaines de firmes produisent du CAVA. Les normes peuvent être très élevées mais le goût (de Parellada et autres cépages) reste différent de celui du Champagne.

San Valero, Bodega Cooperativa Cariñena r. rosé b. Res. ★ → ★ ★ 87 90 91 95 Vaste coop. de CARIÑENA, quelques vins modernes. Bon rouge CRIANZA Monte Ducay, ROSADO frais, légèrement pétillant ; vin jeune non boisé intéressant, Don Mendo, en rouge et en blanc.

Sangre de Toro Marque commerciale d'un rouge puissant et parfumé produit par TORRES.

Sangría Boisson nationale à base de vin rouge, d'agrumes, de limonade, de glace et d'eau-de-vie.

Sanlúcar de Barrameda Centre de la région de Manzanilla. (Voir chapitre Xérès p. 192.)

Santara Conca de Barberá b. r. ★ → ★ ★ B.J.P. Marque de Chard et Cab/Merlot très vendus et très buvables faits pour Concavinos par le vinificateur volant Hugh Ryman.

Sarría, Bodega de Nav. r. (rosé b.) Res. ★ ★ → ★ ★ ★ 85 86 90 91 La qualité demeure élevée, mais le départ de la famille Duarte et le décès de l'œnologue Francisco Morriones ont un peu terni le lustre de ce domaine exemplaire de réputation internationale.

Scala Dei, Cellers de Pri. r. b. rosé Res. ★ ★ → ★ ★ ★ 87 88 91 92 94 95 96 Une des rares BODEGAS du PRIORATO. RESERVAS Cartoixa pleins et Negre plus léger. Nouveau : un époustouflant Bru de Vin (94) 14 % Vol. noir, ancien style et un Garnacha Blanca Blanc Prior (95) savoureux, fermenté en barrique.

Schenk, Bodegas Valence r. b. rosé ★ ★ 88 92 94 Grosse entreprise suisse exportant énormément. Moscatel décent et bons Monastrell/Garnacha étiquetés Cavas Murviedro et Los Monteros.

Seco Sec.

Segura Viudas, Cavas Pen. b. mo. ★ ★ → ★ ★ ★ CAVA de SAN SADURNÍ DE NOYA (appartient à FREIXENET). Acheter Brut Vintage, Aria ou Heredad RESERVA.

Serra, Jaume Pen. r. b. Res. ★ ★ Bon pétillant sec Albatros et bons Cab rosés (B.J.P.) mais aussi CAVA Cristalino facile à boire. Autres vins à éviter.

Sin Crianza Voir CRIANZA.

Solís, Felix Val. r. ★ ★ Grande BODEGA de VALDEPEÑAS avec des rouges charpentés vieillis en fût, Viña Albali, des RESERVAS (87 89) et un blanc frais.

Somontano Som. DO des contreforts des Pyrénées. Les plus connues des BODEGAS sont la Française Lalanne (sp. le rouge Viña San Marcos issu de Tempranillo, la Bodega PIRINEOS et la nouvelle COVISA (Viñas del Vero). Aussi Viñedos y Crianzas del Alto Aragón (excellente gamme Enate).

Tarragone r. b. br. s. d. ★ → ★ ★ ★ 1 Vins de table de la DO, peu d'intérêt. 2 Vins de dessert de la firme DE MULLER.

Tenerife r. b. ★ → ★ ★ B.J.P. Maintenant 4 DO produisant parfois de jeunes vins plus que buvables. Meilleures BODEGAS : Flores, Monje et Insulares (étiquette Viña Norte).

Tinto   Vino tinto : vin rouge.

Toro   r. ★ → ★ ★ Région d'appellation située à 250 km au n.o. de Madrid. Faisait de trop puissants vins rouges (jusqu'à 16 % Vol.) mais maintenant quelques rouges goûteux et équilibrés. Voir FARIÑA.

Torremilanos   Rib. del D. r. Res. ★ → ★ ★ ★ 86 87 89 91 92 94 Marque de Bodegas López Peñalba, firme familiale en expansion près d'Aranda de Duero. Ses rouges de Tinto Fino (Tempranillo) sont plus souples et plus proches du RIOJA que les autres.

Torres, Miguel SA   Pen. r. b. rosé s. d/s Res. ★ ★ → ★ ★ ★ ★ 87 88 89 90 92 93 94 Producteurs familiaux de réputation mondiale à qui l'on doit parmi les meilleurs vins de PENEDÈS, et porte-drapeau de l'Espagne. Les vins : blancs floraux Viña Sol, Green Label Fransola Sauv (94), Gran Viña Sol, Parellada, Chard MILMANDA vieilli en fût (94), Esmeralda demi-sec aromatique, Ries Waltraud (95) ; rouges Tres Torres et Gran Sangre de Toro, superbes RESERVAS Gran Coronas (Cab) 88, Merlot frais et souple Las Torres et Pinot N Santa Digna. Mas Borrás (91) est 100 % Pinot N. Possède aussi des vignobles au Chili et en Californie.

Utiel-Requeña   U-R r. rosé (b.) Région d'appellation à l'ouest de VALENCE. Rouges robustes et vins épais très tanniques pour des assemblages. Produit aussi quelques rosés légers et parfumés.

Valbuena   Rib. del D. r. ★ ★ ★ 84 85 86 88 89 90 91 Mêmes cépages que le VEGA SICILIA, mais ici vendu à 3 ou 5 ans. Meilleur à 10 ans environ. Le 88 est remarquable. Voir ALIÓN.

Valdeorras   Gal. r. b. ★ → ★ ★ ★ Région d'appellation à l'est d'Orense. Vins secs et rafraîchissants. À leur meilleure forme, les Godellos font partie des meilleurs blancs d'Espagne. Voir GUITIÁN GODELLO.

Valdepeñas   La M. r. (b.) ★ → ★ ★ Région d'appellation à la limite de l'Andalousie. Vins surtout rouges, forts en alcool, mais étonnamment doux en arôme. Les meilleurs (LOS LLANOS, FELIX SOLIS et CASA DE LA VIÑA) vieillissent maintenant en fûts.

Valduero, Bodega   Rib. del D. r. 86 89 91 92 94 Nouvelle BODEGA (84) pour de très bons RESERVAS bon achat.

Valence   r. b. ★ Région d'appellation exportant d'énormes quantités de vin de table net et buvable. Aussi quelques blancs rafraîchissants (sp. Moscatel).

Vega Sicilia   Rib. del D. r. Res. ★ ★ ★ ★ 41 48 53 59 60 61 62 64 66 67 69 70 72 73 74 75 76 79 80 82 83 85 Un des meilleurs vins espagnols. Beaucoup de corps, fruité, étonnant, rare et fascinant. Peut titrer jusqu'à 16 % Vol. et, dans ce cas, meilleur 12 ou 15 ans plus tard. Reserva Especial est un assemblage de 62 et 79 principalement (!). Voir aussi VALBUENA et ALIÓN. Investit actuellement dans le Tokay, en Hongrie.

Vendimia   Vendange.

Verín   Gal. r. ★ Ville à la frontière du Portugal. Ses vins sont les plus forts de GALICE, non pétillants, et peuvent titrer jusqu'à 14 % Vol.

Viña   Vigne, vignoble. Mais des vins comme Tondonia (LÒPEZ DE HEREDIA) ne sont pas seulement produits à partir du vignoble cité.

Viña Pedrosa   Voir PÉREZ PASCUAS.

Viña Toña   Pen. b. ★ ★ → ★ ★ ★ B.J.P. Blancs nets, frais et fruités du cépage Xarel-lo (100 %), Chard non vieilli dans du chêne, Parellada et Macabeo de la petite firme de Celler R. Balada. Sa grande réputation en Espagne est justifiée.

Viñas del Vero Som. b. rosé r. Res. ★★→★★★ Vins de SOMONTANO dignes d'intérêt de ARAGONESA, COMPAÑIA VITIVINÍCOLA.

Vinícola de Castilla La M. r. rosé b. ★★ 84 86 92 93 94 95 Une des grosses firmes de LA MANCHE. Les Castillo de Alhambra rouge et blanc sont agréables au palais. Meilleurs vins : Cab et Cencibel (Tempranillo), Señorío de Guadianeja (84 86) GRAN RESERVAS.

Vinícola Navarra Nav. r. rosé b. Res. ★★ 89 90 91 94 Vieille BODEGA faisant maintenant partie de BODEGAS Y BEBIDAS mais toujours traditionnelle. Vins de NAVARRE traditionnels. Les meilleurs sont Las Campanas (91) et Viña del Recuerdo (93).

Vinival, Bodegas Valence r. rosé b. ★ Énorme consortium de la région de VALENCE, négociant du Torres de Quart, le vin le plus bu (et le meilleur rosé) de la région.

Vino común/corriente Vin ordinaire.

Yecla r. b. ★ DO au nord de Murcia. Rouge décent des Bodegas CASTAÑO.

Yllera Rib. del D. r. ★★ 90 91 92 RIBERA DEL DUERO rouge de bon rapport à la coop. Los Curros maintenant privatisée (mais pas DO car mis en bouteille en RUEDA).

Portugal

Pour le Xérès, le Porto et le Madère, voir pages 192 à 201.

Abrigada, Quinta da Alenquer r. b. Res. ★★ 90 92 Propriété familiale : blancs légers pleins de caractère et PERIQUITA au goût de cerise. Les meilleurs sont les GARRAFEIRAS vieillis dans le chêne.

Adega Cave ou entreprise viticole.

Alenquer r. b. Rouges et blancs aromatiques d'une I.P.R. au nord de Lisbonne. Bons vins de domaine des QUINTAS de ABRIGADA et PANCAS.

Alentejo r. (b.) ★→ ★★★ 92 93 94 95 96 Vaste étendue au sud-est du Portugal avec quelques rares vignobles de l'autre côté du Tage par rapport à Lisbonne, mais d'un grand potentiel. Dans l'ensemble, on y trouve du vin de coopérative. Les vins de propriétaire de Herdade de MOUCHÃO, CARTUXA, José de SOUSA, Quinta do CARMO (qui appartient maintenant en partie à Rothschild) et ESPORÃO ont puissance et style. Les meilleures coops sont à BORBA, REDONDO et REGUENGOS. Des perspectives. Aujourd'hui classifié en VINHOS REGIONAIS subdivisés en 5 DOC : BORBA, REDONDO, REGUENGOS, PORTALEGRE, VIDIGUEIRA et 3 I.P.R. : EVORA, Granja-Amareleja, Moura.

Algarve r. b. ★ Les vins de cette région touristique sont couverts par les DOC Lagos, Tavira, Lagoa et Portimão. Pratiquement rien à dire.

Aliança, Caves Bair. r. b. mo. Res. ★★→★★★ Importante firme installée en BAIRRADA, mousseux méthode traditionnelle. Rouges et blancs, dont de bons BAIRRADA et des DO mûrs. Tinta Velha Aliança est un rougetrès vendu au Portugal.

Almeirim Rib. r. b. ★ Vaste I.P.R. nouvelle à l'est d'ALENQUER. Sa coop. fait l'admirable Lezíria fruité et vraiment bon marché.

Alta Mesa Voir ESTRÉMADURE.

Arinto Cépage blanc, meilleur dans le centre et le sud du pays, où il conserve son acidité et produit des blancs secs aromatiques et croquants.

Arrábida près Lisbonne r. b. I.P.R. dans la DOC SETÚBAL. Rouges surtout de CASTELÃO FRANCÊS (ou PERIQUITA), un peu de Cab et de Chard autorisés.

Arruda, Adega Cooperative de près Lisbonne r. Res. ★ 94 95 Le Vinho Tinto Arruda est un bon achat. Éviter le reserva. Arruda est désormais une I.P.R.

Aveleda, Quinta da VV b. ★★ B.J.P. Un VINHO VERDE fiable produit dans la propriété appartenant à la famille Guedes. Vendu sec au Portugal, légèrement doux pour l'exportation.

Azevedo, Quinta do VV b. ★★ VIN VERT supérieur de SOGRAPE. 100 % cépage LOUREIRO.

Bacalhoa, Quinta da Set. r. Res. ★★★ 91 92 93 94 Propriété américaine, près de SETÚBAL. Son Cab fruité et mi-lourd est fait par J.P. VINHOS.

Bairrada r. b. mo. ★→ ★★★ 85 86 87 88 89 90 91 92 94 95 Région délimitée produisant d'excellents GARRAFEIRAS rouges. Bon mousseux méthode traditionnelle. Depuis peu, grand succès à l'étranger.

Barca Velha Douro r. Res. ★★★★ 78 81 82 83 85 Un des meilleurs rouges du pays, produit en petite quantité dans le Haut Douro par la maison de porto Ferreira (appartenant maintenant à SOGRAPE). Puissant, résonnant, beaucoup de bouquet, défié par de jeunes rivaux Voir REDOMA.

Beiras VINHO REGIONAL incluant DÃO, BAIRRADA et les montagnes granitiques du centre du pays. I.P.R. : CASTELO RODRIGO, COVA DA BEIRA, LAFÕES, PINHEL.

Borba Alen. r. ★→★★ Petite DOC d'EVORA, produisant certains des meilleurs vins de l'ALENTEJO.

Borba, Adega Cooperative de Alen. r. (b.) Res. ★→ ★★ 91 92 93 94 Coop. leader de l'ALENTEJO modernisée avec des fûts en inox et en chêne grâce à des subventions C.E.E. Vinho do ano rouge, grand et fruité, et très bon reserva.

Borges & Irmão Négociants de porto et de vins de table à Vila Nova de Gaia. VINHOS VERDES GATO et (mieux) Gamba. Aussi Fita Azul mousseux.

Branco Blanc.

Brejoeira, Palacio de VV b. (r.) ★★★ Remarquable VIN VERT de propriétaire à MONÇÃO, parfum étonnant et saveur pleine, issu à 100 % d'Alvarinho.

Bright Brothers (r.) 92 93 94 95 Le talentueux Australien Peter Bright s'est séparé de J. P. VINHOS pour élaborer avec son frère quelques vins de RIBATEJO et des rouges du DOURO bien attrayants.

Buçaco Beiras r. b. (rosé) Res. ★★★★ (r.) 51 53 57 58 60 63 67 70 72 75 77 78 82 85 92 (b.) 56 65 66 70 72 75 78 82 84 85 86 91 Exclusivité du palace de Buçaco, près de Coimbra. Qualité incroyable pour les meilleurs. Le voyage vaut la peine (le palais et le parc aussi).

Sélection de vins portugais pour 1998

Douro : Barca Velha 85, Quinta de Gaivosa (rouge) 95, Quinta da Crasto Touriga Nacional 95, Niepoort Redoma rouge 91

Alentejo : Esporão rouge 94, Sogrape Vinha do Monte 94, José da Sousa Garrafeira 91

Bairrada : Luis Pato Quinta do Ribeirinho Pé Franco 95

Beiras : Quinta da Foz do Arouce rouge 89

Dão : Quinta dos Roques Reserva 92, Caves São João Porta dos Cavaleiros Reserva (étiquette bouchon de liège)

Terras do Sado : Periquita Classico 92

Moscatel de Setúbal : J.M. de Fonseca 91

Bucelas b. ★★★ Petite région délimitée près de Lisbonne entre les mains de 3 producteurs. Quinta da Romeira fait des vins attrayants issus du cépage ARINTO.

Camarate, Quinta de Lisbonne r. ★★ 89 90 Rouge notable de José Maria da FONSECA, au sud de Lisbonne, issu en partie de Cab.

Carcavelos br. d. ★★★ Normalement S A. Minuscule région délimitée à l'ouest de Lisbonne. Ses rares vins doux d'apéritif ou de dessert titrent en général 19 % Vol. et ressemblent à un MADÈRE mielleux. Le seul producteur est maintenant Quinta dos Pesos, Caparide.

Carmo, Quinta do Alen. r. b. Res. ★★★ 86 87 88 89 92 93 Petite et belle ADEGA de l'ALENTEJO, en partie rachetée par les Rothschild de Lafite en 92. 50 ha, plus des forêts de chênes-lièges (pour les bouchons). Blanc frais, rouge meilleur. Second vin : Dom Martinho (90).

Cartaxo Ribatejo r. b. ★ Secteur du RIBATEJO (nord de Lisbonne), aujourd'hui zone I.P.R. Vins courants et populaires dans la capitale.

Cartuxa, Herdade de Alen. r. b. ★ 89 90 91 94 Vaste domaine près d'EVORA avec près de 200 ha de vignobles. Grands rouges mûrs et aromatiques, sp. Pera Manca, l'un des meilleurs rouges (et des plus chers) de l'ALENTEJO, blancs tendres et crémeux.

Carvalho, Ribeiro & Ferreira N. de Lisbonne r. b. Res. ★★ → ★★★ Ont cessé leur commerce mais on trouve encore des SERRADAYRES et de bons GARRAFEIRAS du RIBATEJO.

Casa de Sezim VV b. ★ B.J.P. VIN VERT mis en bouteille chez le propriétaire. Membre d'une association de producteurs privés, l'A.P.E.V.V.

Casal Branco, Quinta de Ribatejo r. ★ Grosse entreprise produisant de bons rouges : Falua (B.J.P.) et Falcoaria (92).

Casal García VV b. ★★ B.J.P. Un des VINS VERTS les plus vendus au Portugal, produit à AVELEDA.

Casal Mendes VV b. ★★ B.J.P. Le VIN VERT des Caves ALIANÇA.

Casaleiro Nom de marque des Caves Dom Teodosio-João T. Barbosa. Gamme de vins standards : DÃO, VIN VERT, etc.

Castelão Francês Cépage rouge répandu dans tout le sud du pays. Bons rouges à l'arôme ferme, souvent assemblés avec Cab, alias PERIQUITA.

Castelo Rodrigo Nord-ouest r. b. Rouges I.P.R. proches des DÃO mais plus légers.

Cepa Velha VV b. (r.) ★★★ Marque de Vinhos de Monção. Son Alvarinho est l'un des meilleurs VINS VERTS.

Chaves Nord r. b. I.P.R. Rouges acides, pâles et pétillants issus de sols granitiques. Plus ronds quand ils proviennent de sols schisteux.

Colares r. ★★ Petite région délimitée sur la côte sableuse à l'ouest de Lisbonne. Ses vins rouges classiques, à la robe sombre, raidis par le tannin, proviennent de ceps non greffés. Ils ont besoin de vieillir. Voir PAULO DA SILVA.

Consumo (vinho) Vin ordinaire.

Coruche r. b. Vaste I.P.R. de la vallée de Sorraia au nord-est de Lisbonne.

Côtto, Quinta do Douro r. b. Res. ★★★ 85 90 94 Vins de table pionniers du pays du porto. Très bons Grande Escolha et Q. do Côtto, des rouges denses, fruités, tanniques, de garde. Aussi porto.

Cova da Beira r. b. La plus vaste I.P.R. à la frontière espagnole. Les rouges légers sont les meilleurs.

Crasto, Quinta do Douro r. s. d. (★) 94 95 96 Excellent domaine près de Pinhão où l'Australien David Baverstock fait du porto et des rouges barriqués excellents.

Dão r. b. Res. ★★ 85 90 91 92 94 DOC autour de Viseu. Produit quelques-uns des vins de table portugais les plus connus mais souvent ternes : rouges solides qui s'assouplissent en vieillissant ; mais aussi blancs secs corsés. La plupart sont vendus sous des noms de marque. Mais voir ROQUES, MAIAS, SAES, FONTE DO OURO, TERRAS ALTAS, PORTA DOS CAVALHEIROS, GRÃO VASCO, DUQUE DE VISEU, etc.

DOC (Denominação de Origem Controlada) Région viticole officielle. Il en existe 18 en Portugal continental, dont BARRAIDA, COLARES, DÃO, SETÚBAL, VINHOS VERDES et les nouvelles de 95 : BORBA, PORTALEGRE, REDONDO, REGUENGOS, VIDIGUEIRA dans l'ALENTEJO.

Doce (vinho) (Vin) doux.

Douro 82 83 84 85 86 87 88 89 90 91 92 94 95 Fleuve au nord du pays dont la vallée produit du porto et certains des nouveaux vins courants les plus enthousiasmants du pays. Voir BARCA VELHA, Quinta do CÔTTO, REDOMA et d'autres. À surveiller.

Duque de Viseu Dão r. 90 91 92 94 Rouge DÃO de haute qualité fait par SOGRAPE.

Entre Serras r. b. ★ 92 94 Propriété en BEIRAS produisant des Chard sains barriqués (B.J.P.) et des rouges légers.

Esporão, Herdade do Alen. b. r. ★★ → ★★★ 89 90 91 92 93 94 Les propriétaires, Finagra S.A., ont dépensé 10 millions de $ pour encépager 360 ha et construire la plus moderne des caves. Les vins sont faits par l'Australien David Baverstock depuis 92 : blanc Roupeiro léger et frais, jeune rouge Alandra fruité, Cab-Esporão supérieur (91 92) avec à peine de Cab est l'un des meilleurs rouges de l'ALENTEJO. Aussi rouges Monte Velho légèrement barriqués et blancs fruités.

Espumante Mousseux.

Règle générale pour le Portugal
Choisissez les plus jeunes millésimes pour les blancs et les plus vieux pour les rouges.

Esteva Douro r. ★ 92 94 95 Rouge DOURO très buvable de la firme de porto Ferreira.

Estrémadure VINHO REGIONAL sur la côte ouest, parfois appelée Oeste. Grandes coops. La coop. Alta Mesa de São Marmade de Ventosa est bonne. I.P.R. : ALENQUER, ARRUDA, Encostas d'Aire, Obidos, TORRES VEDRAS.

Evelita Douro r. ★★ Un rouge fiable. Produit près de VILA REAL par la REAL COMPANHIA VINÍCOLA DO NORTE DE PORTUGAL.

Evora Alen. r. b. Vaste nouvelle I.P.R. au sud de Lisbonne.

Fernão Pires Cépage blanc donnant des vins à l'arôme mûr, légèrement épicés dans le RIBATEJO (appelé Maria Gomes en BAIRRADA).

Ferreirinha Douro r. Res. ★★★ 80 84 86 90 Reserva Especial. Second vin de BARCA VELHA fait dans les moins bons millésimes.

Fonseca, José Maria da Lisbonne r. b. s. d. mo. Res. ★★ Vénérable firme d'Azeitão au n. de Lisbonne avec l'une des plus vastes et meilleures gammes de vins du Portugal. Blancs secs : PASMADOS, PORTALEGRE et Quinta de CAMARATE ; rouges : PERIQUITA, PASMADOS, TERRAS ALTAS, DÃO, plusieurs GARRAFEIRAS et le fameux vin de dessert SETÚBAL. Fonseca possède aussi José de SOUSA et produit les vins de CASA DA INSUA.
Le rosé LANCERS est moins distingué mais le mousseux Lancers Brut, produit selon un procédé en continu russe, est étonnamment buvable.

Fonte do Ouro Dão r. ★ 92 Rouge bien équilibré issu d'un seul domaine bien géré.

Foz do Arouce, Quinta da Beiras r. ★★ 90 91 Rouge puissant élevé en cuve au cœur du BEIRAS.

Franqueira, Quinta da VV b. ★ VIN VERT typiquement sec et aromatique vinifié par l'Anglais Pires Gallie.

Fuiza Bright Ribatejo r. b. 94 95 96 Société en participation avec Peter Bright (BRIGHT BROTHERS). Bons Chard, Sauv, Merlot et Cab.

Gaivosa, Quinta de Douro r. ★ 92 94 95 Important domaine près de Regua. Rouges vieillis en cuves, très concentrés, issus de cépages de porto. Quinta do Vale da Raposa (95) est un rouge plus léger et fruité du même producteur.

Garrafeira La « réserve privée » d'un marchand ; vieilli 2 ans min. en barrique et 1 en bouteille, souvent davantage ; habituellement son meilleur vin, traditionnellement sans indication d'origine bien qu'il soit maintenant censé la mentionner.

Gatão VV b. ★ B.J.P. VIN VERT standard de BORGES & IRMÃO (parfumé mais adouci).

Gazela VV b. ★★ B.J.P. VIN VERT fiable fait à Barcelos par SOGRAPE depuis que le domaine d'AVELEDA est allé à une autre branche de la famille Guedes.

Generoso Vin d'apéritif ou de dessert riche en alcool.

Grão Vasco Dão r. b. Res. ★★ 91 92 94 Une des meilleures et plus grandes marques de DÃO d'une ADEGA ultra-moderne de Viseu. Bons GARRAFEIRAS rouges (91). Blancs frais à boire jeunes. Appartient à SOGRAPE.

I.P.R. Indicacãoes de Proveniência Regulamentada. Voir ci-dessous.

Les 31 nouvelles régions viticoles apparues au Portugal en 1990 sont maintenant 47, les I.P.R. (Indicações de Proveniência Regulamentada). Leurs vins (souvent appelés V.Q.P.R.D., Vinhos de Qualidade Produzidos em Regiões Determinadas selon la terminologie C.E.E.) seront sous haute surveillance pendant six ans pour pouvoir obtenir leur statut de DOC. 9 nouveaux Vinhos Regionais sont apparus en 1992 : Rios dos Minho, Trás os Montes, Beiras, Ribatejo, Estrémadure, Alentejo, Terras Durienses, Terras do Sado, Algarve.

José de Sousa Alen. r. Res. ★★ 90 91 92 93 94 (ex-Rosado Fernandes) Petite firme récemment achetée par José Maria da FONSECA. Produit les plus sophistiqués des vins corsés de l'ALENTEJO (mais de style un peu plus léger), qui fermentent dans des amphores en terre cuite et vieillissent dans le chêne.

J. P. Vinhos Set. r. b. mo. Res. ★★ Une des caves les mieux équipées et gérées du Portugal. Parmi les vins : le délicieux João Pires Branco (Moscato), Catarina (avec du Chard), rouge et blanc secs Santa Marta, rouge Santo Amaro (macération carbonique), TINTO DE ANFORA Meia Pia, Quinta da BACALHOA, vin de dessert SETÚBAL, J. P. Vinhos Bruto (méthode traditionnelle), Chard fermenté dans du chêne, Cova da Ursa.

Lafões r. b. I.P.R. entre DÃO et VINHOS VERDES.

Lagoalva de Cima, Quinta da ★ 91 92 Domaine de 50 ha en RIBATEJO. Seconde étiquette : Monte da Casta.

Lagosta VV b. B.J.P. VIN VERT bien connu de la REAL COMPANHIA VINÍCOLA DO NORTE DE PORTUGAL.

Lancers près Lisbonne rosé b. mo. ★ Rosé doux pétillant et blanc pétillant exportés en grandes quantités aux États-Unis par J. M. da FONSECA.

Lezíria Voir ALMEIRIM.

Loureiro Meilleur cépage de VIN VERT. Blancs croquants et parfumés.

Madère br. s. d. ★★ → ★★★★ Île de l'Atlantique appartenant au Portugal et produisant les fameux vins mutés de dessert et d'apéritif. (Voir p. 192 à 201.)

Maduro (vinho) Vin de table de raisin mûr.

Maias, Quinta das Dão ★★ 90 91 92 94 QUINTA nouvelle vague : rouges solides devant vieillir.

Mateus Rosé Bair. rosé (b.) ★ Rosé pétillant demi-sec le plus vendu au monde, produit par SOGRAPE à VILA REAL et à Anadia en BAIRRADA.

Monção Partie nord de la région des VINHOS VERDES produisant le meilleur des VINS VERTS avec le cépage Alvarinho. Voir Palacio de BREJOEIRA.

Morgadio de Torre VV b. ★★ B.J.P. Excellent VIN VERT de SOGRAPE issu en majorité d'Alvarinho.

Mouchão, Herdade de Alen. r. Res. ★★★ 74 82 89 90 91 92 Peut-être la meilleure propriété de l'ALENTEJO bien que saccagée pendant la révolution de 1974. A été réencépagée depuis et s'est complètement remise.

Palmela Set. r. b. I.P.R. sur sol sableux dans la DOC SETÚBAL. Rouges de très longue garde.

Pancas, Quinta das Côte centrale r. b. Res. ★★ 91 92 94 95 Rouge (Cab) et blanc (Chard) d'un domaine lié à Napa (Californie) près d'ALENQUER (nord-ouest de Lisbonne). Cab à 80 % très apprécié mais un peu lourd et fermé. Quinta Dom Carlos est un très bon blanc issu d'ARINTO.

Pasmados Rouge de José Maria da FONSECA très savoureux provenant de la péninsule de SETÚBAL (90 91).

Pato, Luis r. mo. ★★ → ★★★ 85 89 90 91 92 94 95' Parmi les meilleurs BAIRRADA du domaine, dont les fabuleux rouges Quinta de Ribeirinho et João Pato. Les rouges 95 du domaine sont remarquables, sp. Quinta do Ribeirinho Pé Franco. Aussi mousseux frais méthode traditionnelle.

Paulo da Silva, Antonio Bernardino Colares r. (b.) Res. ★★ → ★★★ 84 85 87 88 Son Chitas COLARES est l'un de ces rares vins classiques encore produits (par l'ADEGA Regional).

Pedralvites, Quinta de Bair. b. ★ → ★★ B.J.P. 95 96 Blanc plaisant de BAIRRADA, aux arômes de pomme et d'abricot, provenant du cépage Maria Gomes. Produit par SOGRAPE.

Periquita Lisbonne r. ★★ 90 91 94 Un des plus agréables rouges portugais robustes faits par José Maria da FONSECA à Azeitão. Autre nom du cépage Castelão Francês, très répandu dans le RIBATEJO.

Pinhel B'a. Al. b. (r.) mo. ★ I.P.R. à l'est du DÃO ; vin blanc similaire, surtout du mousseux.

Pires, Vinhos João Voir J. P. VINHOS.

Planalto Douro b. ★★ B.J.P. 95 96 Bon vin blanc de SOGRAPE.

Planalto Mirandês r. b. Grande I.P.R. au nord-est du DOURO. Cépages de porto pour les rouges et Verdelho pour les blancs.

Ponte de Lima, Cooperativa de VV r. b. ★★ Producteur de l'un des meilleurs rouges très secs des VINHOS VERDES et d'un blanc de premier ordre, sec et fruité.

Porta dos Cavalheiros Dão ★★ 85 88 89 90 91 92 Un des meilleurs DÃO rouges, élevé par Caves SÃO JOÃO en BAIRRADA.

Portalegre Alen. r. b. Nouvelle DOC à la frontière espagnole. Rouges grenat puissants et parfumés avec potentiel de garde. Blancs alcoolisés.

Quinta Propriété.

Ramada Estrémadure r. b. ★ 95 Rouge peu cher de la coop. São Mamede de Ventosa : fruité et très buvable.

Ramos-Pinto, Adriano Douro ★★ 91 92 94 95 Rouge Duas Quintas riche venant d'une maison de porto dynamique.

Raposeira Douro b. mo. ★★ Mousseux très connu, produit selon la méthode traditionnelle à Lamego. Demandez le Bruto. Représentant de Seagram.

Real Companhia Vinícola do Norte de Portugal Géant du commerce du porto (voir Porto page 192). Produit aussi EVELITA, LAGOSTA, etc.

Redoma ★★★ Rouge étonnant et plein en bouche des négociants de porto Niepoort (**91**). Bon blanc aussi.

Redondo Alen. r. b. Près de la frontière espagnole. L'une des meilleures grandes coops. du pays. Statut DOC récent.

Reguengos Alen. r. (b.) Res. ★→★★ Importante coop. près de la frontière espagnole. Comprend les domaines José de SOUSA et ESPORÃO, plus de grandes coops. pour de bons rouges.

Ribatejo r. b. 90 91 92 94 95 VINHO REGIONAL sur le Tage au nord de Lisbonne. Bons GARRAFEIRAS et vins plus jeunes de la coop. ALMEIRIM, FUIZA BRIGHT et de BRIGHT BROTHERS. I.P.R. : ALMEIRIM, CARTAXO, Chamusca, CORUCHE, Santarém, Tomar.

Ribeirinho, Quinta do Bair. r. mo. ★★→★★★ 85 92 95 Très bons rouges tanniques et concentrés de Luis PATO. Le Vinhos Velhas (94) en série limitée est magnifique.

Rios do Minho VINHO REGIONAL couvrant le nord-ouest. Zone semblable aux VINHOS VERDES.

Roques, Quinta dos Dão r. ★ 92 94 Domaine prometteur pour des rouges puissants, solides et barriqués.

Rosa, Quinta de la Douro r. ★★ 92 94 95 Rouge ferme vieilli dans le chêne et provenant d'anciens vignobles à porto. Aussi jeune Quinta das Lamelas poivré. Les deux sont vinifiés par l'Australien David Baverstock.

Rosado Rosé.

Rosado Fernandes Voir JOSÉ DE SOUSA.

Saes, Quinta de Dão r. b. ★★ 91 92 94 Petit vignoble de montagne produisant des vins raffinés. Quinta de Pellada fait aussi de bon vins sous la même direction.

Saima, Casa de Bairrada r. ★★ 85 87 90 91 94 Domaine prometteur aux rouges fermes (issus du cépage Baga).

São Domingos, Comp. dos Vinhos de Près Alenquer r. ★ 95 Rouges (Espiga, Palha-Canas) d'une propriété gérée par José Neiva, vinificateur de ALTA MESA.

São João, Caves Bair. r. b. mo. Res. ★★ → ★★★ 83 85 90 91 92 L'une des meilleures firmes de la région connue pour ses rouges fruités et pleins de BAIRRADA : DÃO Frei João et PORTA DOS CAVALHEIROS. Pétillant aussi.

Seco Sec.

Serradayres r. (b.) Res. ★ 92 94 Vins de table du RIBATEJO assemblés, faits par CARVALHO, Ribeiro & Ferreira. En progrès.

Setúbal br. (r. b.) d. (s.) ★★★ Minuscule région d'appellation au sud du Tage, où FONSECA fait des vins de dessert aromatiques à base de Muscat, généralement vendus à 6 et 20 ans d'âge.

Sogrape Sociedad Comercial dos Vinhos de Mesa de Portugal. Le plus grand négoce de vins du pays, vendant des vins rouges de VINHOS VERDES, DÃO, BAIRRADA, ALENTEJO, MATEUS ROSÉ, Vila Real, etc., et maintenant propriétaire des portos Ferreira et Offley.

Tamariz, Quinta do VV b. ★ VIN VERT parfumé issu uniquement du cépage LOUREIRO.

Terra Franca Bair. r. Res. ★ 90 91 92 94 BARRAIDA rouge sain de SOGRAPE. Existe également en GARRAFEIRA (**85 89**).

Terras altas Dão r. b. Res. ★ 91 92 94 DÃO fiables faits par FONSECA.

Terras do Sado VINHO REGIONAL couvrant les plaines sableuses entourant l'estuaire du Sado. I.P.R. : ARRÁBIDA et PALMELA.

Tinta Roriz Important cépage rouge donnant de bons vins de table du DOURO et de plus en plus planté ailleurs pour des rouges tout aussi corsés. Cette variante portugaise du Tempranillo est également connue dans l'ALENTEJO sous le nom d'Aragonez.

Tinto Rouge.

Tinto da Anfora Set. r. ★★ 89 90 91 92 Rouge juteux et fruité de chez J. P. VINHOS qui mérite sa popularité.

Torres Vedras r. b. ★ I.P.R. au nord de Lisbonne célèbre pour ses « lignées » de Wellington. Fournisseur principal de vin en gros avec une des plus grosses coop. du Portugal.

Touriga Nacional Excellent cépage rouge utilisé pour le porto et les vins de table du DOURO. De plus en plus ailleurs aussi, sp. DÃO, ALENTEJO, ESTRÉMADURE.

Trás-os-Montes VINHO REGIONAL couvrant les montagnes du nord-est du pays. Rouges et rosés légers. I.P.R. : CHAVES, PLANALTO-MIRANDÊS, Valpaços.

Trincadeira Très bon cépage rouge de l'ALENTEJO pour des vins d'un seul cépage épicés.

Velhas, Caves Bucelas r. b. Res. ★ Jusque récemment, seul producteur de BUCELAS. Aussi de bons DÃO et des GARRAFEIRAS Romeira (**80**).

Verde Vert (voir VIN VERT).

Vidigueira Alen. b. r. ★ DOC célèbre pour ses blancs non vieillis faits de façon traditionnelle avec des raisins provenant de sols volcaniques et pour ses rouges au goût de prune.

Vinho Regional Grande région vinicole ayant le même statut que les vins de pays français. Elle recouvre : ALGARVE, ALENTEJO, BEIRAS, ESTRÉMADURE, RIBATEJO, RIOS DO MINHO, TRÁS-OS-MONTES, TERRAS DOSADO. Voir aussi, DOC, I.P.R.

Vinhos Verdes VV b. ★ → ★★★ b. r. ★ Région délimitée entre le DOURO et la frontière espagnole au nord, produisant des VINS VERTS (qui peuvent être blancs ou rouges).

Vin vert (Vinho Verde) Vin fait avec du raisin à peine mûr et subissant (à l'origine) une deuxième fermentation particulière qui lui laisse un léger perlant. Aujourd'hui, ce perlant n'est que du CO_2 ajouté. Prêt à boire le printemps suivant la récolte. Ce n'est pas un terme officiel.

Xérès, Porto & Madère

Le xérès, le porto et le madère sont les plus grands vins mutés classiques du monde : ils sont fortifiés à l'eau-de-vie pour atteindre entre 16 % Vol. (xérès léger) et 22 % Vol. (porto millésimé). En dépit de nombreuses tentatives, nul autre vin n'a jamais réussi à les supplanter, que ce soit en qualité ou en prix.

1997 marqua un tournant important pour les exportations et les ventes de porto, surtout vers les États-Unis, et 1996 fut une année historique pour le xérès : le nom de xérès fut enfin légalement reconnu comme appartenant à l'Espagne exclusivement. Les British, Cape, Cyprus et autres imitations de ce grand vin doivent désormais se trouver de nouveaux noms. La carte de la page 171 indique les régions de porto (Douro) et de xérès (Jerez). L'île de Madère, à 640 km de la côte marocaine dans l'océan Atlantique, a de tout temps été un port d'embarquement pour les bateaux en partance vers l'ouest, d'où l'importance historique de son marché avec l'Amérique du Nord.

Les exportateurs (à savoir les producteurs, les assembleurs et les embouteilleurs) restent bien plus importants que les producteurs eux-mêmes. Dans ce chapitre, les entrées concernent à la fois les types de vins et les exportateurs, avec mention des noms et des millésimes (le cas échéant) de leurs meilleurs vins.

Abad, Tomas Petite bodega de xérès appartenant à LUSTAU. Très bon FINO léger.

Almacenista Vieux xérès mûri mais non assemblé. Ordinairement, vins secs et sombres pour connaisseurs. Souvent superbe qualité. Voir LUSTAU.

Amontillado Xérès FINO vieilli plus longtemps que d'ordinaire pour plus de puissance et de vigueur et pour assombrir la couleur. Les meilleurs sont secs et naturels.

Amoroso Xérès doux, très semblable à un OLOROSO doux.

Barbadillo, Antonio La plus grande firme de SANLÚCAR, plus de 50 MANZANILLAS et xérès excellents, dont FINO de SANLÚCAR, MANZANILLA PASADA en SOLERA, Fino de Balbaina, AMONTILLADO Principe sec, etc. Aussi de jeunes vins de table Castillo de San Diego.

Barbeito Une des dernières firmes familiales indépendantes exportant du madère, maintenant sous contrôle japonais. Parmi les vins, des millésimés rares (MALMSEY 1901 et, le plus récent, BUAL 1960).

Barros Almeida Grande firme familiale de portos ayant plusieurs marques (KOPKE, Feuerheerd, Feist, etc.) et faisant un excellent TAWNY de 20 ans d'âge et de nombreux COLHEITAS.

Barros e Sousa Minuscule propriété familiale de Madère ayant de vieux chais dans le centre de Funchal. Millésimes extrêmement beaux mais rares et de bons vins de 10 ans d'âge.

Blandy L'un des deux grands noms utilisés par MADEIRA WINE CO. Le Duke of Clarence Rich Madeira est leur vin le plus célèbre. Les Reservas de 10 ans (VERDELHO, BUAL, MALMSEY) sont bons. Nombreux vieux millésimes fabuleux produits par la famille Blandy, apparaissant aujourd'hui surtout dans les ventes aux enchères.

Blázquez Négoce de xérès à PUERTO DE SANTA MARIA (propriété de DOMECQ). FINO remarquable, Carta Blanca, très vieux Solera Oloroso Extra et AMONTILLADO Carta Oro « al natural » (sans apport de sucre).

Bobadilla Grande bodega de JEREZ récemment rachetée par OSBORNE, surtout connue des connaisseurs espagnols pour son FINO Victoria (très sec) et son eau-de-vie Bobadilla 103. Aussi excellent vinaigre de xérès.

Borges, H. M. Exportateur de madère indépendant à la réputation ancienne.

Brown Sherry Terme anglais désignant un xérès sombre, doux et abordable.

Bual Un des meilleurs cépages de madère, donnant un vin doux et fumé, généralement plus léger et pas aussi riche que le MALMSEY. Voir encadré page 200.

Burdon Bodega de xérès d'origine anglaise appartenant à CABALLERO. Son FINO Puerto, son AMONTILLADO Don Luis et son Heavenly Cream au goût de raisin sont ses meilleurs vins.

Burmester Petite firme de porto ancienne et familiale aux TAWNY de 20 ans d'âge fins, souples et doux. Très bonne gamme de COLHEITAS. Millésimes : 48 55 58 60 63 70 77 80 84 85 89 91 94.

Caballero Important exportateur de xérès de PUERTO DE SANTA MARIA, connu pour son FINO Pavón, son OLOROSO Mayoral Cream, ses excellents xérès BURDON et sa liqueur d'orange PONCHE. Possède aussi LUSTAU.

Cálem Vieille firme familiale portugaise ayant eu une bonne réputation mais les millésimes récents ne sont pas si bons. Possède Quinta da Foz (**82** 84 86 87 88 89 90 92). Millésimes : **50 55' 58 60 63' 66 70 75 77'** 80 83 85 91 94. TAWNY léger fiable et bonne gamme de COLHEITAS (**48 50 52 57 60 62 65 78 84** 86).

Churchill Exportateur de porto depuis peu, il est déjà très respecté pour ses millésimes 82 et 85, mais aussi 91 et 94. Très bon LATE BOTTLED VINTAGE traditionnel. Quinta da Agua Alta est son porto d'un seul domaine : 83 87 90 92.

Cockburn Exportateurs de porto appartenant à l'Anglais Allied-DOMECQ. Gamme de vins, dont le très populaire et fruité Special Reserve. Millésime issu des vignobles situés en hauteur décevant quand il est jeune, mais se développe avec l'âge. Millésimes : **55 60 63' 67 70'** 75 83 **85** 91 94. Note : pour la plupart des exportateurs, 85 n'est généralement pas aussi bon qu'on a pu croire.

Colheita Porto millésimé d'une seule année mais vieilli au moins sept hivers dans le bois : en fait, un TAWNY millésimé. La date de mise en bouteille est aussi indiquée sur l'étiquette. Excellents exemples chez KOPKE, CÁLEM, NIEPOORT et Krohn.

Cossart Gordon Firme de négociants de madère fondée en 1745 avec BLANDY, l'une des toutes meilleures marques de MADEIRA WINE CO. Vins légèrement moins riches que ceux de BLANDY. Surtout connue pour son Good Company Finest Medium Rich, mais aussi pour ses Reservas de 5 ans, ses vieux millésimes (le plus récent : 74) et ses SOLERAS (sp. BUAL 1845).

Crasto, Quinta do Domaine bien situé produisant des portos raisonnables, sp. L.B.V.. Les millésimes (**85 87 91**) mûrissent rapidement.

Cream Sherry (Crème de xérès) Un xérès plutôt pâle obtenu par addition de sucre à un OLOROSO bien vieilli. Trouve son origine à Bristol (Angleterre).

Croft Un des plus vieux exportateurs de PORTO MILLÉSIMÉ (fondé en 1678). Appartient maintenant à Grand Met Co. Les millésimés bien équilibrés tendent à mûrir vite (depuis le 66). Millésimes : **55 60 63' 66 67 70' 75 77' 82 85** 91 94. Les millésimés plus légers portent le nom de Quinta da Roeda (**78 80 83** 87). Son assemblage le plus populaire est Distinction. MORGAN est une petite société distincte (voir DELAFORCE). Connu également pour ses xérès Croft Original (PALE CREAM), Particular (demi-sec), Delicado (FINO et demi-sec) et un bon PALO CORTADO.

Crusted Porto obtenu à partir de plusieurs millésimes. Il est mis en bouteille jeune et y vieillit pour qu'un dépôt se forme. Doit être décanté. Destiné au marché britannique, n'est pas reconnu au Portugal.

Cruz Énorme marque de porto leader sur le marché français (la France achète 40 % de toutes les exportations de porto). TAWNY de qualité standard et de style français, à savoir doux et terne. Appartient à la société française La Martiniquaise.

Delaforce Exportateurs de porto appartenant à CROFT, connus surtout en Allemagne. His Eminence's Choice est un TAWNY très agréable. Le VINTAGE CHARACTER est également bon. Les millésimés sont très beaux. Parmi les plus légers : **55 58 60 63' 66' 70 74 75 77' 82 85** 94. Quinta da Côrte en **78** 80 84 87 91.

Delgado Zuleta Vieille firme de xérès à SANLÚCAR, surtout connue pour son merveilleux MANZANILLA PASADA La Goya.

Diez-Merito S.A. Maison de xérès célèbre pour son FINO Imperial et son OLOROSO Victoria Regina. Rachetée par Rumasa et incorporée à Bodegas INTERNACIONALES. Passée sous le contrôle de Marcos Eguizabal (de Paternina en Rioja). Est aujourd'hui un peu plus qu'un nom. Son excellent xérès DON ZOILO a été vendu au groupe MEDINA et son eau-de-vie Gran Duque de Alba à WILLIAMS & HUMBERT.

Domecq Immense entreprise familiale de xérès à JEREZ qui a récemment fusionné avec Allied-Lyons pour devenir Allied-Domecq. Fameuse pour son Fundador et autres eaux-de-vie. L'OLOROSO Double Century Original, sa plus grande marque, a été remplacé par Pedro Cream Sherry. La Ina est son excellent FINO. Autres vins réputés : Celebration (CREAM SHERRY), Botaina (vieil AMONTILLADO) et les magnifiques Rio Viejo (AMONTILLADO très sec) et Sibarita (PALO CORTADO). A introduit récemment une merveilleuse gamme de vieux xérès SOLERA (Sibarita, Amontillado 51-1a et Venerable Oloroso). Succursale en Rioja et au Mexique.

Don Zoilo Prestigieux xérès, dont un FINO velouté. Récemment vendus par Bodegas INTERNACIONALES au groupe MEDINA (Luis Paez).

Les xérès d'excellente qualité constituent le meilleur achat de vin au monde. Les grands vins vieux et secs coûtent moins cher que n'importe quel Chardonnay.

Dow Vieux nom de porto réputé pour ses vins millésimés plutôt secs mais splendides, avec un léger parfum de bois de cèdre. Très bons VINTAGE CHARACTER et Boardroom, un TAWNY de 15 ans d'âge. Quinta do Bomfim est son porto d'un seul domaine (**78 79 82 84** 86 87 88 89 90 92). Millésimes : **55 60 63' 66' 70' 72 75** 77' 80 83 85' 91 94. Dow, GOULD CAMPBELL, GRAHAM, QUARLES HARRIS, SMITH WOODHOUSE et WARRE appartiennent tous à la famille Symington.

Duff Gordon Exportateurs de xérès très connus pour leur AMONTIL-LADO El Cid. Bons OLOROSO Nina Medium et FINO Feria. Propriété d'OSBORNE.

Eira Velha, Quinta da Petit domaine de porto style ancien exporté par MARTINEZ. Millésimes : 78 82 87 92 94.

Ferreira L'une des plus grandes firmes portugaises de production et de négoce de porto, depuis 1751. Marque la plus vendue au Portugal, réputée pour ses vieux TAWNY et ses millésimés juteux, doux et relativement légers : **60 63' 66 70' 75 77' 78** 80 82 85' 87 91 94. Également Dona Antónia Personal Reserve, un TAWNY Duque de Bragança formidablement généreux et des vins d'un seul domaine Quinta do Seixo (83) et Quinta do Leda (90).

Fino Xérès le plus léger et le meilleur, sec, très clair, délicat mais tranchant. Le fino se boit frais et s'altère rapidement une fois la bouteille ouverte. Le TIO PEPE est le xérès fino type. Si possible, achetez des demi-bouteilles.

Flor Levure flottante typique du FINO et de certains autres vins qui, sous son influence, s'oxydent lentement et prennent leur saveur typique.

Fonseca Guimaraens Négociants de porto britanniques très réputés liés à TAYLOR'S. Vins millésimés robustes, à la couleur profonde, parmi les tout meilleurs. Millésimes : Fonseca **60 63' 66' 70'** **75 77' 80 83** 85' 92 94 ; Fonseca Guimaraens **76 78 82 84** 86 87 88 91 94. Quinta do Panascal 78 est un vin d'un seul domaine. Aussi un délicieux VINTAGE CHARACTER Bin 27.

Forrester Négociants de porto et propriétaires de la célèbre Quinta da Boa Vista appartenant maintenant au Portugais Sogrape. Leurs millésimés tendent à être ronds, gras et doux, bons pour une consommation assez rapide. Baron de Forrester est un très bon TAWNY. Millésimes : (Offley Forrester) **55 60 62' 63' 66** **67 70' 72 75 77'** **80 82** 83 85' 87 89 94.

Garvey Vieille et célèbre maison d'exportation de xérès, à JEREZ, appartenant maintenant à José Maria Ruiz Mateos. Ses vins les plus fins : FINO San Patricio, au bouquet profond, AMONTILLADO Tio Guillermo Dry et OLOROSO Ochavico Dry. L'AMONTILLADO San Angelo Medium est le plus populaire. Aussi PALE CREAM Bicentenary.

Gonzalez Byass Entreprise familiale énorme, exportant le tout meilleur et le plus célèbre xérès FINO : TIO PEPE. Autres marques : AMONTILLADO La Concha Medium, FINO Elegante Dry et le nouveau El Rocio Manzanilla Fina, PALE CREAM San Domingo, CREAM Nectar et OLOROSO Alfonso Dry. Amontillado del Duque est d'un niveau supérieur, ainsi que le Matusalem doux et l'Apostoles sec, deux vieux OLOROSOS de qualité rare. Maintenant liée avec Grand Met. Fait également les eaux-de-vie Soberano (très vendue) et Lepanto (exquise).

Gould Campbell Voir SMITH WOODHOUSE.

Graham Exportateurs célèbres de certains des plus généreux, doux et excellents PORTOS MILLÉSIMÉS. Propriétaires de la Quinta dos Malvedos qui produit une grande partie de leurs vins (**52 57** **58 61 65 68 76 78 79 80 82 84** 86 87 88 90 92). Aussi marques excellentes : le RUBY Six Grapes, L.B.V. et des TAWNY de 10 et 20 ans d'âge. Millésimes : **55' 60 63' 66' 70' 75** 77' 80 83 85' 91 94.

Guita, La Fameuse vieille bodega de SANLÚCAR et son très beau MANZANILLA PASADA.

Hartley & Gibson Voir VALDESPINO.

Harvey's Important pilier de l'empire Allied-Domecq, comprenant DOMECQ et TERRY. Exportateurs de Bristol mondialement connus pour leurs Bristol Cream et Bristol Milk (doux), AMONTILLADO Club et Bristol Dry (demi-secs), Luncheon Dry et FINO Bristol (pas très secs). Aussi une très bonne gamme de xérès de qualité, « 1796 », comprenant Fine Old Amontillado, PALO CORTADO et OLOROSO Rich Old. Contrôle aussi COCKBURN et exportateur de madère depuis 1796.

Quel xérès choisir ?

L'industrie du xérès a tellement souffert ces dernières années que la liste des vins réellement excellents n'est pas bien longue. Ils comprennent : les manzanillas de Barbadillo ; le fino Carta Blanca de Blázquez ; le fino La Ina, l'oloroso Rio Viejo et le palo cortado Sibarita de Domecq ; le fino Tío Pepe, l'Amontillado del Duque, les olorosos secs et doux Matusalem et Apostoles de Gonzalez Byass ; le fino manzanilla La Gitana de Hildalgo ; la gamme Almacenista de Lustau ; le Fino Quinta et la gamme Rare d'Osborne ; le fino Don Zoilo de Páez ; le fino Don et l'oloroso doux Royal Corregidor de Sandeman ; le fino Soto de Soto ; le fino Inocente et l'amontillado Don Tomás de Valdespino ; le fino et le palo cortado Pando de Williams & Humbert.

Henriques & Henriques Plus grands exportateurs de madère indépendants (Câmara de Lobos), possédant les caves les plus grandes et modernes de l'île : vaste gamme de vins bien structurés, généreux et savoureux (les 10 ans d'âge sont médaillés d'or et de platine). Aussi un bon vin d'apéritif extra-sec, Monte Seco, de très agréables vieilles reserves et des millésimés.

Hildalgo, Vinícola Vieille firme familiale de SANLÚCAR, surtout connue pour son très bon MANZANILLA pâle La Gitana, son bel OLOROSO Seco et son CORTADO Jerez.

Internacionales, Bodegas Ancien fleuron de la regrettée Rumasa, qui regroupe des maisons célèbres comme Bertola, VARELA et DIEZ-MERITO. Elle a été reprise par l'entreprenant Marcos Eguizabal. Voir MEDINA.

Jerez de la Frontera Centre de l'industrie du xérès, entre Cadix et Séville dans le sud de l'Espagne. Le mot anglais pour xérès est « sherry ».

Kopke La plus ancienne maison de porto, fondée par un Allemand en 1638. Appartient maintenant à BARROS ALMEIDA. Vins millésimés de qualité honnête (**55 58 60 63 65 66 67 70 74 75 77 78 79 80 82** 83 85 87 89 91 94) et excellents COLHEITAS.

Late-bottled vintage (L.B.V.) Porto d'une seule récolte, conservé en fûts deux fois plus de temps qu'un PORTO MILLÉSIMÉ (environ 5 ans). Il est donc plus léger à la mise en bouteilles et vieillit plus vite. Les versions traditionnelles présentent un sédiment (« crust ») comme le porto millésimé. Peu valent la peine : WARRE, SMITH WOODHOUSE, NIEPOORT, CHURCHILL, FERREIRA.

L.B.V. Voir entrée précédente.

Leacock Un des plus anciens exportateurs de madère, aujourd'hui étiquette de MADEIRA WINE CO. Sa gamme de base, St John, est très honnête. Excellents MALMSEY Special Reserve de 10 ans et BUAL de 15 ans.

Lustau L'une des plus grandes entreprises familiales de JEREZ (appartient à CABALLERO). Produit du xérès pour les autres exportateurs, mais a aussi une très bonne gamme Dry Lustau (sp. le FINO et l'OLOROSO) et le PALO CORTADO Jerez Lustau, un modèle du genre. Exportateurs pionniers d'excellents ALMACENISTAS et de vins « landed age ». AMONTILLADO et OLOROSO vieillissent dans d'élégantes bouteilles avant l'exportation. Voir ABAD.

Macharnudo Un des meilleurs secteurs des vignobles de xérès, au nord de JEREZ, célèbre pour ses excellents FINO et OLOROSO.

Madeira Wine Company Maison fondée en 1913 par deux firmes sous le nom de Madeira Wine Association, qui a ensuite absorbé toutes les firmes anglaises de madère (26 au total) dans un objectif de survie. Trois générations plus tard, bien que vieillis ensemble, les vins conservent le style respectif de chaque maison. BLANDY et COSSART GORDON sont les meilleures étiquettes. La société est aujourd'hui contrôlée par le groupe Symington (voir DOW).

Malmsey Le madère le plus doux et le plus riche. Doté d'une robe d'un ambre profond, il est riche et mielleux avec, toutefois, le goût vif unique du madère. Le terme Malmsey vient de Malvasia. Voir encadré page 200.

Manzanilla Xérès, normalement FINO, qui a acquis un caractère étrangement tonique et salé parce qu'il a été élevé dans les bodegas de SANLÚCAR DE BARRAMEDA, près de JEREZ.

Manzanilla Pasada MANZANILLA mûr proche de l'AMONTILLADO. Les meilleurs (par ex. LA GUITA) sont parmi les plus appétissants de tous les xérès.

Marqués del Real Tesoro Petite firme familiale de xérès connue pour ses MANZANILLAS et AMONTILLADOS et rachetée par l'entreprenant José Estévez qui a construit une nouvelle bodega. Tío Mateo est un très bon FINO, dont la SOLERA a été reprise à l'ex-Palomino & Vergara par l'intermédiaire de HARVEY'S.

Martinez Gassiot Firme de porto, filiale de COCKBURN, connue pour son excellent, riche et vigoureux TAWNY Directors de 20 ans d'âge, son CRUSTED et son L.B.V. Millésimes : **55 60 63 67 70 75 82** 85 87 91 94.

Medina, José Ancienne bodega familiale de SANLÚCAR, aujourd'hui gros exportateur, surtout vers les Pays-Bas. En reprenant les bâtiments et les énormes stocks de xérès des anciennes Bodegas INTERNACIONALES et en acquérant plus récemment WILLIAMS & HUMBERT, le groupe Medina, qui comprenait déjà Pérez Megia et Luís Paéz, est devenu le plus gros producteur et exportateur de xérès, avec environ 25 % du volume total.

Miles Ex-Rutherford & Miles, exportateurs de madère réputés pour leur Old Trinity House Medium Rich, etc. Le dernier millésime est le Verdelho 73. Aujourd'hui étiquette de MADEIRA WINE CO.

Niepoort Petite maison familiale (hollandaise) de porto avec une longue liste de beaux millésimes (**42 45 55 60 63 66 70 75 77 78** 80 **82** 83 87 91 92 94) et des COLHEITAS exceptionnels. Aussi excellent porto d'un seul domaine, Quinta do Passadouro (91 92 94).

Noval, Quinta do Maison historique, aujourd'hui française (AXA), faisant un PORTO MILLÉSIMÉ au fruité intense, structuré et élégant. Quelques vignes non greffées donnent toujours une petite quantité de Nacional, un vin extraordinairement foncé, velouté et plein, vieillissant lentement. Très bon TAWNY de 20 ans d'âge. Millésimes : **55' 58 60 63 66' 67 70' 75 78 82** 85' 87 91 94.

Offley Forrester Voir FORRESTER.

Faut-il décanter le porto ?
Le porto millésimé est autant un rituel qu'une boisson. Il est indispensable de le décanter avec le plus grand soin (sa méthode de fabrication laisse en effet beaucoup de dépôt dans la bouteille). Le moyen le plus sûr est d'utiliser de la mousseline ou un filtre à café pour le filtrer dans un décanteur ou une bouteille parfaitement rincée. À l'exception des très vieux portos, tous peuvent être décantés la veille (encore mieux, une semaine avant). À table, il est de règle de passer le décanteur à chaque invité dans le sens des aiguilles d'une montre. Un porto millésimé a une immense durée de vie. Parmi les excellents millésimes plus vieux que ceux indiqués dans le texte, on notera 1904, 1908, 1911, 1920, 1927, 1934, 1935, 1945, 1950. Les bouchons des bouteilles de plus de 25 ans sont généralement très fragiles.

Oloroso   Type de xérès. Jeune, il est plus lourd et moins brillant qu'un FINO, mais il se magnifie en vieillissant. Naturellement sec, on le sucre pour l'exporter en CREAM.

Osborne   Énorme firme espagnole bien connue pour ses eaux-de-vie, mais aussi ses bons xérès, dont Fino Quinta, l'AMONTILLADO sec Coquinero et l'OLOROSO demi-sec 10 R.F. (Reserva Familiale). À noter : une gamme de très beaux xérès « Rare », aux bouteilles numérotées. Voir DUFF GORDON.

Pale Cream   Style de xérès populaire et pâle fait de FINO adouci. Le premier à être lancé fut l'Original de CROFT.

Palo Cortado   Xérès qui se rapproche de l'OLOROSO, mais avec un peu du caractère d'un AMONTILLADO. Sec mais généreux et moelleux. Rare.

Pasada   Style de FINO ou de MANZANILLA proche de l'AMONTILLADO. Vin plus fort et plus sec sans le caractère de la FLOR.

Pereira d'Oliveira Vinhos   Firme familiale de madère fondée en 1850. Très bonne gamme de base et vins de 5 et 10 ans. Beaux vieux Reservas : VERDELHO 1890, BUAL 1908, Malvasia 1895.

Pinhão   Petite ville au cœur du pays du porto, dans la partie supérieure du DOURO.

Poças Junior   Maison familiale de porto spécialisée dans les TAWNY et COLHEITAS.

Ponche   Digestif plein d'arôme à base de vieux xérès et d'eau-de-vie, aromatisé aux herbes et à l'orange, et présenté en bouteilles argentées ne passant pas inaperçues. Voir CABALLERO et de SOTO.

Porto blanc   Porto doré fait avec du raisin blanc. Autrefois, on le faisait doux, à présent il est plus souvent sec. Bon apéritif mais lourd.

Porto millésimé (Vintage Port)   Le meilleur porto des millésimes exceptionnels mis en bouteilles après être resté deux ans en fûts et vieillit très lentement (20 ans et plus) en bouteilles. Il laisse toujours un dépôt épais et doit être décanté.

Puerto de Santa María   Seconde ville et ancien port de la zone du xérès, importantes bodegas.

P.X.   Abréviation de Pedro Ximénez, raisin en partie séché utilisé à JEREZ pour adoucir les assemblages.

Quarles Harris   Parmi les plus vieilles maisons de porto (1680), propriété actuelle des Symington (voir DOW). Petite quantité de L.B.V. moelleux et équilibré. Millésimes : **60 63' 66' 70' 75** 77' 80 83 85' 91 94.

Quinta « Propriété » en portugais. Mot utilisé traditionnellement aussi pour désigner les PORTOS MILLÉSIMÉS venant traditionnellement (toujours, selon la législation) des vignobles de domaine. Millésimes bons mais pas exceptionnels. Maintenant, plusieurs excellentes quintas produisent des vins à partir de leurs meilleurs millésimes, sp. VESUVIO, LA ROSA et Passadouro.

Rainwater Assemblage de madère léger, demi-sec, apprécié aux États-Unis.

Ramos-Pinto Petite maison de porto dynamique spécialisée dans des TAWNY d'un seul domaine stylés et élégants. Appartient maintenant au Champenois Louis Roederer.

Real Companhia Vinícola do Norte de Portugal Alias Royal Oporto Wine Co et Real Companhia Velha. Grosse maison de porto, au long passé politique. De nombreuses marques et plusieurs QUINTAS, dont Quinta dos Carvalhas, qui fait des TAWNY et des COLHEITAS. Vins millésimés généralement mornes.

Rebello Valente Nom du PORTO MILLÉSIMÉ de ROBERTSON. Vins légers mais élégants et d'un bon équilibre, mûrissant assez vite : **55' 60 63' 66' 67 70' 72 75 77' 80** 83 85' 94.

Robertson Filiale de SANDEMAN, exportant (presque exclusivement vers la Hollande) le PORTO MILLÉSIMÉ REBELLO VALENTE, du L.B.V., le Robertson's Privateer Reserve, le TAWNY Game Bird, le Pyramid de 10 ans d'âge et l'Imperial de 20 ans d'âge. Millésimes : **63' 66' 67 70' 72 75 77' 80** 83 85' 94.

Rosa, Quinta de la Beau porto d'un seul domaine de la famille Bergqvist à Pinhão. Revient depuis peu aux méthodes traditionnelles et aux lagares en pierre. Cherchez les 85 88 90 91 92 94.

Rozes Négociants contrôlés par Moët-Hennessy. RUBY de base très connu en France ; aussi TAWNY. Millésimes : **63 67 77' 78** 83 85 87 91 94.

Ruby La version la plus jeune (et le meilleur marché) du porto : simple, doux et rouge. Les meilleurs sont vigoureux et pleins d'arôme. D'autres peuvent être plutôt forts et ternes.

Sanchez Romate Firme familiale de JEREZ depuis 1781. Connue dans les pays hispanophones pour son eau-de-vie Cardenal Mendoza. Bon xérès : FINO Cristal, OLOROSO Don Antonio, AMONTILLADO N.P.U. (« Non Plus Ultra »).

Sandeman Géant du porto. Un des grands noms du xérès. Contrôlé par Seagram. Le Founder's Reserve est son VINTAGE CHARACTER le plus connu. Les TAWNY sont bien meilleurs. Partner's Ruby est le dernier-né (94). Les millésimés sont au moins convenables, quelques-uns des plus vieux étaient étonnants (**55' 57 58 60' 62' 63' 65 66 67 68 70' 72 75 77 80 82**). Parmi les xérès, l'AMONTILLADO Medium Dry est le plus vendu, le FINO Don est très bon et deux CREAM sont excellents, Armada et le rare et luxueux Royal Corregidor. Aussi exportateur de madère depuis 1790 (RAINWATER élégant, Rich beau).

Sanlúcar de Barrameda Ville du littoral. Voir MANZANILLA.

Sercial Cépage cultivé à Madère pour faire les vins les plus secs de l'île. Donne un apéritif de toute qualité. Voir encadré page 200.

Sélection de portos et de madères pour 1998
Porto blanc : Churchill's Dry White
Porto Ruby : Warre's Warrior
Porto L.B.V. : Traditional 1991 de Ferreira
Porto Tawny : 20 Year Old de Niepoort
Porto millésimé : Fonseca 1966, Fonseca Guimaraens 1976
Madère : 10 Year Old Verdelho de Henriques & Henriques, 10 Year Old d'Oliveira (doux), Bual 1968 de Pereira d'Oliveira.

Silva Vinhos Nouveau producteur de Madère (1990) avec chais modernes à Estreito de Camara de Lobos. Bons vins basiques issus du cépage Tinta Negra Mole.

Smith Woodhouse Firme de porto fondée en 1784, propriété actuelle de la famille Symington (voir DOW). GOULD CAMPBELL est une filiale. Les vins, relativement légers et faciles, comprennent : le TAWNY Old Lodge, le VINTAGE CHARACTER Lodge Reserve (surtout vendu aux États-Unis). Les millésimes (très beaux) : **60 63' 66' 70' 75** 77' 80 83 85' 91 92 94. Millésimés Gould Campbell : **60 63 66 70 75** 77 80 83 85 91 94.

Solera Méthode d'élaboration du xérès et du madère (un peu différente), quelquefois aussi du porto. Elle consiste à ajouter progressivement dans les tonneaux un vin du même cépage, mais un peu plus jeune. La plupart des xérès vendus sont des assemblages de plusieurs vins solera.

Soto, José de Célèbre pour avoir inventé le PONCHE, cette firme familiale appartenant maintenant à l'ancien propriétaire de Rumasa, José María Ruiz Mateos, fait aussi une gamme de bons xérès, dont le FINO Delicate.

Tawny Porto vieilli pendant des années en fûts (par opposition au PORTO MILLÉSIMÉ qui vieillit en bouteilles) jusqu'à ce que sa robe acquière un ton fauve typique. Les meilleurs ont souvent 20 ans d'âge. Les tawnies bon marché sont des assemblages de portos blancs et rouges.

Taylor, Fladgate & Yeatman (Taylor's) Souvent considérés comme les meilleurs exportateurs de porto, surtout connus pour leurs millésimés ronds et durables, et leurs TAWNY avec indication d'âge (40 ans, 20 ans, etc.). On dit que leur propriété de VARGELLAS confère à leurs vins un parfum particulier de violette. Millésimes : **55' 60' 63' 66' 70' 75** 77' 80 83' 85' 92' 94. Dans les millésimes moins cotés, Quinta de VARGELLAS est exporté non assemblé (**67 72 74** 76 78 82 84 86 87 88 91). Aussi Terra Feita d'un seul domaine (82 86 87 88 91). Leur L.B.V. l'emporte sur beaucoup.

Depuis 1993, les madères étiquetés Sercial, Verdelho, Bual ou Malmsey doivent contenir au moins 85 % du cépage indiqué. La majorité, issue du cépage caméléon Tinta Negra Mole qui, vinifié de la même façon que les autres, imite facilement leurs styles, ne peut être appelée que Seco (sec), Meio Seco (demi-sec), Meio Doce (demi-doux) ou Doce (doux). Mais le réencépagement en cours devrait permettre d'obtenir davantage de variétés classiques (rares pour l'instant).

Terry, Fernando A. de Magnifique bodega à PUERTO DE SANTA MARÍA, faisant maintenant partie d'Allied-Domecq. Fait le MANZANILLA Maruja et une gamme d'eaux-de-vie populaires. L'assemblage et la mise en bouteille des xérès de HARVEY'S se font dans la vaste et moderne usine El Pino.

Tio Pepe Le plus célèbre des xérès FINO. Voir GONZALEZ BYASS.

Valdespino Célèbre négociant à JEREZ, propriétaire du vignoble Inocente, qui donne l'excellent FINO vieilli du même nom. Tío Diego est son AMONTILLADO sec et Solera 842 son OLOROSO. Don Tomás est son meilleur AMONTILLADO et Matador le nom de sa gamme ordinaire. Aux États-Unis, ses xérès sont n° 3 des ventes (en volume) et sont toujours vendus sous la marque Hartley & Gibson.

Vargellas, Quinta de Pivot de l'empire de TAYLOR, donnant ses meilleurs portos. Voir TAYLOR, FLADGATE & YEATMAN.

Verdelho Cépage de madère donnant un vin assez sec mais souple sans le piquant du SERCIAL. Agréable apéritif et bon vin passe-partout. Quelques magnifiques millésimés anciens. Voir encadré ci-dessus.

Vesuvio, Quinta de Énorme domaine du XVIIᵉ siècle appartenant à FERREIRA et situé dans le Douro. Racheté en 1989 par les Symington. 52 ha. Sp. 89 90 91 92.

Vintage Character Terme un peu confus appliqué à des portos pleins et charnus comme un RUBY de premier ordre. Manque de ce « nez » splendide caractéristique du PORTO MILLÉSIMÉ.

Vintage port Voir PORTO MILLÉSIMÉ.

Warre Les plus anciens exportateurs anglais de porto (depuis 1670), passés dans la famille Symington (voir DOW) en 1905. Beaux millésimés élégants à maturation lente, un bon TAWNY (Nimrod), un VINTAGE CHARACTER (Warrior) et un excellent L.B.V. Leur Quinta da Cavadinha d'un seul vignoble est pour eux un nouveau départ (**78 79** 82 84 86 87 88 89 90 92). Millésimes : **55' 58 60 63' 66'** 70 75 77' 80 83 85' 91 94.

Williams & Humbert Célèbre négoce de xérès appartenant maintenant au groupe MEDINA. Son Dry Sack (AMONTILLADO demi-sec) se vend très bien. Le Pando est un excellent FINO. Le CREAM Canasta et le BROWN Walnut sont bons dans leur catégorie. Dos Cortados est son fameux vieil OLOROSO sec. Fait aussi la célèbre eau-de-vie Gran Duque de Alba rachetée à DIEZ-MERITO.

Wisdom & Warter Vieille bodega (contrôlée par GONZALEZ BYASS) aux bons xérès, dont l'AMONTILLADO Tizón et le très rare Solera. Aussi FINO Olivar.

Xérès, porto, madère et gastronomie

Un caprice de la mode veut que les vins de Jerez et de Madère et, dans une certaine mesure, les portos de la vallée du Douro soient actuellement boudés au profit d'une gamme limitée de vins de « cépage ». Pourtant, ces trois régions produisent des vins répondant à tous les critères de « grandeur » et présentant bien plus de possibilités gastronomiques qu'on ne veut bien se rappeler. En effet, pour le prix d'une bouteille d'excellent bourgogne blanc, par exemple, on peut acheter trois bouteilles du tout meilleur xérès fino, qui accompagnera magnifiquement de nombreux plats. Un madère mûr clôturera un superbe repas de la plus belle façon. Quant au porto tawny, vin aux multiples usages, il est merveilleux avec du poisson. Serait-ce parce que le Nouveau Monde ne peut rivaliser avec ces classiques du Vieux Monde qu'il fait semblant de les ignorer ?

Angleterre et Pays de Galles

Les 400 vignobles anglais (800 ha) produisent aujourd'hui bien plus de deux millions de bouteilles par an, presque uniquement du blanc. Ils développent un nouveau style anglais distinct et croquant, dont beaucoup à partir de nouveaux cépages allemands adaptés au climat frais. L'acidité est souvent élevée, ce qui signifie que les meilleurs vins ont une capacité intrinsèque à bien vieillir (et en ont besoin). Quatre ans suffisent pour la plupart et huit seront parfaits pour d'autres. Les expériences d'élevage en chêne et, surtout, de mousseux fermenté en bouteille sont couronnées de succès. Les vins testés ont droit au cachet E.V.A. (English Vineyards Association), organisme qui vient d'être rebaptisé United Kingdom Vineyard Association. Depuis 1991, les vins anglais non issus d'hybrides peuvent être étiquetés « Quality Wine », ce qui les porte, pour la première fois, à la hauteur des vins de qualité de l'Union européenne bien que les normes anglaises soient supérieures à celles de l'Union. Mais l'excellent hybride Seyval Blanc se plaisant bien dans le pays, de nombreux producteurs renoncent à ce statut.

Adgestone près Sandown (île de Wight) Vignoble de 3,4 ha, déjà récompensé, établi en 1968 sur un coteau calcaire. Vins bien structurés et de garde.

Astley Stourport-on-Severn (Hereford et Worcester) 2 ha produisant quelques vins honnêtes. Madeleine Angevine et Kerner récompensés.

Barkham Manor Piltdown (Sussex) 13,5 ha plantés en 1985-87. Grande exploitation moderne. Vaste gamme.

Barnshole près Canterbury (Kent) Nouveau vignoble d'intérêt. Bon Schönburg.

Battle Wine Estate Battle (Sussex) 20 ha et exploitation dont le vinificateur a été formé en Nouvelle-Zélande. Vins en progrès et commençant à remporter des médailles.

Bearsted Maidstone (Kent) 1,6 ha planté en 1986. Vins, sp. Bacchus, en progrès.

Beaulieu Abbey Brockenhurst (Hampshire) 1,8 ha de vignes plantées en 1958 par la famille Gore-Brown sur le site d'un ancien monastère. Bons rosé et mousseux.

Biddenden près Tenterden (Kent) 7,2 ha encépagés en 1969. Vaste gamme dont Ortega et Dornfelder. Bon cidre aussi.

Bookers Bolney (Sussex) 2 ha de Müller-T. Autres cépages plantés en 1992.

Bothy Abingdon (Oxfordshire) Juste 1,2 ha jusqu'ici. Vins de qualité raisonnable faits avec soin.

Boze Down Whitchurch-on-Thames (Oxfordshire) 1,8 ha. Vaste gamme de vins de haute qualité, sp. les rouges.

Breaky Bottom Lewes (Sussex) Bons vins secs, sp. Seyval Bl récompensé (**89 90**) et Müller-T, d'un vignoble de 2,2 ha. Mousseux très bon.

Brecon Court Usk (Monmouthshire) 3,2 ha récemment plantés. À suivre.

Bruisyard Saxmundham (Suffolk) 4 ha de Müller-T depuis 1974. Comprend des vins vieillis en fût et du mousseux.

Cane End Reading (Berkshire) 4,8 ha de vignes mélangées. Bon Bacchus doux vendange tardive en 90. Style intéressant.

Carr Taylor Vineyards Hastings (Sussex) 14 ha plantés en 1973. Sp. pour Reichensteiner. Pionnier des mousseux méthode classique au Royaume-Uni : Kerner/Reichensteiner (millésimé ou non) et Pinot N rosé. Quelques vins intenses et équilibrés.

Carters Colchester (Essex) Jeune vignoble se faisant un nom. Cépages intéressants.

Challenden Sandhurst (Kent) Minuscule nouveau vignoble : Huxelrebe et Faberebe. Vins fruités et bon mousseux.

Chapel Down Winery Tenterden (Kent) Nouvelle exploitation assemblant des raisins achetés, sp. mousseux méthode classique. Le rouge Epoch I fermenté en fût est bon, tout comme les vins tranquilles « sur lie » et les mousseux.

Chiddingstone Edenbridge (Kent) Vignoble de 26,4 ha. Surtout des vins secs de style français, dont un bon Pinot Blanc de Noir. Certains élevés en barriques.

Chilford Hundred Linton (Cambridgeshire) 7,2 ha donnant des vins plutôt secs depuis 1974.

Chiltern Valley Henley-on-Thames (Oxfordshire) 1,2 ha sur coteau calcaire élevé et raisins achetés. La gamme comprend deux vins inhabituels récompensés : Noble Bacchus vendange tardive, doux, vieilli dans le chêne et le bon Old Luxters Dry Reserve.

Danebury Stockbridge (hants) 2 ha : Auxerrois et Bacchus. Vins intéressants.

Davenport Rotherfield (Sussex) Vignes ici et dans le Kent. Jeune exploitation : vins sérieux. Vinificateur formé en Australie.

Denbies Dorking (Surrey) Vignoble de 100 ha (le plus grand d'Angleterre), première récolte en 1989. Nouveaux chais impressionnants, dont la visite vaut la peine, et vins en progrès, sp. le vin de dessert Botrytis 92.

Eglantine Loughborough (Leicestershire) 1,3 ha avec de nombreux cépages.

Elmham Park East Dereham (Norfolk) 1,8 ha établi en 1966. Vins légers et floraux dotés d'un potentiel de vieillissement. Madeleine Angevine sp. bon. Aussi vin de pomme.

Frithsden Hemel Hempstead (Hertfordshire) 1,1 ha : surtout du Müller-T.

Gifford's Hall Bury St Edmunds (Suffolk) Vignoble de 4,8 ha donnant des vins intéressants (dont certains passés dans le chêne). Visite organisée.

Gildridge Lewes (Suses) Environ 1,1 ha de cépages divers. Vins en progrès.

Halfpenny Green Stourbridge (Midlands) 11,2 ha de vignes. Madeleine Angevine sp. bon.

Hambledon Petersfield (Hampshire) Le premier vignoble anglais moderne, planté en 1951 sur un coteau calcaire grâce à des conseils champenois.

Harden Farm Penshurst (Kent) 7,2 ha. Membre de la coop. English Winegrowers.

Harling Norwich (Norfold) 2,6 ha de Müller-T et de Bacchus. Nouveau propriétaire. Vins faits à Shawsgate.

Headcorn Maidstone (Kent) 2 ha de vignobles médaillés plantés en Seyval Bl.

Hidden Spring Horam (Sussex) 3,6 ha. Réussite pour le Dry Reserve vieilli en fût et le rouge Dark Fields.

Horton Estate Wimborne (Dorset) 3,6 ha. Bacchus, Reichenstein et sélection de rouges. Vins prometteurs.

Kent's Green Taynton (Gloucestershire) Minuscule vignoble de Müller-T et Huxelrebe. Vins primés produits à THREE CHOIRS.

La Mare Jersey (îles Anglo-Normandes) Seul vignoble des îles anglo-normandes, mais établi depuis longtemps. Vins honnêtes.

Lamberhurst (Kent) Une des meilleures exploitations du pays, établie en en 1972. 10 ha plantés aujourd'hui. Gamme stable. Rouges, mousseux et vin boisé primés (83, 85, 90). Bacchus demi-sec 91 sp. bon. Vinifie pour bien d'autres producteurs.

Leeds Castle Maidstone (Kent) 1 ha planté depuis longtemps. Vins vendus uniquement dans les points de vente du château. Faits à Lamberhurst.

Lilibrook Manor Maidenhead (Berkshire) 0,4 ha de Müller-T, Schönberger et Bacchus. Vins en progrès.

Llanerch Glamorgan (P. de Galles) 2,2 ha plantés en 86. Vins étiquetés Cariad. Style individuel méritant les récompenses obtenues. Bon rosé.

Meon Valley Southampton (Hampshire) 10 ha de cépages variés. Vins variables, mais les rouges peuvent être intéressants.

Milton Keynes Milton Keynes (Bucks) Nouveau vignoble de 1,6 ha commençant à produire de beaux vins. À suivre.

Moorlynch Bridgewater (Somerset) 6,4 ha. Ferme idyllique. Bons vins, sp. Estate Dry et mousseux.

New Hall près Maldon (Essex) Plus de 36 ha plantés en Huxelrebe, Müller-T, Pinot N, etc., dont certains vinifiés ailleurs.

Northbrook Springs Bishops Waltham (Hampshire) 5,2 ha de jeunes vignes. Gamme en progrès. Médaille d'or au concours English Wine of the Year 1995.

Nutbourne Manor près Pulborough (Sussex) 7,4 ha produisant des Schönberger et Bacchus élégants et succulents.

Nyetimber West Chiltington (Sussex) 16,8 ha de Chard, Pinot N, Pinot Meunier. Spécialiste de mousseux fermenté en bouteilles. Premier millésime : 95. Semble très prometteur.

Painshill Cobham (Surrey) 0,7 ha plantés sur le site d'un ancien vignoble (1742) de coteaux surplombant un grand lac : devrait produire de bons vins.

Partridge Blandford (Dorset) 2 ha. Bon Bacchus.

Paunton Court Bishop's Frome (Worcestershire) Jeune vignoble de 1,5 ha. Vin fait à THREE CHOIRS.

Penshurst Tunbridge Wells (Kent) 5 ha depuis 1972, dont bons Seyval Bl et Müller-T. Belle exploitation moderne.

Pilton Manor Shepton Mallet (Somerset) Vignes à flanc de coteau plantées en 1966, dont il ne reste plus que 1,6 ha. Vins retrouvant leur meilleure forme, sp. Westholme Late Harvest, récompensé en 92.

Ridge View Ditchling Common (Sussex) Nouveau vignoble de 6,4 ha spécialisé dans le mousseux. Chard, Pinot N et Pinot Meunier seulement. À suivre.

Rock Lodge près Haywards Heath (Sussex) 2,4 ha de vignes depuis 1965. Fumé (assemblage Ortega/Müller-T vieilli dans le chêne) et mousseux Impresario recommandés.

Rosemary Ryde (Île de Wight) Un des plus grands vignobles de l'île. Vins loin d'être impressionnants mais à suivre.

Rowenden Rolvenden (Kent) 0,8 ha. Bons Huxelrebe et Reichensteiner.

St Anne's Newent (Gloucestershire) Petit vignoble de 0,9 ha produisant des vins à la façon traditionnelle.

St Augustine's Aust (Gloucestershire) Vins fait à THREE CHOIRS.

St George's Waldron, Heathfield (Sussex) Attraction touristique connue. Actuellement en vente en raison de la retraite de son propriétaire.

St Sampson Golant (Cornouailles) 1,6 ha. Certains des meilleurs vins du pays.

Sandhurst Cranbrook (Kent) Ferme mixte : 6,4 ha de vignes, plus 32 ha de houblon, des pommeraies, des moutons, etc. Vins en progrès, sp. Seyval Bl 91 et Bacchus 92 (tous deux vieillis dans le chêne). Mousseux de Pinot N et Seyval disponibles à partir du 94.

Scott's Hall Ashford (Kent) Vignoble de 0,2 ha et boutique pour un blanc vieilli dans le chêne et un mousseux rosé.

Seddlescombe Organic Robertsbridge (Sussex) Le principal vignoble organique du pays. 6 ha pour une gamme de vins ayant ses adeptes.

Sharpham Totnes (Devon) 2 ha de vignes. Font maintenant eux-mêmes leurs vins, qui commencent à avoir de l'intérêt.

Shawsgate Framlingham (Suffolk) 7 ha, dont de bons assemblages Seyval Bl/Müller-T. Récompenses.

Standen East Grinstead (Sussex) Jeune vignoble très prometteur de 0,8 ha.

Staple St James près Canterbury (Kent) 2,8 ha plantés en 74. Müller-T d'excellente qualité et Huxelrebe particulièrement intéressant.

Sugar Loaf Abergavenny (Pays de Galle) 2 ha. Vins faits à THREE CHOIRS.

Tenterden Tenterden (Kent) 6 ha plantés en 1979. Vins allant du sec au doux, y compris Müller-T, Seyval Bl élevé en fût (très bon 81, lauréat du Gore-Browne Trophy 91), rosé et mousseux.

Thames Valley Twyford (Berkshire) Vignoble de 10 ha. Tous styles de vin. Quelques blancs et rouges vieillis dans le chêne, mousseux méthode classique, et un vin doux vendange tardive : Clock Tower Selection 92 botrytisé, qui a remporté le Gore-Browne Trophy 92.

Thorncroft Leatherhead (Surrey) 3,2 ha donnant un vin botrytisé vendange tardive intéressant (cépage Ortega). Aussi gamme de produits à base de fleur de sureau.

Three Choirs Newent (Gloucestershire) 25,6 ha plantés en 74. Müller-T, Seyval Bl, Schönburger, Reichensteiner. Des succès, dont Bacchus Dry et Huxelrebe. Nouveaux chais ayant coûté 1 million de livres. Commercialise un vin « nouveau » anglais populaire.

Tiltridge Upton-upon-Severn (Worcestershire) Petit vignoble de 0,4 ha. Bien suivi localement.

Titchfield Titchfield (Hampshire) Jeune vignoble de 0,8 ha commençant à faire des vins honnêtes.

Wellow Romsey (Hampshire) Vignoble de 18 ha ayant eu des problèmes financiers. Commence à se réorganiser. À suivre.

Wickham Shedfield (Hampshire) 4,8 ha (depuis 84). Commence à avoir du style. Vintage Selection mérite l'essai.

Wooldings Whitchurch (Hampshire) Jeune vignoble de 3,2 ha. Très bon Schönburger.

Wootton Shepton Mallet (Somerset) Ne fait plus que 0,7 ha en raison de la retraite partielle de son propriétaire. Fait toujours un bon Schönburger.

Wroxeter Roman Shrewsbury (Shropshire) Jeune vignoble (91) de 2,4 ha situé sur une ancienne ville romaine. À suivre.

Wyken Bury-St-Edmunds (Suffolk) 2,8 ha. Vaste gamme qui commence à avoir l'air bien, sp. Bacchus.

Suisse

La Suisse est handicapée par ses prix élevés et par le fait que ses meilleurs vins proviennent de domaines minuscules et sont donc tous bus sur place. Pourtant, presque tous (surtout les blancs) sont agréables et satisfaisants (et très chers). La production vinicole du pays est l'une des plus intensives au monde, mais les coûts sont très élevés et la surface disponible limitée. Les plus importants (11 200 ha sur 14 800 ha) sont situés en Suisse francophone sur le versant sud de la haute vallée du Rhône (canton du Valais) et les bords du lac Léman (canton de Vaud). Les vins des régions de langue allemande et italienne sont surtout bus localement. Les vins peuvent être identifiés par le nom de leur lieu de production, celui de leur cépage ou par les marques légalement autorisées. En règle générale, ils sont bus jeunes. En 1988 a été établi un système d'appellation cantonal et fédéral suisse dont la mise en application n'est toujours pas achevée.

Millésimes récents

1996 Similaire à 1995. De la pluie en septembre suivie de soleil en octobre ont donné des fruits de bonne qualité.
1995 Année variable : juin humide, juillet chaud et sec, septembre humide. Les vendanges sous un grand soleil ont donné de très bons vins.
1994 Été proche de la perfection, mais vendanges pluvieuses.
1993 Année classique. Vins meilleurs qu'on ne s'y attendait.

Aargau Canton viticole de l'est de la Suisse (385 ha). Meilleur pour un RIES-SYLVANER aromatique et un BLAUBURGUNDER généreux.
Aigle Vaud r. b. ★★ → ★★★ Bien connu pour ses blancs élégants et ses rouges souples.
Aligoté Cépage bourguignon blanc faisant des merveilles dans le VALAIS et à GENÈVE.
Amigne Cépage blanc traditionnel du VALAIS, surtout performant autour de VÉTROZ. Vin corsé, goûteux, souvent doux.
Ardon Valais r. b. ★★ → ★★★ Commune vinicole entre SION et MARTIGNY.

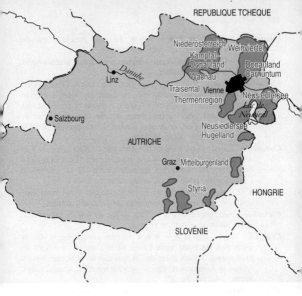

Arvine Autre vieux cépage blanc du VALAIS, parfois appelé Petite Arvine, à la fois en sec et en doux. Donne des vins élégants de longue garde, légèrement salés en finale.

Auvernier (nord-est) r. rosé b. ★★ → ★★★ Petit village viticole ancien sur le lac de NEUCHÂTEL et la plus grosse commune vinicole du canton.

Bâle (Basel) Seconde ville de Suisse et canton (divisé en Basel-Stadt et Baselland) presque entièrement entourés de vignes. Meilleurs vins : RIES-SYLVANER, BLAUBURGUNDER, CHASSELAS.

Beerliwein Nom d'origine du vin de BLAUBURGUNDER. Employé aujourd'hui pour le vin fermenté de façon traditionnelle avec ses peaux et non en SÜSSDRUCK.

Berne Capitale de la Suisse et canton du même nom. Vignobles à l'ouest (BIELERSEE : CHASSELAS, PINOT, SPEZIALITÄTEN) et l'est (Thunersee : BLAUBURGUNDER, RIES-SYLVANER). 252,8 ha. Primés par les Suisses alémaniques.

Bex Vaud r. b. ★★ Appellation du CHABLAIS, sp. pour rouges.

Bielersee (lac de Bienne) r. rosé b. ★ → ★★ Région viticole sur la rive nord du lac (CHASSELAS, PINOT N secs et légers) et au pied de Jolimont (SPEZIALITÄTEN).

Blauburgunder Nom suisse allemand du PINOT N. Seul cépage rouge autorisé en Suisse alémanique. Alias Clevner.

Bonvillars Vaud r. rosé b. ★ → ★★ Rouge AOC plein de caractère de l'extrémité haute du lac de NEUCHÂTEL.

Bündner Herrschaft Grisons r. rosé b. ★★ → ★★★ Meilleure région viticole de l'est de la Suisse. Comprend les meilleurs villages : Malans, Jenins, Maienfeld et Fläsch. Produit un BLAUBURGUNDER sérieux, qui mûrit généralement bien grâce au fœhn (très bon vieilli en cuves). Aussi du CHARD et des SPEZIALITÄTEN.

Calamin Vaud b. ★★ → ★★★★ Vignobles de LAVAUX proches de DÉZALEY. Blancs luxuriants et bouquetés.

Chablais Vaud r. b. ★★ → ★★★ Région vinicole sur la rive droite du Rhône et à l'extrémité nord du lac Léman. Comprend les villages : AIGLE, BEX, Ollon, VILLENEUVE, YVORNE. Rouges et blancs robustes et charpentés.

Chamoson Valais r. b. ★★ → ★★★ La plus grande commune vinicole du VALAIS, sp. pour SYLVANER.

Chardonnay Cépage établi depuis longtemps en Suisse francophone, maintenant aussi ailleurs.

Chasselas (Gutedel) Principal cépage blanc de l'ouest. Goût neutre, ce qui lui permet d'acquérir un caractère local : élégant (GENÈVE), raffiné et complet (VAUD), puissant et racé (VALAIS), agréablement pétillant (BIELERSEE, lac de NEUCHÂTEL, lac de Morat). Dans l'est, seulement à BÂLE. La plupart des pays le cultivent comme raisin de table.

Completer Cépage blanc local ne survivant que dans les Grisons. Vins aromatiques et généreux qui se gardent bien. (Le « Complet » était chez les moines la dernière prière de la journée et l'occasion de boire ce vin avant de se coucher.)

Cornalin Cépage rouge local, spécialité du VALAIS. Vins tanniques, épicés et très forts. Les meilleurs de Salgesch, SIERRE.

Cortaillod Neuchâtel r. (b.) ★★ Petit village au sud de NEUCHÂTEL. Bons PINOT N et ŒIL DE PERDRIX.

Côte, La Vaud r. rosé b. ★ → ★★★ La plus grande région viticole du canton de VAUD, entre Lausanne et Genève (rive nord du lac Léman). Blancs ayant de l'élégance et de la finesse, rouges fruités et harmonieux. Sp. de MONT-SUR-ROLLE, Vinzel, Luins, FÉCHY, Morges, etc.

Côtes de l'Orbe Vaud r. rosé b. ★ → ★★ Appellation au nord de VAUD, entre NEUCHÂTEL et le lac Léman, sp. pour des rouges légers et fruités.

Dézaley Vaud b. (r.) ★★★ Vignoble apprécié à LAVAUX, sur les coteaux surplombant le lac Léman, établi autrefois par des moines cisterciens. CHASSELAS inhabituellement puissant, qui se développe en vieillissant. Le Dézaley rouge est un GAMAY/PINOT/MERLOT/SYRAH (une rareté).

Dôle Valais r. ★★ → ★★★ Appellation du VALAIS pour un PINOT N pur mais aussi pour un assemblage de PINOT N, de GAMAY et d'autres cépages (au moins 51 % de PINOT N) : souple et corsé, souvent très bon. Dôle Blanche, à peine rosé, est légèrement pressé juste après la vendange. Ex. : MARTIGNY, SIERRE, SION, VÉTROZ, etc.

Épesses Vaud b. (r.) ★★ → ★★★ Appellation de la région de LAVAUX : blancs souples et corsés.

Ermitage Cépage MARSANNE, SPEZIALITÄT du VALAIS. Blanc sec concentré et corsé, parfois avec sucres résiduels. Sp. de FULLY, SION.

Féchy Vaud ★★ → ★★★ Célèbre appellation de La CÔTE, sp. pour des blancs élégants.

Federweisser Nom suisse du blanc de BLAUBURGUNDER pressé immédiatement après les vendanges.

Fendant Valais b. ★ → ★★★ Nom valaisan du CHASSELAS donnant une vaste gamme de vins. Les meilleurs s'adjoignent maintenant des noms de villages (FULLY, SION, etc.).

Flétri et Mi-flétri Raisins vendangés tardivement dont on fait un vin doux ou légèrement doux. SPEZIALITÄT du VALAIS.

Fribourg Le plus petit canton viticole (112 ha près des vignobles du Jura). Sp. pour CHASSELAS, PINOT N, GAMAY, SPEZIALITÄTEN de VULLY, du lac de Morat, et du sud du lac de NEUCHÂTEL).

Fully Valais r. b. ★★ → ★★★ Village proche de MARTIGNY faisant d'excellents ERMITAGE et GAMAY.

Gamay Cépage rouge du Beaujolais, abondant à l'ouest mais interdit à l'est. Jolis vins maigres. Surtout utilisé pour les assemblages. Voir SALVAGNIN, DÔLE.

Genève Troisième canton viticole (1 344,8 ha) et capitale du canton. Zones clés : Mandement, Entre Arve et Rhône, Entre Arve et Lac. Surtout CHASSELAS, GAMAY. Aussi dernièrement CHARD, PINOT N, ALIGOTÉ (bon), Cab.

Gewürztraminer Cultivé en Suisse comme cépage de SPEZIALITÄT.

Glacier, Vin du (Gletscherwein) Blanc oxydé, vieilli dans le chêne, presque légendaire, fait dans le Val d'Anniviers et offert au compte-gouttes aux dignitaires en visite.

Goron Valais r. ★ AOC pour des rouges plaisants et une sorte de DÔLE qui n'en atteint pas le degré.

Grand Cru Indication de qualité pour les meilleurs vins. Différentes significations selon les cantons : dans le VALAIS, à GENÈVE et dans le VAUD, répond à des exigences légales.

Grisons (Graubünden) Canton montagneux, surtout à l'est (BÜNDNER HERRSCHAFT, Churer Rheintal, sp. BLAUBURGUNDER) et en partie dans le sud des Alpes (Misox, sp. MERLOT). 369 ha, surtout de rouge. Aussi RIES-SYLVANER et SPEZIALITÄTEN.

Heida (Païen) Vieux cépage blanc du VALAIS (le Savagnin Blanc du Jura) pour le vin de pays du haut du canton (vignobles de Visperterminen à plus de 1 000 mètres). Son succès l'a étendu au sud du canton.

Humagne Cépage blanc indigène et fort (SPEZIALITÄT du VALAIS). Le Humagne Rouge existe aussi mais n'a rien à voir (vient du Val d'Aoste). Surtout de CHAMOSON et Leytron.

Landwein (Vin de pays) Blanc traditionnel léger et facile et sp. BLAUBURGUNDER rouge de l'Est.

Lausanne Capitale du canton de VAUD. Il n'y a plus de vignobles en ville mais elle possède toujours des classiques : Abbaye de Mont, Château Rochefort (La CÔTE), Clos des Moines, Clos des Abbayes, Domaine de Burignon (LAVAUX). Cher.

Lavaux Vaud b. (r.) ★→★★★ Région touristique sur la rive nord du lac Léman entre Montreux et Lausanne. Blancs délicats et raffinés, bons rouges. Les meilleurs de chez : CALAMIN, Chardonne, DÉZALEY, ÉPESSES, Lutry, St-Saphorin, VEVEY-MONTREUX, Villette.

Leytron Valais r. b. ★★→★★★ Commune vinicole très connue entre SION et MARTIGNY, sp. le vignoble Le Grand Brûlé.

Mandement r. b. ★→★★ Région vinicole de GENÈVE, comprenant SATIGNY et plus grande commune vinicole du pays.

Martigny Valais r. b. ★★ Commune du bas VALAIS sp. pour HUMAGNE Rouge.

Merlot Cépage cultivé en Suisse italienne (TICINO) depuis 1907 (après la destruction des cépages locaux par le phylloxéra). Tendre et aromatique. Aussi utilisé avec du Cab.

Mont d'Or, Domaine du Valais b. d/s d. ★★→★★★ Propriété bien située près de SION. Vins demi-secs et doux généreux et concentrés. SYLVANER remarquable.

Mont-sur-Rolle Vaud b. (r.) ★★ Importante appellation de La CÔTE.

Morges Vaud r. rosé b. ★→★★ La plus grande appellation de La CÔTE et de VAUD. CHASSELAS et rouges fruités et équilibrés.

Neuchâtel Ville et canton (ouest du pays). Vignobles (6 120 ha) entre le lac de NEUCHÂTEL et le BIELERSEE. Surtout CHASSELAS aromatique et vif (sur lie et mousseux). Aussi PINOT N de plus en plus bon (sp. ŒIL DE PERDRIX), PINOT G et CHARD.

Nostrano Terme signifiant « le nôtre », désignant les rouges de qualité inférieure du TICINO issus de cépages locaux et italiens (Bondola, Freisa, Bonarda, etc.).

Œil de Perdrix Rosé pâle issu de PINOT N. Sp. (à l'origine) de NEUCHÂTEL. Aussi dans les cantons du VALAIS et de VAUD.

Pinot Blanc (Weissburgunder) Depuis peu, vins suisses ayant du corps et de l'élégance.

Pinot Gris (Malvoisie) Cépage blanc très répandu pour des vins secs et doux (sucres résiduels). Donne de très beaux vins vendanges tardives dans le VALAIS (appelé Malvoisie).

Pinot Noir (Blauburgunder) Meilleur cépage rouge suisse (BÜNDNER HERRSCHAFT, NEUCHÂTEL, VALAIS).

Rauschling Vieux cépage blanc de ZURICH. Apprécié pour son fruité discret et son acidité élégante.

Riesling (Petit Rhin) Cépage blanc surtout présent dans le VALAIS. Excellents vins botrytisés.

Riesling-Silvaner Nom suisse du Müller-T (meilleur vin : SPEZIALITÄT, à l'ouest). Vins typiques et élégants à l'arôme de muscade et d'une certaine acidité.

St-Gall Canton viticole à l'est de la Suisse, près du lac de Constance (216 ha). Sp. pour BLAUBURGUNDER (corsé), RIES-SYLVANER, SPEZIALITÄTEN. Comprend la Vallée du Rhin, Oberland et la partie haute du lac de Zurich.

St-Leonard Valais r. b. ★★ → ★★★ Commmune vinicole entre SIERRE et SION.

St-Saphorin Vaud b. (r.) ★★ → ★★★ Célèbre appellation de LAVAUX. Beaux blancs légers.

Salvagnin Vaud r. ★ → ★★ Appellation de GAMAY et/ou PINOT N. Voir DÔLE.

Schaffhouse Canton suisse et ville sur le Rhin. Sp. BLAUBURGUNDER. Aussi un peu de RIES-SYLVANER, SPEZIALITÄTEN.

Schafis Berne r. rosé b. ★ → ★★ Village du BIELERSEE et nom de tous les vins de sa rive nord.

Sierre Valais r. b. ★★ → ★★★ Célèbre ville touristique et viticole. Connue pour ses FENDANT, PINOT N, ERMITAGE et Malvoisie. Très bon DÔLE.

Sion Valais r. b. ★★ → ★★★ Capitale et centre viticole du VALAIS. Sp. FENDANT de Sion.

Spezialitäten Signifie spécialités. Vins issus de cépages inhabituels presque disparus (Gwäss, Elbling ou Bondola locaux), qui refont surface (Arvine et Amigne) ou à la mode (ex. Chenin Bl, Sauv ou Cab, d'abord plantés à titre expérimental). Dans le VALAIS, par ex., 43 des 47 cépages sont considérés comme des Spezialitäten.

Süssdruck Rosé sec ou rouge lumineux issu de raisins pressés avant la fermentation.

Sylvaner (Johannisberg, Gros Rhin) Cépage donnant des blancs riches et puissants, sp. dans les vignobles chauds du VALAIS. Vins capiteux et épicés : concentrés, certains avec une douceur résiduelle.

Tessin Voir TICINO.

Thurgau Canton à l'est de la Suisse près du lac de Constance (253 ha). Vins de la vallée de Thur : Weinfelden, Seebach, Nussbaume et Rhin. Rive sud de l'Untersee. Sp. BLAUBURGUNDER, RIES-SYLVANER bon aussi (alias Müller-T : le Dr Müller est né dans la région).

Ticino (Tessin) Région sud de la Suisse italienne (avec Misox) cultivant surtout du MERLOT (bon dans la région montagneuse de Sopraceneri) et produisant des SPEZIALITÄTEN. Essais de Cab (de style Bordeaux, vieilli en cuves), Sauv, Sém, Chard, MERLOT rosé.

Valais (Wallis) Région de la vallée du Rhône allant de la partie haute de la vallée (germanophone) à sa partie basse (francophone). Canton vinicole le plus grand (5 264,80 ha) et le plus varié de l'ouest du pays. Conditions climatiques presque parfaites. Vaste gamme de vins comprenant 47 cépages : FENDANT, SYLVANER, GAMAY, PINOT N et de nombreuses SPEZIALITÄTEN. Sp. blanc.

Vaud (Waadt) Région du lac Léman et du Rhône. Second canton viticole de l'ouest (3 800 ha), comprenant BONVILLARS, La CÔTE, LAVAUX et CHABLAIS, CÔTES DE L'ORBE, VULLY. Fief du CHASSELAS. Aussi GAMAY, PINOT N.

Vétroz Valais b. r. ★★ → ★★★ Meilleur village près de SION, surtout réputé pour son AMIGNE.

Vevey-Montreux Vaud r. b. ★★ Appellation d'avenir de LAVAUX. Célèbre Fête du Vin qui se déroule tous les 30 ans. La prochaine sera en 1999.

Villeneuve Vaud b. (r.) ★★ → ★★★ Près du lac Léman. Blancs puissants mais raffinés.

Vispertal Valais b. (r.) ★ → ★★ Vignobles du haut du VALAIS, sp. pour SPEZIALITÄTEN. Surtout vignoble Visperterminen (jusqu'à 1 000 mètres).

Vully Vaud b. (r.) ★ → ★★ Bon mousseux rafraîchissant de la zone lac de Morat/FRIBOURG/Nord du canton de VAUD.

Yvorne Vaud b. (r.) ★★★ Meilleure appellation du CHABLAIS. Blancs forts et bouquetés.

Zurich Capitale du plus grand canton viticole du même nom. Surtout BLAUBURGUNDER. Aussi RIES/SYLVANER et RAUSCHLING (sp.), PINOT G et GEWÜRZ.

Autriche

Pendant dix années exaltantes, l'Autriche est devenue un producteur vigoureux et innovant de blancs secs et de vins de dessert pouvant atteindre la plus belle qualité. Ses rouges (20 % des vignobles) commencent à se faire eux aussi une réputation internationale. Les nouvelles lois de 1985, amendées pour le millésime 1993, fixent des quotas de rendement (que l'Allemagne en prenne de la graine !) et imposent des degrés de maturité par catégorie plus élevés que chez les Allemands. Nombreux sont les noms régionaux qui, introduits en vertu de la loi de 1985, sont encore peu connus hors de ce pays, qui vaut la peine d'être exploré.

1996	Petite récolte de qualité variable. Vins généralement légers et frais à boire jeunes, mais plus sérieux dans les meilleurs sites.
1995	La pluie menaçait de saccager la récolte mais ceux qui ont vendangé tardivement et les producteurs de vins de dessert s'en sont sortis haut la main.
1994	Été inhabituellement chaud et bel automne : raisins très mûrs. Excellent millésime.
1993	Récolte inférieure à la moyenne à cause du gel et vins excellents.
1992	L'extrême chaleur de l'été peut donner des problèmes d'acidité dans certaines zones. Très bons vins dans le Wachau, le Kamptal-Donauland. Bonne année pour les rouges.
1990	L'un des meilleurs millésimes de ces 50 dernières années.

Ausbruch PRÄDIKATSWEIN (très doux) situé entre le Beerenauslese et le Trockenbeerenauslese. Produit traditionnellement à RUST.

Ausg'steckt (« suspendu ») Les HEURIGEN ne sont pas ouvertes toute l'année. Pour informer les visiteurs, celles qui servent du vin suspendent de la verdure au-dessus de leur porte.

Bergwein Désignation officielle des vins issus de coteaux d'une pente supérieure à 26 %.

Blauburger Cépage rouge autrichien, hybride de BLAUER PORTUGIESER et de BLAUFRÄNKISCH. Vins simples, de robe sombre mais peu corsés.

Blauer Burgunder (Pinot N) Une rareté en Autriche. Millésimes très variables. Meilleur en BURGENLAND, KAMPTAL, THERMENREGION (producteurs : Achs, BRÜNDLMAYER, STIEGELMAR, UMATHUM, WIENINGER).

Blauer Portugieser Cépage produisant des rouges légers et fruités à boire légèrement frais lorsqu'ils sont jeunes. Consommation principalement locale. Meilleurs producteurs : Fischer, Lust.

Blauer Wildbacher Cépage rouge des vins SCHILCHER.

Blauer Zweigelt Croisement autrichien de BLAUFRÄNKISCH et de ST-LAURENT : rendements élevés, couleur intense. Les meilleurs producteurs (Heinrich, Pittnauer, Pöckl, UMATHUM) l'ont fait adopter.

Blaufränkisch (Lemberger en Allemagne, Kékfrankos en Hongrie) Cépage rouge le plus répandu du pays, surtout en MITTELBUR-GENLAND pour son corps, son acidité poivrée et son fruité de cerise. Souvent assemblé avec du CAB. Les meilleurs sont ceux de GESELLMANN, Iby, IGLER, Krutzler, Nittnaus, E. TRIEBAUMER, WIENINGER.

Bouvier Cépage indigène. Vins légers, avec peu d'acidité mais beaucoup d'arôme. Sp. bon pour Beerenauslese et Trockenbeerenauslese.

Bründlmayer, Willi r. b. mo. ★ ★ → ★ ★ ★ ★ 90 92 93 94 95 (49 ha). Grand domaine du LANGENLOIS-KAMPTAL. Très bons vins de style local (RIES, GRÜNER VELTLINER) et international (CHARD, rouges). Aussi le meilleur Sekt d'Autriche.

Burgenland Province et zone vinicole (16 000 ha) de l'est, près de la frontière hongroise. Climat chaud. Conditions idéales, sp. pour les vins botrytisés, autour du lac NEUSIEDLER SEE. Quatre régions viticoles : NEUSIEDLERSEE, Neusiedlersee-Hügelland, MITTELBURGENLAND et SÜDBURGENLAND.

Buschenschank Version rustique de la HEURIGE.

Cabernet Sauvignon (Cab) Cépage rouge de plus en plus cultivé en Autriche, surtout pour des assemblages.

Carnuntum r. b. Région vinicole depuis 94, à l'est de VIENNE, bordée au nord par le Danube. Meilleurs producteurs : Glatzer, Pitnauer.

Chardonnay (Chard) Cépage rouge de plus en plus cultivé, surtout vieilli en barrique. Également traditionnel en STYRIE sous le nom de MORILLON (non boisé), avec un fruité intense et une vive acidité. Sp. de chez : BRÜNDLMAYER, MALAT, POLZ, SATTLER, STIEGELMAR, TEMENT, WIENINGER, Loimer, Topf, Velich.

Danube Voir DONAULAND.

Deutschkreutz r. (b.) Zone de vins rouges en MITTELBURGENLAND, sp. pour BLAUFRÄNKISCH. Meilleurs producteurs : IGLER, GESELLMANN.

Donauland (Danube) b. (r.) Région d'appellation depuis 94, à l'ouest de VIENNE. Comprend les secteurs de KLOSTERNEUBURG, au sud du Danube, et WAGRAM, au nord. Surtout des blancs, sp. GRÜNER VELTLINER. Meilleurs producteurs : Chorherren Klos-terneuburg, Leth, Wimmer-Cerny, R. Zimmermann.

Dürnstein b. Centre vinicole de WACHAU au célèbre château en ruine. Surtout GRÜNER VELTLINER et RIES. Sp. de FREIE WEINGÄRTNER WACHAU, KNOLL, PICHLER, Schmidl.

Eisenstadt r. b. s. d. Capitale du BURGENLAND et siège historique de la famille Esterházy, le plus gros producteur.

Falkenstein b. Centre vinicole de l'est du WEINVIERTEL, près de la frontière tchèque. Bon GRÜNER VELTLINER. Meilleurs produc-teurs : Jauk, Luckner, SALOMON.

Federspiel Catégories de vins de qualité moyenne de VINEA WACHAU, correspondant plus ou moins aux Kabinett allemands. Vins fruités et élégants.

Feiler-Artinger r. b. d. ★★★ → ┃★★★★┃ 90 91 92 93 94 95 96 Remarquable domaine de RUST. Gamme variée, dont d'excellents vins de dessert AUSBRUCH depuis 93. Bons blancs secs et rouges aussi.

Freie Weingärtner Wachau b. (r.) ★★ → ★★★ 91 92 93 94 95 96 Importante coop. de producteurs à DÜRNSTEIN en WACHAU. Excellents GRÜNER VELTLINER et RIES.

Gamlitz b. Ville du sud de la STYRIE. Parmi les producteurs : Lackner-Tinnacher, SATTLER.

Gemischter Satz Mélange de cépages (surtout blancs) cultivés, récoltés et vinifiés ensemble. Vins traditionnels servis dans les HEURIGEN.

Gesellmann, Engelbert r. (b.) ★★ → ★★★ 90 92 93 94 95 96 Domaine de DEUTSCHKREUTZ. Très bons rouges et blancs de style traditionnel ou international.

Gols r. b. s. d. La plus vaste commune vinicole du BURGENLAND (sur la rive est du NEUSIEDLER SEE). Meilleurs producteurs : Beck, Heinrich, Leitner, Nittnaus, Renner, STIEGELMAR.

Grüner Veltliner Cépage blanc national d'Autriche (plus de 1/3 de la superficie totale des vignobles). Vins jeunes fruités, racés et vifs. Élégants Spätlesen de garde. Meilleurs producteurs : BRÜNDLMAYER, FREIE WEINGÄRTNER WACHAU, HIRTZBERGER, Högel, KNOLL, MANTLER, NIKOLAIHOF, F. X. PICHLER, NIGL, Pfaffl, PRAGER, Schmelz, Walzer.

G'spritzter Boisson d'été rafraîchissante, généralement à base de vin blanc, rendue pétillante par ajout de soda ou d'eau minérale. Spécialité des HEURIGEN.

Gumpoldskirchen b. r. s. d. Village de vacances au sud de VIENNE connu pour ses HEURIGEN et centre de la THERMENREGION. Vins de caractère issus de ROTGIPFLER et ZIERFANDLER. Meilleurs producteurs : Biegler, Schellmann.

Heinrich Gernot r. b. s. d. ★★ → ★★★ 90 91 92 93 94 95 96 Jeune domaine moderne à GOLS. Étiquettes Pannobile et (sp.) Gabarinza en rouge.

Heurige Désigne le vin de la dernière vendange, appelé vin « nouveau » pendant un an et « vieux » ensuite, mais également la taverne où il est servi, au verre ou à la bouteille, avec un plat local simple.

Hirtzberger, Franz b. ★★★★ 90 91 92 93 94 95 96 Excellent producteur de WACHAU (9 ha à Spitz an der Donau). Sp. RIES, GRÜNER VELTLINER.

Horitschon r. Région de vins rouges dans le MITTELBURGENLAND. Meilleurs producteurs : Anton Iby, WIENINGER.

Igler, Hans r. ★★ → ★★★ 90 92 93 94 95 96 Important domaine en DEUTSCHKREUTZ. Pionnier des rouges autrichiens.

Illmitz b. (r.) s. d. Région du SEEWINKEL célèbre pour ses Beerenauslesen et Trockenbeerenauslesen. Meilleurs producteurs : KRACHER, Haider, Alois et Helmut Lang, Opitz.

Jamek, Josef b. ★★ 91 92 93 94 95 96 Domaine et restaurant réputés à Joching, en WACHAU. A introduit les blancs secs dans les années 50.

Jurtschitsch/Sonnhof b. (r.) s. (d.) ★ → ★★★ 92 93 94 95 96 Domaine dirigé par trois frères : très bons blancs (RIES, GRÜNER VELTLINER, CHARD).

Kamptal Région d'appellation depuis 94, le long du fleuve Kamp (nord de WACHAU). Meilleurs vignobles : LANGENLOIS, STRASS, Zöbing. Meilleurs producteurs : BRÜNDLMAYER, Dolle, Ehn, Schloss Gobelsburg, Hiedler, Hirsch, JURTSCHITSCH, Loimer, METTERNICH-SÁNDOR, Topf.

Kattus ★ → ★★ Producteur de mousseux traditionnel (Sekt) à VIENNE.

Kellergassen Ruelles pittoresques bordées de pressoirs et de caves, dédiées exclusivement à la production, au stockage et à la consommation de vin et situées en dehors des villes. Typiques de la région du WEINVIERTEL.

Klöch b. Commune vinicole de STYRIE réputée pour son Traminer, sp. de Stürgkh.

Klosterneuburg r. b. Secteur vinicole de longue tradition, au nord de Vienne, avec un célèbre monastère de Bénédictins et une école de viticulture datant de 1860. Meilleurs producteurs : Chorherren Klosterneuburg, Zimmermann.

Kloster Und École d'œnologie et centre de dégustation établis à KREMS dans un monastère capucin restauré et dirigé par Erich SALOMON.

KMW Abréviation de Klosterneuburger Mostwaage (densité de moût), unité de mesure autrichienne de la teneur en sucre du jus de raisin.

Knoll, Emmerich b. ★★★★ 91 92 93 94 95 96 Domaine très traditionnel et hautement apprécié de LOIBEN en WACHAU. Produit des vins exemplaires issus de GRÜNER VELTLINER et de RIES.

Kollwentz-Römerhof b. r. s. (d.) ★★ → ★★★ 90 92 93 94 95 96 Viticulteur innovant à Grosshöflein, près de EISENSTADT : Sauv, Eiswein et rouges.

Kracher, Alois b. (r.) s. (d.) ★★★ → ★★★★ 81 89 90 92 93 94 96 Petit producteur d'excellente qualité à ILLMITZ. Sa spécialité : les PRÄDIKATSWEINE (vins de dessert), certains vieillis en barriques, d'autres non.

Krems b. (r.) s. (d.) Vieille ville vinicole sur le Danube, à l'ouest de VIENNE. Capitale du KREMSTAL. Meilleurs vins de chez FORSTREITER, SALOMON, Walzer, Weingut Stadt Krems.

Kremstal b. (r.) Région vinicole indépendante depuis 94 (1 400 ha de vignes) sp. de GRÜNER VELTLINER et RIES. Meilleurs producteurs : MALAT, MANTLER, NIGL, SALOMON, Weingut Stadt Krems.

Langenlois r. b. ★★ → ★★★ Ville et région vinicole du KAMPTAL (2 000 ha). Meilleurs producteurs : BRÜNDLMAYER, Ehn, Hiedler, JURTSCHITSCH, Loimer.

Lenz Moser Grand viticulteur près de KREMS, actuellement de la 5e génération. Le 3e du nom a inventé un système de culture en hautin. Comprend également des vins de Schlossweingut Malteser Ritterorden (domaine des chevaliers de Malte) à Mailberg-Weinviertel et de Klosterkeller Siegendorf en BURGENLAND.

Loiben b. Région vinicole de la partie la plus basse et la plus large de la vallée du Danube (WACHAU), aux conditions idéales pour le RIES et le GRÜNER VELTLINER. Meilleurs producteurs : Alzinger, FREIE WEINGÄRTNER WACHAU, KNOLL, Franz Xavier PICHLER.

Malat, Gerald b. r. mo. ★★ → ★★★ 90 91 92 93 94 95 96 Producteur moderne à Furth, au sud de KREMS. Très bons vins traditionnels et internationaux. Bon mousseux classique.

Mantler, Josef b. ★★ → ★★★ 86 90 92 93 95 96 Domaine traditionnel leader à Gedersdorf, près de KREMS. Très bons RIES, GRÜNER VELTLINER, CHARD, et un Roter Veltliner rare (vin rouge issu du cépage blanc Malvasia).

Mayer, Franz b. Avec 24 ha, le plus gros producteur de VIENNE. Vins de cruche traditionnels (à la pittoresque HEURIGE Beethoven-haus, où le compositeur a bu du vin) et, par contraste, un excellent RIES « millésime plus vieux » (20 à 30 ans).

Messwein Vin de messe. Il doit être agréé par l'Église et son moût doit être naturel.

Metternich-Sándor, Schlossweingüter b. r. ★ → ★ ★ Vaste domaine vinicole de STRASS, 70 ha de vignes gérés conjointement avec les domaines Adelsgütern Starhemberg, Abensberg-Traun et Khevenhüller-Metsch.

Mittelburgenland r. (b.) s. (d.) Région vinicole sur la frontière hongroise, protégée par trois chaînes de collines. Grandes quantités de rouges d'appellation contrôlée (sp. BLAUFRÄNKISCH). Meilleurs producteurs : GESELLMANN, Iby, IGLER, Weninger.

Mörbisch r. b. s. d. Région de la rive ouest du NEUSIEDLER SEE. Schindler est un bon producteur.

Morillon Nom donné au CHARD en STYRIE.

Müller-Thurgau (Müller-T) Voir RIESLING-SYLVANER.

Muskateller Cépage rare et aromatique, de nouveau populaire en apéritif. Meilleur en STYRIE et WACHAU. Meilleurs producteurs : Gross, HIRTZBERGER, Lackner-Tinnacher, F. X. PICHLER, POLZ, SATTLER.

Muskat-Ottonel Cépage donnant des blancs aromatiques, souvent secs et des PRÄDIKATSWEINE intéressants.

Neuburger Cépage blanc indigène à l'arôme de noix, surtout cultivé en WACHAU (floral et élégant), dans la THERMENREGION (moelleux, bien développé) et dans le nord du BURGENLAND (fort, ayant du corps). Meilleur chez FREIE WEINGÄRTNER WACHAU, HIRTZBERGER.

Neusiedler See Lac très peu profond (1,5 m maximum) sur la frontière hongroise, en BURGENLAND. Les températures chaudes et les brumes d'automne favorisent le botrytis. A donné son nom aux régions vinicoles proches, NEUSIEDLERSEE-HÜGELLAND et NEUSIEDLERSEE.

Neusiedlersee r. b. s. d. Région au nord et à l'est du NEUSIEDLER SEE. Meilleurs producteurs : Beck, Heinrich, KRACHER, Nittnaus, Opitz, Pöckl, UMATHUM, Velich.

Neusiedlersee-Hügelland r. b. s. d. Région vinicole à l'ouest du NEUSIEDLER SEE, autour de OGGAU, RUST et MÖRBISCH, sur les rives du lac, et de EISENSTADT, dans les contreforts des monts Leitha. Meilleurs producteurs : FEILER-ARTINGER, KOLLWENTZ, Mad, Prieler, Schröck, Ernst TRIEBAUMER, Wenzel.

Niederösterreich (Basse-Autriche) Représente 58 % des vignobles du pays, dont les régions de WACHAU, KREMSTAL, KAMPTAL, DONAULAND, WEINVIERTEL, THERMENREGION, CARNUNTUM.

Nigl b. 91 92 93 94 95 96 Excellent producteur de KREMSTAL faisant des RIES et GRÜNER VELTLINER secs et sophistiqués.

Nikolaihof b. ★★★ 90 91 92 93 94 95 96 Célèbre bâtiment et domaine de Mautern, WACHAU. Excellents RIES et GRÜNER VELTLINER.

Nussdorf Banlieue de VIENNE connue pour ses HEURIGEN et son très bon RIED Nussberg.

Oggau Région vinicole sur la rive ouest du NEUSIEDLER SEE.

Pichler, Franz Xavier b. ★★★★ 90 91 92 93 94 95 96 Excellent producteur de WACHAU avec RIES et GRÜNER VELTLINER (sp. Kellerberg) très intenses et MUSKATELLER de grande race. Largement reconnu comme le producteur n° 1 d'Autriche.

Polz, Erich et Walter b. ★★★ 91 92 93 94 95 96 Producteurs du sud de la STYRIE (Weinstrasse) avec excellente étiquette Hochgrassnitzberg pour Sauv et CHARD. Se bâtit une réputation internationale.

Prädikatswein   Classification par ordre croissant des vins de qualité : Spätlese, Auslese, Eiswein, Strohwein, Beerenauslese, AUS-BRUCH et Trockenbeerenauslese. En Autriche, ce sont toujours des vins de dessert. Voir Allemagne, p. 153.

Prager, Franz   b.   ★★★★   90 91 92 93 94 95 96 Avec Josef JAMEK, l'un des pionniers du vin blanc sec de haute qualité en WACHAU. Son gendre Anton Bodenstein développe de nouveaux cépages et fait de grands PRÄDIKATSWEINE.

Renomierte Weingüter Burgenland   Association de propriétés viticoles créée en 95 par 9 excellents producteurs du BURGENLAND en vue de promouvoir les meilleurs vins de la région. Parmi ses membres : KRACHER, TRIEBAUMER, UMATHUM.

Retz   r. b. Importante région vinicole à l'ouest du WEINVIERTEL. Meilleur producteur : Weinbauschule Retz.

Ried   Vignoble unique : généralement bon lorsqu'il est mentionné sur l'étiquette.

Riesling   (Ries) Indiqué seul, désigne le Riesling allemand. Le WELSCHRIESLING n'a rien à voir. Meilleurs producteurs : BRÜNDLMAYER, FREIE WEINGÄRTNER WACHAU, HIRTZBERGER, Högl, KNOLL, NIGL, NIKOLAIHOF, PICHLER, PRAGER, SALOMON.

Riesling-Sylvaner   Nom utilisé pour le MÜLLER-T. Représente 10 % des raisins autrichiens. Meilleurs producteurs : HIRTZBERGER, JURTSCHITSCH.

Rotgipfler   Cépage indigène, de grand arôme, de la THERMENREGION. Utilisé avec du ZIERFANDLER, donne un vin blanc vif et intéressant. Sp. de Biegler, Schellmann, Stadelmann.

Rust   b. r. s. d. Région du BURGENLAND connue depuis le XVIIᵉ siècle pour son AUSBRUCH très doux, aujourd'hui aussi pour ses rouges et ses blancs secs. Sp. de FEILER-ARTINGER, Schandl, Heidi Schröck, Ernst TRIEBAUMER, Paul Triebaumer, Wenzel.

St-Laurent   Cépage rouge traditionnel, potentiellement très bon, à l'arôme de cerise, censé être apparenté au Pinot N. Sp. de Fischer, Mad, STIEGELMAR, UMATHUM.

Salomon-Undhof   ★★★   b. Très bon producteur de RIES, WEISSBUR-GUNDER et Traminer, à KREMS. Erich Salomon possède et dirige également le collège viticole KLOSTER UND.

Sattler, Willi   b. ★★ → ★★★ 90 92 93 94 95 96 Grand producteur du sud de la STYRIE, à GAMLITZ. Connu pour son Sauv et son MORILLON.

Schilcher   Rosé issu du cépage indigène BLAUER WILDBACHER (tranchant, sec : forte acidité). Spécialité de l'ouest de la STYRIE. Très bon chez Klug, Lukas, Reiterer, Strohmeier.

Schlumberger   Plus gros producteur d'Autriche (VIENNE) de mousseux fermenté en bouteille selon sa propre « méthode Schlumberger ».

Seewinkel   Signifie « coin du lac » : Nom donné à la partie sud du NEUSIEDLER SEE, comprenant Apetlon, ILLMITZ et Podersdorf. Conditions idéales pour le botrytis.

Servus   b. Marque de blanc ordinaire, léger et doux, du BURGENLAND.

Smaragd   La plus haute catégorie de qualité de VINEA WACHAU. Similaire au Spätlese.

Spätrot-Rotgipfler   Vin typique de la THERMENREGION.

Spitz an der Donau   b. Région de l'ouest de la WACHAU possédant un très bon microclimat. Sp. du vignoble Singerriedel. Meilleurs producteurs : HIRTZBERGER, FREIE WEINGÄRTNER, Högl, Lagler.

Steinfeder   Catégorie de qualité de VINEA WACHAU pour des vins secs légers et aromatiques.

Stiegelmar, Georg   b. r. s. d. ★ → ★★★ 90 91 92 93 94 95 96 Grand producteur de GOLS. Régulier pour les CHARD, Sauv, le vin rouge et des spécialités sortant de l'ordinaire.

Strass b. (r.) Centre vinicole du KAMPTAL. Bons Qualitätsweine blancs. Meilleurs producteurs : Dolle, METTERNICH-SÁNDOR, Topf.

Styrie (Steiermark) Région la plus méridionale d'Autriche, à la frontière slovène. Son Qualitätswein devient très prestigieux. Comprend trois zones vinicoles : SÜDSTEIERMARK (sud), SÜD-OSTSTEIERMARK (sud-est) et WESTSTEIERMARK (ouest).

Südburgenland r. b. Petite région vinicole au sud du BURGENLAND. Bons rouges. Meilleurs producteurs : Krutzler, Wachter, Wiesler.

Süd-Oststeiermark (Styrie du Sud-Est) b. (r.) Région vinicole de STYRIE possédant des « îlots » de vignobles. Meilleurs producteurs : Neumeister, Winkler-Hermaden.

Südsteiermark (Styrie du Sud) b. Meilleure région vinicole de STYRIE : blancs très populaires (MORILLON, MUSKATELLER, WELSCHRIESLING et Sauv). Meilleurs producteurs : Gross, Lackner-Tinnmacher, Muster, Polz, SATTLER, TEMENT, Wohlmuth.

Tement, Manfred b. ★★★ → ★★★★ 90 92 93 94 95 96 Très bon domaine réputé sur la Weinstrasse (route du vin) au sud de la STYRIE pour des blancs traditionnels (Steirisch Klassik) et internationaux magnifiquement faits.

Thermenregion r. b. s. d. Région vinicole aux printemps chauds de Basse-Autriche, au sud de VIENNE. Cépages indigènes (ex. ZIERFANDLER, ROTGIPFLER) et bons rouges. Principaux centres : Baden, GUMPOLDSKIRCHEN, Tattendorf, Traiskirchen. Meilleurs producteurs : Alphart, Biegler, Fischer, Reinisch, Schafler, Schellmann, Stadelmann.

Traditionsweingüter Association de domaines viticoles en KAMPTAL et KREMSTAL, engagée dans la qualité et la classification des vignobles. Parmi les membres : BRÜNDLMAYER, MALAT, SALOMON-UNDHOF, NIGL, Loimer.

Traisental Nouvelle région de 700 ha au sud de Krems, sur le Danube. Surtout des blancs secs de style similaire à ceux de WACHAU. Meilleur producteur : Neumayer.

Triebaumer, Ernst r. (b.) s. d. ★★★ 90 91 92 93 94 Un des meilleurs producteurs de vins rouges d'Autriche (RUST). Meilleurs vins : BLAUFRÄNKISCH (meilleure étiquette : Mariental) et CAB/Merlot.

Umathum, Josef b. r. s. d. ★★ → ★★★ 90 91 92 94 95 96 Producteur distingué à Frauenkirchen (NEUSIEDLERSEE) pour de très bons rouges. Aussi blancs issus de Burgunder.

Velich b. d. Les frères Velich produisent un CHARD Tiglat de style Bourgogne dans le SEEWINKEL (BURGENLAND) et, depuis 95, certains des meilleurs PRÄDIKATSWEINE du secteur.

Vienne (Wien en allemand) b. (r.) Capitale du pays et région vinicole (600 ha de vignobles dans les faubourgs). Vins vifs et simples servis dans les HEURIGEN et de mieux en mieux faits : Bernretter, MAYER, Schilling, WIENINGER.

Vinea Wachau Appellation de WACHAU introduite en 83 par des producteurs. Trois catégories de vin sec : STEINFEDER, FEDERSPIEL, SMARAGD.

Wachau Région vinicole longeant le Danube à l'ouest de KREMS. Produit parmi les meilleurs vins du pays, dont RIES et GRÜNER VELTLINER. Meilleurs producteurs : Alzinger, FREIE WEINGÄRTNER WACHAU, HIRTZBERGER, Högl, JAMEK, KNOLL, NIKOLAIHOF, F. X. PICHLER, Rudolf Pichler, PRAGER.

Wagram r. b. Grande région viticole aux terrasses de lœss en DONAULAND. Meilleurs producteurs : Leth, Wimmer-Cerny.

Weinviertel « Quartier du vin ». b. (r.) La plus vaste région vinicole d'Autriche (17 800 ha), entre le Danube et la frontière tchèque. Surtout vins blancs légers et rafraîchissants sp. de Falkenstein, Poysdorf, RETZ. Meilleurs producteurs : Hardegg, Jauk, Luckner, Lust, Malteser Ritterorden, Pfaffl, Taubenschuss, Zull.

Weissburgunder (Pinot Bl) Cultivé dans tous les vignobles d'Autriche, donne de bons vins secs et d'intéressants PRÄDIKATSWEINE. Sp. de Beck, Fischer, Gross, Heinrich, HIRTZBERGER, Jement, POLZ, TEMENT.

Welschriesling Cépage blanc n'ayant rien à voir avec le RIES et cultivé dans toutes les régions : vins légers, aromatiques, secs, à boire jeunes et bons PRÄDIKATSWEINE.

Weststeiermark (Styrie de l'Ouest) rosé Petite région vinicole d'Autriche spécialisée dans le SCHILCHER. Sp. de Klug, Lukas, Reiterer, Strohmeier.

Wien Voir VIENNE.

Wieninger, Fritz b. r. ★★ → ★★★ 90 91 92 93 94 95 96 Très bon producteur à VIENNE-Stammersdorf : rouges HEURIGE, CHARD, BLAUER BURGUNDER, ainsi que GRÜNER VELTLINER et RIES sp. bons.

Winzer Krems Coopérative de producteurs à KREMS. Blancs solides et fiables.

Zierfandler (Spätrot) Cépage blanc cultivé presque exclusivement dans la THERMENREGION. Assemblé avec du ROTGIPFLER, donne des vins robustes et de bonne garde. Meilleurs producteurs : Biegler, Schellmann, Stadlmann.

Ancien Empire russe

Avec leur quelque 0,8 million d'ha de vignobles, les 16 républiques de l'ex-U.R.S.S. représentent collectivement le quatrième producteur de vin du monde. La Russie est la plus grande des 12 républiques viticoles, suivie par la Moldavie, l'Ukraine (l'excellente Crimée incluse) et la Géorgie. Les Soviétiques aiment le vin doux, à la fois comme vin de table et de dessert, mais aussi le mousseux.

Russie Cette république produit des Riesling honnêtes (Anapa, Arbau, Besthau) et un « Champanski » mousseux doux, le Tsimlanskoye. Abrau Durso, une grande spécialité, est un mousseux méthode classique (depuis 1870) issu de Pinot, Chardonnay et Cabernet, et bénéficie d'un climat similaire à celui de la Champagne. Aussi Chardonnay, Sauvignon, Welschriesling (lourd, souvent oxydé), élaborés dans des exploitations d'État près de Moscou, St-Pétersbourg, etc. Les meilleurs vignobles se situent dans la vallée du Don (côte de la mer Noire du Caucase), pour le Riesling, l'Aligoté et le Cabernet.

Moldavie Dotée du climat le plus tempéré de la région (même latitude que le nord de la France) et se caractérisant par des vues très modernes, la Moldavie possède un fort potentiel vinicole, sp. les blancs du centre, les rouges du sud, les rouges et les vins mutés de l'ouest (près de la mer Noire) et produit plus de vin que l'Australie. Parmi les cépages employés, on trouve le Cabernet, le Pinot Noir, le Merlot, le Saperavi (fruité), le Riesling, le Chardonnay, le Pinot Gris, l'Aligoté et la Rkatsiteli. Le Negru de Purkar 1963, mis en vente en 1992, donne une idée impressionnante du potentiel de qualité de la Moldavie, confirmé par les millésimes suivants (4 ans dans du chêne, le tout meilleur étant un assemblage de Cabernet Sauvignon, Saperavi et Rara Negre, à partir de 1963). Purkar semble être la meilleure exploitation. Krikova est bien aussi : assemblage Kodru de style Bordeaux, assemblage Krasny Reserve (Pinot Noir, Merlot et Malbec) et mousseux. La société Romanesti (82) fait des vins à partir de cépages français et Yaloveni des xérès

« flor » de style fino et oloroso. Le Cabernet de vieilles vignes de Tarakliya est bon. Grâce à des investissements d'Occident et des antipodes (Penfolds depuis 93) à Hincesti, une mise en bouteilles propre, une meilleure vinification et d'autres améliorations à venir sont maintenant possibles sur place et permettent de produire (à ce jour) les vins les plus modernes de goût de Moldavie : le Chardonnay de Ryman est très bon. La moitié des vignobles sont toujours cultivés par l'État : les progrès (et la privatisation) sont lents mais valent la peine d'être suivis. Un système d'appellations est en projet.

Crimée (Ukraine) La Crimée produit des vins de dessert de tout premier ordre. En 1990, Sotheby's a vendu aux enchères des vins de la cave privée du tsar à Massandra, près de Yalta, (Muscats, vins de type porto et madère de qualité splendide). L'Alupka Palace est muté (cépages européens depuis les années 1820), les mousseux Novi Svet et Grand Duchess méthode classique (ce dernier est produit par Odessa Winery, fondée en 1896 par Henri Roederer) sont plus que bons. Les rouges ont un bon potentiel (par ex. Alushta de Massandra). Tous demeurent un monopole d'État. L'Ukraine fournit aussi de l'Aligoté et un mousseux Artemosk. Elle utilise surtout des cépages roumains. Un énorme potentiel à exploiter.

Géorgie La Géorgie emploie des méthodes antiques pour faire un vin très tannique de consommation locale et des méthodes relativement modernes pour des assemblages destinés à l'exportation (Tsinandali, Mukuzani). Les Géorgiens ne sont pas pour la modernisation. Kathetià (à l'est) est célèbre depuis toujours pour ses rouges plutôt lourds et ses blancs acceptables. Imeretia (à l'ouest) fait des vins plus doux, très originaux, fermentés dans la terre cuite. Kartli est la région du centre. Le mousseux géorgien est très bon marché, buvable et attire les investissements de maisons de Champagne et de Cavas. Lorsque son équipement, ses techniques et ses comportements se seront améliorés, la Géorgie aura du succès sur le marché de l'exportation.

Europe centrale et du Sud-Est

Prague ✣

POLO

RÉPUBLIQUE
TCHÈQUE

RÉPUBL
SLOVAC

ALLEMAGNE

Bratislava

AUTRICHE

Budapest

Danube

SLOVÉNIE

Ljubljana

Drave

CROATIE

Zagreb

Save

BOSNIE–
HERZÉGOVINE

ITALIE

Split

Sarajevo

Dubrovnik

*Mer
Adriatique*

Est-il besoin de préciser que certaines zones de cette carte peuvent être considérées comme provisoires ? Depuis leur création ou leur autonomie, les nouveaux États aspirent à de hautes destinées vinicoles et attirent l'intérêt et les investissements étrangers.

Dans la plupart des cas, cela se traduit par la présence çà et là, au moment des vendanges, de « vinificateurs volants » internationaux appliqués à produire des vins issus de cépages sûrs, acceptables pour les supermarchés occidentaux. Mais ce changement de style influe également sur la vinification nationale et, souvent, donne des résultats heureux avec des vins plus frais et fruités aux arômes étonnamment divers. Jusqu'ici, ce sont la Hongrie, la Bulgarie, et peut-être la Moldavie et la Tchécoslovaquie, qui ont pris la tête dans cette région qui promet d'être passionnante à suivre. Le potentiel des autres anciens États communistes reste à découvrir.

Dans ce chapitre, les entrées sont établies pays par pays. Les noms géographiques se réfèrent à cette carte. Dans tous ces pays, sauf en Grèce et à Chypre, l'étiquetage est fondé sur le système international qui indique la localité et le cépage. C'est pourquoi la liste alphabétique comprend les principaux cépages, les régions, les producteurs et d'autres termes.

Hongrie

La Hongrie est le leader incontesté de la région, en termes de tradition, bien que l'Autriche lui soit de loin supérieure en qualité. Le goût hongrois va aux vins fougueux, corsés et pleins de sang que les cépages traditionnels (surtout blancs) font à la perfection mais qui sont souvent remplacés par des cépages internationaux plus « sûrs ». Depuis la chute du communisme, de nombreuses sociétés françaises, allemandes et autres y ont acheté du terrain ou se sont associées avec des Hongrois, surtout dans le Tokay. Les visiteurs trouveront dans ce pays une foule de vins originaux à l'ancienne.

Alföld Grande plaine de Hongrie, produit du vin ordinaire (surtout issus de cépages occidentaux) et quelques autres, un peu mieux, sp. à HAJÓS-VASKUT, HELVÉCIA, KECSKEMET, Szeged.

Asztali Vin de table.

Aszú Raisins flétris par le botrytis et vin doux qui en est issu, comme pour le Sauternes (voir page 104). Désigne à la fois le vin et les raisins flétris.

Aszú Eszencia Tokaji br. d. ★ ★ ★ ★ 57 63 93 Superbe élixir ambré ressemblant à un grand Sauternes au divin goût de caramel. TOKAY de la seconde meilleure qualité existant sur le marché.

Badacsony Balaton b. s. d. ★ ★ → ★ ★ ★ Célèbre colline de 426 m d'altitude sur la rive nord du lac BALATON. Le sol basaltique peut donner des blancs généreux, hauts en arôme, parmi les meilleurs du pays, sp. SZÜRKEBARÁT et KÉKNYELÜ.

Balaton Balaton r. b. s. d. ★ → ★ ★ ★ Mer intérieure hongroise, le plus grand lac d'eau douce européen (80 km de longueur). Beaucoup de bons vins portent son nom.

Balatonfüred Balaton b. (r.) s. d. ★ ★ Ville sur la rive nord du lac BALATON. Centre du district Balatonfüred-CSOPÁK. Vins plus tendres et moins fougueux de cépages occidentaux et d'OLASZRIZLING.

Barsonyos-Csàszàr Région septentrionale de blancs secs traditionnels.

Bikavér Eger r. ★ (« Sang de taureau »). Nom historique du rouge le plus vendu d'EGER : jadis plein et équilibré, aujourd'hui plus irrégulier dans sa version exportée. Un assemblage de trois cépages (minimum), surtout KÉKFRANKOS, Cab, KÉKOPORTO et un peu de Merlot. Produit également dans le SZEKSZÁRD.

Bodvin Domaine privé de 6,4 ha à Mád dans le TOKAY. Exporte de l'ASZÚ et d'autres vins, principalement vers les ÉTATS-UNIS.

Bór Vin. Vörös signifie rouge, Fehér signifie blanc, ASZTALI signifie vin de table.

Csopák Village près de BALATONFÜRED, vins comparables mais plus secs, dont bons Chard, Sauv, SZÜRKEBARÁT, etc.

Czárfás Vignoble royal appartenant toujours à l'État, à Tarcal. Peut-être l'un des meilleurs sites classiques du TOKAY.

Debrö Mátraalja b. d. ★ ★ Centre important du MÁTRAALJA, célèbre pour son HÁRSLEVELÜ moelleux et parfumé.

Dégenfeld, Count Gros producteur du TOKAY, à Tarcal (60 ha). Passe la vitesse supérieure pour atteindre la pleine production.

Dél-Balaton Balaton r. b. rosé ★ → ★ ★ Zone en progrès au sud du lac BALATON : vins sains, sp. blancs (Chard, Sém, Muscat). Aussi mousseux en cuve close. Dominée par l'exploitation Balatonboglár : propriétaires de la marque Chapel Hill.

Dinka Cépage blanc répandu mais ordinaire.

Diznókö Important domaine (99 ha) de première classe dans le TOKAY. Appartient à la compagnie d'assurances française AXA depuis 92. Dirigé par J. M. Cazes. L'ASZÚ et les autres vins devraient être excellents. Premier millésime aussi généreux qu'un Sauternes.

Edes Doux (mais pas aussi délicieux que le vin ASZÚ).

Eger r. b. s. d. ★ → ★ ★ Le plus connu des centres de rouges du nord du pays : ville baroque dont les caves regorgent de BIKAVÉR. Aussi blancs frais LEÁNYKA (son meilleur, de nos jours ?), OLASZRIZLING, Chard et Cab.

Eszencia ★ ★ ★ ★ La fabuleuse quintessence du TOKAY (Tokaji) : vin intensément doux et aromatique venant de raisins desséchés par le botrytis. Normalement, un jus de raisin doux presque sans alcool réputé comme ayant des propriétés miraculeuses. Sa teneur en sucres peut dépasser 750 g par litre.

Etyek Près de Budapest. Source de vins modernes standards, sp. Chard et Sauv.

Ezerjó Cépage très répandu à MÓR pour l'un des meilleurs blancs secs hongrois : racé, parfumé, élégant.

Felsöbabad Caves au sud de Budapest. PINOT N authentique et bouqueté (mais interdit en Hongrie).

François President Maison française à l'origine (1882). Produit du mousseux à Budafok, près de Budapest. Vin millésimé : President.

Furmint Le cépage classique du TOKAY (Tokaji) plein de saveur et de feu, également cultivé sur le lac BALATON et à SOMLÓ pour faire des vins de table.

Hajós Alföld r. ★ Village du sud de la Hongrie réputé pour de bons Cab rouges mi-lourds.

Hárslevelü Cépage « feuilles de tilleul » cultivé à DEBRÖ et second cépage du TOKAY (de type Sém/Sauv à Sauternes). Agréable vin moelleux, aromatique et plein.

Helvécia (Kecskemet) Caves historiques en ALFÖLD. Vignes non greffées : le phylloxéra épargne les sols sablonneux. Blancs et rosés modernes ; rouges traditionnels.

Hétszölö Domaine aristocratique, 47 ha de premier cru en TOKAY. Racheté par Grands Millésimes de France et Suntory. Seconde étiquette : Dessewffy.

Hungarovin Négociants et producteurs avec caves gigantesques à Budafok près de Budapest. Vend surtout des cépages « occidentaux » et des mousseux cuve close et méthode classique. Appartient maintenant à Henkell, spécialiste des Sekt allemands.

Izsak Grand producteur de mousseux, surtout en cuve close.

Kadarka Cépage rouge le plus courant de Hongrie. Vastes quantités de vin de table léger dans le sud pouvant acquérir un grand bouquet et une maturité intéressante (p. ex. à SZEKSZÁRD et VILLÁNY). Appelé Gamza en Bulgarie.

Kecskemet Grande ville de l'ALFÖLD. Vins courants.

Kékfrankos Blaufränkisch hongrois (serait lié au Gamay). Bons rouges légers ou corsés à SOPRON. Utilisé dans le BIKAVÉR à EGER.

Kéknyelü (« Tige bleue ») Cépage blanc d'un grand arôme (faible rendement) donnant le meilleur des vins du mont BADACSONY. Il doit être épicé et fougueux.

Kékoporto Kék signifie bleu. Ce cépage pourrait donc être le Portugieser allemand. Donne un rouge concentré que l'on peut passer dans le chêne. Sp. de VILLÌNY, parfois élaboré en BIKAVÉR.

Kisburgundi Kék Spätburgunder allemand : Pinot Noir.

Kiskunság La plus grande région de la Grande Plaine. Site de l'exploitation Kiskunhalas, sp. bons KADARKA.

Különleges Minöség « Qualité spéciale ». La plus haute norme de qualité officielle.

Lauder-Lang Association de Hongrois réputés pour faire du TOKAY à Mád. Possède aussi des vignobles à EGER et le célèbre restaurant Gundel à Budapest.

Leányka ou Király (« Petite fille »). Vieux cépage blanc de Hongrie, cultivé aussi en Transylvanie, donnant un admirable vin sec et aromatique dans de nombreuses régions. Le Kiral (« Royal ») est censé être supérieur.

Mátraalja b. (r.) ★★ Région vinicole sur les collines des mts Mátra, dans le nord du pays, autour de la ville de GYÖNGYÖS (site d'une énorme exploitation modernisée). Comprend DEBRÖ et Nagyrede. Vins blancs secs prometteurs SZÜRKEBARÁT, Chard, MUSKOTÁLY et Sauv. Récents investissements français et australiens.

Mecsekalja Région vinicole située au sud. Connue pour ses bons blancs de PÉCS, sp. mousseux.

Médoc Noir Le cépage Merlot.

Megyer, Château Domaine résultant d'une joint venture entre TOKAY TRADING HOUSE et les investisseurs français Saros-Patak. Voir Ch. PAJZOS.

Mézesfehér Cépage « miel blanc » très répandu. Donne un vin doux et souple, sp. de EGER et MÁTRAALJA.

Minöségi Bor Vin de qualité. Appellation contrôlée hongroise.

Mór Hongrie du nord b. ★★ → ★★★ Région connue depuis longtemps pour son EZERJÓ sec et frais. Aussi Ries et Sauv maintenant. Vins principalement exportés.

Muskotály Muscat jaune. Vin léger mais de longue garde à TOKAY et EGER. Une petite partie est consacrée à un assemblage de TOKAY (de type Muscadelle à Sauternes). Très rarement élaboré en ASZÚ pur.

Nagyburgundi « Grand Bourgogne », un cépage local qui donne des vins solides et sains dans le sud, surtout autour de VILLÁNY et SZEKSZÌRD et qui n'est pas, comme on le croit souvent, du PINOT N.

Olaszrizling Nom hongrois du Riesling italien ou du Welschriesling.

Oportó Cépage rouge de plus en plus répandu pour des vins souples et épais à boire jeunes.

Oremus Ancien vignoble du TOKAY fondé par la famille Raкóczi à Sárospatak. En cours de reconstitution par les propriétaires de l'Espagnol Vega Sicilia.

Pajzos, Château Domaine du TOKAY faisant partie de la joint venture TOKAY TRADING HOUSE/Saros-Patak. Voir Ch. MEGYER.

Pécs Mecsek b. (r.) ★ → ★★ Grande ville viticole du sud. Bonne source de mousseux OLASZRIZLING et Pinot Bl, etc.

Pezsgö Mousseux acceptable.

Pinot Noir Normalement synonyme de NAGYBURGUNDI. Mais voir FELSÖBABAD.

Puttonyos

Mesure du sucre dans l'ASZÚ du TOKAY. Un « putt » est une mesure de 20 à 25 kg (une hotte) de raisins Aszú. Le nombre de « putt » ajoutés à chaque tonneau (136 litres) de vin de base sec détermine la richesse du produit final. Il varie entre 3 et 6 (3 = 60 g de sucre par litre, 4 = 90,5 g, 5 = 120 g, 6 = 150 g. L'Aszú ESZENCIA doit contenir 80 g par litre. Voir ESZENCIA).

Royal Tokaji Wine Co Société en participation (Anglais/Danois/Hongrois) à MÁD (TOKAY). 60 ha, surtout de premier et second crus. Le premier vin (90) fut une révélation, le 91 et surtout le 93 font des vagues.

Siklós Région du sud comprenant principalement des petits producteurs et connue pour ses blancs. Sp. HÁRSLEVELÜ. Aussi Chard, TRAMINI, OLASZRIZLING.

Somléo Nord b. ★★ Petite région isolée au nord du BALATON. Vins blancs jadis réputés, à base de FURMINT et d'anciens cépages Juhfark.

Sopron Ouest r. ★ ★ Petite enclave historique au sud du Neusiedler See (Autriche) : KÉKFRANKOS rouges légers, quelques blancs doux de style autrichien mais, surtout, Cab et autres cépages occidentaux.

Szamorodni (« Tout-venant »). Utilisé pour décrire le TOKAY sans addition d'ASZÚ. Peut être sec ou (plutôt) doux selon la teneur naturelle en ASZÚ. Vendu comme apéritif.

Száraz Sec, sp. pour SZAMORODNI TOKAY.

Szekszárd r. ★ ★ Région au centre sud de la Hongrie. Parmi les meilleurs rouges Cab et Merlot du pays. Aussi KADARKA rouge qui a besoin de vieillir (3 à 4 ans) et peut aussi être botrytisé (Nemes Kadar). Bons vins organiques, BIKAVÉR, Chard et OLASZRIZLING.

Szepsy Istvan Domaine familial de TOKAY, à Mád et Tarcal, aux normes très élevées : vins très rares. La famille Szepsy a « inventé » le Tokay en 1630.

Szürkebarát Signifie « frère gris » en hongrois. Pinot G qui donne un vin riche (pas forcément doux) venant des vignobles de BADACSONY et d'ailleurs.

Tokay (Tokaji) Tokaji b. s. d. ┃★★→★★★★┃ L'ASZÚ est le célèbre vin liquoreux hongrois (depuis 1660), comparable à un Sauternes très aromatique et délicat, produit le long de la frontière russe (Belarus), dans le nord-est. L'appellation couvre 5 400 ha. Voir ASZÚ, ESZENCIA, FURMINT, PUTTONYOS, SZAMORODNI. Aussi vin de table sec de caractère.

Tokay Trading House La coop. d'État du TOKAY, avec 72 ha du magnifique vignoble Czáfás. 60 % des ventes en Hongrie.

Tramini Gewürztraminer, sp. à SIKLÓS.

Villány r. rosé (b.) ★ ★ Ville la plus méridionale de Hongrie, et centre connu de production de vin rouge. Le Villányi Burgundi en grande part KÉKFRANKOS peut être bon. Cab Sauv, Cab Franc et Pinot N prometteurs. Voir aussi NAGYBURGUNDI.

Villány-Siklos Région vinicole au nom composé de deux noms de villes.

Zweigelt Cépage rouge local. Donne des vins au bouquet épicé et à la robe profonde. On le trouve dans le Sud du pays.

Bulgarie

Depuis 1978, la Bulgarie est devenue le sixième exportateur du monde pour les vins en bouteilles (jusqu'à 85 % de sa production). De gigantesques nouveaux vignobles et exploitations se sont greffés sur une tradition vinicole de longue date. La viticulture autrefois nationalisée et subventionnée semble avoir beaucoup appris du Nouveau Monde et offre du Cabernet, du Chardonnay et d'autres variétés à des prix imbattables. Les vins d'appellation contrôlée (Controliran), introduits en 1985, côtoient les « réserves » boisées, des vins plus simples d'origine géographique déclarée et des vins de pays. Les 5 régions vinicoles principales de Bulgarie sont : au nord, la vallée du Danube, à l'est, la mer Noire, au sud-est, la vallée de Struma et, au sud, le fleuve Maritsa et Stara Planina. La baisse récente des ventes à la Russie a permis de renforcer la qualité, mais aussi les prix. On s'efforce de ne plus planter hors des 27 régions « Controliran », qui représentent un total de 128 000 ha de vignes.

L'autorité de tutelle, Vinprom, a été démantelée en 1990. Un vent de compétition pousse les exploitations maintenant autonomes à faire des efforts (au nombre initial de 30, elles se multiplient à la faveur de la privatisation).

Asenovgrad Dans la banlieue de PLOVDIV, les plus importants chais de MAVRUD (en inox). MAVRUD et CAB peuvent être de longue garde.

Boyar, Domaine Premier négociant indépendant du pays depuis près de 50 ans. Fondé à Sofia en 1991. Exporte vers le Royaume-Uni.

Burgas Ville de la mer Noire et source de rosés (sa spécialité), de blancs faciles, dont un assemblage de MUSCAT OTTONEL et de plus en plus de rouges.

Cabernet Sauvignon (Cab) Le cépage bordelais réussit bien en Bulgarie (4 fois plus de superficie plantée qu'en Californie). Vin généralement sombre, vigoureux et fruité ; se boit bien jeune mais les meilleurs vieillissent bien.

Chardonnay (Chard) Réussit plutôt moins bien. Bien des vins semblent être des assemblages avec des cépages inférieurs. Le vin très sec mais plein de bouquet peut s'améliorer au bout d'un an en bouteille. Quelques exemples boisés récents sont prometteurs.

Controliran Vins d'excellente qualité (d'un seul cépage). Statut proche de l'AOC française. Le système a été créé en 1978. À la fin des années 1980, il y avait déjà 27 régions.

Damianitza Firme de MELNIK. Très bons MERLOT STAMBOLOVO et CAB de MELNIK.

Danube Région fraîche du nord, surtout des rouges, dont SUHINDOL et SVISHTOV.

Dimiat Le cépage blanc local, cultivé dans l'est près de la côte. Blanc sec agréable, sans caractère remarquable.

Euxinograd (Château) Chais sur la côte, dans un palais autrefois royal.

Gamza Bon cépage rouge, le KADARKA de Hongrie. À SUHINDOL, de délicieux exemples en vins de garde.

Harsovo Région du sud-ouest, sp. pour MELNIK.

Haskovo Principale source de MERLOT pour l'exportation. Comprend les zones de ORIACHOVITSA, STAMBOLOVO, SLIVEN, ASENOVGRAD, PLOVDIV et d'autres.

Iskra Mousseux normalement doux mais de qualité honnête. Rouge, blanc ou rosé.

Kadarka Cépage très répandu (en Hongrie aussi). Épicé les bonnes années. Originaire d'Albanie.

Karlovo Ville au centre de la Bulgarie célèbre pour son « Vallée des Roses » et son MUSCAT.

Khan Krum Firme située près de VARNA : blancs modernes, sp. CHARD boisé, CHARD et SAUV plus légers.

Korten Subdivision de SLIVEN. Son CAB est plus tannique que la plupart des autres.

Lovico Suhindol Proche de PAVLIKENI, lieu de la première coop. du pays (1909). Bon pour les GAMZA (CONTROLIRAN), CAB, MERLOT, PAMID et les assemblages. Première à déclarer son indépendance après l'abolition du monopole d'État en 1990. Privatisée en 1992. Aujourd'hui la plus importante exploitation vinicole du pays et coop. très utile pour conseiller ses membres.

Mavrud Variété de raisin et son rouge sombre méridional au goût de prune du sud du pays, sp. à ASENOVGRAD. Vieillit bien. Considéré comme le meilleur du pays, il peut vieillir 20 ans.

Melnik Ville de l'extrême sud-ouest. Rouge dense que l'on peut, dit-on, porter dans un mouchoir. Doit vieillir 5 ans au moins, 15 au plus. Aussi CAB mûr et de longue garde.

Merlot Cépage rouge doux que l'on cultive surtout à HASKOVO, dans le sud.

Misket Cépage local bulgare. Vins plutôt aromatiques. Le Misket rouge et blanc est souvent utilisé pour alourdir les assemblages de blanc.

Muscat Ottonel Muscat normal, dans l'est de la Bulgarie, pour des blancs mi-doux fruités.

Novi Pazar Appellation contrôlée pour du CHARD près de VARNA. Vins plus beaux qu'à VARNA.

Novo Selo GAMZA rouge CONTROLIRAN du nord.

Oriachovitza Grande zone de CAB/MERLOT CONTROLIRAN. Rouge généreux meilleur à 4-5 ans. Les CAB RESERVE mis récemment sur le marché sont bons.

Pamid Le rouge ordinaire, léger et doux, du sud-ouest et du nord-ouest.

Pavlikeni Ville avec un domaine prestigieux en GAMZA et CAB de haute qualité. Aussi VIN DE PAYS léger, assemblage MERLOT/GAMZA.

Peruschitza Exploitation de PLOVDIV, près d'ASENOVGRAD, sp. pour des rouges.

Petrich Zone chaude du sud-ouest. MELNIK tendre et bouqueté souvent assemblé avec du CAB.

Pleven Importants chais pour PAMID, GAMZA et CAB. Aussi centre de recherches viticoles du pays.

Plovdiv Ville et région vinicoles du sud d'HASKOVO. Bons CAB et MAVRUD. Vinification surtout à ASENOVGRAD.

Preslav Les plus grands chais de blanc de Bulgarie, dans le Nord-Est. Sp. pour les SAUV et CHARD RESERVE. Aussi une eau-de-vie plutôt bonne.

Provadya A l'est de SCHUMEN, autre centre pour de bons blancs, spécialement un CHARD sec.

Reserve Terme utilisé sur les étiquettes de vins sélectionnés et vieillis en fûts de chêne (souvent américain) pendant 2 à 4 ans. Peuvent être CONTROLIRAN ou non.

Riesling (Ries) Renvoie normalement au Riesling italien. On trouve aussi du Riesling du Rhin, et certains vins de style germanique.

Rkatziteli L'un des cépages russes appréciés pour les vins doux et forts. Il sert à produire des blancs secs ou demi-secs en vrac.

Ruse Ville vinicole du nord-est, sur le Danube. Quelques blancs frais de haute technologie : assemblages Welschriesling/MISKET, Welschriesling franc demi-sec, CHARD, MUSCAT OTTONEL et bon Aligoté. Aussi des rouges maintenant, sp. CAB CONTROLIRAN de la vallée de YANTRA.

Sakar Zone vinicole du sud-est. MERLOT CONTROLIRAN de qualité, parfois le meilleur du pays.

Sauvignon Blanc (Sauv) Cultivé dans l'est du pays. Apparaît depuis peu à l'exportation.

Schumen Région de l'est. Surtout des blancs.

Sliven Région du sud de forte production, sp. pour le CAB. Aussi MERLOT et Pinot N, qui sont assemblés dans un VIN DE PAYS. Aussi Silvaner, CHARD, MISKET.

Sofia La capitale du pays. Énorme exploitation dynamique mais pas de vignoble.

Sonnenküste Marque d'un demi-sec vendu en Allemagne.

Stambolovo Zone vinicole, sp. MERLOT CONTROLIRAN d'HASKOVO.

Stara Planina Région des Balkans, au centre de la Bulgarie. Comprend KARLOVO.

Stara Zagora Région du sud d'ORIACHOVITZA : CAB et MERLOT allant jusqu'à la qualité RESERVE.

Suhindol N. Rouge CONTROLIRAN entre le DANUBE et les Balkans.

Sungarlare MISKET sec CONTROLIRAN et ville de l'est. CHARD aussi.

Svishtov Société vinicole du nord produisant du CAB CONTROLIRAN. En tête des vins d'appellation contrôlée bulgares.

Tamianka   Blanc doux issu du cépage du même nom (le Tamiîoasa de Roumanie).

Targovishte   Près de SCHUMEN, chais indépendants spécialisés en blancs doux et demi-secs.

Tirnovo   Vin rouge de dessert, fort et doux.

Varna   Grande appellation côtière (Mer Noire) de CHARD (« beurré » ou non vieilli dans le chêne, Ch. EUXINOGRAD prometteur) et SAUV. Aussi Aligoté, Ugni Blanc (parfois assemblé).

Vin de Pays   Vin régional, souvent issu d'un assemblage de deux cépages pour un goût plus original.

Yantra, vallée de la   Région du DANUBE, CONTROLIRAN pour le CAB depuis 87.

Ex-Yougoslavie

Avant son éclatement en 1991, la Yougoslavie était un fournisseur consacré de vins de niveau international, bien que peu excitants. Les tout récents États qui la composent désormais se sont remis au travail dans l'objectif d'exporter. Mais la situation politique du pays et la concurrence avec d'autres pays de l'Est entravent actuellement les contacts commerciaux (sauf en Slovénie, dont le Riesling fut le premier à être exporté, suivi depuis du Cabernet, du Pinot Blanc, du Traminer et d'autres). À l'exception des régions montagneuses du centre de la Bosnie, on produit partout du vin, surtout dans des coopératives géantes, mais bien des petits producteurs indépendants sont apparus dans les années 1990.

La côte dalmate et la Macédoine font de bons vins locaux dont les origines remontent très loin.

Slovénie

Barbara   Très bon mousseux de Janez Istenic et sa famille.

Bela Krajina   District de la vallée de la SAVA spécialisé dans le « Ledeno Laski Ries » issu de raisins gelés de vendange tardive (les meilleures années).

Beli Pinot   Le Pinot Bl., cépage répandu.

Bizeljsko-Sremic   District de la vallée de la SAVA. Rouges de cépage local très aromatique et LASKI RIZLING.

Brda   Partie slovène de la DOC Collio italienne. Bien des domaines sont à cheval sur les deux.

Crno vino   Vin rouge (littéralement « noir »).

Curin-Prapotnik   Négociant en vin blanc pionnier en Slovénie.

Cvićek   Rosé traditionnel pâle ou foncé de la vallée de la SAVA (Schilcher en Autriche).

Dolenjska   Région de la vallée de la SAVA : CVIĆEK, LASKI RIZLING et Modra Frankinja (rouge sec).

Drava, vallée de la (Podravski)   Région vinicole produisant surtout des blancs riches allant d'aromatiques (Welschriesling, Muscat Ottonel) à flamboyants (RIES et SAUV). Aussi Eiswein et Beerenauslesen (proximité de l'Autriche).

Drustvo Vinogradnikov   Association de 45 producteurs/vinificateurs de BRDA (avec SAVA, DRAVA et des homologues moraves).

Gorna Radgona   Exploitation de mousseux, de vin doux vendange tardive et d'Eiswein. Nombreux cépages, surtout utilisés dans des assemblages.

Graşevina Nom slovène du Ries italien (appelé également Welschriesling, LASKI RIZLING, etc). Ries normal de la région.

Hlupic Jurij Producteur de beaux blancs autour d'Haloze.

Jeruzalem Le plus célèbre vignoble slovène à LJUTOMER. Ses meilleurs vins sont des RAJNSKI RIZLING et LASKI RIZLING vendange tardive. Aussi pétillants Charmat.

Kakovostno Vino Vin de qualité (juste en dessous du VRHUNSKO VINO).

Kontrolirano poreklo Appellation. Le vin doit provenir à 80 % de la région désignée.

Koper District du LITTORAL, entre Trieste et Piran. Le plus chaud. Bon pour des MERLOT riches et pleins.

Kmetijska Zadruga Coopérative de vignerons.

Kraski Signifie cultivé sur le karst calcaire de la côte. Région réputée pour ses vins de REFOSCO comme le Kraski Teran et le Teranton vieilli dans du chêne.

Laski Rizling Encore un autre nom du RIES italien. Produit le plus réputé (sinon le meilleur) des vins slovènes. Grande marque d'exportation : « Cloburg », de la région de Podravski (vallée de la DRAVA).

Littoral (Primorski) Région côtière bordant l'Italie (Collio) et la Méditerranée. Sp. rouges : Cab, MERLOT (vieilli dans du chêne slovène), Barbera et REFOSCO.

Ljutomer (ou Lutomer)-Ormoz La région de vin blanc la plus connue et sans doute la meilleure, au nord-est (vallée de la DRAVA), célèbre pour son LASKI RIZLING : à son meilleur, généreux et satisfaisant. Les qualités sont variables à l'exportation. L'exploitation Ormoz fait aussi du mousseux et des vins de vendange tardive.

Malvazija Cépage blanc de la Grèce antique fournissant un vin onctueux (et aussi d'une vive fraîcheur aujourd'hui).

Maribor Important centre viticole au nord-est (vallée de la DRAVA). Vins blancs, surtout par VINAG, dont LASKI RIZLING, RIES, Sauv, Pinot Bl et Traminer. Les exploitations Slovenska Bistica et S. Konjice sont également bonnes pour le LASKI RIZLING.

Merlot Le cépage rouge de Bordeaux cultivé en Slovénie avec d'assez bons résultats. Comparable à celui du nord-est de l'Italie.

Metlika Centre vinicole de BELA KRAJINA avec des vignobles chauds sur la Kolpa.

Namizno vino Vin de table.

Pozna Trgatev Vendange tardive.

Ptuj Ville vinicole historique avec coop. attachée à la tradition. Vins propres, surtout blancs.

Radgona-Kapela District de la vallée de la DRAVA, proche de la frontière autrichienne. Sp. vins de vendange tardive comme RADGONSKA RANINA. Aussi mousseux méthode classique.

Radgonska Ranina Le Ranina est le cépage autrichien Bouvier. Radgona se trouve près de MARIBOR. Vin doux, vendu sous le nom de TIGROVO MLJEKO (lait de tigre).

Refosk Très bon cépage italien (refosco) cultivé dans l'est et en Istrie, où il donne du Teran (voir Croatie).

Riesling (Ries) Limité légalement aujourd'hui au vrai Riesling du Rhin.

Sauvignon Blanc (Sauv) Très bon lorsque les moyens y sont mis. Sinon, horrible.

Sava, vallée de la Au centre de la Slovénie : rouges secs et légers comme CVIĆEK. La rive nord est consacrée aux blancs, dont LASKI RISLING, Silvaner et, récemment, Chard et SAUV.

Sipon Nom du Furmint hongrois. Apprécié localement. A peut-être de l'avenir.

Slamnak RIES de domaine de LJUTOMER, vendange tardive.

Slovenijavino   Le plus grand exportateur slovène. Vins (sp. Welschriesling) achetés et assemblés avec soin pour les marques Slovin, Ashewood et Avia.

Tigrovo Mljeko   Voir RADGONSKA RANINA.

Tokaj   Pinot Gris. Donne un blanc plutôt lourd.

Vinag   Énormes caves à MARIBOR. Meilleur vin : LASKI RIZLING Cloburg.

Vinakras   Vignobles de Sezana pour un Teran à la robe profonde violette et frais au goût.

Vipava   Région du LITTORAL exportant traditionnellement vers l'Autriche et l'Allemagne. Bons Cab, MERLOT, Barbera, Chard. L'exploitation Vipava est la plus moderne.

Vrhunsko vino   Vin d'excellente qualité.

Croatie

Babi   Rouge courant de DALMATIE qui vieillit mieux que l'ordinaire PLAVÁC.

Badel   Excellent négociant de vins croates.

Banat   Région à cheval sur la Roumanie, produisant un bon Ries dans des chais modernes.

Baranjske Planote   Zone de SLAVONIE. Ries de qualité et « bourgogne blanc », le BURGUNDAC BIJELI.

Benkovac   Ville et chais : les vins ont l'air bons au sortir de la guerre.

Bogdanuşa   Cépage blanc des îles dalmates, notamment Hvar et Brac. Vin agréablement frais et légèrement parfumé.

Bolski Plavác   Rouge vigoureux de haute qualité provenant de Bol, sur l'île de Brac.

Burgundac Bijeli   Chard cultivé en SLAVONIE.

Dalmacijavino   Coopérative importante à Split vendant une gamme complète de vins de la côte et des îles dalmates.

Dalmatie   Côte croate, entre Rijeka et Dubrovnik, produisant un choix remarquable de vins de caractère dont beaucoup sont puissants.

Dingac   Rouge lourd et douceâtre du cépage local PLAVÁC, spécialité de la côte dalmate centrale.

Faros   Rouge soutenu issu de PLAVÁC et pouvant vieillir (île de Hvar).

Grasevina   Nom local de l'omniprésent Laski Rizling.

Grk   Cépage blanc, spécialité de l'île de Korcula. Donne un vin très fort ressemblant plutôt au xérès, et un autre plus pâle.

Istrie   Péninsule du nord de l'Adriatique, dont le centre est Porec. Vins agréables, issus, entre autres, de Merlot. Le TERAN très sec accompagne admirablement les truffes locales.

Istravino Rijeka   Le plus ancien négociant en vins de Croatie.

Kontinentalna Hrvatska   À l'intérieur de la Croatie. Surtout blancs de GRASEVINA, cépage qui mûrit plus vite qu'en Slovénie.

Maraština   Blanc sec et fort des îles dalmates (sp. de Lastovo).

Opol   Agréable rouge, pâle et léger, fait à partir du cépage PLAVÁC autour de Split et Sibenik en DALMATIE.

Plavác Mali   (Plavác) Cépage rouge originaire de DALMATIE. On pense actuellement que c'est du Zinfandel. Voir DINGAC, POSTUP, OPOL. Vin de corps et de vigueur qui peut vieillir. Les rouges ordinaires s'appellent souvent Plavác. Aussi blanc Plavác Beli.

Plenkovic   Nouveau producteur privé résistant : bons rouges PLAVÁC Zlatan de l'île de Hvar.

Polu   Demi... Polu-slatko signifie demi-doux et polu-suho demi-sec.

Portugizac   Blauer Portugieser autrichien : rouge ordinaire.

Pošip   Vin blanc agréable, pas trop lourd, produit dans les îles dalmates, en particulier à Korcula.

Postup Rouge dalmate doux et lourd de la péninsule de Peljesác près de Korcula. Grande réputation locale.

Prosek Vin de dessert de DALMATIE : 15 à 16 % Vol. (peut être très proche du porto).

Slavonija La partie nord de la Croatie, à la frontière hongroise, entre la Slovénie (comprend certaines parties des vallées de la Sava et de la Drava) et le Serbie. Grand producteur de vins courants, surtout blancs (dont la plupart des anciens « Yugoslav Riesling »).

Stolno vino Vin de table.

Teran Rouge sombre et vigoureux d'ISTRIE. Voir Refosk (Slovénie).

Vrhunsko Vino Nouvelle désignation d'origine pour les vins de qualité.

Vugava Cépage rare de Vis en DALMATIE. La légende veut qu'il ait un rapport avec le Viognier de la vallée du Rhône.

Bosnie-Herzégovine

Blatina Vieux cépage rouge et vin de MOSTAR provenant de la rive ouest alluvionnaire de la Neretva.

Kameno Vino Vin blanc provenant d'un vignoble de désert unique et irrigué dans la vallée de la Neretva.

Mostar Signifie « vieux pont ». Après avoir été le centre vinicole de l'Herzégovie, ses caves ont été détruites pendant la guerre. Ljubuski et Citluk reconstruisent. Produisait les admirables blancs ZILAVKA et rouge BLATINA.

Samotok Rouge léger (rosé/ruzica) issu de vin saigné (et sans pressage).

Zilavka Cépage blanc de MOSTAR donnant des vins plutôt neutres pour l'exportation mais pouvant être secs et mémorablement fruités avec un léger arôme d'abricot.

Serbie

Amselfelder Rouges de KOSOVO POLJE (très bien vendus autrefois). Désagréablement doux.

Bijelo (Beli) Blanc.

Burgundac Crni Cépage très répandu, équivalent du Pinot N et semblable à sa version allemande.

Cabernet Sauvignon Introduit dans de nombreux endroits. Résultats généralement plaisants et parfois exaltants. Voir KOSOVO.

Crno Signifie noir, c'est-à-dire vin rouge.

Fruska Gora Collines de VOJVODINA, sur le Danube, au nord-ouest de Belgrade. Vignobles modernes et vaste gamme de vins, dont Traminer et Sauv.

Game Se prononce « Gamay ». Rouges plaisants du KOSOVO.

Kameno Vino Blanc d'un vignoble unique (irrigué) à Medugorje-Caplina, dans la vallée de la Neretva.

Kosovo (ou Kosmet) Région du sud, entre la Serbie et la Macédoine. Source d'AMSELFELDER et de quelques Cab vifs. Kos signifie merle.

Kosovo Polje Polder planté de Pinot N et entouré de montagnes. Était la base de l'AMSELFELDER allemand. Depuis la fin de la guerre, les intérêts sont davantage espagnols. Climat méditerranéen.

Leskovac Région de bons blancs, dont Sauv.

Kratosija Cépage rouge local très apprécié pour ses vins de bonne qualité qui se laissent boire.

Montenegro Petite région du sud-ouest connue pour ses rouges Vranac.

Muscat-Ottonel Le Muscat de l'est de l'Europe, cultivé à VOJVODINA.

Oplenac Région de Cab.

Plovdina Cépage rouge à la peau sombre originaire de la Macédoine. Donne des vins légers (rouge et blanc). Généralement assemblé avec du PROKUPAC, plus goûteux.

Prokupac Cépage rouge natif et son vin. Le meilleur vient de ZUPA.

Ruzica Rosé. Généralement issu de PROKUPAC. Plus sombre que la plupart des autres et meilleur.

Smederevka Important cépage blanc de Serbie et du KOSOVO. Vins frais et secs.

Stono Vino Vin de table.

Suvarak Vin de dessert vendanges tardives issu à 15 % de PROKUPAC.

Velika Morava Zone de Serbie réputée pour son Laski Riesling.

Vojvodina Grande plaine (également en Hongrie et en Roumanie). Sol sableux excellent pour la vigne : surtout du blanc.

Zupa District du centre de la Serbie (la zone viticole la plus ancienne et la plus réputée de l'État) donnant bien à un rouge et un rosé (ou rouge foncé et rouge clair) au-dessus de la moyenne issus de PROKUPAC et de PLOVDINA : respectivement CRNO Zupsko et RUZICA Zupsko.

Macédoine

Belan Grenache blanc. Donne un vin Gemischt neutre.

Crna Reka Fleuve doté de nombreux lacs artificiels permettant l'irrigation.

Crveno suvo vino Vin rouge sec.

Kadarka Important cépage rouge hongrois. Plus proche de ses origines autour du lac Ohrid.

Kratosija Cépage rouge apprécié localement. Vins sains.

Prokupac Principal cépage rouge de Serbie et de Macédoine. Donne un rosé sombre (Ruzica) et un rouge corsé de caractère, sp. à Zupa. On y ajoute souvent du Plovdina pour plus d'onctuosité.

Rkaciteli Cépage blanc russe employé près de la frontière bulgare.

Temjanika Cépage donnant des blancs demi-doux épicés (Tamianka en Bulgarie).

Teran Originaire d'Istrie, mais la version de Macédoine a moins de style.

Tikves Région de vignobles escarpés (8 000 ha) plutôt cotée. Sp. pour un rouge sombre Kratosija plaisant et un rouge sec et frais Smederevka. Sur place, on les boit additionnés de soda.

Traminac Le Traminer. Cultivé à Vojvodina et en Slovénie.

Vallée de la Vardar Apporte les bienfaits de la mer Égée dans les vignobles de l'intérieur des terres (tout comme la vallée du Rhône conduit la chaleur de la Méditerranée en France).

Vranec Nom local du Vranac du Montenegro.

Vrvno Vino Appellation d'origine contrôlée pour les vins de qualité.

Montenegro

13 July Coop. d'État (surtout pour les raisins) équipée de matériel italien de haute technologie. Près de PODGORICA. Le VRANAC donne la meilleure qualité.

Crmnica Vignobles en bordure de lac ou de mer, sp. pour le cépage Kadarka (voir Macédoine).

Cemovsko Polje   Vaste plaine caillouteuse semi-désertique, sp. pour VRANAC rouge. Attend d'être découverte.

Crna Gora   Montagnes noires.

Duklja   Version demi-sec vendange tardive du VRANAC.

Krstac   Meilleur cépage blanc et vin du Montenegro. Sp. celui de CRMNICA.

Merlot   Depuis 1980, bons résultats avec le chêne.

Podgorica   Ancien nom réintroduit pour la capitale Titograd.

Vranac   Cépage rouge local, vigoureux et abondant, et son vin. Bon achat.

République tchèque et Slovaquie

Depuis janvier 1993, la Tchécoslovaquie est divisée en République tchèque (Moravie et Bohême) et République slovaque. Cette région produisant essentiellement des vins blancs exportait très peu, mais de bons vins sont apparus depuis 1989. Les étiquettes indiquent s'ils sont assemblés ou d'un seul cépage mais l'origine et le cépage ne sont pas toujours mentionnés. Tous les vins valent la peine d'être goûtés. La privatisation et les investissements étrangers laissent présager une évolution dans le bon sens.

Moravie   Ses vins sont très prisés à Prague. Les vignobles sont situés le long des affluents du Danube. Nombre de vins viennent de la frontière autrichienne et sont issus des mêmes cépages : Grüner Veltliner, Müller-T, Sauvignon, Traminer, St-Laurent, Pinot Noir, Blauer Portugieser, etc., et les vins sont similaires. Citons ceux de Mikulov (blancs, rouges, mousseux sec et doux méthode traditionnelle, bouteilles françaises, sp. Valtice Cellars populaire, fondé en 1430 et le traditionnel Vino Mikulov), Satov (modernes, surtout blancs, raisins de fermes et coop. locales, dont Sauv, Grüner Veltliner, Müller-T) et Znojmo (vignes plantées de longue date, sol calcaire idéal ; cépages blancs locaux, Grüner Veltliner, Müller-T, Sauv, Tramín, et le doux Rynsky Ryzling médaillé (82) de Znovin). Autres régions : Jaroslavice (rouges vieillis dans du bois), Prímetice (blancs pleins et aromatiques), Blatnice, Hustopece, l'ensoleillée Pálava, Saldorf (sp. Sauv et Ries Rynsky) et Velké Pavlovice (bons Ruländer, Traminer, St-Laurent et Cab 92 médaillé, en pleine expansion). La Moravie fait aussi un bon mousseux.

Bohême   On y vinifie depuis le IXe siècle. Même latitude que l'est de l'Allemagne et vins similaires. Les meilleurs : Nord de Prague, vallée de l'Elbe, et (les plus connus) près de Melník (le roi Karel IV a acheté des ceps bourguignons au XVe siècle). Aujourd'hui, Ries, Ruländer et Traminer prédominent. Le « Bohemia Sekt » prend de l'importance, sp. celui de Stary Plzenec, de plus en plus populaire : fermenté en cuve (surtout), un peu de chêne, des cépages de Slovaquie et de Moravie aussi ; conseillé par des Français. Un peu de Pinot Noir intéressant aussi. Les meilleures exploitations : Lobkowitz (à Melník), Roudnice, Litomerice, Karlstein.

Slovaquie   Cette nouvelle république bénéficie des meilleures conditions climatiques de l'ex-Tchécoslovaquie et produit la majeure partie de ses vins. La meilleure région est l'est, en bordure des vignobles du Tokay hongrois. Elle emploie des cépages hongrois, internationaux (Riesling, Gewürztraminer, Pinot

Blanc, Sauvignon Blanc et Cabernet Sauvignon) et fait aussi un peu de Tokay. Principaux districts : Malokarpatská Oblast (le plus grand, dans les contreforts des petites Carpates ; Ruländer, Riesling, Traminer, Limberger, etc.), Malá Trna, Nové Mesto, Skalice (petit, surtout rouges) et (dans les collines de Tatra) Bratislava, Pezinok, Modra.

Roumanie

La Roumanie possède une longue tradition vinicole mais son potentiel de qualité a été gâché ces dernières décennies par une production de vin doux bon marché destiné à l'Union Soviétique. La situation politique n'a malheureusement pas beaucoup favorisé le progrès. La quantité reste le but recherché (la consommation nationale est considérable) malgré quelques vignobles magnifiquement situés. Mais avec une vinification moderne et plus propre, une mise en bouteille plus précoce et davantage d'exportations, l'industrie vinicole roumaine pourrait rivaliser avec celle de la Bulgarie.

Aiud   Région de TÎRNAVE possédant une école d'œnologie, du vin de qualité et un vin de type xérès flor.

Alba Iulia   Ville dans la région chaude de TÎRNAVE en Transylvanie, connue pour ses blancs moelleux de RIES italien, FETEASCĂ et MUSKAT OTTONEL. Aussi un mousseux fermenté en bouteille.

Aligoté   Le cépage secondaire de Bourgogne donne un blanc agréablement frais.

Băbească   Cépage rouge traditionnel de la région de FOCSANI : vin agréablement âpre au léger goût de clou de girofle. (Signifie « raisin de grand-mère ».)

Banat   Plaine limitrophe de la Serbie. RIES, SAUV, MUSKAT OTTONEL courants, CADARCA rouge léger, CAB et Merlot.

Baratca   Pentes douces autour de PAULIS pour de bons Merlot et Cab.

Burgund Mare   « Grand Bourguignon ». Clone de PINOT N, qui n'a pas grand-chose à voir.

Buzav Hills   Bons rouges (CAB, Merlot, BURGUND MARE) d'une zone contiguë à DEALUL MARE.

Cabernet Sauvignon   (Cab) De plus en plus cultivé en Roumanie, sp. à DEALUL MARE, donnant des vins sombres intenses, quoique parfois trop doux pour les palais occidentaux.

Cadarca   Orthographe roumaine du Kadarka hongrois.

Chardonnay   (Chard) Utilisé à MURFATLAR pour un vin de dessert doux. Aussi un peu de sec vieilli en fût.

Cotesti   Partie plus chaude de la région de FOCSANI produisant des rouges à la robe profonde issus de PINOT N et de Merlot, et des blancs secs dont on prétend qu'ils ressemblent aux vins d'Alsace.

Cotnari   Région à la limite nord de la MOLDAVIE. Bonnes conditions pour le botrytis. Le plus célèbre vin historique (mais rare) de Roumanie, un blanc de dessert léger issu de cépages locaux (GRASĂ, FETEASCĂ ALBĂ, TAMÎÎOASA). Ressemble à un Tokay très délicat, doré avec des nuances de vert.

Crisana   Région de l'ouest, sur la frontière hongroise. Zones vinicoles comprenant l'historique Minis (depuis le XVᵉ siècle : rouges, sp. CADARCA, et le blanc croquant Mutoasa), Silvania (sp. FETEASCĂ récemment planté), Diosig et Valea lui Mihai.

Dealul Mare Importante région viticole moderne et bien située au sud-est des collines des Carpates, spécialisée en vins rouges de FETEASCĂ NEAGRĂ, CAB, Merlot, PINOT N (surtout potentiels), etc. Blancs de TAMIÎOASA, etc. Recherchez l'étiquette Dionis (beaux rouges).

Dobrujda Région ensoleillée et aride au bord de la mer Noire près du port de Costanta. Comprend MURFATLAR. La qualité est bonne.

Drăgăşani Région autour du fleuve Olt au sud des Carpates, depuis l'époque romaine. Cépages traditionnels et modernes (sp. SAUV). Bons MUSKAT OTTONEL et rouges (CAB).

Fetească Cépage blanc roumain à l'arôme épicé, rappelant le Muscat. Deux variétés : F. Albă (identique au Leányka hongrois, considéré comme plus ordinaire mais base pour le mousseux et le COTNARI doux) et le F. Regala (croisement de F. Albă et de Furmint, bonne acidité et bon pour le mousseux).

Fetească Neagră Fetească rouge. Vins légers, rendus grossiers par maladresse, bons quand ils sont vieillis (rouges profonds à l'arôme de cassis).

Focsani Région vinicole importante de MOLDAVIE comprenant CO-TESTI, ODOBEŞTI et NICOREŞTI.

Grasă Autre forme du cépage hongrois Furmint utilisé, entre autres, dans le COTNARI. Sujet au botrytis. Grasă signifie « gras ».

Iaşi Région de blancs frais et acides (sp. FETEASCĂ ALBĂ, Welschriesling, ALIGOTÉ, MUSKAT OTTONEL de style spumante), par ex. « Bucium », « Copu », « Tomesti ». Rouges aussi : Merlot, CAB et parmi les meilleurs BĂBEASCĂ.

Istria-Babadag Région vinicole assez récente au nord de MURFATLAR (CAB, Merlot, FETEASCĂ ALBĂ, etc.).

Jidvei Exploitation de TÎRNAVE avec vignobles à l'extrême nord du pays. Bons blancs : FETEASCĂ, Furmint, RIES, SAUV.

Lechinta Zone vinicole de TRANSYLVANIE. Vins remarqués pour leur bouquet (cépages locaux).

Moldavie Province du nord-est. La plus grande région vinicole du pays, avec 12 secteurs, dont IAŞI, FOCSANI, PANCIU. Climat tempéré, bon potentiel de vignobles.

Murfatlar Grands vignobles modernes près de la mer Noire, spécialisés en vins doux, y compris du CHARD et CAB vendange tardive (meilleures conditions pour le botrytis après COTNARI). Maintenant aussi des rouges pleins, des blancs secs et du mousseux.

Muskat Ottonel Muscat d'Europe orientale, spécialité roumaine, sp. dans le climat frais de TRANSYLVANIE et en MOLDAVIE pour les vins secs.

Nicoreşti L'est de la FOCSANI, très connue pour son BABEAŞCA rouge.

Odobeşti Centre de la FOCSANI : blancs de FETEASCĂ, RIES, etc.

Oltenia Région vinicole incluant DRĂGĂŞANI. Parfois aussi marque.

Panciu Région fraîche de MOLDAVIE au sud de DRAGAŞANI. Bon blanc tranquille et mousseux.

Paulis Petite cave de domaine dans la ville du même nom. Son Merlot vieilli en barrique est l'un de ses trésors.

Perla Spécialité de TÎRNAVE : agréable assemblage blanc demi-sec de RIES, FETEASCĂ et MUSKAT OTTONEL.

Pinot Noir (Pinot N) Cultivé dans le sud, peut surprendre par son goût et son caractère.

Piteşti Ville principale de la région d'Arges au sud des Carpates ; blancs traditionnels de FETEASCĂ, TAMIÎOASA, RIES.

Premiat Bonne gamme de vins de qualité destinés à l'exportation.

Riesling (Ries) Riesling italien, très répandu. Pas de grands vins.

Sadova Ville de la région de SEGARCEA qui exporte du rosé.

Sauvignon Blanc (Sauv) Le blanc le plus goûteux du pays, sp. assemblé avec du FETEASCĂ.

Segarcea Région vinicole du sud, près du Danube. CAB plutôt doux.

Tamîîoasa Cépage blanc traditionnel appelé aussi « frankincense » à cause de son arôme exotique. Vins doux tranchants souvent botrytisés.

Tîrnave Importante région viticole de TRANSYLVANIE (la plus fraîche du pays), connue pour son PERLA et son FETEASCĂ REGALA. Bien située pour les vins secs et aromatiques (sp. Pinot G, Gewürz), par ex. ceux de JIDVEI. Aussi mousseux fermenté en bouteille de style allemand.

Trakia Marque d'exportation. Convient mieux aux palais de l'Ouest qu'aux Roumains.

Transylvanie Voir ALBA IULIA, LECHINTA, TÎRNAVE.

Valea Călugărească « La vallée des moines », secteur des vignobles de DEALUL MARE, avec un institut de recherche célèbre et dynamique proposant de nouvelles normes pour les appellations contrôlées. CAB (sp. Special Reserve 85), Merlot et PINOT N admirables, tout comme le RIES italien et le Pinot G.

Vin de Mesa Classification des vins les plus ordinaires. Ne se boit que sur place.

VS et VSO Vins de plus haute qualité. VSO nécessite des cépages et une région spécifiés.

VSOC Vins supérieurs. CMD est vendange tardive. CMI est vendange tardive avec pourriture noble. CIB est issu de raisins sélectionnés atteints de pourriture noble (comme le Beerenauslese).

Grèce

Depuis l'entrée de la Grèce dans l'Union Européenne, en 1981, son industrie viticole ne cesse de monter. Certains de ses vins restent primitifs, mais un nouveau système d'appellations vient d'être instauré et de nombreux investissements en équipement et en savoir-faire ont été faits ces dix dernières années. Les vins modernes, biens faits mais toujours authentiques, valent vraiment la peine d'être goûtés.

Achaia-Clauss Négociants grecs connus, avec caves à PATRAS, au nord du PÉLOPONNÈSE. Font du DEMESTICA, etc.

Agiorgitiko Cépage rouge très répandu dans la région de NEMEA.

Agioritikos Appellation de vin de pays pour un bon blanc demi-sec et un rosé d'Agio Oros ou du mont Athos, dans la péninsule de Halkidiki. Source de Cab et d'autres cépages pour TSANTALI.

Amintaion Rouge ou rosé léger, souvent pétillant, de MACÉDOINE.

Ankiralos Blanc frais des vignobles de Thessalie, face à la mer Égée.

Attique Région autour d'Athènes, source principale du RETSINA.

Autocratorikos Nouveau blanc demi-sec et demi-mousseux de TSANTALI.

Botrys Vieille société de vins et spiritueux d'Athènes.

Boutari Producteurs et négociants de vins de MACÉDOINE de très haut niveau et d'autres (NAOUSSA et SANTORIN). Grande Réserve est excellent (90).

Caïr Étiquette de la coop. de RHODES. Fait le seul mousseux classique du pays.

Calliga   Entreprise moderne (320 ha) de CÉPHALONIE. ROBOLA blanc et rouges Monte Nero de cépages indigènes bien faits.

Cambas, Andrew   Important producteur-négociant de l'ATTIQUE.

Carras, John   Domaine à Sithonia, Halkidiki, nord de la Grèce, produisant des rouges et des blancs intéressants, sous l'appellation CÔTES DE MELITON. Château Carras est un rouge vieilli en fût de style Bordeaux (**75 79 81 83 84 85 87 90**) qui vaut la peine de vieillir en bouteilles 10 à 20 ans. Aussi vins sans appellation, dont Ambelos.

Cava   Terme légal pour le rouge et le blanc vieillis. Par ex., Cava Boutari (assemblage NAOUSSA/NEMEA) et Cava Tstantalis (NAOUSSA/Cab).

Céphalonie   Île ionienne, avec un bon blanc ROBOLA et un rouge Thymiatiko. Voir CALLIGA.

Château Lazaridis   Domaine familial à l'est de Salonique. Donne de beaux rouges, blancs et rosés (surtout issus de cépages internationaux).

Corfou   Les vins y sont ordinaires. Le Ropa est le rouge traditionnel.

Côtes de Meliton   Appellation (depuis 84) du domaine de CARRAS pour les rouges (sp. Cab et Limnio) et les blancs (cépages grecs et français), dont Château Carras.

Crète   Île ayant un bon potentiel pour un excellent vin mais problèmes de phylloxéra actuellement. Les meilleurs viennent de chez BOUTARI, Kourtaki et de cépages indigènes.

Danielis   Une des meilleures marques de rouge sec de ACHAIA-CLAUSS.

Demestica   Marque fiable de rouge et de blanc sec d'ACHAIA-CLAUSS.

Emery   Producteur d'un bon rouge CAVA Emery et d'un très bon blanc Villare à RHODES.

Épire   Région du centre de la Grèce aux vignobles de haute altitude (1 200 m). Le Cab « Katoyi » est un rouge cher. Zitsa est un blanc sec, demi-sec et mousseux.

Gentilini   Blanc de CÉPHALONIE qui se vend bien, assemblage souple et attrayant de ROBOLA. Maintenant une version très prometteuse vieillie en fûts. À suivre.

Gerovassiliou   Petit domaine de haute qualité près de Salonique. Appartient à E. Gerovassiliou, formé à Bordeaux et vinificateur de Ch. CARRAS aussi.

Goumenissa   (Appellation) Rouge de bonne qualité, vieilli en fûts, mi-lourd, de l'ouest de la MACÉDOINE. Cherchez celui de BOUTARI est de Aïdarini.

Hatzimichali   Petit domaine d'Atalanti et ses vins. Les blancs sont issus de cépages grecs. Les rouges comprennent du Cab.

Ilios   Vin courant de RHODES très buvable.

Kokkineli   RETSINA rosé ; ressemble beaucoup au blanc. Servir frais.

Kosta Lazaridis, Domaine   A ne pas confondre avec le CHÂTEAU LAZARIDIS, mêmes rouges, blancs et rosés de qualité issus de cépages internationaux.

Kouros   Blanc très coté de KOURTAKIS, dans l'ATTIQUE. Du rouge aussi.

Kourtakis, D.   Négociant athénien, avec un RETSINA doux et un bon NEMEA rouge sombre.

Kretikos   Blanc sec de cépages crétois et fait par BOUTARI.

Lemnos   (Appellation) Île du nord de la mer Égée. RETSINA doré et doux issu de Muscat. Aussi KOKKINELI rosé.

Lindos   Nom des vins de haute qualité de RHODES, de Lindos ou d'ailleurs. Acceptables, sans plus.

Macédoine   Région de vin de qualité dans le Nord, sp. XYNOMAVRO de l'appellation NAOUSSA.

Malvasia   Cépage célèbre dont l'origine légendaire se situe à Monemvasia (sud du PÉLOPONNÈSE).

Mantinia   (Appellation) Blanc frais et aromatique du PÉLOPONNÈSE. Sp. de Antonopoulos.

Mavro « Noir », c'est-à-dire vin rouge sombre (souvent doux).

Mavrodaphne (Appellation) Textuellement « laurier noir » : rouge sombre, doux et concentré de type porto/recioto, spécialité de PATRAS, au nord du PÉLOPONNÈSE. Muté à 15-22 % Vol. Doit être vieilli.

Mavroudi Rouge de Delphes et de la côte nord du golfe de Corinthe ; sombre, au goût de prune.

Mercouri Domaine familial dans le PÉLOPONNÈSE. Très beau rouge Refosco (le cépage Refosco a été introduit en Grèce en 1870 et s'appelle là-bas Mercouri).

Metsovo Ville de l'ÉPIRE (nord) produisant un assemblage de Cab appelé Katoi.

Minos Marque crétoise populaire ; le Castello rouge est le meilleur.

Moscophilero Cépage légèrement épicé donnant le MANTINIA.

Naoussa (Appellation) Rouge sec et fort issu de XYNOMAVRO, au-dessus de la moyenne, en MACÉDOINE du Nord (sp. BOUTARI, la coop. et TSANTALI).

Nemea (Appellation) Ville de l'est du PÉLOPONNÈSE (Némée), célèbre pour son lion (victime d'Hercule), son MAVRO puissant et son cépage AGIORGITIKO donnant un rouge épicé unique.

Oenoforos Domaine du PÉLOPONNÈSE produisant l'un des plus beaux blancs de Grèce, Asprolithi, issu du cépage local Roditis.

Patras (Appellation) Importante ville vinicole du golfe de Corinthe et son vin blanc (par. ex. importantes quantités de Rhoditis sec et des Muscats plus rares). Région du MAVRODAPHNE.

Pegasus, Château Domaine de NAOUSSA produisant un rouge supérieur (sp. **81 86** 88).

Péloponnèse Péninsule au sud de la Grèce, où se trouve la moitié des vignobles du pays, dont NEMEA, PATRAS, etc. Les vignes sont surtout utilisées pour les raisins secs.

Rapsani Rouge intéressant, vieilli dans le chêne, du mont Ossa de Thessalie. Chutait jusqu'à ce qu'il soit sauvé par TSANTALI.

Retsina Vin blanc auquel on ajoute de la résine de pin d'Alep. Spécialité de l'ATTIQUE. Le Retsina moderne est malheureusement doux.

Rhodes Île à l'extrême est de la Grèce. Chevalier de Rhodes est un rouge plaisant. Aussi meilleur mousseux de Grèce. Voir CAÏR, EMERY, ILIOS.

Robola (Appellation) Blanc sec de CÉPHALONIE, au large du golfe de Corinthe : peut être agréable, souple, de caractère.

Samos (Appellation) Île au large des côtes turques réputée depuis longtemps pour son Muscat doux d'une robe or pâle et son MALVASIA. Les meilleurs sont Anthemis (muté) et Nectar (raisins séchés au soleil).

Santorin Île volcanique au nord de la Crète fournissant du Visanto doux (raisins séchés au soleil, autrefois vin de communion de l'Église orhodoxe) et un blanc très sec. Des potentiels.

Semeli, Château Domaine près d'Athènes faisant de bons blancs et rouges, dont du Cab.

Skouras Vins très innovants et enthousiasmants. Sp. Megas Oenos, PÉLOPONNÈSE.

Strofilia Marque des vins d'un petit domaine avec « boutique » à Anavissos. Bons blancs et rouges, dont Cab.

Tsantali Négociants à Agios Pavlos, bien fournis en vins de pays et d'appellation, comprenant ceux de MACÉDOINE, des moines du mont Athos, de NEMEA, NAOUSSA, RAPSANI, ainsi que du Muscat de SAMOS et LEMNOS. CAVA est un assemblage.

Vaeni Bon rouge de la coop. de producteurs de NAOUSSA.

Xynomavro Le plus délicieux des nombreux cépages rouges grecs, malgré son nom signifiant « noir acide », à la base du NAOUSSA et d'autres vins du nord.

Zitsa (Appellation) Région de six villages dans les montagnes du nord de l'ÉPIRE. Blanc de cépage Debina délicat, tranquille ou pétillant.

Chypre

L'île exporte la majeure partie de sa production, généralement des vins rouges forts de qualité raisonnable et un « xérès » bon marché (terme interdit dans l'Union Européenne depuis 1995). Son vieux Commandaria, très sucré, est son meilleur produit. Comme la Bulgarie, le démantèlement de l'Union soviétique, excellent débouché pour elle, lui a porté un coup terrible. La qualité doit maintenant être à la hauteur de celle du reste de l'Europe. Jusque récemment, elle ne cultivait que deux cépages locaux, mais elle en a découvert 12 autres. Les normes internationales sont de rigueur mais de nombreux producteurs croient toujours en l'individualité de leurs propres variétés. L'île n'a jamais souffert du phylloxéra.

Afames   Village au pied du mont Olympe : a donné son nom à un rouge sec et savoureux (MAVRO) fait par SODAP.

Alkion   Nouveau blanc sec souple et léger de KEO (issu de XYNISTERI provenant d'Akamas et Paphos). Les raisins sont vendangés juste avant leur maturité.

Aphrodite   XYNISTERI blanc régulier et demi-sec de KEO.

Arsinöe   Blanc sec de SODAP.

Bellapais   Blanc demi-sec pétillant et rafraîchissant de KEO. Porte le nom du célèbre couvent situé près de Kyrenia.

Commandaria   Bon vin de dessert brun, élaboré depuis des temps très anciens dans des collines au nord de LIMASSOL. Zone délimitée comprenant 14 villages spécifiés et tenant son nom d'un ordre de chevaliers croisés. Fait à partir de raisins de XYNISTERI et MAVRO séchés au soleil et vinifiés selon la méthode de solera. Le meilleur (100 ans) est superbe, d'une douceur, d'un arôme et d'une concentration incroyables, mais la plupart sont très courants.

Domaine d'Ahera   Rouge de domaine, plus léger et moderne de KEO. (Cépages Grenache et LEFKAS local).

Emva   Marque de beaux XÉRÈS (fino, demi-sec et cream) bien faits.

ETKO   Voir HAGGIPAVLU.

Haggipavlu   Négociant établi à LIMASSOL depuis 1844. ETKO est son nom commercial. Connu pour sa gamme Emva mais produit aussi des vins de table de qualité en infimes quantités.

Heritage   Rouge sec et généreux de KEO issu d'un cépage indigène rare, le Pambakina. Élevé dans du chêne neuf.

KEO   Plus important et entreprenant négoce de LIMASSOL. Les Keo courants « Dry White » et « Dry Red » sont avantageux. Voir OTHELLO, HERITAGE et APHRODITE.

Khalokhorio   Principal village de COMMANDARIA, où l'on ne cultive que du XYNISTERI.

Kokkineli   Rosé : le nom vient de « cochenille ».

Kolossi   Château de croisés près de LIMASSOL donnant son nom à des vins de table rouges et blancs de SODAP.

Laona   La plus grande des petites exploitations régionales indépendantes, à Arsos, appartenant maintenant à KEO. Bonne gamme, dont un rouge vieilli en fût et un blanc sec fruité.

Limassol   « Le Bordeaux de Chypre ». Port d'expédition de vins, au sud, et sa région. Les quatre principales exploitations chypriotes y sont installées.

Loel   Gros producteur. Dans sa gamme : Hermes rouge, COMMANDARIA Alasia et certaines des meilleures eaux-de-vie de l'île.

Mavro   Le cépage noir de Chypre (et de Grèce) et son vin sombre.

Monte Roya   Exploitation régionale moderne au monastère Chryssoroyiatissa.

Muscat   Toutes les grandes firmes produisent des Muscats agréables et peu chers (15 % Vol.).

Ophtalmo Cépage rouge non indigène pour des vins rouges et rosés. Plus léger que MAVRO.

Othello Un bon rouge sec, solide et satisfaisant de KEO (issu de MAVRO et d'OPHTALMO de PITSILIA. Meilleur à 3 ou 4 ans.

Palomino Cépage et vin sec agréable fait par LOEL. Très buvable glacé. Importé pour élaborer le XÉRÈS de Chypre.

Pitsilia Région au sud du mont Olympe produisant un bon vin blanc et des vins COMMANDARIA.

Rosella Rosé sec, léger et parfumé de KEO. Cépage OPHTALMO de PITSILIA.

St-Panteleimon Marque d'un blanc demi-sec de KEO.

Semeli Bon rouge traditionnel de HAGGIPAVLU. Meilleur à 3 ou 4 ans.

SODAP La grande coop. de LIMASSOL.

Thisbe Vin fruité, demi-sec et léger de KEO (cépage XYNISTERI de LIMASSOL).

Xérès Les vins de style xérès sont inévitables sur une île. Le meilleur est sec. Depuis 1995, le terme est interdit pour les vins vendus dans l'Union Européenne.

Xynisteri Cépage blanc aromatique local de Chypre.

Proche-Orient

Liban

La petite industrie libanaise (3 000 ha), concentrée autour de Ksara, dans la vallée de la Bekaa, au nord-est de Beyrouth, produit un rouge d'une puissance et d'une qualité réelles. Les principales exploitations sont au nombre de deux. Château Musar (★ ★ ★), héroïque survivant des années de guerre civile, produit des rouges mûrs splendides de type Bordeaux, surtout de Cabernet Sauvignon, des blancs boisés pleins de sang qui peuvent vieillir de 10 à 15 ans, issus du cépage indigène Obaideh (semblable au Chardonnay) et un rouge plus léger « Tradition » composé pour 75 % de Cinsaut et 25 % de Cabernet Sauvignon. Le Château Kefraya produit : « Rouge de K », un assemblage Cinsaut/Carignan, « Château Kefraya », un rouge plein d'arôme issu des meilleurs vignobles exclusivement. Tous sont à boire jeunes. On produit également du rosé et du blanc.

Turquie

La plupart des 600 000 ha de vignobles produisent du raisin de table, 3 % seulement étant élaborés en vin. Les vins de Thrace, d'Anatolie et de la côte égéenne sont très buvables. Les cépages locaux (ils sont plus de 1 000 : 60 ont une valeur commerciale) comme Emir et Narince (blancs), Bogazkere et Oküzgözü (rouges) sont utilisés avec les Riesling, Sémillon, Pinot Noir, Grenache, Carignan et Gamay. Le blanc Trakya (Thrace) et le rouge Buzbag (Anatolie) sont les produits très connus de Tekel, le producteur d'État (21 exploitations d'État). Diren, Doluca, Karmen, Kavaklidere et Taskobirlik sont des entreprises privées de qualité honnête. Le Villa Neva rouge de Doluca (Thrace) est bien fait, de même que Villa Doluca. Kavaklidere fait de bons Primeurs légers (Cankaya blanc et Yakut rouge) issus de cépages locaux. Mais Buzbag reste le plus original et le plus saisissant des vins turcs.

Israël

Depuis que, dans les années 1880, la production a été remise sur pied par le baron Edmond de Rothschild, l'intérêt principal du vin israélien a longtemps résidé dans la qualité kasher. Mais, à présent, des Cabernet Sauvignon, Merlot, Sauvignon Blanc et Chardonnay ont été introduits. Les régions traditionnelles étaient Samson, sur la côte, et Shomron mais les vignes des Hauteurs du Golan, région plus fraîche du nord (1 200 mètres au-dessus du niveau de la mer), ont été grandement améliorées. 65 % des 33 millions annuels de bouteilles produites par Israël sont du blanc.

Barkan Grosse exploitation aux bons Ries Emerald et Sauv.

Baron Petite firme familiale. Bons vins, sp. Muscat et Sauv secs et un Cab souple et fruité.

Binyamina (Ex-Eliaz) Exploitation de taille moyenne produisant des vins de style léger.

Carmel Coop. fondée en 1882, comptant les deux plus grandes exploitations d'Israël (à Zichron-Yaacov et Richon-le-Zion). Meilleurs vins : Cab et Chard Private Collection. La gamme Selected Vineyards est bon achat. Aussi Merlot Estate.

Galil/Galilée Région comprenant les Hauteurs du Golan (meilleure région viticole du pays).

Gamla Cab souple et fruité, Chard boisé et Sauv végétal. Cab plein d'arôme, Chard délicatement boisé et Sauv végétal de Golan Heights Winery. Voir YARDEN.

Samson Région vinicole d'une plaine sur la côte centrale (du sud-est de Tel-Aviv à l'ouest de Jérusalem).

Segal Exploitation familiale parfois appelée Ashkelon. Assemblages Cab/Carignan au goût de résine étiqueté Ben Ami. Nouvelle société en participation avec Wente Bros (voir Californie).

Shomron Région viticole des vallées entourant Zichron-Yaacov, près d'Haifa.

Yarden Jeune (1983) exploitation moderne du Golan. nologues californiens donnant des normes élevées pour Israël. Cab corsé et boisé (85 89 90 93), Merlot complexe (82 92), Sauv croquant et Chard vieilli en fût. Bon mousseux méthode classique.

Asie

Chine

Allemands et Russes firent du vin à la fin des années 1800 dans la presqu'île de Shantung (Shandong). Depuis 1980, Rémy Martin a lancé un Dynasty blanc convenable et les vins de Tsingtao (Tsingtao se trouve à la même latitude que le sud de la France), et de nouveaux cépages de meilleure qualité plantés au Shandong et au Tianjin, plus au nord, sont prometteurs. Des vins de table ordinaires sont faits à partir du cépage local Œil de Dragon et de Muscat de Hambourg (sp. au Tianjin). Au Qingdao (seule région de climat maritime du pays), l'exploitation Huadong (créée en 1986 et appartenant maintenant à Allied-Lyons) a élaboré du Welschriesling et du Chardonnay très agréables au palais et expérimente par ailleurs du Cabernet, de la Syrah et du Gewürztraminer. Dragon Seal Wines (créé près de Beijin en 1984) propose le cépage Œil de Dragon et, depuis peu, du Chardonnay (vieilli dans le chêne) et, prochainement, encore davantage. Les autres investisseurs et innovateurs étrangers sont Seagram

(Summer Palace) et Pernod Ricard (Beijing Friendship Winery depuis 1987). En 1992, Rémy Martin a lancé près de Shanghai « Imperial Court », le premier mousseux méthode classique de Chine. Les vins chinois ont reçu des médailles dans des concours internationaux. Attendez-vous à de grandes surprises.

Inde

En 1985, une firme franco-indienne a lancé un mousseux remarquablement bon à base de Chardonnay, Omar Khayyám, fait à Narayangoan, près de Poona (sud-est de Bombay). Elle prévoit d'exporter 2 millions de bouteilles et d'ajouter des vins tranquilles de Chardonnay et Cabernet. Omar Khayyam impose une norme étonnante. Marquise de Pompadour, plus doux, a suivi, de même que Princess Jaulke, légèrement plus sec, issu de Thompson Seedless et en progrès grâce aux conseils du Champenois Charbaut. Grover Vineyards, près de Bangalore, produit maintenant du Cabernet avec des raisins cultivés dans les collines de Dodballapur.

Japon

Le Japon possède une petite industrie vinicole concentrée dans la préfecture de Yamanashi, à l'ouest de Tokyo, mais s'étendant jusqu'à la fraîche région d'Hokkaido (île du Nord). La majeure partie de la production est assemblée avec des vins importés d'Amérique du Sud, d'Europe de l'Est, etc. Mais les excellents vins de Sémillon, Chardonnay, Cabernet et Kôshû (cépage blanc local) sont une surprise. Les principaux producteurs sont Manns, Sanraku (étiquette Mercian) et Suntory. Château Mercian et Suntory dominent avec leurs Chardonnay, Cabernet, etc., de qualité. Les plus intéressants (et chers) sont le Château Lion, un assemblage rouge de style Bordeaux, et un très bon Sémillon botrytisé, tous deux de Suntory, le Merlot Kikyogahara (depuis 85) et le Cabernet Jyonohira de Mercian d'une densité et d'une qualité extraordinaires. Manns fait du Chardonnay et du Cabernet Sauvignon (vieilli dans le chêne français), mais aussi des cépages locaux (Kôshû et Zenkôji, ce dernier étant le même que l'Œil de Dragon de Chine) et des hybrides sino-européens (adaptés au climat pluvieux). Viennent ensuite le Sapporo (étiquette Polaire), Kyowa Hakko Kogyo (Ste Neige), Marufuji (Rubaiyat très vendu), Shirayuri Winery (étiquette L'Orient), Maruki et Ch. Lumière. Malheureusement, la législation sur les étiquettes a permis de vendre du vin importé comme « japonais ». La loi stipule maintenant que si le vin importé est supérieur à 50 % dans la bouteille, il doit être indiqué (le plus élevé des deux pourcentages doit figurer avant le plus faible). Mais les vins locaux provoquent un intérêt croissant et le district de Katsunuma se distingue en introduisant des étiquettes Certificat d'Origine. Tout indique que les vins ont un bel avenir au Japon.

Afrique du Nord

Algérie

Suite à l'action conjuguée de l'islam et de la C.E.E., les vignobles algériens sont passés en 10 ans de 344 000 ha à environ 40 000 ha. De plus, bien des vignes ont plus de 40 ans et ne seront pas remplacées. Des vins rouges, blancs et surtout rosés d'un certain niveau sont toujours produits à Tlemcen (puissants), Mascara (bonne réputation pour le rouge et le blanc), Haut-Dahra (rouge et rosé forts), Zaccar, Tessala, Médéa et Aïn-Bessem (Bouira spécialement bon). Le Sidi-Brahim est une marque de rouge buvable. Beaucoup de vins d'assemblage. Ils avaient le statut VDQS pendant la période coloniale française. Le vin reste à la troisième place des exportations. L'Algérie produit également des bouchons.

Maroc

C'est le meilleur vin d'Afrique du Nord (85 % de rouges issus de Cinsaut, Grenache, Carignan). Les vignobles longent l'Atlantique (de Rabat à Casablanca, vins blancs légers et fruités, dont une spécialité, le Vin Gris, issu de cépages rouges), autour de Meknès et Fez (vins solides, charpentés, les plus connus), autour de Berkane et Angad (vins terreux et piquants) et dans les régions de Gharb et Doukkalas. Mais, en 10 ans, la surface cultivée de 76 000 ha s'est réduite à 14 000 ha. Les principaux producteurs sont Domaine de Sahari (près de Meknès, investissements français, nouvelle exploitation en 93, cépages Cabernet Sauvignon, Merlot et locaux), Celliers de Meknés (coop. d'État : des invesstissements donnent des vins propres au goût moderne), Chaudsoleil et Sincomar. Chantebled, Tarik et Toulal sont trois rouges buvables. Le Vin Gris (10 % de la production), sp. de Boulaoune, est parfait quand il fait très chaud. La production de bouchons est également importante.

Tunisie

La Tunisie compte aujourd'hui 14 800 ha de vignes (48 000 ha il y a 10 ans). Traditionnellement, sa spécialité était un Muscat doux (plus récemment, le Muscat sec de Kelibia), mais la plupart des vins sont des rouges et des rosés légers d'assez bonne qualité fournis par Cap Bon, Carthage, Mornag, Tébourba et Tunis. Tous essaient d'améliorer la qualité. Les meilleurs producteurs sont Ch. Thibar, Mornag et Royal Tardi.

Amérique du Nord
Californie

L'expansion vinicole a porté la Californie à des hauteurs vertigineuses dans les années 1970 et 1980. Les années 1990 accusent un léger ralentissement, dû, en partie, à une coûteuse épidémie de phylloxéra entraînant le réencépagement de nombreux vignobles dans l'Ouest. À terme, ce ralentissement forcé sera bénéfique : il y aura davantage de bons cépages dans les bons endroits pour les producteurs renonçant à la rentabilité financière immédiate du Chardonnay et du Merlot.

Parallèlement, le vieux puritanisme et l'hypocondrie à peine latente de l'Amérique reculent à mesure que l'on consent à reconnaître que boire du vin à table n'est pas si mauvais pour la santé, voire bénéfique. C'est ainsi que, malgré la diminution des vignobles, les exploitations ont connu une nouvelle expansion en 1995.

Vous trouverez ici environ 280 des quelque 700 exploitations. La brièveté de certaines appréciations est une question de commodité et non une sanction. Les millésimes indiquent la maturité probable des vins conservés dans des conditions raisonnables. Certaines bouteilles beaucoup plus vieilles conservées dans des caves idéales seront encore excellentes. Parfois, le Chardonnay peut mûrir facilement pendant 10 ans et le Cabernet 20 ans. Mais ce n'est que l'exception qui confirme la règle. Les zones d'appellation (AVA) sont désormais un concept important en Californie. Il en existe actuellement près de 100, dont 11 dans la seule vallée de la Napa. Mais il serait prématuré de s'en servir comme guide pour les styles de vin. Les régions de référence sont énumérées ci-dessous. Les noms de cépages et de producteurs restent la clé des vins californiens.

Principales régions viticoles

La Côte Centrale

Longue zone côtière aux vignobles éparpillés, mais de plus en plus actifs, allant de la baie de San Francisco à Santa Barbara.

Livermore Vallée à l'est de la baie de San Francisco, connue de longue date pour ses blancs (sp. Sauv). La zone s'est largement développée mais les vignobles et les exploitations réagissent étonnamment bien.

Monterey Voir VALLÉE DE SALINAS.

San Luis Obispo Le plus grand et le plus chaud district est Paso Robles (2 400 ha, sp. Zin et Cab). Le plus beau est la vallée de l'Edna (400 ha, sp. Chard). Le plus récent est Arroyo Grande (200 ha, sp. Pinot N et mousseux).

Santa Barbara La vallée de Santa Maria domine, surtout pour son très bon Chard. La vallée de Santa Ynez, plus petite, fraîche et brumeuse, est bonne pour les cépages bourguignons à l'extrémité proche de la mer et pour les cépages bordelais vers l'intérieur, plus chaud.

Santa Cruz Mts Les exploitations (peu de vignobles) sont éparpillées autour des montagnes de Santa Cruz, au sud de la baie de San Francisco, de Woodside jusqu'à Gilroy.

Vallée Carmel Minuscule zone côtière. Cab et Chard parfois impressionnants.

Vallée de Salinas/Monterey Après une expansion frénétique dans les années 1970, l'intérêt s'est porté vers le Sud et ses zones plus chaudes. Redéfinit actuellement ses divisions : AVA Arroyo Seco (sp. Chard et Ries), AVA Santa Lucia Highlands (Chard, espoirs pour le Pinot N), AVA San Lucas (vins commerciaux réguliers).

La Côte Sud

Temecula (Rancho California) Petite zone au sud de l'État, à mi-chemin entre San Diego et Riverside. Surtout blancs.

La Côte Nord

Elle comprend les comtés de Lake, Mendocino, Napa et Sonoma, ainsi que tout le nord de San Francisco.

Carneros, Los Importante région fraîche au nord de la baie de San Francisco se partageant entre les comtés de NAPA et de SONOMA. Sp. pour Chard et Pinot N.

Lake AVA Clear Lake : climat chaud, surtout impressionnante pour ses Sauv, bonne pour le Cab. Petite AVA Guenoc Valley similaire.

Mendocino Au nord de SONOMA. Climat variable, plus frais dans la vallée Anderson, près de la côte, chaud autour d'Ukiah (Zin, Barbera).

Napa   La vallée de la Napa, au nord de la baie de San Francisco. La plus ancienne et la plus honorée des vallées viticoles de Californie est en train de se diviser : AVA Stag's Leap (Cab), AVA CARNEROS (partagée avec SONOMA, bons Chard, Pinot N et mousseux), Mt Veeder (Cab), AVA Howell Mountain (Cab, Zin, Chard), AVA Atlas Peak (Sangiovese) et nouvelles AVA dans la vallée, Rutherford, Oakville et St-Helena.

Sonoma   Comté au nord de la baie de San Francisco, entre son rival NAPA et la mer. C'est la région viticole la plus divisée de Californie. Elle comprend une douzaine d'AVA divisée en deux bassins hydrographiques distincts : (1) vers la baie de San Francisco : AVA de la vallée de Sonoma (« Vallée de la Lune », versatile, comprend Sonoma Mountain et une partie de CARNEROS, voir NAPA). (2) orienté vers l'océan, le bassin de Russian River, qui comprend les vallées plus chaudes de l'intérieur Alexander (Cab, cépages italiens), Dry Creek (Zin, cépages du Rhône), Knights, mais aussi les AVA plus fraîches, vers la mer, de Russian River (Chalk Hill, Sonoma-Green, pour Pinot N, Chard et mousseux).

L'intérieur des terres

Amador   Comté à l'est de Sacramento. Très bon Zin, surtout dans l'AVA de la vallée Shenandoah.

Lodi   Ville et district à l'extrémité nord de la vallée de San Joaquin. Son climat chaud est modifié par l'air marin venant de l'ouest.

Vallée de San Joaquin   La grande vallée du centre de la Californie, fertile et chaude, source de la plupart des vins de carafe et de dessert de l'État. (Elle comprend l'AVA LODI et l'AVA Clarksburg sur le delta du fleuve Sacramento).

Sierra Foothills   Comprend AMADOR (AVA de la vallée de Shenandoah et de Fiddletown), El Dorado (AVA du même nom), Calaveras, entre autres. Le Zin est le cépage universel. De plus en plus de cépages du Rhône et italiens.

Millésimes récents

La Californie, en dépit de sa réputation de « pays du soleil », ne connaît pas un climat aussi stable qu'on le croit. Si, en général, les raisins mûrissent avec régularité, dans de nombreuses régions, ils sont exposés à de fortes gelées printanières, parfois à des pluies pendant la récolte et trop souvent à la sécheresse. Les vins de la vallée de San Joaquin sont parmi les plus réguliers. Le millésime est plus une indication d'âge que de caractère. Les vignobles de la Côte centrale sont trop éparpillés pour obéir à un modèle unique. Les vallées de la Napa et de Sonoma sont les seules zones permettant des observations sur les douze derniers millésimes des vins d'un seul cépage les plus populaires : Cabernet Sauvignon et Chardonnay.

Chardonnay

Ces observations ne concernent que la garde des vins bien équilibrés aux arômes de fruit dominants. Les exemples trop riches et boisés sont généralement de très courte vie : 2 ans maximum. Les vins de bonne garde comprennent, entre autres : Acacia, Bouchaine, Clos du Bois-Calcaire, Dehlinger, Freemark Abbey, Navarro, Silverado, Trefethen.

1996 Récolte plus petite qu'en 95, mais les vins jeunes sont attrayants. Un millésime qui pourrait se révéler au-dessus de la moyenne.
1995 Petite récolte et saison douce au moment des vendanges. Vins toujours plaisants dans leur jeunesse. Les candidats habituels pourront bien vieillir.
1994 Les versions au goût de toast beurré se fanent mais les vins faits pour vieillir commencent à s'ouvrir et sont prometteurs. Les meilleurs depuis 91.
1993 C'est le moment de les boire, sauf ceux auxquels on peut faire confiance.
1992 Agréables au départ, la plupart ont commencé à se faner.
1991 Excellente année pour les vins dont on sait qu'ils vieillissent bien. Les autres ont commencé à décliner.
1990 Millésime utile. À boire tout de suite.
1989 Les pluies tardives ont fait beaucoup de gâchis. Mais les meilleurs restent splendides.
1988 À oublier.
1987 Seuls ceux de Trefethen et Freemark Abbey restent dans une forme mieux que passable.
1986 À oublier.
1985 Devraient déjà être bus.

Cabernet Sauvignon

Comme pour les Chardonnay, les vins trop riches et trop boisés se fanent généralement vite. Les observations ci-dessous ne concernent pas les Réserves mais les beaux Cabernet standards venant par exemple de Caymus, Clos du Val, Freemark Abbey, Hafner, Jordan, Laurel Glen, Louis M. Martini (Monte Rosso), Pine Ridge, Silverado.

1996 Minuscule récolte, arômes intenses. Beaucoup de charme mais l'avenir reste incertain.
1995 Minuscule récolte, arômes intenses, textures souples. Semblent évoluer rapidement.
1994 En barrique, semblent être les meilleurs depuis 91. Plaisants au début, peut-être durables.
1993 Un peu flegmatiques. Ordinaires, manquent de concentration.
1992 Commencent à prendre un air désolé, comme les 88.
1991 Après une vendange tardive, les vins vont devenir plus maigres et plus racés au fil des ans. Encore une légère réticence.
1990 Millésime californien exemplaire : mûr, enveloppant, plus de fruité que de progression vers la maturité.
1989 Vins sombres et parfumés mais ne tenant pas leurs promesses de vieillissement, même les meilleurs. À boire.
1988 Plats, manque de mise au point et de structure.
1987 Sera peut-être la meilleure année de la décennie.
1986 Millésime rapidement abordable. Les vins jeunes gras sont maintenant charnus.
1985 Toujours si durs qu'ils risquent de ne pas s'arrondir avant que les arômes ne meurent. Certains ont déjà entamé ce processus.
1984 Brillants rapidement : à boire maintenant, sauf ceux qui vieillissent toujours bien.
1983 La plupart sont terriblement fanés.
1982 Plus aucun intérêt depuis longtemps, sauf pour de nombreux Napa maintenant merveilleusement harmonieux et complexes. Mais même les meilleurs sont très fragiles. Vite.
1981 Les meilleurs sont à leur apogée mais la plupart des autres déjà sur le déclin.
1980 Grande réputation mais vins tout juste bons et solides. À boire.
1979 Apparemment légers, mais les meilleurs ont continué à prendre de la vigueur. À boire.
1978 Magnifiques au début, fanés maintenant. À boire.
1977 Attrayants mais s'effritent maintenant. À boire.
1976 Très concentrés à cause de la sécheresse. Les bons sont très mûrs et puissants. À boire.
1975 Délicats, charmants, mûrs. Toujours en grande forme et capables d'attendre.
1974 Vins disparates : certains fichus, les meilleurs mûrs et prêts. À boire.

Exploitants et négociants

Acacia Napa ★★★ (Chard) **89 91 92 93** 94 95 (Pinot N) **87 88 89 90 91 92** 93 94 95 Spécialiste depuis longtemps à CARNEROS de Chard et de Pinot N profonds et durables marchant tous deux vers la qualité. Les anciens vins d'un seul vignoble sont maintenant assemblés à des Réserves extrêmement barriqués à cause des problèmes de phylloxéra.

Adelaida Cellars San Luis Obispo ★★ Cab souple et Zin vigoureux très présents, maintenant rejoints par du Sangiovese et des cépages du Rhône.

Alderbrook Sonoma ★★ Nouveau propriétaire et nouveau vinificateur en 94. Volume en expansion et style adouci pour Chard, Sauv. Du Zin et d'autres rouges ajoutés récemment.

Alexander Valley Vineyards Sonoma ★★ Sur les 6 vins, le Cab sera le plus à la hauteur de ce beau vignoble. Au mieux, les blancs sont bizarres.

Almaden San Joaquin ★ Pionnier célèbre racheté par CANANDAIGUA. Marque courante exploitée à partir de Madera. Plus de 1 million de caisses.

Anderson Vineyard, S. Napa ★★★ (Cab) **89** 90 91 94 **95** (Brut) 90 91 92 93 Mousseux classique. Cab du voisin à STAG'S LEAP étourdissant. Le Chard s'améliore à mesure que le nouveau vignoble de CARNEROS s'établit.

Arrowood Sonoma ★★ → ★★★ (Chard) 95 96 (Cab) **85** 87 **90** 91 92 95 96 Le vinificateur de CHÂTEAU ST JEAN, Dick Arrowood, au mieux de sa forme, fait des Cab souples et de garde. Chard (sp. Reserve) pour les amateurs de chêne.

Araujo Napa ★ Vignoble Eisele, maintenant domaine : Cab sombre en préparation.

Artisans and Estates Groupe de spécialistes divers réuni par KENDALL-JACKSON : comprend CAMBRIA, Camelo, LA CREMA, Edmeades, Hartford Court, R. PEPI, J. Stonestreet.

Atlas Peak Napa ★★ Vins des vignobles d'Antinori dans les collines de l'est. L'exploitation appartient à Allied-Hiram Walker et donne des Sangiovese et Sangiovese/Cab « Consenso » en constante amélioration.

Au Bon Climat Sta Barbara ★★★ (Chard) **91 92 93 94** 95 96 (Pinot N) **90** 91 92 93 94 95 Jim Clendenen fait du Chard de style pain grillé, du Pinot N plein d'arôme, du Pinot Bl allègre. Cépages italiens sous l'étiquette Podere dellos Olivos. Produit aussi les vins de QUPÉ et VITA NOVA à Sta Maria Valley.

En 1970, le Chardonnay a produit en Californie près de 370 000 caisses de vin. Pour 1996, le potentiel est estimé à 20,08 millions de caisses.

Barnett Napa ★ Tout petit producteur d'un Cab étrange dans un domaine des hauteurs de Spring Mountain.

Beaucanon Napa ★★ Les propriétaires bordelais de Lebègue produisent ici à partir de leurs 100 ha de vignes des Cab et Merlot devenant réguliers, souples et stylés et un Chard qui progresse. Lacrosse est leur seconde étiquette.

Beaulieu Vineyard Napa ★★ (Cab) 36 45 49 58 65 **80** 90 **92** 94 95 Négociants-éleveurs renommés. Bonne garde pour le Cab Georges Delatour Private Reserve. Meilleur rapport qualité/prix : un Sauv maigre et sans chêne et un Chard de CARNEROS polissé. Appartient à HEUBLEIN.

Belvedere Sonoma ★★ William Hambrecht utilise surtout ses propres raisins pour son Cab Alexander Valley, son Zin Dry Creek Valley et son Chard Russian River.

Benziger Family Winery Sonoma ★★ S'appelait Benziger of Glen Ellen avant que Proprietors Reserve ne soit vendu à HEUBLEIN. Maintenant, tous les cépages de SONOMA et engouement pour le chêne. Tout est fait en grand.

Beringer Napa ★★ → ★★★ (Chard) 95 96 (Cab) 80 **81** 84 **87** 90 91 92 95 96 Exploitation centenaire ramenée récemment au plus haut niveau. Cab bien définis (Private Reserve S A, Knights Valley), Chard extrêmement gras et ultra-boisés. Zin plus qu'éminents. Possède aussi CHÂTEAU SOUVERAIN, MERIDIAN, NAPA RIDGE, CHÂTEAU ST-JEAN (depuis 96) et STAG'S LEAP WINERY (depuis 96).

Boeger El Dorado ★★ Surtout des vins de domaine. Merlot, Barbera et Zin attrayants mais tous moins hardis que leurs voisins.

Bonny Doon Livermore ★★★ Un pionnier du Rhône cultivé et aventureux produit un Le Sophiste (blanc), un Cigare Volant et un Old Telegram fascinants. Vin Gris de Cigare délicieux. Des cépages italiens méritent maintenant tout autant d'attention.

Bouchaine Carneros ★★★ (Chard) 89 90 **91** 92 93 **94** 95 96 (Pinot N) **91** **92** 93 94 95 96 Après une longue somnolence, inspiration récente. Chard et Pinot N parmi les meilleurs de la région. La rénovation des chais y est pour quelque chose.

Brander Vineyard Sta Barbara ★★ Longtemps leader de la vallée de Santa Ynez recherchant plus la puissance que la finesse dans les derniers millésimes de Sauv et de Bouchet de type MERITAGE.

Bronco Wine Company San Joaquin ★★ → ★★ Étiquette-parapluie pour des vins de cépage : LAURIER (le meilleur), Forest Glen, Grand Cru, Hacienda, Napa Creek, RUTHERFORD VINTNERS. C. C. Vineyard et J. F. J. Bronco sont ses étiquettes de vins génériques bon marché.

Bruce, David Sta Cruz ★★★ (Pinot N) 87 89 90 91 92 93 94 95 Depuis longtemps, source de Chard qui « cogne » (s'est modéré). Pinot N (de ses propres vignes et de SONOMA) étonnant.

Buehler Napa ★★ (Chard) 92 93 95 (Cab) 89 90 **91** 92 95 Domaine dans les collines de l'est. S'est établi comme source de très bons Cab et Zin de NAPA à prix modéré et de Chard de RUSSIAN RIVER.

Buena Vista Carneros ★★ (Chard) 91 **94** 95 96 (Cab) 81 **82** **87** 90 **92** 93 94 95 96 Retour en forme après deux années difficiles. Chard et Merlot de CARNEROS délicieux et au goût de raisin. Cab (au secret bien gardé) intense et sans âge de la plus grosse propriété de l'AVA (440 ha). Beau Sauv de LAKE aussi.

Burgess Cellars Napa ★★ (Zin) 90 **91** 94 95 96 Rouges sombres, lourds et bien boisés. Cab plutôt simple, Zin plus irrésistible.

B.V. Abréviation de BEAULIEU VINEYARD utilisée sur les étiquettes.

Bynum, Davis Sonoma ★★ (Chard) 93 94 **95** 96 (Pinot N) 91 **92** 93 94 95 96 Stabilité depuis des années. Se tourne vers les vins d'un seul vignoble et y gagne en profondeur : sp. Chard, Pinot N et de très bons Sauv et Gewürz de RUSSIAN RIVER.

Byron Vineyards Sta Barbara ★★★ (Chard) 91 92 93 95 96 (Pinot N) **84** 88 89 **90** 91 93 94 95 96 Prospère depuis son rachat par Robert MONDAVI. Le Pinot N du domaine vient en tête mais le Chard n'est pas loin derrière.

Cain Cellars Napa ★ ★ ★ (Cain Five) 85 86 87 90' 91 92 94 De plus en plus stylé, le souple Cain Five, assemblage de cépages de la famille du Cab cultivés dans le vignoble du domaine (Spring Mountain), sort du lot. Cain Cuvée est un Cain Five déclassé qui rivalise souvent avec lui. En blanc, Sauvignon Musqué de MONTEREY (beau aussi).

Cafaro Napa ★ ★ Étiquette de vinificateur pour des Cab et Merlot allant de charpentés à solides.

Cakebread Napa ★ ★ ★ (Chard) 95 96 (Cab) 81 85 86 87 90 91 92 94 95 Gestion audacieuse pour des Sauv, Chard et Cab bien boisés.

Calera San Benito ★ ★ ★ (Chard) 95 96 (Pinot N) 82 85 87 91 92 94 95 96 Vignoble calcaire, escarpé, sec et ensoleillé, près de Chalone, donnant des Pinot N du domaine de la même trempe que dans le Rhône. Chacun est nommé d'après une partie du vignoble (Jensen, Selleck, Reed). Aussi Viognier extrêmement parfumé.

Sélection personnelle de Merlot californiens à goûter en 1998
Buena Vista : Estate de Carneros
Clos du Val : Stag's Leap District Napa Valley
Gary Farrell : Sonoma County, Ladi's Vineyard
Greenwood Ridge : Estate de Anderson Valley
Louis M. Martini : Russian River Valley, Los Vinedos del Rio

Callaway Temecula ★ ★ (Chard) 85 90 91 92 94 95 96 Chard non boisé vieilli sur lie est un triomphe dans cette région chaude et sèche. Fumé blanc bon aussi.

Cambria Sta Barbara ★ ★ Partie du groupe de KENDALL-JACKSON, ARTISANS AND ESTATES. À suivre pour son Chard et son Pinot N.

Canandaigua Énorme firme établie à New York et jouant un grand rôle en Californie. Maintenant n°2 après GALLO et grandit encore. Comprend aujourd'hui INGLENOOK, DUNNEWOOD, Paul Masson et COOKS.

Carmenet Sonoma ★ ★ → ★ ★ ★ (Assemblage de Cab) 87 90 91 92 94 95 Vignoble et exploitation de montagne appartenant à CHALONE, au-dessus de la ville de SONOMA. Assemblages à base de Cab pleins de classe, au goût de prune (Dynamite, Moon Mountain, Vin de Garde, etc.). Aussi Sauv de MONTEREY et Chard de CARNEROS.

Carneros Creek Carneros ★ ★ → ★ ★ ★ (Chard) 95 96 (Pinot N) 85 87 90 91 92 93 94 95 96 Fervent des climats et des clones de CARNEROS. Pinot N : Reserve bien barriqué, Fleur fruité et mise en bouteilles au domaine font la différence. Aussi Chard bien boisé. 25 000 caisses.

Castoro San Luis Obispo ★ ★ Domaine et vins importants à Paso Robles (Cab et Zin).

Caymus Napa ★ ★ ★ → ★ ★ ★ ★ (Cab) 74 75 78 79 81 85 87 90 91 92 94 95 Un pilier réputé : Cab Special Selection des raisins du domaine, sombre et ferme, exemplaire pour son vieillissement dans du chêne américain. Mise en bouteilles normale, à peine plus légère, pas loin derrière. Développe des vignobles à MONTEREY et SONOMA pour d'autres cépages.

Cedar Mountain Livermore ★ ★ L'une des plus ambitieuses de la nouvelle vague d'exploitations de domaine : Cab et Chard.

Chalk Hill Sonoma ★ ★ Grand domaine près de Windsor donnant des Chard sans originalité et des Sauv du même acabit. Cherche toujours un style pour son Cab. Nouveau vinificateur en 96.

Chalone Monterey ★ ★ ★ (Chard) 89 90 91 92 93 94 95 96 Domaine unique au sommet d'une colline dans les monts Gavilan. Chard fumé et boisé, au goût de pierre à fusil et Pinot N sombre et tannique, deux imitations de Bourgogne lentes à s'ouvrir (jusqu'à 15 ans pour le Pinot N). Aussi Pinot Bl et Chenin Bl stylisés d'après le Chard. 25 000 caisses. La société possède aussi ACACIA, CARMENET, EDNA VALLEY, Gavilan et Canoe Ridge (Washington). Liens avec les Rothschild de Lafite.

Chappellet Napa ★★★ (Cab) 75 76 78 82 84 86 87 90 91 92 94 Magnifique vignoble de coteau. Le Cab a été maigre et racé et doit vieillir. Chard et Chenin Bl aussi. Mauvaise passe actuellement.

Château Montelena Napa ★★★ (Chard) 92 93 95 96 Chard sous-estimé, de longue garde. Cab récemment modifié (91 92) mais toujours tannique et puissant, qui peut vieillir une éternité et provient du domaine de Calistoga.

Château Potelle Napa ★★ Propriétaire français. Produit depuis peu un Chard assez impressionnant (version Reserve à l'arôme de pain grillé). Aussi un Cab et un Zin Mt Veeder horriblement cher.

Château St Jean Sonoma ★★ → ★★★ (Chard) 90 91 92 93 94 95 Connu pour ses Chard d'un seul vignoble intenses, à la texture généreuse (Robert Young, Belle Terre, McCrea), Fumé Bl (Petite Étoile), Ries et Traminer sous botrytisés (Robert Young, Belle Terre). Les rouges gagnent en volume. Racheté à Suntory en 96 par les propriétaires de BERINGER.

Château Souverain Sonoma ★★ (Cab) 85 87 90 91 94 95 96 Chard, Cab de la Vallée Alexander et Zin de Dry Creek tous fiables et très boisés récemment. 150 000 caisses. Même propriétaire que BERINGER.

Château Woltner Napa ★★ → ★★★ Chard du domaine de Howell Mountain (dont l'onéreux Frederique) appartenant aux anciens propriétaires du Ch. La Mission-Haut-Brion maintenant installés sur les coteaux de NAPA. Vins goûteux jeunes mais doivent trouver le secret de la longévité.

Chimney Rock Napa ★★ (Cab) 87 90 91 92 94 95 Cab et Sauv souples et courtois du district de STAG'S LEAP. Chard de CARNEROS depuis peu sur la pente ascendante.

Christian Brothers, The Madera (San Joaquin) Autrefois véritable institution à NAPA. N'est plus qu'une étiquette d'eau-de-vie pour HEUBLEIN.

Christopher Creek Sonoma ★★ Breton expatrié se dévouant corps et âme à la Syrah et la Petite Sirah en petites quantités venant de Russian River Valley.

Cline Cellars Carneros ★★ Autrefois à Contra Costa (y a toujours d'importants vignobles), maintenant à SONOMA/CARNEROS et toujours voué principalement à des assemblages et vins de cépage du Rhône. Ex. : Côtes d'Oakley, Mourvèdre.

Clos du Bois Sonoma ★★ → ★★★ (Chard) 94 95 96 (Cab) 87 90 91 92 94 95 96 Grande firme d'Healdsburg (400 000 caisses) appartenant à Allied-Hiram Walker. La vinificatrice Margaret Davenport fait des miracles avec Cab, assemblages de Cab, Chard et Sauv. Les meilleurs vins sont d'un seul vignoble (Cab Briarcrest, Chard Calcaire).

Clos du Val Napa ★★★ (Chard) 90 91 92 93 94 95 96 (Cab) 72 74 75 77 80 81 82 83 85 86 87 90 91 94 95 96 Propriétaire français. Cab et Reserve à base de Cab du district de STAG'S LEAP peut-être les vins de plus longue garde de tout NAPA et pourtant rapidement accessibles. Merlot a le pied sûr aussi. Le Chard sous-estimé et soyeux de CARNEROS est le meilleur blanc. 55 000 caisses.

Clos Pegase Napa ★★★ (Chard) 92 93 94 95 96 (Cab) 85 86 87 90 91 94 95 Exploitation/musée à l'architecture postmoderne. Progresse plus vite que sa réputation déjà bonne, sp. pour Chard de CARNEROS et Cab de Calistoga.

Codorníu Carneros ★ ★ ★ Branche californienne des grands producteurs catalans de cava. Concurrence les Champenois locaux. Depuis 97, un nouveau vinificateur fait d'importantes quantités de Pinot N tranquille et du Chard aussi.

Cohn, B. R. Sonoma ★ ★ → ★ ★ ★ Cab très loué d'un domaine de SONOMA : boisé jeune, boisé vieux et boisé entre les deux.

Concannon Livermore ★ ★ WENTE VINEYARDS est propriétaire de cette fameuse source de Sauv. Commence à se spécialiser dans les cépages du Rhône.

Conn Creek Napa ★ ★ Surtout connu pour son Cab souple et presque juteux : depuis 93, s'y consacre, ainsi qu'à son assemblage Anthology. Propriété de Ch. Ste Michelle dans l'État de Washington.

Cooks « Cooks Champagne », etc. bon marché de San Joaquin. Appartient à CANANDAIGUA.

Corbett Canyon San Luis Obispo ★ → ★ ★ (Pinot N Reserve) **89 90 91 92 93** 95 96 Gros producteur (50 000 caisses) de la Côte Centrale offrant parfois un Pinot N Reserve mémorable. Surtout source abondante de vins de cépages modestes, Coastal Classic.

Corison Napa ★ ★ → ★ ★ ★ (Cab) **87** 90 **91** 92 94 95 Longtemps vinificateur de CHAPPELLET, fait maintenant ses propres Cab souples et parfumés qui promettent de bien vieillir.

Cosentino Napa ★ ★ (Pinot N) **93** 94 95 96 Propriétaire/vinificateur constamment sur la brèche. Les Pinot N de CARNEROS sont à rechercher en premier.

Crichton Hall Napa ★ ★ Un Chard de domaine ambitieux a lancé l'étiquette. Maintenant aussi Merlot et Pinot de CARNEROS.

Cronin Sta Cruz ★ ★ Producteur culte lilliputien de Chard toasté et beurré de sources diverses.

Culbertson Temecula ★ ★ Spécialiste de mousseux classique étiqueté Thornton.

Curtis Sta Barbara ⏣★ ★⏣ (Chard) **92 93 94 95** 96 Ex-Carey Cellars. Impressionnant depuis sont acquisition par FIRESTONE en 96 pour un Chard exotique mais aussi Sauv et Merlot aux arômes de poivron.

Cuvaison Napa ⏣★ ★ ★⏣ (Chard) **92 93** 94 95 96 (Merlot) **85 86 87** 90 **91** 92 94 95 96 Chard de CARNEROS maigre et croquant parmi les tout meilleurs. Merlot sombre et mûr et Cab du haut de la vallée suivent la même voie. Le récent Pinot N de CARNEROS commence à briller.

Dalla Valle Napa ★ ★ → ★ ★ ★ Le grand fondateur, Gustave Dalla Vale, est décédé en 95. Sa veuve poursuit le Cab et l'assemblage de Cab Maya de ce domaine démesuré.

Dehlinger Sonoma ★ ★ ★ (Pinot N) **87 89 90' 91** 92 93 **94** 95 96 De plus en plus axé, à raison, sur les Pinot N de Russian River. Chard bon aussi. Propriété familiale.

DeLoach Vineyards Sonoma ★ ★ ★ (Chard) **92 93 94 95** 96 (Zin) **81 87** 90 **91** 92 93 95 Chard riche et fruité toujours pilier de cette exploitation de 80 000 caisses à Russian River. Pinot N s'améliorant encore et Zin d'un seul vignoble gargantuesque (Papera, Pelleti). Trouve des amateurs.

de Lorimier Sonoma ⏣★ ★⏣ Domaine de la Vallée Alexander. Sauv/Sém et assemblages de la famille du Cab éminents. Chard aussi.

Diamond Creek Napa ★ ★ ★ ★ (Cab) **76 77 78 79 80 81 82 83 84 85 86 87 88 89** 90 91 92 93 94 95 96 Les Cab-cultes austères et étonnamment chers du vignoble escarpé près de Calistoga portent le nom de leur parcelle, par ex. Gravelly Meadow, Volcanic Hill. 3 000 caisses.

Domaine Carneros Carneros (★ ★ ★) Ce brillant représentant américain de Taittinger reflète le style austère de son cousin de Champagne. Le récent Blanc de Blancs vient en tête. + de 25 000 caisses.

Domaine Chandon Napa ★★→★★★ Vignobles en maturation, style en maturation et gamme en expansion portent cette branche californienne de Moët & Chandon vers de nouveaux sommets. Cherchez sp. Reserve S A et Brut Rosé. 350 000 caisses.

Domaine Napa Napa A malheureusement trépassé.

Domaine Saint-Gregory Mendocino ★ Autre étiquette de MONTE VOLPE pour des vins issus de cépages français.

Dominus Napa ★★★ 83 84 85 86 87 88 89 90 |91| 95 Christian Moueix de Pomerol est maintenant l'unique propriétaire de ce très beau vignoble. Assemblage à base de Cab massivement tannique jusqu'au 88, maintenant, curieusement, de plus en plus comme un beau Bordeaux (tannins plus doux en 90 et 91). Dave Ramey est le nouveau vinificateur.

Dry Creek Vineyard Sonoma |★★| Source incontournable de blancs secs et goûteux, sp. Chard, Fumé Bl et Chenin Bl. Cab et Zin plutôt sous-estimés. 110 000 caisses.

Duckhorn Vineyards Napa ★★★ (Merlot) 85 86 |87| 90' 91 92 93 94 95 Connus pour leurs rouges sombres, tanniques, presque au goût de prune, sp. le Merlot d'un seul vignoble (Three Palms, Vine Hill). Maintenant aussi un assemblage Howell Mountain à base de Cab. Aussi très bon Sauv. 18 000 caisses.

Dunn Vineyards Napa ★★★ (Cab) 87 89 90 91 92 93 94 95 Le propriétaire-vinificateur Randall Dunn fait des Cab sombres, tanniques et austères à partir de raisins de Howell Mountain et d'autres un peu plus doux du fond de la vallée. 4 000 caisses.

Dunnewood Mendocino ★→★★ Producteur de vins de cépages du nord de la côte fiables et de bon rapport qualité/prix. Appartient à CANANDAIGUA.

Durney Vineyard Monterey ★★→★★★ (Cab) 83 95 96 De nouveaux propriétaires font revivre ce domaine après la mort de son mythique fondateur. À surveiller, sp. pour ses Cab Carmel Valley sombres et robustes et son Chard riche. La gamme Cachagua est ★★.

Eberle Winery San Luis Obispo |★★| Un ex-footballeur costaud fait des Cab et Zin à son image. Cherchez également leur opposé, le Muscat Canelli.

Edna Valley Vineyard San Luis Obispo ★★ (Chard) 93 |94| |95| 96 Chard résolument toasté d'une association entre un producteur local et CHALONE. Pinot N à boire tôt. 48 000 caisses.

Estancia Blanc de MONTEREY (Chard et Sauv bon achat) et rouge de la Vallée Alexander (Cab et Sangiovese) faits à FRANCISCAN.

Etude Napa ★★★ (Pinot N) 87 89 90 |91| |92| |93| 94 95 96 Chais appartenant au consultant respecté Tony Soter. Pinot N de CARNEROS (87 89 90 91 95) poli et Cab de CARNEROS qui ne l'est pas moins. Quelques expériences avec le Pinot Gris et le Meunier.

Far Niente Napa ★★★ (Chard) 94 95 96 (Cab) 91 92 94 95 96 L'opulence semble être l'objectif à la fois pour le Cab et le Chard de cette propriété luxueuse au beau milieu de NAPA.

Farrell, Gary Sonoma ★★→★★★ (Pinot N) 89 90 |92| |93| |94| |95| 96 Étiquette du vinificateur pour Pinot N brillants, bien boisés et toastés de Russian River. Aussi Chard et Zin au goût de baie.

Ferrari-Carano Sonoma ★★→★★★ (Chard) 95 96 (Cab) 87 90 92 94 95 96 Les styles changeants rendent difficile le suivi des vins : exploitation modèle utilisant les vignobles de SONOMA pour un Chard toasté, un Cab vigoureux et un Sangiovese étrange.

Fetzer Mendocino ★★ (Chard) Vins toujours de bon rapport allant de très peu chers (Sun Dial, Valley Oaks) à chers (gammes Reserve). 3 millions de caisses.

Ficklin San Joaquin ★★ Premier en Californie pour le cépage Douro. Depuis 1948, Tinta est le meilleur « porto » de l'État. Parfois millésimé.

Field Stone Sonoma ★★ Cab de la Vallée Alexander aromatiques du domaine. Le Petite Sirah de vieilles vignes peut être impressionnant.

Firestone Sta Barbara ★★ → ★★★ (Chard) 94 95 96 (Merlot) 90 91 92 94 95 96 Le Chard de plus en plus fin fait un peu d'ombrage au Ries. Merlot bon. Un des meilleurs Cab de la région. Possède aussi CURTIS.

Fisher Sonoma ★★ Raisins d'altitude à SONOMA pour un Chard souvent beau. Les raisins de NAPA dominent toujours le Cab régulier. 10 000 caisses.

Flora Springs Wine Co. Napa ★★ → ★★★ (Chard) 95 96 (Trilogy) 85 86 87 90 91 92 94 95 96 Vieux chais de pierre. Sauv Soliloquy aussi beau que Chard fermenté dans du chêne. Cab Reserve bouqueté et assemblage de Cab luxueux, Trilogy. Sangiovese à suivre. 18 000 caisses.

Fogarty, Thomas Sta Cruz ★★ Le beau Gewürz de VENTANA mène la danse. Toute la gamme est bien faite.

Folie à Deux Napa ★ Le vinificateur vétéran Dr Richard Peterson préside à la renaissance de cette petite exploitation autrefois connue pour son beau Chard.

Foppiano Sonoma ★★ Vieille famille de viticulteurs. Beaux rouges chaque année, sp. Petite Sirah extraordinaire. Fox Mountain est l'étiquette du Chard et du Sauv. 2e étiquette : Riverside.

Forman Napa ★★★ Le vinificateur qui a donné à STERLING sa réputation dans les années 60 fait maintenant d'excellents Cab et Chard pour son compte. 15 000 caisses.

Foxen Sta Barbara ★★★ (Pinot N) 89 90 91 92 93 94 95 96 Minuscule exploitation nichée entre les vallées Sta Ynez et Sta Maria. Pinot N toujours hardi et souvent brillant.

Franciscan Vineyard Napa ★★ (Cab) 85 87 89 90 91 92 94 95 96 Vignoble important aux Chard, Cab et Zin de plus en plus stylés. Autres étiquettes : MOUNT VEEDER, ESTANCIA, Pinnacles (MONTEREY).

Franzia San Joaquin ★ Vins courants peu chers étiquetés Franzia, etc. Vins de cépage sous de nombreuses étiquettes sur lesquelles figure : « produit et mis en bouteilles à Ripon ». 5 millions de caisses.

Freemark Abbey Napa ★★★ (Chard) 89 90 91 92 93 94 95 96 (Cab) 67 69 72 74 75 80 81 82 83 85 87 91 92 94 95 96 Sous-estimé aujourd'hui, mais régulier pour ses Cab inépuisables (sp. Sycamore et Bosche d'un seul vignoble), profonds et stylés. Très bons Chard délicieusement caractéristiques. Ries Edelwein vendange tardive peu fréquent mais toujours dans les plus beaux.

Fritz, J. Sonoma ★★ Le style a brutalement changé depuis l'arrivée d'un nouveau vinificateur en 95 : de fruité et racé d'abord à boisé et gras, sp. en blanc.

Frog's Leap Napa ★★ → ★★★ (Cab) 82 87 90 91 92 94 95 96 Petite firme charmante et, de surcroît, pratiquant la culture organique. Sauv, Zin, Cab, Merlot généralement sous-estimés, à l'inverse du Chard toasté.

Gainey Vineyard, The Sta Barbara ★★ Chard, Sauv, Cab et sp. Pinot N régulièrement attrayants. 12 000 caisses.

Gallo, E. & J. San Joaquin ★→★★★ (Chard) 95 96 (Cab) **90 91** 92 93 94 95 Après avoir maîtrisé les vins de base (Hearty « Burgundy », Pink Chablis, etc.), cette firme familiale (la plus grosse exploitation vinicole du monde) se tourne de plus en plus vers SONOMA pour des vins d'un seul vignoble et des spécialités. Les Cab et Zin, ses fleurons, sont excellents. Le Chard les rattrape.

Gan Eden Sonoma ★★ Producteur kasher de vins d'un seul cépage, qui a reçu tous les éloges pour ses Chard.

Geyser Peak Sonoma ★★ Après un bref mariage avec l'Australien Penfolds, les grands vignobles d'Henry Trione dans Vallée Alexander et Russian River (beaux raisins) produisent des vins de style Penfolds. Chard et Cab bien boisés, rejoints par Shiraz, tous venant en majeure partie des vignobles de l'exploitation. Aussi un superbe Sauv tout récent. Seconde étiquette : Canyon Road.

Glen Ellen Proprietor's Reserve Marque bon marché de vins de cépage provenant d'un peu partout. Rachetée par HEUBLEIN à BENZIGER en 94.

Gloria Ferrer Carneros ★★ Cette grande firme de mousseux classique de l'Espagnol Freixenet a reçu une bonne critique, sp. pour Cuvée Royale et Cuvée Carneros. 65 000 caisses. Le Pinot N fumé et soyeux de CARNEROS ne peut laisser indifférent.

Green and Red Napa ★★ Firme minuscule. Le Zin vigoureux toscan de goût et le Chard rustique méritent d'être recherchés.

Greenwood Ridge Mendocino ★★ (Pinot N) 91 93 95 96 Spécialiste de Ries racé à Anderson Valley. Plus appréciable récemment pour son Sauv au goût de melon et son Merlot végétal. Son Pinot N commence à convaincre lui aussi. 4 000 caisses.

Grgich Hills Cellars Napa ★★★ (Chard) 91 93 94 95 96 (Cab) 80 81 83 84 85 86 87 89 90 91 95 Grgich, vinificateur, et Hills, éleveur, ont uni leurs forces pour un Chard austère et boisé, un Cab et un Sauv riches, de garde incroyablement longue, et un Ries trop peu connu doux comme un Spätlese. Aussi Zin au goût de prune et épais de SONOMA. 40 000 caisses.

Groth Vineyards Napa ★★→★★★ (Cab) 82 85 86 87 88 90 91 92 95 Domaine à Oakville. Tient la dragée haute aux meilleurs avec Cab et Sauv de NAPA. Aussi très bon Chard. 30 000 caisses.

Guenoc Vineyards Lake ★★ Exploitation/vignoble ambitieux près de NAPA. N.B. La propriété avait été un défi de Lillie Langtry aux vins de Bordeaux. Surtout connue maintenant pour son Chard étonnamment beau. Aussi très bons Cab et Zin.

Guild Vieille coop. et ses nombreuses étiquettes (sp. COOKS, DUNNEWOOD) rachetée et absorbée par CANANDAIGUA.

Gundlach-Bundschu Sonoma ★★→★★★ (Chard) 93 94 95 96 (Cab) 85 90 91 92 94 95 96 Pionnier ranimé par la cinquième génération. Le vignoble versatile de Rhinefarm sur l'étiquette indique Gewürz, Merlot, Zin et Pinot N mémorables et individuels. 50 000 caisses.

Hafner Sonoma ★★ (Cab) 87 89 91 92 92 94 95 Exploitation de la Vallée Alexander pour un Cab parfumé à garder. Aussi Chard agréable. 8 000 caisses.

Hagafen Napa ★★ Le 1er et peut-être le meilleur des producteurs kasher sérieux. Sp. Chard et Johannisberg Ries. 6 000 caisses.

Handley Cellars Mendocino ★★ (Chard) 89 90 91 92 93 94 95 Producteur/vinificateur d'excellents mousseux classiques de la Vallée Alexander, de Pinot N (91 92) et de Gewürz. Aussi Chard et Sauv supérieurs du vignoble familial à Dry Creek.

Hanna Winery Sonoma ★ ★ 240 ha dans Russian River et la Vallée Alexander. Chard, Cab et Sauv sains et modérés. Nouveau vinificateur en 96.

Hanzell Sonoma ★ ★ ★ (Chard) **91 94** 95 96 (Pinot N) **93** 94 95 96 Son fondateur a révolutionné les Chard et les Pinot N (chêne neuf) de Californie dans les années 50. Trois propriétaires plus tard, continue à produire les vins mûrs au bouquet prononcé des origines à partir du vignoble du domaine à SONOMA.

Haywood Vineyard Sonoma ★ ★ Vignoble appartenant à BUENA VISTA et bien ancré à SONOMA. Surtout bon pour Chard et Zin. La gamme Vintner Select est constituée de vins achetés.

Une grave crise de phylloxéra oblige Napa et Sonoma à réencépager la moitié de leurs 24 000 ha de vignobles. Napa en sera à mi-chemin en 1997 et Sonoma environ deux ans plus tard.

Heitz Napa ★ ★ ★ → ★ ★ ★ ★ (Cab) 74 78 79 80 84 **87 91** 92 94 95 96 Producteur individualiste. Ses produits ont fixé des normes pour la profession dans les années 60 et 70. Cab sombres, profonds et énergiques, sp. de Martha's Vineyard. Trailside Vineyard plus récent mais du même acabit. Bella Oaks en recul. Les blancs peuvent être excentriques mais le Grignolino Rosé sec est brillant. 40 000 caisses.

Hess Collection, The Napa ★ ★ → ★ ★ ★ (Chard) **94** 95 96 (Cab) 87 **91** 92 93 94 95 Firme/musée d'un Suisse implanté dans l'ancienne exploitation Mont La Salle (CHRISTIAN BROTHERS). Chard et Cab stables sur Mount Veeder. L'étiquette Hess Selection non-Napa est un très bon achat. 40 000 caisses.

Heublein Grosse société de boissons s'intéressant au vin (voir BEAULIEU, CHRISTIAN BROTHERS, GLEN ELLEN PROPRIETOR'S RESERVE, M.G. VALLEJO).

Hidden Cellars Mendocino ★ ★ Producteur de Sauv et Zin souvent d'un seul vignoble.

Hill Winery, William Napa ★ ★ (Cab) 85 87 91 92 93 94 95 96 S'est allié en 94 avec ATLAS PEAK, CLOS DU BOIS. Bons Chard et Cab mais Sauv et Merlot plus prometteurs. Jill Davis (ex-BUENA VISTA) est le nouveau vinificateur.

Hill & Thoma Partnership Diverses propriétés naissantes. Carneros Bighorn (Chard, Pinot N), Domaine Clos du Fontaine (Cab de NAPA), Parducci : exploitation historique de Mendocino récemment acquise. Avec, en Oregon, Van Duzer (Chard, Pinot N).

Hop Kiln Sonoma ★ ★ Source de Valdiguie (alias Gamay de Napa) parfois étonnamment beau. Le Gewürz de Russian River a un bouquet prononcé.

Husch Vineyards Mendocino ★ ★ Chard, Sauv et Cab d'Ukiah fiables. Pinot N et Gewürz de la vallée Anderson parfois excellents. 15 000 caisses.

Inglenook Napa ★ ★ → ★ ★ ★ (Cab) 55 56 62 68 78 81 87 Nom au passé prestigieux de NAPA (mais pas propriété) racheté par CANANDAIGUA. Étiquette Inglenook Navalle dynamique, pas Napa en ce moment. Vignoble et chais magnifiques faisant maintenant partie de NIEBAUM-COPPOLA.

Iron Horse Vineyards Sonoma ★ ★ ★ (Chard) 94 95 96 (Brut) 90 **91** 92 93 Propriété importante de Russian River, de plus en plus axée sur les mousseux classiques de garde alliant finesse et hardiesse. Continue aussi ses Chard et Pinot N d'un seul vignoble, plus Cab et Sauv d'un vignoble affilié de la Vallée Alexander.

Jade Mountain Napa (★★) Partage une exploitation avec WHITE ROCK et poursuit des objectifs très élevés en utilisant des cépages du Rhône, sp. Syrah.

Jekel Vineyards Monterey ★★ (Chard) 91 92 93 95 96 Son Ries mûr et juteux est le plus réussi des vignobles de SALINAS. Aussi bon Chard, et Cab très régional (à l'arôme de poivron). 60 000 caisses.

Jepson Vineyards Mendocino ★★ Chard, Sauv et mousseux classique sains et stables d'un domaine près d'Ukiah. Aussi petite eau-de-vie.

Jordan Sonoma ★★★ (Chard) 94 95 96 (Cab) 82 84 85 87 90 91 93 94 95 96 Maison originale de la Vallée Alexander spécialisée dans le Cab style bordeaux. Chard moins réussi. Mousseux classique « J » adroit, souple, voluptueux (89 90 91). 75 000 caisses.

Karly Amador ★★ Parmi les sources de Zin les plus ambitieuses des SIERRA FOOTHILLS.

Keenan Winery, Robert Napa ★★ Exploitation sur Spring Mountain produisant Cab et Merlot souples et sobres sous la férule d'un nouveau vinificateur, Nils Venge. Aussi Chard.

Kendall-Jackson Lake ★★→★★★ Producteur au succès stupéfiant pour un style visant un marché large : sp. Chard toasté et pas très sec de diverses origines. Encore plus remarquable pour le développement de diverses exploitations sous le nom générique de ARTISANS AND ESTATES comprenant CAMBRIA, Camelot, LA CREMA, Edmeades, Hartford Court, R. PEPI, J. Stonestreet.

Kenwood Vineyards Sonoma ★★→★★★ (Chard) 90 91 92 93 95 (Cab) 87 88 89 90 91 95 Important producteur de Chard fiable et de Cab (dont Jack London d'un seul vignoble). Chercher surtout le Sauv et le Zin d'un seul vignoble (Nuns Canyon, Mazzoni).

Kistler Vineyards Sonoma ★★★ (Chard) 93 94 95 96 Chard fumés et beurrés (sp. d'un seul vignoble). Pinot N et Cab plus récents.

Konocti Cellars Lake ★★ Sauv excellent achat, bon Chard mais c'est le Cab F rafraîchissant qui intrigue.

Korbel Sonoma ★★ Spécialiste de mousseux classique au fruité prononcé de diverses origines. Beaucoup de bulles. Natural, Brut et Blanc de Blancs sont les meilleurs.

Krug, Charles Napa ★★ (Chard) 94 95 96 (Cab) 80 84 85 91 92 93 94 95 96 Firme ancienne et importante aux vins en général sains. Cab en tête de liste, Chard et Pinot N de CARNEROS pas loin derrière. C.K. Mondavi est son vin de cruche.

Kunde Estate Sonoma ★★→★★★ (Chard) 95 96 Grands viticulteurs de longue date s'imposant comme de bons vinificateurs pour Chard beurrés, Sauv aromatiques (avec une légère touche de Viognier). Cab, Cab Reserve, Merlot et Zin se font leur place.

La Crema Sonoma ★★ (Chard) 94 95 96 (Pinot N) 90 91 93 94 95 96 Fait partie du groupe ARTISANS AND ESTATES de KENDALL-JACKSON et se tourne de plus en plus vers l'AVA de Russian River pour des Chard et Pinot N de très bonne qualité et en amélioration.

La Jota Napa ★★ Cab cher d'un petit domaine sur Howell Mountain.

Lakespring Napa ★★ Étiquette d'une exploitation de NAPA achetée en 95 par Frederick Wildman (mêmes propriétaires que MARK WEST). Vins maison faits par un groupe de vignobles associés.

Lambert Bridge Sonoma ★ ★ De nouveaux propriétaires ont fait revivre ces chais avec vignobles à Dry Creek. Beaux résultats pour Chard et Cab.

Landmark Sonoma ★ ★ (Chard) 95 96 Spécialiste de Chard de longue date. Vins allant de frais et croquants à peu originaux et trop beurrés. 15 000 caisses.

Laurel Glen Sonoma ★ ★ ★ (Cab) 82 85 86 89 90 91 92 93 95 96 Grosse firme. Cab agréable et ferme, très régional, sur un vignoble escarpé d'une subdivision de l'AVA Sonoma Mountain. Seconde étiquette bon achat. 5 000 caisses.

Laurier Sonoma ★ ★ (Chard) 94 95 96 Étiquette-joyau de BRONCO WINE CO. Actuellement, vise haut avec Chard. Le Pinot N commence par le 93.

Lava Cap El Dorado ★ ★ Lorsque les styles hardis dominent, ils sont sous-estimés. Zin, Cab et autres intrigants.

Lazy Creek Mendocino ★ ★ Propriété d'un serveur de restaurant à la retraite. Tout en exerçant son hobby, il produit des Gewürz et des Chard sérieux. Aussi Pinot N.

Leeward Winery Ventura ★ ★ (Chard) 95 96 Chard très toasté de la Côte Centrale. 18 000 caisses.

Liberty School San Luis Obispo ★ → ★ ★ Ex-seconde étiquette de CAMUS rachetée en 96 par son principal fournisseur de Cab et transférée à son vignoble de Paso Robles.

Liparita Napa ★ ★ Domaine produisant des Chard, Cab et Merlot dans ces chais en location avec des raisins achetés à Howell Mountain. Merry Edwards est le consultant. Propres chais à venir.

Lockwood Monterey ★ ★ Énorme vignoble dans la VALLÉE DE SALINAS et exploitation-modèle. Terroir est la gamme.

Lohr J. Côte Centrale ★ → ★ ★ Vaste firme à son sommet avec Cab Seven Oaks de Paso Robles. La gamme principale s'appelle Cypress.

Long Vineyards Napa ★ ★ ★ (Chard) 95 96 (Cab) 80 81 82 83 84 85 86 87 90 91 92 94 95 96 Petit producteur près de CHAPPELLET. Chard luxuriant et Cab bouqueté. Prix excessifs.

Lyeth Vineyard Sonoma ★ ★ Ex-exploitation/domaine aujourd'hui étiquette de négociant pour la filiale californienne du Bourguignon J. C. Boisset. Bon rouge, excellent blanc de type MERITAGE. Christophe est la seconde étiquette. Boisset possède aussi WHEELER.

Lytton Springs Sonoma ★ ★ Racheté puis fermé par RIDGE. Les raisins vont à la propriété Ridge Lytton Springs.

MacRostie Carneros ★ ★ Les Chard, porte-drapeaux du domaine, sont moins beurrés (95) qu'avant. Pinot N et Merlot aussi.

Madrona El Dorado ★ ★ Vignobles les plus hauts des SIERRA FOOTHILLS. Chard stable (entre autres). 10 000 caisses.

Maison Deutz San Luis Obispo ★ ★ → ★ ★ ★ Branche californienne de la maison de Champagne. Bon sens du style, raisins provenant de l'AVA Arroyo Grande. Maintenant, vins tranquilles aussi (Pinot N, Chard) étiquetés Carpe Diem.

Mark West Vineyards Sonoma ★ ★ Gewürz très satisfaisant, Chard de vigoureux à rustique, Pinot N et mousseux Blanc de Noirs. Appartient maintenant à Associated Vintners Group.

Markham Napa ★ ★ (Cab) 87 90 91 92 93 94 95 96 Vins bons à excellents, sp. Merlot et Cab de ses propres vignobles. Étiquette Laurent supprimée.

Martin Bros San Luis Obispo ★ ★ Firme entièrement dédiée aux cépages (Nebbiolo, Sangiovese) et aux styles italiens (Vin Santo, Chard vieilli dans du châtaignier). S'est divisée récemment.

Martini, Louis M. Napa ★★ → ★★★ (Cab) **52 55 59 64 68 70 74 78 79 80 83 85** 87 90 91 92 93 94 95 96 Firme familiale historique aux normes élevées à tous niveaux, sp. Cab d'un seul vignoble (Monte Rosso), Merlot (Los Vinedos del Rio) et Cab réserve. Zin parfois incomparables.

Masson Vineyards Monterey ★ → ★★ Avec ses vins de cépage, met des bâtons dans les roues des exploitations et étiquettes de CANANDAIGUA. Taylor California Cellars, l'étiquette associée, est moins chère.

Matanzas Creek Sonoma ★★★ (Chard) **94** 95 96 (Merlot) **91 92 93** 94 95 96 Chard et Sauv fins, mûrs, boisés et toastés. Merlot ultra-charnu assez réputé. Le style dérape légèrement depuis peu.

Maurice Car'rie Temecula ★★ Impose les normes dans sa région avec ses Chard, Sauv et autres fiables et abordables.

Mayacamas Napa ★★★ (Chard) **91 94** 95 96 (Cab) **69 73 78 81** 85 87 90 91 94 95 96 Très bon petit vignoble offrant un Chard riche et un Cab ferme (mais plus aussi dur comme l'acier). Parfois Sauv et Pinot N. 5 000 caisses.

Mazzocco Sonoma ★★ Chard et Cab bons et en progrès de vignobles du domaine dans Vallée Alexander et Dry Creek.

McDowell Valley Vineyards Mendocino ★★ Étiquette d'une famille affectionnant les cépages du Rhône, sp. un Syrah de vieilles vignes et du Grenache.

Meridian San Luis Obispo ★★ Propriété à l'expansion rapide parente de BERINGER. Chard d'un seul vignoble de Edna Valley et Syrah de Paso Robles. Aussi Chard et Pinot N de Sta Barbara et Cab de Paso Robles. 300 000 caisses.

Meritage Nom de marque pour des rouges et des blancs issus de cépages de Bordeaux. Aspire au statut de vin de cépage et gagne du terrain.

Merryvale Napa ★★ Le MERITAGE blanc Sauv/Sém est le meilleur. Chard, Cab et MERITAGE rouge moyens.

Michael, Peter Sonoma ★★ → ★★★ Raisins venant en partie du vignoble du domaine à Knights Valley et pour une autre partie achetés à Howell Mountain : Chard, Merlot, Cab francisés et plus vrais que nature.

Michel-Schlumberger Sonoma ★★ Exploitation de Dry Creek Valley. Des investissements alsaciens lui ont été salutaires, sp. pour son Cab subtil dernièrement.

Mill Creek Sonoma ★★ Producteur fiable mais souvent négligé de Cab, Merlot, Chard et Sauv de Dry Creek.

Mirassou Côte Centrale ★★ 5e génération de producteurs et pionnier à MONTEREY (SALINAS). Excellents résultats pour mousseux classique de Pinot Bl. Chard et Pinot N méritent l'attention.

Mondavi, Robert Napa ★★ → ★★★★ (Chard) **94** 95 96 (Cab) **71 73 74 75 79 81 82 84** 85 87 89 90 91 92 93 94 95 96 25 ans d'innovations pour le style, l'équipement et la technique. Grande réussite, dont Cab, Sauv (vendu sous le nom de Fumé Blanc), Chard et Pinot N. Les Reserves sont des bijoux ; régulièrement parmi les meilleurs vins de Californie. Les nouveaux vins du district sont chers (par ex., Pinot N de CARNEROS, Cab d'Oakville et Sauv de STAG'S LEAP). Prix moyens pour la gamme Coastal (très bon Sauv). Étiquette Mondavi-Woodbridge pour des vins d'appellation moins chers. 500 000 caisses. Voir OPUS ONE.

Mont St John Carneros ★★ Vieille famille de NAPA. Pinot N et Chard de son propre vignoble. Achète du raisin pour un Cab solide.

Monterey Peninsula Monterey ★★ Fait maintenant partie du groupe possédant QUAIL RIDGE à NAPA. Fait les mêmes vins hardis Amador de MONTEREY qu'avant.

Monterey Vineyard, The Monterey ★★ Étiquette appartenant à Seagram pour Chard, Pinot N et Cab de SALINAS d'un bon rapport. Classic et Limited Release plus chers.

Monteviña Amador ★★ Propriété de SUTTER HOME, s'intéresse davantage aux cépages italiens (30 encépagements expérimentaux) mais le Zin corsé des SIERRA FOOTHILLS reste la pierre angulaire.

Monte Volpe Mendocino ★★ Greg Graziano assure son avenir avec son Pinot Bianco vif, son Barbera acidulé et son Sangiovese juteux. Les cépages français sont réunis sous l'étiquette DOMAINE SAINT-GREGORY.

Monticello Cellars Napa ★★ (Cab) **85 87 91** 92 93 94 95 96 Gamme de base sous l'étiquette Monticello, Réserves sous celle de Corley. Les deux comprennent Chard et Cab. Pinot N Reserve est le plus étonnant.

Morgan Monterey ★★ → ★★★ (Pinot N) **92** 93 94 95 96 Propriétaire-vinificateur. Assemblages de base pour le Pinot N (MONTEREY, CARNEROS) mais Reserve profond et terreux peut-être de garde (uniquement MONTEREY). Aussi Chard toasté et Sauv de SONOMA végétal.

Mount Eden Vineyards Sta Cruz ★★ (Chard) 92 93 **94** 95 96 Chard puissant et cher des vieux vignobles Martin Ray et un autre moins sévère de MONTEREY. Aussi Pinot N, Cab.

Mount Veeder Napa ★★ Le Cab autrefois dur comme l'acier de l'AVA MOUNT VEEDER n'est plus qu'austère, de même que le rouge MERITAGE plus récent. Appartient à FRANCISCAN.

Mumm Napa Valley Napa ★★★ Association G. H. Mumm-Seagram. Gamme s'étendant encore, dont Blanc de Noirs gai, Winery Lake d'un seul vignoble plein de caractère et cuvée de luxe DVX opulente.

Murphy-Goode Sonoma ★★ Important domaine de la Vallée Alexander. Toute une gamme voluptueusement boisée, sp. les réserves. Pinot Bl, Sauv et Merlot à explorer.

Nalle Sonoma ★★ → ★★★ (Zin) **88** 89 **90** 91 **93** 94 95 96 Cave de Dry Creek Valley au cœur même du Zin. Goût de baie merveilleux quand il est jeune. Encore meilleur avec l'âge. 2 500 caisses.

Napa Ridge Sonoma ★ Exploitation apparentée à BERINGER et comprise dans une vieille exploitation de la colonie suisse italienne. Donne des Chard, Cab et autres solides, attrayants et provenant de sources diverses.

Navarro Vineyards Mendocino ★★ → ★★★ (Chard) **89 90 91 92 93** 94 95 96 Venant d'Anderson Valley, Chard magnifiquement durables et peut-être le plus beau Gewürz de l'État. Encore plus spécial : Ries et Gewürz vendange tardive. Pinot N à ignorer. Seuls les prix sous-estimés les empêchent de devenir les favoris des collectionneurs de haut vol.

Newton Vineyards Napa ★★ → ★★★ (Chard) 95 96 (Cab) **87** 91 **92** 94 95 96 Domaine luxuriant. Chard, Cab et Merlot opulents.

Niebaum-Coppola Estate Napa ★★★ Passe-temps du réalisateur Coppola, revigoré depuis son acquisition par INGLENOOK de ses 88 ha de vignes (mais pas de son nom). Son fleuron, Rubicon, commence à prendre forme. Les vins de cépage Coppola Family, plus accessibles, sont plus rapides à illustrer le progrès.

Opus One Napa ★ ★ ★ ★ (Cab) 85 87 90 91 92 94 95 96 Association de Robert MONDAVI et de la baronne Philippine de Rothschild. Nouveaux chais spectaculaires ouverts en 92. Les vins sont des merveilles. 10 000 caisses.

Parducci Mendocino ★ ★ Vignobles anciens et chais rachetés en 96 par HILL & THOMA. La nouvelle direction demeure invisible.

Pecota, Robert Napa ★ ★ Cab, Sauv, Chard, Gamay B.J.P. 18 000 caisses.

Pedroncelli Sonoma ★ ★ (Cab) 85 89 90 91 92 94 95 96 Vieille firme implantée à Dry Creek produisant des Cab et Zin honnêtes à un prix juste. Chard et Sauv parfois en perte de vitesse.

Pepi, Robert Napa ★ ★ Racheté en 95 par KENDALL-JACKSON pour ARTISANS AND ESTATES. Accent mis sur le Sauv et le Sangiovese mais NAPA n'est plus l'unique source de raisins.

Phelps, Joseph Napa ★ ★ ★ (Chard) 94 95 96 (Cab) 75 81 82 85 87 90 91 92 94 95 96 Entreprise de luxe. Normes impeccables. Très bons Chard et Cab (sp. Backus et Insignia à base de Cab). Ries et Sém vendange tardive splendides. Gamme du Rhône prometteuse sous l'étiquette Mistral.

Philips, R. H. Yolo, Sacramento ★ → ★ ★ Pionnier à Dunnigan Hills, au nord-ouest de Sacramento. Tente tout sur son énorme propriété et réussit le mieux avec Syrah, Viognier et un Chard plutôt bon.

Pine Ridge Napa ★ ★ → ★ ★ ★ (Chard) 93 94 95 96 (Cab) 82 85 87 90 91 92 94 95 96 Exploitation en expansion à STAG'S LEAP. Les Cab sont les meilleurs (Stag's Leap, Rutherford, etc.), Merlot pas mal non plus. Le Chenin Petite Vigne sec et barriqué est étonnant. Et, bien entendu, du Chard aussi.

Piper-Sonoma Sonoma ★ ★ → ★ ★ ★ Propriété de Piper-Heidsieck. vendue à JORDAN en 97, mais qui continuera à y produire des vins sous contrat de location. L'AVA de Russian River sera la source de raisins.

Preston Sonoma ★ ★ Un des rares pionniers « terroiristes » de Californie, se concentrant sur les vins les mieux adaptés à ses vignobles de Dry Creek. Sp. Sauv et Zin excellents, Barbera prometteur. Syrah et Marsanne expérimentaux.

Quady Winery San Joaquin ★ ★ Vins de dessert de Madère (Muscat) pleins d'imagination, dont le réputé « Essencia » orangé, l'Elysium sombre et l'Electra de type Moscato d'Asti. Starboard est une tentative de type porto qui manque de réussite.

Quail Ridge Napa ★ ★ Le troisième propriétaire à installer son exploitation à Rutherford (ex-DOMAINE NAPA). Chard toasté toujours éminent et Sauv riche. Aussi Cab et Merlot.

Quivira Sonoma ★ ★ Sauv, Zin et autres du domaine de Dry Creek. S'est plus intéressé au chêne qu'à son vignoble ces derniers millésimes.

Qupé Sta Barbara ★ ★ → ★ ★ ★ Parent très dynamique de AU BON CLIMAT. Marsanne, Pinot Bl et Syrah valent vraiment tous l'essai.

Rafanelli, A. Sonoma ★ ★ (Cab) 84 87 90 91 92 94 95 96 (Zin) 90 91 93 94 95 96 Zin de Dry Creek corsé et sympathiquement rustique. Cab d'une intensité frappante. 6 000 caisses.

Rancho Sisquoc Sta Barbara ★ ★ Vieille exploitation famille-amis qui se rapproche des grands avec Chard toasté et Ries maigre d'un domaine étendu.

Ravenswood Sonoma ★ ★ ★ Grand succès controversé pour (ou malgré) des Zin d'un seul vignoble cogneurs d'une puissance décapante.

Raymond Vineyards and Cellar Napa ★★ (Chard) 94 95 96 (Cab) 82 84 85 87 90 91 92 94 95 96 Famille ancestrale de viti-culteurs à NAPA, associée avec des Japonais. Les Chard et Cab Generations sont le haut de gamme, bien boisés. Amberhill est une seconde étiquette fiable standard et bon achat.

Renwood Amador ★ Vieille exploitation de Santino. Nouveau joueur ambitieux en SIERRA FOOTHILLS sur le terrain des Zin. Plusieurs mises en bouteilles d'un seul vignoble.

Ridge Sta Cruz ★★★★ (Cab) 83 85 86 87 89 90 91 92 93 94 95 96 Excellente réputation auprès des connaisseurs. Raisins de NAPA (York Creek) et de leur propre vignoble de montagne (Monte Bello) pour des Cab concentrés devant vieillir longtemps en bouteille mais moins qu'avant (MB 90 91 plus abordables que 80). Mais la puissance appartient toujours aux Zin de SONOMA (LYTTON SPRINGS) et SAN LUIS OBISPO (Dusi) et autres rouges. Chard très plaisants de SANTA CRUZ.

Rochioli, J. Sonoma ★★★ (Pinot N) 91 92 93 94 95 96 Pro-ducteur de longue date à Russian River faisant de très bons Pinot N et Sauv de ses propres vignes, longtemps réputé sous d'autres étiquettes.

Roederer Estate Mendocino ★★★ Branche à Anderson Valley de la maison champenoise (fondée en 88). Le style résonnant de Roederer est manifeste, sp. dans la cuvée de prestige l'Ermitage. Étonne toujours les Champenois. 25 000 caisses devant tripler. Vendu sous la marque Quartet en Europe.

Rombauer Vineyards Napa ★★ Chard bien boisé, Cab sombre (sp. « Meilleur du Chai » de style réserve). Possède maintenant les chais de mousseux Hanns Kornell ressuscités et des chais à NAPA.

Les Cabernet Sauvignon de la vallée de la Napa et de la côte nord resteront au moins huit ans en grande forme. Mais ceux dont la longévité est cependant légendaire ne dureront pas plus de quinze ans.

Roudon-Smith Sta Cruz ★★ Chard et Cab. 10 000 caisses.

Round Hill Napa ★★ Plus que des Cab, Chard et Merlot mais dans trois catégories de prix sous deux étiquettes : California bon marché, Reserve Round Hills en haut de la gamme et, entre les deux, la moyenne gamme de NAPA sous l'étiquette RUTHERFORD RANCH.

Rutherford Hill Napa ★★ Vise à dominer le marché du Merlot à NAPA mais Chard XVS et Cab XVS (réserves) plus beaux s'y opposent. Racheté par Paterno Imports (Chicago) fin 96, qui compte poursuivre avec le Merlot et revigorer le Cab.

Rutherford Ranch Vin de la moyenne gamme de ROUND HILL (voir plus haut). Bon achat.

Rutherford Vintners Napa ★★ Ancienne exploitation de NAPA, maintenant étiquette de BRONCO WINE CO.

St Clement Napa ★★→★★★ (Chard) 95 96 (Cab) 85 87 90 91 92 94 95 96 Chard de CARNEROS, Cab et Merlot de NAPA fermes. Sauv de Pope Valley agréable, étoile du domaine. Propriétaires japonais.

St Francis Sonoma ★★ (Chard) 94 95 96 (Cab) 87 90 91 92 94 95 96 Chard de domaine de la vallée de SONOMA ferme et très goûteux. Merlot stable. Aussi Cab.

St Supery Napa ★★ Vignoble de domaine français avec 20 ha dans Pope Valley. Sauv facile, Cab et Merlot accessibles. Aussi Chard. 50 000 caisses pouvant se multiplier par 10.

Saintsbury Carneros ★★★ (Chard) **81 91 93 94** 95 96 (Pinot N) **89 90 91 92 93 94** 95 96 Le plus beau et plus durable Pinot N de l'AVA. Pinot N Garnet plus léger et Chard boisé très bons aussi. 45 000 caisses.

Sanford Sta Barbara ★★★ (Pinot N) **84 86 87 89 92** 94 95 96 Spécialiste de Pinot N intense, fermement tannique, de bonne garde (sp. Barrel Select). Chard exceptionnellement hardi. Sauv très régional et de longue garde. 40 000 caisses.

Santa Barbara Winery Sta Barbara ★★ (Chard) **93 94** 95 96 (Pinot N) **90 91 94** 95 96 Ancien producteur de vin de cruche. Maintenant l'un des meilleurs de la région, sp. pour son Chard Reserve. Aussi Pinot N et Cab. 28 000 caisses.

Santa Cruz Mountain V'yd Santa Cruz ★★ De formidables Pinot N et Cab tanniques et capiteux et de plus subtils rouges de cépages du Rhône. 2 500 caisses.

Sausal Sonoma ★★ Domaine stable, immense de la Vallée Alexander pour Zin et Cab.

Scharffenberger Mendocino ★★ Fut le premier à essayer le Mendocino pour le mousseux classique sérieux. Appartient maintenant à Clicquot et fait des merveilles. 25 000 caisses.

Schramsberg Napa ★★★★ Spécialiste consacré du meilleur mousseux de Californie dans ses caves historiques. Reserve splendide, Blanc de Noirs remarquable devant vieillir de 2 à 10 ans. Cuvée de luxe J. Schram équivalent du Krug d'Amérique.

Schug Cellars Carneros ★★ (Chard) **93 94** 95 96 (Pinot N) **89 90 91 94** 95 96 Propriétaire/vinificateur d'origine allemande. Chard et Pinot N de CARNEROS raffinés. A quitté NAPA en 91. 10 000 caisses.

Sebastiani Sonoma ★→★★ Vieille firme familiale importante travaillant sur le bas du marché (August Sebastiani Country, Vendange, Talus) mais, sp. Sonoma Creek, pourrait viser plus haut. 4 millions de caisses.

Seghesio Sonoma **★★** (Zin) **89 90 91** 92 93 94 95 96 Famille capable produisant depuis longtemps. Se détourne des guerres Cab et Chard pour s'occuper des vins qu'elle sait faire : des Zin exceptionnels, du Sangiovese Vitigno Toscano de la Vallée Alexander et du Pinot N de Russian River.

Sequoia Grove Napa ★★ Cab de NAPA (Napa, Estate) sombres et fermes. On peut dire la même chose, hélas, des Chard.

Shadow Creek Étiquette de DOMAINE CHANDON pour un mousseux classique non NAPA/CARNEROS.

Shafer Vineyards Napa ★★★ (Chard) **95** 96 (Cab) **87 90 91 92** 94 95 Depuis 95, le bois domine complètement le raisin dans le Chard Red Shoulder Ranch d'un seul vignoble (CARNEROS) et le Cab (STAG'S LEAP) suit la même voie.

Sierra Vista El Dorado ★★ Chard, Cab, Zin et Syrah de raisins réguliers des SIERRA FOOTHILLS. 6 000 caisses.

Silver Oak Napa/Sonoma ★★★ Deux exploitations distinctes (NAPA et Vallée Alexander) qui ne produisent que du Cab très marqué par le chêne américain. Tout est vendu dès la mise en vente.

Silverado Vineyards Napa ★★★★ (Chard) **90 93** 95 96 (Cab) **85 87 90 91 92 93** 95 96 Brillante exploitation en altitude dans la zone de STAG'S LEAP. Cab, Chard, Sauv et nouveau Sangiovese toujours raffinés.

Simi Sonoma ★★★ (Chard) **85 91 93 94** 95 96 (Cab) **74 81 85 87 90 91 92** 94 95 96 Entreprise ancienne restaurée sous la direction dévouée de Zelma Long. Cab, Chard et Sauv et nouveau Sauv/Sém Sendal de longue garde. Les Réserves, comme la plupart, sont poussives. Cab rosé séduisant pour les pique-niques.

Sinskey Vineyards, Robert Napa ★★ Exploitation de STAG'S LEAP et vignobles à CARNEROS pour Chard, MERITAGE rouge et Pinot N fermes et audacieusement boisés.

Smith & Hook Monterey ★★ (Cab) 86 88 90 $\boxed{91}$ 92 95 Spécialiste de Cab sombres et de bonne garde de la VALLÉE DE SALINAS. Arôme régional si végétal qu'on sent un goût d'aneth (qui se fane avec le temps).

Smith-Madrone Napa ★★ Chard du domaine de Spring Mountain qui a connu des hauts et des bas. Des hauts en ce moment (91 92 93). Le Ries supporte admirablement une tradition de NAPA pratiquement perdue. Ne le manquez pas.

Sonoma-Cutrer Vineyards Sonoma ★★★ (Chard) 87 94 95 96 Excellent spécialiste de Chard, sp. d'un seul vignoble. Les Pierres sont en tête pour les vins de garde. Russian River Ranches le plus rapide à évoluer. Pinot N en expérimentation. Passe difficile en ce moment.

Spottswoode Napa ★★★ → ★★★★ (Cab) 86 87 $\boxed{91}$ 94 95 96 Cab luxueux et résonnant d'un petit vignoble de domaine à St-Helena. Aussi Sauv souple et poli. 3 500 caisses.

Staglin Napa (★★★) (Cab) 90 $\boxed{91}$ 92 93 95 D'un petit vignoble de Rutherford conçu par André Tchelistcheff, Cab toujours supérieurs et étonnamment soyeux. 1 000 caisses.

Stag's Leap Wine Cellars Napa ★★★★ (Chard) 91 92 93 95 (Cab) 75 77 78 83 84 86 87 89 90 $\boxed{91}$ 92 95 Vignoble réputé pour Cab et Merlot soyeux et séduisants (Stag's Leap Vineyard, Fay, Cask 23 haut de gamme). Non-domaine très bons. Aussi Chard, Sauv, Ries. 50 000 caisses.

Stag's Leap Winery Napa ★★ Voisin du précédent connu pour son Petite Syrah musclé. Les propriétaires de BERINGER ont racheté cette exploitation de 5 000 caisses et la majeure partie de son vignoble en 97.

Steele Wines Lake (★★ → ★★★) Le vinificateur de longue date de KENDALL-JACKSON patrouille sur toute la côte pour trouver des sources de Chard, Pinot N, Cab et Zin puissants et audacieusement boisés. Cher.

Stemmler, Robert Sonoma ★★ Pinot N tendre et facile fait à BUENA VISTA.

Sterling Napa ★★ → ★★★ Firme spectaculaire appartenant à Seagram, avec d'immenses vignobles et des hauts et des bas inexplicables. Sauv aigrelet et mise en bouteille de Cab ferme, attrayant et fiable.

Stony Hill Napa ★★ (Chard) $\boxed{91}$ 92 93 94 95 96 Donne depuis 30 ans bien des tout meilleurs blancs de Californie. Le fondateur, Fred McCrea, est mort en 1977 et sa veuve Eleanor en 1991. Le fils Peter poursuit la tradition. Chard (Stony Hill ou non) moins d'acier et plus de chair qu'avant. Ries et Gewürz légèrement boisés, sous-estimés mais de longue garde. 6 000 caisses.

Storybook Mountain Napa ★★ Le seul spécialiste de NAPA se consacrant entièrement au Zin. Exemplaire très boisé provenant des vignobles de Calistoga.

Strong Vineyard, Rodney Sonoma $\boxed{★★}$ (Chard) 93 $\boxed{94}$ $\boxed{95}$ 96 (Cab) 87 90 $\boxed{91}$ 92 93 94 95 96 Ex-Sonoma Vineyards. Produit de bons vins de base, les meilleurs étant d'un seul vignoble (Cab d'Alexander's Crown, Chard de Chalk Hill, Sauv de Charlotte's Home, Pinot N de River East).

Sutter Home Napa ★★ Sp. connu pour son Zin blanc doux. Admiré pour son Zin Amador parfois capiteux. Est passé de 25 000 à 7,5 millions de caisses depuis le milieu des années 1970.

Swan, Joseph Sonoma ★ ★ (Zin) **77 78 79 80 81 82 83 84 85 86 87** 90 91 92 95 Zin et Pinots ultra-hardis du regretté Joe Swan, repris par son gendre.

Swanson Napa ★ ★ → ★ ★ ★ Commence à sortir d'une période trop boisée. Des Chard estimables de garde mènent la danse. Cab et Merlot intéressants. Sangiovese et Syrah gagnent du terrain.

Taft Street Sonoma ★ ★ Après bien des hésitations, frappe très fort avec sp. Chard et Merlot (bon achat) de Russian River. 18 000 caisses.

Talbott, R. Monterey Ce propriétaire fortuné fait du bon travail avec ses Chard de l'AVA Santa Lucia Highlands, VALLÉE CARMEL.

Tanner, Lane Sta Barbara ★ ★ ★ (Pinot N) **90** 91 **93** 94 **95** 96 Propriétaire-vinificateur aux Pinots d'un seul vignoble souvent superbes (Bien Nacido, Sierra Madre Plateau). Boire tout de suite ou garder.

Torres Estate, Marimar Sonoma (★ ★ ★) Branche du Catalan qui fait un Chard très beurré et un Pinot N charmant dans son domaine de Russian River.

Trefethen Napa ★ ★ ★ (Chard) 81 83 84 85 86 87 **90 91** 92 93 94 95 96 (Cab) 74 75 79 **80** 84 85 87 89 **90 91** 92 94 95 96 Firme familiale très estimée dans le plus joli vieux bâtiment en bois de NAPA. Très bon Ries sec. Chard raide, doit vieillir (les récents vins Library le prouvent). Cab de plus en plus profond. Vins bon marché intéressants sous le nom Eschol.

Truchard Carneros ★ ★ → ★ ★ ★ De cette extrémité intérieure, plus chaude, de CARNEROS provient l'un des Merlots aromatiques et bien bâtis donnant à l'AVA son identité. Aussi Chard et Cab.

Tudal Napa ★ ★ (Cab) 80 84 86 **87** 89 90 **91** 92 93 94 95 96 Petite exploitation au nord de St-Helena. Cab sombres, fermes et de garde.

Turley Napa ★ Un ancien associé de FROG'S LEAP se consacre aux cépages du Rhône. Style un peu trop boisé.

Tulocay Napa ★ ★ (Pinot N) 85 89 90 91 **92** 94 95 Petite entreprise de NAPA. Pinot N peut être réellement accompli. Cab digne d'attention.

Turnbull Wine Cellars Napa ★ ★ (Cab) 85 87 90 91 92 93 94 95 96 Cab riches, pleins et mentholés de ce domaine en face de l'exploitation de R. MONDAVI.

Ventana Monterey ★ ★ Fondée en 1978. Exemplaire pour les vignobles du propriétaire : Chard et sp. Sauv d'un clone de Musqué.

Viader Napa ★ ★ 90 **91** 95 L'Argentine Delia Viader s'est installée à son compte en Californie. Assemblage sombre à base de Cab d'un domaine des collines au-dessus de St-Helena.

Viansa Carneros ★ ★ Étiquette fiable de Sam SEBASTIANI pour des cépages italiens : Nebbiolo, Sangiovese. Aussi Sangiovese/Cab (Thalia) de SONOMA et NAPA.

Vichon Winery Napa NAPA à l'origine, mais transporté avec armes et bagages dans le Roussillon par son propriétaire, R. MONDAVI pour le millésime 95. Toujours des vins de cépage à prix modéré.

Villa Mount Eden Napa ★ ★ Appartient au Château Ste Michelle de Washington : vins Grand Reserve venant de vignobles soigneusement sélectionnés dans tout l'État (Cab de NAPA et Pinot N de STA BARBARA en tête). Gamme Cellar Select utile pour les vins de cépage à prix modéré.

Vine Cliff Napa (★ ★ ★) Nouvelle exploitation familiale bien nantie des collines au-dessus d'Oakville. Très ambitieuse avec ses Chard et Cab de domaine. Prometteuse.

Vita Nova   Sta Barbara ★ ★ Étiquette de AU BON CLIMAT. À suivre, sp. pour l'assemblage rouge Bordelais typique de la région.

Wente Vineyards   Livermore et Monterey ★ ★ Spécialistes historiques de blancs, sp. Sauv et Sém de LIVERMORE. Ries doux de MONTEREY pouvant être exceptionnels. Un peu de mousseux classique. Possède aussi CONCANNON. 300 000 caisses.

Whaler   Mendocino ★ ★ Domaine familial produisant un Zin très sombre dans les collines à l'est d'Ukiah Valley.

Wheeler   Sonoma ★ ★ Était William Wheeler avant d'être racheté par J. C. Boisset. Source stable de Chard et Cab moyenne gamme.

White Oak   Sonoma ★ ★ (Zin) **87 88** 90 91 95 Un Zin formidable domine. Chard et Sauv fruités et riches de la Vallée Alexander sont sous-estimés.

White Rock   Napa ★ ★ ★ Propriétaire français ayant mis toute sa foi d'abord dans son vignoble impressionnant. Rouge très fin à base de Cab appelé tout simplement Claret. Chard aussi.

Whitehall Lane   Napa ★ ★ Récemment acheté à des Japonais par une famille de San Francisco. Chard et Cab obligatoires, capiteux et hardiment boisés.

Wild Horse Winery   San Luis Obispo ★ ★ → ★ ★ ★ (Pinot N) **86 87 89 90** 91 92 94 95 96 Propriétaire-vinificateur ayant un don particulier pour le Pinot N (surtout des raisins SAN LUIS OBISPO et STA BARBARA). Chard et Cab bon achat aussi.

Williams Selyem   Sonoma ★ ★ ★ ★ (Pinot N) **90 91** 92 93 94 95 96 Pinot N de Russian River intense et fumé, sp. des vignobles Rochioli et Allen. S'étend maintenant vers la côte de SONOMA et à MENDOCINO aussi. Les amateurs acceptent de payer le prix fort pour son énorme individualisme.

Zaca Mesa   Sta Barbara ★ ★ Se détourne du Chard et du Pinot N pour se concentrer sur les cépages (sp. Marsanne et Syrah) et les assemblages du Rhône (Cuvée Z) produits au soleil.

ZD   Napa ★ ★ → ★ ★ ★ (Pinot N) **90 92 93** 95 96 Un Chard robuste défiguré par le chêne américain est le vin symbole de ZD. Pinot N souvent plus beau. 18 000 caisses.

Vins californiens à goûter en 1998

Mumm Napa Valley : DVX

Roederer Estate : Mendocino, L'Ermitage (cuvée de prestige)

Bouchaine : Chardonnay de Carneros

Gary Farrel : Pinot Noir de Russian River

Freemark Abbey : Cabernet Sauvignon de Napa, Sycamore Vineyard

Lane Tanner : Pinot Noir de Santa Maria Valley, Sierra Madre Plateau

Seghesio : Zinfandel de Sonoma

Shafer Vineyards : Cabernet Sauvignon de Napa, Hillside Selection

---

Le Nord-Ouest Pacifique

Les principaux rivaux américains de la Californie sont les États de l'Oregon et de Washington, qui occupent les mêmes latitudes sur la côte Pacifique que la France sur l'Atlantique. Comme en Californie, leur industrie vinicole moderne remonte aux années 1960. Chacun des États du Nord-Ouest (Oregon, Washington et Idaho) a son identité bien distincte. La petite production de la Colombie Britannique est également mentionnée.

En Oregon, les 2 420 ha de vignes se répartissent principalement entre la vallée fraîche de la Willamette et celle, plus chaude, d'Umpqua, entre la côte et les Cascades. Ces climats tempérés par la mer sont proches de ceux de la France et donnent des bouquets délicats.

Les vignobles de l'État de Washington (4 520 ha environ), à l'est des Cascades, couvrent des zones semi-arides à peine tempérées par les fleuves Yakima et Columbia, et ceux de l'Idaho, à l'est de l'Oregon, s'étagent le long du fleuve Snake. Ce sont des régions aux journées torrides et aux nuits froides qui préservent l'acidité et renforcent l'intensité du bouquet.

Un caprice météorologique a provoqué deux millésimes frais et pluvieux d'affilée. En 1995, la pluie a touché l'Oregon début octobre et mis un terme à une succession de beaux millésimes depuis 1988. Washington a connu les mêmes déboires.

En janvier 1996, un front froid venu de l'Arctique a frappé le Nord-Ouest. Dans l'est de l'État de Washington, les conditions ont été si mauvaises que de nombreux vignobles ne s'en sont pas remis. Les raisins de la récolte 1997 sont de qualité élevée mais de faible quantité. Les vignobles de l'ouest de l'Oregon n'ont pas été affectés par les gelées. En revanche, les pluies ont mis les nerfs des vignerons à rude épreuve. Mais, curieusement, la qualité est là. Les vins d'Oregon sont un peu moins alcoolisés en 1997 mais leurs arômes sont magnifiques et pleinement développés.

Oregon

Acme Wineworks (John Thomas)   Comté de Yamhill ★ ★ 92 93 94 95 Pinot N stable et bon achat d'un petit producteur. Excellent Pinot sous l'étiquette John Thomas. Quantités très limitées.

Adelsheim Vineyard   Willamette ★ ★ ★ (Chard) 93 94 95 (Merlot) 92 93 94 (Pinot N) 90 91 92 93 94 95 Pinot N agréablement boisé, Chard meilleur tôt. Pinot G et Pinot Bl nets et vivifiants.

Amity   Willamette ★ ★ (b.) 91 92 93 94 95 Gewürz et Chard secs excellents. Pinot Bl depuis 94.

Archery Summit   Comté de Yamhill ★ ★ ★ Nouvelle exploitation tapageuse appartenant à Gary Andrus, déjà connu pour son domaine Pinot Ridge à Napa. Pinot N et Vireton (assemblage de Pinot G) impressionnants.

Beaux Freres   Comté de Yamhill ★ ★ ★ 91 92 93 94 95 Excellent Pinot N grand, nouveau style boisé, avec beaucoup d'extraction. Vignoble appartenant en partie à Robert Parker.

Benton-Lane   Willamette ★ ★ Nouveau-venu intéressant. Propriété californienne mettant l'accent sur le Pinot N. Production très limitée pour l'instant.

Bethel Heights   Willamette ★ ★ ★ (Pinot N) 90 91 92 93 94 95 Domaine près de Salem produisant des Pinot N adroitement faits (Early Release, Vintage et Selected). Chard très bon depuis 93. Nouveau Pinot Bl à noter.

Cameron   Comté de Yamhill (Pinot N) ★ ★ 92 93 94 95 Producteur éclectique de Pinot N et Chard : certains sont grands, d'autres décousus. Très bon Pinot Bl.

Chehalem   Comté de Yamhill ★ ★ ★ (Pinot N) 90 91 92 93 94 95 Domaine de première classe depuis 90. Pinot N, Chard, Pinot G d'excellente qualité. Pinot N Reserve 94 : collaboration entre son vinificateur et Patrice Rion, un vinificateur bourguignon.

Cristom   Willamette ★ ★ ★ (Pinot N) 92' 93 94 95 Pinot N délicieux et Chard beurré et souple.

Domaine Drouhin   Willamette ★ ★ ★ ★ 88 89 90 91 92' 93 94 95 Superbe Pinot N du domaine produit par une des grandes familles de Bourgogne.

Sélection de vins du Nord-Ouest Pacifique pour 1998
Leonetti : Cabernet Sauvignon (Washington)
The Hogue Cellars : Sauvignon Blanc (Washington)
Domaine Drouhin : Pinot Noir (Oregon)
Château Ste Michelle : Chardonnay Cold Creek (Washington)
Tyee Wine Cellars : Gewürztraminer (Oregon)
Chehalem : Pinot Gris Reserve (Oregon)
Columbia : Cabernet Sauvignon Red Willow Vineyard (Washington)

Domaine Serene Willamette ★ ★ Pinot N opulent et charnu de
l'ancien vinificateur de PANTHER CREEK. Toute petite
production.

Elk Cove Vineyards Willamette ★ ★ Producteur assez régulier d'une
gamme de vins comprenant Pinot N, Pinot G, Chard, Ries.
Quelques excellents vins de dessert. Cherchez l'étiquette au nom
du vignoble, La Bohème.

Eola Hills Willamette (près Salem) ★ ★ Qualité et achat toujours
bon, sp. Pinot N, Chard et Ries.

Erath Vineyards Willamette ★ ★ ★ (Pinot N) 91 92 93 94
Excellents Chard, Pinot G, Gewürz et Pinot Bl. Les Pinots
et blancs de haute gamme font partie des plus beaux d'Oregon,
les autres sont bon achat. Certains vieux Pinots (76 80 82) sont
sp. charmants.

Evesham Wood près de Salem, Willamette ★ ★ ★ Petite exploitation
familiale talentueuse. Beaux Pinot N (**91 92** 93 94 95), Pinot G
et Gewürz sec.

Eyrie Vineyards, The Willamette ★ ★ ★ Exploitation pionnière
(1965) avec influence bourguignonne. Les plus vieux millésimes
de Pinot N sont des joyaux (75 76 80 80 85 86). Chard et
Pinot G : riches mais croquants et vieillissant magnifiquement.

Firesteed Willamette ★ ★ Pinot N léger et sans chêne. Délicieux,
à boire tôt et très bon achat.

Flynn Vineyards Willamette ★ Mousseux goûteux et d'un prix
raisonnable.

Foris Vineyards Rogue Valley ★ ★ Gamme de vins (Pinot N,
Chard, etc.) du sud de l'Oregon, plus chaud. Merlot et Gewürz
sp. bons.

Henry Estate Umpqua Valley ★ Pinot N au caractère marqué (chêne
américain), bon Gewürz.

Hinman Vineyards/Silvan Ridge Willamette ★ → ★ ★ (respectivement) Vaste gamme de vins de cépage. Bon achat.

Ken Wright Cellars Comté de Yamhill ★ ★ ★ 93 94 95 Pinot N
opulent et mûr à vénérer. Aussi très bons Chard et Melon de
Bourgogne.

King Estate Willamette ★ ★ 92 93 94 95 Exploitation énorme et
magnifique. Très bon Pinot G. Chard et Pinot N en progrès.

Lange Winery Comté de Yamhill ★ ★ Petite entreprise familiale.
Recherchez le Pinot N et le Pinot G réserves.

Laurel Ridge Winery Willamette ★ ★ Mousseux méthode classique
et Sauv fiables.

Montinore Vineyards Willamette ★ ★ Exploitation ambitieuse avec
86 ha de vignes dans le comté de Washington. La qualité a
souffert dans les millésimes 95 et 96.

Nicolas Rolin Portland (Willamette) ★ ★ Très petit producteur de
Pinot N fiable.

Oak Knoll Willamette ★ ★ A débuté avec de l'eau-de-vie mais est
devenu l'un des plus grands producteurs de Pinot N de
l'Oregon.

Panther Creek   Willamette ★★ (Pinot N) 89 90 91 92 93 94 95
Très bons Pinot N et Melon de Bourgogne. Même vinificateur
que ST INNOCENT.

Ponzi Vineyards   Willamette ★★ (Pinot N) 89 90 91 92 93 94 95
Petite exploitation près de Portland. Connue pour ses Ries,
Pinot G, Chard et Pinot N. Expérimente l'Arneis. Légère
instabilité ces deux derniers millésimes.

Rex Hill   Willamette ★★★ (Pinot N) 88 89 90 91 92' 93 94
95 Excellents Pinot N, Pinot G et Chard de plusieurs vignobles
au nord de Willamette. Les réserves sont parmi les meilleurs
de l'Oregon. Étiquette Kings Ridge très bon achat.

St-Innocent   Willamette ★★ Gagne en réputation pour son Pinot
N délicieux et franc. Chard plaisant.

Shafer Vineyard Cellars   Willamette ★ Petit producteur de Pinot N
et de Chard régulièrement bons.

Sokol Blosser   Willamette ★★★ (Pinot N) 90 91 92' 93 94 95
Pinot N et Chard régulièrement bons et faciles à boire. Pinot N
Redland (réserve) et Chard sont excellents. Ries souvent très
bon.

Torii Mor   Comté de Yamhill ★★ Minuscule exploitation nouvelle
(93) et prometteuse au vignoble encépagé en Pinot N dans
Dundee Hills depuis 1977.

Tualatin Vineyards   Willamette ★★ (Pinot N) 93 94 95 (Chard) 92
93 94 95 Exploitation pionnière. Très bon Chard, Pinot N très
bon depuis 93. Bons Ries et Gewürz aussi. Vendue à
WILLAMETTE VALLEY VINEYARDS début 97.

Tyee   Willamette ★★ → ★★★ Petite propriété et gestion familiales.
Sp. bonne pour Gewürz sec, Ries et Pinot Bl. Pinot N en
progrès.

Valley View Vineyards   Rogue Valley ★★ Domaine familial. Qualité
en grand progrès depuis le millésime 90. Cab (90 91 92 93
94), Merlot, Chard (92 93 94 95) et Sauv sont très bons,
parfois même saisissants.

Van Duzer   Willamette ★★ Appartient au Californien William Hill.
Très bons Ries, Chard et Pinot N.

Willakenzie Estate   Comté de Yamhill ★★ Premiers vins en 96. Pinot
G, Pinot Bl, Chard et Pinot N délicieux. Gros investissements
dans des installations à la pointe de la technique. Vinificateur
français.

Willamette Valley Vineyards   Willamette ★★ Exploitation naissante
près de Salem. Chard, Ries, Pinot N : qualité modérée à élevée.
Meilleurs vins : Founders' Reserve.

Yamhill Valley Vineyards   Willamette ★ Domaine en progrès près
de McMinnville qui se concentre sur le Pinot G, le Chard et
le Pinot N.

Washington/Idaho

Andrew Will   Puget Sound (Washington) ★★★ Nouvelle petite
exploitation. Cab, Merlot et Chenin Bl fermenté en barrique
exceptionnels. Raisins de l'est de l'État de Washington.

Arbor Crest   Spokane (Washington) ★★ Exploitation de taille
moyenne. Chard, Sauv, Merlot et Ries vendange tardive fiables.

Barnard Griffin   Pasco, Vallée de la Columbia (Washington) ★★★
Petit producteur de Merlot, Chard (sp. fermenté en fûts) et
Sauv. Très stables.

Canoe Ridge Walla Walla (Valléede la Columbia) ★ ★ ★ Nouvelle exploitation appartenant au groupe Chalone (Californie). Chard et Merlot 93 94 95 impressionnants.

Caterina Spokane ★ Cab, Merlot, Chard et Sauv en progrès issus de raisins de Columbia Valley.

Château Ste Michelle Woodinville (Washington) ★ ★ ★ Géant régional omniprésent : la plus grande exploitation de l'État de Washington. Possède aussi COLUMBIA CREST et SNOQUALMIE. Plus grands vignobles de l'est de l'État. Équipements de première classe et vinificateurs talentueux maintenant Chard (92 93 94 95), Sém, Sauv, Ries, Cab (83 85 86 87 88 89 90 91 92 93 94) et Merlot en tête. Cab et Chard portant le nom du vignoble sont exceptionnellement beaux (pour ceux qui aiment le chêne neuf français) et de longue garde.

Chinook Wines Vallée de la Yakima (Washington) ★ ★ ★ Les propriétaires-vinificateurs, Kay Simon et Clay Mackey, achètent des raisins locaux pour des Chard, Sauv et Merlot corsés.

Columbia Crest Vallée de la Columbia ★ ★ ★ Étiquette CHÂTEAU STE MICHELLE, gérée séparément, pour des vins bien faits, accessibles, au prix sous-estimé, dont la plupart viennent du grand vignoble River Run. Gamme Reserve pour les meilleurs Cab (88 90 91 92 93 94 95), Merlot et Chard. Bon achat.

Columbia Winery Woodinville ★ ★ ★ → ★ ★ ★ ★ (Cab) 79 83 85 87 88 89 90 91 92 93 94 Pionnier (sous le nom de Associated Vintners, en 1962) et toujours chef de file. Vins d'un seul vignoble équilibrés, au style sous-estimé, sp. Merlot (Milestone), Cab (Otis, Red Willow, Sagemoor) et Syrah (Red Willow). Chard Woodburne fermenté dans le chêne, Sém fruité de longue garde, Gewürz et Ries vendange tardive. Les rouges sont constamment parmi les plus beaux du pays.

Covey Run Vallée de la Yakima ★ ★ (Chard) 92 93 94 95 Surtout des vins de domaine. Aligoté fascinant. Merlot et Cab intenses et souvent capiteux. Racheté par Associated Vintners (voir COLUMBIA WINERY) en 96.

DeLille Cellars/Chaleur Estate Woodinville ★ ★ ★ Nouvelle exploitation passionnante par ses très beaux assemblages rouges « Bordelais » : Chaleur Estate 92 93 94 95 (5 ans de vieillissement nécessaires) et D2 (plus effronté, abordable). Vinification talentueuse et accès aux meilleurs vignobles de l'est de l'État. Premier blanc (assemblage Sauv/Sém) en 95.

Gordon Brothers Vallée de la Columbia ★ ★ Cave petite pour Chard fiable (Reserve 91), Merlot et Cab.

Hedges Cellars Vallée de la Yakima ★ ★ ★ S'est fait un nom en exportant ses vins en Europe et en Scandinavie. Peut s'enorgueillir de son beau vignoble (Red Mountain), d'une exploitation de style château, de Cab, Merlot et Sauv délicieux.

Hogue Cellars, The Vallée de la Yakima ★ ★ ★ (Cab) 87 88 89 90 91 92 93 94 Leader de la région connu pour ses excellents vins (sp. Ries, Chard, Merlot et Cab). Produit la quintessence du Sauv de Washington.

Kiona Vineyards Vallée de la Yakima ★ ★ Bon vignoble produisant des Cab et Lemberger (cépage autrichien) consistants. Ries et Chard fruités. Aussi très beau Ries vendange tardive et Gewürz.

Latah Creek Spokane ★ Petite cave surtout connue pour ses Chard et Chenin Bl. Les rouges sont parfois hésitants.

Leonetti Walla Walla ★ ★ ★ ★ (r.) 83 85 86 88 91 92 93 94 95 Cab harmonieux et individualiste, Merlot fin, charpenté et succulent : hardi, de garde.

Matthews Cellars Ouest Washington Nouvelle petite exploitation. Assemblages de blancs prometteurs et Merlot délicieux.

McCrea Puget Sound ★★ Petite entreprise produisant Chard et Grenache délicieux. Essais d'assemblages de style Rhône en cours.

Paul Thomas Vallée de la Yakima ★★ Chard, Sauv, Chenin Bl, Cab et Merlot francs d'un prix raisonnable. (Aussi excellentes eaux-de-vie dans le style vin de table sec.)

Preston Wine Cellars Vallée de la Columbia ★ Vaste gamme : certains vins excentriques, d'autres sains et conventionnels. A l'occasion, Cab ou Merlot merveilleux.

Quilceda Creek Vintners Puget Sound ★★★★ (Cab) 85 87 88 89 90 91 92 93 94 95 Le Cab bien fait, mûr et bien boisé, issu de raisins de la vallée de la Columbia, est leur spécialité.

Rose Creek Vineyards Sud Idaho ★★ Petite exploitation familiale sp. bonne pour Chard.

Ste Chapelle Caldwell ★★ Chard, Ries, Cab, Merlot plaisants et francs issus de raisins locaux et de l'est de l'État de Washington. Mousseux attrayant et bon achat.

Silver Lake Woodinville ★★ Cab, Merlot, Chard et Sauv montrent de la stabilité. Chais de mousseux en construction.

Snoqualmie ★★ Qualité régulière. Les blancs sont les meilleurs.

Stewart Vineyards Vallée de la Yakima ★★ Vignobles de domaine bien adaptés aux Chard et Ries. Cab prometteurs.

Thurston Wolfe Vallée de la Yakima ★★★ Minuscule exploitation éclectique. Lemberger (rouge), Sauv vendange tardive, Black Muscat et « Porto » Cabernet excellents.

Washington Hills Cellars/Apex Vallée de la Yakima ★★ Gamme solide comprenant Sém, Fumé Bl, Cab, Chard, Merlot, Ries vendange tardive et Gewürz vendange tardive. L'étiquette Apex est signe de qualité.

Waterbrook Walla Walla ★★★ (r.) 89 90 91 92 93 94 Chard, Sauv, Cab et Merlot stylés et de caractère d'une exploitation qui a trouvé sa cadence.

Woodward Canyon Walla Walla ★★★ (r.) 83 85 87 88 89 90 91 92 93 94 Petite cave de premier ordre avec Chard bien boisé et très hardi et Cab beurré. Aussi assemblages Charbonneau (Merlot/Cab et Sauv/Sém).

Colombie Britannique

Depuis les années 1970 s'est développée une industrie vinicole, petite mais importante sur le plan local, dans la vallée de l'Okanagan, à 240 km à l'est de Vancouver. Les conditions climatiques sont proches de celles de l'est de l'État de Washington.

Blue Mountain ★★ 95 Petite propriété produisant un très bon Pinot G, un très honnête Pinot N et du mousseux.

Gray Monk ★★ 92 94 Bons Auxerrois, Gewürz et Pinot Bl à Okanagan.

Lang Vineyards 94 Pinot Meunier juteux.

Mission Hill ★→★★★ 93 94 95 A fait sensation avec une médaille d'or en 94. Sp. pour Chard Reserve et Pinot Bl.

Quails' Gate ★★ 94 95 Produit Chard, Chenin Bl, Pinot N et Ries vin de glace.

Sumac Ridge ★★ 94 95 Gewürz et Pinot Bl d'une propriété en progrès.

L'Est des Rocheuses et l'Ontario

Les producteurs de l'État de New York (au nombre de 108 pour 6 AVA), des autres États de l'Est, de l'Ohio (44 pour 4 AVA) et de l'Ontario (35) font des vins à partir de cépages locaux robustes, variétés de *Vitis labrusca,* dont l'arôme « foxé » rebute souvent les non-initiés. Pour échapper à ce parfum, les éleveurs se sont ensuite tournés vers les hybrides franco-américains, plus nuancés. Aujourd'hui, en raison du goût des consommateurs et de la technologie (en cave et dans les vignobles), ceux-ci sont complètement dépassés, même si le Seyval Blanc et le Vidal gardent leurs adeptes. Le Chardonnay, le Riesling, le Cabernet Sauvignon et le Merlot sont maintenant fermement établis. Le Pinot Noir et le Cabernet Franc font leur apparition avec quelques résultats. Le succès est mitigé mais, de la Virginie à l'Ontario, le rythme s'accélère, en particulier à Long Island.

Cépages du nord-est

Aurora (Aurore)   Un des meilleurs hybrides franco-américains blancs, le plus répandu dans l'État de New York. Bon pour le mousseux.

Baco Noir   Un des meilleurs hybrides franco-américains rouges. Beaucoup d'acidité, mais donne un bon vin sombre et franc qui a besoin de vieillir.

Catawba   Le 2e des vieux cépages locaux d'Amérique. Rouge pâle et à saveur foxée, de style sec, pas très sec et doux, tranquilles et mousseux.

Cayuga White   Hybride créé à l'Université Cornell. Donne un vin délicat, fruité et pas très sec.

Chambourcin   Hybride rouge d'origine française. Rouges de style Loire sous-estimés et rosé agréable.

Chelois   Hybride rouge. Donne un vin moyennement corsé de style Bourgogne.

Concord   Variété de *labrusca* de loin la plus répandue dans l'État de New York. Donne des rouges doux et lourdement foxés, tous identiques, mais surtout du jus de raisin et de la confiture. Matière première de vins kasher.

De Chaunac   Hybride rouge répandu au Canada et dans l'État de New York. À éviter.

Maréchal Foch   Hybride rouge français bien fait. Selon la vinification, donne des vins audacieusement bouquetés ou nouveau style.

Niagara   Cépage blanc-vert, la quintessence de la *labrusca*. Parfois appelé « Concord blanc ». Donne de charmants vins doux aromatiques.

Ravat (Vignoles)   Cépage hybride blanc franco-américain d'un bouquet intense et d'une forte acidité, souvent fait dans le délicieux style vendange tardive (primé).

Seyval   Hybride franco-américain populaire capable de produire des blancs secs stylés.

Vidal   Hybride blanc franco-américain pivot pour des vins secs charpentés.

Exploitations et vignobles

Allegro ★ ★ **91 92 94 95** 96 Producteur de Pennsylvanie bien établi pour ses remarquables Chard et Cab.

Bedell ★ ★ ★ **93 94 95** 96 Exploitation de LONG ISLAND connue pour ses excellents Merlot et Cab.

Biltmore Estate ★ ★ **93 94 95** 96 Exploitation de Caroline du Nord, la plus grande d'Amérique. Vignoble de 3 400 ha et demeure de 253 pièces. Chard et mousseux.

Canandaigua Wine Co ★ → ★ ★ Exploitation des FINGER LAKES avec de nombreux domaines en Californie. 2e producteur du pays, derrière Gallo, de vins de *labrusca,* vins de table et mousseux. Possède Manischewitz, le leader du marché pour les vins doux kasher. Voir chapitre Californie.

Cave Spring ★ ★ ★ **95** 96 Magasin de l'Ontario : Chard, Ries sophistiqués.

Chaddsford ★ ★ **93 94 95** 96 Producteur pennsylvanien existant depuis 1982. Sp. de Chard de style Bourgogne.

Chamard ★ ★ **93 94 95** 96 Meilleure exploitation du Connecticut. Appartient au président de Tiffany's. Chard de première classe. L'AVA est Southeastern New England.

Château des Charmes ★ ★ → ★ ★ ★ **91 93 94 95** 96 Firme d'Ontario de style château, très touristique (94). Beaux Chard, Aligoté, Cab, mousseux.

Clinton Vineyards ★ ★ **92 93** 95 96 Exploitation d'Hudson River connue pour son Seyval Bl sec et franc et son mousseux Seyval fougueux.

Debonné Vineyards ★ ★ **93 94 95 96** Domaine populaire de l'Ohio (AVA LAC ÉRIÉ). Hybrides (VIDAL, CHAMBOURCIN...) et *vinifera* (Chard, Ries...).

Finger Lakes Magnifique zone vinicole au climat doux, dans l'État de New York, source de la plupart des vins de l'État. Siège de la « révolution *vinifera* » de l'État. Meilleures exploitations : Lamoreaux Landing, FOX RUN, GLENORA, STANDING STONE. À suivre.

Firelands ★ ★ **91 93 95 96** Domaine de l'Ohio sur l'île St George (LAC ÉRIÉ). Cab et Chard.

Fox Run ★ ★ **93 95 96** Nouveau propriétaire, nouvelles installations et nouveau vinificateur : parmi les meilleurs Chard, Ries et Merlot des FINGER LAKES. Mousseux aussi.

Frank, Dr Konstantin (Vinifera Wine Cellars) ★ ★ **93 94 95** 96 Exploitation petite mais influente. Le regretté Dr Frank fut un pionnier de la culture des cépages européens dans les FINGER LAKES. Le nouveau mousseux Château Frank est très bon.

Glenora Wine Cellars ★ ★ **91 93 94 95** 96 Entreprise des FINGER LAKES donnant de bons mousseux, Chard et Ries.

Gristina ★ ★ **93 94 95** 96 Jeune exploitation prometteuse de l'AVA NORTH FORK à LONG ISLAND. Chard, Cab et Pinot N.

Hamptons (Alias South Fork) AVA de LONG ISLAND. Meilleur producteur : Sag Pond (exploitation cossue). Duck Walk hésitant.

Hargrave Vineyard ★ ★ ★ **93 94 95** 96 Entreprise pionnière de LONG ISLAND, vignobles depuis 72 à (NORTH FORK). Bons Chard, Cab et Cab F.

Henry of Pelham ★ ★ ★ **94 95** 96 En Ontario, Chard et Ries élégants et Baco Noir typique.

Hillebrand Estates ★ → ★ ★ **94 95** 96 Producteur dynamique de l'Ontario attirant l'attention pour ses Chard et son assemblage rouge de style Bordeaux.

Hudson River Region Le plus vieux district vinicole d'Amérique (21 producteurs) et première AVA de l'État de New York. De part et d'autre du fleuve, à 2 heures de route du nord de Manhattan.

Inniskillin ★ ★ ★ 93 94 95 96 Producteur remarquable qui a présidé à la naissance de l'industrie vinicole moderne de l'Ontario. Chard et Pinot N talentueux de style Bourgogne. Très bons Ries, vin de glace issu de Vidal, Pinot Gris et Auxerrois. Visite guidée de l'exploitation intéressante.

Knapp ★ (★) 93 94 95 96 Exploitation versatile des FINGER LAKES. Assemblage de style Bordeaux, Cab, Ries et mousseux Blanc de Blancs savoureux.

Lac Érié Le plus grand district de vignobles de l'est avec 10 000 ha sur les bords du lac Érié, à cheval sur les États de New York, Pennsylvanie et OHIO. 90 % de CONCORD, surtout dans le comté de CHAUTAUQUA. Nom aussi d'une AVA couvrant trois États : 7 exploitations pour celui de New York, 5 pour la Pennsylvanie et 22 pour l'Ohio.

Lakeridge ★ ★ Exploitation populaire de Floride, près de Disneyland. Sp. de Muscadine. Le mousseux de type Spumante issu du cépage local Carlos connaît un grand succès. Les vins sont rarement millésimés.

Lakeview ★ ★ Producteur de l'ONTARIO s'étant fait un nom pour ses rouges très aromatiques.

Lamoreaux Landing ★ ★ → ★ ★ ★ 94 95 96 Nouvelle maison stylée et talentueuse des FINGER LAKES : Chard et Ries prometteurs d'une exploitation de style néo-grec étonnante.

Lenz ★ ★ ★ 93 94 95 96 Propriété de classe dans l'AVA NORTH FORK. Chard fin et austère proche d'un Chablis, Gewürz, Merlot et mousseux.

Long Island Région vinicole la plus enthousiasmante à l'est des Rocheuses et lieu de maintes expérimentations. Actuellement 520 ha de toutes variétés de *vinifera* (47 % de Chard) et 2 AVA (NORTH FORK et HAMPTONS). La majeure partie de ses 17 exploitations sont sur NORTH FORK. Meilleurs cépages : Chard, Cab, Merlot. Cycle végétatif long, pratiquement pas de gel.

Michigan En principe, la meilleure région de climat frais d'Amérique pour le Ries, avec 18 exploitations commerciales. Parmi les meilleures : St-Julien Wine Co, Ch. Grand Traverse, Tabor Hill, Good Harbour. Surveillez Fenn Valley et Bowers Harbor (pour la version mousseux).

Millbrook ★ ★ ★ 91 93 95 96 L'exploitation n°1 d'HUDSON RIVER REGION. S'est hissée au firmament de l'État de New York en ne regardant pas à la dépense (viticulture soignée, marketing habile). Les Chard de style Bourgogne sont splendides et les Cab F peuvent être délicieux.

North Fork AVA de LONG ISLAND. Meilleures exploitations : BEDELL, GRISTINA, HARGRAVE, LENZ, PALMER, PAUMANOK, PELLEGRINI, PINDAR. A 2 h 30 de route de Manhattan.

Ohio 5 AVA dont LAC ÉRIÉ et Ohio Valley.

Ontario Principale région vinicole de l'Est du Canada, sur la péninsule de Niagara : 35 producteurs. Forts investissements et promesses d'avenir. Ries, Chard et même Pinot N annoncent une grande longévité. Le vin de glace est le fleuron de l'État.

Palmer ★ ★ ★ 93 94 95 96 Producteur supérieur de LONG ISLAND (NORTH FORK) considéré comme une figure sur le marché métropolitain. Grande classe grâce à son marketing dynamique, sa croissance rapide et ses vins parfumés : Chard, Sauv et Cab de style Chinon.

Paumanok ★ ★ 93 94 95 96 Exploitation montante à LONG ISLAND (NORTH FORK). Cab, Merlot, Ries et Sauv vendange tardive tous prometteurs.

Pellegrini ★ ★ ★ 93 94 95 Exploitation la plus charmante de LONG ISLAND (SUR NORTH FORK), créée en 93. Merlot opulent, Chard stylé, Cab de style Bordeaux. Vinification inspirée. Vins exceptionnellement parfumés.

Pindar Vineyards ★ ★ → ★ ★ ★ 93 94 95 96 Énorme exploitation de 115 ha à NORTH FORK, LONG ISLAND. Vaste gamme d'assemblages savoureux et de vins de cépage populaires, dont Chard, Merlot et un assemblage rouge de type Bordeaux, Mythology, spécialement bon.

Sakonnet ★ ★ 94 95 96 La plus grosse exploitation de Nouvelle-Angleterre, à Little Compton, Rhode Island (AVA Southeastern New England). Sa réputation régionale, reposant sur le Chard, le VIDAL et un Gewürz sec, est florissante depuis 1985.

Standing Stone ★ ★ 93 94 95 L'une des plus récentes et prometteuses exploitations des FINGER LAKES, avec de très bons Ries, Gewürz et Cab F.

Tomasello ★ ★ 93 94 95 96 Exploitation avant-gardiste du New Jersey. Bons CHAMBOURCIN et mousseux Blanc de Noirs. Cab prometteur.

Unionville Vineyards ★ ★ → ★ ★ ★ 93 95 96 Maintenant la meilleure exploitation du New Jersey, fondée en 91. Ries charmants et hybrides franco-américains élevés à un niveau presque *vinifera*.

Vincor International ★ → ★ ★ La plus grosse exploitation du Canada (ex-Brights-Cartier), en Ontario, Colombie Britannique, au Québec, en New Brunswick. Marché de masse et excellents vins : de cépage, assemblages, raisins canadiens et importés. Possède INNISKILLIN. Également étiquettes Jackson-Triggs et Sawmill Creek.

Vineland Estates ★ ★ 92 93 94 95 96 Bon producteur de l'Ontario admiré pour ses vins de glace issus de VIDAL et de Ries. Ries sec et demi-sec tout aussi admirables.

The Vintners Quality Alliance Organisme canadien qui a instauré son propre système d'appellations. A été lancé en Ontario et englobe aussi la Colombie Britannique. Les normes qu'il a instituées ont rapidement relevé le niveau des vins canadiens.

Wagner Vineyards ★ ★ 93 95 96 Célèbre exploitation des FINGER LAKES. Chard fermenté en fût, Ries sec et doux, vin de glace. Charmante à visiter.

Westport Rivers ★ ★ 93 94 95 96 Maison du Massachusetts établie en 89. Bon Chard et mousseux naissant (AVA Southeastern New England).

Wiemer, Hermann J. ★ ★ → ★ ★ ★ 93 94 95 96 Vinificateur allemand créatif des FINGER LAKES. Ries intéressants, dont un très bon mousseux et un vendange tardive.

Wollersheim ★ ★ 94 Exploitation du Wisconsin spécialisée dans les variantes de MARÉCHAL FOCH. Prairie Fumé (Seyval Bl) est un succès commercial.

États du Sud et du Centre

Virginie

L'importante viticulture moderne de la Virginie (depuis 1972) acquiert ses lettres de noblesse dans l'État, blancs en tête (surtout du Chardonnay). 46 exploitations (sur 6 AVA) produisent de bons Riesling, Gewürztraminer, Viognier, Cabernet Sauvignon, Cabernet Franc et Merlot (et, plus récemment, du Pinot Gris et du Barbera) à partir de 558 ha de vignes. L'AVA Monticello compte certains des plus importants producteurs : Prince Michel (bien que son Le Ducq, un bon assemblage de type Bordeaux, soit principalement issu de raisins de Napa) et sa seconde propriété, Rapidan River, Barboursville (Malvaxia Reserve inspiré, le meilleur vin de Virginie), Montdomaine. Les autres sont : Horton (pour le Viognier et les vins de vendange tardive), Ingleside Plantation, Linden, Naked Mountain, Meredyth, Oasis (pour son « champagne »), Piedmont, Tarara et Williamsburg Winery. Château Morrisette et Wintergreen sont à suivre.

Missouri

Industrie vinicole florissante, avec ses 36 producteurs pour 3 AVA : Augusta (la première des États-Unis), Hermann, Ozark Highlands. À l'intérieur de l'État, les ventes montent en flèche. Les meilleurs vins sont le Seyval, le Vidal et le Vignoles doux et sec. Le meilleur domaine est Stone Hill, fondé à Hermann en 1847, qui fait un rouge riche issu d'un cépage américain appelé Norton (ou Cynthiana). Hermannhof, dans la même ville (fondé en 1852), attire l'attention pour les mêmes cépages. Mount Pleasant, établi à Augusta, fait un « porto » généreux et un agréable mousseux. Les noms à suivre : Augusta Winery, Blumenhof, Les Bourgeois, Montelle, Röbller, St James.

Maryland

L'État possède 9 exploitations vinicoles et 2 AVA. Basignani fait de bons Cabernet Sauvignon, Chardonnay et Seyval Blanc. Catoctin, exploitation et boutique possédant des vignobles en montagne, s'est fait une réputation avec ses Riesling et Chardonnay solides et abordables. Le Chardonnay et le Cabernet Sauvignon de Elk Run peuvent être délicieux. Le producteur le plus connu de l'État, Boordy Vineyards, est bien noté pour ses Seyval (sp. Reserve) et son mousseux. Woodhall s'y entend en Seyval et Cabernet Sauvignon. L'AVA Catoctin est la principale zone de Cabernet et Chardonnay. Linganore est la seconde AVA.

Le Sud-Ouest

Texas

Ces quinze dernières années s'est développée une industrie vinicole texane qui a maintenant dépassé le stade expérimental avec plus de 450 viticulteurs, 26 exploitations (10 à Hill Country) et 5 nouvelles AVA. Les vins (presque tous de cépage) commencent à prendre forme, les meilleurs étant comparables à ceux du nord de la Californie.

Bell Moutain Vineyards Exploitation de 20 ha à Fredericksburg, dans l'AVA Bell Mountain. Hésitante mais connue pour son Cab. Chard vient ensuite.

Cap Rock (Lubbock) Depuis 1990. Chard, Chenin Bl, Sauv, Ries et mousseux tous médaillés localement.

Fall Creek Vineyards Domaine stable dans TEXAS HILL COUNTRY. Produit de beaux Sauv et Chard. Cab aussi. Recherchez le Ries Emerald, le Chenin et le Carnelian.

Grape Creek Vineyards Petite firme près de Fredericksburg, TEXAS HILL COUNTRY, pour Chard médaillé, Cab et Muscat Canelli.

Hill County Cellars Près d'Austin, Chard et Sauv exemplaires.

Llano Estacado Pionnier près de Lubbock avec 88 ha (dont 84 loués). Connu pour ses Chard et Cab. Bon rouge Signature.

Messina Hof Wine Cellars Gagnant avec le cépage Muscat Canelli et son Ries Johannisberg vendange tardive, Angel. Pinot N aussi.

Pheasant Ridge Domaine de Lubbock créé en 1978. 15 ha aujourd'hui. Leader de l'État, sp. pour les rouges et maintenant Chenin et Chard aussi.

Slaughter-Leftwich Petit producteur de Chard de vignobles situés à Lubbock ; exploitation près d'Austin.

Sainte-Geneviève La plus grosse exploitation du Texas, liée avec le Français Cordier. 400 ha de vignobles appartenant à l'Université du Texas. Vins surtout S A bien faits.

Sister Creek TEXAS HILL COUNTRY. Bons Pinot N, Chard, Cab et Cab F, Merlot.

Texas Hill Country L'une des 3 AVA de Hill Country (sud de Lubbock, ouest d'Austin).

Nouveau-Mexique, etc.

Le **Nouveau-Mexique** reste connu pour un seul vin, le remarquable mousseux Gruet, mais d'autres vins pétillants (Domaine Cheurlin), ainsi que les vins de cépage de Anderson Valley Winery montrent le potentiel de la vallée du Rio Grande. La Chiripada est une autre exploitation s'en tirant à merveille avec ses hybrides français et son vin de style porto. La Viña produit un bon Chardonnay (Gruet aussi). L'État compte maintenant 3 AVA et 19 exploitations.

Le **Colorado** et l'**Arizona** se concentrent tous deux sur les cépages *vinifera*. Le Colorado (16 exploitations) s'étend rapidement, avec le Chardonnay et le Merlot en tête des encépagements. Plum Creek Cellars (la plus grosse exploitation, bon Chardonnay) et Grande River Vineyards (succès récemment avec le Viognier), parmi d'autres à Palisade, sont toutes deux très bonnes. L'Arizona (7 exploitations) se concentre sur les cépages du Rhône (Callaghan Vineyards, par ex.), ainsi que le Pinot Noir et le Cabernet Sauvignon des vignobles terra rossa très chauds, en haute altitude.

L'**Oklahoma** et l'**Utah** seront les prochains États à émerger de cette région. L'unique exploitation de l'Utah (Arches Vineyard) donne le rythme avec son Riesling et les deux vins locaux de l'Oklahoma sont meilleurs.

Amérique du Sud

Chili

En à peine dix ans, le Chili vinicole est passé d'un état primitif à une tentative d'harmonisation. Ses problèmes étaient de vieilles idées et, surtout, de vieilles cuves en bois. L'inox a donc créé une révolution. Longtemps limitée aux Cabernet sains (au moins avant de vieillir), la gamme des vins s'est étendue à d'excellents Merlot, de bons Syrah et Malbec et des blancs frais dont, jusque-là, on n'aurait même pas osé rêver. Les conditions sont idéales pour les vignes (toutes irriguées) de la Vallée du Maipo, près de Santiago et jusqu'à 500 km vers le Sud. La région de Casablanca, récemment encépagée, s'étend entre Santiago et Valparaiso et offre d'excellents terroirs pour le Chardonnay et le Sauvignon Blanc. Bien des vignerons de longue date ont cessé de fournir les bodegas et produisent dorénavant leurs propres vins. Les principales régions, du nord au sud, sont Aconcagua, Maipo, Rapel, Curicó, Maule, le sud d'Itata et Bio-Bio.

Aconcagua La plus septentrionale des régions vinicoles de qualité. Comprend CASABLANCA et Panquehue.

Agrícola Aquitania ★★★ 24 ha. Société en participation associant Paul Pontallier et Bruno Prats (de Bordeaux) à Felipe de Solminihac. L'unique vin s'appelle Paul Bruno. 95 premier bon millésime.

Bio-Bio La plus méridionale des régions vinicoles de qualité. Pluviosité élevée.

Bisquertt ★★ Exploitation familiale de Colchagua (RAPEL). Très bon Merlot, qui pourrait être plus stable.

Caliterra ★★→★★★ Exploitation sœur de ERRÁZURIZ appartenant maintenant pour moitié à Mondavi (Californie). Chard et Sauv en progrès (forte proportion de raisins de CASABLANCA), rouges moins uni-dimensionnels. Gamme Reserva excellente.

Cánepa, José ★★→★★★ Rouges régulièrement bons, dont un Zin dense et charnu. Sauv CASABLANCA et Chard Rancagua Private Reserve sont les meilleurs blancs. La division récente de l'entreprise et le départ du vinificateur talentueux risquent de semer le trouble.

Carmen, Viña ★★→★★★ L'une des plus vieilles exploitations du pays, appartenant maintenant à SANTA RITA. Basée à MAIPO. Chard Special Reserve (CASABLANCA) mûr et frais et Sém Maipo Late Harvest, délicieusement léger sont les meilleurs blancs. Les rouges sont encore mieux. Sp. Merlot de RAPEL, Petite Sirah et Cab de MAIPO, surtout Gold Reserve.

Carta Vieja ★★ Exploitation de MAULE appartenant à la même famille depuis 6 générations. Rouges, sp. Cab et Merlot, meilleurs que blancs, bien que le Chard Antigua Seleccion soit bon.

Casa Lapostolle ★★→★★★ Société comprenant la famille Marnier-Lapostolle, propriétaire de Grand Marnier. Michel Rolland est le consultant. Merlot souple et boisé (peut-être le meilleur du Chili), Cab aux arômes de prune et Sauv d'inspiration bordelaise.

Casablanca Région au climat frais entre Santiago et la côte. Très peu de pluie : l'irrigation au goutte-à-goutte est donc essentielle. Chard et Sauv de première classe. Merlot et Pinot N prometteurs.

Casablanca Viña ★★★ Exploitation sœur de SANTA CAROLINA. Parmi les meilleurs vins du Chili. Raisins de RAPEL et MAIPO employés pour certains rouges. Santa Isabel Estate, à CASABLANCA, produit déjà de très bons Sauv, Chard et Gewürz. Les versions barriquées de Cab et Merlot vont bon train.

Château Los Boldos ★★ Étiquette d'une exploitation française au pied des Andes, à Santa Amalia (MAULE). 248 ha. Cab, Sauv et un peu de Chard, à l'exportation seulement.

Concha y Toro ★→★★★★ La plus grande entreprise du Chili, avec succursales et vignobles dans tout le pays, surtout à MAIPO et RAPEL. Le nouveau Cab/Syrah est bon, de même que le Chard Amelia de CASABLANCA, les excellents rouge et blanc Trio, le

Merlot chocolaté Marqués de Casa Concha et le Cab Don Melchor. Recherchez la gamme Explorer, prometteuse : Bouchet Alicante, Pinot N, Cab/Syrah, etc.

Cono Sur ★★★ Exploitation de Chimbarongo appartenant à CONCHA Y TORO pour de très bons Pinot issus de raisins locaux et de CASABLANCA. Aussi Cab fruités et dense. Secondes étiquettes : Tocornal et Isla Negra.

Cousiño Macul ★★★ → ★★★★ Vieux domaine remarquable près de Santiago (MAIPO). Connu pour ses Cab Antiguas Reservas de longue garde mais aussi pour son Merlot souple, son Sém et son Chard ancien style et très secs.

Domaine Oriental ★★ Bons rouges, sp. Cab Clos Centenaire d'une exploitation française moderne dans la vallée de MAULE.

Doña Javiera, Viña ★★ Excellents premiers millésimes de Sauv et Chard d'une nouvelle bodega située à l'extrémité fraîche de MAIPO, près du Pacifique.

Echeverría Boutique et exploitation de Curicó (MAULE) produisant des Cab Reserve intenses et complexes, un Chard non boisé et un Sauv en rapide progrès.

Edwards, Luís Felipé ★★★ Exploitation magnifiquement située à Colchagua (RAPEL). Chard aux arômes d'agrumes et Cab Reserve soyeux.

Errázuriz ★★★ → ★★★★ Firme historique modernisée de la vallée de l'Aconcagua. Vins corsés et très riches, surtout Merlot et Cab Don Maximiano et des vins de première classe issus de raisins de CASABLANCA.

La Fortuna, Viña ★★ Vieille exploitation dans la vallée de Lontué. Gamme de vins de cépage attrayants, surtout Malbec, tous cultivés sans engrais ni herbicide.

Franciscan (★★★) Nouvelle base à CASABLANCA de l'exploitation californienne du même nom.

Francisco de Aguirre, Viña ★★ Chard et Cab prometteurs de vignobles encépagés en 1992 seulement dans la région au nord de Valle de Limari.

La Rosa, Viña ★★ Les Chard, Merlot et Cab de ce vigneron de RAPEL devenu producteur de vin sont impressionnants. Ignacio Recabarren est le consultant. Vins sous les étiquettes La Palma et Casa Leona.

Maipo La plus vieille région vinicole, près de Santiago. Climat plutôt chaud. Source des meilleurs Cab du Chili.

Maule La plus au sud des régions vinicoles de haute qualité. Comprend les vallées Claro, Loncomilla et Tutuven.

Mont Gras ★★★ Exploitation à la pointe de la technologie dans la vallée de Colchagua. Merlot Reserve et Cab splendides depuis 94.

Montes ★★ → ★★★ Étiquette de Discover Wines, près de Curicó. Le Cab Montes Alpha peut être brillant. Merlot et Malbec beaux aussi. Blancs plus hésitants.

Paul Bruno Voir AGRÍCOLA AQUITANIA.

Portal del Alto, Viña ★★★ Petite bodega avec un excellent assemblage Cab/Merlot. Raisins de ses propres vignobles de MAIPO et RAPEL.

Porta Viña ★★ Spécialistes de Cab et Chard avec vignobles dans la vallée Cachapoal (RAPEL). Aussi Merlot au goût de prune et de chocolat et bonne seconde étiquette Casa Porta.

Rapel Région de qualité dans le centre, divisée en deux : vallée Colchagua et vallée Cachapoal.

San Pedro ★★ → ★★★ Troisième plus grand producteur chilien, établi à Molina, Curicó. Gato Negro et Gato Blanco sont les plus vendus. Meilleurs vins : Castillo de Molina et Santa Helena Seleccíon de Director sont les meilleurs. Le conseiller est le Bordelais Jacques Lurton.

Santa Carolina, Viña ★★★ Superbe bodega ancienne de Santiago produisant des vins de plus en plus impressionnants et complexes. Tous les vins Reserve de MAIPO sont très bon, dont un Sauv riche au goût de citron vert. Aussi excellent Sém/Sauv Late Harvest boisé.

Santa Emiliana ★★ Branche de CONCHA Y TORO. Vignobles à RAPEL et CASABLANCA. Secondes étiquettes Walnut Crest et Andes Peak très bon achat.

Santa Inés ★★ Firme familiale à la belle réussite à Isla de Maipo. Cab Legado de Armida mûr au goût de cassis. Aussi étiquetés De Martino.

Santa Monica ★★ Exploitation de Rancagua (RAPEL). Meilleure marque : Tierra del Sol. Bons Ries et Merlot sous l'étiquette Santa Mónica.

Santa Rita, Viña ★★ → ★★★ Bodega de MAIPO établie depuis longtemps. Résultats déjà bons mais devraient être meilleurs avec l'arrivée de l'ancien vinificateur de CANEPA. Gamme en ordre croissant : 120, Reserva, Medalla Real, Casa Real. Le meilleur est le Cab Casa Real de MAIPO, mais le Merlot et le Chard Medalla Real de CASABLANCA et le Cab de MAIPO sont presque aussi bons.

Segu-Ollé ★★ Domaine de Linares (MAULE) appartenant à deux familles catalanes. Cab et Merlot très bons. Étiquettes Caliboro et Doña Consuelo.

Tarapacá Ex-Zavala ★★ Nouvelle bodega étonnante. Vins de cépage basiques sains. Parmi les vins plus ambitieux, seul le Chard Gran Reserva est réussi pour l'instant.

Terra Noble ★★ Exploitation de Talca avec pour consultant un œnologue de la Loire. Le Sauv végétal et le Merlot léger et poivré sont les seuls vins.

Torreón de Paredes ★★ → ★★★ Bodega moderne de RAPEL. Bon Cab Reserva. Chard attrayant et croquant et Cab Reserva vieillissent mieux que la plupart.

Torres, Miguel ★★★ Entreprise d'une famille catalane à Curicó. A apporté la modernité au Chili mais s'est ensuite perdue en route. A retrouvé sa forme avec des blancs frais et de bons rouges. En tête, un Cab corsé d'un seul vignoble, Manso del Velasco.

Undurraga ★★ → ★★★ Célèbre vieux domaine de MAIPO connu pour son Pinot (plutôt dilué). Les meilleurs vins sont le Chard Reserva, un Gewürz rafraîchissant au goût de citron vert et un Sém vendange tardive au goût de pêche.

Valdivieso ★★★ Une vieille marque de mousseux que tout le monde connaît au Chili. Un vinificateur français et un nouveau consultant créent actuellement une gamme impressionnante : bons Chard, Pinot N Réserve, Cab, Cab F, Merlot, Malbec et un projet de rouge de type Grange appelé Caballo Loco.

Vascos, Los ★★ → ★★★ Appartient à Lafite-Rothschild mais n'est en aucun cas l'un des premiers crus du Chili. Les vins sont honnêtes mais refusent les agréables goûts fruités du Chili au profit de structures fermes.

Villard ★★★ Entreprise française à CASABLANCA. Grand Chard beurré, Sauv intense, Pinot N séduisant, bons Cab et Merlot de RAPEL.

Vinícola Mondragón ★★ Seconde bodega de CANEPA. Étiquettes : Rowan Brook, Peteroa, Montenuevo, etc.

Argentine

Le cinquième pays producteur de vin au monde ouvre enfin un œil sur l'extérieur, et vice versa. La demande intérieure est toujours orientée vers les vins fatigués d'un style dépassé mais baisse énormément, tandis que les acheteurs étrangers franchissent désormais les Andes, en provenance du Chili. 90 % des vignobles se trouvent dans les provinces de Mendoza (au-delà des montagnes par rapport à Santiago) et de Salta, dans le Nord, à 1 700 mètres d'altitude (Cafayate). Plus au Sud, le Rio Negro est situé à la même latitude que Hawke's Bay en Nouvelle-Zélande. Tous les vignobles sont irrigués, que ce soit par les inondations ou le goutte-à-goutte. L'aridité de l'air prévient les maladies et le phylloxéra est absent. Tous ces facteurs donnent de grands espoirs pour les cépages classiques mais aussi pour ce qui fait déjà la spécialité de l'Argentine : rouges Malbec charnus et blancs Torrontes aromatiques. Le nombre des bodegas étant supérieur à 2 000, les noms qui suivent sont ceux des meilleures.

Arizu, Leoncio ★★★ Producteurs de vins Luigi Bosca : Malbec, Cab et Syrah d'une petite bodega de Mendoza (Maipu) tous très bons. Également Sauv, Pinot N et Ries prometteurs.

Balbi, Bodegas ★★★ Producteur plein d'avenir à San Rafael. Chard et Malbec juteux et rosé Syrah délicieux.

Bianchi, Bodegas ★ → ★★★ Producteur réputé à San Rafael, contrôlé par Seagram. Troisième plus grosse bodega du pays. Malbec et Chenin Bl sont actuellement les meilleurs vins. Les essais de cépages « internationaux » ne donnent pas encore d'aussi bons résultats.

Bosca, L. Voir ARIZU.

Canale, Bodegas Humberto ★★ Première exploitation de Rio Negro. Sém et Pinot N 95 très prometteurs. Merlot et Malbec en progrès.

Catena ★★★ Le dynamique Dr Nicolas Catena possède les Bodegas Esmerelda. Les étiquettes : Alamos Ridge (Cab, Chard, Malbec bon achat), Catena (très bons Cab, Chard et Malbec) et Alta Catena (Cab et Chard excellents). Possède aussi des intérêts dans La RURAL, Libertad et WEINERT.

Esmerelda, Bodegas Voir CATENA.

Etchart ★★ → ★★★ Propriété de Pernod-Ricard, une exploitation à Salta et une à Mendoza. Torrontes épicé, Chard et Chenin Bl pétulants de Salta sont bons. Rouges généralement sains. Arnaldo B. Etchart est un très bon nouvel assemblage (Cab/Malbec/Merlot de Salta).

Finca Flichman ★★ Vieille firme ayant deux exploitations à Mendoza et appartenant aujourd'hui à une banque (gros investissements). Gamme de vins de cépage : au sommet, Cab Private Reserve. Le vinificateur « volant » Hugh Ryman y travaille depuis 97.

Goyenechea, Bodegas ★ → ★★ Maison familiale basque établie à San Rafael. Vins ancien style. Avait bien besoin de sa modernisation en cours.

La Agricola ★★ Grande coop. privée de Mendoza produisant des vins relativement bon achat sous les étiquettes Picajuan Peak, Santa Julia et viejo Surco.

Lavaque ★★ Bodega de San Raphael restaurée. Cab, Malbec et Pinot N très bien.

Lopez, Bodegas ★★ Maison familiale connue pour son Château Montchenot rouge et blanc ancien style et son Cab Château Vieux.

Martins ★ ★ Propriété espagnole (Berberana) à Mendoza : Malbec et Merlot sains.

M. Chandon ★ ★ → ★ ★ ★ Producteurs de mousseux Baron B. et M. Chandon sous la supervision de Moët & Chandon. Premier assemblage Pinot N/Chard en 95. Progrès énormes. Rouges et des blancs ancien style, dont Castel Chandon, Kleinburg (blancs), Comte de Valmont, Beltour et Clos du Moulin souples (rouges). Le Chard Renaud Poirier est une nouvelle gamme de vins de cépage destinée au marché intérieur. La gamme Paul Galard (bien meilleure) est pour l'exportation.

Navarro Correas ★ ★ → ★ ★ ★ Quelques rouges honnêtes, le meilleur étant le Cab Col. Privada. Blancs raisonnables, dont un Chard très boisé et un mousseux d'inspiration Deutz.

Norton, Bodegas ★ ★ ★ Vieille entreprise (maintenant autrichienne). Bons blancs et très bons rouges, sp. Malbec trapu et fruité. Recherchez la production de la joint venture avec les bodegas espagnoles Berberana et Marqués de Griñon.

Orfila, Bodegas Mendoza ★ → ★ ★ Rien de spécial, à part un Cab honnête.

Peñaflor ★ → ★ ★ ★ La plus vaste entreprise vinicole du pays, la 3e du monde, dit-on. Vrac pour le marché intérieur, mais voir TRAPICHE (sp. Medalla), Andean Vineyards et Fond de Cave (Chard, Cab).

Piper H. ★ ★ → ★ ★ ★ Mousseux sous licence de Piper-Heidsieck.

Riojanas, Vini ★ ★ Bodega de Salta pour des Torrontes et Malbec honnêtes. Les meilleurs vins sont étiquetés Santa Florentina.

Rural, Bodegas La ★ ★ → ★ ★ ★ Inspirée familiale par CATENA. Bons vins commerciaux modernes. Les meilleurs : Malbec et Merlot. Aussi Chard honnête. Seconde étiquette, Libertad, moins intense mais toujours bonne.

Santa Ana, Bodegas ★ → ★ ★ ★ Ancienne firme familiale à Guaymallen, Mendoza. Appartient maintenant au Chilien Santa Carolina. Vaste gamme dont de bons Syrah, Merlot/Malbec, rosé de Pinot G et un mousseux « Villeneuve » (Chard/Chenin Bl).

Santa Florentina Voir RIOJANAS, VINI.

San Telmo ★ ★ → ★ ★ ★ Entreprise moderne, Chard, Chenin Bl, Merlot et sp. Malbec frais très aromatiques et Cab « Cruz de Piedra-Maipu ».

Torino, Michel ★ ★ Bodega de Salta liée à LAVAQUE. Bons Torrontes, assemblage Chard/Torrontes, Chenin Bl. Le meilleur rouge est le Malbec.

Toso, Pascual ★ ★ → ★ ★ ★ Vieille maison de Mendoza à San José, produit un très bon Cabernet Toso. Aussi Ries et mousseux (dont a méthode classique).

Trapiche ★ ★ → ★ ★ ★ Étiquette de prestige de PEÑAFLOR dont le consultant est le Français Michel Rolland. Bonne gamme de vins d'un seul cépage comprenant Merlot, Malbec, Cab, Pinot N, Chard et Torrontes. Le haut de la gamme Medalla n'est pas bon marché. Gamme Oak Cask bon achat.

Vistalba, Viña y Cava ★ ★ → ★ ★ ★ (Ex-Perez Cuesta) Petite bodega spécialisée dans les rouges. Meilleur vin : un Barbera à l'arôme richement fumé. Bons Sangiovese, Malbec et Merlot aussi.

Weinert, Bodegas ★ ★ ★ Malbec, Cab et l'assemblage Cavas de Weinert (Cab/Merlot/Malbec) sont parmi les meilleurs rouges argentins. Des travaux de modernisation (par CATENA) devrait les améliorer encore.

Autres pays sud-américains

Brésil

La récente plantation de cépages meilleurs est en train de transformer les vins brésiliens et permet de fournir la demande intérieure en augmentation. D'importants investissements internationaux ont été faits, dans le Rio Grande do Sul et à Santana do Liuramento, notamment, surtout par des Français (ex. Moët & Chandon) et des Italiens (Martini & Rossi) et ouvrent la voie d'éventuelles exportations. La nouvelle région sablonneuse de Frontera (proche de l'Argentine et de l'Uruguay) et les collines Sierra Gaucha (pour des mousseux de style italien) sont à surveiller. L'exportation débute et le marché intérieur prend lui aussi de l'expansion. Les vignobles situés en zone équatoriale (par ex., près de Recife) peuvent donner deux récoltes par an, voire cinq en deux ans. Ce n'est pas ce qu'il y a de mieux.

Mexique

La plus vieille industrie vinicole d'Amérique renaît grâce à des investisseurs étrangers (Freixenet, Martell, Domecq, etc.) et à l'influence de l'Université Davis de Californie. Les meilleurs vins viennent de Baja California (85 % du total), de Querétaro et des plateaux de Aguascalientes et Zacatecas. Parmi les meilleurs producteurs de Baja California : L. A. Cetto (Valle de Guadaloupe, le plus grand, sp. pour Cab, Nebbiolo et Petite Sirah), Bodegas Santo Tomas (depuis 1888, la plus ancienne du Mexique), Monte Xanic (avec un Cab qui a remporté la médaille Napa), Bodegas San Antonio et Cavas de Valmar. Marqués de Aguaya, la plus vieille exploitation de toutes (1593), ne fait plus que de l'eau-de-vie.

Pérou

Viña Tacama, près d'Ica (meilleure région vinicole), exporte quelques vins prometteurs, notamment le blanc Gran Vino Blanco. Elle produit aussi du Cab et un mousseux méthode classique. Les régions de Chincha, Moquegua et Tacha font de lents progrès. Mais le phylloxéra est un grave problème.

Uruguay

Si l'Argentine a le Malbec trapu, l'Uruguay a le Tannat, encore plus rude, qui représente un tiers de l'encépagement du pays en *vinifera*. Les producteurs apprennent actuellement à améliorer les arômes de prune plutôt rustiques de ce cépage (et à l'embouteiller plus jeune). L'Uruguay est également planté en Cabernet Sauvignon, Merlot, Chardonnay, Sauvignon Blanc et même en Viognier, mais, jusqu'ici, assortir les cépages et les sites n'est pas son fort. Cinq régions viticoles ont été définies en 1992 : le Sud (Montevideo, San José, Florida), le Sud-Ouest (Colonia), le Nord-Ouest (Paysandú, Salto et Artigas), le Nord-Est (Rivera-Tacurembo) et le Centre (Durazno). Les exploitations à rechercher sont Stagnari (Tannat, Gewürz), Castel Pujol (Tannat, Museo 1752) et Juanico.

Australie

L'influence de l'Australie sur le monde vinicole moderne est nettement plus vaste que ses vignobles, qui représentent moins de deux pour cent de la production mondiale. Néanmoins, ses idées et ses producteurs sont aujourd'hui au centre de toutes les conversations. En 12 ans, les exportations du pays sont passées de 8 à 160 millions de litres et le nombre d'exploitations à plus de 900. Ce n'est pas seulement une question de climat ; c'est aussi le résultat de recherches minutieuses, d'expériences audacieuses et de mise en commun de techniques. Même les viticulteurs du sud de la France prêtent une oreille attentive aux vinificateurs australiens. Les vins faciles à boire n'ont aujourd'hui plus de secrets pour l'Australie et elle produit parmi les meilleurs vins du monde.

Ses grands classiques sont le Shiraz, le Sémillon et le Riesling, rejoints dans les années 1970 par le Cabernet, le Merlot, le Chardonnay, le Pinot Noir et quelques autres cépages. La Grenache et le Mourvèdre ont été redécouverts dans les années 1990 et accueillis comme l'enfant prodigue. Parallèlement, le recours à la fermentation à froid et aux fûts neufs est allé de pair avec un mouvement général vers les régions plus tempérées. Alors que les vins étaient à une époque trop boisés (cela arrive encore), la modération est désormais de mise et le mousseux, grande nouveauté, est d'une qualité surprenante.

Aujourd'hui, le problème est l'insuffisance de l'offre. Un programme d'encépagement massif est en cours (20 000 ha) afin de doubler la production et d'accélérer les exportations. Mais le rapport qualité/prix reste en général élevé.

Régions viticoles

Adelaïde Hills (Sud) Fer de lance de PETALUMA, 23 exploitations dans les mts Lofty, très frais, à 450 m d'altitude.

Adelaïde Plains Petite zone juste au nord d'Adelaïde (ex-Angle Vale). La meilleure exploitation est PRIMO ESTATE.

Barossa (Sud) La plus importante région vinicole du pays (bien que non située dans une zone de vignobles), à partir de raisins de diverses sources (locales, jusqu'à MURRAY VALLEY ; zones fraîches de haute qualité : des collines environnantes jusqu'à COONAWARRA, au sud), selon les différents styles de vin. Spécialités locales : Shiraz, Sémillon, Grenache, etc. 44 exploitations.

Bendigo/Ballarat (Vic.) Petits vignobles dispersés, certains de qualité superbe. 24 exploitations, dont BALGOWNIE, JASPER HILL, HEATHCOTE.

Canberra District (ACT) 17 exploitations, vente directe. Qualité et style variables.

Clare Watervale (Sud) Petite région de haute qualité à 150 km au nord d'Adelaïde. Réputée pour son Riesling. Aussi Shiraz et Cabernet. 29 exploitations.

Coonawarra (Sud) Le plus méridional et l'un des plus beaux vignobles de l'État. Produit la plupart des meilleurs Cab du pays, des Chard, des Ries et des Shiraz très réussis. Parmi les nouveaux venus : Balnaves, Majella, PARKER ESTATE, PENLEY ESTATE. 23 exploitations.

Geelong (Vic.) Zone jadis célèbre, détruite par le phylloxéra et replantée dans les années 60. Climat sec et très frais, vins de table solides de raisins de bonne qualité (BANNOCKBURN, IDYLL, SCOTCHMAN'S HILL). 16 exploitations.

Goulburn Valley (Vic.) Exploitations très anciennes (CHÂTEAU TAH-BILK) et relativement récentes (MITCHELTON). Région tempérée du centre de l'État. Vins de table très aromatiques. 15 exploitations.

Granite Belt (Qld) Région de haute altitude et (relativement) fraîche, à la frontière de la N.S.W. 17 exploitations. Spécialités : un Shiraz épicé, un Sém/Chard riche.

Great Southern (Ouest) Région fraîche et éloignée au sud de l'État. GOUNDREY et PLANTAGENET sont les plus grandes exploitations sur un total de 25.

Great Western (Vic.) Zone tempérée dans le centre-ouest de Victoria. Vins de table et mousseux de haute qualité. 10 entreprises, dont 8 relativement récentes.

Hunter Valley (N.S.W.) Le grand nom de N.S.W. Des Shiraz rouges à goût de terroir et des Sém blancs qui vieilliront 30 ans. Cab peu important ; Chard de moins en moins. 58 exploitations.

Margaret River (Ouest) Zone côtière tempérée donnant de superbes vins élégants à 70 km au sud de Perth. 45 exploitations et d'autres à venir dans la région vinicole touristique la plus visitée d'Australie.

McLaren Vale (Sud) Région historique des banlieues sud d'Adelaïde. Rouges puissants en rapide progrès. Aussi très bon CHARD. 52 exploitations.

Mudgee (N.S.W.) Petite zone isolée à 70 km au nord-ouest de Sydney. Grands rouges et Chard complets provenant de 21 exploitations.

Murray Valley (Sud, Vic. et N.S.W.) Vastes vignobles irrigués près de Mildara, Swan Hill (Vic. et N.S.W.), Berri, Loxton, Morgan, Renmark et Waikerie (Sud). Surtout vins de table en cuves. 40 % de la production australienne.

N.E. Victoria Zone historique comprenant Corowa, Rutherglen, Wangaratta. Rouges lourds et magnifiques vins de dessert doux. 21 exploitations.

Padthaway (Sud) Vaste zone (sans exploitation) développée par de grandes firmes du COONAWARRA. Climat frais ; bons rouges de Pinot N et excellents Chard, sp. LINDEMANS et HARDY'S. Aussi mousseux Chard/Pinot N.

Péninsule de Mornington (Vic.) 1 000 ha pour 36 exploitations commerciales (DROMANA, STONIERS, T'GALLANT, etc.) faisant des vins exaltants dans cette nouvelle zone côtière fraîche située à 40 km de Melbourne.

Perth Hills (Ouest) Zone naissante à 30 km à l'est de Perth. 13 exploitations et un grand nombre de producteurs sur des coteaux peu escarpés.

Pyrenees (Vic.) 11 entreprises, rouges riches et mentholés et quelques blancs intéressants, sp. Fumé Blanc.

Riverina (N.S.W.) Zone irriguée produisant de gros volumes autour de Griffith ; vins en cuves de bonne qualité, surtout les blancs, et un grand Sém doux « botrytisé ». 12 exploitations.

Swan Valley (Ouest) Berceau du vin dans l'Ouest, banlieue de Perth. Vin de table fort, faiblement acide mais bons vins de dessert. La viticulture décline. 16 exploitations.

Tasmanie 50 vignobles produisant plus de 700 000 litres. Bons pour Chard, Ries et Pinot N. Climat frais.

Upper Hunter (N.S.W.) Région encépagée au début des années 60. Grâce à l'irrigation, surtout des vins blancs, plus légers et se développant plus vite que ceux de Lower Hunter Valley. Souvent bon achat.

Yarra Valley (« Lilydale ») Site historique près de Melbourne, relancé par 45 exploitations. Grand succès pour le Pinot N et le mousseux. Cépages nobles seulement.

Cépages australiens

En 1996, l'Australie a pressé 860 000 tonnes de raisins pour une production de 600 millions de litres de vin. Les principaux cépages sont les suivants :

Cabernet Sauvignon (Cab) (72 300 tonnes) Cultivé dans toutes les régions viticoles d'Australie, avec un succès particulier dans le COONAWARRA. Les styles : herbacé et poivre vert dans les zones plus fraîches, cassis et mûre dans le Coonawarra, chocolat noir et groseille dans les zones chaudes (MCLAREN VALE et BAROSSA). Utilisé en vin de cépage ou assemblé avec du Merlot ou du SHIRAZ. La production devrait atteindre plus de 100 000 tonnes en 1999.

Chardonnay (Chard) (98 400 tonnes) Est arrivé de nulle part en 70. Prévision de production de plus de 170 000 tonnes pour 99. Bien connu pour des vins à maturation rapide, beurrés, goût de pêche, parfois sirupeux, mais les régions fraîches comme PADTHAWAY, le sud de Victoria et ADELAÏDE HILLS peuvent en produire des versions élégantes, bien structurées et de bonne garde. Main plus leste sur le chêne.

Grenache (33 900 tonnes) Comme partout, produit un vin maigre en cas de surabondance de récolte mais peut faire mieux. La zone Dryland de BAROSSA et MCLAREN VALE s'y intéressent de plus en plus et les quantités destinées aux vins mutés diminuent au profit des vins de table.

Mourvèdre (10 400 tonnes) Appelé Mataro en Australie, il joue le même rôle et connaît le même destin que le GRENACHE.

Muscat Gordo Blanco (56 000 tonnes) Version haut de gamme du Sultana : vin aromatique et épicé, très utile dans les assemblages bon marché de vin ordinaire et de mousseux, mais diminuant en importance.

Pinot Noir (Pinot N) (15 200 tonnes) Surtout destiné au mousseux. Peut donner une belle qualité de vins de table : S. Victoria, la TASMANIE et ADELAÏDE HILLS encépagent de plus en plus.

Riesling (Ries) (39 900 tonnes) Pendant longtemps, pivot de la qualité dans l'industrie vinicole australienne, surtout en BAROSSA, Eden et CLARE WATERVALE. Vin généralement très sec. Peut être fabuleux jusqu'à 20 ans en bouteille. Les récentes et rares versions botrytisées peuvent être superbes. Gardera sa place au soleil.

Sauvignon Blanc (Sauv) (15 000 tonnes) Autre nouveau venu, prévisions de production énormes. N'a généralement pas autant de caractère que celui de Nouvelle-Zélande et produit des styles très variés allant de douceureux à tranchant.

Sémillon (Sém) (51 000 tonnes) Avant l'arrivée du CHARD, il était la réponse de HUNTER VALLEY au RIES du sud de l'Australie. De très longue garde, il ne passe pas dans le chêne. Aujourd'hui, hélas, il n'est souvent qu'un substitut de CHARD boisé. Sa production devrait passer à plus de 64 500 tonnes en 99.

Shiraz (92 500 tonnes) Jusqu'à l'arrivée du CAB dans les années 60, il était le cépage rouge australien par excellence. Immensément souple, il donne des styles allant de velouté/terreux dans HUNTER VALLEY à épicé, poivré et de type Rhône dans le centre et Victoria, bizarrement doux, voluptueux et au parfum de mûre en BAROSSA et dans ses environs (ex. : Grange Hermitage de PENFOLDS). Découvert récemment par les marchés étrangers, la demande est supérieure à l'offre. Passera à 140 000 en 99.

Exploitants & négociants

Alkoomi (Mount Barker) ★★→★★★ (Ries) **88'** |90'| 92' 94' 95' (Cab) **86'** |90'| 91 94' 95 Exploitation fondée il y a 25 ans. Produit un beau RIES d'acier et des rouges puissants de bonne garde.

Allandale (Hunter Valley) ★→★★ Petite entreprise sans vignoble. Sélectionne les raisins qu'elle achète. Qualité variable, peut être bon (sp. CHARD).

All Saints (N.E. Vic.) ★★→★★★ Célèbre entreprise familiale rachetée en 92 par BROWN BROTHERS. Excellents Muscat et Tokay.

Amberley Estate (Margaret River) ★★→★★★ Grande réussite pour ce producteur en rapide expansion de toute une gamme de styles régionaux, Chenin Bl en tête. Pousse ses ventes à 30 000 caisses.

Angove's (Riverland) |★→★★| Grosse affaire familiale ancienne dans MURRAY VALLEY, à Adelaïde et Renmark. Très valable en blancs, sp. CHARD. Aussi Colombard.

Arrowfield (Upper Hunter) ★★ Vignoble important sur terrain irrigué. CAB léger et CHARD Reserve succulent, aussi du SÉM boisé. Une société japonaise en détient la majorité.

Ashbrook Estate (Margaret River) ★★★ 8 000 caisses de SÉM, CHARD, SAUV, Verdelho et CAB exemplaires.

Bailey's (N.E. Vic.) ★★→★★★★ Rouges riches à l'ancienne, de grand caractère, surtout SHIRAZ (ex-Hermitage) et de magnifiques Muscat (★★★★) et Tokay de dessert. Appartient maintenant au groupe ROTHBURY.

Balgownie (Bendigo/Ballarat) ★★ Ancien pionnier, maintenant propriété de MILDARA/BLASS. D'une forme variable, s'est amélioré depuis peu.

Bannockburn (Geelong) ★ ★ ★ (Chard) 87' 88' 94' 96 (Pinot N) 90' 92' 94' 96 CHARD et PINOT N intenses et complexes vinifiés selon la technique bourguignonne. 6 000 caisses.

Basedow (Barossa) ★★ Bonne gamme fiable de rouges et blancs. SÉM « White Burgundy » particulièrement bon. Le changement de propriétaire ne semble pas être d'une quelconque utilité.

Bass Phillip Gippsland (Vic.) ★ ★ ★ → ★ ★ ★ ★ (Pinot N) 88 91' 92 94' 95 Minuscule production de PINOT N stylé et très recherché, en trois niveaux de qualité. Très Bourgogne de style. 700 caisses.

Berri-Renmano Coop (Riverland) ★ → ★ ★ Voir RENMANO.

Best's (Great Western) ★★ → ★ ★ ★ (Shiraz) 88' 91 92' 93 94' 95' Vieille maison conservatrice produisant de très bons rouges mi-lourds et un CHARD vraiment des plus mauvais.

Blass, Wolf (Bilyara) (Barossa) ★ ★ ★ (assemblage de Cab) 86 90' 91' 93 94 Fondée par le pétulant vinificateur allemand du BAROSSA, Wolf Blass, elle a fusionné depuis avec MILDARA. Étiquettes étonnantes et succès extraordinaire dans les foires à vins. Maître dans l'art de l'assemblage et beaucoup de chêne neuf.

Blue Pyrenees Estate (Great Western/Avoca) ★ ★ (Cab) 90 91' 92 94 Propriété de Rémy Martin. Mousseux issu de CHARD et PINOT N en grand progrès. CAB Blue Pyrenees bon aussi.

Botobolar (Mudgee) ★ ★ Petite exploitation aux méthodes organiques, merveilleusement excentrique et exportant avec succès vers le Royaume-Uni.

Bowen Estate (Coonawarra) ★ ★ ★ (Shiraz) 87 90' 91 93' 94' (Cab) 86 90' 91' 92 94' Petite exploitation. CAB intense et SHIRAZ épicé.

Brand (Coonawarra) ★ ★ → ★ ★ ★ (Shiraz) 82 84 85 87 90 91 92 (Cab) 79 81 82 84 87 90 91 92 Domaine familial appartenant à MCWILLIAMS. CHARD, CAB et SHIRAZ fins, hardis et racés (étiquette Laira). S'est bien repris après une baisse de qualité fin des années 70/début des années 80.

Brookland Valley (Margaret River) ★ ★ → ★ ★ ★ Situation superbe pour cette exploitation et ce restaurant qui font des merveilles avec, entre autres, SAUV.

Bridgewater Mill (Adelaïde Hills) ★ ★ → ★ ★ ★ Seconde étiquette de PETALUMA. Vins suaves, SAUV et SHIRAZ sont les meilleurs.

BRL Hardy Voir HARDY'S.

Brokenwood (Hunter Valley) ★ ★ ★ (Shiraz) 86' 87 91' 94' 95 (Cab) 81 83 86' 91' 93 94 Belle qualité en CAB et SHIRAZ depuis 1973 et SHIRAZ Graveyard extraordinaire. Nouveaux chais depuis 1983 avec CHARD et SÉM de qualité supérieure. Vise le 60 000 caisses.

Brown Brothers (Milawa, Vic.) ★ → ★ ★ ★ (Chard) 90 91 92 94 (Noble Ries) 78 82 84 85 88 90 Vieille firme familiale aux idées modernes. Large gamme fiable de vins d'un seul cépage plutôt délicats. CHARD, RIES et Muscat blanc sec restent merveilleux. L'assemblage de CAB est le meilleur rouge. Voir ALL SAINTS.

Buring, Leo (Barossa) ★ ★ → ★ ★ ★ (Ries) 73' 75' 79 84 86 88 90 91' 94 95 96 « Château Leonay », spécialistes de RIES, propriété de LINDEMANS. Vins grands avec l'âge (même le grand âge), sp. les réserves.

Campbells of Rutherglen (N.E. Vic.) ★ ★ Rouges mûrs et souples et bons vins de dessert (jeunes et fruités).

Cape Mentelle (Margaret River) ★ ★ ★ → ★ ★ ★ ★ (Zin) 90 91 92 93' (Cab) 82 83 86' 90' 91' 92 93' Le robuste CAB peut être magnifique et le CHARD encore mieux. Aussi Zin et SÉM très populaire. David Hohnen a aussi fondé Cloudy Bay (Nouvelle-Zélande) et les deux ont été rachetés par Veuve Clicquot en 1990.

Capel Vale (Swan Valley, Ouest) ★ ★ ★ (Ries) 88' 89' 91 93' 95' 96' (Chard) 87 91 93 95' 96' Expansion constante et grand succès pour des blancs remarquables, dont RIES et Gewürz. Aussi très bon CAB.

Cassegrain (Hastings Valley, N.S.W) ★ ★ Exploitation plutôt récente sur la côte N.S.W. Raisins locaux. Le CHARD est le meilleur, Chambourcin frappant.

Chambers' Rosewood (N.E. Vic.) ★ ★ → ★ ★ ★ Bons vins de table peu chers et grands vins de dessert, surtout Tokay.

Chapel Hill (McLaren Vale) ★ ★ ★ → ★ ★ ★ ★ (r.) 90' 91' 92' 93 94' 95' Producteur en expansion de CHARD, SHIRAZ et CAB très riches et fruités. Grand succès dans les foires pour la vinificatrice Pam Dunsford.

Charles Melton (Barossa) ★ ★ ★ Minuscule exploitation aux rouges hardis et voluptueux, sp. Nine Popes, un GRENACHE de vieilles vignes, et un assemblage de SHIRAZ. A suivre.

Château Hornsby (Alice Springs) ★ Grande attraction touristique.

Château Reynella (McLaren Vale) ★ ★ → ★ ★ ★ ★ (« Vintage Port ») 75' 77' 82 87 88 Exploitation historique servant de Q.G. au groupe BRL HARDY. Très bons vins de table rouges « pressés dans la hotte » et superbe « porto » millésimé.

Château Tahbilk (Goulburn Valley) ★ ★ → ★ ★ ★ (Marsanne) 89 90 92' 94 96 (Shiraz) 84' 86 88 91' 92' 94 (Cab) 86' 88 90 92' 94 95' Superbe domaine familial aux rouges de longue garde. Private Bins remarquables ; bon achat.

Château Yaldara (Barossa) ★ → ★ ★ Producteur très occupé d'une pléthore de marques, dont Acacia Hill, Lakewood, The Farms et Château Yaldara. Vins boisés légèrement doux et bon marché (sauf The Farms, outrageusement cher).

Coldstream Hills (Yarra Valley) ★ ★ ★ (Chard) 88 90 91 92' 93' 94' 95 96 (Pinot N) 91' 92' 94' (Cab) 88 90 91' 92' 93' 94' Exploitation connue fondée en 1985 par un critique en œnologie, James Halliday. Délicieux PINOT N B.J.P., Reserve à laisser vieillir. Très bon CHARD (sp. les Reserve), CAB et CAB/Merlot fruités. Racheté par SOUTHCORP mi-96.

Conti, Paul (Swan Valley) ★ → ★ ★ Un des doyens de SWAN VALLEY. SHIRAZ parfois exceptionnellement élégant et Frontignan au goût intense de raisin.

Coriole (McLaren Vale) ★ ★ → ★ ★ ★ (Shiraz) 89 90' 91 92 94' 95 SHIRAZ (sp. Lloyd Reserve) de vieilles vignes. Les meilleurs sont agréablement équilibrés par le chêne, les autres sont éminents.

Craiglee Macedon (Vic) ★ ★ ★ (Shiraz) 90 91' 92 93 94' Restauration d'un fameux domaine du XIXᵉ siècle produisant des SHIRAZ aromatiques et poivrés et un peu de CHARD.

Croser (Adelaïde Hills) ★ ★ ★ → ★ ★ ★ ★ 92 93 94' Meilleur assemblage mousseux CHARD/PINOT N du pays. Ramification de PETALUMA avec Bollinger comme associé. PINOT N maigre, d'une splendide fermeté.

Cullens Willyabrup (Margaret River) ★ ★ ★ (Chard) 92 93' 94 95' -96 (Cab/Merlot) 90' 91' 92 94' 95' La mère et la fille ont été pionnières dans la région pour un CAB/Merlot solidement structuré (sp. réserve), un SAUV substantiel mais subtil et un CHARD hardi : tous de caractère.

Dalwhinnie (Pyrenees) ★ ★ → ★ ★ ★ (Chard) 92' 93' 95 96' (Cab) 86' 88 90' 91' 92 93 94' 95' Producteur de 4 500 caisses de CHARD, SHIRAZ et CAB riches et concentrés, probablement les meilleurs des PYRENEES.

d'Arenberg (McLaren Vale) ★ ★ → ★ ★ ★ Vieille firme qui retrouve un nouveau souffle. SHIRAZ et GRENACHE somptueux, CHARD beau et une avalanche de nouvelles étiquettes.

De Bortoli (Griffith, N.S.W) ★→★★★ (Sém Noble) 90 `91` 92' 93' 94' Rouges et blancs standard, magnifique SÉM Noble doux botrytisé de style Sauternes. Voir entrée suivante.

De Bortoli (Yarra Valley) `★★`→★★★ (Chard) 91 92' `93` 94' 95 (Cab) 88 `90` 91 92' 94' Ex-Château Yarrinya. Racheté par De Bortoli et maintenant plus gros producteur de YARRA VALLEY. Première étiquette plus que correcte, seconde étiquette Gulf Station et troisième étiquette Windy Peak très bon achat.

Delatite (Central Vic.) ★★★ (Ries) `90` 92 93 `94` 96 Rosalind Ritchie fait des RIES, Gewürz, PINOT N et CAB très fins et féminins dans ce vignoble escarpé très frais.

Devil's Lair (Margaret River) ★★→★★★ 40 ha de vignobles du domaine pour des CHARD, PINOT N et CAB/MERLOT extrêmement concentrés. 10 000 caisses. Racheté par SOUTHCORP début 97.

Diamond Valley (Yarra Valley) ★★★→ `★★★` (Pinot N) 92 `94` 96' Producteur d'un PINOT N remarquable en bonnes quantités. Autres vins bons à défaut d'être grands.

Domaine Chandon (Yarra Valley) `★★★` Le joyau de YARRA VALLEY, magicien du pétillant. Mousseux issus de raisins venant de toutes parties les plus fraîches d'Australie, avec le fort soutien du propriétaire Moët et Chandon. Succès immédiat au Royaume-Uni sous l'étiquette Green Point.

Drayton's Bellevue (Hunter Valley) ★★ « Hermitage » et SÉM traditionnels, CHARD parfois bon, qualité en voie d'amélioration.

Dromana Estate (Péninsule de Mornington) ★★→★★★ (Chard) 90 91 92 `94` (Cab/Merlot) 88 90 92 94 Producteur leader sous la direction énergique de Gary Crittenden. CAB, PINOT N et CHARD légers mais pleins d'arôme. Intérêt soudain pour les cépages italiens.

Eaglehawk (Clare) ★→★★ Ex-Quelltaler. Autrefois connu pour son « xérès » Granfiesta. Récemment, bons RIES et SÉM. Acheté par MILDARA/BLASS.

Elderton (Barossa) ★★ De vieux vignobles fournissent des CAB et SHIRAZ très riches vieillis dans du chêne américain.

Evans and Tate (Margaret River) `★★★` (Sém) 92 `93` 95' 96 (Cab) `88` 91' 94' 95 SÉM, CHARD, CAB et Merlot de MARGARET RIVER, Redbrook, beaux et élégants. En pleine expansion avec 100 000 caisses.

Evans Family (Hunter Valley) ★★★ (Chard) 86 87 88 `91` 93 94 `95'` Excellent CHARD d'un petit vignoble appartenant à la famille de Len Evans. Fermenté dans du chêne neuf. Mérite de vieillir.

Freycinet (Tasmanie) ★★→★★★ (Pinot N) 93' `94'` 95 Exploitation de la côte Est. PINOT N voluptueux et riche, CHARD bon.

Geoff Merrill (McLaren Vale) ★→★★★ (Sém/Chard) 88' 89 `90'` 92 94' 95' (Cab) `87` 90' 92 94' 95 Producteur effervescent des vins Geoff Merrill, Mount Hurtle et Cockatoo Ridge, toujours en quête de quelque chose. Les meilleurs vins sont excellents, les autres sont pour le marché de masse.

Giaconda (Vic.) ★★★ (Chard) 90 91 `92'` 93 94' 95 (Pinot N) 89 `91` 92' 93 94' Exploitation toute petite mais très à la mode près de Beechworth. CHARD et PINOT N très recherchés.

Goundrey Wines (Great Southern, Ouest) `★★★` (Ries) 90 `91` 92 94' 95' 96 (Cab) 88 89 `90'` 91' 94' 95 Expansion récente et qualité en hausse. Au plus haut rang avec ses bons CAB, CHARD et SAUV.

Grant Burge Wines (Barossa) ★★→★★★ Production solide de rouges et de blancs soyeux (très bon CHARD 93) des meilleurs raisins des vastes vignes de Burge, le fondateur de KRONDORF. 70 000 caisses.

Green Point Voir DOMAINE CHANDON.

Grosset (Clare) ★ ★ ★ → ★ ★ ★ ★ (Ries) **88** 90' 92 93 94 95' 96' (Gaia) **86** 90 91 92 93' 94' 95 Producteur méticuleux : RIES très élégant, récent assemblage CAB/Merlot spectaculaire, Gaia.

Hanging Rock (Macedon, Vic.) ★ → ★ ★ ★ (Shiraz) 87 **88** 90' 91' 92 93 94' Gamme éclectique, dont Picnic White et Picnic Red bon marché. SHIRAZ Heathcote énorme, mousseux complexe.

Hardy's (McLaren Vale, Barossa, Keppoch, etc.) ★ → ★ ★ ★ (Eileen Chard) **92** 93' 94 95 (« Vintage Port ») **45'** 51' 54 **56 69 71 73** 75' **81'** 87 88' Firme historique. Vins et assemblages d'origines diverses. Les meilleurs sont les gammes Eileen Hardy et Thomas Hardy et les plus grands portos millésimés (« Vintage Port ») d'Australie. Les bâtiments magnifiquement restaurés de CHÂTEAU REYNELLA sont maintenant le siège du groupe. Sa fusion en 92 avec BERRI-RENMANO et une participation publique au capital (BRL HARDY) en font la seconde entreprise vinicole du pays.

Heemskerk (Tasmanie) ★ ★ ★ Grosse opération commerciale se concentrant sur un mousseux Jansz de haute volée. Vendu au groupe Tasmania JAC en 94.

Heggies (Adélaïde Hills) ★ ★ (Ries) **90'** 91 92' 95 96' (Chard) **92' 94** 95 96' Vignobles à 500 m d'altitude appartenant à S. SMITH & SONS. Commercialisés séparément : RIES et Botrytis Ries excellents.

Henschke (Barossa) ★ ★ ★ ★ (Shiraz) 52 **56** 59 61 62 66 67 72 78 80 82 84 86 88 **90** 91' 92' 93' 94' 95 (Cab) 78 **80** 81 84 85 86 **88** 90' 91' 92 93' 94' 95 Affaire familiale de 125 ans, peut-être la meilleure du pays. Connue pour un SHIRAZ délectable (sp. Hill of Grace), un CAB et des assemblages rouges très bons, mais les RIES et SÉM Eden Valley sont aussi excellents. Nouveaux vignobles en haut pays, à Lenswood, dans ADÉLAÏDE HILLS.

Hill-Smith Estate (Adélaïde Hills) ★ ★ → ★ ★ ★ Autre marque séparée de S. SMITH & SONS et peut-être la meilleure de toutes. CHARD, SAUV et CAB/SHIRAZ peuvent être un très bon achat.

Hillstowe (Adélaïde Hills) ★ ★ Petite exploitation récente employant des fruits excellents pour des CHARD et PINOT N intenses et vifs. Aussi CAB/Merlot, SAUV.

Hollick (Coonawarra) ★ ★ (Chard) 91 92 **93** 94 96 (Cab/Merlot) 86 **90** 91' 92' 93 La famille Hollick et l'ancien vinificateur de TOLLANA font de bons CHARD, RIES et des rouges suivis, sp. Ravenswood. Terra est sa seconde étiquette à la mode.

Houghton (Swan Valley) ★ → ★ ★ ★ (Supreme) 84 86 87 **89'** 91' 93' 94 95 96 La plus vieille entreprise de l'Ouest australien. Supreme, mûr et souple, est le meilleur vin classique national. Aussi excellents CAB, Verdelho, etc. Voir HARDY'S.

Howard Park (Mount Barker) ★ ★ ★ (Ries) 86' **88'** 90' 91 93 94' 95' 96 (Cab) 86 **88** 89 90' 91 92' 93 94' 95 John Wade (ex-WYNNS) vinifie avec art d'infimes quantités de RIES et CHARD aromatiques et de CAB épicé. En grande expansion avec une activité florissante de vinification sous contrat pour d'autres. Seconde étiquette : Madfish Bay.

Huntington Estate (Mudgee) (Cab) 81 83 **84** 86 89 91' **93** 94 96 Petite exploitation, la meilleure de MUDGEE. Beaux CAB et très beaux SHIRAZ. Vins sous-estimés.

Idyll (Geelong) ★ → ★ ★ Petite entreprise. Gewürz et CAB de style très individuel. Exportateur pionnier.

Jasper Hill (Bendigo) ★ ★ ★ (Shiraz) **80 82 85 86** 90' 91' 92' 94' 95 L'assemblage SHIRAZ/Cab F Emily's Paddock et le SHIRAZ Georges's Paddock du domaine en terre aride sont intenses, de longue garde et très admirés. Le meilleur de BENDIGO.

Jim Barry (Clare) ★ → ★ ★ ★ Quelques excellents vignobles donnent de bons Ries, SHIRAZ McCrae Wood et un rival convaincant du Grange, The Amagh.

Katnook Estate (Coonawarra) ★ ★ ★ (Chard) 86 **90** 92' 94' 95 96 (Cab) **85** 86 90' 91' 92 93 94 CAB et CHARD excellents et chers. Aussi SAUV.

Knappstein Wines Clare ★ ★ ★ RIES, Fumé Bl, CAB/Merlot et Cab F fiables. Appartient à PETALUMA.

Krondorf Wines (Barossa) ★ ★ → ★ ★ ★ Fait partie du groupe MILDARA/BLASS, avec ses propres marques. Les Show Reserve sont les meilleurs vins, sp. CHARD.

Lake's Folly (Hunter Valley) ★ ★ ★ ★ (Chard) 86 89 91 92' 93' 94 95 (Cab) **69 72 75 78 81'** 85 87 89 91' 92 93'94 95 Petite exploitation familiale de Max Lake, pionnier du CAB de HUNTER. Le CAB est très beau et complexe. CHARD excitant et de bonne garde.

Lark Hill (Canberra District) ★ ★ Le meilleur producteur et le plus fiable du district. RIES particulièrement attirants, CHARD plaisants.

Leasingham (Clare) ★ → ★ ★ ★ Exploitation de taille moyenne et de qualité rachetée par HARDY's en 87. Bons RIES, SÉM, CHARD et assemblages CAB/Malbec sous différentes étiquettes.

Leconfield (Coonawarra) ★ ★ → ★ ★ ★ (Ries) **90 91** 92 94 (Cab) **80 82** 84 88 90' 91' 92' 93 94 SHIRAZ et CAB COONAWARRA de grand style. RIES et CHARD bien faits par l'ancien vinificateur de TYRRELL.

Leeuwin Estate (Margaret River) ★ ★ ★ ★ (Chard) **82' 83' 85'** 86 87 89 90 91 92' (Cab) 79 81 82 84 **85** 87 88 89 90' 91' Exploitation à la pointe de la technique avec CHARD superbe (et très cher). Très bons RIES, SAUV et CAB.

Lenswood Vineyards ★ ★ ★ Domaine étant aujourd'hui la seule occupation de Tim KNAPPSTEIN. SAUV subtil et CHARD, PINOT N puissants.

Lindemans (Hunter et partout) ★ → ★ ★ ★ (Hunter Sém) 66 67' 70' 72 75 79' 86 87 91 92 94 (Hunter Shiraz) 59' 65' 66' 70 73 75 79 82 83 86 87 91 93 (Padthaway Chard) **85 86** 87 88 **90 91 92 93** 94' 95 (Coonawarra Red) **82** 85 86' 88 90' 91' 92 94 Une des plus vieilles entreprises. Actuellement un géant appartenant à PENFOLDS. Possède BURING à BAROSSA et Rouge Homme à COONAWARRA. Vignobles à PADTHAWAY. Très bons CHARD et rouges Coonawarra (ex. : Limestone Ridge, Pyrus). Pionniers des nouveaux styles, mais toujours des Hunter vieux style, gras. Les réserves numérotées Classics peuvent être très bons. Domine dans les foires.

McWilliams (Hunter Valley et Riverina) ★ → ★ ★ ★ (Elizabeth Sém) 79' 80 **81 82** 84 86' 87' 88 **89** 91' 92 94 Célèbre famille de vinificateurs de HUNTER VALLEY (SHIRAZ et SÉM). « Elizabeth » est le seul SÉM vieilli en bouteille (6 ans) ; excellent achat. Pionniers en RIVERINA avec des cépages nobles, dont CAB et un blanc doux Lexia. Les dégustations récentes ont révélé des normes élevées. Les SÉM « Elizabeth » (vendu à 6 ans d'âge) et « Lovedale » (à 10 ans) sont maintenant les meilleurs d'Australie. Vins RIVERINA honnêtes à faible prix.

Marsh Estate (Hunter Valley) ★ ★ Important producteur de bons SÉM, SHIRAZ et CAB de qualité constante.

Mildara (Coonawarra, Murray Valley) ★ → ★ ★ ★ (Coonawarra Cab) 63' 64 70 71 78 79 80' 82 85 86' 88 90' 91' 92 93 94 Spécialistes de xérès et eau-de-vie à Mildara, aussi de beaux CAB et RIES à COONAWARRA. Possèdent aussi BAILEY'S, BALGOWNIE, BLASS, KRONDORF, ROTHBURY, SALTRAM et YELLOWGLEN, tous acquis en 96 par le groupe de brasseurs Fosters.

Miramar (Mudgee) ★ ★ Parmi les meilleurs blancs de MUDGEE, sp. CHARD et CAB de garde.

Mitchells (Clare) ★ ★ ★ (Ries) 78' 84' 86 90' 92 93 94' 95 96 (Cab) 80' 82 84 86' 90 92' 93 94 Petite entreprise familiale. CAB excellents et RIES secs et très stylés.

Mitchelton (Goulburn Valley) ★ ★ → ★ ★ ★ Grande entreprise moderne acquise par PETALUMA en 92. Large gamme, dont un très bon Marsanne boisé et du SHIRAZ. Le RIES classique Blackwood Park de GOULBURN VALLEY est l'un des meilleurs achats du pays. De nombreux assemblages et étiquettes entreprenants.

Montrose (Mudgee) ★ ★ Producteur fiable et sous-estimé de CHARD et assemblages de CAB. Fait maintenant partie du groupe ORLANDO.

Moondah Brook Estate (Gingin, Ouest) ★ ★ Vignoble à HOUGHTON (80 km au nord-ouest de Perth). CHARD, Chenin Bl, Verdelho et CAB aromatiques et très souples.

Moorilla Estate (Tasmanie) ★ ★ → ★ ★ ★ (Ries) 88 89 90 91 93 94' 95' Très bons RIES (94' superbe), Traminer et CHARD. PINOT N décevant. Plusieurs changements de propriétaire déstabilisants récemment.

Morris (N.E. Vic.) ★ ★ → ★ ★ ★ ★ Vieille entreprise, qui produit les plus grands Muscat et Tokay de dessert australiens. Depuis peu, très bons vins de table bon marché.

Moss Wood (Margaret River) ★ ★ ★ ★ (Sém) 83' 85 86' 87' 91 92' 94' 95' 96 (Chard) 80 85 89 90 92 93 95' 96 (Cab) 77' 80' 83 86' 87 90 91 92 93 94' 95' Pour beaucoup, la meilleure entreprise de MARGARET RIVER (11,6 ha). SÉM, CAB, SHIRAZ et CHARD au bouquet richement fruité peuvent être comparés aux meilleurs californiens.

Mountadam (Barossa) ★ ★ ★ (Chard) 82 84 87 89 90 91 92 93 Exploitation de David et Adam Wynn à High Eden Valley. CHARD riche, voluptueux et de longue garde. Parmi les autres étiquettes : David Wynn et Eden Ridge.

Mount Hurtle Voir GEOFF MERRILL.

Mount Langi Ghiran (Great Western) ★ ★ ★ (Shiraz) 86 88 90' 91' 92 93 94' 95 Producteur d'un SHIRAZ superbe, riche et poivré, de style Rhône, l'une des meilleures versions australiennes en climat tempéré.

Mount Mary (Yarra Valley) ★ ★ ★ ★ (Pinot N) 78 79 82 83 85 86 87 89 90 91' 92' 94' 95 96' (Cab/Cab F/Merlot) 76 78 79 80 82 84 85 86' 88' 90' 91' 92' 94 Le Dr John Middleton est un perfectionniste en CHARD suave, PINOT N vif et (le meilleur de tous) CAB/Cab F/Merlot. Tous vieillissent de façon impeccable.

Normans (McLaren Vale) ★ → ★ ★ ★ Depuis qu'elle a été cotée en Bourse en 94, cette exploitation a repris du galon alors que, pourtant, elle avait toujours fait un Chais Clarendon de première classe.

Orlando (Gramp's) (Barossa) ★ ★ → ★ ★ ★ (St Hugo Cab) 80 82 84 85 86 88 90 91 92 94 Grande société pionnière, rachetée en 1988 mais appartenant à Pernod-Ricard. Gamme complète depuis le Jacob's Creek « Claret » (ventes énormes) jusqu'à l'excellent CAB Jacaranda Ridge de COONAWARRA. Voir WYNDHAM ESTATE.

Paringa Estate (Péninsule de Mornington) ★ ★ ★ Producteur de CHARD, PINOT N et SHIRAZ (vendange tardive) littéralement spectaculaires remportant nombre de médailles malgré une minuscule production de 2 000 caisses.

Parker Estate (Coonawarra) ★ ★ ★ Jeune domaine faisant un très bon CAB, sp. Terra Rossa First Growth.

Penfolds (Adelaïde et partout) ★ ★ → ★ ★ ★ ★ (Grange) 52' 53' 55' 62 63' 66' 67 71' 75 76 80 82 83 85 86' 88' 90' 91' 92 (Bin 707) 64 65 66' 78 80 83 84 86' 88 90' 91' 92' 93 94' (Bin 389) 66 70 71 82 83 86' 87 88' 90' 91' 92 93 94' Excellente société, présente en BAROSSA, RIVERINA, COONAWARRA, CLARE VALLEY, etc. Toujours la meilleure entreprise d'Australie pour les rouges. A acheté LINDEMANS en 90. Son Grange (ex-Hermitage) mérite ses ★ ★ ★ ★. Le CAB Bin 707 le suit de près. Le « porto » Grandfather peut être excellent. Les autres réserves numérotées (par ex. CAB/SHIRAZ 389, SHIRAZ Kalimina Bin 28) peuvent être remarquables. « Porto » Grandfather souvent excellent. Fin 1990, le groupe Penfolds/Lindemans a été repris par SOUTHCORP, déjà propriétaire de SEPPELT.

Penley Estate (Coonawarra) ★ ★ ★ Nouveau venu ne regardant pas à la dépense. CAB riche, fruité et boisé. Aussi SHIRAZ/CAB et CHARD.

Petaluma (Adelaïde Hills) ★ ★ ★ ★ (Ries) 79 80' 82 84 86' 88 90' 91 93 94' 95' 96 (Chard) 77 86 87 90' 92' 93 94 95' (Cab) 79 86' 88' 90' 91 92' 93' 94 Succès foudroyant dans les années 80 avec CAB de COONAWARRA, CHARD d'ADELAÏDE HILLS et RIES de CLARE. Rouges de plus en plus riches depuis 88 (millésimes récents remarquables). Aussi étiquette BRIDGEWATER MILL et possède maintenant KNAPPSTEIN et MITCHELTON. Voir CROSER.

Peter Lehmann Wines (Barossa) ★ ★ → ★ ★ ★ Défenseur de la foi dans le BAROSSA, Peter Lehmann fait de vastes quantités de vins, dont certains vendus en vrac. Très bonnes cuvées spéciales sous son nom. Société cotée et florissante. À noter : le SHIRAZ Stonewell (notes de mûre et de rhum) et le RIES sec.

Pierro (Margaret River) ★ ★ ★ (Chard) 90 91 93' 94 95' 96 Producteur très coté de SÉM cher mais piquant, de SAUV et de CHARD sophistiqué fermenté en fûts.

Piper's Brook (Tasmanie) ★ ★ ★ (Ries) 79' 82' 84' 85' 89 91 92' 93' 94 95 (Chard) 82 84 86 87 88 91' 92' 93 94' 95 Pionnier en zone fraîche, avec de très bons RIES et PINOT N, un CHARD excellent. Jolies étiquettes. Seconde étiquette : Ninth Island.

Plantagenet (Mt. Barker) ★ ★ ★ (Chard) 90' 94' 95 96 (Shiraz) 86 88 90' 91' 92 94' 95' (Cab) 85' 86' 88 90' 93 94' 95 Le vétéran de la région. CHARD et SHIRAZ riches, CAB puissant et vibrant.

Primo Estate (Adelaïde Plains) ★ ★ ★ Vu le climat, Joe Grilli fait des miracles. Succès, dont très bon RIES botrytisé, Colombard piquant, CAB/Merlot Joseph riches. Dernier rouge puissant : Moda Amarone.

Quelltaler Voir EAGLEHAWK.

Redman (Coonawarra) ★ → ★ ★ (Cab) 69' 70 71 76 79 87 90' 91' 92 93' 94' Le nom le plus célèbre de COONAWARRA, spécialiste des vins rouges : SHIRAZ, CAB et CAB/Merlot. La qualité revient après une période décevante.

Renmano (Murray Valley) ★ → ★ ★ Énorme coop. faisant maintenant partie du groupe BRL Hardy (voir HARDY'S). « Chairman's Selections » très bon achat. CHARD excessivement voluptueux.

Reynold's Yarraman Estate (Upper Hunter) ★ ★ Ancienne prison de pierre, prometteuse pour l'ancien vinificateur de HOUGHTON et WYNDHAM, Jon Reynolds.

Rockford (Barossa) ★★ → ★★★ Petit producteur. Vaste gamme de vins aux styles très individuels souvent issus de vieux vignobles à faible rendement. Les rouges sont les meilleurs. Le mousseux Black Shiraz est littéralement vénéré.

Rosemount (Upper Hunter, McLaren Vale et Coonawarra) ★★ → ★★★ Le CHARD « Show » de HUNTER VALLEY est riche, onctueux et de niveau international. Avec le Syrah Balmoral de MCLAREN VALE et le CAB de COONAWARRA, il mène la vaste gamme, qui s'améliore d'année en année.

Rothbury Estate (Hunter Valley) Est tombé entre les mains de Fosters/MILDARA en 96 après une lutte acharnée de son fondateur Len Evans (décédé depuis). Faisait des SÉM et des SHIRAZ de longue garde et des CHARD de COONAWARRA riches, beurrés et à boire jeunes, mais l'avenir semble incertain. Les amateurs d'Evans feraient mieux de s'adresser à EVANS FAMILY.

Rouge Homme (Coonawarra) ★★ (Shiraz/Cab) 80 81 85 86' 90' 91' 92 94' Succursale de LINDEMANS aux marques séparées. CHARD au prix attrayant et SHIRAZ/CAB en tête.

Rymill (Coonawarra) ★★ → ★★★ Descendants de John Riddoch poursuivent l'œuvre du fondateur du COONAWARRA. SHIRAZ fort et dense et CAB très remarquable.

St Hallett (Barossa) ★★★ (Old Block) 80' 83 84' 86 87 88 90' 91' 92' 93 94 Exploitation rajeunie. Des ceps de plus de 60 ans donnent un SHIRAZ Old Block splendide. Le reste de la gamme (CHARD, SAUV/SÉM, etc.) est souple et stylé.

St Huberts (Yarra Valley) ★★ (Chard) 90' 91' 92' 93 94' (Cab) 77' 88 90 91' 92 94 Acheté par ROTHBURY fin 92. L'accent est mis sur un CHARD beau et sec et un CAB souple au goût de baies. Fait maintenant partie de Fosters/MILDARA.

Saltram (Barossa) ★ → ★★★ A fusionné avec ROTHBURY fin 94. Pinnacle Selection est la meilleure étiquette (sp. CAB COONAWARRA). Vins Mamre Brook bons aussi. Metala est l'étiquette associée Stonyfell pour le CAB/SHIRAZ Langhorne Creek ancien style.

Sandalford (Swan Valley) ★ → ★★ Belle entreprise ancienne, styles contrastés en rouges et blancs d'un seul cépage de SWAN et MARGARET RIVER. Vieux Verdelho muté merveilleux.

Scotchman's Hill (Geelong) ★★ Nouveau venu faisant d'importantes quantités de PINOT N stylé et de bons CHARD à des prix modérés.

Seaview (McLaren Vale) ★★ → ★★★ Vieille exploitation appartenant maintenant à SOUTHCORP. CHARD, SHIRAZ/CAB et CAB souvent prétentieux, mais les mousseux (PINOT N et CHARD) sont parmi les meilleurs d'Australie. Excellente étiquette Edwards & Chaffey.

Seppelt (Barossa, Great Western, Keppoch, etc.) ★★★ (Hermitage) 71' 85' 86' 90 91' 92 93' (Salinger) 88 90 91 92 Producteurs du plus populaire mousseux australien (Great Western Brut). Nouvelle gamme de vins de table issue de raisins de Victoria. Excellente cuvée de mousseux, très estimée : « Salinger ». Fait partie de SOUTHCORP, la plus grosse exploitation vinicole du pays.

Sevenhill (Clare) ★★ Appartient à la Jesuitical Manresa Society depuis 1851. Vin bon et régulier. Les rouges (sp. SHIRAZ) peuvent être remarquables.

Seville Estate (Yarra Valley) ★★★ (Chard) 90 91 92 94' (Shiraz) 85 86 88 90 91 92 93' 94' Minuscule entreprise, avec CHARD, SHIRAZ, PINOT N et très bon CAB. Rachetée par BROKENWOOD en 97.

Shaw & Smith (McLaren Vale) ★★★ Jeune association en vogue du vinificateur « volant » Martin Shaw et du premier Master of Wine australien, Michael Hill-Smith. Un SAUV croquant, un très bon CHARD non boisé et un CHARD Reserve complexe fermenté en fûts sont les trois vins.

Southcorp Le géant de l'industrie vinicole australienne. Il possède PENFOLDS, LINDEMANS, SEPPELT, SEAVIEW, WYNNS, etc.

S. Smith & Sons (alias Yalumba) (Barossa) ★ ★ ★ → ★ ★ ★ Ancienne et importante firme familiale, méthodes ultramodernes pour la production d'une gamme de vins de haute qualité, dont HILL-SMITH ESTATE. HEGGIES et Yalumba Signature Reserve sont les meilleurs. Le mousseux Angas Brut, excellent achat, et le CHARD Oxford Landing sont maintenant des marques mondiales.

Stafford Ridge (Adelaïde Hills) ★ ★ → ★ ★ ★ Domaine de 8 ha de l'ancien vinificateur de HARDY'S, Geoff Weaver, à Lendswood. Très beaux SAUV, CHARD, RIES, CAB/MERLOT.

Stoniers (Péninsule de Mornington) ★ ★ ★ (Chard) **90 91 92 93' 94'** 95 (Pinot N) **91' 92 93' 94** 95 A repris DROMANA ESTATE pour la place d'honneur dans la péninsule. CHARD et PINOT N sont invariablement très bons. Les réserves sont remarquables.

Taltarni (Great Western/Avoca) ★ ★ ★ (Shiraz) **78 79 81** 82 **84 86** 88 89 90 91 92 94 (Cab) **79** 81 82 84 86 88 89 90 91 92 94 Dominique Portet, frère de Bernard (Clos du Val, Napa), produit de formidables rouges de longue garde, un bon SAUV et un mousseux convenable.

Tarrawarra (Yarra Valley) ★ ★ ★ (Chard) **91'** 92 93 94' 95 (Pinot N) **88' 91** 92 94' 95 Investissement de millions de dollars pour des quantités limitées d'un CHARD très particulier et cher et un PINOT N robuste de longue garde. Tunnel Hill seconde étiquette.

Taylors Wines (Clare) ★ → ★ ★ Vaste exploitation produisant une gamme complète de vins de table bon marché en progrès.

Tisdall Wines (Goulburn Valley) ★ ★ Après son rachat par MILDARA/BLASS en 93, est entré en hibernation. Reprend maintenant le dessus à petits pas prudents.

« Tokay » Spécialité du N. E. de Victoria. Muscadelle fort, intense, doux et vieilli. Moins aromatique que le Muscat mais, à son meilleur niveau, est superbe. Du fait de la réglementation européenne, le nom va disparaître.

Tollana (Barossa) ★ ★ → ★ ★ ★ Vieille firme, autrefois célèbre pour son eau-de-vie. Récemment, quelques beaux CAB, CHARD et RIES. Acquis par PENFOLDS en 1987.

Tulloch (Hunter Valley) ★ Vieux nom de Pokolbin, avec de bons rouges secs, CHARD et Verdelho. Propriété de SOUTHCORP, n'est plus que l'ombre de lui-même.

Tyrrell (Hunter Valley) ★ ★ ★ (Sém Vat 1) **70 75 76 77' 79 86'** 87' 89 90 91 92' **94** (Chard Vat 47) **72 73' 76' 79' 82 84'** **85** 89 90 **92'** 93 94' 95' 96 (Shiraz Vats) **73 75 77 79 80 81'** 83 **85** 87' 89' 91' 92 93 94' Parmi les tout meilleurs vins traditionnels de HUNTER VALLEY, Hermitage et SÉM. Pionnier du CHARD avec un beau Vat 47 riche, toujours un classique. Aussi Pinot délicat.

Vasse, Felix (Margaret River) ★ ★ ★ (Cab) **79** 83 **85** 88 89 91 92 Le pionnier de MARGARET RIVER avec CULLENS. Des CAB élégants, remarquables pour leur équilibre mi-lourd. Seconde étiquette : Forest Hills (sp. RIES, CHARD).

Virgin Hills (Bendigo/Ballarat) ★ ★ ★ ★ **74' 75' 78 79 80'** 82 **85'** 87 **88'** 90 91' 92 94 Petites quantités d'un assemblage rouge (CAB/SHIRAZ/Malbec) d'un style et d'un équilibre légendaires.

Wendouree (Clare) ★ ★ ★ ★ **78 79** 83 86 89' 90' 91' 92' 93 94 Producteur vénéré (en petites quantités) des rouges les plus puissants et concentrés d'Australie, issus de SHIRAZ, CAB et Malbec, de très longue garde.

Westfield (Swan Valley) ★ → ★★ Les CAB, CHARD et Verdelho de John Kosovich montrent une particulière finesse pour un climat chaud. Il installe actuellement un nouveau vignoble dans la région bien plus fraîche de Pemberton.

Wignalls (Great Southern, ouest) ★★ → ★★★ À l'extrémité sud-ouest du pays (près d'Albany), Bill Wignall fait un PINOT N parfois éthéré et toujours stylé.

Wirra Wirra (McLaren Vale) ★★★ (Chard) 90 91 92 93 (Cab) 87' 90' 91' 92' 94' 95 Blancs et rouges de haute qualité qui ont eu un grand impact. Le CAB Angelus, en haut de la gamme, est superbe, de même que SHIRAZ RSW.

Woodleys (Barossa) ★ Bien connu pour sa marque Queen Adelaide, bon marché. Acquis par SEPPELT en 1985.

Woodstock (McLaren Vale) ★★ Producteur toujours fiable de rouges trapus très parfumés dans le style régional et de vins botrytisés onctueux issus de cépages ésotériques. 20 000 caisses.

Wyndham Estate (Branxton, N.S.W.) ★ → ★★ Important groupe de HUNTER et de MUDGEE. Marques : CRAIGMOOR, Hunter Estate, MONTROSE, Richmond Grove et Saxonvale. Acquis par ORLANDO en 90.

Wynns (Coonawarra) ★★★ (Shiraz) 53' 54' 55 63 65 82 85 86' 88 90' 91' 92' 93 94' 95 (Cab) 57 58' 59' 60 62 82' 85 86' 88 90' 91' 92' 93 94' Classique du COONAWARRA appartenant à SOUTHCORP. RIES, CHARD, SHIRAZ et CAB tous très bons, sp. le CAB John Riddoch et l'« Hermitage » Michael.

Yalumba Voir S. SMITH & SONS.

Yarra Burn (Yarra Valley) ★★ Domaine faisant des SÉM, SAUV, CHARD, du PINOT N mousseux et tranquille et du CAB. Racheté par BRL HARDY en 95 : changements en cours.

Yarra Ridge (Yarra Valley) ★★ → ★★★ Jeune exploitation en pleine expansion (70 000 caisses). Grand succès avec CHARD, CAB, SAUV et PINOT N tous bouquetés, fins et abordables. Appartient maintenant en totalité à MILDARA/BLASS.

Yarra Yering (Yarra Valley) ★★★ → ★★★★ (Dry Reds) 78 79 80' 81' 82' 83 84 85 87 90 91' 92' 93' 94' 95 Un PINOT N racé et puissant, un CAB (Dry Red n° 1) et un SHIRAZ (Dry Red n° 2) profonds et végétaux. Arômes onctueux et audacieux en rouge comme en blanc.

Yellowglen (Bendigo/Ballarat) ★★ → ★★★ Producteur de mousseux appartenant à MILDARA/BLASS. Énorme amélioration de la qualité avec des marques sensationnelles comme Vintage Brut, Cuvée Victoria et « Y ».

Yeringberg (Yarra Valley) ★★★ (Marsanne) 90 91' 92 93 94' 95 (Cab) 74' 75 76 79 80' 81' 82 84 86 87 88' 90 91' 92 94' Domaine historique de rêve appartenant toujours à la famille fondatrice et produisant à nouveau des Marsanne, Roussanne CHARD, CAB et PINOT N en minuscules quantités et d'excellente qualité.

Zema Estate (Coonawarra) ★★ → ★★★ L'un des derniers bastions de la taille et des vendanges manuelles dans le COONAWARRA. Rouges d'une puissance soyeuse et d'une franchise désarmante.

Nouvelle-Zélande

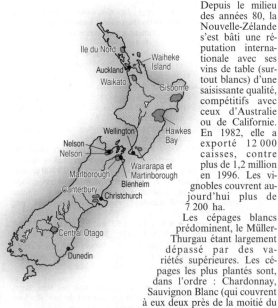

Depuis le milieu des années 80, la Nouvelle-Zélande s'est bâti une réputation internationale avec ses vins de table (surtout blancs) d'une saisissante qualité, compétitifs avec ceux d'Australie ou de Californie. En 1982, elle a exporté 12 000 caisses, contre plus de 1,2 million en 1996. Les vignobles couvrent aujourd'hui plus de 7 200 ha.

Les cépages blancs prédominent, le Müller-Thurgau étant largement dépassé par des variétés supérieures. Les cépages les plus plantés, dans l'ordre : Chardonnay, Sauvignon Blanc (qui couvrent à eux deux près de la moitié du vignoble national), Pinot Noir, Cabernet Sauvignon, Müller-Thurgau, Merlot (qui gagne rapidement du terrain) et Riesling.

Une acidité croquante, un fruité et un arôme intenses sont les signes distinctifs des vins néo-zélandais. Nulle région au monde ne peut concurrencer le tranchant du Sauvignon Blanc de Marlborough.

Le Chardonnay a fait son apparition dans l'ensemble du pays, tandis que le fief du Riesling est l'île du Sud. Marlborough a prouvé sa compétence en produisant un excellent mousseux. Les régions relativement chaudes de Hawke's Bay et Auckland réussissent les rouges issus de Cabernet Sauvignon et à base de Merlot, mais le Pinot Noir s'épanouit dans les climats plus frais de Martinborough et de l'île du Sud.

Ata Rangi (Martinborough) ★ ★ ★ Exploitation très petite mais très respectée. Pinot N et Chard remarquables. Aussi bon assemblage Cab/Merlot/Syrah (Célèbre).

Auckland (r.) 89 90 93 94 (b.) 91 93 94 95 96 La plus grande ville du pays. La plupart des grandes exploitations y ont leur siège social. Certains des meilleurs rouges issus de Cab du pays. Comprend les districts de Henderson, Huapai, Kumeu et l'île Waiheke.

Babich (Henderson, Auckland) ★★ → ★★★ Entreprise familiale de taille moyenne, fondée en 1916. Qualité pour des prix intéressants. Vignobles à HAWKE'S BAY. Vins rares de premier ordre : « The Patriarch ». Beaux Chard et Cab/Merlot (d'un seul vignoble) Irongate. Vins d'un seul cépage Mara Estate très bon achat.

Brajkovich   Voir KUMEU RIVER.

Brookfields   (Hawke's Bay) ★ ★ → ★ ★ ★   Un des meilleurs vignobles de la région : Cab/Merlot « étiquette dorée » et Chard
Reserve remarquables, bons Sauv.

Cairnbrae   (Marlborough) ★ ★   Petite exploitation : Sauv, Sém, Chard
et Ries de qualité.

Canterbury   (r.) 89 90 95 96 (b.) 95 96   La quatrième région vinicole
du pays par la taille. Vignobles concentrés à Waipara, dans
le nord, et autour de Christchurch. Étés longs et secs favorables
au Pinot N, Chard et Ries.

Cellier Le Brun   (Marlborough) ★ → ★ ★ ★   Petite exploitation
fondée par le Champenois Daniel Le Brun, décédé en 96 :
parmi les meilleurs mousseux fermentés en bouteille du pays,
sp. millésimés (90 91) et Blanc de Blancs (91). Vins de table
moins impressionnants étiquetés Terrace Road.

Central Otago   (r.) 90 95 96 (b.) 93 95 96   Région montagneuse petite
et fraîche, dans le sud de l'île du Sud. Chard et Ries sont
prometteurs et Pinot N rivalise avec les meilleurs de
MARTINBOROUGH.

Chard Farm   (Central Otago) ★ ★   Vignoble stupéfiant de beauté.
Chard et Ries bons et Pinot N parfumé et soyeux.

Chifney   (Martinborough) ★ → ★ ★   Minuscule producteur de
Chard, Gewürz, Chenin Bl et Cab en rapide amélioration.

Church Road   Voir MACDONALD WINERY.

Clearview   (Hawke's Bay) ★ → ★ ★ ★   Très petit producteur de
Chard Reserve corpulent et plein d'arôme. Cab F Reserve et
Old Olive Block (assemblage de Cab) sombres et riches.

Sélection de vins de Nouvelle-Zélande pour 1998

Assemblages Cabernet/Merlot : Matua Ararimu (91), St Nesbit (89),
Te Mata Coleraine (91), Vidal Reserve (90)

Pinot Noir : Ata Rangi (94), Dry River (94), Martinborough V'yd
(95)

Chardonnay : Irongate de Babich (95), Reserve de Church Road (95),
Cottage Block Gisborne de Corbans (95)

Sauvignon : Cloudy Bay (96), Nga Waka (96), Reserve de Villa Maria
(96)

Chenin Blanc : the Milton Vineyard (94)

Riesling : Dry River (96), Palliser (94)

Mousseux fermentés en bouteille : Pelorus de Cloudy Bay (92), Blanc
de Blancs de Daniel Le Brun (91), Marlborough Brut du Domaine
Chandon (93)

Vins doux : Glazebrook Noble Harvest de Ngatarawa (94), Riesling
Reserve Noble de Villa Maria (94)

Cloudy Bay   (Marlborough) ★ ★ ★ ★   Fondé par l'Australien Cape
Mentelle, avec aujourd'hui Veuve Clicquot pour actionnaire
majoritaire. Sauv extraordinairement intense et Chard hardi.
Mousseux Pelorus impressionnants aussi. Le meilleur rouge
n'est plus le Pinot N mais le Cab/Merlot.

Collard Brothers   (Henderson, Auckland) ★ ★ → ★ ★ ★   Petite
exploitation familiale établie depuis longtemps. Parmi les
blancs, sp. Chard et Sauv de Rothesay V'yd, Chenin Bl de
HAWKE'S BAY et Ries de MARLBOROUGH.

Cooks   (Hawke's Bay) ★ → ★ ★   Grande société qui a fusionné
avec McWilliams (Nouvelle-Zélande) en 84 puis a été absorbée
par CORBANS en 87. Maintenant marque d'exportation. Bons
Chard et Cab de HAWKE'S BAY sous l'étiquette Winemakers
Reserve.

Coopers Creek (Huapai, Auckland) $\boxed{\star\star \rightarrow \star\star\star}$ Producteur de taille moyenne remportant de vifs succès dans les concours néo-zélandais. Excellents blancs, rouges aromatiques et souples.

Corbans (Henderson, Auckland) $\boxed{\star \rightarrow \star\star\star}$ Fondée en 1902, aujourd'hui la seconde exploitation du pays par la taille. Parmi ses grandes marques : Corbans (meilleurs vins : Cottage Block, Private Bin), COOKS, Stoneleigh, (MARLBOROUGH), Longridge (HAWKE'S BAY), Robard & Butler. Les meilleurs Chard de GISBORNE, le Ries de l'île du Sud et les mousseux peuvent être superbes.

Cross Roads (Hawke's Bay) ★ ★ Petite exploitation aux Chard, Ries, Sauv, Cab et Pinot N satisfaisants.

Delegat's (Henderson, Auckland) $\boxed{\star\star \rightarrow \star\star\star}$ Entreprise familiale de taille moyenne ayant des vignobles à HAWKE'S BAY et MARLBOROUGH. Chard riche et robuste, Cab et Merlot de plus en plus beaux sous l'étiquette Proprietor's Reserve. Marque Oyster Bay réservée aux Chard et Sauv à l'arôme profond.

De Redcliffe (Waikato, sud d'Auckland) ★ → ★ ★ Petit domaine appartenant à des Japonais et possédant un « Hôtel du Vin ». Bons Chard, assemblages de Sém, Ries et Sauv. Rouges simples.

Deutz (Auckland) $\boxed{\star\star\star}$ La maison de Champagne apporte son nom et son aide technique à de beaux mousseux produits à MARLBOROUGH par MONTANA. Le S A est vif, animé et silicieux. Le Blanc de Blancs millésimé est riche et crémeux.

Domaine Chandon (Blenheim) ★ ★ → ★ ★ ★ L'un des mousseux les plus intenses et raffinés du pays, produit dans une exploitation de MARLBOROUGH par cette filiale de Moët & Chandon en Nouvelle-Zélande.

Dry River (Martinborough) ★ ★ ★ Très petite exploitation produisant des Chard, Ries, Pinot G (le meilleur du pays), Gewürz (idem) et Pinot N à l'arôme pénétrant et de longue garde.

Esk Valley (Hawke's Bay) $\boxed{\star\star \rightarrow \star\star\star}$ Ancienne grande firme familiale appartenant maintenant à VILLA MARIA. Parmi les plus voluptueux rouges issus de Merlot du pays (sp. étiquette Reserve), très bons Merlot Rosé sec, Chenin Bl vieilli en fût, Chard et Sauv satisfaisants.

Forrest (Marlborough) ★ ★ Petite exploitation produisant Chard, Sauv (non boisé) et Ries mûrs et aromatiques, Cab/Merlot stylé de HAWKE'S BAY étiqueté Cornerstone V'yd.

Fromm (Marlborough) ★ ★ Petite exploitation fondée par des émigrés suisses et se concentrant surtout sur les rouges. Pinot N toujours beau, sp. sous l'étiquette La Strada Reserve.

Gibbston Valley (Central Otago) $\boxed{\star\star}$ Firme pionnière dotée d'un restaurant populaire. Sa grande force est le Pinot N (sp. Reserve, premier millésime 95). Blancs locaux racés (Chard, Ries, Pinot G, Sauv) et, dans certains millésimes, un excellent Sauv de MARLBOROUGH.

Giesen Estate (Canterbury) ★ → ★ ★ ★ Exploitation familiale allemande, aujourd'hui la plus grande de la région. Réputation bien assise pour Ries, sp. Reserve Botrytised au goût de miel et bien structuré. Tous les raisins proviennent maintenant de CANTERBURY, à l'exception du Sauv (MARLBOROUGH). Chard et Pinot N bons, sp. Reserve.

Gillan (Marlborough) ★ ★ Petite firme produisant des Sauv et Chard frais et vibrants, un mousseux prometteur et un Merlot végétal.

Gisborne (r.) $\boxed{89}$ 94 95 (b.) $\boxed{94}$ 95 96 La troisième région de Nouvelle-Zélande par la taille. Accent mis sur le Chard (aromatique, mûr et très attrayant dans sa jeunesse) et le Gewürz (très parfumé et poivré). La pluie abondante et les sols fertiles sont idéaux pour les cépages à fort rendement, sp. Müller-T. Rouges typiquement légers mais Merlot prometteur.

Glenmark (Canterbury) ★→★★ Producteur pionnier à Waipara (nord de CANTERBURY). Vaste gamme, sp. Ries Germanic léger. Waipara Red issu de Cab au goût de baies et de feuilles.

Glover's (Nelson) ★→★★ Minuscule exploitation produisant des Ries et Sauv frais et acides et des Pinot N et Cab musclés.

Goldwater (Île Waiheke, Auckland) ★★★ Cab/Merlot (premier millésime : 82) pionnier à Waiheke et toujours l'un des plus beaux de Nouvelle-Zélande : concentration et structure proches du Médoc. Aussi Chard croquant au goût d'agrume et Sauv tranchant, tous deux provenant de MARLBOROUGH.

Grove Mill (Marlborough) ★★ Blancs séduisants, dont plusieurs Chard (sp. Lansdowne totalement fermenté en fût de chêne et Chard de MARLBOROUGH vibrant). Bons Ries, Gewürz, Sauv, Pinot G légèrement doux. Rouges sombres, trapus et tanniques.

Hawke's Bay (r.) 89 90 91' 94 95 (b.) 92 94 95 La seconde région du pays par la taille, d'une longue tradition de vins de table. Climat ensoleillé et sols à galets. Cab et rouges issus de Merlot pleins et riches les meilleures années. Chard à l'arôme riche et puissant. Sauv mûr et rond.

Heron's Flight (Matakana, près d'Auckland) ★★ Minuscule producteur aux Cab/Merlot vigoureux au parfum de mûre (sp. 91 et 94).

Highfield (Marlborough) ★★ Après des débuts hésitants, Chard et Sauv riches et boisés. Mousseux prometteur, sp. sous l'étiquette Elstree. Ries Botrytised prometteur. En bas de la gamme, Sauv, Ries, Chard solides et Merlot au goût de feuille.

Hunters (Marlborough) ★★→★★★ Meilleur nom pour un Sauv intense et immaculé, boisé ou non. Chard fin et délicat. Mousseux. Ries, Gewürz et rouges bons mais moins remarquables.

Jackson Estate (Blenheim) ★★→★★★ Grand vignoble sans exploitation. Sauv riche, Chard bon (sp. Reserve corsée). Débuts remarquables pour le mousseux (92). Blancs doux fabuleux.

Kemblefield (Hawke's Bay) ★ Nouvelle exploitation de taille importante appartenant à des Américains. Les premières cuvées (à partir de 93) comprennent de solides Sauv, Chard, Gewürz, Merlot et Cab/Merlot.

Kumeu River (Kumeu, nord-ouest d'Auckland) ★★★ Raisins d'AUCKLAND, Chard Kumeu très riche et mielleux. Chard d'un seul vignoble de Mate's V'yd encore plus opulent. Reste de la gamme solide. Brajkovich la seconde étiquette.

Kym Crawford (Auckland) ★★ Étiquette personnelle du vinificateur de Coopers Creek, lancée en 96. Chard de GISBORNE riche et boisé, Chard de MARLBOROUGH robuste et non boisé, Sauv de MARLBOROUGH corsé au goût d'acier.

Lawson's Dry Hills (Blenheim) ★★→★★★ Nouveau vignoble récent. Vins corsés aux arômes intenses. Sauv, Chard, Gewürz et Ries récompensés.

Lincoln (Henderson, Auckland) ★→★★ Exploitation familiale de taille moyenne établie depuis longtemps. Vins de cépage sains et bon achat : Chard de GISBORNE beurré (sp. Parklands et Vintage Sel).

Lintz (Martinborough) ★★ Petit producteur. Vins à la personnalité marquée, dont Ries mousseux floral et piquant, Optima botrytisé très sucré. Sauv corsé et boisé. Pinot N, Cab, Cab/Merlot et Shiraz trapus.

Longridge   Voir CORBANS.

MacDonald Winery   (Hawke's Bay) ★★ → ★★★ Exploitation de MONTANA à HAWKE'S BAY : vins sous l'étiquette Church Road. Chard riche et mûr (Reserve plus boisé). Cab/Merlot élégant fait avec l'aide technique du producteur bordelais Cordier.

Marlborough   (r.) 91 94' 95 (b.) 94 95 96 Plus grande région du pays. Les journées chaudes et ensoleillées et les nuits fraîches donnent des blancs croquants pleins d'arôme. Sauv extraordinairement intense aux arômes allant du piment vert aux fruits exotiques. Ries frais au goût de citron vert. Mousseux de haute qualité. Climat trop frais pour le Cab mais Pinot N et Merlot prometteurs.

Martinborough   (r.) 91 94 95 96 (b.) 94' 95 96 Petite région de haute qualité au sud de WAIRARAPA, île du Nord. Été chauds, automnes secs et sols de gravier. Succès avec les cépages blancs (Chard, Sauv, Ries, Gewürz, Pinot G) mais surtout renommé pour son Pinot N à la personnalité intense.

Martinborough Vineyards   (Martinborough) ★★★ Petite exploitation remarquée pour l'un des meilleurs Pinot N du pays (Reserve 91 et 94) et son Chard riche au goût de biscuit. Ries et Sauv bons aussi.

Matawhero   (Gisborne) ★ → ★★★ Ancien meilleur spécialiste du pays pour le Gewürz. Vaste gamme aujourd'hui (dont Chard, Sauv, Cab/Merlot) de qualité variable mais souvent bonne.

Matua Valley   (Waimauku, Auckland) ★★ → ★★★ Exploitation de taille moyenne et très cotée avec le domaine Ige. Excellent Sauv Reserve boisé. Meilleurs vins étiquetés Ararimu, dont un Chard gras et savoureux et un Merlot/Cab sombre et riche. Nombreux vins attrayants et peu chers de GISBORNE (sp. Chard Judd), HAWKE'S BAY et MARLBOROUGH (marque Shingle Peak pour ces derniers).

Merlen Wines   (Marlborough) ★ → ★★ Almuth Lorenz, d'origine allemande, produit des blancs, dont un Chard hardi et gras et un Ries vif au goût de pomme. Les derniers millésimes sont les meilleurs.

Mills Reef   (Baie de Plenty, sud-est d'Auckland) ★★ La famille Preston produit des vins impressionnants avec des raisins de HAWKE'S BAY. La gamme supérieure, Elspeth, comprend des Chard et Sauv luxuriants vieillis en barriques. La gamme Reserve est aussi impressionnante. Deux mousseux de qualité : Mills Reef et Charisma.

Millton   (près de Gisborne) ★★ → ★★★ Meilleure petite exploitation de la région : Ries Opou V'yd demi-sec de haute volée. Chard souple et savoureux Barrel Fermented. Chenin Bl Dry robuste et complexe.

Mission   (Greenmeadows, Hawke's Bay) ★★ Le plus ancien établissement viticole du pays, fondé en 1851 et toujours dirigé par la Société de Marie. Vins de cépage solides : Ries au parfum doux et intense sp. bon achat. La gamme supérieure, Jewelstone, comprend un Chard riche et complexe, un Cab/Merlot à l'arôme profond et un Ries doux botrytisé.

Montana   (Auckland et Hawke's Bay) ★ → ★★★ Un géant qui occupe environ 40 % des parts de marché. Exploitations à AUCKLAND, GISBORNE, HAWKE'S BAY (voir MACDONALD WINERY) et MARLBOROUGH. Grands vignobles en multipropriété. Réputé pour ses blancs de MARLBOROUGH, dont Sauv, Ries et Chard excellents achats. Tient sa force du mousseux, dont DEUTZ et un Lindauer stylé bon achat. Rouges Church Road de HAWKE'S BAY élégants et Chard de qualité.

Morton Estate (Baie de Plenty, sud d'Auckland) ★★ → ★★★ Producteur de taille moyenne très respecté. Vignobles à HAWKE'S BAY et MARLBOROUGH. Nouveaux propriétaires en 95 et nouveau vinificateur en 97. Le Chard Black Label, raffiné et riche, est l'un des meilleurs du pays, mais celui de la gamme moyenne, White Label, est bon aussi. Vins de HAWKE'S BAY : Stone Creek.

Nautilus (Marlborough) ★★ Petite gamme de négociants distributeurs appartenant à l'Australien S. Smith & Son (voir Yalumba). Parmi les meilleurs vins, un Sauv classique et un mousseux aromatique. Vins de la gamme inférieure : Twin Islands.

Nelson (r.) 94 96 (b.) 94 96 Petite région à l'ouest de MARLBOROUGH : climat comparable mais un peu moins pluvieux. Sols d'argile dans les Upper Moutere Hills et limoneux dans les plaines Waimea. Forces : les blancs, dont Ries, Sauv et Chard. Les rouges peuvent manquer de maturité.

Neudorf (Nelson) ★★★ L'une des meilleures exploitations-boutiques du pays. Chard charpenté, riche et crémeux, l'un des meilleurs de Nouvelle-Zélande. Beaux Pinot N, Sauv et Ries.

Nga Waka (Martinborough) ★★ → ★★★ Star montante. Blancs secs et d'acier de très haute qualité. Sauv extraordinaire, Ries d'un arôme stupéfiant, Chard robuste et savoureux.

Ngatarawa (Hawke's Bay) ★★ → ★★★ Exploitation-boutique dans de vieilles étables. Dans la gamme supérieure, Glazebrook : Chard à l'arôme profond et au goût d'agrume, Noble Harvest doux et Cab/Merlot très souple et attrayant. Vins de cépage « Stables » solides, gamme de prix moyenne.

Nobilo (Kemeu, Auckland) ★ → ★★ La quatrième exploitation du pays par la taille, toujours dirigée par la même famille (propriétaire à 51 % depuis 95). Sa réputation initiale pour les rouges s'est estompée. La réputation de White Cloud (issu de Müller-T), pas très sec, est internationale. Bon Chard de GISBORNE. Le Sauv de MARLBOROUGH est bon mais cher.

Okahu Estate (Northland, nord d'Auckland) ★★ → ★★★ L'exploitation la plus septentrionale du pays, à Kaitaia. Climat chaud et humide. Rouges : arômes chauds et mûrs. Kaz Shiraz 94 a remporté le première médaille d'or néo-zélandaise pour le Shiraz.

Omaka Springs (Marlborough) ★ Nouveau petit producteur aux Sauv, Ries, Sém, Chard et Merlot solides.

Oyster Bay Voir DELEGAT'S.

Palliser Estate (Martinborough) ★★ → ★★★ L'une des plus grandes et meilleures exploitations de la région. Superbe Sauv aux arômes de fruits exotiques, excellents Chard et Ries, bon Pinot N. Meilleurs vins : Palliser Estate. Gamme inférieure : Palliser Bay.

Pask, C.J. (Hawke's Bay) ★ → ★★ Exploitation plutôt petite, vignobles immenses. Chard bon, parfois excellent (sp. Reserve). Les Cab et les rouges issus de Merlot vont de léger et herbacé jusqu'aux cuvées Reserve riches et complexes.

Pegasus Bay (Waipara, nord de Canterbury) ★★ → ★★★ Gamme petite mais distinguée. Chard de climat frais, Sauv/Sém boisé, luxuriant et complexe et Ries plein d'arôme et d'entrain. Rouges issus de Cab : les plus beaux de la région. Pinot N plein de promesses.

Providence (Matakana, nord d'Auckland) ★★ Depuis 93, James Vuletic produit un rouge issu de Merlot parfumé et soyeux, de qualité et de prix élevés.

Rattray, Mark (Canterbury) ★★ Pinot N, Chard et Sauv stylés.

Rippon Vineyard (Central Otago) ★★ Vignoble étonnant. Pinot N beau, parfumé et très fruité (sp. Sel) et blancs évoluant lentement, dont un Chard d'acier au goût de pomme.

Robard & Butler Voir CORBANS.

Rongapai (Waikato, sud d'Auckland) ★★ Petite exploitation utilisant des raisins locaux, de GISBORNE et de HAWKE'S BAY. Sauv et Chard pleins en bouche et mûrs. Renommée pour ses blancs doux botrytisés, sp. Ries Reserve et Chard Reserve plus corsé.

Sacred Hill (Hawke's Bay) ★→★★ Vins de cépage Whitecliff sains. Bon Sauv Reserve boisé (Barrel Fermented et Sauvage). Bons Cab et Cab/Merlot Basket Press 95.

Scott, Allan (Marlborough) ★★ Ries, Chard et Sauv attrayants. Mount Riley est la seconde étiquette.

Seifried Estate (Upper Moutere, près Nelson) ★→★★ Seule exploitation de taille moyenne de la région, créée par un Autrichien. Connue au départ pour ses Ries avantageux mais produit aussi des Sauv et Chard bon achat et souvent excellents. Rouges légers.

Selak's (Kumeu, nord-ouest d'Auckland) ★★→★★★ Firme familiale de taille moyenne. Vignobles et seconde exploitation à MARLBOROUGH. Sauv : force, sp. le superbe Sauv/Sém légèrement boisé. Chard Founders puissant mais raffiné. Rouges ordinaires sp. bons et intéressants à l'achat.

Sherwood (Canterbury) ★→★★ Ries et Chard aigrelets et austères. Trois Pinots N robustes et charnus, dont une version Reserve tannique.

Shingle Peak Voir MATUA VALLEY.

Soljans (Henderson, Auckland) ★→★★ Petite firme familiale établie de longue date. Blancs et rouges en constante amélioration, dont un Pinotage souple et charnu.

Spencer Hill (Nelson) ★★ Firme connue pour son Chard (souple, aromatique, citronné) : 1er millésime 94. Tasman Bay : assemblage régional. Spencer Hill : vin boisé d'un seul vignoble.

St Clair (Marlborough) ★★ Producteur en rapide expansion et orienté vers l'exportation. Vignobles importants. Ries et Sauv aromatiques. Chard frais et facile. Merlot au goût de prune à boire jeune.

St Helena (Canterbury) ★→★★ La plus vieille exploitation de la région, fondée près de Christchurch en 78. Pinot N léger et souple (le Reserve est plus hardi). Chard variable mais bon dans les meilleurs millésimes. Le Pinot Bl bon marché, terreux et savoureux est un bon achat.

St Jerome Estate (Henderson, près d'Auckland) ★→★★ Petit producteur de blancs moyens et de Cab/Merlot sombre, tannique et aromatique élevé à la propriété.

St Nesbit (Karaka, sud d'Auckland) ★★ Un Cab/Merlot de qualité de type Bordeaux : épicé, ferme et à touche de cèdre. En raison d'un réencépagement, le millésime 91 (disponible en 97) sera le dernier jusqu'au début des années 2000.

Stonecroft (Hawke's Bay) ★★→★★★ Petite exploitation. Syrah sombre, concentré et prometteur, plus proche du Rhône que de l'Australie. Aussi très bons Cab/Merlot, Chard, Gewürz, Sauv.

Stoneleigh Voir CORBANS.

Stonyridge (Île Waiheke) ★★★★ Exploitation/magasin. Deux rouges de style Bordeaux : Larose exceptionnel (**87 93 94, 91** bon aussi) et Airfield, seconde étiquette (**92**).

Te Kairanga (Martinborough) ★ → ★ ★ L'une des plus grandes exploitations du district. Chard puissant et silicieux (Reserve plus riche), Pinot N parfumé et souple (Reserve complexe et puissant).

Te Mata (Hawke's Bay) ★ ★ ★ ★ Firme la plus prestigieuse de la région. Chard Elston fin et puissant. Sauv Cape Crest très bon et boisé. Cab/Merlot Coleraine très stylé (89 93 94). Cab/Merlot Awatea (très bon) : seconde étiquette, moins de chêne neuf. Cab/Merlot : troisième étiquette.

Te Motu (Île Waiheke, Auckland) ★ ★ → ★ ★ ★ Meilleur vin des Waiheke V'yds, appartenant aux familles Dunleavy et Buffalora. Rouge de très haute qualité, sombre, concentré, au parfum de mûre, premier millésime 93. Cab/Merlot Dunleavy est la seconde étiquette.

Te Whare Ra (Marlborough) ★ ★ Minuscule producteur de Chard, Gewürz, Ries et Sauv mûrs et riches en alcool. Très bons blancs doux botrytisés.

Torlesse (Waipara, nord de Canterbury) ★ ★ Sauv aromatique et piquant et Chard robuste et riche de MARLBOROUGH. Ries Dry plein d'entrain et Pinot Gr de WAIRARAPA plein de caractère.

Vavasour (Marlborough) ★ ★ → ★ ★ ★ Firme en rapide expansion. Chard et Sauv Single V'yd immaculés et intenses. Pinot N prometteur. Dashwood seconde étiquette.

Vidal (Hawke's Bay) ★ ★ → ★ ★ ★ Exploitation fondée par un Espagnol en 1905 et faisant maintenant partie de VILLA MARIA. Normes toujours hautes pour la gamme Reserve (Chard, Gewürz, Sauv, Cab, Cab/Merlot). Autres vins de cépage bons et bon achat.

Villa Maria (Mangere, Auckland) ★ ★ → ★ ★ ★ La troisième entreprise viticole du pays, comprenant VIDAL et ESK VALLEY. Gamme supérieure : Reserve (le Noble Ries est le blanc doux le plus récompensé du pays). Moyenne gamme : Cellar Sel (vins moins boisés). Troisième gamme : les vins Private Bin peuvent être excellents et très bon achat (sp. Ries, Sauv, Gewürz).

Waimarama (Hawke's Bay) ★ ★ Petit producteur spécialisé dans les rouges de haute qualité. Très bons Merlot, Cab et Cab/Merlot.

Waipara Springs (Canterbury) ★ → ★ ★ Petit producteur au nord de CANTERBURY. Ries, Sauv et Chard vifs de climat frais. Rouges moins connus.

Wairarapa La cinquième région viticole du pays par la taille. Voir MARTINBOROUGH.

Wairau River (Marlborough) ★ ★ Petit producteur orienté vers l'exportation. Sauv au bouquet très prononcé et Chard toasté succulent. Seconde étiquette : Richmond Ridge.

Wellington (r.) **89 90 91 93 94 95** 96 (b.) **91 94 95 96** Capitale et nom officiel de la région comprenant WAIRARAPA, Te Horo et MARTINBOROUGH.

Whitehaven (Marlborough) ★ ★ Firme récente (premier millésime 94). Vins excellents : Ries racé, Sauv parfumé, délicat et vif, Chard plein d'arôme et facile.

Wither Hills (Marlborough) ★ ★ → ★ ★ ★ Vignoble appartenant à Brent Marris, le vinificateur de DELEGAT'S. Chard et Sauv exceptionnels depuis 92.

Afrique du Sud

L'Afrique du Sud est le septième producteur mondial de vin, mais ses exportations ont augmenté si rapidement depuis la fin des sanctions, en 1994, qu'elle importe désormais du vin pour sa consommation nationale (et pour le réexporter). Une extension importante des vignobles est prévue mais, pour l'instant, les pieds de vigne manquent. Les investissements étrangers et l'expansion des exploitations sont en plein essor et des dizaines de nouvelles caves vont apparaître dans des zones où, jusque-là, on ne cultivait pas de raisin. Pour équilibrer l'ancienne prépondérance des cépages destinés au vrac et à l'eau-de-vie (Colombard, Chenin Blanc), l'accent sera mis davantage sur les variétés supérieures.

Exposés aux marchés d'exportation et bénéficiant de l'arrivée de vinificateurs étrangers, les vins sud-africains se modernisent rapidement. La tendance est aux vins plus souples et fruités. Mais une poignée de producteurs restent attachés au style traditionnel du pays, sec et plus lourd, surtout pour les rouges. La gestion des vignobles s'améliore elle aussi par le biais d'expérimentations, ce qui ajoute à l'enthousiasme provoqué par le retour du pays dans le commerce international. La consommation nationale stagne, soit 8,8 litres par personne et par an, la bière restant la boisson alcoolisée la plus courante parmi la communauté noire d'Afrique du Sud.

Allesverloren r. ★ → ★★ Vieille propriété familiale de 159 ha surtout connue pour son « porto » (**88 89 90**). CAB et Shiraz (**94**) solides, bien boisés, mais pas toujours de longue garde provenant de la zone chaude de Malmesbury.

Alphen ★ Marque de Gilbeys.

Alto r. ★★ (Cab) **89 91** Vignobles montagneux au sud de STELLENBOSCH, face à l'Atlantique. CAB, CAB/Merlot et Shiraz solides.

Altydgedacht r. b. ★ → ★★ (Cab) **92** Domaine de Durbanville. Aussi Tintoretto, un assemblage Barbera/Shiraz qui a du punch. Bon vin de dessert issu de Gewürz.

Avontuur r. b. ★★ (r.) Vignoble de 80 ha à STELLENBOSCH. Met en bouteilles depuis 87. Assemblage souple, de style Bordeaux : Avon Rouge. Bons CAB, Merlot et PINOTAGE 92 93. CHARD concentré et boisé.

Backsberg r. b. **★★** → ★★★ (r.) **91 92 94** Domaine de 158 ha souvent médaillé, à PAARL. Sur les conseils d'un Américain, a été le pionnier du CHARD fermenté dans le chêne au milieu des années 80. Aujourd'hui leader des systèmes de gestion modernes. Le meilleur : un assemblage de Bordeaux délicieux, Klein Babylonstoren (**91** 92 94). Chard mi-lourd très fiable. Aussi très bon SAUV boisé, John Martin.

Bellingham r. b. ★★ → ★★★ Marque saine de rouges très vendus (**94**), blancs populaires, sp. vins Johannisberger souples et doux à base de RIES du Cap (exporté sous la marque Cape Gold), CHARD, SAUV et un assemblage CHARD/SAUV, Sauvenay. Cab F 95 remarquable.

Bergkelder Grande exploitation vinicole de STELLENBOSCH, membre du groupe Oude Meester, faisant et distribuant de nombreux vins de marque (FLEUR DU CAP, GRÜNBERGER) et 12 vins de domaine.

Bertrams r. ★★ (Cab) **91 94** (Shiraz) **89** Marque de Gilbeys pour des vins de cépage, sp. Shiraz et PINOTAGE. Aussi un assemblage réserve de style Bordeaux, Robert Fuller.

Beyerskloof r. ★ ★ (Cab) **91 93 94** Petite propriété de STELLENBOSCH se consacrant à un CAB tannique au bouquet prononcé. PINOTAGE aussi depuis 95.

Blaauwklippen r. b. ★ ★ (r.) **89** 91 **94** Exploitation de STELLENBOSCH faisant des rouges hardis, sp. CAB Reserve. Aussi le meilleur Zin du pays (90 **91 93**). CHARD en progrès. Bon RIES pas très sec.

Bloemendal r. b. ★ ★ (Cab) **89** 91 **93** Domaine rafraîchi par la mer à Durbanville. CAB et Merlot parfumés. Bon CHARD Cap Classique.

Boberg Région contrôlée de vins mutés, comprenant PAARL et TULBAGH.

Bon Courage b. d. ★ → ★ ★ Domaine de ROBERTSON. Très bons GEWÜRZ de dessert et CHARD.

Boplaas r. b. ★ ★ Domaine dans la zone torride de Karoo. « Vintage Reserve Port » terreux et profond, (sp. **91 94**). Muscadels mutés. Liens avec le Portugais Grahams.

Boschendal b. mo. ★ ★ (Chard) 94 **95** Domaine de 250 ha près de Franschoek. Bons CHARD et MÉTHODE CAP CLASSIQUE (CHARD et PINOT N). Aussi le premier « blush » Blanc de Noirs parfumé et pas très sec du Cap. Merlot en progrès (**91**). Shiraz 94 sous l'étiquette Jean de Long.

Bouchard-Finlayson r. b. ★ ★ ★ (Chard) 95 **96** (Sauv) **96** (Pinot N) **93 94 95** Association entre le Bourguignon Paul Bouchard et Peter Finlayson, à Hermanus, Walker Bay. 1er millésime, 91.

Breede River Valley Zone de blancs mutés à l'est des Drakenstein.

Buitenverwachting r. b. mo. ★ ★ ★ (Chard) **91 93** 94 Vignobles exceptionnels récemment replantés et financés par des Allemands, à CONSTANTIA. SAUV (**95 96**), CHARD, assemblage de type Bordeaux, Christine (**89 90 91 92** 95), et CAB (**91 92**) remarquables. MÉTHODE CAP CLASSIQUE pétulant et net (Pinot G et Pinot Bl). Restaurant méritant une étoile au Michelin.

Cabernet Sauvignon (Cab) Le grand cépage de Bordeaux, réussissant surtout dans la COASTAL REGION. Vaste gamme de styles allant du solide et longue garde à l'élégant et fruité. Nouveaux fûts de chêne depuis 82 entraînant une grande amélioration. Les meilleurs millésimes récents : **87** 89 91 93 94 95.

Cabrière Estate ★ ★ → ★ ★ ★ Producteurs à Franschhoek de bons MÉTHODE CAP CLASSIQUE S A sous l'étiquette Pierre Jordan (Brut Sauvage, CHARD/PINOT N et PINOT N Belle Rose. Aussi un « nouveau clone » de PINOT N (**94**) très prometteur.

Cape Independent Winemakers Guild Groupe de producteurs d'avant-garde. Organise une vente aux enchères annuelle de jeunes vins innovants.

Cavendish Cape ★ ★ Gamme de bons « xérès » de K.W.V.

Chardonnay (Chard) L'Afrique du Sud a adopté ce cépage relativement tard, vers le milieu des années 1980. Offre maintenant de nombreux styles, dont des vins non boisés et des assemblages, avec du SAUV, notamment. Actuellement, près de 200 étiquettes contre 3 il y a 10 ans.

Château Libertas ★ Marque de CAB de S.F.W. se vendant très bien.

Chenin Blanc Le cépage de base du Cap : un cep sur trois. Versatile, parfois très bon. K.W.V. fait un bon vin à un prix compétitif. Voir STEEN.

Cinsaut Cépage rouge français très productif, autrefois appelé Hermitage en Afrique du Sud. Vins d'un seul cépage rares.

Claridge r. b. ★ ★ (r.) **92** 94 (Chard) **93** 94 **96** Bons CHARD et CAB/Merlot fermentés en fûts venant d'une petite exploitation à Wellington, près de PAARL.

Clos Malverne r. ★★ 91 93 94 95 Petite exploitation de STELLENBOSCH. CAB dense et particulier. PINOTAGE Reserve (92 95) du domaine et de raisins achetés.

Colombard Cépage blanc français, aussi populaire au Cap qu'en Californie. Vins croquants, vifs, floraux mais généralement pas de longue garde. Utilisé souvent pour les assemblages et le cognac.

Constantia Autrefois vin doux issu de Muscat le plus célèbre du monde (en rouge et en blanc), venant du Cap. Voir KLEIN CONSTANTIA.

Delaire Vineyards r. b. ★ (Chard) 94 96 (r.) 93 CHARD au bouquet prononcé, assemblage Barrique de type Bordeaux (91 92) et RIES DU RHIN pas très sec d'une exploitation de Helshoogte Pass, au-dessus de STELLENBOSCH.

Delheim r. b. s. d. ★★ Grosse exploitation aux vignobles montagneux près de STELLENBOSCH. Assemblage CAB/Merlot/Cab F élégant et vieilli en fûts, Grand Reserve (91 92). CAB (91 92 95), PINOTAGE et Shiraz bon achat. PINOT N variable. CHARD et SAUV en progrès. Vins doux : GEWÜRZ et un STEEN botrytisé extraordinaire.

De Wetshof b. d. ★★ (Chard) 91 93 94 Domaine pionnier de ROBERTSON aux CHARD puissants (Finesse moins boisé, Bateleur plus boisé) et au RIES DU RHIN sec et frais. Aussi vin de dessert GEWÜRZ, RIES DU RHIN étiqueté Danie de Wet et des CHARD de sa propre marque pour les supermarchés britanniques.

Die Krans Estate ★★ Vignobles semi-arides de Karoo. « Porto » millésimé Reserve riche et plein. Les meilleurs : 91 94. Aussi Muscadels doux traditionnels mutés.

Dieu Donné Vineyards r. b. ★★ Domaine de Franschhoek. Bon CHARD 92 94. CAB 93.

Edelkeur ★★★★ Excellent blanc intensément doux traité avec la pourriture noble par NEDERBURG.

Eikendal Vineyards r. b. ★★ (r., Merlot) 91 93 94 (Chard) 94 96 Vignobles de 40 ha près de STELLENBOSCH et exploitation appartenant à un Suisse. Très bon CHARD, assemblage CAB/Merlot Classique. Blancs frais, dont CHENIN BL demi-sec.

Estate Wine Terme officiel s'appliquant uniquement aux vins d'une propriété agréée élaborant et élevant ses propres vins (mais n'assurant pas forcément la mise en bouteilles). La législation s'est assouplie en 94. Les domaines peuvent acheter jusqu'à 40 % de leur production.

Fairview Estate r. b. s. d. ★★ → ★★★ (r.) 91 94 95 (Chard) 94 95 96 Domaine entreprenant de PAARL ayant une vaste gamme. Les meilleurs : Merlot Reserve (93 95), assemblage Tower Red 95 et Charles Gerard Reserve (90 94), Shiraz Reserve (90 91 93 94). Aussi d'excellents Gamay et CHARD et un CHENIN BL doux. Un des leaders du pays pour les vins plus souples et plus fruités. Aussi Sém et PINOTAGE très intéressants.

Fleur du Cap r. b. d. ★★★ (r.) 92 94 Gamme bon achat de BERGKELDER à STELLENBOSCH. Bon CAB (89 91 92) sp. à partir de 86. Aussi Merlot (90 92 94), Shiraz (91), beaux GEWÜRZ et CHENIN BL botrytisé.

Gewürztraminer (Gewürz) Le célèbre cépage épicé d'Alsace, généralement vinifié en version douce au Cap.

Glen Carlou r. b. ★★ → ★★★ (r.) 89 90 91 93 (Chard) 91 94 96 Propriété de PAARL produisant de bons assemblages de type Bordeaux, Grande Classique (90 91 93), Les Trois, Merlot. Bon CHARD Reserve aussi (91 92 93). « Nouveau clone » de PINOT N très prometteur depuis 94.

Graham Beck Winery b. mo. ★★ Exploitation avant-gardiste de ROBERTSON. 140 ha. MÉTHODE CAP CLASSIQUE Brut Royale S A et Blanc de Blancs. CHARD tranquille bien considéré.

Grand cru (ou Premier Grand Cru) Terme s'appliquant à un blanc très sec sans grande qualité. Généralement à éviter.

Grangehurst Wines ★★★ Fait partie des meilleures exploitations récentes de STELLENBOSCH. Achète des raisins dans plusieurs endroits. Se spécialise dans le PINOTAGE 93 94 95 et un CAB/Merlot Reserve 93 94 95 concentré.

Groot Constantia r. b. ★★ Domaine historique près du Cap, appartenant à l'État. Muscat excellent au début du XIXᵉ siècle. Renouveau en cours. Jusqu'ici beaux CAB (sp. assemblage CAB/Merlot Gouverneur's Reserve 90 91 92 93). Aussi PINOTAGE, assemblage RIES DU RHIN/GEWÜRZ Botrytis (92) et Muscat de dessert.

Grünberger Marque de blancs secs et demi-secs issus de STEEN produite par BERGKELDER.

Hamilton Russel Vineyards r. b. ★★★ (Pinot N) 91 93 95 (Chard) 93 95 96 Le pionnier. Bons vignobles et caves de PINOT N « Burgundy ». Petits rendements, vinification à la française dans la région méridionale fraîche de Walker Bay. Nombreuses récompenses. Très bons SAUV et étiquette Southern Right (dont PINOTAGE).

Hanepoot Nom local du Muscat d'Alexandrie.

Hartenberg r. b. ★→★★★ Domaine de STELLENBOSCH récemmͥent modernisé. Parmi les meilleurs Shiraz et Merlot du Cap depuis 93. Pontac 95 et Zin 95 très individuels. Assemblage CAB/Shiraz et Weisser Riesling doux.

Jordan Vineyards ★★→★★★ Excellente propriété dans les collines au sud-ouest de STELLENBOSCH. Très bons SAUV, CHARD 94 95 96 et CAB 93. Couple de vinificateurs formés en Californie.

J. P. Bredell ★★★ Vignobles à STELLENBOSCH. « Porto » Vintage Reserve riche, sombre et profond issu des cépages Tinta Barocca et Souzo.

Kanonkop r. ★★★ 89 90 91 94 Propriété au nord de STELLENBOSCH très considérée localement. CAB particulier et puissant (89 91 94). Assemblage Paul Sauer de style Bordeaux (86 89 91 94). Le PINOTAGE (89 91 94), vieilli en fûts depuis 89, s'est bien amélioré.

Klein Constantia r. b. d. ★★★ (r.) 89 90 91 (Chard) 95 96 Ancienne subdivision de son célèbre voisin GROOT CONSTANTIA. CHARD et SAUV énergiques (95 96 remarquables), CAB puissant, assemblage de style Bordeaux (Marlbrook) en vente depuis 88 (89 90 91). Depuis 86, Vin de Constance fait revivre la légende Constantia du XVIIIᵉ siècle (mise en vente annuelle, aujourd'hui 91). Vin de dessert scintillant issu de Muscat de Frontignan.

K.W.V. Abréviation de Kooperatieve Wijnbouwers Vereiniging, coop. viticole nationale créée en 1917. Vastes installations à PAARL produisant une gamme de bons vins, sp. rouges Cathedral Cellars, RIES, xérès et vins de dessert doux.

Laborie r. b. ★★ Propriété de la K.W.V. dans le district de PAARL. Assemblages de blancs et rouges.

La Motte r. b. ★★★ (r.) 91 92 Domaine rutilant de la famille Rupert près de Franschhoek. Rouges maigres mais stylés : Merlot, assemblage de style Bordeaux Millennium (90 91 93), parmi les trois meilleurs pour le Cape Shiraz (89 91 92 93). SAUV racé.

Landgoed Signifie domaine en Afrikaans. Mot apparaissant sur les sceaux officiels et souvent sur les étiquettes des vins de domaine.

Landskroon r. b. ★ → ★ ★ Propriété familiale (Paul et Hugo de Villiers). Bons rouges secs, sp. Shiraz, CAB, Cab F.

Late Harvest Signifie « vendange tardive » et désigne un vin assez doux. « Special Late Harvest » doit être un doux naturel. Meilleure qualité de vin de dessert : « Noble Late Harvest ».

L'Avenir ★ ★ Nouvelle propriété de STELLENBOSCH bien aménagée. CAB (93 94), PINOTAGE (95 96) et CHARD prometteurs.

Le Bonheur r. b. ★ ★ → ★ ★ ★ (r.) 89 91 92 Domaine de STELLENBOSCH produisant un CAB souvent classique, tannique et minéral. SAUV bien charpenté.

Leroux, J.C. ★ ★ Vieille marque restaurée par BERGKELDER en maison de mousseux. SAUV (Charmat) et PINOT N (MÉTHODE CAP CLASSIQUE est remarquable, bien vieilli). CHARD aussi.

Lievland r. b. ★ ★ → ★ ★ ★ (r.) 89 90 Domaine de STELLENBOSCH faisant des Cape Shiraz en tête (89 90 92 95), de très bons CAB, Merlot, CAB/Cab F/Merlot (92 remarquable) et CAB/Merlot DVB 92 94. Aussi une gamme de blancs, dont un RIES intense et un vin de dessert style Sauternes pas très sec et prometteur.

Long Mountain ★ → ★ ★ Étiquette de Pernod-Ricard. Achète des raisins aux coop. du Cap sous la direction de l'Australien Robin Day (avant, à Orlando). Bons CAB, CHARD, CHENIN BL.

Longridge Winery ★ ★ → ★ ★ ★ Exploitation soucieuse de qualité à STELLENBOSCH, achetant raisins et vins à divers producteurs. Comprend CHARD, CAB, Shiraz, PINOTAGE. Bon mousseux MÉTHODE CAP CLASSIQUE. Les consultants en vinification viennent du Domaine Jacques Prieur, en Bourgogne.

L'Ormarins r. b. d. ★ ★ → ★ ★ ★ 89 91 94 Une des deux propriétés de la famille Rupert près de Franschhoek. CAB (86 89 91) et très bon Optima de style Bordeaux (89 94). Aussi Shiraz (91). CHARD frais et citronné ; SAUV audacieux vieilli dans du chêne et vin de dessert botrytisé remarquable : GEWÜRZ-Bukketraube.

Louisvale b. ★ ★ → ★ ★ ★ (Chard) 93 95 Exploitation de STELLENBOSCH. CHARD attrayant, ainsi que bons CAB, CAB/Merlot (depuis 94) et SAUV/CHARD.

Meerlust r. b. ★ ★ ★ (r.) 89 90 91 92 95 Vieille famille familiale prestigieuse au sud de STELLENBOSCH. Le seul vinificateur italien du Cap. Rubicon (assemblage de style Médoc 89 91 92 95), CAB (91), Merlot (89 91 93 94) et PINOT N (89 91 95) remarquables. CHARD aussi maintenant : première cuvée (95) boisée et avec des arômes de levure. Aussi premier grappa de domaine du pays en 96.

Méthode Cap Classique Terme sud-africain désignant les mousseux méthode classique.

Middelvlei r. ★ ★ 89 90 91 Domaine de STELLENBOSCH avec bons PINOTAGE (90 91), CAB (89 90 91), Shiraz (90) et CHARD.

Monis ★ → ★ ★ Négociant connu à PAARL. Beau « Special Reserve Port ».

Morgenhof r. b. s. d/s ★ ★ → ★ ★ ★ Domaine de STELLENBOSCH restauré de façon très sophistiquée. Nouveau propriétaire français et changement de vinificateur en 92. Rouges en progrès (CAB et Merlot 93 94). Blancs secs (excellents SAUV et CHARD) et demi-secs. « Porto ».

Mulderbosch Vineyards b. ★ ★ ★ SAUV toujours aussi impressionnant issu de vignobles de montagne près de STELLENBOSCH, l'un fermenté dans du chêne et l'autre frais et hardi. Aussi CHARD et assemblage de style Bordeaux Faithful Hound (93).

Muratie Vieux domaine de STELLENBOSCH surtout connu pour son « porto ». Sa renaissance récente comprend d'excellents CAB (93 94) et un assemblage de style Bordeaux (94).

Nederburg r. b. rosé s. d. d/s mo. ★ ★ → ★ ★ ★ ★ (r.) 89 91 <u>92</u> <u>93</u> 94 (Chard) 95 96 Vaste exploitation moderne et très connue à PAARL (650 000 caisses par an, 50 vins). A célébré son bicentenaire en 1992. Raisins de ses propres vignobles et d'ailleurs. CAB, Shiraz, CHARD, RIES et assemblages sains en gamme ordinaire. Limited Vintages et Private Bins souvent extraordinaires. Vent de fraîcheur pour les meilleurs rouges de la fin des années 80 : accent mis sur un arôme plus riche et fruité et plus d'élevage en fûts. Pionnier des vins de dessert botrytisés dans les années 80, toujours bons et faisant aujourd'hui office de références : CHENIN BL, GEWÜRZ, SAUV, Muscat et même CHARD. Grande vente aux enchères annuelle. Voir EDELKEUR.

Neethlingshof r. b. d. ★ ★ → ★ ★ ★ (r.) 89 90 91 <u>93</u> 94 Domaine replanté en cépages classiques. Cave retapée à grands frais depuis 85 par un investisseur allemand. Dirigé conjointement avec les vignobles proches de STELLENZICHT. Très bons CAB (89 90 <u>93</u> 94), Merlot et CHARD. SAUV frais. Excellents GEWÜRZ (93 95) et Blanc de Noir rosé. Reste le champion national pour ses vins botrytisés issus de RIES et SAUV. Assemblage de style Bordeaux : Lord Neethling Reserve 93 94.

Neil Ellis Wines r. b. ★ ★ ★ (r.) 89 91 92 94 Bons vins de Jonkershoek Valley, près de STELLENBOSCH. 16 vignobles côtiers. CAB épicé et structuré. Excellent SAUV. CHARD plein et hardi.

Nuy Cooperative Winery r. b. s. d. mo. ★ ★ Petite coop. de WORCESTER fréquemment lauréate des concours locaux. Vins de dessert exceptionnels, Muscadels mutés.

Oak Village Wines ★ → ★ ★ Marque d'exportation, assemblage de bons vins de coop. de STELLENBOSCH, dont CAB/Shiraz, SAUV/CHENIN BL.

Overgaauw r. b. ★ ★ (r.) 89 90 91 Vieille propriété familiale à l'ouest de STELLENBOSCH. CHARD, CAB, Merlot (90 91 <u>92</u>) et un assemblage de style Bordeaux, Tria Corda <u>89</u>. Aussi « Vintage Port » 82 excellent et 86 issu de cépages portugais.

Paarl Ville à 60 km au nord-est du Cap et zone d'appellation environnante. Siège de la K.W.V., la plus grande coop. du pays.

Paul Cluver b. ★ ★ Étiquette lancée en 92. Bons SAUV, RIES DU RHIN, CHARD. Raisins de la région fraîche d'Elgin.

Pinotage Cépage rouge d'Afrique du Sud, hybride de PINOT N et de CINSAUT, apprécié pour son grand rendement et sa vigueur. Les résultats peuvent être délicieux mais, le plus souvent, les esters flamboyants dominent. Des essais récents et le vieillissement en fûts montrent un potentiel de finesse.

Pinot Noir (Pinot N) Comme leurs homologues de Californie et d'Australie, les producteurs du Cap cherchent à atteindre avec ce cépage rouge la belle complexité des vins de Bourgogne. Ils s'en approchent. BOUCHARD-FINLAYSON, HAMILTON RUSSELL, CABRIÈRE, MEERLUST et GLEN CARLOU sont les meilleurs.

Plaisir de Merle r. b. ★ ★ ★ Nouvelle cave de la S.F.W. près de PAARL ayant produit ses premiers rouges de ses propres vignobles en 93. CAB/Merlot et Merlot sont remarquables et souples. Aussi CHARD. Conseillée par Paul Pontallier, de Château Margaux.

Pongracz ★ ★ MÉTHODE CAP CLASSIQUE S A de bon rapport à partir de PINOT N (75 %) et de CHARD. Produit par BERGKELDER. Tient son nom d'un Hongrois en exil qui a amélioré de nombreux vignobles du Cap.

Premier Grand Cru Voir GRAND CRU.

Rhebokskloof r. b. ★ → ★ ★ 90 92 95 Domaine de 80 ha derrière la montagne de PAARL. Gamme saine et limitée. CAB prometteur.

Riesling (Ries) Le Riesling d'Afrique du Sud (en fait, du Crouchen Blanc) est très différent du RIES DU RHIN. Vins neutres, faciles à boire. Localement, nommé aussi Cape Riesling.

Riesling du Rhin (Ries du Rhin) Produit des vins très bouquetés, secs ou pas très secs. Atteint la perfection quand il est onctueusement doux comme le « Noble LATE HARVEST ». Doit vieillir 2 ans ou plus en bouteille. Appelé aussi Weisser Riesling.

Robertson District délimité dans l'intérieur des terres près du Cap. Surtout des vins de dessert (Muscat, notamment) et vins de table blancs prenant de l'importance. Quelques rouges. Vignobles irrigués.

Roodeberg ★ → ★★ Assemblage rouge de K.W.V., dont PINOTAGE/Shiraz/Tinta Barocca/CAB. Peut bien vieillir, avec une qualité individuelle, assez douce, proche du porto. Souvent décrit comme le « style de rouge du vieux Cap » typique.

Rooiberg Cooperative Winery ★ Gamme à succès de ROBERTSON, regroupant plus de 30 étiquettes. Bons CHENIN BL, COLOMBARD et vins de dessert mutés.

Rozendal r. ★★★ 89 91 92 93 94 Petite cave de STELLENBOSCH faisant un excellent assemblage CAB/Merlot.

Rustenberg r. b. ★★★ (rouge sauf Pinot N) 82 84 86 91 92 93 95 Le plus beau vieux domaine de STELLENBOSCH, fondé il y a 300 ans. Vins sans interruption depuis un siècle. Grandes rénovations et premier vinificateur néo-zélandais en Afrique du Sud. Nouveau départ en 96 en mettant l'accent sur les vins modernes plus fruités, initialement sous l'étiquette Brampton. Ancien CAB Rustenberg Gold (**89** 91), assemblage de style Médoc. Aussi assemblage CAB/CINSAUT/Merlot et CAB (89 91) plus légers.

Rust en Vrede r. ★★ → ★★★ Domaine réputé à l'est de STELLENBOSCH ne produisant que des rouges. Bons CAB (89 90 **91**), Shiraz (89 90 **91**), et assemblage Rust en Vrede (89 **91**).

Sauvignon Blanc (Sauv) Cépage s'étant bien adapté aux conditions du pays. Très répandu, vieilli en fûts ou non. Très doux aussi.

Saxenburg Wines r. b. s. d. ★★★ (r.) 91 92 93 94 Vignobles et exploitation de STELLENBOSCH primés récemment. Rouges puissants qui ont du caractère sous l'étiquette Private Collection, PINOTAGE robuste au bouquet prononcé, CAB (91 **92**), Shiraz (91 92 **93** 94). Aussi Merlot (94), CHARD et SAUV.

Simonsig r. b. mo. d. ★★ → ★★★ (r.) 90 91 **92 93** (Chard) 95 96 Domaine de STELLENBOSCH appartenant à la famille Malan. Vaste gamme : très bons CAB, Shiraz (91 95), CHARD, PINOTAGE (92 93 95) et GEWÜRZ de style dessert (90 92), CAB/Merlot Tiara (90 91 **92 93**). Premier MÉTHODE CAP CLASSIQUE du Cap (sp. 91 93).

Simonsvlei r. b. rosé d. mo. ★ Une des coop. les plus connues du pays, à la périphérie de PAARL. PINOTAGE primé sous l'étiquette Reserve.

Steen Le cépage blanc le plus courant du pays, probablement un clone du CHENIN BL. Donne un vin savoureux, vif, doux ou sec, en général meilleur que le RIES d'Afrique du Sud. Ne se garde pas s'il est sec. De meilleure garde s'il est doux ou pas très sec.

Stein Désigne les assemblages commerciaux de blanc demi-sec. À ne pas sous-estimer.

Stellenbosch Ville et région délimitée à 50 km à l'est du Cap (la plus vieille ville du pays après le Cap). Cœur de l'industrie viticole avec les trois plus grandes exploitations du pays. La plupart des meilleures propriétés, notamment pour le vin rouge, se trouvent sur les collines.

Stellenbosch Farmers' Winery (S.F.W.) La cinquième exploitation vinicole du monde et la plus grosse d'Afrique du Sud après K.W.V. (14 millions de caisses par an). Plusieurs gammes dont NEDERBURG. ZONNEBLŒM est le meilleur vin. Prix moyens à bas.

Stellenryck Collection r. b. ★ ★ ★ Haut de gamme de BERGKELDER. RIES DU RHIN, Fumé Bl et CAB (89 **91** 92) parmi les meilleurs du pays.

Stellenzicht ★ ★ ★ Vignobles de STELLENBOSCH récemment réencépagés. Vins remarquables d'une vaste gamme : assemblage de style Bordeaux (**94**), CAB (**94**), Syrah (94), SAUV, Sém Reserve, vins de dessert botrytisés vendange tardive remarquables.

Swartland Wine Cellar r. b. s. d/s d. mo. ⟦★⟧ → ★ ★ Vaste gamme d'une zone torride. Vins bon marché se vendant très bien. Surtout du CHENIN BL, du CAB sec, pas très sec ou doux mais pénétrant et un puissant PINOTAGE qui se défend.

Talana Hill r. b. ★ ★ (r.) 88 89 (Chard) **93** 95 Exploitation de STELLENBOSCH : bons CHARD et Royale, un assemblage Cab F/Merlot de style St-Émilion (**91** 92 **94**).

Tassenberg Assemblage populaire de S.F.W. (CINSAUT, Carignan, PINOTAGE et CAB) surnommé affectueusement « Tassies ». Oom Tas, un Muscat sec, est son équivalent en blanc.

Thelema r. b. ★ ★ ★ ★ (Cab) 89 90 91 ⟦92⟧⟦93⟧ 94 (Chard) 93 ⟦94⟧⟦95⟧ 96 Vignobles et exploitation remarquables à Helshoogte, au-dessus de STELLENBOSCH. CAB mentholé et de caractère, assemblage de style Bordeaux (à partir du très bon **91**) et Merlot (depuis **92**) impressionnants. CHARD excellent et SAUV non boisé. Un consultant américain permet au vinificateur Gyles Webb (couvert de récompenses) d'obtenir un fruité fabuleux.

Theuniskraal b. ★ Domaine de TULBAGH produisant des blancs, surtout RIES et GEWÜRZ sud-africains.

Tulbagh Région délimitée au nord de PAARL, connue surtout pour ses blancs de THEUNISKRAAL et TWEE JONGEGEZELLEN et vins de dessert de DROSTDY. Voir BOBERG.

Twee Jongegezellen b. mo. ★ ★ Vieille propriété de TULBAGH pionnière de la fermentation à froid dans les années 60 et des vendanges nocturnes dans les années 80. Appartient toujours à la famille Krone qui l'a fondée au XVIIIᵉ siècle. Spécialisée dans les blancs, dont les plus connus sont : le TJ39 sec (une douzaine de cépages) et un assemblage Muscat/GEWÜRZ pas très sec, Schanderl. Cuvée Krone Borealis Brut MÉTHODE CAP CLASSIQUE (CHARD et PINOT N) avec le Champenois Mumm.

Uiterwyk r. b. ★ Vieux domaine à l'ouest de STELLENBOSCH. CAB « Carlonet » (**89** 90), Merlot et blancs.

Uitkyk r. b. ★ ★ (r.) 89 90 ⟦92⟧ 94 Vieille propriété (160 ha) à l'ouest de STELLENBOSCH, réputée pour son Carlonet (CAB vif et épais **89** 90 93) et son Carlsheim blanc (SAUV). CHARD depuis peu.

Van Loveren r. b. d. mo. ★ ★ Domaine innovant de ROBERTSON. Vaste gamme de blancs, dont un CHARD musclé (⟦95⟧), un bon Pinot G et des cépages plus rares (Fernão Pires, Hárslevelü...).

Veenwouden ★ ★ Merlot (**93** 94) prometteur et assemblage de style Bordeaux dense (94) d'une propriété de PAARL appartenant à un ténor d'opéra établi à Genève, Deon Van der Walt.

Vergelegen b. ★ ★ ★ Une des plus vieilles fermes vinicoles du Cap, fondée en 1700. Longtemps négligée, rénovation spectaculaire. Depuis 95, excellents Merlot, CAB, CHARD Reserve. Aussi très bon SAUV.

Vergenoegd r. b. d. ★ → ★ ★ Vieille propriété familiale dans le sud de STELLENBOSCH mettant en bouteille du CAB et du Shiraz. Nouvel assemblage de style Bordeaux, Reserve (**89 90** 92).

Villiera r. b. ★★→★★★ Domaine de PAARL avec un MÉTHODE CAP CLASSIQUE S A populaire : Tradition. SAUV de première classe (95 96), bon RIES DU RHIN, fin assemblage CAB/Merlot de style Bordeaux : Cru Monro (90 91 92). Merlot exceptionnel dernièrement (91 92 94).

Vredendal Cooperative r. b. s. d. ★ La plus grande coop d'Afrique du Sud, dans la région torride d'Olifants River. Vaste gamme : surtout des blancs, et des rouges comprenant un CAB Ruby.

Vriesenhof r. b. ★★→★★★ (Cab) 91 92 93 (Chard) 95 CAB et assemblage de style Bordeaux, Kalista (89 91 93, très cotés). Très bon CHARD. Aussi Pinot Bl et très bon PINOTAGE sous l'étiquette Paradyskloof.

Warwick r. b. ★★→★★★ Propriété de STELLENBOSCH dirigée par l'une des rares vinificatrices du pays. Très bon assemblage de style Médoc, Trilogy (92 93 94), Cab F (92 94 95). Un des meilleurs PINOTAGE du pays (94 95) issu de vignes en foule (non palissées) âgées de 22 ans. CHARD (95 96).

Weisser Riesling Voir RIESLING DU RHIN.

Welgemeend r. ★★→★★★ Domaine et boutique de PAARL. Assemblages de style Médoc (90 92 94). Aussi Duelle, un assemblage Malbec/CAB/Merlot (92 95).

Weltevrede b. s. d. ★→★★ Propriété de ROBERTSON. Vins assemblés, blancs et mutés. Bons CHARD (95 96), GEWÜRZ (94 95) et White Muscadel.

Wine of Origin L'équivalent en Afrique du Sud de l'Appellation Contrôlée mais sans les restrictions de rendement françaises. Les régions délimitées sont toutes énumérées ici.

Woolworths Wines Les meilleurs vins de supermarché du pays, dont beaucoup sont assemblés spécialement pour cette chaîne de magasins. Les meilleurs sont les rouges jeunes, dont le Merlot, les assemblages de style Bordeaux et le CHARD.

Worcester Région délimitée autour des vallées de BREEDE et de l'Hex, à l'est de PAARL. Nombreuses coop. Surtout des vins de dessert, des eaux-de-vie et des blancs secs.

Yonder Hill ★★ Petite propriété de STELLENBOSCH, à flanc de montagne. Très bons Merlot et assemblage CAB/Merlot (93 94).

Zandvliet r. ★★ Propriété dans la zone de ROBERTSON. Beau Shiraz (94 95) et, récemment, CHARD (96) et mousseux MÉTHODE CAP CLASSIQUE.

Zevenwacht r. b. ★★ Vins de STELLENBOSCH. Très bons RIES DU RHIN (96), SAUV frais (96) et CHARD (96). Parmi les rouges : CAB/Merlot, PINOTAGE en progrès depuis 96.

Zonnebloem r. b. ★★ (Cab) Gamme de bonne qualité de S.F.W., dont CAB, Merlot (88 91 92 93), assemblage Laureat de style Bordeaux (90 91 93), Shiraz, PINOTAGE (91 92), SAUV et CHARD (95 96) et, depuis 94, un assemblage SAUV/CHARD. Le Blanc de Blancs fait partie des meilleurs CHENIN BL secs du Cap (à boire jeune).

Sélection de vins d'Afrique du Sud pour 1998

Thelema Mountain Vineyards : Sauvignon Blanc (96/97), Chardonnay (95), Cabernet (94)

Fairview Estate : Tower Red (95)

Meerlust Estate : Chardonnay (95)

Buitenverwachting : Sauvignon Blanc (96), Christine (assemblage de style Bordeaux) (92)

Warwick Estate : Pinotage (95)

Hamilton Russell Vineyards : Pinot Noir (95), Chardonnay (96)

Jordan Vineyards : Cabernet (93)

Vergelen : Merlot (95)

Backsberg Estate : Chardonnay (95)

Quelques mots techniques

La terminologie employée par les laboratoires se retrouve de plus en plus fréquemment sur les étiquettes collées au dos des bouteilles du Nouveau Monde et s'insinue sournoisement dans les revues spécialisées. Quelle est sa signification ?

Le sucre présent dans le moût est surtout du glucose et du fructose, avec des traces d'arabinose, de xylose et autres composés qui ne peuvent fermenter sous l'action des levures, mais sont vulnérables à l'action bactérienne. Chaque pays possède son propre système pour mesurer la teneur en sucre ou la maturité des raisins : le tableau ci-dessous indique les trois principaux (allemand, français et américain) ainsi que la correspondance avec la densité spécifique et le degré du vin (en supposant une fermentation intégrale des sucres).

Le sucre résiduel est le sucre présent dans le vin une fois la fermentation achevée (naturellement ou artificiellement). Sa teneur se mesure en grammes par litre.

La teneur en alcool (essentiellement alcool éthylique) se mesure par le pourcentage du volume d'alcool au volume total du liquide (soit en degrés). L'acidité est à la fois fixe et volatile.

L'acidité fixe est due aux acides tartrique, malique et citrique (présents dans le moût) et aux acides lactique et succinique qui apparaissent lors de la fermentation.

L'acidité volatile est essentiellement due à l'acide acétique, résultant de l'action bactérienne en présence d'oxygène. Une légère acidité volatile est inévitable, et indispensable. Si elle devient excessive, le vin se pique et tourne au vinaigre.

L'acidité totale est la somme de l'acidité fixe et volatile. On estime qu'un vin bien équilibré doit avoir une acidité d'un gramme pour mille par 10° Oechsle (voir ci-dessous).

Le **pH** mesure la force de l'acidité, et non plus son volume. Plus le chiffre est bas, plus il y a d'acide. Le pH d'un vin se situe en général entre 2,8 et 3,8. Il peut être excessif dans les régions les plus chaudes. Une acidité forte (un pH bas) améliore la brillance et la teinte du vin, s'oppose aux bactéries nuisibles et augmente la proportion de dioxyde de soufre « libre » qui favorise la conservation.

Le dioxyde de soufre (SO_2) est ajouté au vin pour limiter l'oxydation et le protéger des détériorations. Une fraction du SO_2, dit « composé », se combine en particulier aux sucres. Le reste, soit le **SO_2 libre**, joue seul son rôle de protection. Le **SO_2 total** est réglementé par la loi, en fonction de la teneur en sucre résiduel. Le rapport sucre/alcool indique la puissance potentielle du vin.

Densité spécifique	° Oechsle	Baumé	Brix	Teneur en alcool
1,065	65	8,8	15,8	8,1
1,070	70	9,4	17,0	8,8
1,075	75	10,1	18,1	9,4
1,080	80	10,7	19,3	10,0
1,085	85	11,3	20,4	10,6
1,090	90	11,9	21,5	11,3
1,095	95	12,5	22,5	11,9
1,100	100	13,1	23,7	12,5
1,105	105	13,7	24,8	13,1
1,110	110	14,3	25,8	13,8
1,115	115	14,9	26,9	14,4
1,120	120	15,5	28,0	15,0

À propos des mots...

Dans la terminologie indispensable à ce modeste ouvrage (ainsi que parfois à des œuvres plus importantes), on pare souvent les vins de qualificatifs pouvant paraître inappropriés, saugrenus, voire stupides. Quel sens attribuer aux termes « gras », « rond », « plein », « maigre », etc., lorsqu'il s'agit de vins ? La liste que voici offre une interprétation de quelques-uns des termes les plus agaçants par leur imprécision apparente ainsi que les plus courants :

Acide   Pour les profanes, c'est un terme péjoratif signifiant « trop âpre ». Mais l'acidité est vitale pour la qualité et la conservation d'un vin (surtout blanc) et lui donne sa propriété rafraîchissante. La fermentation malolactique, ou secondaire, est la conversion naturelle de l'acide malique (pomme) en acide lactique : elle transforme le mordant immédiat d'un vin en un goût plus doux et plus complexe. L'acide indésirable est l'acide acétique, dit « volatile », qui sent le vinaigre. S'il en comporte trop, le vin n'ira pas loin.

Amertume   Autre effet du tannin, provenant généralement d'un manque de maturité. Très appréciée dans le nord de l'Italie mais mal vue dans la plupart des régions.

Astringent   Caractéristique de certains tannins produisant en bouche un effet desséchant. Peut être très appétissant, dans le Chianti, par exemple.

Attaque   Première impression que donne le vin, une fois en bouche. Il doit effectivement « frapper », sans pour autant le faire brutalement. Sans attaque, un vin est trop doucereux ou manque de caractère.

Boisé   Possédant le goût et/ou la senteur du bois de chêne fraîchement scié, par exemple d'un fût neuf. Terme qui convient à un beau vin destiné à vieillir en bouteille mais souvent galvaudé par les éleveurs pour persuader le public qu'un vin simple a quelque chose de grandiose. Les vins trop boisés sont à la fois ennuyeux et fatigants à boire.

Botrytis   Voir page 104.

Bouchonné   Goût de moisi provenant (bien trop souvent) d'un bouchon avarié. Il peut être léger ou évident mais, dans les deux cas, est inacceptable.

Capiteux   Signifie que la teneur en alcool est trop élevée.

Chair   Concerne tant le corps du vin que sa contexture. Un vin bien en chair est plus gras qu'un vin « charnu », plus onctueux à défaut d'être aussi vigoureux. On utilise souvent ce terme pour les bons Pomerol, qui sont d'une souplesse remarquable.

Charmeur   Assez condescendant lorsqu'il s'agit de vins qui devraient posséder des qualités plus marquantes. Évoque une certaine légèreté, éventuellement une légère douceur. Couramment utilisé pour les vins du Val de Loire.

Charnu   Appétissant de fait, et possédant suffisamment de mâche. Évoque une chair animale, plus maigre que dans le cas des vins « bien en chair ».

Corps   Le « poids », le volume d'arôme et d'alcool d'un vin. Voir Généreux et Plein.

Creux   Défaut de saveur intermédiaire convenable. Quelque chose semble manquer entre le goût perçu lors de la mise en bouche et celui de la note finale. C'est un trait de caractère des vins de propriétaires regardants qui laissent leurs vignes produire trop de raisins. Un vin creux à l'extrême est « vide ».

Élégant   Expression favorite du dégustateur professionnel confronté à la description d'un vin dont l'harmonie (entre titre, saveur et parfum), dont l'attaque, le goût en bouche et la finale, dont la contexture et, bref, toutes les qualités, l'amènent à le comparer à d'autres formes de la beauté naturelle, telles les allures du cheval, les formes et attitudes féminines...

Équilibré   Vin contenant tous les éléments souhaitables (acide, alcool, saveurs, etc.) en proportions convenables et agréables.

Extrait   Composants du vin (outre l'eau, l'alcool, le sucre, les acides, etc.) qui constituent son goût. En général, plus il y en a, plus le vin est bon. Mais trop d'extrait est synonyme d'âpreté, c'est-à-dire que les peaux de raisin sont restées trop longtemps en contact avec le vin.

Facile   À rapprocher de l'expression « argent facile » (celui qui, vite gagné, est dépensé de même). Un vin facile ne manifeste aucune exigence à l'égard de votre palais (ni de votre esprit). Ce terme donne à entendre qu'il se boit tout de go, n'a pas besoin de mûrir, et que tout le souvenir que vous en garderez sera celui d'une agréable boisson.

Ferme   D'une saveur frappant le palais assez durement, par le truchement d'une acidité relativement élevée ou d'une certaine astringence due au tannin ; le vin considéré semble posséder toute sa vigueur juvénile et gagnera en amabilité le temps aidant. Presque toujours positive, il s'agit là d'une excellente qualité pour l'accompagnement des mets relevés.

Finale   Voir Longueur.

Finesse   Voir Élégance.

Frais   Suppose une bonne teneur en acidité fruitée, même un soupçon de vivacité mordante ; et le nerf et l'entrain de la jeunesse.

Fruité   Terme utilisé en presque toute occasion, mais concernant en fait le corps et la richesse d'un vin élaboré à partir de bons raisins mûrs. Un arôme fruité n'est pas l'équivalent d'un arôme savoureux. Le fruité implique généralement et pour le moins un léger taux de douceur. Il peut être utile d'essayer de trouver à quel fruit ressemble le vin (à part le raisin, bien sûr). Par exemple : pamplemousse, citron, prune, litchi... goûts qui ne sont pas à prendre au pied de la lettre.

Généreux   Se rapporte à tout ce qui fait la saveur du vin, y compris la force alcoolique. Implique parfois un manque de grâce, d'élégance. Ce terme présente généralement un aspect positif, mais s'il est couramment utilisé en Californie, on s'en sert beaucoup moins dans le Bordelais. Le contexte n'est donc pas sans importance.

Gras   Qualifie un vin dont la saveur et la contexture vous comblent le palais, mais sans agressivité. Ce terme est manifestement inapproprié pour un Moselle léger, par exemple, mais justifie le prix payé pour un Sauternes.

Intéressant   Équivaut à : « De toute façon, il me plaît », assertion légèrement dévalorisante pour des vins de prix, encourageante pour les plus modestes. Qualificatif à tout le moins valable pour une boisson reconstituante.

Léger   Qualifie les vins ayant relativement peu de corps et d'alcool, tels nombre de vins allemands. Qualité fort souhaitable dans les bons vins.

Longueur   Les saveurs et arômes qui subsistent après la déglutition. En principe, plus importante est cette longueur, meilleur est le vin. Une seconde de saveur après la déglutition = une « caudalie ». 10 caudalies indiquent un bon vin ; 20, c'est magnifique.

Madérisé Signifie oxydé au point que l'odeur et le goût sont proches de ceux du Madère. Si elle n'est pas délibérée, cette caractéristique est un grave défaut.

Maigre Laisse entendre qu'un peu plus de chair serait la bienvenue. Manque de saveurs emplissant le palais ; astringence, au surplus. Mais, occasionnellement, ce terme met en valeur un vin de style marqué et agréable.

Miel Odeur et goût que l'on trouve notamment dans les vins botrytisés, mais souvent présents à un faible degré, agréable, dans tout vin à maturité d'un millésime mûr.

Plein Équivaut à : « Ayant de la bouche ». Évoque la forte « vinosité » du vin considéré, l'ensemble des saveurs de l'alcool et de l'« extrait sec » (tous facteurs constitutifs du goût) qui emplissent la bouche.

Profond Se dit d'un vin qu'il vaut la peine de goûter avec attention.

Profondeur Il vaut mieux que la première impression qu'il donne, vous emplissant la bouche d'un crescendo de saveurs, comme s'il prenait une nouvelle dimension. (« Couleur profonde » caractérise un vin à travers lequel il est difficile de voir.) Tous les vins vraiment fins ont de la profondeur.

Riche Pas nécessairement doux, mais dégageant une certaine impression d'opulence.

Robuste Gaillard, vigoureux, et sortant assez de l'ordinaire.

Rond Presque synonyme de « gras », mais d'une connotation plus agréable.

Rondelet Diminutif de « gras », impliquant un certain charme.

Rude Dont le goût ni la contexture ne donnent de plaisir.

Rugueux Acidité et/ou tannin dominent, conférant au vin en cause un caractère grossier.

Souple Se dit souvent de vins rouges jeunes dont on serait en droit d'attendre plus d'agressivité. Le vin souple est plus vif qu'un vin « facile », et implicitement de bonne qualité.

Structure En quelque sorte, la « charpente » de la saveur, s'il en est. On peut dire qu'un vin a besoin d'une poutre pour sa largeur, d'une autre pour sa longueur, etc. Sans structure, un vin est doucereux, terne, et ne durera pas.

Style D'un style hardi et tranché ; un vin ayant du style est vif, enjoué, plein d'entrain.

Terreux Induit que le sol lui-même a pénétré le goût. Terme souvent positif comme, par exemple, pour le Graves rouge.

Que boire dans un monde idéal ?

Vins proches de leur apogée en 1998 :

Bordeaux rouges : Meilleurs crus de 1991, 85 83, 81, 79, 78, 75, 70, 66, 61, 59.

Autres crus classés de 1992, 89, 88, 87, 86, 85, 83, 82, 79, 70, 66, 61.

Petits châteaux de 1996, 95, 94, 93, 90, 89.

Bourgogne rouges : Meilleurs crus de 1992, 90, 89, 88, 87, 85, 83, 82, 80, 79, 78, 71, 69, 66, 64.

Premiers crus de 1994, 93, 92, 90, 89, 88, 87, 85, 83, 78.

« Villages » de 1995, 94, 93, 92, 90, 89.

Bourgogne blancs : Meilleurs crus de 1994, 93, 92, 90, 89, 88, 86, 85, 83, 79, 78.

Premiers crus de 1995, 94, 93, 92, 91, 90, 89, 88, 86, 85, 85, 83, 78.

« Villages » de 1996, 95, 94, 93, 92, 90, 89, 88.

Rhône rouges : Hermitage/meilleurs rouges du Nord 1991, 90, 88, 86, 85, 83, 82, 79, 78, 71.

Châteauneuf-du-Pape de 1993, 90, 89, 88, 86, 85, 82, 81.

Sauternes : Meilleurs crus de 1990, 89, 88, 86, 85, 83, 82, 81, 79, 78, 76, 75, 71, 70, 67.

Autres vins de 1990, 89, 88, 86, 85, 83, 82, 81, 79, 76, 75.

Alsace : Grands crus et vendanges tardives de 1992, 90, 89, 88, 85, 83, 78, 76, 67.

Vins courants de 1995, 94, 92, 91, 90, 89, 88, 85.

Vins doux de la Loire : Meilleurs crus (Anjou/Vouvray) de 1993, 90, 88, 86, 85, 78, 76, 75, 71, 64.

Champagne : Meilleurs vins de 1986, 85, 83, 82, 79, 76, 75.

Allemagne : Grands vins doux de 1992, 90, 89, 88, 86, 85, 83, 76, 71, 67.

Auslesen de 1993, 92, 90, 89, 88, 86, 85, 83, 76, 71.

Spätlesen de 1995, 94, 93, 92, 91, 90, 89, 88, 86, 85, 83.

Kabinett et QbA de 1995, 94, 93, 92, 91, 90, 89.

Italie : Meilleurs rouges de Toscane de 1993, 91, 90, 88, 86, 85, 82.

Meilleurs rouges du Piémont de 1991, 90, 89, 88, 87, 86, 85, 82, 79.

Californie : Meilleurs Cabernet, Zinfandel et Pinot Noir de 1992, 91, 87, 86, 85, 84, 82, 81, 80, 79, 78, 77, 76, 75.

La plupart des Cabernet, etc. de 1995, 94, 93, 90, 89, 87, 86, 85.

Les meilleurs Chardonnay de 1995, 94, 90, 89.

La plupart des Chardonnay de 1996, 95, 94.

Australie : Meilleurs Cabernet, Shiraz et Pinot Noir de 1991, 89, 88, 86, 84, 82, 80, 79, 75.

La plupart des Cabernet, etc. de 1995, 94, 91, 90, 89, 88, 87, 86.

Les meilleurs Chardonnay de 1995, 94, 92, 90, 89, 88, 86.

La plupart des Chardonnay de 1996, 95, 94, 93, 92, 91.

Les meilleurs Sémillon et Riesling de 1994, 92, 90, 86, 78.

Porto millésimé : 1983, 82, 80, 70, 66, 63, 60, 55, 48, 45...

COTATION DES MILLÉSIMES RÉCENTS

| | à boire maintenant | — à conserver |
| / | peut être consommé mais les meilleurs crus s'améliorent en vieillissant | ⊼ à éviter |

0 ne vaut rien   10 le meilleur

FRANCE

| | BORDEAUX ROUGES | | | | BORDEAUX BLANCS | | | | ALSACE | |
	MÉDOC/ GRAVES		POM/ ST-ÉM		SAUTERNES ET MOELLEUX		GRAVES ET SECS			
96	6-9	—	5-8	—	7-9	—	7-10	/	6-9	/
95	6-9	—	6-9	—	6-9	—	5-9	/	5-8	/
94	5-8	—	5-9	—	4-6	—	5-8	/	4-8	/
93	4-7	/	5-8	/	2-5	/	5-7	/	6-8	/
92	3-7	/	3-5	/	3-5	/	4-8	/	6-9	/
91	3-6	/	2-4	/	2-5	/	6-8	/	5-7	/
90	7-10	/	8-10	/	7-10	/	7-8	/	7-9	/
89	6-9	/	7-9	/	6-9	/	6-8	/	7-10	/
88	6-9	/	7-9	/	6-10	/	7-9	/	8-10	/
87	3-6			3-6			2-5	⊼	7-10	/	7-8	⊼
86	6-9	/	5-8	/	7-10	/	7-9			7-8		
85	7-9	/	7-9	/	6-8	/	5-8			7-10	/
83	6-9	/	6-9			6-10	/	7-9			8-10	⊼
82	8-10	/	7-9			3-7	/	7-8			6-8	⊼
81	5-8	/	6-9			5-8	/	7-8			7-8		
79	5-8	/	5-7			6-8	/	4-6	⊼	7-8	⊼
78	6-9	/	6-8			4-6			7-9	⊼	6-8		
76	6-8			7-8			7-9	/	4-8	⊼		

| | BOURGOGNES | | | | | | RHÔNE | | | |
	CÔTE D'OR ROUGE		CÔTE D'OR BLANC		CHABLIS		RHÔNE (N)		RHÔNE (S)	
96	7-9	—	7-9	/	7-9	/	5-7	—	4-6	—
95	7-9	/	5-8	/	5-8	/	6-8	—	6-8	—
94	5-7	/	5-8	/	6-8	/	6-7	/	5-7	/
93	6-9	/	4-6	/	4-7	/	3-6			4-9	/
92	4-7	/	6-8	/	5-8	/	4-6			3-6	/
91	5-7	/	4-6	/	4-6			6-9	/	4-5	/
90	7-10	/	7-9	/	6-9	/	6-9	/	7-9	/
89	6-9	/	6-9	/	7-10	/	6-8	/	6-8	/
88	7-10	/	7-9	/	7-9	/	7-9	/	5-8	/
87	6-8	/	4-7	⊼	5-7			3-6			3-5		
86	5-8			7-10	/	7-9			5-8	/	4-7	/
85	7-10	/	5-8	/	6-8			6-8	/	5-8		
83	5-9			6-9			7-9			7-10	/	7-9		

Beaujolais : Crus de 96, 95 à conserver, 93 très bon, 91 superbe. **Mâcon-Villages** (blanc) : 96 et 95 bons maintenant mais peuvent attendre. **Loire** (vins doux d'Anjou et de Touraine) : meilleurs millésimes récents 96, 95, 93, 90 89, 88, 85 ; Bourgueil, Chinon et Saumur-Champigny : 96, 95, 93, 90, 89, 88. **Loire** (Sancerre et Pouilly-Fumé) : 96 et 95 très bons, 94 et 93 à boire maintenant. **Muscadet** : 96 très bon, B.J.P.

ALLEMAGNE   ITALIE   USA

	RHIN		MOSELLE		TOSCANE ROUGE		CALIFORNIE CAB		CALIFORNIE CHARD	
96	7-9	/	6-8	/	6-8	—	5-7	—	6-8	/
95	7-10	/	8-10	/	4-6	—	4-6	/	4-6	/
94	5-7	/	6-10	/	6-8	/	6-9	/	4-7	/
93	5-8	/	6-9	/	7-9	/	5-7	/	5-8		
92	5-9	/	5-9	/	3-6	/	7-9	/	6-8		
91	5-7	/	5-7	/	4-6	/	8-10	/	5-7		
90	8-10	/	8-10	/	7-9	/	8-9	/	6-9		
89	7-10	/	8-10	/	5-8	/	6-9	/	5-9		
88	6-9	/	7-9	/	6-9			4-6	/	6-8	⊼
87	4-7			5-7			4-7			7-10	/	7-9		
86	4-8			5-8			5-8			5-8	/	6-8	⊼
85	6-9			6-9	/	7-10	/	7-9	/	7-9	⊼
83	6-9			7-10	/	5-7			4-8	⊼	4-7		